böhlau

Archiv für Diplomatik

Schriftgeschichte
Siegel- und Wappenkunde

Begründet durch

EDMUND E. STENGEL

Herausgegeben von

IRMGARD FEES und ANDREA STIELDORF

Beiheft 19

Der Rotulus im Gebrauch

Einsatzmöglichkeiten – Gestaltungsvarianz – Deutungen

herausgegeben von

ÉTIENNE DOUBLIER, JOCHEN JOHRENDT, MARIA PIA ALBERZONI

BÖHLAU VERLAG WIEN · KÖLN · WEIMAR

Bibliografische Information der Deutschen Nationalbibliothek:
Die Deutsche Nationalbibliothek verzeichnet diese Publikation in der Deutschen Nationalbibliografie; detaillierte bibliografische Daten sind im Internet über http://dnb.d-nb.de abrufbar.

Umschlagabbildung:
Tübingen, Sammlung Mersiowsky, Fragment ms. 318.

Einbandgestaltung: Michael Haderer, Wien
Satz: Michael Rauscher, Wien
Druck und Bindung: Hubert & Co., Göttingen
Gedruckt auf chlor- und säurefreiem Papier
Printed in the EU

Vandenhoeck & Ruprecht Verlage | www.vandenhoeck-ruprecht-verlage.com

ISBN 978-3-412-51802-8

Inhalt

3. DER ROTULUS IM JURISTISCH-ADMINISTRATIVEN BEREICH

Vorwort

Der hier vorliegende Band geht auf eine Tagung vom 21. bis 23. September 2016 zurück, die an der Bergischen Universität Wuppertal von den drei Herausgebern gemeinsam organisiert wurde. Die Tagung war damit auch in das Forschungsprogramm des von der Deutschen Forschungsgemeinsaft finanzierten Graduiertenkollegs 2196 „Dokument – Text – Edition. Bedingungen und Formen ihrer Transformation und Modellierung in transdisziplinärer Perspektive" eingebettet, das in interdisziplinärer Herangehensweise nicht nur Differenzen der editorischen Praktik und Theoriebildung beschreibt, sondern zudem auch nach dem konkreten Gegenstand der Editionen in seiner Leitlinie „Dokument" fragt. Gerade die Rotuli sind hier ein interessanter Gegenstand, da sie in ihrem Wesen oftmals nicht allein durch ihre Ursprungsmaterialität bedingt sind, sondern erst durch stetige Nutzung ihre Funktion erfüllen konnten und so zu dem wurden, was sie sind. Möglich wurde diese Tagung durch die großzügige und in ihrer konkreten Abwicklung äußerst unkomplizierte Unterstützung der Fritz Thyssen Stiftung, für die sich die Herausgeber auch an dieser Stelle nochmals herzlich bedanken. Der Band bildet diese Tagung ab, nicht zuletzt auch in seiner sprachlichen Gestaltung, bei der die Autorinnen und Autoren nicht im Zeichen einer scheinbar nur dann gegebenen Internationalität auf eine dritte Sprache auswichen, sondern sich im Sinne der engen Verwobenheit der nord- und südalpinen Geschichte und der präzisen Konturierung des großen Reichtums europäischer Forschungstraditionen vorrangig des Deutschen und Italienischen bedienten. Für die Aufnahme des Bandes in die Beihefte des Archivs für Diplomatik auch in dieser konkreten Gestalt, als ein Zeichen des Austausches der deutschen und italienischen Forschung, sei den Kolleginnen Fees und Stieldorf herzlich gedankt wie auch abschließend allen Autorinnen und Autoren für ihre Geduld und die entgegenkommende Beantwortung aller Rückfragen.

Wuppertal/Mailand im Oktober 2019
Étienne Doublier, Jochen Johrendt, Maria Pia Alberzoni

Einleitung

Étienne Doublier, Maria Pia Alberzoni, Jochen Johrendt

Rotuli (auch Rodel/Rotel/Rödel) – Papyrus-, Pergament- oder Papierstücke in Form von Rollen – sind eine in fast jedem Archiv Europas überlieferte Quellengattung[1]. Auch wenn die Handschrift den Rotulus seit dem 4. Jahrhundert immer stärker verdrängt[2], blieb er in vielen Bereichen in Gebrauch, in manchen das Medium der Informationsspeicherung und -anpassung[3]. Unkomplizierter Transport und leichte Handhabung machten Rotuli zum idealen Träger von Informationen, die schnell und leicht erfasst werden mussten, insbesondere als Instrument der Administration und Besitzverwaltung. Doch ebenso nutzte man sie beispielsweise zur Übermittlung von Totenlisten[4], als Inventar für die Besitzungen und Privilegien von Kirchen[5], als Kompendium

1 Vgl. die Zusammenstellung der älteren Forschung bei Leo Santifaller, Beiträge zur Geschichte der Beschreibstoffe im Mittelalter. Erster Teil, (Mitteilungen des Instituts für Österreichische Geschichtsforschung, Ergbd. 16), Wien 1953, S. 153–184; ders. Über späte Papyrusrollen und frühe Pergamentrollen, in: Speculum historiale. Geschichte im Spiegel von Geschichtsschreibung und Geschichtsdeutung. Festschrift Johannes Spoerl, hg. von Clemens Bauer u. a., Freiburg i. Br. 1965, S. 117–133; sowie Otto Mazal, Lehrbuch der Handschriftenkunde (Elemente des Buch- und Bibliothekswesens 10), Wiesbaden 1986, S. 6 f.

2 Vgl. Michaela Zelzer, Von der Rolle zum Codex, in: Text als Realie, hg. von Karl Brunner/Gerhard Jaritz (SB der Österreichischen Akademie der Wissenschaften, phil.-hist. Kl. 704 = Veröffentlichungen des Instituts für Realienkunde des Mittelalters und der Frühen Neuzeit 18), Wien 2003, S. 9–22; Horst Blanck, Das Buch in der Antike, München 1992, S. 86–101.

3 So beispielsweise im Bereich der Papsturkunden, für die die letzte Papyrusurkunde, die immer gerollt aufbewahrt wurde, im Jahr 1057 nachzuweisen ist, vgl. zu den Originalen zuletzt Judith Werner, Papsturkunden vom 9. bis ins 11. Jahrhundert. Untersuchungen zum Empfängereinfluss auf die äußere Urkundengestalt (Abhandlungen der Akademie der Wissenschaften zu Göttingen. Neue Folge 43), Berlin/Boston 2017, S. 32 f.; sowie Santifaller, Beschreibstoffe (wie Anm. 1) S. 181 f.

4 Franz Neiske, Rotuli und andere frühe Quellen zum Totengedenken (bis ca. 800), in: Nomen et fraternitas. Festschrift für Dieter Geuenich zum 65. Geburtstag, hg. von Uwe Ludwig/Thomas Schilp (Ergänzungsbände zum Reallexikon der germanischen Altertumskunde 62), Berlin 2008, S. 203–220.

5 Jacques Pycke, Du *Rotulus privilegiorum* de 1299 au *Repertorium cartarum et munimentorum* de 1422–1533. Les inventaires du Trésor des chartes de la cathédrale de Tournai, du XIIIe au XVIe siècle, in: Décrire, inventorier, enregistrer entre Seine et Rhin au Moyen Âge. Formes, fonctions et usages des écrits de gestion, hg. von Xavier Hermand u. a. (Mémoires et documents de l'École des chartes 92), Paris 2012, S. 319–354.

für theologische Unterweisungen[6] oder als Form für eine Universalchronik, um nicht zuletzt auch materiell die lange Entwicklung der Welt seit ihrer Erschaffung zum Ausdruck zu bringen[7]. Der Rotulus kam in vielen Bereichen zum Einsatz, bisweilen parallel zu anderen Formen der Schriftnutzung etwa in Form von Wachstafeln, bisweilen in bewusster Abgrenzung. So allgegenwärtig der Rotulus nach diesen Ausführungen zu sein scheint, so fand er doch bisher in der historischen Forschung zu wenig Berücksichtigung. Dass sich dies aktuell ändert, ist nicht nur am vorliegenden Band abzulesen, sondern ebenso anderen dem Rotulus gewidmeten Aktivitäten und einer germanistischen Habilitationsschrift.[8]

Dabei ist die Abgrenzung des Rotulus von einfachen Pergamentstreifen, die eventuell auch erst lange nach ihrer intensiven Nutzung gerollt gelagert worden waren, nicht immer einfach. Letztlich sind es die Gebrauchsspuren, die verraten, ob der Beschreibstoff als Rotulus verwendet wurde oder nicht. Erst der Gebrauch machte ein Stück zum Rotulus, so dass etliche heute in Findbüchern nicht als Rotuli ausgewiesenen Pergament- (und seltener auch Papier)blätter sich aufgrund der nachweisbaren Benutzungsspuren am Anfang und Ende des ehemals aufgerollt verwahrten und benutzten Blattes als Rotulus erweisen. Diese einfachen Rotuli gilt es von Stücken zu unterscheiden, die erst durch das Annähen weiterer Stücke zu Rotuli wurden. Ein Vorschlag der diesem Band zugrundeliegenden Tagung war es, die Einzelstücke als Primärrotuli zu bezeichnen, die erst durch das Zusammenfügen von Stücken entstandenen Rotuli hingegen als Sekundärrotuli.

Rotuli sind immer wieder Gegenstand von Einzelbeobachtungen oder Editionen gewesen[9]. Doch fehlt bisher eine vergleichende Zusammenschau

---

6 Angelus Maria Walz, Der „Rotulus pugillaris" des Aage von Dänemark († 1285) im Licht dominikanischer Theologiepflege, in: Antonianum 20 (1945) S. 369–400.

7 So etwa die am Beginn des 15. Jahrhunderts angefertigte Universalchronik Cremona, Biblioteca Statale ms. 258 (283), vgl. dazu Laura Carlino, Cronache universali in rotulo nel tardo medioevo: la storia per immagini nel ms. 258 della Biblioteca Statale di Cremona (Fonti e sussidi. Biblioteca Statale 5), Roma 1997.

8 Vgl. dazu den Tagungsband der in etwa zeitgleich stattgefunden habenden Heidelberger Tagung The Roll in England and France in the Late Middle Ages. Form and Content, hg. von Stefan G. Holz/Jörg Peltzer/Maree Shirota (Materiale Textkulturen 28), Berlin/Boston 2019; sowie die Habilitationsschrift von Norbert Kössinger, Schriftrollen. Untersuchungen zu deutschsprachigen und mittelniederländischen Rotuli (Münchener Texte und Untersuchungen zur deutschen Literatur des Mittelalters 145), Wiesbaden 2019 (angekündigt), jedoch nicht zu lateinischsprachigen Rotuli, die den Hauptgegenstand des vorliegenden Bandes bilden.

9 Vgl. dazu beispielhaft Jutta Krimm-Beumann, Die ältesten Güterverzeichnisse des Klosters Sankt Peter im Schwarzwald: Der Rotulus Sanpetrinus und Fragmente eines Liber monasterii sancti Petri. Edition, Übersetzung, Abbildung (Veröffentlichungen der Kommission

ihrer unterschiedlichen Anwendungsfelder[10] und ihrer spezifischen Bedeutung in wirtschaftlich-administrativen Zusammenhängen, nicht zuletzt in einem deutsch-italienischen Vergleich.

Einen systematischen Vergleich kann und will dieser auf eine Wuppertaler Tagung im September 2016 zurückgehende Sammelband nicht leisten. Er will vielmehr die unterschiedlichen Einsatzgebiete, seine kontextspezifischen Fähigkeiten und damit die große Bandbreite der Einsatzmöglichkeiten der Rotuli herausarbeiten. Die Vermessung dieses Feldes soll zudem Wandel und Konstanten benennen, die mit konkreten Vorstellungen vom und Wertzuweisungen an den Rotulus als eine besonders alte Form der Schriftbewahrung verbunden sind. Die Beiträge des Tagungsbandes nähern sich ihrem Gegenstand weniger durch eine auf den Inhalt der Rotuli ausgerichtete Perspektive, sondern durch eine Konzentration auf seine Materialität, auf die Tatsache, dass Papyrus, Pergament oder Papier gerollt wurde – und Schriftzeugnisse auf diese Weise verwaltet wurde. Im Raum steht dabei immer die meist nicht leicht zu beantwortende Frage, wieso die Zeitgenossen dazu die Form des Rotulus nutzen, keine Wachstäfelchen oder gar Codices.

Die erste Sektion des Bandes veranschaulicht diese Varianz der Verwendung von Rotuli jenseits seines Haupteinsatzgebietes. Und bereits in dieser Sektion spielt die konkrete Materialität der Stücke eine wichtige Rolle. Erst durch die Analyse des Gebrauchs und der Materialität wird der „Sitz im Leben“ der Rotuli fassbar[11]. Gerade beim Rotulus war der performative

---

für geschichtliche Landeskunde in Baden-Württemberg. Reihe A 54), Stuttgart 2011; Jochen JOHRENDT, Die Diener des Apostelfürsten. Das Kapitel von St. Peter im Vatikan (11.-13. Jahrhundert) (Bibliothek des Deutschen Historischen Instituts in Rom 122), Berlin/New York 2011, S. 370–387; Luca MOLININI, Santità e rivendicazioni giurisdizionali nella diocesi dei Marsi: Oddone di Tagliacozzo (con l'edizione del processo romano-canonico del 1240), in: Episcopati e monasteri a Penne e in Abruzzo, secc. XII–IIV: esperienze storiografiche e storiche a confronto, hg. von Michele DEL MONTE (Biblioteca di Studi medievali e moderni. Sezione medievale 4), Napoli 2007, S. 277–376; oder Hedwig HEGER, Das Lebenszeugnis Walthers von der Vogelweide. Die Reiserechnungen des Passauer Bischofs Wolfger von Erla, Wien 1970.

10 Einen Überblick bietet Birgit STUDT, Gebrauchsformen mittelalterlicher Rotuli: Das Wort auf dem Weg zur Schrift – die Schrift auf dem Weg zum Bild, in: Vestigia Monasteriensia. Westfalen – Rheinland – Niederlande, hg. von Ellen WIDDER/Mark MERSIOWSKY/Peter JOHANEK (Studien zur Regionalgeschichte 7), Bielefeld 1995, S. 325–350.

11 Vgl. dazu am Beispiel von Papierhandschriften jüngst Thomas KLINKE/Carla MEYER: Geknickt, zerrissen, abgegriffen. Gebrauchsspuren auf historischen Papieren und ihr kulturhistorischer Aussagewert, in: Papier im mittelalterlichen Europa. Herstellung und Gebrauch, hg. von Carla MEYER/Sandra SCHULTZ/Bernd SCHNEIDMÜLLER (Materiale Textkulturen 7), Berlin u. a 2015, S. 135–178.

Umgang mit dem von ihm getragenen Text von entscheidender Bedeutung[12], was am Beispiel der liturgischen Rotuli[13] wie bei den Singspielen besonders deutlich wird. In dieser Sektion wird der Fokus daher auf Schriftrollen gelegt, die weder im finanziell-administrativen noch im juristisch-gerichtlichen Bereich Verwendung fanden und eher memoriale und repräsentative Funktionen erfüllten oder zu „halb-privaten" Zwecken wie Pilgerfahrten, Aufführungen oder Gebet eingesetzt wurden. Der Beitrag von Nine Miedema thematisiert die große Bandbreite der Einsatzmöglichkeiten von Rotuli und betont die Schwierigkeiten, nur auf der Grundlage des Inhaltes eine Klassifizierung vorzunehmen, denn es lässt sich weder eine einheitliche, standardisierte Gebrauchsfunktion noch eine exklusive Verwendung von Schriftrollen für besondere Textgattungen feststellen. Am Beispiel von Reiseliteratur und literarischen Aufführungstexten wird zudem der funktionale Stellenwert von Rotuli kritisch hinterfragt, insbesondere unter dem Gesichtspunkt der Transportabilität, Transitorität und Performativität.

Ein über 30 Meter langer, heute in der Stadtbibliothek von Cremona verwahrter Rotulus dient Elena Vanelli als Zeugnis für die besondere Performativität und Repräsentativität von mittelalterlichen Schriftrollen. Bei dem Stück handelt es sich um eine noch in der ersten Hälfte des 15. Jahrhunderts im Umfeld des Markgrafen Wilhelm von Montferrat hergestellte Universalchronik, die an älteren Modellen aus dem französischen Raum anknüpft und wohl als Luxusobjekt zu deuten ist.

Ein Feld- beziehungsweise Missivenbuch in Rotulusform steht im Mittelpunkt der Überlegungen von Bastian Walter-Bogedain. Behandelt wird eine Sammlung von achtundzwanzig auf Papier beschriebenen und mithilfe von Schnüren aneinandergebunden Einzeldokumenten, in denen Briefe der Hauptleute der Stadt Straßburg im Kontext der militärischen Vorkommnisse vom Sommer 1475 abgeschrieben wurden. Der Straßburger Rotulus bildet somit eine Art „Erinnerungsstütze", durch welche man vorangegangene Schreiben nachhalten konnte, um diese nach Überarbeitung von Änderungen eventuell an neue Empfänger abzusenden.

An der Schnittstelle zwischen Memoria und Rechtssicherung lässt sich der Rotulus Nr. 3 aus dem Kapitelarchiv von Arezzo einordnen, welchem der Beitrag von Igor Santos Salazar gewidmet ist. Das aus fünf zusammenge-

---

12 Vgl. beispielhaft etwa Benjamin THOMPSON, Performing Parliament in the Rotului Parlamentorum, in: Aspects of the perfomative in medieval culture, hg. von Manuele GRAGNOLATI/Almut SUERBAUM (Trends in medieval philology 18), Berlin u.a. 2010, S. 61–97.

13 Exultet. Rotoli liturgici del medioevo meridionale, hg. von Guglielmo CAVALLO/Giulia OROFINO/Oronzo PECERE, Roma 1994. Der für die Tagung vorgesehene Beitrag von Jörg Bölling, Entrollte Liturgie. Rotuli für Exsultet und Litanei, Messformular und Schatzverzeichnis, musste leider entfallen.

nähten Pergamentblättern bestehende Dokument beinhaltet Abschriften von früh- und hochmittelalterlichen Herrscherdiplomen, in denen die Rechte des Aretiner Bistums über fast zwanzig Taufkirchen gegen die Ansprüche des Bischofs von Siena festgehalten werden. Der wohl bereits im 9. Jahrhundert angelegte Rotulus wurde bis zum späten 12. Jahrhundert mehrfach überarbeitet und mit weiteren Inhalten ergänzt, welche einerseits die Rechtsstellung Arezzos untermauern, anderseits die feste Bindung des Bistums an das Regnum Italicum bezeugen sollten.

Die zweite Sektion baut auf der ersten Sektion auf und fragt vor dem Hintergrund der breiten Verwendungsmöglichkeiten des Rotulus nach seinem spezifischen Einsatz in administrativ-wirtschaftlichen Zusammenhängen. Welche Vorteile hatte die Verzeichnung von Besitzungen und Abgaben auf Rotuli gegenüber dem Codex und wurden diese flächendeckend eingesetzt? Am Beginn muss hier eine auf Regionen bezogene und daher beispielhafte Erfassung des Materials stehen, in der die Dimensionen der Überlieferung benannt und kontextualisiert werden: Ab wann lassen sich Heberegister und Zinsverzeichnisse in Form von Rotuli fassen und in welchem Verhältnis stehen sie zur sonstigen Schriftlichkeit des wirtschaftlich-administrativen Bereiches? Welche Erkenntnisse können aus der konkreten Materialität für die Verdichtung und Rationalisierung von Herrschaft gezogen werden? Hört der Gebrauch der Rotuli in den Institutionen ab einem bestimmten Zeitpunkt auf und wodurch ist dies zu erklären? Das bekannteste Beispiel ist hier sicherlich die Verwaltung der englischen Könige: Die Auslaufregister der königlichen Kanzlei wurden als Rotuli gestaltet. Auch die Erfassung von Zinsabgaben erfolgte bei englischen Bistümern häufig in Form von Rotuli, die ad hoc und nach dem jeweiligen Bedürfnis vor Ort angepasst werden konnten – da sie in Form des Rotulus, anders als bei einem voluminösen Codex, vor Ort mitgenommen werden konnten. Da die Fiskalisierung von (königlicher) Herrschaft in England eine ganz andere Qualität als im Reich nördlich der Alpen oder auch in Reichsitalien besaß, scheint es in dieser Perspektive kein Zufall zu sein, dass gerade in den normannischen Herrschaftsgebieten der Rotulus eine wichtige Rolle spielte[14].

Der Rotulus war das Medium, das den Grund- und Zinsherren einen aktiven Zugriff auf die Zinspflichtigen und damit eine Verdichtung und Rationalisierung ihrer Herrschaftsausübung ermöglichte. Die reine Zunahme von Schriftlichkeit allein erklärt nicht, wieso in diesem Bereich nunmehr Besitz-

14 Vgl. Michael T. Clanchy, From Memory to Written Record. England 1066–1307, Oxford ²1993, bes. S. 135–144, sowie für 2019 angekündigt The Roll in England, hg. von Holz/Peltzer/Shirota (wie Anm. 8).

und Zinsverzeichnisse verstärkt in Form von Rotuli Verwendung fanden, mit deren Hilfe Besitz gesichert und verwaltet werden sollte[15]. Christian Lackner nimmt das berühmte Habsburgische Urbar in den Blick, das eine vielfältige Überlieferung sowohl in Rollen- als auch in Codex-Form aufweist. Bekanntlich haben Zinsrödel vor allem am Oberrhein eine vergleichsweise große Verbreitung gefunden, während in Württemberg, Bayern oder Österreich die Rodelform für urbarielle Aufzeichnungen eher die Ausnahme darstellt. Dies legt den Schluss nahe, dass die habsburgische Verwaltung sich bei der Erstellung der ersten Güterverzeichnisse zu Ausgang des 13. Jahrhunderts das am Oberrhein schon bewährte Rodelformat zu eigen gemacht und diese Überlieferungsform nicht selbst geprägt habe.

Lucia Dell'Asta beschreibt einige, in der Stadtbibliothek zu Bergamo aufbewahrte Rotuli, in denen die *calcationes*, d.h. die Ergebnisse von *inquisitiones* festgehalten wurden, die im 13. Jahrhundert von der Stadtregierung ausgingen und auf eine lückenlose Verzeichnung des kommunalen Eigentums abzielten. Diese Praxis könnte als Vorbild für ähnliche, von Seiten des Domkapitels und des Bischofs eingeleitete Ermittlungen gedient haben, deren Ergebnisse allerdings in Form von Codices überliefert sind.

Inwiefern Rotuli geeignet sind, um einen neuen Blick auf die Herrschaftsorganisation in Folge des Investiturstreites zu gewinnen, untersucht Jochen Johrendt am Beispiel der Rotuli des Xantener Viktorstiftes, die im 12. und 13. Jahrhundert für die *officia* Rottum und Weeze entstanden sind. Über die Rotuli kann es gelingen, eine auf die wirtschaftliche Entwicklung ausgerichtete Betrachtung zu ermöglichen. Ein derartiger Zugang würde die Entwicklung weniger von der Spitze der Konfliktparteien aus betrachten, sondern die dafür notwendigen Ressourcen in den Blick nehmen, die direkter verwaltet und damit zielgerichteter genutzt werden konnten.

Der Entstehung und den Funktionen einer auf den Kölner Erzbischof Philipp von Heinsberg (1167–1191) zurückgehenden, heute im Münsteraner Landesarchiv verwahrten Schriftrolle geht Étienne Doublier nach. Der kleine Rotulus wurde am Vorabend des Aufbruchs Philipps zum Italienzug im Winter 1190/91 auf der Grundlage von älteren, nicht mehr überlieferten Verzeichnissen angelegt, die verschiedene Phasen der intensiven Erwerbspolitik der Kölner Metropoliten in der zweiten Hälfte des 12. Jahrhunderts reflektieren.

15 Vgl. beispielhaft Katia Bertoni, L'abbazia di Rosazzo attraverso l'esame dei „rotuli" d'amministrazione, in: Memorie storiche forogiuliesi 80 (2000) S. 163–203; Tonia Di Crescenzo, Ancora su Gualterio vescovo e sul „rotolo" di Penne. Per una più esatta datazione (1269), in: Episcopati, hg. von Del Monte (wie Anm. 9), S. 83–141.

Mark Mersiowsky bietet einen Überblick über die ältesten Rechnungen in Form von Einzelblättern und originären wie sekundären Rotuli aus dem deutschen Raum. Als Charakteristikum für die frühe Phase (13. und 14. Jahrhundert) nennt er das parallele Auftreten von hochrechteckigen Pergamentblättern und eigentlichen Rotuli, wobei die Ursprünge für das Aufkommen des Rechnungsrotulus im Gebrauch von Randpergamentreststreifen für kurze Notizen liegen könnten. Aus der Notwendigkeit, die Stücke zusammenzuhalten, könnte sich auch der Usus entwickelt haben, mehrere Streifen zu einem „sekundären" Rotulus zusammenzunähen. Als Organisationsform schriftlicher Rechnungen sollte allerdings der Rotulus bereits im Zuge des 14. Jahrhunderts an Bedeutung verlieren, als es zu einem schnellen Übergang zum Papierregister kam.

Die dritte Sektion nimmt die Verwendung der Rotuli im juristisch-administrativen Bereich in den Blick. Noch deutlicher als bei den Rotuli im Bereich der Finanzverwaltung kam hier der Bewahrung des Originals eine entscheidende Rolle zu, so dass beispielsweise im Rahmen einer Vertragskette ein Notariatsinstrument an das nächste genäht wurde und so ein Sekundärrotulus entstand, der die juristisch bedeutsamen Stücke im Original verwahrte, die so jederzeit einer Echtheitskritik unterzogen werden konnten.

Barbara Bombi behandelt das wohl bekannteste Beispiel für einen planmäßigen Einsatz von Rotuli: die Verwaltung der englischen Könige im 13. und 14. Jahrhundert. Dabei stellt sie fest, dass diese Registrierungsform in administrativen und diplomatischen Bereich tatsächlich als ein nahezu exklusives Merkmal der englischen Krone gelten kann, wobei der besondere Vorteil in der Möglichkeit bestand, einzelne Dokumente von dem Rotulus zu entfernen, ohne die Handschrift zu überarbeiten und gravierende Spuren zu hinterlassen.

Der langwierige Streit zwischen dem Bischof von Parma und der Stadtkommune um die Ausübung von Jurisdiktionsrechten in der Stadt sowie auf dem Contado wurde 1218–1220 durch ein vom päpstlichen Richter und Bischof von Bologna Enrico della Fratta geleitetes Gerichtsverfahren entschieden, dessen Akten in Rotulus-Form überliefert sind. Dieser Quelle gilt der Beitrag von Pietro Silanos, der diese Überlieferungsform für die Zusammenstellung der beglaubigten Zeugenaussagen *(dicta testium)* im Kontext eines derartigen Gerichtsverfahrens als besonders geeignet sieht und die prozessuale Schriftrolle als Beispiel für die pragmatische Schriftlichkeit des frühen 13. Jahrhunderts charakterisiert.

Auch im Beitrag von Miriam Tessera steht ein Rechtsstreit im Mittelpunkt. Behandelt wird ein um 1201 von den Kanonikern des mailändischen Ambrosiusklosters angelegter Rotulus, in dem die *allegationes* für die von den päpstlichen Richtern geleitete Gerichtssitzung zusammengestellt wurden, die über den Streit zwischen Mönchen und Kanonikern hätte entscheiden müssen. Hervorgehoben wird dabei vor allem die innovative Methode, die für die intertextuellen Verweise innerhalb des Dokuments entwickelt wurde.

Die beiden Beiträge von Lorenza Iannacci und Annafelicia Zuffrano untersuchen aus rechtshistorischer und paläographisch-diplomatischer Perspektive den sogenannten Rotulus San Domenico 77/7411 aus dem Staatsarchiv Bologna. Dabei handelt es sich um einen fast 20 Meter langen Pergamentrotulus, der aus 28 eingebundenen Blättern besteht, und ein umfangreiches Urkundendossier mit *dicta testium* und weiteren Dokumenten zu den Gütern und den testamentarischen Verfügungen des Teodorico Borgognoni (1205–1298), Dominikaner, Bischof von Cervia, Chirurg und Tierarzt beinhaltet.

Alberto Spataro beschäftigt sich mit einem um die Mitte des 14. Jahrhunderts angefertigten Rotulus aus dem Kapitelsarchiv von Vercelli. Durch die Zusammenstellung von beglaubigten Urkundenabschriften in Rotulusform wurden im Rahmen eines Rechtsstreits zwischen den Kommunen Vercelli und Casale Sant'Evasio die Ergebnisse eines älteren Prozesses festgehalten, in dem der Hofgericht Henrichs VI. die Rechte des Bischofs von Vercelli gegen die Leute von Casale Sant'Evasio anerkannt hatte.

Eine überaus umfangreiche Schenkung des mailändischen Stadtherrn Bernabò Visconti aus dem Jahr 1359 ist Gegenstand des Beitrags von Paolo Galimberti. Die Besonderheit besteht in diesem Fall darin, dass die aus mehreren Urkunden bestehende Schenkung, welche den Spitälern von Brolo, S. Ambrogio, S. Caterina und S. Antonio galt, zu einem fast 8 Meter langen Rotulus gebastelt und in zweifacher Ausfertigung in den Beständen des Ospedale Maggiore archiviert wurde.

Riccardo Parmeggiani setzt sich mit der nicht besonders reichhaltigen Überlieferung von Rotuli im Bereich der *inquisitio haereticae pravitatis* auseinander. Unter den vier bekannten Beispielen sind vor allem die Prozessakten hervorzuheben, die im Rahmen der Inquisitionsverfahren gegen die Adeligen von Recanati (1320) und den Stadtherrn von Assisi Muzio (1321) entstanden und auf franziskanische Inquisitoren zurückgehen.

Ein letztes Beispiel für die Verwendung von Rotuli im juristischen-administrativen Bereich sind die Ergebnisse der Visitation des Klosters S. Benigno von Fruttuaria, die 1326 vom päpstlichen Legaten Bertrand du Poujet geordneten wurde, die Alfredo Lucioni untersucht. Die von den *executores et visitatores* des Kardinallegaten getroffen und der Klostergemeinde brieflich mitgeteilten Maßnahmen wurden von den Mönchen auf vier Pergamentblättern übertragen, die zu einem 150 cm langen Rotulus zusammengenäht wurden.

Die vierte Sektion (Archivierung, Erfassung und Aufarbeitung) fragt nach den Folgen der Bedeutung der konkreten Materialität der Rotuli für ihre Bewahrung, Restaurierung, Digitalisierung und Aufarbeitung sowohl in Archiven und Bibliotheken als auch für die wissenschaftliche Aufarbeitung in Form von Editionen in Rückkopplung an die Digitalisierung der Stücke. Die Bildung des Rödelselekts im Generallandesarchiv Karlsruhe, das 116 Zinsrotuli vorrangig des 14. Jahrhunderts enthält, verdeutlicht, dass sich die Archive der Quellengattung – damals noch in der Perspektive des Rotulus als einer Vorstufe zum Urbar – teilweise bereits angenommen haben[16]. Wird die konkrete Materialität der Stücke ernst genommen und damit deutlich, dass sie einen erheblichen heuristischen Wert jenseits des abstrakten Textes hat, muss dies auch Folgen für die Restaurierung und Digitalisierung der Stücke haben. Dies steht im Mittelpunkt der Beiträge von Pier Maurizio Della Porta und Johannes Burkardt, welche Einblicke in die Praxis des Staatsarchivs von Perugia sowie des Landesarchivs NRW liefern.

16 Vgl. beispielsweise Alphons SCHÄFER, Die ältesten Zinsrödel im Badischen Generallandesarchiv, in: Zeitschrift für Geschichte des Oberrheins 112 (1964) S. 297–371.

1. VARIANTEN DER ROTULUSVERWENDUNG

Reiseliteratur und literarische Aufführungstexte in Form von Rotuli

Nine Miedema

Der vorliegende Beitrag nimmt zwei Textgruppen in den Blick, die (auch) in Form von Rotuli überliefert sind: Pilger- bzw. Reiseliteratur auf der einen Seite (2) und ‚literarische Aufführungstexte' auf der anderen Seite (3). Einleitend sei die Thematik der Textüberlieferung in Rollenform jedoch etwas allgemeiner umrissen (1).

1.

In den letzten Jahrzehnten sind einige einschlägige Publikationen erschienen, die ein gewisses Überblickswissen über Rotuli vermitteln[1]: Z. B. unternahm die Historikerin Birgit Studt eine wegweisende Studie zu den Gebrauchsformen von Rotuli unterschiedlichen, vor allem aber historiographischen Inhalts[2], erforschte der Historiker Hannes Steiner Urkundenrollen[3], untersuchte der Kunsthistoriker und Theologe Hans-Walter Stork exemplarisch

1 Der Hinweis Volker Honemanns, dass die Bedeutung des Rotulus schlecht erforscht sei, ist damit zumindest teilweise aufgegriffen worden, vgl. Volker Honemann, Funktionen des Buches in Mittelalter und früher Neuzeit, in: Medienwissenschaft. Ein Handbuch zur Entwicklung der Medien und Kommunikationsformen, hg. von Joachim-Felix Leonhard u. a., 1. Teilbd. (Handbücher zur Sprach- und Kommunikationswissenschaft 15.1), Berlin/New York 1999, S. 539–560, hier S. 541.

2 Birgit Studt, Gebrauchsformen mittelalterlicher Rotuli. Das Wort auf dem Weg zur Schrift – die Schrift auf dem Weg zum Bild, in: Vestigia Monasteriensia. Westfalen – Rheinland – Niederlande, hg. von Ellen Widder/Mark Mersiowsky/Peter Johanek (Studien zur Regionalgeschichte 5), Bielefeld 1995, S. 325–350. Zu Rotuli historisch-genealogischen Inhalts siehe außerdem François Fossier, Chroniques universelles en forme de rouleau à la fin du Moyen-Âge, in: Bulletin de la Société nationale des antiquaires de France 1 (1980–1981), S. 163–183; Gert Melville, Geschichte in graphischer Gestalt. Beobachtungen zu einer spätmittelalterlichen Darstellungsweise, in: Geschichtsschreibung und Geschichtsbewußtsein im späten Mittelalter, hg. von Hans Patze (Vorträge und Forschungen 31), Sigmaringen 1987, S. 57–154, *passim*; Laura Carlino, Cronache universali in rotulo nel tardo medioevo. La storia per immagini nel ms. 258 della Biblioteca Statale di Cremona (Fonti e sussidi. Biblioteca Statale 5), Rom 1997. Hans-Walter Stork, Spätmittelalterliche Gebetbücher in Rollenform in Überlieferung und Bild, in: Gutenberg-Jahrbuch 85 (2010), S. 43–78, hier S. 46–48, differenziert innerhalb der chronikalischen Texte im Rollenformat sechs unterschiedliche Texttypen.

3 Hannes Steiner, Alte Rotuli neu aufgerollt. Quellenkritische und landesgeschichtliche

Gebetsliteratur in Rollenform[4] und legte der Germanist Norbert Kössinger jüngst ausgehend von über 35 Rotuli mit deutschsprachigen Texten sowie zahlreichen weiteren Schriftrollen umfassendere Untersuchungen zu Form und Gebrauch von Rollenhandschriften vor[5]. Rotuli, so zeigt sich aus diesen Untersuchungen, sind eine auffällige, aber keine seltene Form der Überlieferung.

Dabei erweist sich eine Corpusbestimmung des mittelalterlichen Rotulus als überraschend schwierig. Bereits die in der Forschungsliteratur verwendete Terminologie ist nicht immer eindeutig – die 680 cm breite *Tabula Peutingeriana*[6] z. B. wird zumeist als ,tabula' und nur selten als ,Rotulus' bezeichnet – sie ist in gewissem Sinn ein ,nicht-gerollter Rotulus'[7]. Die *Ebstor-*

Untersuchungen zum spätkarolingischen und ottonischen Zürich (Forschungen zur oberrheinischen Landesgeschichte 42), Freiburg i. Br. 1998.

4 Stork, Gebetbücher (wie Anm. 2). Vgl. Suitbert Benz, Der Rotulus von Ravenna. Nach seiner Herkunft und seiner Bedeutung für die Liturgiegeschichte kritisch untersucht (Liturgiewissenschaftliche Quellen und Forschungen 45), Münster 1967 (noch ohne Kenntnis anderer Gebetsrollen); Hellmut Rosenfeld, Die Münchner Gebetsrolle Clm 28961, in: Gutenberg-Jahrbuch 1976, S. 48–56; Hansjakob Becker, Ein Gebetsrotulus des 15. Jahrhunderts, in: Gutenberg-Jahrbuch 1976, S. 57–63; Jonathan Green, Remains of a Roll with Verse on the Canonical Hours, in: Zeitschrift für deutsches Altertum 139 (2010), S. 313–323; Norbert Kössinger, Maria im ,Königsberger Wartburgkrieg', in: Maria in Hymnus und Sequenz. Interdisziplinäre mediävistische Perspektiven, hg. von Eva Rothenberger/ Lydia Wegener (Liturgie und Volkssprache 1), Berlin/Boston 2017, S. 265–287.

5 Norbert Kössinger, Gerollte Schrift. Mittelalterliche Texte auf Rotuli, in: Schriftträger – Textträger. Zur materialen Präsenz des Geschriebenen in frühen Gesellschaften, hg. von Annette Kehnel/Diamantis Panagiotopoulos (Materiale Textkulturen 6), Berlin/München/Boston 2014, S. 151–168. Vgl. außerdem ders., Schriftrollen. Untersuchungen zum mittelalterlichen Rotulus, Habil. Wien 2013 (erscheint unter dem Titel „Schriftrollen. Untersuchungen zu den deutschsprachigen und mittelniederländischen Rotuli" in der Reihe „Münchener Texte und Untersuchungen zur deutschen Literatur des Mittelalters"). Ich danke Herrn Kössinger sehr herzlich dafür, dass er mir eine Fassung seiner Habilitationsschrift vom Juli 2019 zur Verfügung gestellt hat, nach welcher im Folgenden zitiert wird. Der genannte Aufsatz beruht offenbar auf den Forschungen für die Habilitationsschrift, die allerdings differenzierter argumentiert.

6 Tabula Peutingeriana. Codex Vindobonensis 324. Österreichische Nationalbibliothek, Wien, kommentiert von Ekkehard Weber, Graz 2004; Michael Rathmann, Tabula Peutingeriana. Die einzige antike Weltkarte, Mainz 2016.

7 Kössinger, Schriftrollen (wie Anm. 5) S. 54, nennt sie eine „Landkarte[ ] in Rollenform" und ergänzt einen Hinweis auf eine *mappa mundi in duobus rotulis* im Katalog der Reichenauer Bibliothek (9. Jahrhundert; Mittelalterliche Bibliothekskataloge Deutschlands und der Schweiz, Bd. 1, hg. von Paul Lehmann, München 1918, S. 248), die möglicherweise mit der *Peutingeriana* identisch ist. Es läge dort somit eine mittelalterliche Charakterisierung der *Peutingeriana* als *rotul[u]s* vor, wobei die Aufteilung in zwei getrennte Rollen (*in duobus rotulis*) durch eine Beschädigung der ,Bindung' entstanden sein mag. Dass die mittelalterliche Terminologie keinesfalls eindeutig ist, der Begriff *rotulus* oder *rodel* somit auch für

fer Weltkarte[8] dagegen als ‚Rotulus' zu bezeichnen, wäre wohl insbesondere aufgrund ihres nahezu quadratischen Formats ungewöhnlich (denn ein Rotulus wird wohl implizit immer als nicht-quadratisch verstanden), obwohl auch sie durchaus aufgerollt worden sein dürfte; die Frage, ob die Überlieferungs- und Gebrauchsformen der *Peutingeriana* und der *Ebstorfer Weltkarte* kategorial verschieden sind, ist bisher nicht gestellt worden[9].

Es fällt darüber hinaus auf, dass sich z. B. gerade im Bereich der Reiseliteratur und Kartographie verschiedene Übergangsformen zwischen Codex und Rolle finden lassen. Gut vorstellbar wäre, dass das lineare Modell des Itinerars für eine Darstellung in Rotulusform besonders geeignet wäre. Die relativ frühen, bebilderten Itinerare aber, die Matthew Paris zugeschrieben werden (13. Jahrhundert), sind nicht als Rollen, sondern in Form von Codices überliefert. Dabei weckt deren zweispaltige Anlage allerdings den visuellen Eindruck, als wären für jede Seite zwei Streifen eines schmalen Rotulus nebeneinander gelegt worden[10], so dass sich eine Art ‚Rotuli in Codexform' ergeben[11]. Die Grenzen zwischen Codex, Rotulus und anderen Formen handschriftlicher oder auch gedruckter Überlieferung erweisen sich durch solche Zeugnisse als fließend[12].

---

ganz andere Überlieferungsformen verwendet wurde, zeigt KÖSSINGER, Schriftrollen (wie Anm. 5) S. 15–23.

8 Hartmut KUGLER, Die Ebstorfer Weltkarte. Kommentierte Neuausgabe in zwei Bänden, Berlin 2007; vgl. auch Scott D. WESTREM, The Hereford Map. A Transcription and Translation of the Legends with Commentary (Terrarum orbis 1), Turnhout 2001.

9 Betrachtet man das Thema intermedial, so müsste zusätzlich erwogen werden, was textile ‚Rotuli' wie der Teppich von Bayeux (vgl. z. B. David M. WILSON, Der Teppich von Bayeux, Lahnstein 2010 [engl. The Bayeux Tapestry, 2004]) kategorial von Rotuli auf Papyrus, Pergament oder Papier unterscheidet.

10 Siehe die Handschriften Cambridge, Corpus Christi Library, Ms. 26 und 16 sowie London, British Library, Royal MS. 14 C. VII. Vgl. Daniel K. CONNOLLY, The Maps of Matthew Paris. Medieval Journeys through Space, Time and Liturgy, Woodbridge 2009; Dorothy KIM, Matthew Paris, Visual Exegesis, and Apocalyptic Birds in Royal MS. 14 C. VII, in: Electronic British Library Journal 2014 (http://www.bl.uk/eblj/2014articles/pdf/ebljarticle52014.pdf, letzter Abruf 15.12.2019).

11 Möglicherweise ließe sich auch das karolingische *Einsiedler Itinerar* auf diese Weise verstehen, siehe: Die Einsiedler Inschriftensammlung und der Pilgerführer durch Rom. Codex Einsidlensis 326. Faksimile, Umschrift, Übersetzung und Kommentar, hg. von Gerold WALSER (Historia. Einzelschriften 53), Stuttgart 1987; es führt den Betrachter durch Rom, indem auf jeder Doppelseite links und rechts von einer imaginären Route die wichtigsten Bauten aufgelistet werden. – Einige Fälle, in denen Rotuli zerschnitten und in Codexform gebracht wurden, werden von STORK, Gebetbücher (wie Anm. 2) S. 76, zusammengestellt.

12 Das *Osterspiel von Muri* dagegen wirkt durch seine zweispaltige Anlage, bei der Streifen von ca. 60–70 cm auf- und abgerollt werden mussten, wie ein ‚Codex in Rotulusform'. Siehe unten, Abschnitt 3. Eine andere Variante bieten die Chirographen, vgl. Stefan KWASNITZA, Chirograph, in: SchriftRäume. Dimensionen von Schrift zwischen Mittelalter und

Bezüglich der insgesamt in Rollenform überlieferten Texte beschreibt Kössinger die folgenden zwölf texttypologisch unterscheidbaren „Gruppen" von Rotuli[13]:

1. Medizinisches
2. Verwaltungsschrifttum[14]

Moderne, hg. von Christian KIENING/Martina STERCKEN, Zürich 2008, S. 240 f., hier S. 240: „Ein Chirograph besteht aus zwei oder mehr gleichlautenden Texten, die auf ein Pergament oder Papier geschrieben wurden. Zwischen die Schriftspiegel setzte man Buchstaben, Ornamente oder Worte, häufig *chirographum*. An dieser Stelle wurde das Schriftstück gewellt oder gezahnt zerschnitten. Jeder Vertragspartner erhielt eine Teilurkunde, deren Echtheit sich durch Aneinanderlegen der getrennten Stücke überprüfen ließ"; es ergibt sich auf diese Weise ein Rotulus, der planmäßig in zwei Einzelteile zerschnitten wird.

13 KÖSSINGER, Gerollte Schrift (wie Anm. 5) S. 154; analog DERS., Schriftrollen (wie Anm. 5) S. 64–81, wo allerdings nur acht Gruppen genannt werden, da die unten aufgeführten Gruppen 9–12 in deutscher Sprache nicht überliefert sind; ebd., S. 42–54, wo für die lateinischen Rotuli neun verschiedene Gruppen erarbeitet werden. Vgl. auch die Typologie der Texte der volkssprachigen, nicht-deutschsprachigen Rotuli, ebd., S. 54–60, die insgesamt 13 Textgruppen nennt und dabei z. B. eine Rubrik „Wörterbuch/Reimglossar" (ebd., S. 57) ergänzt. Dass auch diese Textsorte in Rotulusform überliefert ist, ist an sich auch KÖSSINGER, Gerollte Schrift (wie Anm. 5) S. 155, zu entnehmen, wo ein „alphabetisch angelegtes, lateinisch-althochdeutsches Pflanzenglossar" erwähnt wird, das als eigene Textgruppe aber deswegen nicht erkennbar wird, weil es in einem Rotulus in der Gruppe „Medizinisches" beschrieben wird und wohl auf der Rückseite nachgetragen wurde (siehe auch DERS., Schriftrollen [wie Anm. 5] S. 166–176). – KÖSSINGER (ebd., S. 5 f.) schließt ohne genauere Textsortendefinitionen folgende Texttypen und Überlieferungsformen aus den Untersuchungen aus: Einzelblätter; Briefe; Urkunden; historiographisches Schrifttum (vgl. Anm. 2); Totenroteln. Zu Letzteren siehe kurz ebd., S. 43 f., vor allem aber Gabriela SIGNORI, Totenrotel und andere Medien klösterlicher *memoria* im Austausch zwischen spätmittelalterlichen Frauenklöstern und -stiften, in: Nonnen, Kanonissen und Mystikerinnen. Religiöse Frauengemeinschaften in Süddeutschland. Beiträge zur interdisziplinären Tagung vom 21. bis 23. September 2005 in Frauenchiemsee, hg. von Eva SCHLOTHEUBER/Helmut FLACHENECKER/Ingrid GARDILL (Veröffentlichungen des Max-Planck-Instituts für Geschichte 235; Studien zur Germania Sacra 31), Göttingen 2008, S. 281–296: 80 zwischen 1390 und 1545 entstandene Rollen, teils, aber selten, in deutscher Sprache, ebd., S. 293 f.; Franz NEISKE, Rotuli und andere frühe Quellen zum Totengedenken (bis ca. 800), in: *Nomen et fraternitas*. Festschrift für Dieter Geuenich zum 65. Geburtstag, hg. von Uwe LUDWIG/Thomas SCHILP (Ergänzungsbände zum Reallexikon der germanischen Altertumskunde 62), Berlin 2008, S. 203–220.

14 Diese Gruppe umfasst auch das Blankenheimer Reliquienverzeichnis (Prag, Nationalmuseum, Cod. I E a 14, Mitte des 15. Jahrhunderts; siehe KÖSSINGER, Gerollte Schrift [wie Anm. 5] S. 160–163; DERS., Schriftrollen [wie Anm. 5] S. 389–434). Das Reliquienverzeichnis von St. Nicolai in Passau (München, Bayerische Staatsbibliothek, Clm 30035, 14. Jahrhundert) ist hier allerdings in die Rubrik „(Para-)liturgische Texte und Gebete" eingeordnet (KÖSSINGER, Schriftrollen [wie Anm. 5] S. 49 f.). Zu letzterem siehe Elisabeth KLEMM, Ein illustriertes Reliquienverzeichnis in der Bayerischen Staatsbibliothek. Beitrag zur Passauer Buchmalerei des 14. Jahrhunderts, in: Diversarum artium studia. Beiträge zur Kunst-

3. Spieltexte
4. paraliturgisch-orationale Texte
5. Spruchdichtung
6. Minnereden
7. Juristisches
8. „Text-Bild-Verbindungen“[15]
9. Legenden
10. Chroniken
11. Epik
12. Lieddichtung.

Die mangelnde Trennschärfe dieser Textsortengruppen, die Varianzen in Kössingers diesbezüglichen verschiedenen Listen und die Tatsache, dass sich inhaltliche (gattungsbezogene) und funktionale (gebrauchsbezogene) Kriterien bei der Zusammenstellung der Gruppen zu vermischen scheinen, erschweren den Umgang mit der vorgeschlagenen Typologie. Trotz der erheblichen Bandbreite der genannten zwölf Textsorten müssten wohl weitere Gruppen ergänzt werden, auch bereits im Bereich der deutsch- und niederländischsprachigen Schriftrollen[16]: Ein Rotulus in Den Haag z. B. überliefert einen immerwährenden Kalender in mittelniederländischer Sprache, der in der Kategorie „Text-Bild-Verbindungen“ schlecht aufgehoben erscheint[17].

---

wissenschaft, Kunsttechnologie und ihren Randgebieten. Festschrift für Heinz Roosen-Runge zum 70. Geburtstag, hg. von Helmut ENGELHART/Gerda KEMPER, Wiesbaden 1982, S. 75–104 mit Abb. 47 und 49. Siehe unten, Abschnitt 2.

15 Kössinger fasst hierunter die Papst-Kaiser-Rotuli, d.h. historiographisches Schrifttum, sowie Wappenrotuli und einen Kalender (vgl. Anm. 17).

16 Auch volkssprachige Totentanz-Texte und Kochbücher sind in Rollenform überliefert, vgl. STORK, Gebetbücher (wie Anm. 2) S. 52 f. (mit weiterer Literatur). KÖSSINGER, Schriftrollen (wie Anm. 5) S. 55, 71 u. 279–291, fasst letztere zu „Medizin/Rezepte“, erstere zu den Spielen.

17 Den Haag, Koninklijke Bibliotheek, 130 E 26 (Ende des 14. Jahrhunderts). Der Den Haager Rotulus bildet zumeist Brustbilder von Heiligen mit ihren Namenszügen ab; die niederländische Herkunft zeigt sich nicht nur in der Schreibweise einzelner Heiligennamen (z. B. *agniet*, *aecht*, *piet[er]*), sondern auch in der Bezeichnung sonstiger Feiertage (*dortie[n]-d[ach]* für Dreikönige, *boodscap marien* für die Verkündigung an Maria usw.). Der Rotulus ist parallel zur Längsseite beschriftet, es handelt sich also nicht um den für das Mittelalter sonst am häufigsten überlieferten Typ der *charta transversa* (vgl. KÖSSINGER, Gerollte Schrift [wie Anm. 5] S. 13. u. 80 f.; der Hinweis, es gebe unter den ‚deutschsprachigen‘ Rotuli keine *chartae transversae*, ist damit zu relativieren, denn Kössinger verwendet den Begriff ‚deutschsprachig‘ „unter Einschluss des Niederdeutschen und des Niederländischen“, ebd., S. 154; kaum differenzierter DERS., Schriftrollen [wie Anm. 5] S. 64 u. 437). Auch ein heute in Nürnberg befindlicher Rotulus enthält einen Kalender (in diesem Fall eine *charta transversa* ohne Bilder), siehe unten, Abschnitt 2; die Stundenbücher in Rotulusform schei-

„Verwaltungsschrifttum" ist ebenso wie „Juristisches" in lateinischer Sprache in Rollenform derart häufig überliefert, dass eine Binnendifferenzierung notwendig ist[18]. Es fragt sich darüber hinaus, ob die von Kössinger für die lateinischen Texte genannten Gruppen „Pilgerführer" und „Landkarten in Rollenform"[19] nicht sinnvoll zu „Karten und Reiseliteratur" zusammengefügt werden sollten, und ob nicht der (deutschsprachige) Blankenheimer Heiltumsrotulus (Anm. 14), das auf einem Reisebericht beruhende Reliquienverzeichnis für St. Nicolai in Passau (lateinisch; Anm. 14) und das (teils deutschsprachige) Münchner Reliquienverzeichnis[20] gemeinsam und in Nähe zu den (ebenfalls Reliquien verzeichnenden) Pilgerführern erfasst werden müssten – die letzte Rolle ist von Kössinger unter dem „Verwaltungsschrifttum" verzeichnet, die ersten beiden unter den „(Para-)liturgische[n] Texte[n] und Gebete[n]"[21]. Umgekehrt überrascht die Trennung zwischen der (deutschsprachigen) „Spruchdichtung"[22] und der „Lieddichtung", da es sich bei beiden um Formen gesungener Lyrik handelt[23].

---

nen ebenfalls zumindest zum Teil auch Kalendarien enthalten zu haben, vgl. Stork, Gebetbücher (wie Anm. 2) S. 55, so dass es gerechtfertigt erschiene, eine eigene Rubrik ‚Kalender' anzusetzen. Kössinger, Schriftrollen (wie Anm. 5) S. 80 f., schließt vergleichbare gedruckte Kalender mit der etwas willkürlich wirkenden Begründung aus, sie gehörten „eher in den Bereich von Einzelblattüberlieferung", ebd., S. 81, Anm. 194. – Ein ikonographisch mit der Den Haager Rolle gut vergleichbarer lateinischer Kalender, der nicht die Rollenform benutzt, sondern die Heiligenbilder in Streifen untereinander abbildet und somit den oben erwähnten ‚Rotuli in Codexform' ähnelt, findet sich im Übrigen in Köln, Museum Schnütgen, Inv. Nr. M 279.

18 Die von Kössinger, Schriftrollen (wie Anm. 5) S. 67–69 (Urbare, Güterverzeichnisse), 45 f. (Synodenbeschlüsse, Gesetzestexte, Gerichts- und Verhörprotokolle, Suppliken, Ordinationstexte), vorgeschlagenen Teilgruppen dürften noch zu erweitern sein.

19 Kössinger, Schriftrollen (wie Anm. 5) S. 52 u. 54.

20 Siehe München, Bayerische Staatsbibliothek, Clm 10341 (erste Hälfte des 16. Jahrhunderts); Kössinger, Schriftrollen (wie Anm. 5) S. 69 f. Vgl. darüber hinaus den ebd., S. 64, aus Wilhelm Wattenbach, Das Schriftwesen im Mittelalter, Leipzig [3]1896, S. 167, übernommenen Verweis auf früher im Münchener Nationalmuseum befindliche, heute aber nicht mehr auffindbare „Rotuli mit Bildern […], die ‚beim Vorzeigen der Heiligthümer benutzt'" worden seien.

21 Kössinger, Schriftrollen (wie Anm. 5) S. 49 f., 69 f. u. 78.

22 Für den deutschsprachigen Raum wäre die korrektere Bezeichnung für alle im Rahmen dieser Kategorie überlieferten Texte „Sangspruchdichtung" (Kössinger, Schriftrollen [wie Anm. 5] S. 73): Es handelt sich um gesungene Texte, auch wenn die Rotuli keine Melodien überliefern (siehe das Repertorium der Sangsprüche und Meisterlieder, hg. von Horst Brunner u. a., Bd. 1, Tübingen 1994). Vgl. sprachübergreifend allerdings unten, Anm. 23.

23 Hinzu kommt in der Rubrik „(Para-)liturgische Texte und Gebete" eine Gruppe lateinischer „Geistliche[r] Lieder", Kössinger, Schriftrollen (wie Anm. 5) S. 50; vgl. auch ders., Maria (wie Anm. 4), zu einem Marienhymnus und einem Marienleich (Königsberger Rotulus, Kontext des Stundengebets; siehe unten, Abschnitt 3). – Dieuwke van der Poel,

Es zeigt sich jedoch anhand der von Kössinger aufgestellten Typologie, dass die Überlieferungsform ‚Rotulus' grundsätzlich für viele Texte unterschiedlichster Länge verwendet wurde[24]. Es scheint nur wenige Textgattungen zu geben, für die keine Überlieferung in Rotulusform erhalten geblieben ist: Es liegt zwar Großepik in Rollenform vor, zumindest in Frankreich[25], aber auffälligerweise ist der gesamte Bereich der Kleinepik (‚Novellistik', in Deutschland vor allem ‚Märendichtung'[26]) nicht in Rollenform überliefert. Umgekehrt scheint zu gelten, dass es keine Textsorte gibt, die ausschließlich in Rollenform erhalten geblieben ist: Alle Einzeltexte, die in Rollenform vor-

---

Spreukstrofen op een perkamenten rol, in: Tijdschrift voor Nederlandse taal- en letterkunde 123 (2007), S. 108–138, analysiert und ediert eine Rolle mit mittelniederländischen Strophen (Antwerpen, Ruusbroecgenootschap, Hs. Neerl. 413/1, 14. Jahrhundert; vgl. auch KÖSSINGER, Schriftrollen [wie Anm. 5] S. 341–345); vor dem Hintergrund der gesungenen deutschsprachigen Sangspruchdichtung ist ihre Argumentation, die Strophen seien aufgrund ihres gnomischen Inhalts wohl nicht gesungen worden (VAN DER POEL, Spreukstrofen S. 113 f.), schwer nachvollziehbar. – Vgl. außerdem die Rolle mit Motetten, siehe Richard H. HOPPIN, A Musical Rotulus of the Fourteenth Century, in: Revue Belge de Musicologie/Belgisch Tijdschrift voor Muziekwetenschap 9 (1955), S. 131–142, und das Faksimile: Rotulus (1 Conductus & 9 Motets), Early 14th Century, [Peer] 1990 (Brüssel, Koninklijke Bibliotheek, Hs. 19606, KÖSSINGER, Schriftrollen [wie Anm. 5] S. 50).

24 KÖSSINGER, Schriftrollen (wie Anm. 5) S. 12, spricht von einer „Koexistenz vieler Schriftträger". Er vermerkt entsprechend, „dass die Rede von *dem* mittelalterlichen Rotulus den Blick auf verschiedene mediale und funktionale Typen verstellt" (KÖSSINGER, Gerollte Schrift [wie Anm. 5] S. 155, Hervorhebung im Original) – um dann abschließend dennoch zu formulieren, „Was an rotularen Textformen im Einzelnen auf uns gekommen ist, ähnelt sich stark untereinander", so dass lediglich die „medialen Anlagen" und „funktionalen Typen" unterschiedlich seien (ebd., S. 165; ähnlich DERS., Schriftrollen [wie Anm. 5] S. 494). – Die umfangreichsten Rotuli, zumindest in Bezug auf ihre Länge, sind der Triumphzug Maximilians I., der in seiner heute unvollständig erhaltenen Form 53,8 m umfasst, jedoch ausschließlich Bilder enthält (siehe http://digi.ub.uni-heidelberg.de/diglit/triumph1880, letzter Zugriff 16.12.2019), eine Rolle, die zu Beginn des 14. Jahrhunderts anlässlich des Prozesses gegen Guichard, Bischof von Troyes, angelegt wurde (Enno GIELE, Jörg PELZER unter Mitarbeit von Melanie TREDE, Rollen, Blättern und [Ent]Falten, in: Materiale Textkulturen. Konzepte – Materialien – Praktiken, hg. von Thomas MEIER/Michael R. OTT/Rebecca SAUER [Schriftenreihe des Sonderforschungsbereichs 933 1], Berlin/New York 2015, S. 677–693, hier S. 680), und die 32,60 m umfassende Chronik-Rolle Paris, Bibliothèque Sainte-Geneviève, Ms. 523 (16. Jahrhundert), siehe in diesem Band Elena VANELLI, Die Welt im Fluss – eine Universalchronik in Rotulusform, S. 51–64, Anm. 14. Unrichtig ist deswegen die Behauptung von VAN DER POEL, Spreukstrofen (wie Anm. 23) S. 109, es fänden sich auf Rotuli nur Listen oder Kurztexte.

25 KÖSSINGER, Schriftrollen (wie Anm. 5) 58, nennt ein altfranzösisches Beispiel, das allerdings auf der Rückseite einer bebilderten Geschichte Englands nachgetragen wurde.

26 Einen guten Überblick über die verschiedenen in deutscher Sprache überlieferten kurzepischen Texte bietet Otfrid EHRISMANN, Fabeln, Mären, Schwänke und Legenden im Mittelalter, Darmstadt 2011.

liegen, oder zumindest alle Textsorten, die durch diese Einzeltexte vertreten sind, liegen auch in Gestalt von Codices vor[27].

Es verbindet sich mit diesen Beobachtungen die Frage, welcher funktionale Stellenwert den Rotuli als Überlieferungsform zukommt. Zu behandeln sind hier anhand der Beispiele Reiseliteratur und literarische Aufführungstexte drei Stichworte: Transportabilität (Rotuli als eine möglicherweise besonders transportfreundliche, [trans-]portable Überlieferungsform[28]); Transitorität (der eventuelle flüchtige Charakter des Textes in der Überlieferungsform Rotulus, der Text des Rotulus als Entwurf, der Rotulus als ephemerer Gegenstand[29]); und Performativität (die Frage nach der Nähe zur Aufführungspraxis insbesondere literarischer Texte)[30]. Das erste Thema sei insbesondere anhand der Reiseliteratur besprochen, das dritte anhand der Aufführungstexte; im zweiten Thema überlappen sich die Überlegungen zu beiden Textgattungen.

2. Reiseliteratur: Transportabilität und Transitorität?

In Rollenform sind im Bereich der Reiseliteratur Beschreibungen Roms und des Heiligen Landes[31], Karten und Itineraria überliefert. Auf den ersten Blick mag die Behauptung einleuchten, diese Rotuli seien eine einfacher

27 Karin Kranich-Hofbauer, Der Starkenbergische Rotulus. Handschrift – Edition – Interpretation (Innsbrucker Beiträge zur Kulturwissenschaft, Germanistische Reihe 51), Innsbruck 1994, S. 153, belegt ihre Angabe, das Rollenformat sei „bei gewissen Gattungen sogar die einzig mögliche Form“, nicht näher. Auch Kössinger, Schriftrollen (wie Anm. 5) S. 11, vermerkt ohne Beleg, die Ablösung der Rolle durch den Codex sei „nicht in allen Bereichen mittelalterlicher Schriftlichkeit“ eingetreten.

28 Vgl. Studt, Gebrauchsformen (wie Anm. 2) S. 331; Kössinger, Gerollte Schrift (wie Anm. 5) S. 164; siehe auch ders., Schriftrollen (wie Anm. 5) S. 34, unter der Rubrik *„transmission“*, mit Verweis auf ältere Forschungspositionen in Anm. 178; ebd., S. 473–476.

29 Vgl. Studt, Gebrauchsformen (wie Anm. 2) S. 336 (der Rotulus „birgt stets einen flüchtigen Aggregatzustand von Schrift“); Kössinger, Schriftrollen (wie Anm. 5) S. 35, der den Begriff der Transitorität nicht verwendet und die Ephemerität insbesondere auf die (unterstellt) schlechteren Überlebenschancen der Rotuli bezieht, ebd., S. 35 u. 485–495.

30 Trotz kritischer Einzelstimmen, auf die zurückzukommen sein wird, erweisen sich diesbezüglich die Hinweise von Bernhard Bischoff, Paläographie des römischen Altertums und des abendländischen Mittelalters. Mit einer Auswahlbibliographie 1986–2008 von Walter Koch (Grundlagen der Germanistik 24), Berlin 1979, [4]2009, und Joachim Bumke, Höfische Kultur. Literatur und Gesellschaft im Mittelalter (dtv 30170), München 1986, [12]2008 als sehr langlebig.

31 Im 9. Jahrhundert wurde ein Rotulus mit den Klöstern im Heiligen Land zusammengestellt, vgl. Michael McCormick, Charlemagne's Survey of the Holy Land. Wealth, Personnel, and Buildings of a Mediterranean Church between Antiquity and the Middle Ages,

zu transportierende Überlieferungsform und deswegen für den Gebrauch während einer Reise besonders geeignet[32]. Unreflektiert bleibt dabei jedoch, dass die Vergleichsgröße hierbei offensichtlich immer *gebundene* Codices sind[33], während vielmehr über Hefte, Faszikula oder lose Blätter gesprochen werden müsste – Karin Schneider verweist zu Recht darauf, dass das Gros der Einbände, die heute erhalten geblieben sind, aus dem 15. oder sogar 16. Jahrhundert stammen[34]; im gesamten Mittelalter blieben Bücher häufig ohne Einband[35]. Wenn Einbände vorhanden sind, liegen in sehr vielen Fällen

---

Washington 2011; Basel, Öffentliche Bibliothek der Universität, N I 2, Bl. 12 und 13 (bei Kössinger, Schriftrollen [wie Anm. 5], nicht aufgeführt).

32 So z. B. Studt, Gebrauchsformen (wie Anm. 2) S. 100; Kössinger, Schriftrollen (wie Anm. 5) S. 52.

33 Auch Studt, Gebrauchsformen (wie Anm. 2) S. 325 u. 328, Kössinger, Gerollte Schrift (wie Anm. 5) S. 163 f., sowie ders., Schriftrollen (wie Anm. 5) S. 33 u. ö., argumentieren ausgehend von einer Dichotomie von Rolle und Codex.

34 Karin Schneider, Paläographie und Handschriftenkunde für Germanisten (Sammlung kurzer Grammatiken germanischer Dialekte, B 8), Berlin u. a. ³2014, S. 164. Diesbezügliche Hinweise sind bisher nicht systematisch gesammelt und ausgewertet worden. Spätere Einbände erhielten z. B. die Handschriften 2168 und 2170 des Museums Salzburg, die aus dem 13. und 14. Jahrhundert stammen (Nikolaus Czifra u. a., Katalog der mittelalterlichen Handschriften in Salzburg. Stiftsbibliothek Mattsee, Archiv der Erzdiözese Salzburg, Salzburger Landesarchiv, Archiv der Stadt Salzburg, Salzburg Museum. Katalogband [Österreichische Akademie der Wissenschaften, Philosophisch-historische Klasse, Denkschriften 475; Veröffentlichungen zum Schrift- und Buchwesen des Mittelalters, Reihe II, 11], Wien 2015, S. 467 u. 472; vgl. Hardo Hilg, Lateinische mittelalterliche Handschriften in Octavo der Universitätsbibliothek Augsburg. Die Signaturengruppen Cod. I. 2. 8° und Cod. II. 1. 8° [Die Handschriften der Universitätsbibliothek Ausgburg, I.4], Wiesbaden 2014, S. 48: Cod. I. 2. 8° 3, im 15. Jahrhundert aus sieben Teilen des 12.–14. Jahrhunderts zusammengebunden; S. 73: Cod. I. 2. 8° 10, im 14. Jahrhundert aus vier Teilen des 8.–14. Jahrhunderts zusammengebunden).

35 Eine systematische Zusammenstellung fehlt auch hier. Ein Beispiel für eine solche ungebundene Handschrift im Bereich der Lyriküberlieferung wird beschrieben von Andrew Taylor, The Myth of the Minstrel Manuscript, in: Speculum 66 (1991), S. 43–73, hier S. 64 (Cambridge, St. John's College, S. 54, 15. Jahrhundert: „a single quire of fourteen paper leaves enclosed in a soft leather wrapper“, „the leaves are of disparate sizes“; vgl. dazu Kathleen R. Palti, ‚Synge we now alle and sum‘. Three Fifteenth-Century Collections of Communal Song. A Study of British Library, Sloane MS 2593; Bodleian Library, MS Eng. poet. e.1; and St John's College, Cambridge, MS S. 54, Diss. London 2008). Einer der karolingischen Bibliothekskataloge aus St. Gallen vermerkt jeweils, ob es sich bei den betreffenden Büchern um gebundene Bücher (*in volumine*) handelt oder, wie nicht selten, um ungebundene (*Quaternio/in quaternionibus*), siehe Mittelalterliche Bibliothekskataloge (wie Anm. 7) S. 71–82 (*passim*). Welche Art von Einband hier jeweils verwendet wurde, ist unklar; wenn in einem wenig späteren Katalog in einem Fall spezifiziert wird, ein Buch sei *auro et argento ac lapidibus pretiosis* geschmückt (ebd., S. 85), muss es sich um einen festen Einband mit Holzdeckeln handeln. Einige beliebige weitere Beispiele aus aktuellen Bibliothekskatalogen: Czifra u.a., Katalog (wie Anm. 34) S. 454 (Handschrift 2163 der

Buchbindersynthesen vor[36], die nachträglich einige bis dahin ungebundene Faszikel fixieren. Will man nicht annehmen, dass die einzelnen Bestandteile einer solchen Sammelhandschrift vor dem Einbinden im 15. Jahrhundert je einzeln einen Einband hatten, bevor diese Einbände im 15. Jahrhundert aufgelöst wurden und die Handschriften aus schwer einsichtigen Gründen einen neuen, gemeinsamen Einband erhielten[37], so sollte ernst genommen werden, dass die weit verbreitete mittelalterliche Nebenform des gebundenen, mit schwerem Holzdeckel und Ledereinband versehenen Codex der Faszikel, das Heft, die Lage, ggf. auch ein Päckchen von Einzelblättern oder Lagen gewesen sein muss[38].

Bibliothek des Museums Salzburg: vierteilige karolingische Sammelhandschrift aus dem ersten Viertel des 9. Jahrhunderts, ohne Einband); S. 462 (Handschrift 2165 der gleichen Bibliothek: zweiteilige Handschrift aus dem 13. und 14. Jahrhundert, ungebunden).

36 Bereits der karolingische St. Galler Bibliothekskatalog (wie Anm. 35) kennzeichnet mit *Hoc totum in codice I* wohl solche Buchbindersynthesen (z. B. S. 75; vgl. ebd., S. 76, 79, 81 u.ö.). Das Bewusstsein dafür, dass auf diese Weise gelegentlich (älteres) Unzusammenhängendes in einem (neuen) Einband vereint wurde, lässt sich auch im Mittelalter nachweisen: Zu einer Buchbindersynthese wird in einem Katalog um die Mitte des 15. Jahrhunderts vermerkt, *Das vor geschriben puch die ersten II quatern sein uns von dem Keipper kumen und das ander teil des puchs ist vor der reformyerung hynnen gewest und das dritt hat swester Margret Ymhoff in das closter procht* (zitiert nach Nine R. Miedema, Die *Mirabilia Romae*. Untersuchungen zu ihrer Überlieferung mit Edition der deutschen und niederländischen Texte [Münchener Texte und Untersuchungen zur deutschen Literatur des Mittelalters 108], Tübingen 1996, S. 169).

37 Ausnahmen systematischer Neubindung älterer Bestände seien nicht verschwiegen: Die für die Bibliotheca Palatina Ottheinrichs von der Pfalz, des bibliophilen Wittelsbacher Pfalzgrafen, angeschafften Codices etwa erhielten in der ersten Hälfte des 16. Jahrhunderts zu großen Teilen einen einheitlichen Neueinband mit (auch heute noch) hohem Wiedererkennungswert. Siehe z. B. Wolfgang Metzger, „Ein recht fürstliches Geschäft". Die Bibliothek Ottheinrichs von der Pfalz, in: Pfalzgraf Ottheinrich. Politik, Kunst und Wissenschaft im 16. Jahrhundert (Neuburger Kollektaneenblatt 150), Regensburg 2002, S. 275–316.

38 Ein methodisches Problem ist der Einbezug bildlicher Darstellungen von Schriftrollen/Banderolen in die Diskussion über die Verbreitung der einzelnen Überlieferungsformen (so z.B. bei Franz H. Bäuml/Richard H. Rouse, Roll and Codex. A New Manuscript Fragment of Reinmar von Zweter, in: Beiträge zur Geschichte der deutschen Sprache und Literatur 105 [1983] S. 192–231 u. 317–330; Stork, Gebetbücher [wie Anm. 2] S. 63–73; Kössinger, Schriftrollen [wie Anm. 5] S. 14 u.ö.). Sicher entstanden solche Abbildungen nicht ohne Bezug zur alltäglichen Lebenswelt; der Rotulus scheint allerdings ein durchaus symbolisch zu verstehendes Bildelement gewesen zu sein. Die nachweislich ungeheuer breite Überlieferung von Einblattdrucken etwa findet kaum Aufnahme in die bildenden Künste; Alltagsrealität und bildliche Darstellung verlaufen somit nicht zwangsläufig parallel. Behauptet man, die bildlichen Darstellungen bewiesen die Frequenz der Verwendung von Rotuli, dann wäre damit auch erwiesen, dass Einhörner im Mittelalter häufiger vorgekommen seien als etwa Eichhörnchen. – Zettel und ungebundene Lagen erfüllten die gleiche ephemere Funktion wie Rotuli, es ist jedoch bisher nicht systematisch untersucht

Es ergeben sich darüber hinaus weitere, praktische Fragen. Wenn behauptet wird, man habe die Pergamentrollen leicht in die „Tasche" stecken können[39], sollte dabei weniger an Taschen als Bestandteil von Kleidungsstücken gedacht werden, da mittelalterliche Kleidung nicht nachweisbar mit solchen Taschen ausgestattet war[40]. Wenn Trage- oder Gepäcktaschen gemeint sein sollten, dann drängt sich die Frage auf, welche Vorteile die Rolle gegenüber dem Heft gehabt hätte – einige lose oder zusammengefaltete Blätter Pergament oder Papier lassen sich müheloser in Kleidung falten oder sich zwischen andere Gegenstände in eine solche Tasche schieben als Rotuli[41]. Das karolingische Bild des Evangelisten Marcus im Codex Paris, Bibliothèque Nationale, lat. 17968, fol. 55v[42], übernimmt aus antiken Quellen die Dar-

---

worden, wie häufig solche Zettel abgebildet sind. Zufallsfunde sind Niccolo Antonio Colantonio, Hieronymus im Gehäuse, etwa 1445 (Neapel, Museo di Capodimonte); Petrus Christus, Porträt eines jungen Mannes, ca. 1460 (London, National Gallery). Siehe auch STORK, Gebetbücher (wie Anm. 2) S. 75.

39 Vgl. z.B. August WOLKENHAUER, Eine kaufmännische Itinerarrolle aus dem Anfange des 16. Jahrhunderts, in: Hansische Geschichtsblätter 14 (1908), S. 151–198, hier S. 151; Martin STEINMANN, Das Basler Fragment einer Rolle mit mittelhochdeutscher Sangspruchdichtung, in: Zeitschrift für deutsches Altertum 117 (1988), S. 296–310, hier S. 299.

40 Elke BRÜGGEN, Kleidung und Mode in der höfischen Epik des 12. und 13. Jahrhunderts (Beihefte zum Euphorion 23), Heidelberg 1989, S. 202–293, gibt in ihrem ausführlichen mittelhochdeutschen Glossar kein Lexem wieder, das die Bedeutung ‚Tasche' trägt. Männerkleidung lag dem höfischen Ideal nach eng an (ebd., S. 103 f.); gelegentlich wurden (kleine) Taschen am Gürtel befestigt (ebd., Abb. 39, 130, 253–2, 261, 264 u. 271). Erwin KOLLER/Werner WEGSTEIN/Norbert Richard WOLF, Neuhochdeutscher Index zum mittelhochdeutschen Wortschatz, Stuttgart 1990, S. 405, verweisen unter dem Lexem „Tasche" nicht auf Begriffe, die mit Kleidung in Verbindung gebracht werden können, sondern lediglich auf die Funktionen von unabhängig von Kleidung zu imaginierenden Taschen (Brief-, Gürtel-, Pilger-, Reise-, Satteltasche) sowie auf deren Materialien (Ledertasche; vgl. STORK, Gebetbücher [wie Anm. 2] S. 73, der auf den um 1520 entstandenen großen Antwerpener Schnitzaltar in Dortmund hinweist, auf dem eine Samttasche abgebildet ist, aus der eine Buchrolle herausragt) bzw. auf übertragene Bedeutungen (Plaudertasche). Als mittelhochdeutsche Lexeme werden hier *bisesche* (vgl. *sac*), *biutel* („am Gürtel befestigt", vgl. *biutel snîden*), *êser* (Jagdtasche), *kober* (vgl. ‚Koffer'), *lasche*, *nêser*, *sac* und *tasche* erwähnt. Keiner dieser Begriffe ist im mittelhochdeutschen Wörterbuch eindeutig als Bestandteil von Kleidung nachweisbar (http://www.mhdwb-online.de/wb.php, letzter Abruf 16.12.2019).

41 Vgl. KÖSSINGER, Schriftrollen (wie Anm. 5) S. 385 u. v.a. 473.

42 Digitalisat: https://gallica.bnf.fr/ark:/12148/btv1b84238343/ (letzter Abruf 16.12.2019). Ausführliches antikes Abbildungsmaterial wurde bereits von Theodor BIRT, Die Buchrolle in der Kunst. Archäologisch-antiquarische Untersuchungen zum antiken Buchwesen, Leipzig 1907, Nachdruck Hildesheim/New York 1976, zusammengestellt; siehe zu den Rollenkasten, Rollenbündeln und Bücherschränken mit Rotuli dort S. 244–268. Karolingische Beispiele für Evangelistenbilder mit Rotuli sind zusammengestellt bei Michaela ZELZER, Von der Rolle zum Codex, in: Text als Realie. Internationaler Kongress Krems an der Donau, 3.–6. Oktober 2000, hg. von Karl BRUNNER/Gerhard JARITZ (Österreichische

stellung eines runden Behälters, in dem die Rotuli aufbewahrt wurden – das Bild suggeriert damit eher, dass Rotuli eines besonderen Schutzes bedurften, als dass sie (z. B. während einer Reise) besonders sorglos behandelt werden konnten.

Darüber hinaus scheint hier eine etwas romantische Vorstellung weiterzuwirken – der einzelne Reiter, der ‚geschwind zu Pferde' reitend gelegentlich in vollem Galopp seinen Rotulus ‚aus der Tasche' hervorzieht, um anhand seiner Itinerarrolle zu überprüfen, ob er auf dem richtigen Weg ist – jedoch reisten diejenigen, die im Mittelalter schreiben oder zumindest lesen konnten, kaum allein und ohne größeres Gepäck. Die Reiseberichte des Mittelalters zeigen in aller Deutlichkeit, dass man sich gerade für Fernreisen (und wohl nur für diese, sofern sie in weniger vertraute Länder führten, wäre man auf Reiseitinerare und Pilgerführer angewiesen) zu Reisegruppen zusammenfand[43]; lose organisierte Reisegruppen zwar, aber Gruppen immerhin, die z. B. durch die führenden Adligen einen gewissen festen Kern hatten. Bei den *peregrinationes maiores* nach Jerusalem, Rom und Santiago, die Wochen oder Monate dauern konnten, wurden insbesondere im Spätmittelalter Kisten voller Gepäck mitgeführt[44], und es ist schwer vorstellbar, dass man in diesen Kisten nicht ggf. auch Platz für das eine oder andere gebundene oder ungebundene Buch gefunden hätte[45]. Ein kleinformatiges Buch, mit oder ohne Einband, hat darüber hinaus Vorteile, die der Rotulus nicht hat[46]: Eine

Akademie der Wissenschaften, phil.-hist. Klasse, Sitzungsberichte 704; Veröffentlichungen des Instituts für Realienkunde des Mittelalters und der Frühen Neuzeit 18), Wien 2003, S. 9–21, hier S. 8 f. (ohne Verweis auf den Codex in Paris).

43 Vgl. etwa Bernhard von Breydenbach, *Peregrinatio in terram sanctam* / Eine Pilgerreise ins Heilige Land. Frühneuhochdeutscher Text und Übersetzung, hg. von Isolde Mozer, Berlin/New York 2010, S. 54; Claudia Zrenner, Die Berichte der europäischen Jerusalempilger (1475–1500). Ein literarischer Vergleich im historischen Kontext (Europäische Hochschulschriften, Reihe 1, 382), Frankfurt a. M./Bern 1981, S. 16, 21, 41 f., 53, 63, 74, 80 u. 97.

44 Im von Breydenbach, *Peregrinatio* (wie Anm. 43) S. 62, zitierten Vertrag mit dem Schiffspatron wird sogar erwähnt, dass ausreichend Platz für den von den Pilgern mitgebrachten „hůnerkorb" einzuräumen sei. Randall Herz, Die ‚Reise ins Gelobte Land' Hans Tuchers des Älteren (1479–1480). Untersuchungen zur Überlieferung und kritische Edition eines spätmittelalterlichen Reiseberichts (Wissensliteratur im Mittelalter 38), Wiesbaden 2002, S. 624–635, zitiert detaillierte Anweisungen, welche Ausstattung ein Pilger ins Heilige Land brauchte, u. a. „ein gutte lange truhen", S. 628 (und im Übrigen auch „schreibzeug, papir vnd dintten", ebd., S. 633). Vgl. auch Zrenner, Berichte (wie Anm. 43) S. 17 u. 81.

45 Albert van der Molen z. B. hatte auf seiner Reise nach Rom offenbar genug Platz im Gepäck, vor Ort die „mirabilia Rome und en kokebuk" anzuschaffen (Goswin von der Ropp, Unkosten einer Lüneburger Romfahrt im Jahre 1454, in: Hansische Geschichtsblätter 1887, S. 31–60, hier S. 46). Unbekannt ist, ob er Codices, lose Lagen oder Rotuli erstand.

46 Vgl. entsprechend Daniela Mondini, Spätmittelalterlicher Rompilgerführer, in: Schrift-

Rolle muss mit zwei Händen gehalten werden[47], damit man die ‚aufgeschlagene' Stelle wiederfindet, das kleinformatige Buch hält man mit einer Hand – und, weiterhin kodikologisch betrachtet: Signacula, d.h. am Rand einer Handschrift befestigte Lesezeichen, die das Auffinden von bestimmten Texten oder Textpassagen erleichtern, sind bei Rotuli nicht nachweisbar, wohl aber bei gebundenen Büchern[48].

Ein konkretes Beispiel für eine Buchrolle aus dem Bereich der Reiseliteratur: Der Sankt Galler Rotulus aus dem späten 14. Jahrhundert überliefert in lateinischer Sprache die *Mirabilia Romae* (eine Beschreibung der antiken Bauten in Rom) und die *Indulgentiae ecclesiarum urbis Romae* (eine Aufzählung der Kirchen Roms mit ihren Reliquien und Ablässen)[49]. Es handelt sich bei *Mirabilia* und *Indulgentiae* um zwei Texte mit je ganz eigener Entstehungsgeschichte, die jedoch häufig, d.h. mehrere Dutzend Male, im Verbund überliefert worden sind, in gebundenen Codices wie auch in Rotuli[50]. Die

Räume, hg. von Kiening/Stercken (wie Anm. 12) S. 326 f., hier S. 326: „Manuskripte auf Pergament oder Papier in Heftform und später dann gedruckte Bücher waren als Romführer erfolgreicher".

47 Kössinger, Schriftrollen (wie Anm. 5) S. 477 u.ö.; Zelzer, Rolle (wie Anm. 42) S. 12, zitiert eine Stelle bei Martial, die diesen Vorteil des Codex gegenüber der Rolle thematisiert: *me manus una capit* (Epigramme 1,2).

48 Vgl. dazu bereits Studt, Gebrauchsformen (wie Anm. 2) S. 328; Giele/Pelzer, Rollen (wie Anm. 24) S. 680. Stork, Gebetbücher (wie Anm. 2) S. 71, weist darauf hin, dass man im Mittelalter in Bezug auf (bewegliche) Lesezeichen „erfinderisch" gewesen sei, was allerdings als Nachweis für den Umgang mit Rotuli geringe Beweiskraft besitzt.

49 Digitales Faksimile: https://www.e-codices.unifr.ch/de/csg/1093 (letzter Abruf: 16.12. 2019). Der Rotulus wurde 2014 faksimiliert, übersetzt und kommentiert: Clemens Müller, [Die Sehenswürdigkeiten der Stadt Rom, ausgezogen] aus der Chronik, in: Vedi Napoli e poi muori. Grand Tour der Mönche [Ausstellungskatalog], hg. von Peter Erhart/Jakob Kuratli Hüeblin, St. Gallen 2014, S. 96–112 (Faksimile, Übersetzung); Nine Miedema, Rom in der Rolle. Der Codex 1093 der Stiftsbibliothek St. Gallen, in: ebd., S. 92–95 (Einleitung). Frühere Editionen der Texte anhand dieses Rotulus bei Christian Hülsen, Le chiese di Roma nel medio evo. Cataloghi ed appunti, Florenz 1927, S. 137–156 (nur die *Indulgentiae*), und Miedema, *Mirabilia* (wie Anm. 36) S. 334–356 (nur die *Mirabilia*).

50 Insgesamt sind (neben Hunderten von Codices) lediglich sieben Rotuli mit den *Mirabilia* und/oder den *Indulgentiae* überliefert, fünf in lateinischer Sprache, zwei auf Englisch; in einem weiteren, französischsprachigen Codex wird angegeben, der Text sei aus einem Rotulus kopiert. Vgl. Miedema, *Mirabilia* (wie Anm. 36), Handschriften L81a = Los Angeles, University Research Library, Department of Special Collections, Nr. 170/656: *Indulgentiae*, *Stationes*, *Mirabilia*, 15. Jahrhundert; L84 = Manchester, John Rylands University Library, Ms. 71: *Mirabilia*, *Oratio de Sancta Veronica*, *Indulgentiae*, *Stationes*, 14./15. Jahrhundert; L116 = München, Bayerische Staatsbibliothek, Clm 29.630 (14: *Indulgentiae*, 2. Hälfte des 14. Jahrhunderts; L186 = St. Gallen, Stiftsbibliothek, Cod. 1093: *Mirabilia*, *Indulgentiae*, Ende des 14. Jahrhunderts; L190 = Stuttgart, Württembergische Landesbibliothek, Cod. hist. 2° 459 (mit Futteral): *Mirabilia*, *Indulgentiae*, 1. Hälfte des 14. Jahrhunderts; E1 = Chicago, Newberry Library, Ry 25 (Gen. Add. 12 / 32): Ablassgebet, *Indulgentiae*, ca.

beiden Texte wurden im Sankt Galler Rotulus nicht erst sekundär zusammengefügt: Nach dem Ende des Textes der *Mirabilia* folgen auf dem gleichen Pergamentstreifen von gleicher Hand die *Indulgentiae*.

Beide Texte sind, unabhängig voneinander, prinzipiell als Reiseführer verwendbar: Überliefert werden im Sankt Galler Rotulus, anders als in vielen anderen Handschriften, Textfassungen, die sowohl die antiken Bauten (*Mirabilia*) als auch die Kirchen (*Indulgentiae*) grob topographisch anordnen. In den *Indulgentiae* werden nach den sieben Hauptkirchen, für deren Besuch man die Stadt Rom ein erstes Mal recht aufwendig durchwandern müsste, mehrere Dutzend weitere Kirchen genannt[51]. Man könnte also, den Rotulus in der Hand, drei Mal durch Rom wandern: einmal zum Besichtigen aller antiken Bauten, ein zweites Mal zur Besichtigung aller Hauptkirchen, ein drittes Mal zum Besuch der sonstigen Kirchen[52].

Es ist allerdings unwahrscheinlich, dass ein Reisender in Rom die Kirchen der Topographie der Ewigen Stadt entsprechend besucht hätte; für die Auswahl der zu besuchenden Kirchen hat es nach Auskunft von Rompilgerberichten eher eine Rolle gespielt, welche Kirche an den Tagen, die der Pilger in Rom verbrachte, jeweils die Rolle der Stationskirche erfüllte, da an solchen Tagen höhere Ablässe versprochen wurden[53]. Die topographische Anordnung der Kirchen in den *Indulgentiae* im Sankt Galler Rotulus erschwert es einem Romunkundigen erheblich, eine einzelne Kirche in der Schriftrolle aufzufinden[54]; bei anderen Systemen der Anordnung der Kirchen wäre die Auffindbarkeit einer spezifischen Kirche mit Sicherheit höher, wie z.B. bei einer Systematik nach den Patrozinien (z.B. zuerst alle Marienkirchen, dann

---

1400; E3 = Kew, Public Record Office, SC 6/956/5: Rechnungsbuch, *Indulgentiae*, *Mirabilia*, 15. Jahrhundert; F2 = Bern, Schweizerische Landesbibliothek, Cod. 98 (verschiedene Texte, darunter die *Indulgentiae*, für welche einleitend vermerkt wird, dass sie aus einer Rolle abgeschrieben sind).

51 Unrichtig ist, wie von Kössinger, Schriftrollen (wie Anm. 5) S. 52, behauptet, die *Indulgentiae* beschrieben nur die sieben Hauptkirchen.

52 In dieser Hinsicht ist das *Einsiedler Itinerar*, in: Inschriftensammlung, hg. von Walser (wie Anm. 11) den Bedürfnissen eines Reisenden deutlich besser angepasst als die *Mirabilia* und *Indulgentiae*.

53 Dass die sieben Rotuli nur in zwei Fällen (L81a, L84) auch die *Stationes* überliefern, spricht gegen eine besondere praktische Reisenähe dieser Rotuli. – Auffällig ist, dass der Rotulus in Manchester das Gebet *Salve, sancta facies* überliefert; dies ist zwar immer Bestandteil der gedruckten lateinischen Pilgerführer, nicht jedoch der handschriftlichen Fassungen. Diese Schriftrolle verbindet damit Texte aus den Kategorien der Reiseliteratur und der Gebete.

54 Beim Rotulus in Manchester vermischt sich verwirrenderweise eine kategorisierende mit einer topographisch anordnenden Reihenfolge der Kirchen: Nach den ersten sechs Hauptkirchen schiebt der Text mehrere kleinere, in der Nähe von S. Sebastiano befindliche Kirchen ein, bevor S. Croce beschrieben wird.

alle Märtyrerkirchen, dann alle Kirchen der Märtyrerinnen usw.). Eine solche Systematik ist im Übrigen im Stuttgarter Rotulus überliefert – die Rotuli der *Mirabilia* und *Indulgentiae* wären sich somit uneins, was die reisefreundlichste Fassung des Textes sein könnte. Es fragt sich, ob diese Rotuli überhaupt der Durchführung einer konkreten, Transportabilität bedingenden Reise gedient haben könnten[55], oder ob sie nicht, wie fast alle gebundenen Codices und ungebundenen Handschriften der *Mirabilia* und *Indulgentiae*, außerdem, oder vielleicht auch: *nur* die Funktion der ortsgebundenen Archivierung von Wissen erfüllt haben[56].

Bezüglich der Transitorität bzw. Ephemerität der in den Schriftrollen überlieferten Textfassungen[57] widersprechen die Romreiseführer der These,

---

55 Schwer nachvollziehbar ist, weswegen Rotuli „wohl kaum je historisch ‚situationsabstrakt' oder vielleicht besser: in vielen unterschiedlichen Situationen Verwendung fanden oder finden konnten und sollten, sondern vielmehr meist in ihrer Bezogenheit auf *eine* konkrete Situation, für *eine* konkrete dahinterstehende Text-Akteur-Relation" entstanden seien, „die sich für exemplarische Fälle wenigstens modellhaft rekonstruieren lässt" (Kössinger, Schriftrollen [wie Anm. 5] S. 31, Hervorhebungen dort; ähnlich ebd., S. 474). Zwar räumt Kössinger, ebd., S. 32, ein: „Auch Schrift auf Rollen zeichnet sich – wie jede Form von Schrift – prinzipiell durch das Kriterium der Situationsabstraktheit, also ihrer diatopen und diachronen Verfügbarkeit aus", er vermerkt aber dennoch: „Ein grundlegender Unterschied gegenüber kodikalen Formen von Schrift scheint mir allerdings darin zu bestehen, dass gerollte Schrift originär für *eine* konkrete Sprechsituation mit genau definierbaren Aktanten und genau festgelegtem situativen Rahmen geschaffen wurde" (ebd., Hervorhebung dort). Verallgemeinerbar ist diese Aussage, so zeigen die in Abschnitt 2 besprochenen Texte, sicher nicht.

56 Kössinger, Gerollte Schrift (wie Anm. 5) S. 164, gibt ohne nähere Begründung an: „Die Rolle hat ihren genuinen Ort [...] außerhalb schriftsichernder Orte. Sie sind meist keine regulären Bibliotheksbestände und wohl nie primär für die Aufbewahrung in Bibliotheken angefertigt worden". Ebd., S. 163, wird die Blankenheimer Heiltumsrolle (wie Anm. 14) als „Regie- und Textbuch" für die Heiltumsweisung beschrieben. Der gleiche Text findet sich wenig später auch in einem Codex (Prag, Nationalmuseum, Cod. XII E 14). „Der vollständige kleine Codex ersetzt zu einem etwas späteren Zeitpunkt den Rotulus, was einen praktischen Grund in den erheblichen liturgischen Erweiterungen der Reliquienzeigung hat. Die Rollenform fiel ihnen ‚zum Opfer' und der Text wurde in ein handlicheres und vor allem für Überarbeitungen (die sich sehr zahlreich in der Heftfassung belegen lassen) [...] besser verwendbares Heft übertragen", ebd., S. 163; ähnlich Kössinger, Schriftrollen (wie Anm. 5) S. 434 u. 486. Unklar bleibt, warum das Heft nunmehr besser für Überarbeitungen geeignet sein soll als die Rolle, obwohl Kössinger sonst die leichte Erweiterbarkeit der Rotuli betont (vgl. Anm. 57).

57 Studt, Gebrauchsformen (wie Anm. 2) S. 333; Kössinger, Schriftrollen (wie Anm. 5) S. 32: „Schrift auf Rollen ist in diesem Sinne in höherem Maße ‚Verbrauchsschrift'". Zu relativieren ist dies ohnehin insoweit, als nicht nur die umfangreichen, sorgfältigst illustrierten Weltchroniken in keiner Weise zum ‚Verbrauchsschrifttum' gerechnet werden können, sondern ebenso wenig die aufwendig illustrierten Gebetsrollen; es handelt sich somit nicht um eine Dimension des Mediums selbst, sondern um eine Dimension der in diesem Me-

Texte seien im Mittelalter häufig zunächst auf Rotuli konzipiert worden, bevor sie in die dauerhaftere Form des Codex übertragen worden seien: Vergleicht man die genannten Rotuli mit anderen Textzeugen der *Mirabilia* und *Indulgentiae*, so zeigt sich, dass es etablierte Textfassungen sind, die in Rotulusform wiedergegeben werden, sie sind in Heft- und Codexform breit überliefert, bevor sie auch als Rotulus nachweisbar sind.

Am Sankt Galler Rotulus ist besonders gut erkennbar, dass hier keine flüchtige, überarbeitungsbedürftige Konzeptfassung vorliegt: Der Schreiber ließ versehentlich einige Zeilen aus (Augensprünge bzw. Homoioteleuton-Lücken), die er auf der Rückseite nachtrug,[58] die Buchrolle enthält somit eine Ab- bzw. Reinschrift. Auch diese bezüglich ihres Inhalts angeblich am deutlichsten reise- und damit transportabilitätsnahen Rotuli sind somit mit großer Sorgfalt als endgültige Fassungen geschrieben worden. Die Annahme der Transitorität würde damit allenfalls für verlorengegangene Rotuli greifen – dies ist allerdings keine sehr tragfähige Basis für eine Argumentation.

Auf ein zweites Beispiel für Reiseliteratur in Rollenform, den deutschsprachigen Nürnberger Rotulus aus dem 16. Jahrhundert (um 1520)[59], kann im vorgegebenen Rahmen nur kurz eingegangen werden. Die 2,38 m lange, aber nur 6 cm breite Rolle, dessen mit einer Handkurbel ausgestattete Messingkapsel erhalten geblieben ist, enthält heute auf der Außenseite Itinerare mit Angaben zu 46 Stoffmaßeinheiten, die die zu bereisenden Länder handhabten. Die heutige Innenseite ist dagegen mit einem Kalender ausgestattet. Zumindest sekundär ist dieser Rotulus somit zu einem Gegenstand geworden, an dem gezeigt werden kann, dass die unterschiedlichen Textsorten (Reiseitineraria und Kalender) einen sehr unterschiedlichen Gebrauch des Rotulus bedingen – es ist nur schwer vorstellbar, dass ein Benutzer während

dium jeweils verwendeten Textgattung. – Damit zusammenhängend: Die Vorstellung, dass ein Rotulus leichter zu erweitern oder zu kürzen sei als ein (gebundener) Codex – vgl. Studt, Gebrauchsformen (wie Anm. 2) S. 328; Kössinger, Gerollte Schrift (wie Anm. 5) S. 155 f.; ders., Schriftrollen (wie Anm. 5) S. 469–473 u.ö. – ist grundsätzlich richtig; sobald jedoch zum Vergleich statt des gebundenen Buches die Überlieferungsform loser Blätter oder Lagen herangezogen wird, geht das Argument der angeblich leichteren Erweiterbarkeit fehl. Beispiele für solche Einzelblätter werden von Taylor, Myth (wie Anm. 35) S. 71–73, besprochen. Konzeptionell sind die meisten auf Rotuli überlieferten Texte nicht auf „Seriabilität" und „Zweidimensionalität" (Kössinger, Schriftrollen [wie Anm. 5] S. 469 f.) ausgelegt.

58 Vgl. Müller, Sehenswürdigkeiten (wie Anm. 49) S. 111, Abb. 23–24.

59 Nürnberg, Germanisches Nationalmuseum, Inv. Nr. WI 1748 (Depositum der Familie Seiler; von Kössinger, Schriftrollen [wie Anm. 5], nicht erfasst). Vgl. Johannes Willers, 2.2 Itinerarrolle, in: Fokus Behaim-Globus. Germanisches Nationalmuseum, Nürnberg. 2. Dezember 1992 bis 28. Februar 1993, Nürnberg 1992, Bd. 2, S. 648 f. Der Text wurde analysiert und ediert von Wolkenhauer, Itinerarrolle (wie Anm. 39).

der Reise die Texte unablässig hätte auf- und abrollen sollen, je nachdem, ob er wissen wollte, an welchem Wochentag das Fest des heiligen Bartholomäus im betreffenden Jahr stattfinden würde oder welche Stadt er zunächst anvisieren sollte, bevor er z. B. in Köln ankam.

3. Literarische Aufführungstexte: Transitorität und Performativität?

Als zweite Gruppe formal, inhaltlich, möglicherweise aber auch funktional zusammengehöriger Rotuli ist auf literarische Aufführungstexte einzugehen – damit verbunden ist die in der Forschungsliteratur häufig vertretene These, dass sich Rotuli insbesondere bei aufführungsnahen literarischen Texten finden ließen[60].

Unter der Überschrift ‚literarische Aufführungstexte' lassen sich verschiedene Werke zusammenfassen. Alle zeichnet eine deutliche Tendenz zur sprachlichen Ausschmückung aus: Es handelt sich nicht um pragmatische Schriftlichkeit, sondern um Texte, die durch rhetorische Stilmittel, Metrik und/oder Reim sprachlich markiert sind[61]. Es zeichnet sie darüber hinaus das Potenzial einer vokalen, zumeist gesungenen Performanz aus. So können etwa die Exultet-Rollen zu dieser Textgruppe gerechnet werden[62], da diese für die Liturgie der Osternacht während des Singens des Exultet verwendet wurden, wobei der neumierte Text des Rotulus während des Singens abgerollt wurde[63]; Liturge und Gläubige verband das gesungene Wort ebenso wie die Rolle, deren Bilder aus der Sicht des Geistlichen kopfüber abgebildet waren, damit sie für das Publikum sichtbar waren. Dass das Abrollen der

60 Als einflussreich erweist sich immer noch Bumke, Kultur (wie Anm. 30) S. 774: „Literarische Texte wurden relativ selten auf Rollen geschrieben, vor allem dann, wenn die Texte nicht zum Lesen oder Vorlesen bestimmt waren, sondern zur szenischen Aufführung".

61 Dass die Übergänge fließend sind, ist ein Gemeinplatz; im Rahmen des hier behandelten Textcorpus sei hierfür auf die englischsprachigen Rompilgerführer verwiesen (Anm. 50), die, obwohl sie starke Züge pragmatischen Schrifttums aufweisen, in Reimen verfasst sind.

62 Siehe etwa: Exultet. Rotoli liturgici del medioevo meridionale, hg. von Guglielmo Cavallo, Rom 1994; Thomas Forrest Kelly, The Exultet in Southern Italy, Oxford 1996; Kössinger, Schriftrollen (wie Anm. 5) S. 31 f. u. 49.

63 Liturgische Texte enthält z. B. auch Der Lorscher Rotulus. Vollständige Faksimile-Ausgabe der Handschrift Ms. Barth. 179 der Stadt- und Universitätsbibliothek Frankfurt am Main, Bd. 1: Faksimile, Graz 1994; Bd. 2: Kommentar, von Johannes Fried. Mit Beiträgen von Katharina Bierbrauer u. a. (Codices selecti 99), Graz 2004 (karolingisch). – In ihrer liturgischen Funktion ansatzweise vergleichbar sind die Thora-Rollen, auf die im vorliegenden Zusammenhang nicht näher eingegangen werden kann. Vgl. Kössinger, Schriftrollen (wie Anm. 5) S. 40 f. (mit weiterer Literatur).

Exultet-Rollen „zu einem Teil liturgischer Inszenierung werden“ kann, ist unumstritten, unklar ist aber, warum dies „so exklusiv nur von diesem Medium geleistet werden“ könne[64] – das inszenierte Blättern in einem Codex übernimmt die gleiche Funktion[65].

Zu den Aufführungstexten gehören außerdem Spieltexte (Theatertexte) und Lied- sowie Sangspruchdichtung; besprochen seien hier einige deutschsprachige Beispiele.

Für die Spiele sei vorweggeschickt: „Im Bereich des weltlichen und geistlichen Spiels sind viel weniger Rotuli erhalten, als man bei dieser genuin aufführungsbezogenen Gattung vermuten möchte“[66]; es liegen für den deutsch- und niederländischsprachigen Bereich genau drei Beispiele vor, während Dutzende von Spieltexten in Codexform überliefert sind. Der früheste Beleg für einen deutschsprachigen Spieltext ist das *Osterspiel von Muri* (Mitte/drittes Viertel des 13. Jahrhunderts)[67]. Der nur noch fragmentarisch erhaltene Rotulus überlieferte auch in seiner unbeschädigten Form nicht den vollständigen Text, ausgelassen wurden z. B. die nur durch ihre Incipits angedeuteten lateinischen Gesänge. Es ist deswegen denkbar, dass die Rolle für jemanden gedacht war, der den Gesamtablauf der Aufführung begleitete – mehrfach wird angegeben, der Rotulus sei für einen „Souffleur“ konzipiert[68]. Den

---

64 Kössinger, Gerollte Schrift (wie Anm. 5) S. 164.

65 Vgl. bereits Christian Kiening, Die erhabene Schrift. Vom Mittelalter zur Moderne, in: SchriftRäume, hg. von Kiening/Stercken (wie Anm. 12) S. 8–126, hier S. 38: „Bei den zweiseitig mit Zeichen bedeckten süditalienischen Exultetrollen wandte sich die Seite der Bilder zur Gemeinde hin. Aufgeschlagene Riesenbibeln, Missale und Prozessionale boten sich zum Betrachten dar. Derlei Ostentationen hatten auch mit der Inszenierung von Macht zu tun“.

66 Kössinger, Schriftrollen (wie Anm. 5) S. 71; es zeigt sich hier die Gefahr, dass erwartete Ergebnisse die Wahrnehmung beeinflussen. Vgl. dagegen Ursula Schulze, Geistliche Spiele im Mittelalter und in der Frühen Neuzeit. Von der liturgischen Feier zum Schauspiel. Eine Einführung, Berlin 2012, S. 21: „Die zur Aufführung konzipierten Spiele wurden mit Angabe der Sprecher, mit Spielanweisungen und in Versform abgefassten Rollentexten auf Pergament- oder Papierblättern niedergeschrieben und zu Codices gebunden; seltener wurden beschriebene Streifen zu einer Rolle zusammengeklebt“. Dies im Gegensatz zu Bumke, Kultur (wie Anm. 30) S. 774: „Für die geistlichen Spiele, die nicht als Lesetexte, sondern als Regiebücher und Aufführungsunterlagen überliefert sind, ist neben Handschriften im Hochformat die Rollenform charakteristisch“. Bumke, ebd., vermutet ohne nähere Belege: „Gerade die vorläufigen Formen der Niederschrift, die mehr zum Gebrauch als zur Bewahrung bestimmt waren, werden in der ersten Phase der schriftlichen Aufzeichnung eine große Rolle gespielt haben“.

67 Kössinger, Gerollte Schrift (wie Anm. 5) S. 156–160; ders., Schriftrollen (wie Anm. 5) S. 245–274; Das Osterspiel von Muri. Faksimiledruck der Fragmente und Rekonstruktion der Pergamentrolle, Basel 1967. Handschrift: Aarau, Kantonsbibliothek, Ms. Mur F 31a.

68 Kössinger, Gerollte Schrift (wie Anm. 5) S. 159, vermerkt zu Recht: „Eine solche oder eine in diesem Sinne ähnliche Funktion [des Souffleurs, N.M.] ist jedoch nicht unproblema-

komplexen Vorgang des Auf- und Abrollens dieser Rolle, der verständlicherweise keine Schule machte[69], rekonstruierte Friedrich Ranke 1944 wie folgt[70]:

> „es war ein ungefähr 2 m langer Pergamentstreifen, der aus drei Blättern von je 60 bis 70 cm Länge und etwa 20 cm Breite zusammengeheftet (oder -geklebt) war [...]. Auf diesem Streifen stand der Text in zwei Spalten nebeneinander in abgesetzten Zeilen, parallel zur Schmalseite geschrieben, und zwar in der Weise, daß zuerst die beiden Spalten der Vorderseite (recto) des ersten Blattes nacheinander, dann ebenso die der Vorderseite des zweiten und des dritten zu lesen waren; darauf war das Ganze nicht von rechts nach links, sondern von unten nach oben (über die Schmalseite) umgewendet worden, so daß auf der Rückseite (verso) der Text im Vergleich mit dem der vorderen auf dem Kopf steht und in der Reihenfolge 3v α-β, 2v α-β, 1v α-β zu lesen war [...]. Dabei blieb eine Partie von etwa 18 cm vom oberen Teil der Rückseite des dritten und wahrscheinlich auch vom unteren Teil der Rückseite des ersten Blattes unbeschrieben, da diese Partien beim Einrollen des Ganzen (die Vorderseite nach innen), je nachdem man mit Blatt 1 oder 3 begann, die Außenhülle der Rolle bildeten, die der Abscheuerung am meisten ausgesetzt war. Der Gesamtumfang des Textes läßt sich auf 1000 bis 1200 Verszeilen berechnet, von denen 612 erhalten sind".

Der Ablauf dieses Lesevorgangs war offenbar so wenig intuitiv, dass die Rolle eine explizite Lese-Anleitung erhielt: „Diese Reihenfolge der Textstücke war durch die Buchstaben A, b, c über der linken Spalte der drei Vorderseiten, D, e, f über der linken Spalte der drei Rückseiten angezeigt; von ihnen sind die Buchstaben b und D erhalten"[71]. Es könnte beim *Osterspiel von Muri* darauf angekommen sein, „einen möglichst großen Textausschnitt auf einmal vor Augen zu haben (je ca. 200 Verse)"[72]. Sicherlich gilt für eine Rolle, anders als für einen Codex, dass der Leseabschnitt „relativ frei wählbar und variabel"

---

tisch – wenn man den Begriff und die Funktion nicht überhaupt für einen Anachronismus halten will" (ähnlich DERS., Schriftrollen [wie Anm. 5] S. 271). Indizien für die Existenz von Souffleuren zumindest in England bespricht der Sammelband The Narrator, the Expositor, and the Prompter in European Medieval Theatre, hg, von Philipp BUTTERWORTH (Medieval Texts and Cultures of Northern Europe 1), Turnhout 2007.

69 KÖSSINGER, Gerollte Schrift (wie Anm. 5) S. 160, spricht von einem „‚Austesten[.]' von Aufzeichnungsmöglichkeiten [...], wie sie für eine zukünftige Aufführung hätte nützlich sein können und wie sie eventuell für das Einstudieren der Rollen hätte gebraucht werden können. [...] Dass sich die mediale Form im Fall des *Osterspiels von Muri* nicht etabliert hat, mag dafür sprechen, dass es sich um ein gescheitertes Experiment handelt".

70 Zitiert nach Das Osterspiel von Muri (wie Anm. 67) S. 57.

71 Ebd., S. 88.

72 KÖSSINGER, Schriftrollen (wie Anm. 5) S. 266.

ist[73]; bedacht werden muss aber erneut, dass entweder zwei Hände oder ein Gegenstand zum Beschweren des Pergaments gebraucht wurden, um zu verhindern, dass das Pergament sich wieder einrollte, so dass der ‚Souffleur' den Rotulus von Muri wohl nur in sitzender Position hätte verwenden können[74]. Mangels genauerer Belege über die Aufführungspraxis geistlicher Spiele ist schwer einzuschätzen, wie hoch die praktische Nutzbarkeit des Rotulus während einer Aufführung gewesen sein mag[75].

In den Kontext (zumindest der Vorbereitung) einer Aufführung mögen dagegen diejenigen Rotuli zu stellen sein, die keinen vollständigen Spieltext, sondern lediglich eine einzelne Theaterrolle überliefern. In der *Breslauer Heroldsrolle* (15. Jahrhundert) ist für ein weltliches Spiel die Präkursorrolle überliefert[76]; ein solcher Auszug aus einem inszenierten oder zumindest inszenierbaren Gesamtzusammenhang erscheint ohne den Bezug zu einem konkreten Schauspieler, der sich auf eine genau bestimmbare Aufführung vorbereiten sollte, kaum denkbar.

Darüber hinaus stellt die zu Anfang des 14. Jahrhunderts entstandene *Frankfurter Dirigierrolle*[77] „im Vergleich [zum *Osterspiel von Muri*] ein alter-

---

73 Kössinger, Gerollte Schrift (wie Anm. 5) S. 159; ders., Schriftrollen (wie Anm. 5) S. 264; Studt, Gebrauchsformen (wie Anm. 2) S. 331.

74 Stork, Gebetbücher (wie Anm. 2) S. 71, verweist auf Abbildungen, auf denen kleine kreisförmige Platten abgebildet sind, die eine Rolle offenhalten; diese setzen ein Pult, auf dem der Rotulus liegt, voraus. Ein anderer Vorschlag wurde von Kössinger, Schriftrollen (wie Anm. 5) S. 271, formuliert: „Der Rotulus mit dem *Osterspiel von Muri* wäre [...] dann von einem Spielleiter benutzbar, wenn er einen Helfer hätte, der neben oder vor ihm stünde und den Rotulus für ihn an den jeweils passenden Stellen weiterrollen und wenden würde".

75 Bezüglich der Ephemerität des Textes selbst beschreibt Kössinger, Schriftrollen (wie Anm. 5) S. 261–270, differenziert die verschiedenen Arbeitsstufen der beiden Schreiber des Rotulus von Muri; es liege ein „fortgeschrittene[s] Entwurfsstadium" vor, ebd., S. 270.

76 Breslau, Bibliotheca Universytecka, IV F 311 (Kössinger, Schriftrollen [wie Anm. 5] S. 71 f.; Eckehard Simon, Manuscript Production in Medieval Theatre. The German Plays, in: New Directions in Later Medieval Manuscript Studies. Essays from the 1998 Harvard Conference, hg. von Derek Pearsall, York 2000, S. 143–165, hier S. 149). Verwiesen sei außerdem auf zwei lateinische Rotuli mit einzelnen Spielrollentexten (Kössinger, Schriftrollen [wie Anm. 5] S. 456): Delfter Kaufmannsrolle, heutiger Standort unbekannt, Einzelrolle des Salbenkrämers (Edition von K.C. van Berckel, De St. Hyppolitus Kerk te Delft, in: Bijdragen voor de geschiedenis van het bisdom van Haarlem [1904], S. 313–326, hier S. 320 [mit Noten]); Sulmona, Archivio Capitolare di San Panfilo, Fasc. 17, n. 9, *Officium quarti militis*, auf der Rückseite eines Rotulus eingetragen (siehe Karl Young, The Drama of the Medieval Church, Bd. 1, Oxford 1933, S. 701–708; Mauro Inguanez, Un dramma della passione del Secolo XII [Miscellanea Cassinense 12], Montecassino 1936, S. 8 mit Anm. 1).

77 Frankfurt am Main, Staats- und Universitätsbibliothek, Ms. Barth. 178, Anfang des 14. Jahrhunderts (Kössinger, Schriftrollen [wie Anm. 5] S. 72, 274–279; Frankfurter Dirigierrolle. Frankfurter Passionsspiel. Mit den Paralleltexten der ‚Frankfurter Dirigierrolle', des ‚Alsfelder Passionsspiels', des ‚Heidelberger Passionsspiels', des ‚Frankfurter Oster-

natives Modell aus dem Bereich des geistlichen Spiels dar, bei dem es sich sicher um ein rollenförmiges ‚Regiebuch' (ausschließlich mit Lied- und Textanfängen) handelt"[78]. Dass sich die Rolle in einer Schutzkapsel befindet, bedeutet in noch stärkerem Maße als beim *Osterspiel von Muri*, dass hier ohne Lesepult oder helfende Person keine längere Textpassage ausgerollt werden konnte – die von Kössinger konstruierte „recht raffinierte ‚performative' Lösung, dass derjenige, der den Text der Rolle als Spielleiter vor sich hat[te], auch – als rahmendes Element – am Anfang des ersten Spieltages und am Ende des zweiten Spieltages auftr[a]t" und sich dabei (mitsamt der den Rotulus haltenden Person) über die Bühne bewegte,[79] mag eher als modern-phantasievoll denn als mittelalterlich-raffiniert zu bezeichnen sein. Für Kössingers Vermutung, die Rolle sei „im Kontext von Aufführungen ein sichtbarer Bestandteil der Inszenierung" gewesen, „ja möglicherweise darüber hinaus als ein in seiner theologischen Semantik aufgeladenes Requis[i]t eingesetzt worden"[80], gibt es keine zuverlässigen Beweise.

Als letzte Gruppe in Rotulusform überlieferter Werke sei auf lyrische Texte eingegangen. Sofern diese gesungen wurden, kann hier generell eine Nähe zur Performanz unterstellt werden. Die Überlieferungsform der Rolle ist in diesem Bereich nicht ganz selten; die Vorstellung, gerade die Lyrikrotuli seien als flüchtige Zwischenstufe für die großen Sammelhandschriften von Fahrenden für ihre Gesangsdarbietungen verwendet worden, ist weit verbreitet[81]. Zu bedenken ist dabei jedoch, dass eine autographe oder auch nur unmittelbar zeitgenössische Überlieferung der Lyrik nicht vorliegt. Der fragmentarisch überlieferte Rotulus mit 14 Sangspruchstrophen Reinmars von Zweter zum Beispiel (Los Angeles, University of California Research

---

spielfragments' und des ‚Fritzlarer Passionsspielfragments', hg. von Johannes Janota [Die Hessische Passionsspielgruppe. Edition im Paralleldruck 1], Tübingen 1996; Klaus Wolf, Kommentar zur ‚Frankfurter Dirigierrolle' und zum ‚Frankfurter Passionsspiel' [Die Hessische Passionsspielgruppe. Edition in Paralleldruck, Ergänzungsbd. 1], Tübingen 2002).

78 Kössinger, Gerollte Schrift (wie Anm. 5) S. 160.

79 Kössinger, Schriftrollen (wie Anm. 5) S. 279. Ebd., S. 476, wird die Rekonstruktion, die Rolle könne „als mobiles Requisit Teil der Inszenierung(en) des Spiels" gewesen sein, als „sicher" bezeichnet.

80 Kössinger, Gerollte Schrift (wie Anm. 5) S. 160. Ebd., S. 164, ist die Rede von „visueller Kopräsenz" der Rolle. Vgl. außerdem Kössinger, Schriftrollen (wie Anm. 5) S. 274–279 (insbesondere S. 279) u. 465.

81 Einflussreich ist hier auch heute noch die (ihrerseits auf Interpretationen Wilhelm Wilmanns' und Carl von Kraus' beruhende) Studie von Bäuml/Rouse, Roll (wie Anm. 38). Kritisch Kössinger, Schriftrollen (wie Anm. 5) S. 307 f. Taylor, Myth (wie Anm. 35) insbesondere S. 67–70, hat bereits vor fast 30 Jahren mit gutem Recht vom „*Myth* of the Minstrel Manuscript" gesprochen, auch mit Bezug auf die Rotuli in diesem Bereich (Hervorhebung N.M.).

Library, 170/575)[82] ist in den siebziger oder achtziger Jahren des 13. Jahrhunderts und damit nach dem Tod Reinmars entstanden. Er ist sorgfältig angelegt worden[83] und enthält keine flüchtige Entwurfsfassung[84]. Eine besondere Performanznähe weist dieser Rotulus ebenfalls nicht auf[85]. Vergleichbares gilt für die Basler Rolle[86], deren erhaltene Texte fast ausschließlich geistlichen Inhalts sind[87]; eine Verortung dieses Rotulus im Kontext der Klosterkultur erscheint damit weit annehmbarer als eine Zuweisung an einen fahrenden Sänger[88]. Erneut gilt für beide Überlieferungszeugen, dass die beidhändige Handhabung einer Rolle während einer Aufführung nicht grundsätzlich aufführungsfreundlich ist[89].

Beim in den 1270er oder 1280er Jahren entstandenen Königsberger Rotulus schließlich, der neben dem *Wartburgkrieg* (*Aurons Pfennig*) einen Marienhymnus und einen (im zweiten Viertel des 14. Jahrhunderts nachgetragenen) Marienleich enthält[90], wurde auf „eine optisch ansprechende Text-

---

82 BÄUML/ROUSE, Roll (wie Anm. 38); Repertorium (wie Anm. 22) Bd. 1, S. 194; KÖSSINGER, Schriftrollen (wie Anm. 5) S. 74 u. 291–308.

83 BÄUML/ROUSE, Roll (wie Anm. 38) S. 195.

84 KÖSSINGER, Schriftrollen (wie Anm. 5) S. 307.

85 Spezifische Performanzhinweise sind in Rotuli mit angeblich aufführungsnahen Texten insgesamt kaum vorhanden – es fehlen Neumen und Betonungszeichen; die Verse der Rollen in Los Angeles und Basel sind nicht abgesetzt, die Reimpunkte nicht zuverlässig gesetzt. Vgl. KÖSSINGER, Schriftrollen (wie Anm. 5) S. 307. Ähnlich sieht VAN DER POEL, Spreukstrofen (wie Anm. 23) S. 112, ebenfalls keinen Grund, die von ihr untersuchte Rolle mit Spruchstrophen als besonders aufführungsnah einzustufen (vgl. auch KÖSSINGER, Schriftrollen [wie Anm. 5] S. 344).

86 Basel, Universitätsbibliothek, Cod. N I 6 Nr. 50 (Ende des 13. Jahrhunderts); Repertorium (wie Anm. 22) Bd. 1, S. 75; Martin STEINMANN, Das Basler Fragment einer Rolle mit mittelhochdeutscher Spruchdichtung, in: Zeitschrift für deutsches Altertum 117 (1988), S. 296–310; KÖSSINGER, Schriftrollen (wie Anm. 5) S. 73 u. 308–325, insbesondere S. 325.

87 KÖSSINGER, ebd., S. 324, beobachtet eine „thematische Anordnung der Spruchstrophen [...], die [...] bei religiösen Inhalten beginnt und sich dann weltlichen Fragen (die geistlich rückgebunden bleiben) zuwendet".

88 Vgl. Nine MIEDEMA, *in Theothonico multorum bonorum dictaminum compilator*. Konrad von Würzburg als Verfasser geistlicher Sangspruchdichtung, in: Sangspruchdichtung um 1300. Akten der Tagung in Basel vom 7. bis 9. November 2013, hg. von Gert HÜBNER/Dorothea KLEIN (Spolia Berolinensia 33), Hildesheim 2015, S. 147–165, v.a. S. 150–154.

89 Zusätzlich warf bereits TAYLOR, Myth (wie Anm. 35) S. 51, die Frage auf, ob die Sangspruchdichter und fahrenden Sänger überhaupt lesen konnten.

90 Berlin, Geheimes Staatsarchiv – Preußischer Kulturbesitz, XX. HA Hs. 33, Bd. 11. Siehe Repertorium (wie Anm. 22) S. 93; Jan HALLMANN, Studien zum mittelhochdeutschen *Wartburgkrieg*. Literaturgeschichtliche Stellung – Überlieferung – Rezeptionsgeschichte. Mit einer Edition der *Wartburgkrieg*-Texte, Berlin/Boston 2015, S. 68–77; KÖSSINGER, Schriftrollen (wie Anm. 5) S. 73 u. 326–341; DERS., Maria (wie Anm. 4).

präsentation offenbar kein besonderer Wert gelegt"[91]. Dass man es jedoch in diesem Fall „mit einer Form von Schmierblatt" zu tun hätte, „auf dem der Schreiber die Texte vor der eigentlichen Reinschrift notierte, ist [...] schon deshalb zweifelhaft, weil die Aufzeichnung für eine provisorische Vorschrift zu sorgfältig ausgeführt ist. Zudem wäre damit zu rechnen, dass ein versierter Schreiber zu diesem Zweck in weit höherem Maße auf Abbreviaturen zurückgegriffen hätte, als es hier der Fall ist"[92]. Der Rotulus weist somit keine ephemere Textfassung auf. Es gibt jedoch aufgrund der seltenen Kürzel und der geglätteten Metrik (trotz der Tatsache, dass die Strophen und Verse nicht abgesetzt sind) Hinweise darauf, dass hier eine vortragsnahe Redaktion von *Aurons Pfennig* wie auch des Marienlobs vorliegt[93]; der kalligraphisch schönere Leich dagegen war möglicherweise nicht für den Vortrag gedacht[94]. Dass allerdings der Königsberger Rotulus selbst als Requisit verwendet worden sei[95], erscheint wenig zwingend, würde doch die Überreichung der Rolle als ‚Brief' auf einer Bühne dazu führen, dass sich der Rotulus einrollt und die für die (als vorgelesen vorzustellende?) Performanz aufbereitete Textpassage mühsam entrollt werden muss[96].

---

91 HALLMANN, Studien (wie Anm. 90) S. 74.

92 Ebd., S. 75. Nach KÖSSINGER, Schriftrollen (wie Anm. 5) S. 337, und DERS., Maria (wie Anm. 4) S. 267, verweisen zudem textkritische Hinweise darauf, dass es sich bei *Aurons Pfennig* um eine Abschrift handelt.

93 KÖSSINGER, Schriftrollen (wie Anm. 5) S. 341 f.; DERS., Maria (wie Anm. 4) S. 283–286, verweist auf potenziell performative Hinweise wie *Sich, maister waz hie si geschriben* hin (DERS., Maria, S. 284). In der Forschung zur Minnelyrik werden solche Äußerungen allerdings in der Regel als Formen *inszenierter* performativer Deixis aufgefasst, die von der konkreten Aufführungssituation losgelöst gesehen werden können. Vgl. als Reaktion auf Positionen wie diejenige von Helmut TERVOOREN, Die ‚Aufführung' als Interpretament mittelhochdeutscher Lyrik, in: ‚Aufführung' und ‚Schrift' in Mittelalter und Früher Neuzeit. DFG-Symposion 1994, hg. von Jan-Dirk MÜLLER (Germanistische Symposien, Berichtsbände 17), Stuttgart u. a. 1996, S. 48–66: Peter STROHSCHNEIDER, Aufführungssituation. Zur Kritik eines Zentralbegriffs kommunikationsanalytischer Minnesangforschung, in: Kultureller Wandel und die Germanistik in der Bundesrepublik. Vorträge des Augsburger Germanistentages 1991, Bd. 3: Methodenkonkurrenz in der germanistischen Praxis, hg. von Johannes JANOTA, Tübingen 1993, S. 56–71.

94 HALLMANN, Studien (wie Anm. 90) S. 76 f. KÖSSINGER, Schriftrollen (wie Anm. 5) S. 338, vermutet, dass der lateinische Hymnus als abschließendes ‚Gebet' verwendet worden sei, er äußert sich jedoch nicht zur Verwendung des (nachgetragenen) deutschen Marienleichs.

95 KÖSSINGER, Schriftrollen (wie Anm. 5) S. 340, 476.

96 Wenig konsequent erscheint außerdem, dass Kössinger an anderer Stelle (DERS., Schriftrollen [wie Anm. 5] S. 353–357), einige Mühe darauf verwendet, nachzuweisen, dass Briefe im Mittelalter nicht gerollt, sondern gefaltet wurden; auf der Bühne wäre damit die Rolle als Requisit, das einen Brief repräsentiert, ungeeignet. Auch für den *Regensburger Liebesbrief* (eine Minnerede) in der Handschrift München, BSB, Cod. germ. 189 (zweite Hälfte des 14. Jahrhunderts), vermutet KÖSSINGER, Schriftrollen (wie Anm. 5) S. 351–357, speziell

4.

Zum Abschluss sei versucht, ein kurzes Fazit zu formulieren. Rotuli sind *eine* der möglichen Überlieferungsformen mittelalterlicher Texte. Sie sind nicht weniger als das, aber sie sind auch nicht mehr als das; die Faszinationskraft, die die „Aura"[97] der Rotuli auf die aktuelle Forschung ausübt, birgt die Gefahr in sich, dass der Blick auf andere Überlieferungsformen verstellt wird. Texte werden im Mittelalter in Codices, in Faszikeln und in Rotuli überliefert (und in Fresken, auf Metall, Wachstafeln, usw.); wird der Rotulus als ‚Medium' isoliert, verliert sich das Bewusstsein dafür, dass das Medium vielleicht eher die Schrift ist, der Rotulus dagegen ‚nur' die Form des Überlieferungsträgers des Mediums Schrift. Über die Häufigkeit, mit der im Mittelalter Buchrollen im Verhältnis zu Faszikeln und Codices hergestellt wurden, lassen sich keine sicheren Aussagen machen, es verdienten aber (auch) andere Überlieferungstypen als die Rotuli mehr Aufmerksamkeit. Ein dringendes Forschungsdesiderat ist eine Gesamtzusammenstellung aller überlieferten Rotuli und aller sekundären Hinweise auf Rotuli, z. B. in Bibliothekskatalogen, denn Rotuli sind häufiger, als gemeinhin angenommen – aber gesammelt werden sollten auch alle Indizien, die auf andere potenziell transportable, ephemere, transitorische Überlieferungsformen hinweisen. Ob es bei Rotuli einen höhere Verlustquote gegeben hat als bei gebundenen Codices und vor allem Faszikeln, ist schwer zu ermitteln.

Es gibt keine Textgattungen, die nicht sowohl in Gestalt von Codices bzw. Faszikeln als auch in Rotulusform überliefert sind. Warum gelegentlich die Rotulusform gewählt wurde, ist eine Frage, die für jede Textgattung, vielleicht sogar für jeden einzelnen Rotulus neu zu beantworten ist[98]. Mit Enno Giele u. a. ist nüchtern zu konstatieren: „Ähnlich wie beim Umfang gilt auch für den Inhalt, dass im mittelalterlichen Europa in den meisten Fällen kein

---

S. 356 f., eine Art *minne*-kommunikative Aufführung in „privat-exklusive[n] Vollzüge[n]" (ebd., S. 357), die zwar ansprechend ist, jedoch jeglicher realer bzw. real nachweisbarer Basis entbehrt. Vielmehr ist zu Jürgen Schulz-Grobert, Deutsche Liebesbriefe in spätmittelalterlichen Handschriften. Untersuchungen zur Überlieferung einer anonymen Kleinform der Reimpaardichtung (Hermaea NF 72), Tübingen 1993, S. 16–22, zurückzukehren, der vermutet, solche Rotuli seien eher als „literarische Sammelobjekte" zu verstehen (ebd., S. 22).

97 Kössinger, Schriftrollen (wie Anm. 5) S. 35.

98 Es mag im frühen Mittelalter gegolten haben, „dass die Verwendung des alten Mediums neben dem neuen nicht beliebig ist, sondern bewusst geschieht, und zwar mit dem medialen Wissen, durch das das alte Medium im neuen Medium erst beobachtbar wird" (Kössinger, Schriftrollen [wie Anm. 5] S. 12); für die aus karolingischer und späterer Zeit überlieferten Schriftrollen ist aber eine solche Trennung zwischen ‚alten' und ‚neuen Medien' kaum mehr anzusetzen.

zwingender Zusammenhang zwischen Inhalt und Format (Rolle oder Kodex) bestand. Die Rolle fand in verschiedenen Kontexten von Schriftlichkeit Anwendung"[99]; „Rolle und Codex können für identische Gebrauchssituationen angefertigt worden sein"[100]. Dabei sind Rotuli in ihrer Herstellung nicht grundsätzlich preiswerter und in diesem Sinn auf Flüchtigkeit ausgelegt als Faszikel, im Gegenteil, die anopistographischen (einseitig beschriebenen) Rollen verschwenden viel teures Pergament (oder ggf. Papier)[101]. Ein schützendes Gehäuse herzustellen, wie für den Nürnberger, Frankfurter und Stuttgarter Rotulus überliefert, dürfte bezüglich der Kosten vergleichbar gewesen sein mit der Herstellung des Einbandes eines Codex.

Bezüglich der unterstellten Transportabilität habe ich anhand der Textgruppe ‚Reiseliteratur' versucht zu zeigen, dass die überlieferten Rotuli keine größere Nähe zum Reisealltag zeigen; ihr geringes Gewicht teilen sie mit Faszikula, ihre praktische Handhabung dagegen dürfte gegenüber den Faszikeln (und kleinformatigen Codices) eher schwerer als leichter gewesen sein (vgl. die Auffindbarkeit von Textstellen, insbesondere bei opistographischen Exemplaren; die beidhändige Handhabung, bei der, sobald man eine Hand vom Pergament löst, die Textstelle ‚überrollt' wird, usw.).

Es ist mit Blick auf die angebliche Performativität außerdem nicht überzeugend nachweisbar, dass Rotuli als genuin performanznah zu gelten haben[102]. Auch hier gilt, dass eine Rolle schwer zu verwenden ist, da man beide

99 GIELE/PELZER, Rollen (wie Anm. 24) S. 681.

100 KÖSSINGER, Schriftrollen (wie Anm. 5) S. 461.

101 Dies gegen das von KÖSSINGER, Schriftrollen (wie Anm. 5) S. 486, Ausgeführte. Dass Rotuli aus Papier im Vergleich zu Pergamentrollen deutlich seltener überliefert sind, ist ein Indiz dafür, dass man für die Herstellung von Rotuli möglicherweise von vornherein auf den teureren (und weniger flüchtigen) Beschreibstoff Pergament zurückgriff. KÖSSINGER, ebd., S. 441, nennt als weitere Gründe für die Verwendung von Pergament dessen größere Geschmeidigkeit sowie nicht näher erläuterte „ästhetische Gründe".

102 Eindeutige Performanzhinweise, die hier nicht unterschlagen seien, finden sich allerdings im medizinischen Bereich, vgl. KÖSSINGER, Gerollte Schrift (wie Anm. 5) S. 156; solche medizinisch-magischen Formeln sind allerdings in Codices deutlich häufiger überliefert als auf Rotuli. Dennoch gibt es eine Reihe von Rotuli mit magisch-rituellen Hinweisen: Siehe Curt F. BÜHLER, Prayers and Charms in Certain Middle English Scrolls, in: Speculum 39 (1964), S. 270–278; Erwin MANTINGH, De rol van de rol in de eerste miniatuur van het Kopenhaagse Lutgart-handschrift, in: De nieuwe taalgids 87 (1994), S. 238–247, hier S. 244, Anm. 28 (die französischsprachige Vita der heiligen Margarethe sei in Rotulusform als Gürtel von schwangeren Frauen getragen worden); Delores LAPRATT, Childbirth Prayers in Medieval and Early Modern England. „For drede of perle that may be-falle.", in: Symposia. The Journal of the Centre for the Study of Religion at the University of Toronto 2 (2010), S. 69–89, insbesondere S. 81 f. (mit weiterer Literatur; vor allem Beispiele aus England, 15./16. Jahrhundert); STORK, Gebetbücher (wie Anm. 2) S. 73, Anm. 120; Alaya SWANN, Childbirth and Midwifery in the Religious Rhetoric of England, 1300–1450, Diss.

Hände braucht; zusätzlich ist ernstzunehmen, dass eindeutigere Performanzhinweise (wie abgesetzte Verse, Hinweise auf die Binnenstruktur der Strophen, Betonungszeichen, Neumen) vor allem in gebundenen Codices vorkommen – weniger in den Rotuli[103]. Mögen die untersuchten Texte (z. B. Spiele, Sangspruchdichtung, Minnereden) deutlich performanznah sein, die Rotuli als solche sind dies nicht unbedingt. (Sehr seltene) Ausnahmen finden sich am ehesten im Bereich der Spiele.

In beiden näher untersuchten Bereichen der Reiseliteratur und der ‚Aufführungstexte' zeigte sich außerdem, dass für die besprochenen Beispiele nicht behauptet werden kann, dass die Rotuli generell eine Zwischenform *vor* der Verschriftlichung im Codex seien (vermutete Ephemerität/Transitorität der Textfassungen und des Schriftträgers). Kössinger beschreibt eingehend, dass weitaus die meisten Rotuli mit großer Sorgfalt und hohem gestalterischen Aufwand geschrieben wurden[104]. Und: Korrigiert werden können Rotuli genau so einfach wie Faszikel oder lose Blätter – es gibt keine zwingende Verbindung zwischen der Rotulusform und dem Entwurf oder Konzept.

Es erscheint somit wichtig festzuhalten, dass es keine einheitliche Gebrauchsfunktion der Rotuli gibt – je nach Textsorte ist der „Rotulus im Gebrauch" unterschiedlich zu beschreiben, und zwar möglichst im interdisziplinären Zusammenschluss. Ein Gesamtverzeichnis der unterschiedlichen nicht-kodikalen Überlieferungsformen würde eine Differenzierung der Formen und Funktionen von Rotuli *und* anderen Überlieferungsformen ohne Einband je nach Textgattungen wie auch je nach länderspezifischen Eigenheiten erlauben[105]. Der vorliegende Sammelband ist ein bedeutender Schritt in die Richtung einer solchen fächerübergreifenden, systematischen Untersuchung.

Abstract

This article explores rolls which either contain travel literature (*Mirabilia Romae*, *Indulgentiae ecclesiarum urbis Romae*, a description of the Holy Land, and itineraries) or literary texts meant for performance (such as plays,

Arizona State University 2014, S. 35 f. (Pergamentgürtel mit Gebetstexten als „charms" bei der Geburt).

103 Kössinger, Schriftrollen (wie Anm. 5) S. 449 f.

104 Ebd., S. 447 f.

105 Siehe Giele/Pelzer, Rollen (wie Anm. 24) S. 682–686, zu solchen länderspezifischen Unterschieden in der Verwendung von Rotuli; Kössinger, Schriftrollen (wie Anm. 5) S. 460–467, befasst sich zusammenfassend mit den Gebrauchszusammenhängen der von ihm untersuchten deutschsprachigen Rotuli.

e.g. the *Osterspiel von Muri* and the *Frankfurter Dirigierrolle*, or songs, as in the Reinmar von Zweter-roll in Los Angeles or in the *Basler Rolle*). It argues that rolls were one of many possible and equivalent material forms of text tradition; modern research tends to isolate them too much from e.g. unbound booklets, although no text genre exists that has not survived the ages in both rolled *and* folded form.

Rolls share their quality of being transportable with loose quires or bundles of pages. The texts they contain are no transitory drafts, but were written with care and show traces of the process of copying rather than conceptualizing. Furthermore, as the reader needs both hands to handle a roll, they do not appear to be particularly convenient for use by a singer or a speaker of a stage play. Fascinating as rolls may be, for a better understanding of their *Sitz im Leben* more research is needed on other transportable, transitory and possibly performance-apt manuscript forms.

Die Welt im Fluss – eine Universalchronik in Rotulusform

ELENA VANELLI

1. ÜBERBLICK ÜBER DIE SPÄTMITTELALTERLICHEN UNIVERSALCHRONIKEN

Die mittelalterliche Geschichtsschreibung war von christlichen und heilsgeschichtlichen Vorstellungen geprägt, so dass die Weltgeschichte üblicherweise von den Historikern in Verbindung mit der göttlichen Weltschöpfung und der biblischen Geschichte betrachtet wurde. So wurde auch manchmal das zeitgenössische Geschehen durch die Autoren als Fortführung der Heilsgeschichte erzählt. Die Universalchroniken sind Ausdruck dieser Weltanschauung und ihre Universalität ist dadurch charakterisiert, dass ihr Inhalt über christliche Interessen hinausgeht und diese mit verschiedenen Reichen und Kulturgeschichten synchronisiert. Dieser Aufsatz wird sich mit der Frage beschäftigen, weshalb sich für einige Universalchroniken die Form des Rotulus durchgesetzt hat, mit besonderem Augenmerk auf den Rotulus Ms. 258, der in der Stadtbibliothek in Cremona aufbewahrt ist.[1]

Seit dem Ende des 12. Jahrhunderts lässt sich eine vermehrte Zahl von Universalchroniken in Form von Rotuli fassen[2]. Es ist kein Zufall, dass sich die Pergamentrolle zu diesem bestimmten Zeitpunkt für diese Gattung durchsetzte, obwohl diese Form bereits von der Antike bis hin zum Spätmittelalter für verschiedene Zwecke kontinuierlich verwendet wurde.[3] Es liegt wohl daran, dass zu dieser Zeit das *Compendium historiae in genealogia Christi* von Peter von Poitiers (*Petrus Pictaviensis*) gestaltet wurde[4].

---

1 Ich bedanke mich ganz herzlich bei Professor Christoph Dartmann (Universität Hamburg) und Professor Marco Rainini (Università Cattolica di Milano) für die anregenden Gespräche.

2 Nathalie HUREL, Travaux et Enquêtes. Les chroniques universelles en rouleau (1457–1521): une source pour l'iconographie religieuse, in: Revue d'historie de l'Église de France 80 (1994) S. 303–314, hier S. 304.

3 Zur Verwendung und Verbreitung des Rotolus im Mittelalter vgl. das Kapitel "Le Rouleau, un support insolite au Moyen Âge" in der Monographie: Olivier DE LABORDERIE, Historie, mémoire et pouvoir. Les généalogies en rouleau des rois d'Angleterre (1250–1422) (Bibliothèque d'histoire médiévale 7), Paris 2013, S. 47–75.

4 Laura ALIDORI, Il Plut. 20.56 della Laurenziana. Appunti sull'iconografia dei manoscritti della Genealogia di Petrus Pictaviensis, in: Rivista di storia della miniatura 6–7 (2001–2002) S. 157–170, hier S. 159 f.; Gert MELVILLE, Geschichte in graphischer Gestalt. Beobachtungen zu einer spätmittelalterlichen Darstellungsweise, in: Geschichtsschreibung und Geschichtsbewusstsein im späten Mittelalter (Vorträge und Forschungen 31), hg. von Hans

Der Autor, Nachfolger von Petrus Comestor am theologischen Lehrstuhl in Paris, verfasste ein Handbuch, das auf die biblische Geschichte und die Genealogie Christi beschränkt ist. Ziel des späteren Kanzlers des Kapitels von Notre-Dame war es, wie im Prolog erklärt wird[5], den Scholaren einen Inhaltsüberblick und eine Orientierungshilfe über das Geschehen des Alten Testaments nach der *Historia Scholastica* des Petrus Comestor zu liefern[6]. Entscheidend ist jedoch die graphische Gestaltung des Werkes: Von einem von oben nach unten verlaufenden Hauptstrang entwickeln sich mehrere Linien, die mit Kreisformen kombiniert werden und so die Sukzession von Adam zu Christus nachvollziehbar machen[7]. Dabei fällt auf, dass der Text nur eine erläuternde Funktion hat und der graphischen Darstellung untergeordnet ist. Diese Struktur könnte als Beginn einer Geschichtsschreibung in graphischer Gestalt betrachtet werden und dient nicht nur didaktischen

---

Patze, Sigmaringen 1987, S. 57–154, hier S. 68–73; Hans Vollmer, Deutsche Bibelauszüge des Mittelalters zum Stammbaum Christi mit ihren lateinischen Vorbildern und Vorlagen (Materialien zur Bibelgeschichte und religiösen Volkskunde des Mittelalters, Neue Folge 1), Potsdam 1931, S. 15 f.; erwähnenswert sind zwei auf einem Rotulus überlieferte Zeugnisse dieses Werkes aus dem 13. Jahrhundert: Roma, Biblioteca Casanatense, Ms. 4254 und Milano, Biblioteca Trivulziana, Cod. 489 vgl. Maria Franca Baroni, Un prezioso rotolo storico religioso del sec. XIII, Milano 1969; und jüngst Marco Rainini, I rotoli del „Compendium historie in genealogia Christi" di Pietro di Poitiers: origini e primo sviluppo in un testimone significativo (Milano, Biblioteca Trivulziana, Ms. 489), in: Imago librorum. Mille anni di forme del libro in Europa, Convegno internazionale. Trento, Biblioteca Comunale, e Rovereto, Biblioteca Civica, 24–26 maggio 2017 (im Druck befindlich).

5 *Considerans hystorie sacre prolixitatem necnon et difficultatem scolarium quoque circa studium sacre lectionis, maxime illius que in hystorie fundamento versatur negligenciam, quorundam quoque ex inopia librorum impericie sue solatia querentium, uolentium quasi in sacculo quodam memoriter tenere narrationes hystoriarum, temptaui seriem sanctorum patrum, a quibus per leuiticam et regalem tribum Christus originem habuit, cum eorum operibus in unum opusculum redigere. Quod et fastidientibus prolixitatem propter subiectam oculis formam animi sit oblectatio et a studiosis facile possint pre oculis habita memorie commendari et omnibus legentibus utilitas conferri. In quo quidem non facilem laborem immo negotium plenum vigiliarum assumpsi cum breuitate secundum datam formam* […], Melville, Geschichte (wie Anm. 4) S. 149.

6 Ebd., S. 68 f.; Philip S. Moore, The Works of Peter of Poitiers. Master in Theology and Chancellor of Paris (1193–1205), Notre Dame 1936, S. 97–101; die Entstehung dieses Werkes in Zusammenhang mit der Unterrichtssituation wird von Rainini betont, vgl. Rainini, Rotoli del „Compendium" (wie Anm. 4).

7 Zu Typen von Vorläufern eines solchen Schemas und ähnlichen Beispielen vgl. Melville, Geschichte (wie Anm. 4) S. 60–68 und Andrea Worm, *Arbor autem humanum genus significat.* Trees of Genealogy and Sacred History in the Twelfth Century, in: The Tree. Symbol, Allegory, and Mnemonic in Medieval Art and Thought, hg. von Pippa Salonius/Andrea Worm (International Medieval Research 20), Turnhout 2014, S. 35–67; für die Verwendung eines solchen Schemas bei spätmittelalterlichen Geschichtskompendien vgl. Melville, Geschichte (wie Anm. 4) S. 100–107.

und mnemotechnischen Zwecken[8], sondern trägt auch zur visuellen Erklärung der Welt- und Geschichtsordnung bei[9]. Die Rollenform eignet sich besonders für dieses Schema, da sich mittels der visuellen Durchgängigkeit der gesamte Geschichtsablauf ohne Unterbrechungen ablesen lässt[10]. Diese Beobachtung wird durch die Vielzahl an handschriftlichen Überlieferungen des Kompendiums in Rotulusform bestätigt[11], wenngleich solch diagrammatische Strukturen auch in Codices zu finden sind[12]. Die Rezeption der Ausgestaltung dieses Werkes reichte bis ins 15. Jahrhundert. Außerdem erfuhr das Kompendium mehrere Überarbeitungen und Fortschreibungen und diente einer Vielzahl an späteren Rotuli-Chroniken als Vorlage[13].

Die erhaltenen Rotuli, die Universalchroniken beinhalten, weisen unterschiedliche Längen auf – bis zu einem Maximum von 32 Metern[14]. Sie bestehen aus Pergamentblättern, die in der Regel entlang der kürzeren Seite miteinander verklebt oder aneinandergenäht wurden und je nach Größe in unterschiedlichen Hüllen aufbewahrt wurden. Sie konnten sowohl von oben

---

8 Alidori, Il Plut. 20.56 (wie Anm. 4) S. 158; Mary Carruthers, The Book of Memory. A Study in Memory in Medieval Culture (Cambridge Studies in Medieval Literatur 10), Cambridge 1990, S. 250 f.; Aurora Di Mauro, Un contributo alla mnemotecnica medievale. Il *Compendium Historiae in Genealogia Christi* in una redazione pisana del XIII secolo, in: Il Codice Miniato: rapporti tra codice, testo e figurazione. Atti del III Congresso di Storia della Miniatura (Cortona, 20–23 ottobre 1988), hg. von Melania Ceccanti/Maria Cristina Castelli (Storia della miniatura 7), Firenze 1992, S. 453–467.

9 Rainini, Rotoli del „Compendium" (wie Anm. 4); Andrea Worm, Visualizing the Order of the History. Hugh of Saint Victor's *Chronicon* and Peter of Poitiers' *Compendium Historiae*, in: Romanesque and the Past. Retrospection in the Art and Architecture of Romanesque Europe, hg. von John McNeill/Richard Plant, Leeds 2013, S. 243–264, hier S. 249–259.

10 Alidori, Il Plut. 20.56 (wie Anm. 4) S. 159 f.; Melville, Geschichte (wie Anm. 4) S. 71; Rainini, Rotoli del „Compendium" (wie Anm. 4).

11 Einige Beispiele in Rotolusform: Roma, Biblioteca Casanatense, Ms. 4254. Dazu: Baroni, Un prezioso rotolo (wie Anm. 4); Roma, Biblioteca apostolica vaticana, Cod. Vat. Lat. 3783; Lyon, Bibliothèque Municipale, Ms. 863; Berlin Staatsbibliothek, Ms. Lat. fol. 141; London, British Museum, Ms. Add. 24025; London, British Museum Ms. Add. 14819 vgl. Moore, Works of Peter of Poitiers (wie Anm. 6) S. 101–106; Cambridge (Mass), Harvard University, Houghton Library, Ms. Typ 216; Milano, Biblioteca Trivulziana, ms. 489 und Vercelli, Archivio Capitolare, ohne Signatur vgl. Rainini, Rotoli del „Compendium" (wie Anm. 4).

12 Auflistungen von Zeugnissen dieses Werkes vgl. Alidori, Il Plut. 20.56 (wie Anm. 4) S. 166–167; Moore, Works of Peter of Poitiers (wie Anm. 6) S. 101–106; Rainini, Rotoli del „Compendium" (wie Anm. 4).

13 M. François Fossier, Chroniques universelles en forme de rouleau à la fin du Moyen-Âge, in: Bulletin de la Société Nationale des Antiquaires de France (1982) S. 163–183, hier S. 172–178; Melville, Geschichte (wie Anm. 4) S. 73–90 u. 107–110; Moore, Works of Peter of Poitiers (wie Anm. 6) S. 111–117; Vollmer, Bibelauszüge (wie Anm. 4) S. 18–22.

14 Rotolus von 32,60 m: Paris, Bibliothèque Saint-Geneviève, Ms. 523, vgl. Hurel, Travaux et Enquêtes (wie Anm. 2) S. 304.

nach unten als auch von unten nach oben sowie von beiden Seiten aus zusammengerollt werden, wobei die Spuren der an den Rändern befestigten Holzstücke teilweise eine Rekonstruktion der Handhabung zulassen[15].

Um ihre Verwendung besser nachvollziehen zu können, ist es ebenfalls hilfreich, sich mit dem Publikum dieser Werke auseinanderzusetzen. Dies erweist sich jedoch als schwierig, da die meisten Rollen keine Auskunft über den Namen des Kommittenten oder des Besitzers geben. In einigen Fällen finden sich jedoch Namen von Geistlichen auf den Rotuli[16], weshalb man, gerade auch aufgrund des synthetischen biblischen Inhalts, davon ausgehen kann, dass diese Chroniken als didaktische Hilfsmittel dienten. Kleriker sowie generell Gelehrte und Schüler, die sich bereits mit den Thematiken auskennen sollten, konnten die gesamten Lehrinhalte überblicken und je nach Bedarf einen Teil des Rotulus aufrollen und konsultieren[17].

Zwischen dem 15. und 16. Jahrhundert ist besonders auf französischem Gebiet nach dem Hundertjährigen Krieg eine interessante Entwicklung zu beobachten. Trotz der wachsenden Papierverwendung verbreiteten sich Universalchroniken auf Pergamentrollen, bei denen die Miniaturen immer sorgfältiger und detaillierter wurden. Diese Luxusobjekte dienten den adligen Familien als enzyklopädisches Werk oder der Zurschaustellung. Bei diesen Exemplaren reicht die Erzählung bis zum zeitgenössischen Geschehen der französischen Geschichte mit der Übernahme der *Grandes chroniques de France*. Eine letzte Etappe der Entwicklung ist der Druck dieser Gattung auf Papierrollen ab dem 16. Jahrhundert[18].

2. Der Rotulus Ms. 258 der Stadtbibliothek in Cremona

Gegenstand dieser Recherche ist das Manuskript 258 der Stadtbibliothek von Cremona. Dabei geht es um eine Universalchronik in Rotulusform, die mit dem Titel *Généalogie de la Bible* katalogisiert wurde. Zwei Studien der Kunsthistorikerin Laura Carlino liegen darüber bereits vor[19]. Die Perga-

15 Fossier, Chroniques universelles (wie Anm. 13) S. 167 f.

16 Beispiele, die den Namen des Besitzers tragen, sind: Berlin, Staatsbibliothek, Ms. 876; London, British Museum, Ms. additional 29052 und Ms. additional 30079; Wien, Nationalbibliothek, Ms. N. S. 2653 vgl. ebd., Anm. 1, S. 170.

17 Rainini, Rotoli del „Compendium" (wie Anm. 4).

18 Hurel, Travaux et Enquêtes (wie Anm. 2) S. 303–305; Fossier, Chroniques universelles (wie Anm. 13) S. 181 f.

19 Laura Carlino, L'uomo, l'universo, la storia. Note e riflessioni sull'iconografia di un inedito manoscritto cremonese. La cronologia universale in rotulo, ms. 258 della Biblioteca Statale di Cremona, in: Bollettino Storico Cremonese, Nuova Serie 1 (1194) S. 127–143;

mentrolle ist fast 6 Meter lang (5920 mm) und 61 Zentimeter breit und wird in einer Hülle aus Karton aufbewahrt. Sie besteht aus zehn miteinander verklebten Pergamenten, und es sind drei spätere Ergänzungen zum Zweck der Verstärkung am Anfang und am Ende der Rolle auszumachen. An diesen sind außerdem dort Löcher sichtbar, wo zur Handhabung Holzstücke angebracht waren. Da sie an beiden Seiten des Rotulus präsent waren und die Miniaturen und die Ausschmückungen so wertvoll und detailliert sind, war der Rotulus vermutlich in beiden Richtungen benutzbar, damit es praktischer war, ihn in seiner Länge vorzuzeigen und zu konsultieren[20].

Die Schrift ist eine gut lesbare französische Buchschrift, die nur an einer Stelle nicht mehr lesbar ist, ansonsten ist der mittelfranzösische Text noch sehr gut erhalten. Im Gegensatz zu anderen zeitgenössischen Exemplaren von Chroniken in Rotuli ist der Text nicht in Spalten aufgeteilt, sondern neben die Miniaturen gestellt. Eine sorgfältige Analyse des Manuskripts ermöglicht es, die verschiedenen Stufen der Erarbeitung nachzuvollziehen. Zuerst wurde das Baum-Diagramm gezeichnet, dann die Linierung gezogen. Darauffolgend wurden die Miniaturen gemalt und zuletzt der Text hinzugefügt[21].

Die Sorgfalt dieser Darstellung fällt dank der Farben der Ausschmückungen und der Vielfalt der Details besonders auf. Nach Laura Carlino wird die Dekoration von zwei Strömungen beeinflusst. Einige Elemente orientieren sich an französischen Vorbildern wie zum Beispiel die sich am Anfang befindende Verkündigungszene sowie einige geschmückte Anfangsbuchstaben und Städte, die in Form von Burgen und Schlössern auf dem gesamten Rotulus abgebildet sind. Der Rest wird dagegen von einem lombardischen Stil geprägt. Offen bleibt, ob es das Werk zweier Künstler ist oder es sich um einen einzelnen Miniaturmaler handelt, der beide Stile beherrschte. Anhand dieser Analyse ist das Manuskript in die erste Hälfte des 15. Jahrhunderts zu datieren[22].

Allein aufgrund der äußeren Aspekte kann dieser Rotulus zu den Luxusobjekten gezählt werden. Daher stellt sich die Frage, wem so ein Werk gehörte. Einige Elemente haben die Kunsthistorikerin Laura Carlino vermuten lassen, dass der Rotulus in Besitz der Markgrafen von Monferrat war. Bei den Miniaturen von Alexander dem Großen und Judas Maccabeus sind die Wappenschilde rot und silbern (Taf. 1), gleich den Farben dieses Geschlechts. Am Schluss des Rotulus befindet sich ein Helmschmuck mit einem rot- und silber-

---

Laura Carlino, Cronache universali in rotulo nel tardo medioevo. La storia per immagini nel ms. 258 della Biblioteca Statale di Cremona (Fonti e sussidi. Biblioteca statale 5), Roma 1997.

20 Carlino, Cronache universali (wie Anm. 19) S. 27–30.

21 Ebd.

22 Vgl. dazu das Kapitel „La miniatura“, in: Carlino, Cronache universali (wie Anm. 19) S. 59–71.

farbenen Mantel als auch mit einem gleichfarbigen Wappenschild. Ein Schwert wird von einer Hand nach oben gezogen und ist von einem Hirschgeweih mit einer Krone eingekreist (Taf. 2). Es ist möglich, diese Zuschreibung weiter zu präzisieren. Ein ähnliches Wappen ist nämlich auch auf dem Siegel einer Urkunde vom 18. September 1450 mit dem Namen von Johannes Markgraf von Monferrat (1395–1464) zu finden (Taf. 3)[23]. Er war Sohn von Johannes Jakob von Monferrat (1418–1445) und Johanna von Savoyen (1392–1460) und regierte vor seinem jüngeren Bruder Wilhelm VIII. Palaiologos (1464–1483).[24] Dieses Wappen unterscheidet sich von demjenigen auf dem hier analysierten Rotulus nur durch das Fehlen der Krone. Diese taucht aber erst ab dem Jahr 1450 nach dem von Karl VII. gegeben Vorbild als häufiges Element in den Wappen auf[25]. Daher könnte das Wappen auf dem cremonesischen Rotulus mit demjenigen von Markgraf Johannes IV. von Monferrat identifiziert werden.

Das rote und silberne Wappen stammt von der Linie der Aleramiden, den ersten Markgrafen von Monferrat im 10. Jahrhundert. Das Schwert wurde dem Wappen wahrscheinlich zusammen mit dem Hirschgeweih hinzugefügt, als Wilhelm der Alte (1137–1191) der Stadt Crema für den Wiederaufbau im Jahr 1185 eines geschenkt hatte, nachdem die Stadt von Friedrich Barbarossa im Jahr 1159 zerstört worden war. Deswegen gehört das Schwert mit dem Hirschgeweih bis heute zum Wappen der Stadt. Dieses Ensemble von Elementen wurde ebenso im Wappen der Markgrafen von Monferrat aufgenommen, bis das Geschlecht der Aleramiden ausstarb. Das beschriebene Wappen der Markgrafen wurde im Jahr 1306 von Teodor aus dem Haus der Palaiologen zusammen mit dem Titel übernommen[26].

Dasselbe Wappen kann ebenso in ein paar Antiphonarien abgebildet wiedergefunden werden. Diese gehören zu einem Korpus von 12 liturgischen Büchern, die im Domarchiv in Casale Monferrato erhalten sind[27]. Auf einer

---

23 François Foucault de' Daugnon, Sulla vera arma della città di Crema in Lombardia e il sigillo di Giovanni Paleologo, Marchese di Monferrato. Relazione storico-araldica coll'illustrazione di un documento inedito del 1450 e con tre incisioni, in: Giornale Araldico Genealogico Diplomatico 2 (1874–1875) S. 3–14, hier S. 8.

24 Mercedes Fiale Ferrero, Ritratto di Casale, Torino 1966, S. 82.

25 de' Daugnon, Sulla vera arma (wie Anm. 23) S. 5.

26 Ebd., S. 5–13.

27 Antifonario dal primo sabato dell'Avvento all'ottava dell'Epifania; Antifonario dalla seconda domenica dell'Epifania alla prima domenica di Quaresima; Antifonario dalla seconda domenica di Quaresima alla domenica di Pasqua; Antifonario dalla domenica di Pasqua alla quinta dopo la Pentecoste; Antifonario dalla settima domenica all'ultima dopo la Pentecoste; Antifonario santorale da San Michele a Tutti i Santi; Antifonario del Proprio dei Santi; Antifonario del Comune dei Santi; Graduale dalla prima domenica dell'Avvento alla domenica di Quinquagesima; Graduale dalla domenica delle Ceneri al sabato santo; Graduale dalla domenica di Pasqua alla domenica XXIII; Graduale dei Santi, Archivio Capitolare, Casale

Seite eines dieser Antiphonarien sind Wilhelm VIII. Palaiologos, der diese Bücher im Auftrag gab, und die obengenannten Elemente abgebildet (Taf. 4)[28]. Auf der Seite eines weiteren Antiphonars sind dieselben zusammen mit dem Wilhelm VIII. zugeschriebenen Wappen wiederzufinden (Taf. 5)[29]. Ab der Mitte des 15. Jahrhunderts war die kulturelle und politische Atmosphäre in Casale Monferrato besonders anregend, weil man danach strebte, die Stadt zum Bistum zu erheben und ihre Macht von den Nachbarn anerkennen zu lassen. Das geschah erst im Jahr 1474[30]. Damit könnte man vielleicht auch die Notwendigkeit begründen, solche Luxusobjekte wie die Antiphonarien und die Universalchronik als Rotulus zu sammeln. Zusammenfassend kann also vermutet werden, dass die Anschaffung oder der Auftrag dieses luxuriösen Werkes in Rotulusform wohl erst ab der Zeit von Markgraf Johannes IV. von Monferrat einzuordnen ist.

Schwierig zu erklären ist auch, wie dieses Exemplar den Weg nach Cremona gefunden hat. Die ersten Spuren dieses Weges erscheinen, als der Rotulus nach dem Zweiten Weltkrieg als Exponat in einigen Ausstellungen der Stadtbibliothek präsentiert wurde. Eine mögliche Erklärung seiner Herkunft ist die Zugehörigkeit zur privaten Sammlung von Kardinal Cesare Speciano[31]. Er spendete seine Werke den Jesuiten, aus deren Bibliothek der erste Kern der heutigen Stadtbibliothek von Cremona besteht[32].

3. Die thematischen und ikonographischen Hauptquellen

In Bezug auf die Struktur, den Text, die Ikonographie und wahrscheinlich auch auf das Medium schuldet diese Universalchronik viel der Überlieferung des *Compendium historiae in genealogia Christi* von Petrus Pictaviensis.

Monferrato vgl. Elena Rampi, I corali miniati dell'archivio capitolare di Casale Monferrato, in: Il Duomo di Casale Monferrato. Storia, arte e vita liturgica. Atti del convegno di Casale Monferrato (16–18 aprile 1999), Novara 2000, S. 167–186, hier S. 180 Anm. 2.

28 Fig. 1, Antifonario dal primo sabato dell'Avvento all'ottava dell'Epifania (detto Antifonario XI) fol. 3v, iniziale A (*Aspicens a longe*) (Casale Monferrato, Archivio del Capitolo della Cattedrale) vgl. Rampi, I corali miniati (wie Anm. 27) S. 168.

29 Fig. 2 Antifonario del Comune dei Santi *f 3v*, iniziale E (*Ecce ego mitto vobis*), (Casale Monferrato, Archivio del Capitolo della Cattedrale), vgl. Rampi, Corali (wie Anm. 27) S. 170.

30 Ebd., S. 169–173.

31 Cesare Speciano (1539–1607), Bischof von Novara (nicht weit entfernt von Casale Monferrato) von 1586 bis 1588 und als päpstlicher Nuntius sowohl in Spanien als auch in Prag, seit dem Jahr 1598 Bischof von Cremona, vgl. Massimo Marcocchi, La riforma dei monasteri femminili a Cremona. Gli atti inediti della visita del vescovo Cesare Speciano (1599–1606) (Annali della Biblioteca governativa e Libreria civica di Cremona 17), Cremona 1966, S. VII–XI.

32 Carlino, Cronache universali (wie Anm. 19) S. 30–33.

Auf den ersten Blick ist das Baumschema der Genealogie Christi deutlich erkennbar. Nach einem illustrierten Prolog entwickelt sich den ganzen Rotulus entlang ein grüner Hauptstrang der Genealogie Christi mit Medaillons und Miniaturen, von dem mehrere Linien anderer Dynastien ausgehen. Diese Baumstruktur gleicht älteren überlieferten Exemplaren von Petrus Pictaviensis und zeitgenössischen Universalchroniken, die dieses Schema übernommen haben[33]. Der Baum an sich hat mehrere symbolische Bedeutungen, da er sowohl Baum der Erkenntnis im Garten Eden als auch Baum des Kreuzes und Baum des Lebens sein kann[34]. Am wichtigsten ist aber der Hinweis auf die Wurzel Jesse. Eine erste Abbildung zeigt Jesse, den Vater Davids, schlafend mit einem Baum, der aus seiner Hüfte von unten nach oben wächst. Erst seit dem Ende des 12. Jahrhunderts wird der Baum umgekehrt als Hauptlinie der Genealogie Christi abgebildet. Peter von Poitiers trug auf signifikante Weise zu dieser graphischen Systematisierung des biblischen Wissens bei und erarbeitete damit eine Form, die ein bedeutendes Ergebnis der Überlegungen hinsichtlich der Ursachen und der Ordnung der menschlichen Geschichte während des 12. Jahrhunderts darstellt. Daraus soll nicht der Schluss gezogen werden, dass Pietrus Pictaviensis eine Ausnahme gewesen sei. Versuche, zusammengefasste und lineare Darstellungen zu entwickeln, sind in dieser kulturellen Atmosphäre ebenso bei anderen Autoren wiederzufinden. Dabei wird auf Handschriften Isidors von Sankt Viktor und Isidors von Sevilla oder auf den *arbor consanguinitatis* in der Foigny Bibel verwiesen[35].

Die Baumstruktur ist wohl der Grund für die Wahl eines solchen Mediums wie des Rotulus, der sich, wie schon erwähnt, besonders für seine *mise-en page* eignet und oftmals in der Überlieferung zu finden ist[36]. Außerdem könnte der Erfolg dieses Baumschemas in dieser Form in den späteren Jahrhunderten als Beleg für die Hypothese dienen, dass das Original des Kompendiums selbst von seinem Autor auf einem Rotulus geplant war. Zur Unterstützung dieser Vermutung können noch einige Codices erwähnt werden, beispielsweise das

33 Für ältere Beispiele siehe Anm. 4; zeitgenössische Beispiele aus Melville, Geschichte (wie Anm. 4) S. 126 f., 139 f. u. 146–148: Sigmaringen, Fürstliche Hohenzollern'sche Bibliothek, Ms. 22, Universalchronik bis Friedrich III. (1415–1493); Paris, Bibliothèque Saint-Geneviève, Ms. 2115, Englische Geschichte bis Eduard IV. (1461–1483); Paris, Bibliothèque Saint-Geneviève, Ms. 522, Universalchronik bis Ludwig XI. von Frankreich (1461–83).

34 Carlino, Cronache universali in rotulo (wie Anm. 19) S. 45–47.

35 Ebd.; Worm, Arbor (wie Anm. 7) S. 35–56; dazu auch Andrea Worm, ‚Ista est Jerusalem'. Intertextuality and Visual Exegesis in Peter of Poitiers' *Compendium historiae in genealogia Christi* and Werner Rolevinck's *Fasciculus temporum*, in: Imagining Jerusalem in the Medieval West (Proceedings of the British Academy 175), hg. von Lucy Donkin/Hanna Vorhol, Oxford 2012, S. 123–162, und Worm, Visualizing Order (wie Anm. 9) S. 243– 263.

36 Rainini, rotoli del „Compendium" (wie Anm. 4).

Exemplar Plut 20.56 in der Biblioteca Laurenziana in Florenz. Hier ähnelt das Seitenlayout dem eines Rotulus, da kaum Ränder an der Seite existieren. Im Gegensatz zu anderen Exemplaren kann in diesem Fall mit einer gewissen Sicherheit davon ausgegangen werden, dass die Vorlage in Rotulusform vorlag[37].

Über die lineare Struktur hinaus wurden andere Darstellungsformen aus dem Werk Petrus Pictaviensis in einer elaborierteren Form im Exemplar von Cremona übernommen. Gemeint ist die Darstellung der 42 Etappen der Wüstenwanderung Moses' und seines Volkes (Taf. 6) und das nach dem Willen Gottes um den Tabernakel aufgeschlagene Feldlager der 12 Stämme Israels (Taf. 7). Dies wird durch einen Vergleich der Zeichnungen aus der spätmittelalterlichen Chronik und denjenigen aus den Manuskripten von Lyon und Vercelli ersichtlich[38]. Was sich von dieser Quelle jedoch unterscheidet, ist die Abbildung Jerusalems, welches im spätmittelalterlichen Exemplar zweimal wie eine Burg dargestellt wird (Taf. 8). Die erste Abbildung befindet sich auf dem Hauptstrang und bezieht sich auf die Zerstörung Jerusalems seitens Nebukadnezars. Die zweite liegt direkt daneben und weist die sechs Tore auf, die für die Darstellung Jerusalems typisch sind. Das Motiv der Stadt ist in dem cremonesischen Rotulus sehr präsent, wie weitere Beispiele beweisen[39].

Noch ein wichtiger Punkt sind die Quellen des Textes. Der mittelfranzösische Text zitiert nur in drei Passagen die Autoren, von denen die Notizen stammen. Die zitierten Namen sind Methodius, Orosius und Flavius Josephus[40]. In dieser Hinsicht unterscheidet sich diese Chronik von anderen zeitgenössischen, die oft die Hinweise auf die verwendeten Quellen wiedergeben[41]. Doch auch hier stellt der Text des *Compendium historiae in genealogia Christi* die Hauptquelle dar. Wenngleich die Inhalte einigermaßen übereinstimmen, handelt es sich nicht um eine Übersetzung der Quelle ins Mittelfranzösische. Der hier behandelten Chronik liegt wohl eine Version des Kompendiums zu Grunde, die in einer Fortschreibung den biblischen Inhalten weiteres Material hinzufügte. Für spätmittelalterliche Universal-

---

37 Alidori, Il Plut. 20.56 (wie Anm. 4) S. 160.

38 Lyon, Bibliothèque Municipale, Ms. 863; Vercelli, Archivio Capitolare, ohne Signatur.

39 Carlino, Cronache universali (wie Anm. 19) S. 47–51.

40 „Et planta Adam ce ramcel en la terre devant sa logette, et de /vint grans arbres, et portoit feuilles larges croisies rouges qui gettoient moult bonnes / oudeurs, mais il ne portoient nulz fruit. Et quant Adam et Eve partirent de paradis terre / stre ilz estoient encore vierges si comme tesmoigne **Methodius**. [...] Cestui Moyses garda bien la loy de Dieu tant comme / il vesqui, et adonc estoient les filz / d'Israel si monteplíés que ilz estoient / ix. c.m.v.c.l. sans les femmes et / les petis enfans. Et fu avant Ihesu / crist m.viii.c.xx. Ans sicomme / tesmoigne **Orose**. [...] Et puis morut David roy de / Iherusalem, et le fist Salomon ensevelir moult / soingneusement, et fist mettre en son sepulcre / viii. Trésor selon ce que **Iosephes** tesmoigne", Carlino, Cronache universali (wie Anm. 19) S. 97, 102 u. 104.

41 Ebd., S. 37–43.

chroniken ist es schwierig, einen Archetyp zu rekonstruieren, da keine kritische Edition und nur wenige Transkriptionen des klassischen Kompendiums vorliegen[42]. Darüber hinaus ist die schlechte Editionslage der Autoren, die den originalen Text überarbeitet oder fortgeführt haben, wie zum Beispiel Johannes von Udine[43], zu berücksichtigen. In der Forschung gilt also immer noch die Aussage von P.S. Moore: „no two of them are the same“[44].

Nach einem illustrierten Prolog, der mit der Darstellung der freien Künste abschließt, fängt die Genealogie Christi mit der Vertreibung von Adam und Eva aus dem Garten Eden auf dem Hauptstrang an. Es folgt ein Medaillon mit der Szene der Arbeit der Stammeltern, von den Darstellungen der drei Söhne Kain und Seth mit ihren Frauen und Abel in Medaillons ausgehen. Seth befindet sich auf der Hauptlinie und führt durch seine Nachkommenschaft zur Miniatur der Sintflut. Damit ist das erste Weltalter vorbei. Danach haben wir in einem Medaillon die Aufteilung der Erde unter den drei Söhnen Noahs. Die Ikonographie ist sehr außergewöhnlich, da eine friedliche und lebendige Stadt mit geschäftigen Bewohnern dargestellt wird, in der eine Armee, ein Mönch, ein Hirte, ein Müller und ein Bauer zu sehen sind. Quasi im Gegensatz dazu ist direkt darunter die Abbildung der babylonischen Verwirrung durch die Ikonographie einer mittelalterlichen Baustelle des Turms abgebildet. Außerhalb der Baustelle sind Menschen zu sehen, die streiten und sich nicht verstehen (Taf. 9). Mit Abraham fängt das dritte Weltalter an – in der Miniatur des Opfers Isaaks –, dort sind auch die ägyptischen Pharaonen zu finden. Mit David beginnt das vierte Weltalter. Unter Salomon können der Trojanische Krieg und auf der anderen Seite Aeneas mit seiner Frau Lavinia verortet werden. Von Ihnen wird Brutus geboren, mit dem die Geschichte Englands ihren Anfang fand. Mit der Zerstörung Jerusalems seitens Nebukadnezars geht es mit dem fünften Weltalter weiter, in dem die römischen Könige und die makedonischen Könige ab Alexander dem Großen aufgelistet sind. Im letzten Teil des Rotulus werden endlich die Anbetung und die Geschenke der Heiligen Drei Könige, die Kreuzigung und zum Schluss der Abstieg in den Limbus (Taf. 10) in eigenen Miniaturen geschildert.

Zu Beginn des Rotulus befindet sich eine eindrucksvolle und detaillierte Miniatur der Verkündigung Mariä (Taf. 11). Direkt darunter befindet sich der Prolog in roten Buchstaben, der dem Leser bei der Einordnung des Werks

42 Vollmer, Bibelauszüge (wie Anm. 4); M. Petri Pictaviensis Galli Genealogia et chronologia Sanctorum Patrum, antehac typis non excusa, quae a Julio Caesare, usque ad nostra tempora continuata est ab Hulderico Zvinglio iuniore, ed. Ulrich Zwingli, Basel 1592.

43 Fossier, Chroniques universelles (wie Anm. 13) S. 172 f.; Melville, Geschichte (wie Anm. 4) S. 76–82.

44 Moore, Works of Peter of Poitiers (wie Anm. 6) S. 111–117.

hilft. Ausgehend von der Genealogie Christi von Adam bis zur Sintflut setzt sich die Erzählung mit den Söhnen Noahs und deren Nachkommenschaft fort. Dann kommen die Propheten, die Patriarchen, die Helden und die Königsdynastien, die auf der Erde herrschten.[45] Dem Stammbaum Christi gehen einige Diagramme zum Ursprung des Kosmos voraus, die starke Einflüsse der Theologie des 12. Jahrhunderts aufweisen (Taf. 12). Wie aus dem Bild ersichtlich wird, folgt zuerst ein Kreisdiagramm, in welchem neun konzentrische Ringe eine vierstufige Miniatur in der Mitte umschließen. Von außen beginnend, sind zunächst drei Himmel abgebildet: der *ciel oriental*, in dem sich Gott befindet, der *ciel cristalin*, der Engel und Selige beherbergt und der *ciel asurin*, den wir Menschen von der Erde aus sehen. Diese drei Himmel beziehen sich auf eine Passage aus dem *Elucidarium*[46] von Honorius Augustodunenis[47]: *Tres coeli dicuntur: unum corporale, quod a nobis videtur; aliud spirituale, eo quod spirituales substantiae, scilicet angeli, in eo habitare creduntur; tertium intellectuale, in quo Trinitas sancta a beatis facie ad faciem contemplatur*[48]. Die folgenden vier Kreise beinhalten die vier Elemente, *feu*, *aer*, *eaue*, *terre*, aus denen sich nach der mittelalterlichen Physik der Mensch und die Erde zusammensetzen. Das Schema der konzentrischen Ringe mit diesen vier oben genannten Elementen ist auf einen Teil eines Diagrammes von Wilhelm von Conches aus seinem Dragmaticon zurückzuführen (Taf. 13)[49]. Wie auch in der Schrift des Philosophen wird ebenso im Rotulus die Struktur des Kosmos graphisch erklärt. Im achten Ring schließt sich an die Elemente

---

45 *CI S'ENSUIT LA GENEALOGIE DE LA BIBLE QUI COMPRENDT DE ADAM IUSQUES AU DELUGE, ET APRES SI DEVISE LA GENERARACION* (sic) *DE NOE ET DE SES TROYS/ FILIZ, C'EST ASSAVOIR LA LIGNIE DE SEM QUI TINT LA CONTREE D'AISE QUI DURA IUSQUE A IHESUCRIST ET LA LIGNIE DE CHAM QUI TINT AUFRIQUE, ET LA LIGNIE DE / IAPHETH QUI TINT EUROPPE; ET SY Y EST COMPRINS EMBRIEF LES PROPHETES, LES PATRIARCHES, LES VI. PREUX ET LES ROYS QUI GOUVERNE LE MONDE/ DE PUIS ADAM NOSTRE PREMIER PERE IUSQUES A LA NATIVITE DE IHESUCRIST: ET SY Y EST DEMONSTRE PAR FIGURES COMMENT LES LIGNIES SE ESPARTIRENT EN/ DIVERSES REGIONS, ET PAR ESPICIAL LA LIGNIE DE LA BENOISTE NATIVITE NOSTRE SEIGNEUR IHSUCRIST QUI S'ENSUIT SELON L'ARBRE QUI LE DEMONSTRE ET / ENSAIGNE. ET COMMENCE ADAM ET EVE*, Carlino, Cronache universali (wie Anm. 19) S. 95.

46 Zum Werk: Valerie Irene Jane Flint, Honorius Augustodunensis of Regensburg, in: Authors of the Middle Ages. Historical and Religious Writers of the Latin West, hg. von Patrick J. Geary, Bd. 2, Aldershot/Brooksfield 1995, S. 89–183, hier S.129–132.

47 Zur Biographie: V. I. J. Flint, Honorius Augustodunensis (wie Anm. 46) S. 95–127.

48 Honorii Augustodunensis, Elucidarium, I.3, Migne PL 172, Sp. 1111 vgl. Carlino, Cronache universali (wie Anm. 19) S. 52 mit Anm. 23.

49 Guillelmi de Conchis Dragmaticon Philosophiae, ed. Italo Ronca (Corpus Christianorum, Continuatio Medievalis 152), Turnholti 1997, S. 71.

die Hölle an. Zu beschreiben bleibt noch der innere Kreis: auf der obersten Ebene befindet sich Christus mit den Engeln, parallel darunter findet man den Papst mit Bischöfen und Kardinälen. Es folgt eine Darstellung der Menschen mit einer Stadtansicht und einer Szene aus der Landwirtschaft. Zuletzt wird die Hölle dargestellt. Es fällt eine Analogie zwischen den Thematiken der äußeren Ringe, die man in den drei Kategorien Himmel, Erde und Hölle zusammenfassen kann, und den Ebenen innerhalb des inneren Kreises auf: Christus mit den Engeln und die kirchliche Hierarchie entsprechen den Ringen des Himmels, die Menschen den Elementen der Erde und die Hölle taucht sowohl im Werk des Philosophen als auch im Rotulus auf.

Diese spiegelt ein wichtiges Anliegen der theologischen Schule von Chartres und jener der Viktoriner wider. Die kosmische Harmonie der äußeren Ringe ist in der menschlichen Ordnung des inneren Kreises wiederzufinden. Der menschliche Mikrokosmos ist Abbild des Makrokosmos[50].

Von dem Kreisdiagramm führen sieben Linien zu entsprechend vielen Medaillons der sieben Schöpfungstage. Die ikonographische Gestaltung weist stark darauf hin, dass die Materie schon *ante exornationem mundi* existiert, und zwar, dass es sie bereits im Augenblick vor dem Schöpfungsakt gegeben hat. Deswegen sind zuerst die Materie als Makro- und Mikrokosmos in Potenz und gleich danach als Verwirklichung die Schritte der gesamten Schöpfung dargestellt[51]. Nach den sieben Tagen kommen in der Reihenfolge der Schöpfungsordnung die Hierarchien der Engel, dann die Planeten und die Sternzeichen. Alle diese Elemente sind in den Medaillons sowohl bildlich gezeigt als auch durch Tituli benannt. Im Anschluss daran wird die Erde dargestellt (Taf. 14). Die drei Tituli am Rand erklären die abgebildeten Stufen: zuerst der Himmel mit seinen Himmelskörpern, dann die Erde, die die Menschen nach dem Wortlaut des Rotulus körperlich erfassen, und zuletzt die Hölle. Diese Struktur fand so bereits in den oberen Diagrammen Anwendung.

Die Theorien über die gleichewige und ungeschaffene Materie wurden von den zwei schon erwähnten Autoren Wilhelm von Conches und Honorius Augustodunenis vertreten. Es verwundert nicht, dass diese Theorien noch am Anfang des 15. Jahrhunderts verbreitet sind, obwohl sie zwischenzeitlich kritisiert und weiterentwickelt wurden. Das *Elucidarium* von Hornorius war nämlich eine lateinische, didaktische Zusammenfassung des theologischen Wissens seiner Zeit in dialogischer Form. Dieser Text wurde in fast alle westeuropäischen Sprachen des Mittelalters übersetzt. Für den hier behandelten Rotulus sind insbesondere die altfranzösischen Übersetzungen zu berück-

50 Carlino, Cronache universali (wie Anm. 19) S. 51–58.
51 Ebd.

sichtigen. Die zahlreichen überlieferten Manuskripte bestätigen die große Beliebtheit des Traktats[52].

Hervorzuheben sind auch die Darstellungen der Personifizierungen der sieben freien Künste, die von der Miniatur der Erde ausgehen (Taf. 14). Sie sind als Frauen in den Medaillons abgebildet. Nur die Grammatik wird als Lehrer mit seinen Schülern vorgestellt, da sie als Voraussetzung für die anderen Künste gilt. Jede Personifizierung trägt einen Rotolus, nur die Grammatik und die Geographie unterscheiden sich dadurch, dass sie ein Buch haben. Die letzte ist auf dem Hauptstrang gesetzt. Die sieben Künste befinden sich strategisch platziert zwischen dem illustrierten Prolog und der Vertreibung von Adam und Eva aus dem Garten Eden als tatsächlichem Auftakt der Genealogie. Sie sind die Grundlage der Erkenntnis, die Werkzeuge, dank derer der Mensch die Realität verstehen kann und sich Gott annähert. Aus demselben Grund eröffnet eine Darstellung der freien Künste in einigen Manuskripten das Kompendium von Petrus Pictaviensis, der Hauptquelle des cremonesischen Rotulus[53]. Damit wird ihre Rolle als Ausgangspunkt der menschlichen Erkenntnis betont.

Warum befindet sich also am Anfang dieses Rotulus die Verkündigung Mariae und nicht direkt die freien Künste, wie bei den gerade erwähnten Exemplaren? Das könnte mit einem Zitat aus dem *Libello octo quaestionum de angelis et homine* von Honorius Augustodunenis erklärt werden, dessen Überlegungen den Auftakt der Genealogie stark prägten: *Et ideo peccatum primi hominis non fuit, causa Christi incarnationis, sed potius fuit causa mortis et damnationis. Causa autem Christi incarnationis fuit praedestinatio humamae deificationis: ab aeterno quippe a Deo erat praedestinatum, ut homo deificaretur […]. Siquidem auctoritas sacrae Scripturae et manifesta ratio declarat, Deum hominem assumpsisse, etiamsi homo nunquam peccasset*[54].

Was war die Ursache der Menschwerdung Christi? Nicht der Sündenfall, wie es von anderen Gelehrten vertreten wurde[55]. Dieser war für Honorius der Grund des Todes und der Verdammung der Welt. Die wahre Ursache

52 Henning DÜWELL, Eine altfranzösische Übersetzung des Elucidarium. Edition des Elucidaire der Handschrift Lambeth Palace 431 (Beiträge zur romanischen Philologie des Mittelalters 7), München 1974, S. XV–XVI.

53 Wie zum Beispiel Lyon, Bibliothèque Municipale, Ms. 863 und Auxerre, Bibliothèque Municipale, Ms. 145.

54 Honorii Augustodunensis, *Libellus octo quaestionum de angelis et homine*, PL 172, col. 1187B-D; vgl. Marco RAININI, L'interpretazione spirituale delle Scritture. Un caso significativo in alcuni testi del XII secolo, in: Scritture Sacre. Testi, storia, interpretazioni, hg. von Gian Luca POTESTÀ/Marco RAININI, S. 55–65, hier S. 64.

55 Zum Beispiel Theodorik von Chartres, dazu vgl. Marie-Dominique CHENU, La teologia nel XII secolo, Milano 1986, und CARLINO, Cronache universali (wie Anm. 19) S. 52–55.

ist die Vorherbestimmung der menschlichen Vergöttlichung, anders gesagt ist die Menschwerdung Christi für Honorius seit eh und je vorgesehen – unabhängig vom Sündenfall. Daher entspricht die Eröffnung des Rotulus mit der Verkündigung an Maria dieser bestimmen Vorstellung der Heilsgeschichte, bei der die Menschwerdung Christi schon immer durch Gott als Sinngebung existent war[56]. Diese theologische und ikonographische Wahl ist außergewöhnlich und unterscheidet sich grundlegend von anderen Exemplaren des Kompendiums von Petrus Pictaviensis, die normalerweise mit der Abbildung des Sündenfalls[57] oder mit der Darstellung der sieben Künsten beginnen. Bisher konnten für diesen Beitrag keine weiteren Manuskripte, die dieser theologischen Ausrichtung folgen, ausfindig gemacht werden, daher bildet dieses Exemplar einen Einzelfall. Nach dieser Analyse scheint die cremonesische Universalchronik in Rotulusform ein Luxusobjekt gewesen zu sein, das der Dynastie der Palaiologen, Markgrafen von Monferrat, zuzuschreiben ist. Der Rotulus reiht sich in eine Tradition von Universalchroniken ein, die sich bis ins Spätmittelalter an der Vorlage von Peter von Poitiers orientiert haben. Die Hauptquellen dieses Manuskripts sind auf das 12. Jahrhundert zurückzuführen. Als Grund hierfür kann vermutet werden, dass dem Kompilator Texte zur Verfügung standen, die bis zum Ende des Mittelalters beliebt und verbreitet waren.

Abstract

Since the late 12th century universal chronicles had begun to be composed in form of rotuli. Those very expensive works with representative function are provided by many precious illuminations and may reach a length of over 30 meters. This paper focusses on the manuscript n. 258 of the municipal library of Cremona, an about six-meter-long rolled-chronicle containing a genealogy of Jesus Christ. The analysis suggests that this rolled-manuscript may have been produced in the first half of the 15th century. The initiator can be considered the margrave William of Montferrat of the dynasty of the Palaiologs. At this time he was working hard to make his house a great cultural centre of the Lombard region, and to raise his town to a episcopal see.

56 Marie-Odile Garrigues, L'œuvre d'Honorius Augustodunensis: Inventaire critique 2, in: Abhandlungen der Braunschweigen Wissenschaflichen Gesellschaft 39 (1987), S. 159–164.

57 Zum Beispiel: Milano, Biblioteca Trivulziana, Cod. 489.

Feldschreiber, mobile Kanzleien und (Feld-) Missivenbücher

Die Funktionen von Rotuli für Kommunikationspraxis und Informationsverdichtung im Kontext von Kriegen im Spätmittelalter

Bastian Walter-Bogedain

1. Einleitung und Beschreibung des Rotulus

Neben zahlreichen Briefen aus dem Jahr 1475 findet sich in einem Fonds des Stadtarchivs Straßburg ein Rotulus, der im Untersuchungszeitraum singulär ist[1]. Auf einen ersten und oberflächlichen Blick stellt sich dieser als ein zusammenhängendes Dokument dar, doch wird beim näheren Hinsehen erkennbar, dass es sich um achtundzwanzig auf Papier beschriebene Einzeldokumente handelt, die mithilfe von Schnüren aneinandergebunden wurden, jeweils in sich abgeschlossen sind und auf allen Vorder- und zum Teil den Rückseiten beschrieben wurden. Letztere wurden von zwei Händen nummeriert, von denen die eine vermutlich von einem deutschsprachigen Archivar aus dem 19. bzw. frühen 20. Jahrhundert stammt, der mit einem Bleistift Zahlen und zum Teil Datumsangaben auf die Vorderseiten der Folios gesetzt hat. An der Schreibung der Ziffern der zweiten Hand deutet sich an, dass diese möglicherweise bereits im Zuge der Herstellung des Rotulus bzw. unmittelbar danach geschrieben wurden[2]. Diese zweite Hand war es auch, die nahezu alle Vorderseiten beschrieben hat und überdies auf der Rückseite des letzten Dokuments die Abkürzung „Burg. 1475“ eintrug, was einen ersten Hinweis auf die Entstehungs- bzw. Herstellungszeit des Rotulus darstellt[3].

Dies wird durch einen genauen Blick in die Einzeldokumente bestätigt. Dieser offenbart, dass es sich um insgesamt zweiunddreißig Briefe der Hauptleute der Stadt Straßburg handelt, die laut den Abfassungsdaten zwischen dem 9. Juli und dem 24. August 1475 geschrieben wurden. Der größte Teil dieser Briefe war an die Räte der Stadt Straßburg gerichtet, die zuhause auf Informationen vom Kriegsschauplatz warteten. Damit gehören die Briefe im Rotulus in den Kontext der Burgunderkriege der Jahre 1474 bis 1477, in denen die Stadt Straßburg mit ihren oberrheinischen und eidgenössischen

1 Archives de la Ville et la Communauté de Strasbourg (im Folgenden AVCUS), AA 274, Rotulus.

2 Vgl. beispielsweise AVCUS AA 274, Rotulus, fol. 4v und 5v.

3 AVCUS AA 274, Rotulus, fol. 27v.

Verbündeten gegen den burgundischen Herzog Karl den Kühnen vorging[4]. Während die Straßburger Truppen bis Ende Mai 1475 bei der Entsetzung der niederrheinischen Stadt Neuss geholfen hatten[5], die vom burgundischen Herzog belagert worden war, konzentrierten sie sich im Sommer 1475, der Zeit der Herstellung des Rotulus, mit Unterstützung der Eidgenossen auf die Eroberung strategisch wichtiger Orte und Befestigungen in der Freigrafschaft Burgund, die an die Vogesen angrenzte und damit nah am Territorium der Stadt Straßburg lag[6]. Die so genannte „Burgundische Pforte" konnte von burgundischen Truppen problemlos passiert werden und stellte damit eine unmittelbare Gefahr für die oberrheinischen Städte dar, so dass in ihrer Sicherung die Hauptaufgabe der Koalitionstruppen lag[7]. Der angesprochene Kontext korrespondiert auch mit den Abfassungsorten, die in den Briefen im Rotulus genannt werden. Da diese Briefe zudem weitgehend in chronologischer Reihenfolge zusammengebunden wurden, lassen sich mit ihrer Hilfe die Aufenthaltsorte der Straßburger Truppen vom Beginn des Feldzugs in die Freigrafschaft Burgund bis zu seinem Ende detailliert nachzeichnen. Doch ich greife vor – worum wird es in dem folgenden Beitrag gehen?

In einem ersten Abschnitt werden zunächst der Entstehungskontext des Rotulus, sein Inhalt und seine Aussagemöglichkeiten hinsichtlich des Wegs und der Kommunikationspraxis der Hauptleute der Straßburger Truppen

4 Zu den Burgunderkriegen allgemein vgl. Claudius SIEBER-LEHMANN, Spätmittelalterlicher Nationalismus. Die Burgunderkriege am Oberrhein und in der Eidgenossenschaft (Veröffentlichungen des Max-Planck-Instituts für Geschichte 116), Göttingen 1995; Karl BITTMANN, Ludwig XI. und Karl der Kühne. Die Memoiren Philippe de Commynes als historische Quelle (Veröffentlichungen des Max-Plancks-Instituts für Geschichte 9/II/1 und 2), Göttingen 1970; Bastian WALTER, Informationen, Wissen und Macht. Akteure und Techniken städtischer Außenpolitik: Bern, Straßburg und Basel im Kontext der Burgunderkriege (1468–1477) (VSWG Beiheft 218), Stuttgart 2012.

5 Zur Belagerung von Neuss vgl. Jean-Marie CAUCHIES, Charles le Hardi à Neuss (1474/75), in: Pays bourguignons et terres d'Empire 1996, S. 105–116; Helmut GILLIAM, Der Neusser Krieg. Wendepunkt der europäischen Geschichte, in: Neuss, Burgund und das Reich (Schriftenreihe des Stadtarchivs Neuss 6), Neuss 1975, S. 201–254; Jens METZDORF, Bedrängnis, Angst und große Mühsal: Die Belagerung von Neuss durch Karl den Kühnen 1474/75, in: „[...] wurfen hin in steine – grôze und niht kleine[...]": Belagerungen und Belagerungsanlagen im Mittelalter, hg. von Olaf WAGENER/Heiko LASS (Beihefte zur Mediaevistik 7), Frankfurt a. M. 2006, S. 167–188.

6 Zu den Ereignissen des Jahres 1475 vgl. Heinrich WITTE, Zur Geschichte der Burgunderkriege. Das Kriegsjahr 1475. Die Reise gen Blamont, in: Zeitschrift für die Geschichte des Oberrheins 8 (1893) S. 197–255; BITTMANN, Ludwig XI. (wie Anm. 4) S. 863–891.

7 Dazu vgl. Françis RAPP, Routes et voies de communication à travers les Vosges du XIIe au début du XVIe siècle, in: Les Pays de l'entre-deux au Moyen Âge, Quéstions d'histoire des térritoires d'Empire entre Meuse, Rhône et Rhin, Actes du Congres 113e Congrès National des Sociétés Savantes, Paris 1990, S. 195–207.

sowie ihr Alltag auf ihrem Kriegszug in die Freigrafschaft Burgund im Fokus stehen. Die auf diese Weise gewonnenen Erkenntnisse werden im zweiten Abschnitt dazu genutzt, um auf die Funktionen des Rotulus und seine Herstellung einzugehen. Eine Zusammenfassung am Ende wird die gewonnenen Ergebnisse schließlich bündeln.

2. Inhalt des Rotulus

2.1 Itinerar der Straßburger Truppen und Absender und Empfänger der Briefe

Ich komme damit zum ersten Abschnitt, in dem es um die Aussagemöglichkeiten der Briefe im Rotulus im Hinblick auf den Weg der Straßburger Truppen in die Freigrafschaft Burgund gehen wird. Dies geschieht mithilfe der folgenden Tabelle, die auf Basis der in den Briefen genannten Abfassungsorte erstellt wurde.

Ort	Anzahl der Briefe
Châtenois	2
Balschwiller	2
Sainte-Marie-en-Chanois	2
L'Isle-sur-le-Doubs	2
La Grange	1
Blamont	15
Grammont	1
Arbouans	1
Reguisheim	1

Die ersten beiden Briefe fassten die Hauptleute am 9. Juli 1475 kurz nach ihrem Auszug aus Straßburg in Châtenois ab. Während sie im ersten von diesen die Bitte an den Statthalter und Hofmeister der mit den oberrheinischen Städten verbündeten Stadt Montbéliard formulierten, er möge dafür Sorge tragen, dass ihre Truppen gefahrlos sein Territorium passieren könnten[8], berichteten sie im zweiten Brief an die Straßburger Räte zunächst vom

8 Der erste Brief AVCUS AA 274, Rotulus, fol. 1r (Straßburger Hauptleute an Jakob vom Stein); zur Bedeutung von Montbéliard im untersuchten Zeitraum vgl. Theodor von Liebenau, Mümpelgart und die Schweiz 1474–1476, in: Anzeiger für schweizerische Geschichte

schlechten Wetter, gaben an, sie hätten noch immer keine Kenntnis vom genauen Treffpunkt der Koalitionstruppen und deren Anzahl und übermittelten ihnen Kopien von Briefen, die sie zuvor erhalten hatten[9]. Drei Tage später waren die Hauptleute in Balschwiller angekommen und teilten ihren Räten von dort nach einer Musterung die Stärke und Zusammensetzung der eigenen militärischen Einheiten mit. Demnach stünden neben insgesamt 220 berittenen Söldnern insgesamt 135 städtische Handwerker und 434 Bewohner des städtischen Territoriums für die Stadt im Feld[10]. Ferner informierten sie das Straßburger Führungsgremium, dass ihr Hauptmann Peter Schott nach Dammerkirch geritten sei, wo er auf den österreichischen Oberbefehlshaber Oswald von Thierstein sowie die nur langsam nachrückende eidgenössische Unterstützung zu warten gedenke[11].

Nach diesen drei Briefen klafft eine Lücke im Rotulus, und das nächste Schreiben wurde von den Hauptleuten am 21. Juli 1475 aus Sainte-Marie-en-Chanois an ihre Räte abgesetzt[12]. Darin berichteten sie ihnen, sie hätten kurz zuvor eine Stadt erobert und daraufhin ihr Feldlager bezogen, informierten sie über den Inhalt von Gesprächen mit den verbündeten Hauptleuten und teilten ihnen mit, man plane, nun L`Isle-sur-le-Doubs zu erobern. Dass sie damit erfolgreich waren, geht aus einem Brief hervor, den sie von dort am folgenden Tag und ebenfalls an die Straßburger Räte richteten[13]. Und auch

---

5 (1886) S. 29–36; der zweite Brief AVCUS AA 274, Rotulus, fol. 2r (Straßburger Hauptleute an den Rat der Stadt Straßburg).

9 AVCUS AA 274, Rotulus, fol. 3r (Straßburger Hauptleute an den Rat der Stadt Straßburg am 12.7.1475).

10 Dazu vgl. Witte, Geschichte (wie Anm. 6) S. 224 f.

11 Zu Peter Schott und seiner Rolle in den Burgunderkriegen vgl. Walter, Informationen (wie Anm. 4) S. 92–97; Marcel Mathis, Un grand Ammeister strasbourgeios du XVe siècle, Pierre Schott (1427–1504), in: Annuaire de la Société des Amis du Vieux Strasbourg 20 (1990) S. 15–35; zu Oswald von Thierstein vgl. Felix Müller, Thierstein, Oswald von, in: Historisches Lexikon der Schweiz online, http://www.hls-dhs-dss.ch/textes/d/D19295.php, letzter Zugriff am 22.8.2016; zur Familie von Thierstein allgemein vgl. Dorothea A. Christ, Zwischen Kooperation und Konkurrenz. Die Grafen von Thierstein, ihre Standesgenossen und die Eidgenossenschaft im Spätmittelalter, Zürich 1998; zum langsamen Vorrücken der Straßburger Truppen vgl. Witte, Geschichte (wie Anm. 6) S. 225 f.

12 AVCUS AA 274, Rotulus, fol. 5r (Straßburger Hauptleute an den Rat der Stadt Straßburg): *Ist mangerley meynunge gewesen und doch beslossen, das man fur Lyle ziehen sulle und was darnoch guot werde ouch komen.*

13 AVCUS AA 274, Rotulus, fol. 7r (Straßburger Hauptleute an den Rat der Stadt Straßburg am 22.7.1475): *Und uff hut dato dann umb mittentag den sturm anpfangen, der het vff ein stunde gewert vnd haben von gnade gottes statt vnd sloß die statt erobert mit sinem erobert und ob xxx dryssigen erstochen vnd die vberigen und ir etlich gefangen. Die uberigen sint durch flucht entronn entrunnen*; zur Belagerung und Einnahme von L'Isle-sur-le-Doubs vgl. Witte, Kriegsjahr 1475 (wie Anm. 6) S. 226–229. Einen der dort gemachten Gefange-

danach hielt die Erfolgsserie der Koalitionstruppen an, wie ein weiteres Schreiben der Hauptleute vom 26. Juli aus La Grange an die Räte beweist, laut dem sich die Einwohner der Stadt ihnen kampflos ergeben hätten. Doch deuten sich bereits in diesem Brief erste Probleme innerhalb der Bündnistruppen an[14]. So sahen die Hauptleute es mit Sorge, dass der österreichische Oberbefehlshaber entgegen der vor dem Feldzug getroffenen Übereinkünfte dem Herzog von Lothringen zur Hilfe zu eilen plane[15]. Dessen ungeachtet, hätten sie sich jedoch gemeinsam mit den Hauptleuten der oberrheinischen und eidgenössischen Bündnispartner auf die Belagerung von Blamont verständigt.

Die folgenden fünfzehn und zwischen dem 31. Juli und dem 16. August 1475 abgefassten Briefe der Hauptleute aus dem Lager vor Blamont offenbaren, dass man diesen Plan in die Tat umzusetzen versuchte, doch zunächst auf heftigen Widerstand der Besatzung stieß, was die Straßburger Hauptleute am 5. bzw. 6. August zu zahlreichen Bittbriefen veranlasste[16]. Am 10. August 1475 meldeten die Hauptleute ihren Räten schließlich glücklich, man habe Blamont eingenommen und werde nun mit den Verbündeten das weitere Vorgehen besprechen[17]. Die weiteren Planungen waren jedoch drei Tage später noch immer nicht abgeschlossen[18]; vielmehr verdeutlichen die Briefe, dass es zu massiven Unstimmigkeiten innerhalb der Straßburger Truppen selbst gekommen sein muss[19]. Zu dieser Ansicht gelangt man, da die Hauptleute angeben, dass vor allem die städtischen Handwerker und ein Teil der Ritter nicht noch länger im Feld zu bleiben bereit seien[20]. Insbesondere aus der Per-

---

nen übermittelten sie später an den Statthalter von Montbéliard, Jakob vom Stein, wie aus einem Brief an diesen hervorgeht, der am gleichen Tag geschrieben wurde (AVCUS AA 274, Rotulus, fol. 4r).

14 AVCUS AA 274, Rotulus, fol. 9r; vgl. zur Einnahme von La Grange Witte, Geschichte (wie Anm. 6) S. 232 f.; Bittmann, Ludwig XI. (wie Anm. 4) S. 866 f.

15 Dazu vgl. Ebd. S. 868–871; Witte, Geschichte (wie Anm. 6) S. 229–232; ders., Lothringen und Burgund, in: Jahrbuch der Gesellschaft für lothringische Geschichte und Altertumskunde 2 (1890) S. 1–100; ders., Lothringen und Burgund, in: Jahrbuch der Gesellschaft für lothringische Geschichte und Altertumskunde 3 (1891) S. 232–293.

16 AVCUS AA 274, Rotulus, fol. 10r-26r; vgl. dazu Witte, Kriegsjahr 1475 (wie Anm. 6) S. 239–242.

17 AVCUS AA 274, Rotulus, fol. 19r (Straßburger Hauptleute an den Rat der Stadt Straßburg am 10.8.1475).

18 AVCUS AA 274, Rotulus, fol. 20r (Straßburger Hauptleute an den Rat der Stadt Straßburg am 12.8.1475).

19 Zu diesen Unstimmigkeiten vgl. Walter, Informationen (wie Anm. 4) S. 97 f. u. 177 f.; Witte, Geschichte (wie Anm. 6) S. 229 u. S. 244–255.

20 AVCUS AA 274, Rotulus, fol. 20r (Straßburger Hauptleute an den Rat der Stadt Straßburg am 12.8.1475): *Sich hat aber vil grober und vil vnernunfftig wort begeben von etlichen. Uff sollichs habent wir besant uff den fritag alle die uwern und fruntlich mit inen geredt und*

spektive der städtischen Handwerker war ihr Unwillen verständlich; schließlich konnten sie ihrem eigentlichen Broterwerb während des Kriegszugs nicht nachgehen und fürchteten stattdessen in den Kämpfen und aufgrund der im Feldlager grassierenden Krankheiten um ihr Leben[21]. Erschwerend kam hinzu, dass der Kriegszug wesentlich länger dauerte als ihnen zuvor angekündigt worden war. Das rücksichtslose Verhalten der Eidgenossen, die nach den Eroberungen einen Großteil der Beute für sich beanspruchten, tat sein Übriges, um nicht nur den Unmut bei den Straßburger Truppen, sondern auch bei denen der anderen oberrheinischen Städte zusätzlich zu erhöhen. Hinzu gesellte sich der erwähnte Plan des österreichischen Oberbefehlshabers Oswald von Thierstein, die Freigrafschaft Burgund zu verlassen und auf dem schnellsten Wege weiter in Richtung Lothringen zu ziehen[22]. Das alles habe dazu geführt, so die Hauptleute, dass zu bereits zahlreiche Soldaten ohne Erlaubnis nach Hause gezogen seien[23]. Daher baten sie die Räte dringend um Anweisungen, wie sie sich diesbezüglich verhalten sollten. Selbst eine deswegen einberufene Versammlung der noch verbliebenen

---

vorgelesen den genanten brieff und an sie begert, dewile die fursten, stette mitsambt den eitgenossen in willen sint, wyter zuo ziehen das sie dann guotwillig wollent sint vnd by uns blyben und anzuosehen einer statt Strasburg ere, mit vil fruntlichen worten do durch wir sie bewegen möhten vns willig zuo sin. Habent etlich von den Rittern geredt, si konnent noch mogent die iren nit lenger vffgehalten, so dann die iren hut weg ziehent mussent si mit inen. Die andern von Rittern habent sich alle guotwillig erzoigt vnd zuogeseyt, uns gehorsam zuo sin. Darnoch haben wir geschickt noch den Hantwerckern und ye einer noch dem andern fruntlich ersuocht und gebetten fur basser das beste zuo tuon. Die habent uns der merteyl alle geseyt, das si nit lenger blyben wöllent, ußgenomen der Wirt zuor Lynden, drye Schmyd, die Scherer, ein saltzmuter. Und die drye wollent heim und uns gebetten, des nit zuo zurnen. Etlich habent gerett, ir zurnen oder zurnent nit, so wöllent wir heim vnd sie wollen sollichs gegen uwer wißheit verantwurten.

21 Als sinnbildlich kann in diesem Zusammenhang das am 13. August 1475 abgefasste Schreiben der Hauptleute an den Rat angesehen werden, in dem sie als Grund für den Unmut innerhalb der eigenen Truppen angeben, dass *der sterbheit in teglicher ubung* sei (AVCUS AA 274, Rotulus, fol. 22r. Schließlich grassierte im Heer eine Krankheit, die bereits dem Hauptmann der Berner Truppen, Nikolaus von Diesbach, das Leben gekostet hatte vgl. dazu Bittmann, Ludwig XI. (wie Anm. 4) S. 877; zum Tod von Diesbach und den zeitgenössischen Reaktionen auf diese Nachricht vgl. Walter, Informationen (wie Anm. 4) S. 53–55; ders., Kontore, Kriege, Königshof. Der Aufstieg der Berner Familie von Diesbach im 15. Jahrhundert im Hinblick auf städtische Außenpolitik, in: Politisches Wissen, Spezialisierung und Professionalisierung: Träger und Foren städtischer ‚Außenpolitik' während des späten Mittelalters und der Frühen Neuzeit, hg. von Michael Jucker/Christian Jörg, Wiesbaden 2010, S. 161–165.

22 Witte, Kriegsjahr 1475 (wie Anm. 6) S. 245–255; Bittmann, Ludwig XI. (wie Anm. 4) S. 878 f.

23 AVCUS AA 274, Rotulus, fol. 20r (Straßburger Hauptleute an den Rat der Stadt Straßburg am 12.8.1475).

Straßburger Soldaten, auf der sie ein Meinungsbild von diesen eingeholt und sie an ihre Eide erinnert hätten, um sie auf diese Weise zum Verbleib zu zwingen, sei erfolglos gewesen, doch hätten sie die Truppen wenigstens dazu bringen können, noch acht weitere Tage im Feld zu bleiben[24]. Aus den Briefen der Straßburger Hauptleute spricht nicht nur ihre große Empörung, die sie beim Verhalten ihrer Truppen empfanden; sie sind zugleich Ausdruck ihrer wachsenden Unsicherheit darüber, wie sie darauf reagieren sollten[25].

Die Folge der Probleme war ein massiv erhöhter Briefausstoß, der sich in dem in diesem Beitrag untersuchten Rotulus niedergeschlagen hat. Schließlich mussten die Hauptleute sich nicht nur gegenüber ihren Räten rechtfertigen und ihnen den jeweiligen Stand der Verhandlungen mit den ungehorsamen Truppenteilen mitteilen, sondern durften darüber hinaus den eigentlichen Grund ihres Auszugs in die Freigrafschaft Burgund und die Kommunikation mit ihren Bündnispartnern nicht vergessen. Die stark dezimierten Straßburger Einheiten machten sich am 20. August 1475 auf den Rückweg nach Straßburg und informierten das Straßburger Führungsgremium aus Arbouans über ihren Plan, dass sie noch Grammont einzunehmen versuchen wollten. Das letzte Schreiben im Rotulus datiert auf den 24. August, wurde in Reguisheim und damit kurz vor Straßburg abgefasst[26].

Die bisherigen Ausführungen verdeutlichten, dass der größte Teil der Briefe im Rotulus Schreiben der Straßburger Hauptleute an die Räte der Stadt waren. Daneben enthält der Rotulus auch an einzelne Amtsträger gerichtete Briefe. Diese gingen an den Statthalter und Hofmeister des Bündnispartners Montbéliard, Jakob vom Stein, an den Basler Oberzunftmeister Heinrich Rieher, an Konrad von Mörsberg oder an den burgundischen Amtsträger Stefan von Hagenbach[27]. Zugleich enthält der Rotulus Schreiben, die von einzelnen Straßburger Hauptleuten geschrieben bzw. in Auftrag gegeben wurden[28]. Zahlenmäßig klar in der Minderheit sind schließlich Briefe,

---

24 AVCUS AA 274, Rotulus, fol. 22r (Straßburger Hauptleute an den Rat der Stadt Straßburg am 13.8.1475: *des sy vns zuogeseit habent noch acht tag zuo blyben, also das si dar noch one alle wider rede heym ziehen* und 23r (Straßburger Hauptleute an den Rat der Stadt Straßburg am 15.8.1475). In diesem wird beispielsweise angegeben, *das Jorge von Wangen also hut morgen mit den synen one erloubniß mit Junherr von Ohsenstein hinweg geritten* sei.

25 *Begerent des uwer fruntlich antwurt, uns wissen darnoch zuo richten* (AVCUS AA 274, Rotulus, fol. 20r, Straßburger Hauptleute an den Rat der Straßburg am 12.8.1475).

26 AVCUS AA 274, Rotulus, fol. 28r (Straßburger Hauptleute an den Rat der Stadt Straßburg); zur Einnahme von Grammont vgl. Witte, Kriegsjahr 1475 (wie Anm. 6) S. 250 f.; Bittmann, Ludwig XI. (wie Anm. 4) S. 879.

27 Zu Heinrich Rieher vgl. Benno Notter, Rieher [Richer], Heinrich, in: Historisches Lexikon der Schweiz Online, http://www.hls-dhs-dss.ch/textes/d/D19267.php, letzter Zugriff am 22.8.2016.

28 Die Briefe Schotts in AVCUS AA 274, Rotulus, fol. 12r (Schott an Heinrich Rieher am

die gemeinsam von allen Hauptleuten der Koalitionstruppen abgefasst wurden. Diese Beobachtungen finden sich in der folgenden Tabelle bestätigt.

Absender	Empfänger
Straßburger Hauptleute	Straßburger Räte: 16 Jakob vom Stein: 2 Marx Kerling: 1
Hauptmann Peter Schott	Heinrich Rieher: 3 (4) Straßburger Räte: 1
Hauptmann Friedrich Bock	Konrad von Mörsberg: (1)
Hauptleute Koalitionstruppen	Rat der Stadt Basel: 1 Jakob vom Stein: 1

2.2 Kommunikationspraxis der Straßburger Hauptleute und Kriegsalltag

Damit bin ich beim zweiten Punkt angelangt, in dem die Kommunikation der Straßburger Hauptleute auf ihrem Feldzug in die Freigrafschaft Burgund im Mittelpunkt stehen soll. Denn die in dem Rotulus versammelten Briefe erlauben einzigartige kulturgeschichtliche Einblicke in die Kommunikationspraxis spätmittelalterlicher Kriegstruppen, ihren Alltag und die Probleme, mit denen sie sich auf einem Feldzug konfrontiert sahen. So enthalten sie nicht nur zahlreiche Hinweise auf die Korrespondenz zwischen den Straßburger Hauptleuten und ihren Räten zuhause, sondern lassen überdies Rückschlüsse auf ihre Kommunikation mit den militärischen Entscheidungsträgern der Bündnispartner zu.

Demnach fanden zahlreiche Versammlungen zwischen den Hauptleuten der Verbündeten statt, die ich mit dem Begriff „Kriegsrat" bezeichnen möchte und die in der bisherigen Forschung nur rudimentär untersucht wurden[29]. Derartige „Kriegsräte" fanden in regelmäßigen Abstand, in äußerst dringenden Fällen sogar mehrmals täglich, statt. Zu ihnen wurden die jeweiligen Oberbefehlshaber abgeordnet, es wurden Pläne gefasst und das weitere Vorgehen koordiniert. Das war auch am 20. Juli der Fall, als die Hauptleute

3.8.1475); 15r (Schott an Heinrich Rieher am 5.8.1475); 18r (Schott an Heinrich Rieher am 6.8.1475) und 24r (Schott an Heinrich Rieher(?) am 15.8.1475). Der Brief Friedrich Bock in AVCUS AA 274, Rotulus, fol. 4r (Bock an Jakob vom Stein am 25.7.1475).

29 In Ansätzen zum Kriegsrat vgl. Walter, Informationen (wie Anm. 4) S. 94 f.

der eidgenössisch-oberrheinischen Verbündeten die Belagerung von L'Isle-sur-le-Doubs beschlossen[30].

Die Briefe verdeutlichen, dass meist die gleichen Personen aus Straßburg, Basel und Bern als Wortführer auf den Kriegsräten während des Zugs in die Freigrafschaft Burgund fungierten. Diese Tatsache ist nicht verwunderlich, war doch der Kriegszug vor allem auf Betreiben der Führungsgremien dieser Städte initiiert worden. Diese Tatsache bestätigen auch die Briefe der Straßburger Hauptleute, in denen sie ihren Räten zuhause detailliert Gespräche wiedergeben, die sie beispielsweise mit den Berner Oberbefehlshabern geführt hatten[31]. Zugleich verdeutlichen die Schreiben im Rotulus, dass man innerhalb des Kriegsrats nicht immer einer Meinung war und etwaige Zweifel bei den Bündnispartnern mitunter durch Überzeugungsarbeit ausgeräumt werden mussten[32]. In solchen Fällen wurde an die zuvor getroffenen Übereinkünfte und gegenseitig geleisteten Eide erinnert, die die Truppen aneinander banden und sie zu einem Vorgehen gegen den gemeinsamen Feind Burgund verpflichteten. Dies konnte noch vor Ort im Kriegsrat selbst geschehen oder auf schriftlichen Wegen mithilfe Briefen erfolgen, die von den Bündnispartnern geschrieben worden waren und von den Hauptleuten an die auf Informationen wartenden Räten als Kopien zwecks Diskussion und letztlicher Entscheidungsfindung weitergeleitet wurden[33].

Ein solches Vorgehen lässt sich auch in den Briefen im Rotulus feststellen: Als verlängerter Arm ihrer Räte zuhause achteten auch die Straßburger Hauptleute stets darauf, das Führungsgremium in ihrer Heimatstadt auf dem neuesten Stand der Verhandlungen im Feld zu halten und baten sie häufig um ihre Meinung in bestimmten Angelegenheiten[34]. Diese wiederum antworteten ihnen ihrerseits in Briefen, deren Empfangsdatum und Inhalt in den Antwortschreiben genauso bestätigt wie darin häufig der Name des jeweiligen Boten genannt wurde[35]. Die Nennung des Namens des Boten, der

30 AVCUS AA 274 Rotulus, fol. 5r (Straßburger Hauptleute an den Rat der Stadt Straßburg am 20.7.1475).

31 Vgl. bsp. AVCUS AA 274, Rotulus, fol. 5r, 7r, 7v oder 9r.

32 Vgl. bsp. AVCUS AA 274, Rotulus, fol. 5r (Straßburger Hauptleute an den Rat der Stadt Straßburg am 20.7.1475): *Vast vil fruntlicher und trostlicher wort hant sich begeben zwuschent den eydtgenossen und den unsern, die wir uch nit alle geschriben konnent.*

33 AVCUS AA 274, Rotulus, fol. 3r (Straßburger Hauptleute an den Rat der Stadt Straßburg am 12.7.1475) oder 9r (Straßburger Hauptleute an den Rat der Stadt Straßburg am 26.7.1475): *Wir schicken uwer wißheit Copie des brieffs, so wir von unsers herren von Lothringen reten zuogesant ist.*

34 Vgl. bsp. AVCUS AA 274, Rotulus, fol. 7v: *Darumb liebe herren, bitten wir an uwer wißheit uns zuo wissen tuon, wie wir uns furter halten sollent.*

35 Vgl. bsp. AVCUS AA 274, Rotulus, fol. 16r (Straßburger Hauptleute an den Rat der Stadt Straßburg am 6.8.1475): *Lieben herren, wir habent entpfangen geschrifften von Speckel*

den Brief überbrachte, war gerade in konfliktgeladenen Zeiten wie der betrachteten eine gängige Technik der Informationsverwaltung und diente als Sicherungsmaßnahme in der Kommunikationspraxis[36]. Schließlich sahen gerade Boten sich in Kriegszeiten sehr häufig der Gefahr ihrer Gefangennahme durch die feindlichen Truppen ausgesetzt[37].

Daran deutet sich an, dass es für die Oberbefehlshaber (über-)lebenswichtig war, genaue Kenntnis vom Standort der feindlichen Truppen, von ihrer Stärke und ihren weiteren Plänen zu besitzen. Zu diesem Zweck sandten sie so genannte „Kundschafter“ aus, deren Arbeit sich ebenfalls in den Schreiben im Rotulus belegen lässt. Diese „Protospione“ standen ebenfalls in engem Kontakt mit den Hauptleuten und berichteten ihnen sowohl mündlich als auch schriftlich in Briefen und in Berichten über das Gesehene und Gehörte[38]. Die auf diese Weise erhaltenen Informationen übermittelten die Hauptleute an ihre Räte zuhause oder aber an die verbündeten Hauptleute, damit sie entsprechende Gegenmaßnahmen ergreifen konnten[39].

---

uwern ryten botten; oder fol. 11r (Straßburger Hauptleute an den Rat der Stadt Straßburg am 31.7.1475): *Strengen lieben herren, als ir uns by Hans Meyger, uwern louffenden botten geschriben habent, habent wir verstanden und zwifeln nit, wie die nachgande geschrifft mit Volmar Hanns uch zuogesant worden.* Zu derartigen Sicherungsmaßnahmen, die zudem auf eine frühe Form der Archivierung hindeuten vgl. Walter, Informationen (wie Anm. 4) S. 178–180.

36 Zu diesen und anderen „Techniken der Informationsverwaltung“ in den städtischen Kanzleien von Straßburg, Basel und Bern vgl. ebd., S. 167–185.

37 Zur außerordentlichen Gefahrenlage für Boten in den Burgunderkriegen vgl. ebd., S. 223–226 u. 257–262. Doch zeigen die Briefe im Rotulus, dass nicht nur Boten zu Opfern wurden. So findet sich unter den untersuchten Schreiben auch eines, das an den burgundischen Amtsträger Stefan von Hagenbach gerichtet ist. In diesem wird Hagenbach dazu aufgefordert, vier namentlich genannte Gefangene der Koalitionstruppen freizulassen. Außerdem kündigten die Straßburger Hauptleute an, sie würden zwei Abgesandte zu den Gefangenen senden, die die *gefangenen … besehen* und sich überzeugen sollten, dass diese *in lib und leben und ire glyder unuermoglich syent* (AVCUS AA 274, Rotulus, fol. 26r, Straßburger Hauptleute an Stefan von Hagenbach am 16.8.1475).

38 Zur Spionagepraxis im Untersuchungszeitraum vgl. Walter, Informationen (wie Anm. 4) S. 264–276; ders., Spionage am Oberrhein und im Elsass im Kontext der Burgunderkriege (1468–1477), in: Neuere Forschungen zur elsässischen Geschichte im Mittelalter (= Forschungen zur oberrheinischen Landesgeschichte 56), hg. von Thomas Zotz u. a., Ostfildern 2012, S. 131–153; ders., Urban Espionage and Counterespionage during the Burgundian Wars (1468–1477), in: Journal of Medieval Military History 9 (2011) S. 132–145.

39 Bsp. AVCUS AA 274, Rotulus, fol. 16r (Straßburger Hauptleute an den Rat der Stadt Straßburg am 6.8.1475): *und fuogent uch zuo wissen, das wir unser erfarunge und kuntschafft haben ußgeschickt. Und werden warlich bericht, wie der herr von Blamont ein samelunge habe umb Clerwa uff 1.500 zuo roß und zuo fuoß. Desglich sollent ob tusigent umb Royse hout lygen, doch sint wir der hoffnung, das sy uns nit mogen uberfallen ungewarnet.*

Daneben mussten die Hauptleute die Versorgung ihrer Truppe sicherstellen, und dies geschah größtenteils ebenfalls mithilfe von Briefen. Das konnte nicht nur die Auszahlung des Solds für die Söldner betreffen, die von den Eidgenossen zur Verfügung gestellt worden waren, sondern auch die Lieferung von militärischer Ausrüstung oder Proviant, die man während des Kriegszugs dringend benötigte[40]. Da wurden an einem Tag bei den Straßburger Räten Steine für die mitgeführte große Büchse bestellt und ihnen mitgeteilt, man habe bereits Personen zum Hauen der Steine nach Porrentruy abgeordnet (*die stein zuo Bruntrut houwen sollen*) und sie ferner informiert, dass man in Basel sechs Tonnen Schwarzpulver geordert habe[41]. In einem anderen Schreiben des Straßburger Hauptmanns Friedrich Bock an Konrad von Mörsberg bat er diesen in eindringlich um die Zusendung von Mehl, da man aufgrund des tiefen Wasserstandes (*durch cleynerung der Wasser*) momentan nicht selbst in der Lage sei, Korn zu mahlen[42]. Interessant an diesem Brief ist die Anmerkung darunter, laut der der andere Straßburger Hauptmann, Peter Schott, ihn vor der Absendung zunächst zurückhalten (*lenger verhalten*) gelassen haben muss.

Peter Schott war es auch, der beim Oberzunftmeister Basels, Heinrich Rieher, in einem Brief nachfragte bzw. nachfragen ließ, ob die Basler Räte ihnen nicht nur dreitausend Pfeile (*die halben mit den hacken*) und zwanzig Lanzen, sondern auch Blei zum Gießen von Munition für die Handfeuerwaffen (*gieß bly zuo hantbussen*) sowie vier Pfund Zündpulver schicken könnten[43]. Rieher war höchstwahrscheinlich auch Empfänger eines weiteren Schreibens von Peter Schott, das er neun Tage in Auftrag gab[44]. Darin dankte Schott ihm für die Zusendung von *allerhand* Ausrüstungsgegenständen, übermittelte ihm aber auch einen nicht näher genannten Teil davon zurück, da man sie nicht mehr benötige. Diese fehlende Notwendigkeit findet sich auch im Erscheinungsbild des Briefes im Rotulus bestätigt; so wurde dieser durch-

40 Vgl. beispielsweise AVCUS AA 274, Rotulus, fol. 7r (Straßburger Hauptleute an den Rat der Stadt Straßburg am 22.7.1475): *Darumb bittent wir uch, uns das gelt zuo schicken, dann si* [gemeint sind die eidgenössischen Söldner, Anm. d. Verf.] *sich vast guotwillig und fruntlich gegen uns halten.*

41 AVCUS AA 274, Rotulus, fol. 14r (Straßburger Hauptleute an den Rat der Stadt Straßburg am 6.8.1475).

42 AVCUS AA 274, Rotulus, fol. 18r (Hauptmann Friedrich Bock an Konrad von Mörsberg am 6. August 1475).

43 AVCUS AA 274, Rotulus, fol. 15r (Peter Schott an Heinrich Rieher am 5.8.1475).

44 AVCUS AA 274, Rotulus, fol. 24r (Peter Schott an Heinrich Rieher am 15.8.1475): *Min fruntlich willige dienste zuouor, ersamer lieber herre. Nochdem und Ir vns vff vnser begeren und fruntlich bitt allerhande geschickt habent, des wir villicht diser zyt nit alles bedorffen sint, senden wir uch desselben ein teyl wider* (im Rotulus ist dieser Brief komplett gestrichen).

gestrichen und zudem darunter vermerkt, dass er gar nicht versendet wurde (*verhalten als er geschriben und versigeln wart*) als man sich zum Rückzug nach Straßburg entschlossen habe. Den Rückzug nehme ich zum Anlass, um zum nächsten Punkt meines Beitrags überzuleiten, in dem es um die Funktion und die Herstellung des Rotulus gehen soll.

3. Funktion und Herstellung des Rotulus

3.1 Der Rotulus als (Feld-) Missivenbuch

In den vorangegangenen Ausführungen wurde wie selbstverständlich von Briefen gesprochen und in diesem Zusammenhang bewusst vorenthalten, dass diese in der im Rotulus vorliegenden Form *nicht* bei ihren Empfängern ankamen. Der Grund für diese Annahme sind folgende Beobachtungen: So enthalten die Schreiben im Rotulus weder Siegel noch lassen sich an ihnen Spuren von Faltungen nachweisen. Auch entspricht ihr Schriftbild mitnichten den Ansprüchen, die man in einer Kanzlei an „offizielle" und tatsächlich für den Versand bestimmte Schreiben herantrug. Überdies finden sich in ihnen zahlreiche Ergänzungen, die entweder über die jeweiligen Zeilen an den Rand oder unter bzw. über die Briefe geschrieben wurden[45]. Hinzu kommen Streichungen einzelner Passagen bzw. ganzer Briefe[46], sowie die bereits erwähnten Hinweise unter einigen Schreiben, durch die man auf ihr Zurückhalten schließen lassen kann[47]. Zudem finden sich unter einigen Briefen mit *Zedula* überschriebene zusätzliche Nachrichten an den jeweiligen Empfänger[48]. Dabei handelte es sich um so genannten *Cedulae Inclusae* die, sollten die Schreiben tatsächlich versendet worden sein, eigentlich auf einem einzelnen Blatt geschrieben sein müssten[49].

45 Als ein aussagekräftiges Beispiel von vielen: AVCUS AA 274, Rotulus, fol. 23r (Straßburger Hauptleute an den Rat der Stadt Straßburg am 15.8.1475).

46 AVCUS AA 274, Rotulus, fol. 5r (Straßburger Hauptleute an den Rat der Stadt Straßburg am 20.7.1475) oder 24r (Peter Schott an Henrich Rieher am 15.8.1475).

47 AVCUS AA 274, Rotulus, fol. 24r (Straßburger Hauptleute an den Rat der Stadt Straßburg am 15.8.1475): *Diser brieff wart verhalten als er geschriben und versigeln wart, als man wider hinin ziehens zuo Rat wart* oder AVCUS AA 274, Rotulus, fol. 18r (Hauptmann Friedrich Bock an Konrad von Mörsberg am 6.8.1475): *Herr Schott hieß den brieff lenger verhalten.*

48 Etwa in AVCUS AA 274, Rotulus, fol. 5v (*Cedula inclusa* zum Brief der Straßburger Hauptleute an den Rat der Stadt Straßburg am 20.7.1475).

49 Zur Bedeutung der *Cedulae inclusae* vgl. Walter, Informationen (wie Anm. 4) S. 284–292; ders., A technique to ensure safety: The cedulae inclusae of Strasbourg, Berne and Basle during the Burgundian Wars (1468–77), in: Writing and the Administration of Medieval Towns: Medieval Urban Literacy 1, hg. von Marco Mostert/Anna Adamska (Utrecht Stu-

Da alle diese Beobachtungen verwunderlich sind, sollen nun einige Erklärungsversuche unternommen werden. In ihrem sehr spezifischen Erscheinungsbild erinnern die Briefe im untersuchten Rotulus stark an Missivenbücher, wie sie in zahlreichen städtischen und fürstlichen Kanzleien aus dem Spätmittelalter überliefert wurden. Diese Missivenbücher erfüllten wichtige Funktionen für die Kanzleien und Führungsgremien der Städte, da die Stadtschreiber und die anderen Kanzleimitarbeiter in sie teils bereits auf den Ratssitzungen oder aber danach Entwürfe der von den Räten beschlossenen Briefe eintrugen, die sie für besonders wichtig hielten[50]. Diese Entwürfe wurden auf der darauffolgenden Ratssitzung vorgestellt, dienten so als Grundlage für Diskussionen mit den Räten, die auf diese Weise erweiterte Einflussmöglichkeiten auf ihre Form, ihren Inhalt und ihre Stoßrichtung wahrten bzw. wahren konnten. Wie Briefe in Missivenbüchern enthalten die Schreiben im Rotulus zahlreiche Anmerkungen, Ergänzungen und Streichungen.

Vor diesem Hintergrund bieten die Briefe im Rotulus vielfältige Möglichkeiten zu ihrer Interpretation und lassen sich mithilfe des Konzepts der pragmatischen Schriftlichkeit und der von Michael Clanchy eingeführten Trias des *making*, *using* und *keeping* beschreiben und analysieren[51]. So konnte man beispielsweise im Rotulus nachschlagen, *wem* man etwas *wann* und *wie* geschrieben hatte, sich intertextuell auf den Inhalt vorangegangener Schreiben beziehen und zugleich die wichtigsten Briefe archivieren[52]. Der Rotulus diente damit dem gleichen Zweck wie die Missivenbücher, die die Hauptleute und ihre Schreiber von der Kanzleipraxis zuhause kannten. Damit spricht vieles dafür, dass es sich bei dem untersuchten Rotulus um ein

---

dies in Medieval Literacy 27), Turnhout 2014, S. 267–282; DERS., Transmettre des secrets en temps de guerre. L'importance des cedulae inclusae pendant les guerres de Bourgogne (1468–1477), in: Revue d'Alsace 138 (2012) S. 173–190.

50 Wenngleich sich für die Stadt Straßburg kein Missivenbuch aus dem betrachteten Zeitraum erhalten hat, ist von der Existenz eines solchen zweifellos auszugehen. Zu Missivenbüchern vgl. Peter HESSE/Michael ROTHMANN, Zwischen Diplomatik und Diplomatie – Städtische Briefbücher als serielle Schlüsselzeugnisse städtischer Kommunikation im deutschen Spätmittelalter – Die Kölner Briefbücher von 1418–1424, in: Geschichte in Köln 52 (2005) S. 69–88; Arnold ESCH, Alltag der Entscheidung. Berns Weg in den Burgunderkrieg, in: Alltag der Entscheidung. Beiträge zur Geschichte der Schweiz an der Wende vom Mittelalter zur Neuzeit, hg. von DEMS., Bern 1998, S. 9–87; Michael JUCKER, Vertrauen, Symbolik, Reziprozität, Das Korrespondenzwesen eidgenössischer Städte als kommunikative Praxis, in: ZHF 34 (2007) S. 189–213; DERS., Gesandte, Schreiber, Akten. Politische Kommunikation auf eidgenössischen Tagsatzungen im Spätmittelalter, Zürich 2004, S. 195–225; WALTER, Informationen (wie Anm. 4) S. 167–185.

51 Vgl. Michael T. CLANCHY, From memory to written record, Oxford [3]2012.

52 Zu einem solchen intertextuellen Vorgehen vgl. WALTER, Informationen (wie Anm. 4) S. 114–116; 172–176.

(Feld-) Missivenbuch handelte, das den jeweiligen Umständen entsprechend, in diesem Fall einem Kriegszug, angepasst wurde. Pragmatisch gesehen war es für die Straßburger Hauptleute einfacher, wenn sie die auf dem Kriegszug in die Freigrafschaft Burgund geschriebenen Briefe nicht in Form eines Buches, sondern in einem Rotulus sammelten und auf diese Weise archivierten, da dieser vermutlich besser transportiert werden konnte.

Dank der Arbeit der damaligen Straßburger Kanzlei unter der Leitung des Stadtschreibers Johannes Meier sind wir überdies detailliert darüber unterrichtet, wie aus den Briefkonzepten im Rotulus die mit den gewünschten Änderungen versehenen und versiegelten Briefe wurden, die schließlich tatsächlich versendet wurden[53]. Denn diese befinden sich als Originale im gleichen Fonds wie der Rotulus selbst und wurden demnach von der Straßburger Kanzlei nach ihrem Empfang ebenfalls archiviert. Ein Blick in diese Originale nun zeigt einige interessante Aspekte: Einerseits wurden nahezu alle Änderungen, Einfügungen oder Streichungen, die von den Hauptleuten gewünscht waren und sich in den Konzepten finden lassen, in der „Reinform" berücksichtigt und aufgenommen. Anderseits sind mehr Originale als Konzepte erhalten, das heißt, dass nicht zu allen abgesendeten Briefen ein Entwurf erstellt wurde, so dass die Konzepte im Rotulus tatsächlich nur eine Auswahl der wichtigsten Briefe darstellen, womit sich der oben vermutete Verwendungszweck des Rotulus als (Feld-) Missivenbuch der Hauptleute ebenfalls bestätigt wird.

3.2 Der Feldschreiber und die mobile Kanzlei

Es stellt sich die Frage, wer den Rotulus herstellte. Während die Missivenbücher im Untersuchungszeitraum wie erwähnt von den Stadtschreibern und ihren Mitarbeitern in der städtischen Kanzlei angefertigt wurden, oblag die Herstellung des Schriftguts während eines Kriegszugs so genannten „Feldschreibern", deren genauen Aufgabenbereiche und Arbeitsweise meines Wissens nach noch ein Desiderat in der Forschung sind. Das verwundert, kamen doch den Feldschreibern als „mobile Wissensspeicher" zentrale Aufgaben bei der Herstellung, Nutzung und Archivierung des ein- und ausgehenden Schriftguts zu. Schließlich waren es sie, die die Entwürfe in einer Art „mobilen Kanzlei" erstellten, die gewünschten Änderungen der Hauptleute

53 Zum Straßburger Stadtschreiber Johannes [Hans] Meier vgl. Walter, Informationen (wie Anm. 4) S. 201–205; ders.: „Bons amis" et „agents secrets". Les réseaux de communication informels entre alliés, in: Ligues urbaines et espace à la fin du Moyen Age: Städtebünde und Raum im Spätmittelalter, hg. von Laurence Buchholzer/Olivier Richard (Collections de l'Université de Strasbourg, Sciences de l'histoire), Strasbourg 2012, S. 179–200.

einfügten und diese vor der Versendung in den Brief fügten[54]. Zugleich oblag ihnen wie den Stadtschreibern und ihren Mitarbeitern zuhause der Empfang von Schreiben, deren Weiterleitung an die Hauptleute und andere, die ihr Inhalt betraf, sowie die Beauftragung und Empfang von Boten und Spionen[55]. Kurzum, als hochspezialisierte Amtsträger waren die Feldschreiber die zentrale Schalt- und Schnittstelle in der Kommunikationspraxis der militärischen Oberbefehlshaber während eines Kriegszugs.

Zuletzt soll versucht werden, sich der Person des bzw. der Feldschreiber im Untersuchungsbeispiel zu nähern. Um den Straßburger Stadtschreiber Johannes Meier handelte es sich nicht, da er nachweislich im betrachteten Zeitraum wichtige Aufgaben in der städtischen Kanzlei wahrzunehmen hatte. Und auch die Straßburger Hauptleute waren während des Feldzugs mit anderen Dingen als mit der Abfassung von Schreiben und der Herstellung von Rotuli beschäftigt, wenngleich sie diesen bestimmt in Auftrag gegeben haben. Doch wer war es dann? Einen ersten Hinweis auf einen Feldschreiber während des Feldzugs der Straßburger in die Freigrafschaft Burgund enthält ein Briefentwurf im Rotulus, laut dem die Hauptleute kurz nach ihrem Auszug aus Straßburg in Châtenois neben einem Trompeter auch einen zusätzlichen Schreiber (*ein schriber mer*) von ihren Räten anforderten. Dies mussten die Räte jedoch mit dem Hinweis ablehnen, dass sie momentan über keinen gleichwertigen Ersatz für den ins Gespräch gebrachten *Cuntz Merswin* verfügen würden[56]. Dieses *ein schriber mer* setzt voraus, dass die Straßburger Oberbefehlshaber bereits mindestens einen Schreiber bei sich hatten.

Das findet sich in den Beständen des Straßburger Archivs bestätigt, denn neben dem erwähnten *Merswin* war auch ein gewisser Hans Erhard Düsch als Feldschreiber auf dem Zug in die Freigrafschaft Burgund angestellt[57], der

54 Zur Bedeutung der Kanzleien als „Wissensspeicher" vgl. WALTER, Informationen (wie Anm. 4) S. 182–184.

55 Zur Aussendung von Spionen vgl. die oben gemachten Ausführungen; zur Aussendung von Boten gibt ein Entwurf im Rotulus Auskunft, in dem *truog Anthony Vischer* (AVCUS AA 274, Rotulus, fol. 5v, Straßburger Hauptleute an den Rat der Stadt Straßburg am 21.7.1475) angegeben wird, womit sicherlich der Bote gemeint war, der den Brief letztlich überbrachte. Zur Aussendung von Spionen vgl. AVCUS AA 274, Rotulus, fol. 16r (Straßburger Hauptleute an den Rat der Stadt Straßburg am 6.8.1475): *Und fugen uch zuo wissen, das wir vunser erfarunge und kuntschafft haben ußgeschickt und werden warlich bericht, wie der herr von Blamont ein samelunge habe umb Clerwa vff XV*[c] *zuo Roß und zuo fuoß.*

56 AVCUS AA 274, Rotulus, fol. 2r (Straßburger Hauptleute an den Rat der Stadt Straßburg am 9.7.1475): *Bitten uch, noch einen trumbter und einen schriber mer zuo schicken, dann an die mogen wir die dingen wol volbringen.*

57 Zu Düsch vgl. Düsch (Tüsch), Hans Erhard, in: Deutsches Literaturlexikon. Biographisch-bibliographisches Handbuch 3, hg. von Bruno BERGER u. a., Bern 1971, Sp. 652–653; Frieder SCHANZE, Tüsch, Hans Erhart (Johannes Düsch), in: VL 2 (1980) Sp. 1170–1179.

sich später interessanterweise als Chronist über die Burgunderkriege hervortat[58]. Ich bin mir bei Düsch deswegen so sicher, weil er während des Feldzugs in die Freigrafschaft mit einem Brief an seine Ehefrau Elsin für Unmut bei den Straßburger Räten gesorgt hatte[59]. Darin hatte er sie früher als im offiziellen Brief der Hauptleute über die weiteren Pläne der Straßburger Truppen informiert. Herausgekommen war das nur durch eine Unachtsamkeit Düschs, der seine Frau gebeten hatte, Grüße an die Mitarbeiter der Straßburger Kanzlei auszurichten, dem Elsin dann auch (leider) tatsächlich nachgekommen war. Die Straßburger Räte bewerteten diesen Privatbrief Düschs, den man heute unter dem Oberbegriff „Feldpost" subsummieren würde, als eklatante Verletzung ihrer Kommunikations- und Informationshoheit[60]. Sie forderten ihre Hauptleute als Reaktion darauf in einem Brief dazu auf, künftig Sorge dafür zu tragen, dass der Feldschreiber keinem anderen als ihnen schreiben solle. Schriftvergleiche zeigen eindeutig, dass es sich bei dem Produzenten der Briefkonzepte im Rotulus und bei dem größten Teil der versendeten Originale um Hans Erhard Düsch handelt.

Doch woher weiß man sowohl vom Inhalt des wütenden Briefs der Straßburger Räte als auch von ihrer ablehnenden Antwort bezüglich des von den Hauptleuten angeforderten zusätzlichen Schreibers. Wieder lassen die Archivbestände in Straßburg eine Antwort zu. Denn neben dem Rotulus und den Briefen der Hauptleute sind auch die Antwortschreiben des Straßburger Führungsgremiums vollständig als Originale erhalten[61]. Diese Tatsache kann man nur so erklären, dass der Feldschreiber auch zur Verwaltung des bei den Hauptleuten eingehenden Schriftguts verpflichtet war und dieses nach dem Kriegszug mit nach

58 Légende bourguignonne. Burgundesch Legende. Strasbourg 1477, in: Recueil de pièces historiques imprimées sous le règne de Louis XI reproduites en fac-similé avec des commentaires historiques et bibliographiques, hg. von Émile Picot/Henri Stein, Paris 1923, S. 65- 90. Möglicherweise fasste Düsch den Plan zur Abfassung der Chronik über die Burgunderkriege bereits während seiner Tätigkeiten als Feldschreiber. Dies vorausgesetzt, könnten ihm seine Briefe an Privatpersonen als Vorlage gedient haben.

59 AVCUS, AA 281, fol. 24 (20. Juli 1475). Dieser war nicht der einzige „Privatbrief" von Düsch; vier Tage später schrieb er einen weiteren an einen Straßburger Bürger namens Jakob, der sich heute ebenfalls im Straßburger Archiv befindet (AVCUS, AA 281, fol. 23 (24. Juli 1475); vgl. dazu Walter, Spionage (wie Anm. 38) S. 131–133; ders., Bons amis (wie Anm. 53) S. 192–194.

60 Zu diesen Vorformen von Feldpost vgl. Walter, Informationen (wie Anm. 4) S. 240–242.

61 AVCUS AA 275. Dort wird beispielsweise deutlich, dass der von den Hauptleuten angeforderte zusätzliche Schreiber nicht in der Lage war, dieses Amt auszuführen. Zudem hatten die Räte gerade keinen Ersatz für diesen: *uff uwer geschrifft und beger uch zuo schicken noch einen schriber nemlich Cuntz Merswin mit dem haben wir tun reden nach uwer begerunge so ist sin antwurt, er vermöge es jetz libs halp nit. So wissen wir sinen glich jetz nit* (AVCUS AA 275, fol. 24).

Hause bringen musste. Ein näherer Abgleich dieser Briefe wäre überaus lohnend, da sie viel über die Umsetzung von Befehlen der Straßburger Räte durch ihre Hauptleute verraten würden. Doch da diese nicht in Form eines Rotulus überliefert sind, komme ich nun zum Ende meines Beitrags.

4. Zusammenfassung

Gerade wenn man sich im Spätmittelalter wie die Straßburger Hauptleute im gewählten Beispiel auf einem Kriegszug befand, war man auf ein funktionierendes Kommunikationswesen dringend angewiesen. Gewährleistet wurde das durch Feldschreiber, die als hochspezialisierte Amtsträger in ihrer mobilen Kanzlei zentrale Aufgaben in der Herstellung, Verwaltung und Archivierung von Schriftgut wahrnahmen, das auf den Kriegszügen entstand. Als schriftliches Zeugnis ihrer Tätigkeiten kann der in diesem Beitrag untersuchte Rotulus gelten.

Dieser entpuppte sich bei näherer Betrachtung als (Feld-) Missivenbuch, in das der Straßburger Feldschreiber Düsch Entwürfe von Briefen der Hauptleute schrieb, um diese nach Einarbeitung der gewünschten Änderungen zu den jeweiligen Empfängern abzusenden. Vor diesem Hintergrund bietet der Rotulus zum einen exzellente Möglichkeiten, sonst nur schwer zu greifende Diskussionen innerhalb der Straßburger Heeresleitung über Inhalte und gewünschten Stoßrichtungen der späteren Schreiben nachzuvollziehen. Zum anderen lässt er wertvolle Aussagen über die Kommunikationspraxis der Straßburger Hauptleute, über ihren Alltag sowie über die Probleme zu, mit denen sie sich während ihres Kriegszugs in die Freigrafschaft Burgund konfrontiert sahen. Als (Feld-) Missivenbuch war der Rotulus eine Art „Erinnerungsstütze“, mit deren Hilfe man vorangegangene Schreiben nachhalten und sich problemlos intertextuell auf diese (rück-)beziehen konnte. Damit kamen ihm auch im Hinblick auf die Verwaltung des auf dem Kriegszug hergestellten Schriftguts wichtige Funktionen zu.

Spricht man von Verwaltung von Schriftlichkeit, ist deren Archivierung nicht weit. Auch in diese ermöglicht der Rotulus interessante Einblicke und zwar auf einer doppelten Ebene: Denn die Tatsache, dass er sich noch heute im Straßburger Archiv befindet, zeigt, dass er nicht nur vom Feldschreiber selbst, sondern nach der Rückkehr der Straßburger Truppen auch von der dortigen Kanzlei archiviert wurde. Alle diese Vorgänge lassen sich als „Prozesse der Informationsverdichtung“[62] beschreiben, unter der ich die Samm-

62 Zum Konzept der „Informationsverdichtung“ vgl. ansatzweise Walter, Informationen (wie Anm. 4) S. 97 f. u. 176–178.

lung von Informationen zwecks Generierung von Wissen und Schaffung einer optimalen Entscheidungsgrundlage verstehe.[63] Derartige Prozesse lassen sich ab dem Spätmittelalter besser fassen und finden ihren Ausdruck in einer massiv anwachsenden Schriftlichkeit und ihrer Verwaltung. Für sie ist der hier untersuchte Rotulus ein exzellentes Beispiel.

Diese Prozesse der Informationsverdichtung gingen, wie man am erwähnten Privatbrief des Straßburger Feldschreibers Düsch sehen kann, mit gesteigerten Kontrollbedürfnissen und entsprechenden Kontrollversuchen seitens der (städtischen) Obrigkeiten einher. Schließlich wollten diese ihre Kommunikations- und Wissenshoheit unter keinen Umständen verlieren. Dass sie dies mitunter vor eine schwierige Aufgabe stellte, zeigt das bereits erwähnte Wutschreiben des Straßburger Rats an seine Hauptleute im Feld in der Freigrafschaft Burgund als Reaktion auf die Feldpost des Feldschreibers Düsch[64]. Neben dem nachdrücklichen Befehl, dass dieser künftig nur noch ihnen schreiben solle, gab die Straßburger Führung nämlich an, der letzte, aus dem Feld kommende Bote, habe insgesamt 46(!) Briefe (*nebentgeschrifften*) von Soldaten mit sich geführt, die ihrerseits ihren zuhause auf Informationen wartenden Familien von den Kriegshändeln (*von dem handel da oben*) berichten wollten. Gerade vor dem Hintergrund der erwähnten Meuterei großer Teile der städtischen Truppen kann man sich vorstellen, an die Unterbindung welcher Informationen die Straßburger Räte dabei dachten[65].

Abstract

Especially on a war campaign in the late Middle Ages, one was urgently dependent on a functioning communication system. This was ensured by field scribes who, as highly specialized officials in their mobile law firm, performed central tasks in the production ("making"), administration ("using")

63 Dazu vgl. Nils Bock, Henri Simmoneau und Bastian Walter u. a., L'information et la diplomatie dans l'espace bourguignon à la fin du Moyen Âge. L'Éxemple de Picquigny, 1475, in: Négociations, traités et diplomatie dans l'espace bourguignon (XIVe–XVIe siècles), hg. von Jean-Marie Cauchies u. a. (Publications du Centre Européen d'Etudes Bourguignonnes XIVe-XVIe siècle), Neuchâtel 2013, S. 149–165.

64 AVCUS AA 275, fol. 26.

65 Als ein Beispiel von diesen kann der Ende Juli 1475 geschriebene Brief eines gewissen *Cunman von Mittelshausen* gelten, den er an einen in Straßburg lebenden Verwandten richtete. Darin teilte er seinem Verwandten mit, dass die Hauptleute ihre Truppen *gar weydlich beschissen* hätten und ihnen schlechtes Essen und zu wenig Sold geben würden. Da sich bereits erster Widerstand unter einigen Truppenteilen erhebe, war sich Mittelshausen sicher, dass er bald zurück nach Hause kommen werde (AVCUS AA 281, fol. 25).

and archiving ("keeping") of documents that arose during the campaigns of war. The Rotulus examined in this article can be regarded as a written testimony of their activities. On closer inspection, this turned out to be a portable (field) missive book, in which the Strasbourg field scribe Düsch wrote drafts of letters of the captains in order to send them to the respective recipients after incorporation of the desired changes. Against this background, the Rotulus offers on the one hand excellent opportunities to follow discussions within the Strasbourg Army Command that would otherwise be difficult to grasp about the content and desired thrust of later letters. On the other hand, it provides valuable information about the communication practices of the Strasbourg captains, their daily lives and the problems they encountered during their campaign in the Free County of Burgundy. As a portable missive book, it was a kind of "memory aid" („Erinnerungsstütze") with the help of which one could keep track of previous writings and refer back to them (intertextually) without any problems. This also gave it important functions with regard to the administration of the documents produced during the campaign. But the Rotulus also provides interesting insights into the administration of the documents produced during the war on a double level: the fact that it is still in the Strasbourg archive shows that it was not only archived by the field scribe himself, but also by the chancellery there after the return of the Strasbourg troops. All these processes can be described as "processes of information densification", by which I understand the collection of information for the purpose of generating knowledge and creating an optimal basis for decision-making. Such processes can be better grasped from the late Middle Ages and find their expression in a massively increasing written form and its administration. For them, the Rotulus investigated here is an excellent example. These processes of information densification were accompanied by increased control needs and corresponding control attempts on the part of the (urban) authorities and did not take place without problems. After all, the authorities did not want to lose their powers of communication and knowledge under any circumstances.

Il Rotolo n. 3 della Canonica di Arezzo

*Uno studio storico**

Igor Santos Salazar

1. Introduzione

Il documento che reca la segnatura n. 3 all'interno del fondo *Canonica* dell'Archivio Storico Diocesano di Arezzo è un rotolo verticale opistografo (ovvero scritto tanto nel suo recto come nel suo verso), formato da cinque pergamene (nn. 1–5, cfr. Fig. 15) cucite tra loro grazie a fili di spago (pergamene 1–2 e 2–3) e membrane pergamenacee (pergamene 3–4 e 4–5) che uniscono i pezzi lungo i loro lati più corti. L'insieme compone un documento di una lunghezza totale di 2 m e 20 cm.

Alcuni dei testi copiati in questo rotolo sono tra i più conosciuti di tutto il patrimonio documentario altomedievale italiano[1]; mi riferisco qui in particolare a quelli che, datati tra gli anni 650 e 752, riguardano la disputa per il controllo di alcune pievi tra i vescovi di Arezzo e Siena, quando il più importante ruolo politico e militare della Siena longobarda rispetto alla *Saena Iulia* romana aveva determinato che nell'Alto Medioevo diocesi e distretto civile senese non coincidessero più. Nella volontà senese di far coincidere diocesi e *territorium* sorse la lite per il controllo delle pievi situate nei lembi sud-occidentali del distretto di Siena, ma poste nel territorio diocesano di Arezzo. Fu questa una lite destinata a durare a lungo, tra VII e XIII secolo, che vide quasi sempre imporsi nei tribunali le ragioni di Arezzo[2].

---

* Marie Skłodowska-Curie Researcher, Universidad del País Vasco/Euskal Herriko Unibertsitatea. Si presenta qui il testo corredato di note che presentai al convegno *Der Rotulus im Gebrauch. Einsatzmöglichkeiten, Gestaltungsvarianz und Aussagekraft einer Quellengattung*, celebrato a Wuppertal nel settembre 2016. Voglio ringraziare qui Maria Pia Alberzoni, Étienne Doublier e Jochen Johrendt per il loro gentile invito. Sono grato anche a Lorenza Iannaci e Annafelicia Zuffrano per l'attenta lettura del saggio. Alla dottoressa Silvia Bianchi un ringraziamento speciale per la sua generosità e aiuto nelle ore passate nell'Archivio Diocesano di Arezzo.

1 Non sono numerosi i rotoli altomedievali conservati negli archivi italiani. Si veda in particolare il rotolo conservato a Novara (perché direttamente legato a una chiesa episcopale), Barbara Rosenwein, Family politics of Berengar I, King of Italy (888–924), *Speculum* 71 (1996) p. 247–289, Appendix 2, pp. 281–286 e Harry Bresslau, Handbuch der Urkundenlehre für Deutschland und Italien, Berlin 1912, p. 94.

2 Si veda, per una visione d'insieme, Jean Pierre Delumeau, Arezzo. Espaces et sociétés,

Ciononostante, il rotolo n. 3 non è stato mai pubblicato nel suo insieme nella forma in cui è giunto sino ai giorni nostri. Infatti, dal XIX secolo l'edizione dei singoli documenti scritti nel recto e nel verso ha seguito logiche di ordine cronologico e tematico. Tale strategia editoriale determina che ogni documento appaia tra gli altri pubblicati da Luigi Schiaparelli e Carlrichard Brühl[3] o divisi tra quelli conservati nella Canonica di Arezzo recentemente pubblicati da Marta Calleri e Francesca Mambrini[4] [si veda la Fig. 15]. La diversità tematica delle scritture cucite assieme nel rotolo ha determinato, inoltre, che la serie dei vescovi di Arezzo e il catalogo di re e imperatori, entrambi situati nel suo verso, fossero pubblicati in forma autonoma in altre collezioni di fonti[5]. La completa frammentazione del rotolo come unità documentaria ha avuto come risultato quello di offrire alla storiografia una superficiale conoscenza dello stesso e della sua funzione giuridica e archivistica, come si osserva in molti saggi che citano le carte della disputa tra Arezzo e Siena come se si trattasse di pergamene sciolte.

In virtù di tutto ciò, l'obiettivo principale di questo breve saggio sarà quello di studiare tale sensazionale documento nella sua integrità. In queste pagine si cercheranno di proporre alcune ipotesi sui diversi momenti cronologici in cui furono scritte le sue parti (in particolare le copie delle carte longobarde presenti nelle pergamene 3–5, cfr. Fig. 15). Questa indagine permetterà anche di interpretare le logiche di conservazione e trasmissione della documentazione scritta della Chiesa di Arezzo, istituzione contraddistinta

Rome 1996; Chris Wickham, Legge, pratiche e conflitti. Tribunali e risoluzione delle dispute nella Toscana del XII secolo, Roma 2000; François Bougard, A vetustissimis thomis. Le rouleau 3 d'Arezzo, du primicier Gérard au tribun Zenobius, in: Secoli XI e XII: l'invenzione della memoria, a cura di Simone Allegria/Francesca Cenni, Montepulciano 2006, pp. 113–150, che include un *dossier* con la documentazione riguardante la lite, pp. 142–143.

3 Luigi Schiaparelli, Codice Diplomatico Longobardo I, Roma 1929 [d'ora in poi CDL, I] e Carlrichard Brühl, Codice Diplomatico Longobardo III/1, Roma 1973 [d'ora in poi CDL, III/1].

4 Codice Diplomatico Aretino – I. Le carte della Canonica di Arezzo (649–998), a cura di Marta Calleri/Francesca Mambrini, Spoleto 2014 (d'ora in poi CDA). Per le pergamene originali datate nel IX secolo si veda inoltre *Chartae Latinae Antiquiores*. Facsimile-edition of the Latin Charters 2nd series, Ninth Century, ed. Giuglielmo Cavallo/Giovanna Nicolaj, Part XC, Italy LXII, *Arezzo*, published by Giovanni Feo/Giovanna Nicolaj/Marta Calleri/Caterina Tristano, Dietikon-Zurich 2011 (d'ora in poi ChLA², XC).

5 Il *Libellum* presente nella prima pergamena fu edito da Ubaldo Pasqui, Documenti per la storia della città di Arezzo I, Firenze 1899, n. 9. Il *Catalogus regum langobardorum et imperatorum aretinus auctore Gerardo primicerio* e le *Series episcoporum aretinorum* furono edite da A. Hofmeister, MGH SS XXX-2 (1934), pp. 1430–1437 e 1438–1441 rispettivamente. Il recto della pergamena n. 2 fu pubblicata in CDL, I, p. 9. Per una immagine d'insieme si veda la Fig. 15.

per tutto l'Alto Medioevo dal suo "laboratorio" scrittorio, uno dei più articolati e ricchi entro i confini del *Regnum Italiae*[6].

2. Una tradizione di studi priva di consenso

Che il rotolo n. 3 non sia stato mai pubblicato nel suo insieme nella forma in cui è giunto sino ai giorni nostri non significa, ovviamente, che questo documento non abbia attirato l'attenzione di paleografi, diplomatisti e storici. Anzi, da Ubaldo Pasqui a Bernhard Bischoff, da Luigi Schiaparelli a Adolfo Hofmeister a Giovanna Nicolaj, da Carlrichard Brühl a Caterina Tristano, sono molti gli autori che hanno lavorato sui contenuti del rotolo e che si sono preoccupati di individuare le motivazioni e gli eventi storici che portarono alla scrittura e cucitura dei suoi diversi documenti, in saggi scritti fondamentalmente a margine dei loro lavori di edizione[7]. Un dibattito a cui ha partecipato anche, recentemente, François Bougard che ha avuto il merito ulteriore di essere l'unico sino ad oggi ad aver affrontato la questione nel suo insieme[8]. E come in ogni dibattito di questo tipo, i criteri di datazione non possono essere più discordanti: nel lungo secolo che separa il 1899 dal 2012 due pareri principali si sono alternati nel tempo rispetto all'attribuzione di una data per le differenti parti del rotolo e, in particolare, per quel che riguarda le copie dei documenti d'epoca longobarda.

Da una parte, Luigi Schiaparelli indicava, seguendo Ubaldo Pasqui[9], l'anno 1056 come data possibile dell'esecuzione delle copie delle carte longobarde e le attribuiva al notaio Gezone, personaggio che le avrebbe copiate per ordine del primicerio Gerardo, anch'esso attivo nella chiesa di Arezzo lungo la

6 Paul Riché, Educazione e cultura nell'Occidente barbarico dal sesto all'ottavo secolo, Roma 1966, p. 330 e Pierluigi Licciardello, Ricerche sulla scuola e la cultura ad Arezzo nell'alto medioevo (VI–II secolo), in: Annali Aretini 12 (2005) pp. 73–108 e, in particolare, Giovanna Nicolaj, Storie di documenti. Storie di libri. Quarant'anni di studi, ricerche e vagabondaggi nell'età antica e medievale, a cura di Cristina Mantegna, Dietikon-Zurich 2013, in particolare le pp. 384–542, dedicate ad Arezzo.

7 Si vedano le note successive, relative a ogni singolo autore.

8 Bougard, Thomis (come alle nota 2) pp. 113–150. Sorprende la mancanza di citazione del chorotolo in: Herbert Zielinski, The transmission of Lombard Documents (to 774), in: Charters, Cartularies and Archives: The Preservation and Transmission of Documents in the Medieval West, ed. Adam J. Kosto/A. Winroth, Toronto 2002, pp. 33–42.

9 Pasqui, Documenti (come alla nota 5) n. 3. Di questo parere è anche Caterina Tristano, Cultura grafica al Pionta: uno sguardo d'insieme, in: Arezzo: il Pionta. Fonti e materiali dall'età classica all'età moderna, a cura di Caterina Tristano/Alessandra Molinari, Arezzo 2005, pp. 49–58, qui p. 51.

prima metà dell'XI secolo[10]. Infatti, nella pergamena n. 2 del recto del rotolo, è scritto:

> *(C) Haec sunt exemplaria de privilegiis apostolicorum et preceptis regum et imperatorum a veteribus tomis trans / scripta super contentione Aretinensis Ecclesiae atque Senensis, que ego Gerardus Sancti Donati primicerius / fideliter denotavi, Deo et domino nostro Iesu Christo teste et omnibus sanctis, si damnatione cum Iuda traditore in die extremi / examinis non confundar, de quantum legere potui iuxta meam conscientiam, nihil plus aut minus describens / per manus Geçonis eiusdem Sancte Aretine Aecclesie notarii.*[11]

Successivamente ai lavori di Schiaparelli, Carlrichard Brühl proponeva un'altra datazione delle carte sulla scorta di una perizia paleografica condotta da Bernhard Bischoff su alcune riproduzioni fotografiche del rotolo. Brühl situava allora nella „seconda metà del IX secolo o al più tardi nel primo terzo del X" le copie dei documenti longobardi. Il fatto che il nome di Gerardo fosse scritto su rasura, così come la sua considerazione sull'aggiunta successiva della riga riguardante Gezone, servivano a Brühl come indizi per rafforzare la sua ipotesi di una scrittura di quelle carte precedente all'XI secolo[12].

Recentemente, François Bougard è tornato sull'argomento negando l'ipotesi di Bischoff e di Brühl e segnalando come data più probabile per la realizzazione delle copie un momento di poco precedente al giudizio romano dell'anno 1059 dove tali *munimina* avrebbero potuto essere presentati a sostegno delle tesi aretine contro Siena, seguendo così, fondamentalmente, i pareri di Pasqui e di Schiaparelli. Le ragioni di Bougard per attribuire nuovamente l'opera a Gezone riguardano la sua appartenenza alla „première génération des notaires actifs auprès de la cathédrale au XIe siècle"[13]. Un gruppo di notai che fu al centro del cambiamento grafico osservabile nel "laboratorio" aretino studiato nel dettaglio da Giovanna Nicolaj[14]. Bougard è l'autore che, da questo punto di vista, ha fornito anche maggiori riflessioni per ribadire una datazione delle copie presenti nel rotolo entro gli anni centrali dell'XI secolo[15].

---

10 CDL, I, pp. 8–9.

11 Edito in CDL, I, p. 9.

12 CDL III/1, n. 12, p. 52, considerazioni che erano già state proposte in: Carlrichard Brühl, Studien zu den Langobardischen Königsurkunden, Tübingen 1970, p. 96.

13 Bougard, Thomis, (come alla nota 2) p. 119. Sorprendentemente il vescovo di Arezzo non si presentò in aula. Siena ottenne così, l'*investitura salva querela* delle pievi.

14 Si vedano ora i saggi raccolti in: Nicolaj, Storie (come alla nota 6) pp. 384–542.

15 Bougard, Thomis (come alla nota 2) passim.

Dunque la presenza nella pergamena n. 2 dei nomi di Gerardo e di Gezone (il primo attivo tra il 1013 e gli anni Sessanta dell'XI secolo[16]) è servita alla maggior parte degli storici per fornire un parametro cronologico certo all'insieme delle copie dei documenti datati all'epoca longobarda che seguono quella pergamena n. 2. Inoltre, anche la serie dei vescovi aretini e il catalogo dei re e degli imperatori posti nel verso delle pergamene 3 e 4, che terminano con il vescovo Teodaldo († 1036[17]) e l'imperatore Enrico III († 1056), sono stati attribuiti alla mano di Gerardo, che li avrebbe scritti attorno agli anni Cinquanta dell'XI secolo, eccezion fatta per i nomi che seguono lo stesso Teodaldo, inseriti successivamente, fino alla seconda metà del XIII secolo[18].

Tuttavia, lo studio del rotolo permette l'osservazione di moltissime correzioni (su rasura e nell'interlinea) realizzate sulla documentazione copiata nel recto delle pergamene 3–5. Gli errori corretti sono talmente numerosi che difficilmente gli sbagli a cui tali correzioni pongono rimedio possono essere attribuiti a un notaio attivo ad Arezzo alla metà dell'XI secolo. Inoltre, il fatto che nella pergamena n. 2 il nome di Gerardo appaia scritto su rasura pare ribadire una possibile sua estraneità alle scritture cucite di seguito[19], come pare sottolineare anche la divesa cucitura della pergamena, la sua differente *mise en page* rispetto alle pergamene 3–5 e la sua stessa qualità materiale, diversissima se paragonata con il resto del rotolo (cfr. Fig. 15).

Partendo da questi aspetti, è stata proprio Giovanna Nicolaj che, nel 2012 e in margine a un intervento incentrato sul tema del falso in diplomatica, ha difeso, nuovamente, un ritorno alle ipotesi di Bischoff, aggiustando ancora la cronologia e proponendo una datazione al pieno secolo IX delle copie di epoca longobarda presenti nel rotolo n. 3. Gerardo, il primicerio aretino, sarebbe intervenuto soltanto per „correggere le copie del IX secolo poste sul recto" (il riferimento a *denotavi* nella pergamena n. 2 descriverebbe quell'azione)[20]; copie che per Nicolaj sarebbero opera di *Lupus presbiter*, attivo proprio negli anni centrali del IX secolo, come pare possa desumersi dalla

16 Sul primicerio Gerardo cfr. Giovanna Nicolaj, Per una storia della documentazione vescovile aretina dei secoli XI–IIII. Appunti paleografici e diplomatici, in: Storie, a cura di Nicolaj (come alla nota 6) pp. 428–430.

17 Sul vescovo canossano Teodaldo si veda Alessandro Tafi, I vescovi di Arezzo dalle origini della diocesi ad oggi, Cortona 1986, pp. 51–53.

18 Ovviamente rimangono fuori da questa datazione tanto il *Libellum* che apre il rotolo (pergamena 1) quanto, sul verso, la falsa donazione del tribuno Zenobio, che chiude l'insieme (pergamena 5), entrambi datati al XII secolo.

19 Meno complicato risulta, dunque, attribuire a Gerardo le correzioni del recto e il catalogo di re e imperatori scritto sul verso delle pergamene 3 e 4.

20 Giovanna Nicolaj/Giovanni Feo, Ancora in tema di falso, in: Sit liber gratus, quem servulus est operatus. Studi in onore di Alessandro Pratesi per il suo 90° compleanno, a cura di Paolo Cherubini/Giovanna Nicolaj, Città del Vaticano 2012, pp. 203–230, qui p. 213.

comparsa, in calce al terzo documento scritto nella pergamena n. 3 – ovvero nel *praeceptum* di Liutprando del marzo dell'anno 715 – di un significativo:

Ego Lupus presbiter qui autentica exemplarie huius vidi et relegi et hanc exemplarie iubente Petrono episcopo manu propria scripsi Deo teste absque omni fraude de quantum cognoscere potui.[21]

3. L'archivio episcopale aretino nei secoli IX e X

Al di là di questi problemi relativi alla cronologia, sui quali tornerò ancora in seguito, il mio interesse sta ora nel concentrare l'attenzione sulle motivazioni poste alla base di un documento di così complessa genesi e, anche, nell'interpretare la funzione del rotolo n. 3 come vera e propria storia "in progress" della chiesa aretina nel Medioevo. Nel fare ciò, bisogna altresì tenere conto dell'incidenza delle modifiche occorse nelle strategie di conservazione documentarie che, tra IX e X secolo, andarono via via alterando la stessa organizzazione delle carte sino alla conformazione odierna del rotolo. Modificazioni che si leggono anche tramite i cambiamenti osservabili nel governo della chiesa di Arezzo[22].

Quindi, a mio avviso, per capire in tutta la loro potenzialità storica i significati e l'organizzazione interna del rotolo non bastano, da soli, gli studi paleografici (si pensi alle lunghe inerzie della minuscola carolina, che occupano un arco cronologico che va dalla seconda metà del IX fino a buona parte dell'XI secolo[23]), per quanto questi siano fondamentali per comprendere i tempi e le forme della scrittura, come mostra l'ultima, eccezionale edizione delle carte aretine curata da Marta Calleri e Federica Mambrini[24]. Infatti non

21 CDA, n. 4, p. 10. Calleri e Mambrini, ultime editrici delle carte longobarde del rotolo n. 3, assumono per queste la datazione proposta da Brühl e Nicolaj, cfr. CDA, p. 3.

22 Igor Santos Salazar, Shaping a kingdom: the Sees of Parma and Arezzo between the reigns of Louis II and Berengar, in: After Charlemagne: Carolingian Italy and its Rulers, ed. Clemens Gantner/Walter Pohl, Cambridge, in corso di stampa.

23 Si vedano a questo proposito le considerazioni di Simone Allegria, che mostrano il lento cambiamento grafico avvenuto ad Arezzo in favore della minuscola carolina a partire della seconda metà del secolo IX in *Manu mea subscripsi.* Considerazioni sulla cultura scritta ad Arezzo tra IX e inizio XI secolo, Scripta. An international journal of codicology and palaeography (2010) 3, pp. 9–27. Anche le testimonianze librarie risultano frammentarie fino almeno alla seconda metà del X secolo, aspetto che complica ancora il quadro generale delle culture grafiche aretine, cfr. Caterina Tristano, Cultura (come alla nota 9) p. 49.

24 Si veda a questo proposito la presentazione delle diverse carte longobarde in CDA, n. 1 (640–649), n. 3 (714 agosto), n. 4 (715 marzo 6), n. 6 (715 luglio 5), n. 7 (715 ottobre 14) e n. 8 (752 maggio 19). È ora disponibile un'edizione online all'indirizzo http://saame.it/fonte/placiti-toscani/ (ultima visualizzazione: 29 giugno 2017).

si vuole qui negare la necessità dell'*expertise* paleografica[25]. Anzi. Procedere all'analisi, da un punto di vista storico, delle scritture presenti nell'archivio della canonica nel periodo altomedievale, la cui esistenza si pone proprio alla base della redazione di ogni tappa del rotolo, è un esercizio utile. Soprattutto se realizzato con l'obiettivo di decodificare i materiali scrittori presenti nell'archivio aretino come prove per la difesa degli interessi giuridici del vescovo di Arezzo durante un periodo che copre, addirittura, i secoli VII–XIII, ossia dalla *conventio* dell'epoca longobarda (640–649 ca.) all'ultimo vescovo incluso nella lista episcopale, Guglielmo († 1289).

3.1 La disputa e le pievi tra diplomi e *placita*: un gioco di specchi

Quali e quanti sono i documenti giunti sino ai giorni nostri che, tra la fine dell'VIII e la fine del X secolo, fanno riferimento diretto alla contesa tra i vescovi o che menzionano una o più delle pievi contese? Molti. Fondamentalmente di due tipologie diverse: diplomi regi e imperiali e *placita*, la maggior parte dei quali tràditi in originale. Una caratteristica importante, perché permette di lavorare su documenti che non risentono di manipolazioni posteriori, come capita, spesso, con alcuni diplomi giunti sino ai giorni nostri in copia. Infatti, nel ripercorrere l'insieme delle carte aretine pubblicate nelle *Chartae Latinae Antiquiores* si osserva come delle ventidue pergamene scritte tra gli anni 783 e 900, ben sedici siano diplomi e altre due *placita*.[26] Non tutti questi documenti menzionano le pievi o la disputa, e tra quelli che si interessano della lite lo spazio a essa dedicato non è sempre uguale. In molti casi le pievi interessate dalla disputa vengono trattate in modo generico, con fugaci riferimenti inclusi nei più generali richiami alla difesa, da parte dell'imperatore, del patrimonio della chiesa di Arezzo e dei suoi diritti giurisidizionali su tutta la diocesi, aspetto che coinvolge anche le pievi, come nel caso del diploma dell'anno 783 emanato da Carlo Magno, all'epoca ancora re[27].

---

25 Caterina TRISTANO, Nel nome di Mabillon: il contributo della paleografia all'analisi dei falsi in diplomatica. Il caso di Arezzo, in: Secoli XI e XII: l'invenzione della memoria, a cura di Simone ALLEGRIA/Francesca CENNI, Montepulciano 2006, pp. 73–87.

26 *Chartae Latinae Antiquiores*, XXV ed. Robert MARICHAL [e.a.], Dietikon-Zurich 1986, n. 797 = CDA, n. 9, diploma di Carlo Magno (a. 783) e ChLA², XC, diplomi Carlo Magno: n. 1 e n. 2; Ludovico I: n. 3; Lotario: nn. 6, 7, 10 e 11; Carlo il Calvo: nn. 12, 13, 14 e 15; Carlo il Grosso: nn. 16 e 18; Lamberto: n. 20; Ludovico III: n. 21. Placiti, nn. 5 e 17. La serie degli originali continua con altri di Ludovico III e di Berengario non inclusi nelle *Chartae* perché conservati in pergamene successive all'anno 900, cfr. Ludovico III: CDA, nn. 33, 34; Berengario: CDA, n. 36.

27 … *tam monasteria vel senodochia quamque ecclesias baptismales seu reliquas possessiones*, CDA, n. 9.

Diverso è invece il diploma scritto quasi vent'anni dopo, nell'801, attraverso il quale Carlo Magno, già imperatore, confermava alla chiesa di Arezzo, sulla base di un precetto oggi perduto di papa Leone III, la proprietà di Sant'Ansano, una delle chiese contese. In questo diploma il riferimento alla lite è più preciso. Si dedica ampio spazio alla menzione dei vescovi di Siena che, contro ogni diritto, avevano occupato la chiesa[28]. L'importanza di Sant'Ansano per i vescovi aretini si coglie ancora in altri diplomi di Ludovico il Pio e di Lotario, emessi a conferma dei precedenti[29]. Il diploma di Lotario, che riguarda anche il monastero di San Pietro ad Asso, non si limita soltanto a citare i *praecepta* del padre (Ludovico) e del nonno (Carlo Magno), ma indica anche quelli concessi da alcuni re longobardi[30]. Questo diploma, dunque, mostra in modo molto chiaro come la Chiesa vescovile di Arezzo avesse presentato, al momento di richiedere la conferma di antichi diplomi, un ricco dossier a sostegno delle proprie ragioni. Questo dossier era anche prova evidente della vicinanza dei suoi vescovi alla Corona, una vicinanza osservabile senza soluzione di continuità da Liutprando a Lotario. Tale richiamo alla tradizione che doveva avere un peso molto importante nelle forme della comunicazione politica tra vescovi e imperatori.

Ma il diploma di Lotario va oltre: ricorda anche la celebrazione di un giudizio tenuto a Siena dai suoi messi, i vescovi di Firenze e di Volterra[31]. Si tratta di un *placitum* di cui si conserva la pergamena originale nell'archivio aretino e che vide opporsi il vescovo di Arezzo, Pietro, all'abate di S. Antimo, Vigilio, per la proprietà del monastero di S. Pietro ad Asso. Il vescovo aretino presentò allora, davanti al tribunale, ben quattro *munimina* di epoca longobarda, significativamente tutti i documenti (*iudicata et praecepta*) presenti nel verso del rotolo n. 3, eccezion fatta per la *Conventio* del VII secolo e per il privilegio di papa Stefano II[32].

---

28 ChLA^2, XC, n. 1 e 2 (si tratta di due copie coeve) = CDA n. 10 (801 marzo 4).

29 ChLA^2, XC, nn. 3 e 6 = CDA, nn. 12 e 15 (819 agosto 17 e 833 dicembre 9, rispettivamente). In quest'ultimo si può leggere come il precedente precetto imperiale fosse stato presentato per la sua conferma: *in manibus gestabant praeceptum domni et genitoris nostri...*

30 *Predicta loca* [ovvero le pievi di Sant'Ansano e S. Pietro ad Asso] ... *ita teneat atque possideat sicuti in praecepto avi nostri bonae memoriae Karoli prestantissimi imperatoris seu in domni et genitoris nostri videlicet praedecessorum regum Langobardorum continetur...* ChLA^2, XC, n. 6.

31 ... *et sicuti in praedicto iudicato in praesentia praedictorum missorum nostrorum facto exaratum invenimus...* ChLA^2, XC, n. 6.

32 ChLA^2, XC, n. 5 = CDA, n. 14 (833 ottobre). Il vescovo presentò anche i diplomi di Carlo Magno e Ludovico. Un totale di sei documenti servì, dunque, per rafforzare il diritto della Chiesa di Arezzo sul monastero. Si veda il placito nella sua edizione online all'indirizzo http://saame.it/fonte/placiti-toscani-toscana-14/ [ultima visualizzazione 29 giugno 2017].

La lettura d'insieme del diploma e della *notitia iudicati* (entrambi datati 833) permette così di constatare come la Chiesa di Arezzo disponesse già allora di copie delle carte longobarde. Ovviamente questo non significa che le copie presentate davanti al tribunale senese siano quelle ancora oggi cucite assieme nel rotolo n. 3. Ma a questo punto non può sorprendere che il rotolo conservi memoria del *Lupus presbiter* citato sopra, colui che sembra, forse, aver provveduto a coordinare i lavori di copia e autenticazione dei *praecepta* e degli *iudicata* longobardi *ostensas et relectas* in quella giornata di autunno a Siena.

Da allora in poi si apre un periodo lungo, quasi mezzo secolo, senza riferimenti nelle carte aretine alle pievi. Bisognerà aspettare sino all'anno 879 perché in un diploma dell'imperatore Carlo il Grosso si faccia di nuovo menzione delle pievi, richiamate tra l'insieme di beni e di diritti presi sotto la protezione imperiale[33]. Questo vuoto sorprende poiché l'archivio aretino conserva ben tre diplomi di Carlo il Calvo, sovrano dei franchi occidentali, a cui il vescovo di Arezzo Giovanni fu molto legato come ambasciatore e uomo di fiducia nel *regnum Italiae*[34]. Forse la vicinanza tra vescovo e imperatore e, dunque, la forza politica di Giovanni bastavano a fermare ogni pretesa senese. La morte di Carlo il Calvo e l'arrivo sul trono imperiale di un candidato dei franchi orientali come Carlo il Grosso, a cui Giovanni e la sua Chiesa non furono mai particolarmente legati, possono spiegare la ricomparsa della fugace menzione alle pievi (forse dovuta a una sorta di senso d'inferiorità politica di Arezzo e alla sua ricerca di nuove protezioni?) così come spiega, in modo più eclatante, che il diploma imperiale di Carlo il Grosso non confermi, tra i numerosi diplomi dei suoi predecessori, quelli di Carlo il Calvo, suo concorrente nella corsa al trono imperiale[35].

---

33 *... eandem sedem, cum omnibus aecclesiis baptismalibus ac titulis, monasteriis et curtibus, casalibus et sortibus, servis et aldionibus, libellariis et censualibus utriusque sexus, mobilibus etiam et immobilibus, sub nostra defensione recepimus...* ChLA², XC, n. 16 = CDA, n. 28 (879 novembre 15).

34 I diplomi in ChLA², XC, n. 13 = CDA, n. 24 (875 settembre 29); ChLA², XC, n. 14 = CDA, n. 25 (876 marzo 1) and ChLA², XC, n. 15 = CDA, n. 26 (876 settembre). Ma probabilmente buona parte dei diplomi era stata preparata ad Arezzo da scrittori legati alla cerchia episcopale e solo in un secondo momento validati dalla cancelleria imperiale. Su questo problema si veda la presentazione di ogni singolo diploma nella trascrizione delle ChLA², con bibliografia pregressa.

35 Santos Salazar, Shaping (come alla nota 22), i.c.s. Il diploma pone l'accento, invece, sulla conferma dei privilegi papali riguardanti le pievi: *simulque et confirmamus... specialiter praecepta Romanorum pontificum de plebibus in Senensi comitatu...* Si veda anche François Bougard, I vescovi di Arezzo nei secoli IX-XI: tra le responsabilità locali e i destini "nazionali" in: Giovanni Cherubini, Franco Franceschi, Andrea Barlucchi e Giovanni Firpo (eds.), *Arezzo nel Medioevo*, Roma 2012, pp. 63–72.

Meno di due anni dopo Arezzo tornava davanti a un tribunale[36]. In questo caso per difendere ancora, contro le pretese del vescovo di Siena Lupo, i propri diritti giurisdizionali su tutte le pievi e i monasteri contesi. Il *placitum* mostra riunita a Siena, sotto la presidenza dell'imperatore Carlo il Grosso, buona parte dell'alta aristocrazia del regno, tra cui il Marchese di Toscana Adalberto. Come già nell'anno 833, la disputa senese dell'881 fu vinta dalla Chiesa di Arezzo. Ma a differenza di allora, in questa occasione la sentenza fu emanata in base alle dichiarazioni di quattordici testimoni (otto di parte aretina e sei di parte senese), concordi nel segnalare l'appartenenza alla diocesi di Arezzo delle pievi e dei monasteri contesi. Non fu necessaria, o non fu prevista, la presentazione di testimonianze scritte. In ogni caso, la Chiesa aretina avrebbe potuto preparare un nuovo dossier documentario poco prima dell'appuntamento senese dell'881, vale a dire la parte più antica dell'odierno rotolo?

Tornando alla datazione, se nelle pagine precedenti abbiamo scartato l'ipotesi di una scrittura del rotolo negli anni centrali del secolo XI – considerate le differenze formali tra la pergamena n. 2 del rotolo e l'insieme delle pergamene 3–5, nonché i numerosi errori linguistici, impropri per un notaio dell'XI secolo – converrà ora domandarsi in quale momento furono redatte le copie dei documenti più antichi presenti nel rotolo n. 3.

I dubbi sulla possibilità di una trascrizione delle carte in un momento precedente al *placitum* dell'anno 881 fanno sì che sia preferibile un ritorno ai documenti conservati nell'archivio aretino e ai cambiamenti politici nel *Regnum* a cavallo tra IX e X secolo, caratterizzati da un rapido avvicendamento di sovrani. L'archivio della Canonica aretina riflette bene tali cambiamenti. Infatti, in pochissimi anni (898–916) i vescovi di Arezzo ricevettero cinque diplomi[37]. Leggendoli si colgono alcune, significative fratture nelle linee politiche tradizionali, tanto nella Marca di Toscana quanto nel ruolo politico dei vescovi di Arezzo, soprattutto per quel che riguarda la loro storica vicinanza al potere regio. Il primo diploma, concesso da Lamberto, fu scritto in un momento di forte tensione tra l'imperatore spoletino e il Marchese Adalberto II, allora ribelle[38]. La morte violenta di Lamberto pochi mesi dopo (15 ottobre

36 ChLA², XC, n. 17 = CDA, n. 29 (881 marzo). Si veda l'edizione online di questo placito all'indirizzo http://saame.it/fonte/placiti-toscani-toscana-17/ [ultima visualizzazione 29 giugno 2017].

37 Lamberto: ChLA² XC, n. 20 = CDA, n. 31 (898 settembre 2); Ludovico III: ChLA² XC, n. 21 = CDA, n. 32 (900 ottobre 12) e CDA, n. 33 (901 marzo 2); Beregario: DB, n. 109 = CDA, n. 35 (916 gennaio 2) e DB, n. 111 = CDA n. 36 (916 giugno 22).

38 Lamberto aveva catturato il marchese Adalberto a Borgo San Donnino (odierna Fidenza) poco prima, *Antapodosis*, lib. I, 41. Igor Santos Salazar, Crisis? What Crisis? Political articulation and government in the March of Tuscany through placita and diplomas from

898) favorì l'ascesa di Adalberto II, che divenne l'uomo forte in Italia del nuovo re (poi imperatore), il provenzale Ludovico III[39].

Due anni dopo scompariva anche il vescovo Giovanni, colui che aveva partecipato ai più alti livelli della diplomazia carolingia negli ultimi anni dei regni di Carlo il Calvo e di Carlo il Grosso. Con lui finiva così un'epoca caratterizzata dalla forte personalità culturale aretina[40] e dall'autonomia politica della città nei confronti dei marchesi di Toscana. Già il successore di Giovanni sulla cattedra, Pietro III, avrebbe avuto modo di comprovarlo. Nell'ottobre dell'anno 900, Adalberto II intercedeva a favore del vescovo davanti a Ludovico III. Il diploma è dunque la testimonianza di un importante cambiamento politico[41]. Ma qui interessa ricordare in particolare il contenuto legato alla disputa sulle pievi. Nel diploma Ludovico III conferma tutti i privilegi precedenti dei re e degli imperatori nonché quelli dei pontefici romani, includendo un fugace riferimento alle pievi e ai monasteri aretini[42].

Anche la parabola politica di Ludovico III si concluse presto. Sconfitto e accecato da Berengario, il provenzale lasciò l'Italia nel 905, dando avvio a nuovi cambiamenti. Da allora e fino al 912 il regno di Berengario non fu riconosciuto in Toscana[43]. Tre anni dopo Adalberto II moriva, aprendo la

---

Guy of Spoleto to Berengar II, in: The collapse of the early medieval European kingdoms (8th–9th centuries), ed. Iñaki Martín Viso, in: Reti Medievali Rivista 17/2 (2016) pp. 251–279.

39 Ludovico III era cognato del marchese di Toscana in quanto fratello di Berta, la seconda moglie di Adalberto, Roberta Cimino, Remenbering Bertha of Tuscany: Kinghsip, Land and Women's Legacy in the Tenth-century Italy', ringrazio l'autrice per avermi facilitato la lettura del suo saggio, ancora inedito.

40 Si pensi al Sacramentario giunto ad Arezzo attorno all'anno 880 dal Nord della Francia (forse Saint Denis), oggi alla Bibliothèque National di Parigi (ms. 2292). Scritto in carolina, fu regalato successivamente dal vescovo Giovanni al monastero di Nonantola come segno di gratitudine per la cessione ad Arezzo della Pieve della Chissa, precedentemente donata da Carlo Magno alla Badia fondata da Anselmo. Sul contesto culturale degli anni del pontificato di Giovanni cfr. Michael W. Heil, Clerics, Courts, and Legal Culture in Early Medieval Italy, c. 650 – c. 900, Unpublished PhD Dissertation, Columbia University 2013, pp. 176–250, ringrazio l'autore che mi ha permesso di lavorare sul manoscritto inedito.

41 Su questi avvenimenti politici Paolo Cammarosano, Nobili e re. L'Italia politica nell'Alto Medioevo, Roma 1998, pp. 232–234.

42 ChLA² XC, n. 21 = CDA, n. 32 (900 ottobre 12)... *concedimus... omnia dona regum et imperatorum antecessorum scilicet nostrorum quoquo modo adquisita vel Romani pontificis sanctione concessa iuste et legaliter ad eam pertinentia, tam regalibus dationibus quam et imperialibus confirmationibus nec non et Romanis institutionibus exarata, omnia et in omnibus ipsi ecclesiae sub nostri regiminis tuitione et defensione ... rebus, familis, plebibus, monasteriis, colonis.* Così anche il diploma concesso l'anno successivo dallo stesso Ludovico III, CDA, n. 33 (901 marzo 2).

43 Realtà che dimostra come i notai attivi in Toscana (esclusi coloro attivi nelle carte del monastero di S. Salvatore al Monte Amiata) condividevano *une discipline collective et la con-*

strada di Roma a Berengario, il solo in grado di salire sul trono imperiale (dicembre 915). Senza rivali nella Marca, l'incoronazione imperiale chiudeva un sogno durato per Berengario troppo a lungo, quasi trent'anni. Di ritorno dal soggiorno romano, Berengario poté cominciare a esercitare il suo potere in luoghi precedentemente a lui 'vietati'. Avrebbe colto quel momento anche da un punto di vista simbolico. Così, per il primo diploma da lui concesso in favore della chiesa di Pietro III[44], l'imperatore preferì non fermarsi ad Arezzo, tappa tradizionale nei viaggi dei sovrani da e verso Roma. Agendo in questo modo raggiungeva tre obiettivi nei confronti della sede che era stata fedele a Carlo il Calvo, prima, ai re spoletingi dopo, quindi a Ludovico III; due simbolici e uno logistico: mostrare se stesso nelle vesti di imperatore in Toscana, mentre umiliava il vescovo di Arezzo obbligandolo a inseguirlo fuori dalla sua città, sulle alture del Mugello. Al contempo, sostando in quella zona periferica della Marca, posta a nord di Firenze, quasi già in Emilia, palesava la sua intenzione di volersi allontanare rapidamente, nel suo viaggio di ritorno verso il Nord, da una Toscana a lui quasi mai fedele.[45]

In un contesto così cangiante, in cui Arezzo dovette sempre interpretare un ruolo secondario – a seguito della morte del vescovo Giovanni, schiacciata tra la forza del Marchese di Toscana al tempo di Ludovico III e la vendetta di Berengario dopo la morte dello stesso Adalberto II – è possibile supporre una certa preoccupazione della chiesa aretina riguardo all'*affaire* relativo alle pievi. Forse allora, in quei primi turbolenti anni del X secolo, si procedette a realizzare una nuova copia delle carte longobarde, in previsione di una loro utilità nel caso la disputa fosse stata riaperta (cosa che non successe) o semplicemente come strumento funzionale, da un punto di vista politico, al momento di chiedere la protezione regia e imperiale ai differenti personaggi succedutisi sui troni pavese e romano. In questo contesto di debolezza politica aretina, che contrasta fortemente con quanto è possibile documentare al tempo dell'episcopato di Giovanni, non sorprende ritrovare un riferimento esplicito alle pievi aretine nel secondo dei diplomi di Berengario a favore

science d'appartenir à une même zone de production documentaire, François BOUGARD, Le royaume d'Italie (jusqu'aux Ottons), entre l'empire et les réalités locales, in: De la mer du Nord à la Méditerranée. Francia Media, une région au cœur de l'Europe (c. 840 – c. 1050), ed. Michèle GAILLARD [e.a.], Luxembourg 2011, pp. 487–510.

44 DB, n. 109 = CDA, n. 35 (916 gennaio 2).

45 Unicamente tra 899 e 900 Adalberto di Toscana si era allineato a Berengario, come le sedi di Lucca, Firenze e Luni, il cui vescovo, Odalberto, fu *missus* di Berengario negli anni 900 e 910. Si veda Paolo TOMEI, Chiese, vassalli, concubine. Su un inedito placito lucchese dell'anno 900, in: Mélanges de l'École française de Rome – Moyen Âge 126/2 (2014) pp. 1–23.

della chiesa di Arezzo[46], significativamente l'ultimo diploma che le ricorda sino all'anno 998, ormai sotto Ottone III[47]. Ma in mancanza di ulteriori dati, questa deve essere intesa soltanto come un'ipotesi.

D'altra parte, quest'ultimo diploma, concesso per intercessione del vescovo di Arezzo Elmenpert (986–1010), contiene il più dettagliato riferimento alle pievi, tutte citate per nome, ma non include, come anche i precedenti diplomi, alcun riferimento ai *muminima* di epoca longobarda, la cui ultima menzione si trova nel placito dell'ormai lontano 833. Ipoteticamente, dunque, si potrebbe pensare a Elmempert[48] come al personaggio che, allo scadere del X secolo, avrebbe intrapreso (o diretto) l'attività di copia delle carte longobarde, con l'intenzione di rinnovare un *dossier* di pergamene ormai antiche (quelle copiate nel primo terzo del IX secolo), da presentare al nuovo imperatore (in carica dal 996). Ma anche in questo caso non contiamo su alcuna testimonianza che possa rafforzare questa ipotesi, neanche quella dell'incertezza dei tempi politici tra gli episcopati di Giovanni e Pietro III, che serve da contesto storico alla mia ipotesi principale[49].

3.2 I rotoli n. 2 e n. 138

Per comprovare la validità generale di questa ipotesi con cui attribuisco la realizzazione delle copie delle carte longobarde presenti nel rotolo n. 3 a un momento indeterminato da situare tra gli anni 888 e 915 è possibile tornare dentro l'archivio aretino e studiare altri due rotoli: il rotolo n. 2 della Canonica, copia che occupa due membrane cucite assieme dell'*inquisitio* realizzata

---

46 DB, n. 111 = CDA n. 36 (916 giugno 22): ... *regum et imperatorum eidem ecclesiae concessa vel concedenda omnesque confirmationes de omnibus plebibus ipsius ecclesiae...*

47 DOIII, n. 295 = CDA, n. 50 (998 maggio 20).

48 Sulla sua figura si veda Nicolaj, Storia (come alla nota 16) pp. 422–426.

49 Unica testimonianze della presenza delle carte longobarde in copie certe del secolo X è un'ulteriore copia del secondo *praeceptum* di Liutprando (715 ottobre 15), che reca la segnatura n. 4 nell'Archivio della Canonica, cfr. CDA, p. 31. In ogni caso non bisogna dimenticare come fosse proprio sotto il pontificato di Elmenpert che l'uso della minuscola carolina si affermò ad Arezzo, cfr. Nicolaj, Storia (come alla nota 16) p. 424. Dunque l'ipotesi riguardante le copie delle carte longobarde sotto il suo pontificato dovrebbe essere tenuta in considerazione benché manchino altri dati certi, al di là della diffussione delle prime capitali librarie nei diplomi per destinatari italiani nel regno di Ottone III, capitali che si trovano anche nel rotolo n. 3, nelle rubriche che presentano ogni singolo documento d'epoca longobarda. Per i diplomi di Ottone III cfr. Wolfgang Huschner, Transalpine Kommunikation im Mittelalter. Diplomatische, kulturelle und politische Wechselwirkungen zwischen Italien und dem nordalpinen Reich (9.-11. Jahrhundert), München 2003.

da Guntheram nel giugno del 715[50], e il rotolo n. 138, lungo più di cinque metri, compilato nella prima metà dell'XI secolo e recentemente studiato da Simone Allegria, che contiene la copia di quattordici documenti (di cui si conservano ancora molti originali nell'archivio aretino[51]) organizzati in base alla tipologia dell'autorità emanante: prima i diplomi regi e imperiali e poi gli atti dei vescovi d'Arezzo, datati tra l'agosto dell'843 e il gennaio del 1047[52].

Per quest'ultimo è stata attribuita, sin dagli studi di Pasqui, una data di realizzazione di poco successiva all'ultimo documento copiato[53], benché sia da ricondurre almeno a tre mani diverse, tutte attive a cavallo degli anni centrali dell'XI secolo[54]. Anche nel caso del rotolo n. 2 la data di composizione attribuitagli da Luigi Schiaparelli, da situare tra il IX e il X secolo, ha incontrato sempre un ampio consenso ed è stata accolta anche nella recente edizione di Marta Calleri e Francesca Mambrini[55]. Le differenze formali osservabili in entrambi i rotoli, nella loro *mise en page* (molto più attenta nel caso del rotolo n. 138), e soprattutto, il confronto tra il rotolo n. 2 e n. 3 (Fig. 16) offrono ancora qualche dato in più per supporre come le copie dei documenti longobardi di quest'ultimo non sembrino redatte nel torno di tempo (gli anni centrali dell'XI secolo) in cui furono scritte le copie poi cucite assieme nel rotolo n. 138. Anzi, probabilmente, la presenza nell'archivio dei rotoli nn. 2 e 3 poté servire da esempio per compilare il n. 138[56].

Se così fosse, dunque, saremmo davanti a una realtà che mostra, sin dall'epoca carolingia, lo spiccato interesse dei responsabili dell'archivio della Canonica aretina a disporre di copie leggibili non solo degli instrumenti più

---

50 CDL I, n. 19 (715 giugno 20). L'*inquisitio* non fu trascritta per intero in questo breve. Infatti, manca la deposizione del gastaldo di Siena Taipert.

51 Ad Arezzo, il lavoro di copia di originali non comportò la distruzione di questi ultimi. Distruzioni che furono invece abituali in moltissimi luoghi dell'Europa occidentale nel momento in cui le istituzioni ecclesiastiche (cattedrali e monasteri) iniziarono a compilare i loro cartulari, procedendo a una radicale e quasi definitiva selezione della loro memoria che avrebbe condizionato pesantemente la struttura delle fonti a nostra disposizione e, dunque, la nostra conoscenza del loro passato. Su questi aspetti si vedano, senza nessuna pretesa di esaustività: Patrick G. Geary, Phantoms of Remembrance: Memory and Oblivion at the End of the First Millennium, Princeton 1996; Charters, Cartularies and Archives: The Preservation and Transmission of Documents in the Medieval West, ed. Adam J. Kosto/Anders Winroth, Toronto 2002; Chartes et cartulaires comme instruments de pouvoir. Espagne et Occident chrétien (VIIIe – XIIe siècles), cur. Julio Escalona et Hélène Sirantoine, Toulouse 2013.

52 Simone Allegria, Un rotolo-cartulario dell'Archivio capitolare di Arezzo. Tra documentazione e storia, in: Secoli XI e XII (come alla nota 2), pp. 103–112, che include alcune fotografie del Rotolo n. 138.

53 Pasqui, Documenti I (come alla nota 5) p. 79.

54 Allegria, Rotolo-cartulario (come alla nota 52) p. 106.

55 CDA, n. 5.

56 Cfr. Fig. 16, con una comparazione tra i Rotolo n. 2 (sinistra) e n. 3 (destra).

antichi – alcuni scritti addirittura su papiro, come pare desumersi dalla citazione dei *vetustissimis thomis* presente nel recto della pergamena n. 2 –, ma anche degli atti più recenti, nonché la volontà e la capacità di aggiornare regolarmente quel sistema, copiando nuovamente vecchie copie di documenti più antichi.

Così, alla fine della vita del primicerio Gerardo la chiesa aretina disponeva di ben tre rotoli (nn. 2, 3, e 138) nei quali la memoria giuridica e narrativa delle Cattedrale e della Canonica si cristallizzava, per garantire i diritti dell'episcopio nei tribunali che sarebbero stati convocati lungo la seconda metà dell'XI e durante tutto il XII secolo.

* * *

Il rotolo n. 3 fu sempre uno strumento vivo all'interno dello *scriptorium* aretino. Grazie al sistema della cucitura, poteva essere "costruito" o "decostruito" all'occorrenza, per finalità differenti in momenti diversi tra IX e XII secolo, ma sempre con l'obiettivo di dare sostegno alle ragioni giuridiche (e a tutta la tradizione storica che queste comportavano) della Chiesa di Arezzo. In questo modo, la vita del rotolo sarebbe continuata ancora nell'XI secolo, sul verso, con il catalogo dei vescovi aretini che giunge fino al nome di Tedaldo (1023–1036), e sul recto, quando il primicerio Gerardo avrebbe provveduto a correggere le copie delle carte longobarde; a scrivere (o a ordinare la scrittura) della pergamena n. 2 posta immediatamente sopra le copie dei documenti di età longobarda, e a redigere il catalogo dei re e degli imperatori sino a Enrico III (1056) che, però, per quel che riguarda il periodo che va dall'epoca di Auripert (711) a quella di Carlo III, diviene una storia della Chiesa di Arezzo, una vera e propria *Commemoratio*.[57]

Non un unico momento di scrittura, dunque, ma molti, anche lungo l'XI e il XII secolo. Come molti furono i momenti di organizzazione dell'archivio, osservabili in filigrana nella documentazione originale superstite sin dal IX secolo (penso al *placitum* dell'833 o ai numerosi diplomi regi e imperiali). Questa organizzazione mantenuta tra X e XI, nel periodo che va dall'episcopato di Elempert a quello di Adalberto (986–1023), come dimostrano le molte note tergali dei documenti aretini del IX e del X secolo che furono scritte proprio nell'arco cronologico posto a cavallo dell'XI secolo. Tale organizzazione dell'archivio avrebbe preso, successivamente, una dimensione ancora più complessa con i lavori di Gerardo nel "cantiere" del rotolo n. 138 e sul verso del rotolo n. 3, con la compilazione della *Commemoratio* e il Catalogo dei vescovi aretini.

57 Igor Santos Salazar, Judicial records as History. The case of the "Regnum Italiae" (tenth and eleventh centuries), in corso di stampa.

Così facendo, il primicerio della chiesa Aretina avrebbe voluto "costruire", utilizzando il materiale presente nel proprio archivio, strumenti complessi, che nel caso del rotolo n. 3 diventano un vero e proprio coacervo di scritture, dotando le copie dei *praecepta* e delle *notitiae iudicati* di epoca longobarda scritte nel recto delle pergamene di una forte valenza ideologica sul verso (la *Commemoratio* tra tutti), componendo uno strumento molto accurato, di grande carica commemorativa (anche per la presenza del catalogo dei vescovi), che ben sottolineava con dettaglio, nel dialogo tra *recto* e *verso*, la vicinanza della Chiesa aretina al potere regio sin dall'epoca longobarda e lungo tutta l'epoca carolingia.

Il rotolo n. 3 è, dunque, un insieme di documenti giuridici riguardanti la Chiesa di Arezzo, la cui parte più antica (pergamene 3–5) fu probabilmente redatta negli anni incerti del tramonto dell'episcopato di Giovanni o nei primi di governo di Pietro III sulla sede aretina (lo stesso periodo di realizzazione del rotolo n. 2), ma è anche, per quel che riguarda la metà dell'XI secolo, un sensazionale strumento di commemorazione storica della sua cattedra episcopale, unico nel panorama italiano.

Così, la forte valenza memorialistica e giuridica dell'insieme, una doppia realtà su cui non si è insistito mai abbastanza, appare centrale per la comprensione delle logiche politiche, e di riflesso archivistiche, seguite ad Arezzo, quando la difesa delle ragioni della sua Chiesa episcopale passavano anche da un'interpretazione della sua storia in intima relazione con i sovrani longobardi e carolingi. Il rotolo è, dunque, un insieme di scritture "create" sino al XII secolo, momento in cui furono aggiunti gli ultimi vescovi del catalogo, che appare aggiornato sino ad arrivare al vescovo Guglielmo II († 1289), e in cui furono scritte tanto la falsa donazione di Zenobio recentemente edita da François Bougard[58], quanto il *Libellum contra senesem episcopum*, cucito allora in cima al tutto con l'obiettivo di sottolineare la legittimità di Arezzo nella lotta per i suoi diritti in un momento storico, come il XII secolo, che mostrava un crescente scollamento tra poteri locali e autorità centrale.

In quel contesto, le antiche carte longobarde e carolinge costituivano un elemento centrale per le narrative della memoria ecclesiastica entro i confini del *Regnum Italiae*.[59] Il rotolo n. 3 ne è la prova più spettacolare.

---

58 Bougard, Thomis, (come alla nota 8) pp. 144–150.

59 Santos Salazar, Records (come alla nota 56) i.c.s.

Abstract

In diesem Aufsatz wird der Versuch einer kurzen historischen Analyse des Rotolo Nr. 3 unternommen, der im Archivio Diocesano di Arezzo (Diözesanarchiv von Arezzo, Toskana, Italien) aufbewahrt wird. Es handelt sich dabei um ein ganz besonderes Dokument, das aus fünf zusammengenähten Pergamenten besteht. Diese enthalten unter anderen Schriftstücken die Kopien einiger Urkunden aus dem langobardischen Italien, die zu den bekanntesten dieser Art gehören. Diese Urkunden beziehen sich auf den langjährigen Streit um die Kontrolle über fast zwanzig Pievi Battesimali (Pfarrbezirke mit dem Recht zur Taufe) zwischen den Bischofssitzen Arezzo und Siena. Die Kopien wurde zu einem unbestimmten Zeitpunkt verfasst, den die Geschichtsschreibung zwischen der zweiten Hälfte des 9. und den mittleren Jahren des 11. Jahrhunderts angesiedelt hat, ohne sich jedoch diesbezüglich einig zu sein. In diesem Beitrag versucht man einige Hypothesen vorzuschlagen, die das im Archiv von Arezzo enthaltene dokumentarische Material aus einer historischen Sicht beleuchten. Durch die Analyse des Rotolo in seinem historischen Kontext versucht man so eine neue Datierung für die darin enthaltenen longobardischen Urkunden vorzuschlagen.

2. DER ROTULUS IM ÖKONOMISCH-ADMINISTRATIVEN BEREICH

Das Urbar als Rotulus – eine regionale Sonderform?

Zum Habsburger Urbar vom Ende des 13. Jahrhunderts

Christian Lackner

Kaum ein Urbar des Spätmittelalters ist so bekannt wie das sogenannte Habsburgische Urbar. Schon lange bevor die agrar- und wirtschaftsgeschichtliche Forschung in den 1880er Jahren sich mit Urbaraufzeichnungen intensiver zu beschäftigen und erste große Editionsprojekte zu lancieren begann[1], hatte das aus der Zeit um oder kurz nach 1300 stammende große habsburgische Urbar über die Besitzungen der Dynastie im Elsaß, Aargau, Breisgau, Schwarzwald und Thurgau bereits eine ausführliche Würdigung erfahren[2]. 1894 sollte dann durch Rudolf Maag und Paul Schweizer im Rahmen der Reihe „Quellen zur Schweizer Geschichte“ eine vorzügliche, höchsten Anforderungen gerecht werdende Edition folgen, die eine Reihe weiterer profunder Forschungsarbeiten im Gefolge hatte[3]. Und bis heute ist das Interesse an den habsburgischen Urbaraufzeichnungen ungebrochen. So verfasste Marianne Bärtschi 2008 unter Leitung von Roger Sablonier eine Dissertation an der Universität Zürich zum Thema des Habsburger Urbars, welche durchaus neue Perspektiven in die Diskussion um Entstehung, Funktion und Verwendung des Urbars einbrachte[4]. Wir wissen also ausnehmend gut Bescheid über dieses frühe Beispiel urbarieller Aufnahme einer adeligen Grundherrschaft. Wie ist, angesichts dieser günstigen Forschungslage, eine neuerliche Beschäftigung mit dem Thema zu rechtfertigen? Ich möchte zunächst den gegenwärtigen Forschungsstand referieren und dann der Bedeutung der Rodelform im Rahmen der Überlieferung des habsburgischen Urbars – es existieren 16 Rödel mit einer Gesamtlänge von 3468,5 cm[5] – nachgehen. Das liegt bei einer Tagung

1 Über die Entwicklung der Urbarforschung im 19. Jh. siehe den instruktiven Überblick bei Hugo Ott, Probleme und Stand der Urbarinterpretation, in: Zeitschrift für Agrargeschichte und Agrarsoziologie 18 (1970) S. 159–184.

2 Das habsburg.-österreichische Urbarbuch, hg. von Franz Pfeiffer (Bibliothek des literarischen Vereins in Stuttgart 19), Stuttgart 1850.

3 Das habsburgische Urbar, hg. von Rudolf Maag/Paul Schweizer (Quellen zur Schweizer Geschichte 14–15), Basel 1894–1904.

4 Marianne Bärtschi, Das Habsburger Urbar: Vom Urbar-Rodel zum Traditionscodex, Phil. Diss. Zürich 2008.

5 Paul Schweizer, Beschreibung, Geschichte und Bedeutung der habsburgischen Urbaraufzeichnungen, in: Das habsburgische Urbar, hg. von Maag/Schweizer (wie Anm. 3), II/2 S. 331–680; hier S. 385 f.; Karl Otto Müller, Der habsburgische Pfandrodel von 1306 über

bzw. bei einem Tagungsband, der dem Rotulus gewidmet ist, naturgemäß nahe. Es scheint mir aber auch, dass gerade dieser Aspekt in der einschlägigen Forschung zum Habsburger Urbar bisher noch nicht hinreichend gewürdigt worden ist. Vor allem gilt es, die Überlieferungssituation zu kontextualisieren und mit der Überlieferungsform anderer urbarieller Aufzeichnungen des 13. und 14. Jahrhunderts in Mitteleuropa in Beziehung zu setzen bzw. zu vergleichen.

Es waren Rudolf Maag und Paul Schweizer, die erstmals die komplexe Überlieferung des habsburgischen Urbars vollständig erfasst und ihrer kritischen Edition zugrunde gelegt haben. Franz Pfeiffer hatte sich 1850 noch damit begnügt, das Habsburger Urbar nach der sogenannten „Raiserhandschrift", einer Abschrift aus dem 16. Jahrhundert zu edieren. Maag und Schweizer machten nun deutlich, dass das, was wir heute „Habsburgisches Urbar" nennen, kein einheitliches, homogenes Werk darstellt, dessen Umfang und Entstehungszeit genau bestimmbar sind, sondern dass es sich dabei vielmehr um ein Konglomerat von Schriftstücken handelt, die zu unterschiedlichen Zeiten in ganz unterschiedlichen Kontexten entstanden sind. Den ältesten Teil dieser Überlieferung bilden Pergamentrotuli unterschiedlicher Länge, die längsten sind der in Colmar, Archives départementales du Haut-Rhin, verwahrte Rodel (558 cm) und jener im Generallandesarchiv in Karlsruhe (577,5 cm). Andere wie der Wiener (229 cm), der große Zürcher (270 cm), die beiden Aarauer (268 bzw. 280 cm) und die beiden Stuttgarter Rödel (235 bzw. 293 cm) bestehen aus durchschnittlich drei bis sieben Blättern und erreichen jeweils eine Länge von ca. 2,5–3 Meter[6]. Jünger als die Rotuli ist die in Buchform erhaltene Überlieferung des Habsburger Urbars[7]. Doch zunächst zu den uns hier am meisten interessierenden Rödeln: Schweizer hat sie nach ihrer Art, Schrift und Gestaltung in drei Haupttypen gegliedert, die er als A-, B- und C-Rödel bezeichnete. Konzeptcharakter weist er 5 Rödeln, darunter dem großen Karlsruher[8], zu, die nach Schweizer von ein und derselben Hand stammen. Es sind die von Schweizer so bezeichneten C-Rödel.[9] Als B-Rodel wird seit Schweizer der Colmarer Rotulus geführt[10]. Dieser die elsässischen Ämter umfassende Rodel dürfte von

die schwäbischen Besitzungen, in: Zeitschrift für Württembergische Landesgeschichte 10 (1951) S. 29–38, hier S. 32.

6 Schweizer, Beschreibung (wie Anm. 5) S. 347–387.

7 Ein Überblick über die Handschriften ebd., S. 387–439.

8 Zum Karlsruher Rodel vgl. ebd., S. 353–356 (Nr. 2).

9 Konzeptrödel von Hand C sind nach Schweizer: der Karlsruher (Nr. 2), die beiden Aarauer (Nr. 3), Zürich Nr. 3288c (Nr. 7) sowie Bern 2. Stück. Vgl. die Charakterisierung dieser Hand ebd., S. 355.

10 Ebd., S. 347–353 (Nr. 1).

dem habsburgischen Notar Burckhard von Frick. eigenhändig niedergeschrieben sein und wurde des flüchtigeren Erscheinungsbildes wegen von Schweizer gleichfalls als Konzeptrodel klassifiziert[11]. Schweizer erkennt dem Colmarer Rotulus aber eine Sonderstellung zu, denn Burckhard von Frick habe mit diesem gleichsam die Vorlage und das Muster für die weitere Urbaraufnahme durch Hand C abgeliefert[12]. Die Redaktion der Konzeptrödel, die den unmittelbaren schriftlichen Niederschlag der Urbaraufnahme, d. h. der Kundschaften und Versammlungen, bildeten, welche zur Ermittlung der Rechts- und Besitzverhältnisse durchgeführt wurden, soll nach Schweizer im Elsass 1303 und 1304, im Aargau und Schwarzwald frühestens 1305, in Schwaben und Thurgau 1307 stattgefunden haben, „die ganze Arbeit, soweit sie überhaupt ausgeführt wurde und noch vorliegt, aber vor der Ermordung Albrechts am 1. Mai 1308 beendigt" gewesen sein[13]. In den von ihm als Ausfertigungsrödel bezeichneten, sorgfältig gestalteten A-Rödeln glaubt Schweizer eine nachfolgende endgültige Fassung des Urbars auf Grundlage der erwähnten Konzeptrödel greifen zu können. Die beiden Stuttgarter Rotuli ordnete Schweizer dieser finalen Rödelredaktion zu[14]. Folgt man weiterhin den Thesen Schweizers, so fasste die habsburgische Verwaltung wohl gegen 1330 den Plan, sämtliche als Rödel vorhandenen Urbaraufzeichnungen in einem großen Gesamturbar in Buchform zusammenzuführen[15]. Von dieser Handschrift sind heute noch umfangreiche Teile im Cod. Donaueschingen 691 der Badischen Landesbibliothek Karlsruhe (ehemals Fürstlich-Fürstenbergische Bibliothek) erhalten. Schweizer spricht von der sogenannten Reinschrift[16]. Gleichsam ein Bindeglied zwischen den älteren Rödeln und dieser Reinschrift bildet ein Rodel, der im Haus-, Hof- und Staatsarchiv in Wien verwahrt wird und die Ämter Kyburg, Winterthur und Embrach umfasst[17]. Dass dieser nicht, wie im Archivrepertorium in Wien angegeben, ca. 1400 entstand, sondern deutlich älter ist, erscheint klar. Man wird Schweizer zustimmen können, dass die Hand dieses Wiener Rodels mit jener der buch-

11 Ebd., S. 350 f.

12 Ebd., S. 386: „Die ursprüngliche Aufnahme in Konzeptform stellen die fünf Rödel von Hand C dar, und es darf zu diesen Konzepten wohl auch noch der Colmarer Rodel von Hand B gerechnet werden, welchen Burkhard von Frick als ersten Versuch und Muster eigenhändig geschrieben hat."

13 Ebd., S. 510 f.

14 Ebd., S. 381–384 (Nr. 14/15)

15 Zum Datierungsansatz vgl. ebd., S. 518: „Auch die sogenannte Reinschrift muss dann um 1330 in Baden hergestellt worden sein, da ihre Hand den Aarauer, Karlsruher, und den großen Zürcher Rodel mit Indexzetteln versehen, aber auch den Wiener Rodel über die Zürcher Aemter geschrieben hat."

16 Ebd., S. 388–400.

17 Ebd., S. 377–381 (Nr. 13).

förmigen Reinschrift gleichzusetzen ist. Ob tatsächlich, wie von Schweizer vermutet, „der Schreiber der Reinschrift das ganze Einkünfteurbar in dieser Rodelform kopiert hat, obschon sonst keine anderen Fragmente einer solchen Copie vorliegen“[18], sei dahingestellt.

Nur von der buchförmigen Fassung des Habsburger Urbars her lässt sich begreifen, weshalb Maag und Schweizer mehrere Rödel bei ihrem Editionsunternehmen zunächst ausgeklammert haben, wiewohl diese habsburgische Urbaraufzeichnungen der Zeit um oder kurz vor 1300 beinhalten. In diesem Zusammenhang ist namentlich auf den ältesten Stuttgarter Rodel (H 162 Nr.1) hinzuweisen, dessen ältere Rückseite mit den zürcherischen Ämtern Zell, Kyburg, Embrach u.a. wohl um 1274, die jüngere Vorderseite, welche schwäbische Ämter bringt, gegen 1290 verfasst sein muss[19]. Weil diese Urbaraufzeichnungen lateinisch sind, wollten sie nicht so recht zu dem von Maag und Schweizer vermuteten Projekt eines habsburgischen Gesamturbars passen, dessen Sprache allem Anschein nach deutsch war. So kam es, dass die Texte dieses ältesten Stuttgarter Urbarrodels erst in einem zweiten Editionsband unter dem Titel „Ältere habsburgische Aufzeichnungen“ gedruckt wurden.

Wie viel an Rödelmaterial verloren gegangen ist, lässt sich kaum abschätzen. K. O. Müller hat ausgerechnet, dass von Maags Ausgabe des Habsburger Urbars (insgesamt 529 S.) 291 Seiten auf Rödeln, 117 Seiten auf der sogenannten Reinschrift, 121 auf einer späteren Berner Handschrift (von etwa 1420) beruhen[20].

Die Forschung hat das von Schweizer entwickelte dreistufige Modell für die Genese des Habsburger Urbars (Konzeptrödel – Ausfertigungsrödel – Reinschrift) in der Folge fast ausnahmslos rezipiert. Das gilt auch noch für Alfons Schäfer, der 1964 in seiner umfassenden Studie über die älteren Zinsrödel im Generallandesarchiv Karlsruhe zum Karlsruher Rodel im Gefolge Schweizers feststellte, es handle sich „bei dem Karlsruher Rodel um einen Teil der habsburgischen Originalaufnahme (von Schweizer als Hand C bezeichnet), nach der erst einige Jahrzehnte später das eigentliche Habsburger Urbar als Abschrift entstanden ist“[21]. Schäfer verdanken wir allerdings den

18 Ebd., S. 378.

19 Ebd., S. 451 f. betont, dass die Texte dieses Rodel „mit der erst 1303 beginnenden, in ganz anderer Schrift und Sprache geschriebenen Urbaraufnahme Burkhards von Frick nichts zu tun haben, wenn sie auch dabei vielleicht zur Vergleichung zugezogen worden sind, obwohl gerade für diese Gegenden keine Dorsualverweisungen auf ‚antiqua rodalia‘ vorkommen“. Als Unterschied zu den anderen Rödeln nennt Schweizer auch, dass dieser Rotulus „mit viel engeren Stichen“ zusammengenäht worden sei.

20 Müller, Pfandrodel (wie Anm. 5) S. 32.

21 Alfons Schäfer, Die ältesten Zinsrödel im Badischen Generallandesarchiv. Rödel als Vor-

wichtigen weiterführenden Hinweis auf den fortschrittlichen Charakter der habsburgischen Güterverwaltung in der 2. Hälfte des 13. Jahrhunderts. Die Habsburger seien hier, so Schäfer, anderen Territorialherren des Südwestens vorausgegangen, und er vermutet die Wirksamkeit von Einflüssen aus dem fortgeschrittenen französisch-burgundischen Raum.[22]

Erst in allerjüngster Zeit kam scharfe Kritik an Schweizers Modell, und zwar von Marianne Bärtschi. Schweizer sei, so Bärtschi, von der Grundannahme ausgegangen, „es hätte quasi ein Ur-Urbar existiert, welches bloss wieder zu rekonstruieren sei". Ebendiese Rekonstruktion würde durch die Edition unternommen, die „den trügerischen Eindruck vermittelt, Form und Inhalt dieses Einkünfteverzeichnisses hätten bereits zu Beginn des 14. Jahrhunderts festgestanden"[23]. Genau das bezweifelt Marianne Bärtschi, und sie bringt gute Argumente dafür, dass die habsburgischen Urbaraufzeichnungen ihre Entstehung nicht planmäßigem Wollen, einem einheitlichen Verwaltungsprogramm, quasi einem habsburgischen Masterplan, verdanken, der von Beginn an auf ein Gesamturbar abzielte. Die heutige Überlieferung mache es schwer mit Schweizer daran zu glauben, dass es für alle habsburgischen Besitzungen Konzeptrödel, Ausfertigungsrödel und Reinschrift gegeben habe. In der gegenwärtigen Überlieferung sind die von Schweizer postulierten drei Redaktionsstufen nur in einem Fall, nämlich für das Amt Embrach, eindeutig dokumentiert. „Weshalb sind gerade die Stücke, die wir heute noch kennen, aufbewahrt worden, die vermuteten anderen jedoch nicht?" so fragte Marianne Bärtschi mit vollem Recht[24]. Und ganz grundsätzlich rührt sie an der Unterscheidung zwischen Konzept- und Ausfertigungsrödeln durch Schweizer. Der Konzeptcharakter Ersterer scheint ihr in vielen Fällen trotz Streichungen und Handwechsel keineswegs evident[25]. Ein Blick auf den Karlsruher C-Rodel macht deutlich, was Marianne Bärtschi hier meint. Tatsächlich weist dieser Rotulus nämlich höchst elaborierte Initialen auf, die schlecht zu der von Schweizer vorgenommenen Klassifizierung als Konzeptrodel passen. Klar unterscheidet sich Bärtschi auch von Schweizer hinsichtlich ihrer Vorstellungen von der Genese des Habsburger Urbars. Anders als Schweizer, „der die Herstellung des Habsburger Urbars als einmaligen Schöpfungsakt Albrechts I." ansah, begreift Bärtschi die Entstehung

läufer und Vorstufen der Urbare, in: ZGO 112 (=NF 73) (1964) S. 297–372, hier S. 328.

22 Schäfer, Zinsrödel (wie Anm. 21) S. 317.

23 Bärtschi, Habsburger Urbar (wie Anm. 4) S. 9.

24 Ebd., S. 9.

25 Ebd., S. 60: „Gegen die These Schweizers jedoch, die C-Rödel seien blosse Entwürfe für eine beabsichtigte Endfassung gewesen, spricht der Umstand, dass trotz einiger Streichungen und Handwechsel für die Herstellung der C-Rödel mehr Sorgfalt aufgewendet wurde als für die A-Rödel."

des Urbars vorwiegend prozesshaft, mit Brüchen und Funktionsverschiebungen[26]. Hatte Schweizer gerade im Colmarer Rodel das Muster für alle anderen Besitzaufnahmen erkennen wollen[27], spricht Bärtschi diesem jedweden Vorbildcharakter ab, betont vielmehr dessen Eigenart[28]. Sie interpretiert den Colmarer Rotulus als eine „Art Rechnungslegung des Vogtes", eine Deutung, mit der ich zwar nicht ganz konform gehe. Mit der Betonung der eigenständigen, situativ bestimmten inhaltlichen Ausrichtung des Colmarer Rodels trifft Bärtschi aber gewiss das Richtige. So ist es höchst auffällig, dass der Elsässer Rodel abweichend zu den übrigen habsburgischen Ämtern, wo über Einkünfte und Pfänder separate Verzeichnisse angelegt wurden, direkt anschließend an die Einkünfte ein Verzeichnis über verpfändete Güter bietet.

Mit der Frage nach der Motivlage der Habsburger für die Erstellung der Urbaraufzeichnungen näherte sich Bärtschi dann zuletzt doch wieder vorsichtig der Vorstellung eines einheitlichen, herrschaftlich bestimmten Konzepts an. Weniger eine Urbaraufnahme als ein „Sammeln aller verfügbaren Informationen zu den einzelnen Gütern" will sie im Habsburger Urbar erkannt haben[29]. Lässt sich dies durchaus nachvollziehen, so möchte ich Bärtschi indes entschieden widersprechen, wenn sie das Habsburger Urbar in die Nähe eines „Traditionscodex" zu rücken versucht[30].Viele Fragen rund um die Habsburger Urbaraufzeichnungen, deren Genese und Funktion sind also nach wie vor offen.

Verbreitung der Rodelform für urbarielle Aufzeichnungen

Es fällt nicht leicht, sich einen auch nur einigermaßen umfassenden Überblick über die ältesten erhaltenen Urbaraufzeichnungen (1200 – 1350) aus dem mitteleuropäischen Raum zu verschaffen, zu ungleich ist nach wie vor der Forschungsstand in den einzelnen Ländern. Noch problematischer wird

26 Ebd., S. 14.

27 Schweizer, Beschreibung (wie Anm. 5) S. 506: „Vom gesamten Urbarmaterial hat Burkhard einzig den Elsässerrodel selbst geschrieben, wohl um sich hier, wo die ganze Arbeit ihren Anfang nahm, in die Sache hineinzuarbeiten und ein Muster für die Fortführung der Arbeit aufzustellen."

28 Bärtschi, Habsburger Urbar (wie Anm. 4) S. 58: „Man muss den Rodel … als eigenständige, regional begrenzte Arbeit ansehen und darf ihn nicht als ersten Versuch und ‚Muster' zum Urbar betrachten, wie es Schweizer getan hat".

29 Ebd., S. 53.

30 Ebd., S. 13 f.: „Es fragt sich deshalb, ob man das Habsburger Urbar wie bisher als ‚Nachschlagewerk für die Wirtschaftsverwaltung' betrachten darf oder ob man es nicht besser auf die gleiche Stufe wie andernorts die Traditionscodices, welche sowohl eine historiographische als auch eine Memorialfunktion erfüllten, stellen sollte."

es, wenn man, wie ich es hier tun möchte, die zusätzliche Frage nach der Überlieferungsform, sei es Handschrift oder Rotulus, stellt. Denn dieser materielle Aspekt der Urbartexte findet bei der summarischen Erfassung urbarieller Aufzeichnungen bedauerlicherweise nach wie vor oftmals keine Erwähnung.

Ich beginne meine Rundschau über urbarielle Aufzeichnungen in Rodelform am Oberrhein, also dort, wo das Habsburger Urbar entstanden ist. Spätestens seit Alfons Schäfer 1964 seine richtungweisende Studie über die mittelalterlichen Zinsrödel des Karlsruher Generallandesarchivs veröffentlichte, gilt es als allgemein bekannt, dass die Rodelform für urbarielle Aufzeichnungen vorzüglich in der älteren Zeit um 1300 und bis in die Mitte des 14. Jahrhunderts am Oberrhein große Verbreitung und Bedeutung hatte. Eine genaue Durchsicht der linksrheinischen Archive von Straßburg, Colmar und Basel durch Wolfgang Kleiber hat das Bild in der Folge bestätigt. Wolfgang Kleiber hat die frühen oberrheinischen Urbare und Urbarialaufzeichnungen des 13. und 14. Jahrhunderts wohl ziemlich erschöpfend zusammengetragen und in zwei Karten graphisch umgesetzt[31]. Nur in wenigen Bereichen sind Schärfungen und Präzisierungen in den letzten Jahrzehnten erfolgt, etwa für das Oberelsaß namentlich durch die Arbeit von Odile Kammerer[32]. Festzuhalten bleibt, dass nicht nur rechtsrheinisch, vor allem im Breisgau, wie von Schäfer dargelegt, der Zinsrodel im 14. Jahrhundert vorherrschte, sondern dass auch im linksrheinischen, insbesondere im Unterelsaß aus Ebersheimmünster, Eschau, Neuweiler, Niedermünster, Straßburg und Weißenburg frühe Rödel (vor oder um 1300) erhalten sind[33]. Als urbarielle Aufzeichnung einer weltlichen Grundherrschaft allerdings steht das habsburgische Rodelwerk am Oberrhein „in seiner frühen Zeit doch noch vereinzelt“ da[34]. Daran vermag der älteste, kleine Zinsrodel der Herren von Rappoltstein von ca. 1300 (Colmar Archives départementales du Haut-Rhin E 2858) auch wenig zu ändern[35].

---

31 Wolfgang KLEIBER, Urbare als sprachgeschichtliche Quelle. Möglichkeiten und Methoden der Auswertung, in: Vorarbeiten und Studien zur Vertiefung der südwestdeutschen Sprachgeschichte, hg. von Friedrich MAURER (Forschungen zur Oberrheinischen Landesgeschichte 17 = Veröffentlichungen der Kommission für geschichtliche Landeskunde in Baden-Württemberg 33), Stuttgart 1965, S. 151–241, bes. S. 153–165. Die Karten beruhen auf Archivreisen nach Karlsruhe, Straßburg, Schlettstadt, Colmar, Basel, Konstanz, Donaueschingen, Villingen und Rottweil (S. 155 Anm. 33).

32 Odile KAMMERER, Entre Vosges et Forêt-Noire: Pouvoirs, terroirs et villes de l’Oberrhein 1250–1350 (Histoire anciénne et médiévale 64), Paris 2001, bes. S. 343–353.

33 KLEIBER, Urbare (wie Anm. 31) S. 158.

34 Ebd., S. 158.

35 KAMMERER, Entre Vosges et Forêt-Noire (wie Anm. 32) S.153 u. Anm. 10 u. S. 386–388 (eine Teiledition).

Sehr viel dünner als am Oberrhein ist die Zinsrödel-Überlieferung in Württemberg. Im Hauptstaatsarchiv Stuttgart befinden sich nach Gregor Richter „weniger als 10 rotuli“[36]. Davon gehören vier zum Komplex des Habsburger Urbars (H 162 Bd. 1,2, 5,6); zwei stammen aus dem Benediktinerkloster Weingarten. Dazu gibt es noch zwei kleinere Rödel, einen vom Kloster Hirsau und einen des Klosters Bebenhausen[37]. Diese beiden letztgenannten Rödel, die dem Anfang bzw. der Mitte des 14. Jahrhunderts angehören, wurden erst unlängst eingehend bearbeitet und ediert[38]. Ähnlich stellt sich die Situation in Franken dar. Dank des von Enno Bünz, Dieter Rödel, Peter Rückert und Ekhard Schöffler 1998 erstellten Verzeichnisses der mittelalterlichen urbariellen Quellen im Bereich des Hochstifts Würzburg lassen sich für diesen Raum valide Zahlen ermitteln. Das Verzeichnis nennt einen einzigen Urbarrodel, und zwar einen Rotulus der Bamberger Dompropstei aus dem 13. Jahrhundert über Güter an der Gollach[39]. Die Rodelform hat also offenkundig in Mainfranken für urbarielle Aufzeichnungen weder im 13. Jahrhundert noch später eine nennenswerte Rolle gespielt[40].

Einen summarischen Überblick über die urbariellen Aufzeichnungen in Bayern vom Anfang des 11. Jahrhunderts bis 1350 bietet die 1995 im Druck erschienene Dissertation von Johannes Wetzel. Dem Titel zufolge sollten hier zwar nur geistliche Grundherrschaften berücksichtigt sein, doch schließt sich an das eigentliche Verzeichnis auch ein Abschnitt über Urbare weltlicher Grundherrschaften an, sodass von einer annähernd vollständigen Erfassung des bayerischen Urbarmaterials bis 1350 durch Johannes Wetzel auszugehen ist[41]. Nicht mehr als drei Rödel kann Wetzel hier auflisten. Neben einem

---

36 Gregor Richter, Lagerbücher- oder Urbarlehre, Stuttgart 1979, S. 88.

37 Wolfgang Wille, Ein Zinsrodel des Klosters Bebenhausen vom Anfang des 14. Jahrhunderts, in: Text und Kontext. Historische Hilfswissenschaften in ihrer Vielfalt, hg. von Sönke Lorenz/Stephan Molitor (Tübinger Bausteine zur Landesgeschichte 18), Ostfildern 2011, S. 291–310, hier S. 291 f. – Genau genommen wären hier nur drei Habsburger Urbarrödel zu zählen. H 162, 5 ist der lange verschollene, von Karl Otto Müller 1951 wieder aufgefundene habsburgische Pfandrodel. Siehe dazu Müller, Pfandrodel (wie Anm. 5) S. 29–38; Bärtschi, Habsburger Urbar (wie Anm. 4) S. 209 f.

38 Vgl. Stefan Kötz, Der älteste Zinsrodel des Klosters Hirsau (ca. Mitte des 14. Jahrhunderts). Quellenkundliche Untersuchung, Inhaltsanalyse, Edition, in: Text und Kontext, hg. von Lorenz/Molitor (wie Anm. 37) S. 249–290; Wille, Zinsrodel (wie Anm. 37).

39 Fränkische Urbare. Verzeichnis der mittelalterlichen urbariellen Quellen im Bereich des Hochstifts Würzburg, bearb. von Enno Bünz, Dieter Rödel, Peter Rückert und Ekhard Schöffler (Veröffentlichungen der Gesellschaft für Fränkische Geschichte Reihe X: Quellen zur Rechts- und Wirtschaftsgeschichte Frankens 13), Neustadt a. d. Aisch 1998, S. 63 (BADO 2).

40 Ebd., S. 41.

41 Johannes Wetzel, Die Urbare der Bayerischen Klöster und Hochstifte vom Anfang des 11. Jahrhunderts bis 1350, München 1995.

Rotulus aus der 1. Hälfte des 14. Jahrhunderts aus dem Bestand des Passauer Domkapitels (Hochstift Passau Urk. Fasc. 439)[42], sind dies die beiden oft genannten Rödel des Regensburger Klosters St. Emmeram, beide übrigens verloren, der eine schon seit dem 19. Jahrhundert, der andere seit dem 2. Weltkrieg[43]. Soweit dies heute noch beurteilt werden kann, dürfte es sich bei den verlorenen Rödeln um aus dem 12. Jahrhundert stammende Abschriften einer St. Emmeramer Güterbeschreibung von 1031 gehandelt haben.

Zum Abschluss dieser kurzen geographischen Umschau noch ein Blick in das Gebiet des heutigen Österreich. Kaum sind hier Spuren von urbariellen Aufzeichnungen in Rodelform zu finden. Erwähnt sei einzig jener heute im Wiener Haus-, Hof- und Staatsarchiv verwahrte, von Herbert Klein in den 1930iger Jahren aufgefundene und edierte kleine Abgabenrotulus des Vicedominats Salzburg aus der Mitte des 13. Jahrhunderts[44].

Resümierend kann also festgehalten werden, dass Zinsrödel nur am Oberrhein größere Verbreitung gefunden haben, weiter östlich in Württemberg, Bayern oder Österreich stellt die Rodelform für urbarielle Aufzeichnungen die Ausnahme dar und kommt überhaupt nur in einer sehr frühen Phase der Entwicklung dieses Quellentyps im 12. und 13. Jahrhundert vor. Übrigens begegnen auch am Oberrhein die meisten Zinsrödel eher früh, jedenfalls noch vor der Mitte des 14. Jahrhunderts, was Schäfer bekanntlich zur These Anlass gab, dass die Zinsrödel als eine Früh- bzw. Vorform des buchförmigen Urbars zu gelten hätten[45]. Dem hat die neuere Forschung vorsichtig widersprochen. „Jedenfalls lösen“, so Kleiber, „die Urbare die Rödel zeitlich nicht ab, beide laufen noch lange nebeneinander her“[46]. Bestätigt hat sich indes eine andere Vermutung Schäfers, wonach Zinsrödel jeweils nur Teile einer größeren Grundherrschaft erfassten, während grundherrschaftliche Gesamturbare uns dann regelmäßig in Buchform vorliegen. Sollte man es vermieden haben, eine gewisse, manipulatorisch gerade noch handhabbare Rodellänge von vielleicht 5, maximal 6 Metern zu überschreiten?

42 Ebd., S. 74.

43 Ebd., S. 31 f. – Zu den beiden St. Emmeramer Rödeln vgl. Paul Mai, Der St. Emmeramer Rotulus des Güterverzeichnisses von 1031, in: Verhandlungen des Historischen Vereins für Oberpfalz und Regensburg 106 (1966) S. 87–101, hier bes. S. 87–89, und zuletzt Hannes Steiner, Alte Rotuli neu aufgerollt. Quellenkritische und landesgeschichtliche Untersuchungen zum spätkarolingischen und Ottonischen Zürich (Forschungen zur Oberrheinischen Landesgeschichte 42), Freiburg–München 1998, S. 141.

44 Herbert Klein, Die ältesten urbarialen Aufzeichnungen des Erzstifts Salzburg, in: Mitteilungen der Gesellschaft für Salzburger Landeskunde 75 (1935) S. 133–200.

45 Schäfer, Zinsrödel (wie Anm. 21) S. 311 f.

46 Kleiber, Urbare (wie Anm. 31) S. 159.

Kontextualisierung innerhalb der Quellengattung „Urbar" ist das eine, der Blick zu verwandten Quellengattungen das andere. Im Zusammenhang mit Urbaren bieten sich hier Aufzeichnungen von Traditionen an. Von Marianne Bärtschis nicht ganz geglücktem Versuch, das Habsburger Urbar in die Nähe eines Traditionsbuchs zu rücken, war schon zuvor die Rede. Dass Traditionssammlungen im Verlauf des 13. Jahrhunderts in Urbare übergehen bzw. als Urbare fortgeführt wurden, lässt sich tatsächlich ab und an beobachten, und eine gewisse Gemengelage der beiden Quellengattungen darf als unbestritten gelten. Doch wie verhält es sich mit den Formaten, die für die beiden Quellengenera benutzt wurden? Ich habe den Begriff „Traditionscodex" in den letzten Sätzen tunlichst vermieden, wiewohl er sich geradezu aufgedrängt hätte. Denn bei Sammelaufzeichnungen von Traditionen herrscht im Hochmittelalter ganz unzweifelhaft das Buchformat vor. In dem an dieser Quellengattung so reichen Bayern gelingt es gerade einmal eine Sammlung von Traditionen in Rollenform zu benennen. Es ist der Rotulus des Klosters Polling[47]. Mittel- und Oberrhein bieten dagegen immerhin zwei ganz prominente Beispiele aus dem 12. Jahrhundert, die überdies schon mehrfach von der Forschung gattungsgeschichtlich als Vorläufer von urbariellen Aufzeichnungen respektive als diesen verwandte Texte in Anspruch genommen wurden. Die Rede ist vom sogenannten Binger Rotulus, insbesondere aber vom Rotulus Sanpetrinus[48]. Ersterer, der Binger Rotulus (Länge 265 cm), wurde im Kloster Eberbach um 1180 über den Klosterhof in Bingen angelegt und bis über 1206 hinaus fortgeführt. Er enthält „vorwiegend in zeitlicher Folge Einträge über Erwerbungen an liegenden Gütern dieses Hofes", jedoch nicht, wie Meyer zu Ermgassen formulierte, „im Sinne eines reinen Traditionsverzeichnisses, sondern eher als eine der klösterlichen Verwaltung dienende Unterlage für die von den erworbenen Liegenschaften zu zahlenden Grundzinse (...)"[49]. Den vor der Mitte des 12. Jahrhunderts entstandenen Rotulus Sanpetrinus, des Klosters St. Peter im Schwarzwald, mit 6,3 Metern einer der längsten bekannten Rotuli überhaupt, hat schon Alfons Schäfer 1964 in die Nähe eines Zinsrodels gerückt, indem er ihn als

47 Vgl. zum Pollinger Rotulus: Die Traditionen des Stiftes Polling, bearb. von Friedrich Helmer (QE NF 41/1), München 1993, bes. S. 14–18.

48 Zum Rotulus Sanpetrinus vgl. jetzt: Die ältesten Güterverzeichnisse des Klosters St. Peter im Schwarzwald. Der Rotulus Sanpetrinus und Fragmente eines Liber monasterii sancti Petri. Edition, Übersetzung, Abbildung, bearb. von Jutta Krimm-Beumann (Veröffentlichungen der Kommission für geschichtliche Landeskunde in Baden-Württemberg. A 54), Stuttgart 2011.

49 Heinrich Meyer zu Ermgassen (Bearb.), Der Oculus Memorie, ein Güterverzeichnis von 1211 aus Kloster Eberbach im Rheingau. Teil 1: Einführung und quellenkritische Untersuchungen, Wiesbaden 1981, S. 318 f.

Versuch des Klosters interpretierte, „einen Überblick über den erworbenen Besitz zu gewinnen". Er begreift das 12. und 13. Jahrhundert für die meisten Herrschaften als „Periode des Aufbaus, des nahezu ununterbrochenen Besitzerwerbs. Diese Periode fand", so Schäfer, „bei vielen Klöstern bis in den Anfang des 13. Jahrhunderts hinein ihren adäquaten Ausdruck in der Schaffung von Traditionsverzeichnissen"[50]. Verwaltungstechnisch seien diese in der Folge einerseits von Kopialbüchern und andererseits von Zinsrödeln abgelöst worden. Auf die gattungs- und quellenkundlichen Diskussionen möchte ich hier nicht näher eingehen. Festzuhalten bleibt für uns, dass die den Urbaren zeitlich vorausgehenden, ihnen jedenfalls funktional verwandten Traditionsverzeichnisse gerade in jenem oberrheinischen Gebiet, in dem das Habsburger Urbar entstand, häufiger als anderswo Rodelform aufwiesen.

Zu den Ergebnissen der kleinen vorliegenden Studie: Der Vergleich hat, wie mir scheint, hinreichend deutlich gemacht, dass wir es beim Urbar als Rotulus mit einer regionalen Sonderform zu tun haben, einer Sonderform, die am Oberrhein auf einer älteren Tradition pragmatischer Schriftlichkeit aufruht, wie sie insbesondere durch rollenförmige Traditionsverzeichnisse (Rotulus Sanpetrinus, Binger Rotulus) manifestiert erscheint. Was bedeutet dies nun für das Habsburgische Urbar und seine Genese? Zunächst wird man all jenen Vermutungen mit Vorsicht begegnen, die das Habsburgische Urbar vom Vorbild der herzoglich-österreichischen Urbare beeinflusst sehen wollten. Nichts deutet nämlich darauf hin, dass Rödel im österreichischen Raum zu irgendeinem Zeitpunkt in nennenswertem Umfang genutzt wurden. Da liegt es um vieles näher, anzunehmen, die habsburgische Verwaltung habe sich bei der Erstellung der ersten Güterverzeichnisse zu Ausgang des 13. Jahrhunderts das am Oberrhein schon bewährte Rodelformat zu eigen gemacht. Allenfalls mag man dazu an Einflüsse aus dem burgundisch-französischen Raum denken – Marianne Bärtschi verweist in diesem Zusammenhang auf die breite Nutzung von Rotuli in der savoyardischen Verwaltung des 13. Jahrhunderts[51], doch fehlt es hier, soweit ich sehe, noch an vergleichenden Untersuchungen. Äußerst fruchtbar für das Verständnis der Habsburgischen Urbaraufzeichnungen scheinen mir verschiedene Erkenntnisse, die Alfons Schäfer anhand der Karlsruher Zinsrödel gewinnen konnte. So legte er überzeugend dar, dass den großen Urbarbüchern des 14. Jahrhunderts „in den meisten Fällen Aufzeichnungen in Rodelform – oft sogar mehrere Schichten – als Vorläufer und Vorstufen vorausgegangen sind"[52]. Vor

50 SCHÄFER, Zinsrödel (wie Anm. 21) S. 316 f.

51 BÄRTSCHI, Habsburger Urbar (wie Anm. 4) S. 85 f.

52 SCHÄFER, Zinsrödel (wie Anm. 21) S. 311.

allem in der lokalen Verwaltung habe man noch länger mit Rödeln gearbeitet, während das große buchförmige Urbar „im Kloster oder bei der Herrschaft selbst als Kostbarkeit gehütet wurde“[53]. Zeigt nicht auch der Überlieferungsbefund beim Habsburgischen Urbar ein ähnliches Bild? Freilich wird man sich von dem sehr schematischen dreistufigen Entstehungsmodell Schweizers und der Vorstellung eines von König Albrecht I. angeordneten großen, einheitlichen Urbarprojektes lösen müssen.

Abstract

The so called „Habsburger Urbar“ is the most famous land record of a lay lordship in Central Europe dating from the late 13th century. Comprising all lands of the Habsburg dynasty in the upper Rhine and upper Danube valleys (Oberelsass, Aargau, Thurgau) this important documentary source has been studied for more than hundred years mainly by scholars interested in economic history. This paper focuses on the record's format. Great part of the record in fact is preserved in form of rolls. In the archives of Colmar, Karlsruhe, Zürich, Stuttgart and Vienna there are still no less than 16 rolls with a total length of some 35 meters. In writing this land record on rolls the Habsburg scribes maintained a regional tradition in the German Southwest. When in the second half of the 13th century records of this kind were started to be kept there, they very often had the format of rolls, whereas in Bavaria or Austria rolls were seldom used for this type of sources. Probably rolls containing only a small number of manors each came first and later on in the 14th century the Habsburg administration decided to establish a comprehensive record, by now no more in form of rolls but in form of a book.

53 Ebd., S. 311.

Inchieste bergamasche nel XIII secolo: tra *rotulus* e *codex**

LUCIA DELL'ASTA

Nel 1955 il capitolo della cattedrale di Bergamo firmava con la locale Civica Biblioteca Angelo Mai un contratto di deposito del proprio materiale documentario e librario presso i locali della biblioteca stessa[1]. Da quel momento e per una trentina d'anni circa i due patrimoni pergamenacei più cospicui della città si trovarono così ad essere conservati assieme, e assieme vennero fatti oggetto di un'ingente opera di riordino[2]. Le pergamene vennero distese, scucite le une dalle altre e infine piegate per poter entrare ed essere rilegate in grossi faldoni. Alle diverse collezioni venne inoltre assegnata una nuova numerazione, con l'introduzione di un numero di corda progressivo che è quello attualmente in uso. Quando, nel 1986, il patrimonio del Diocesano ritornò nella propria sede, la documentazione pergamenacea venne trasferita in più grandi faldoni ad anelli, ma la situazione non cambiò di molto: in particolare la separazione dei pezzi un tempo uniti aveva infatti obliterato irreversibilmente le modalità di trasmissione costruitesi nei secoli.

Ciononostante, tra le pergamene delle due sedi conservative citate si possono ancora riconoscere numerosi *rotuli*. Utilizzando questo termine si intende riferirsi qui in senso ampio a tutti quei documenti prodotti e (almeno per un certo periodo) conservati in forma di rotolo. In effetti, come osservava già a metà del secolo scorso Leo Santifaller, è in fondo un *rotulus* un qualsiasi foglio singolo – il supporto più semplice per la trasmissione di un testo – quando sia arrotolato[3].

---

* Nel corso del contributo si useranno le seguenti abbreviazioni: ASDBg, AC, *Perg.* = Archivio Storico della Diocesi di Bergamo, Archivio Capitolare, *Pergamene*; ASDBg, AP, *RP*, *SGIV* = Archivio Storico della Diocesi di Bergamo, Archivi Privati, *Raccolta Pergamene*, *Pergamene S. Grata inter vites*; BCAM, CP = Bergamo, Biblioteca Civica A. Mai, Collezione di Pergamene.

1 Mariarosa CORTESI, Bergamo. Archivio del Capitolo della Cattedrale, in: Catalogo di manoscritti filosofici nelle Biblioteche italiane. 6: Atri, Bergamo, Cosenza, Milano, Perugia, Pistoia, Roma, Siena, a cura di Gian Mario CAO, Firenze 1992, pp. 23–31: 25. La convenzione venne stipulata il 4 febbraio 1955 e sciolta il 28 maggio 1986.

2 Fautore della convenzione tra il capitolo e la biblioteca così come dell'impresa di riordino del patrimonio dei due archivi fu monsignor Luigi Chiodi, dal 1957 reggente e poi direttore della Mai (1959–1978).

3 Leo SANTIFALLER, Beiträge zur Geschichte der Beschreibstoffe im Mittelalter. Erster Teil, (Mitteilungen des Instituts für Österreichische Geschichtsforschung 16), Wien 1953, p. 153. È precisamente sulla base della limpida definizione del Santifaller che si è avviata la presente ricerca.

Le tipologie di *rotulus* più rappresentate a Bergamo sono testimoniali e rotoli amministrativi. Tra i primi, spicca la serie di *rotuli* (solo in parte edita) che tramanda gli atti del celebre processo del 1187 tra i capitoli delle chiese cittadine S. Vincenzo e S. Alessandro. Come è noto tale processo, celebrato in grande stile di fronte a un giudice delegato papale con il concorso di una trentina di testimoni per parte, rappresentò il punto culminante dello scontro che per almeno un secolo vide i due collegi contendersi il ruolo di chiesa matrice della città[4]. Quanto ai secondi, invece, tra i più significativi ci sono quelli che trasmettono un tipo particolare di inchiesta (nota a Bergamo con il nome di *calcatio*) e che costituiscono ciò che dalla storiografia locale è stato descritto come un "modello originale di atto scritto"[5]. L'analisi di tali inchieste, portate alla luce per la prima volta da Angelo Mazzi alla fine dell'Ottocento e recentemente riscoperte dagli storici[6], è stata il punto di partenza della mia ricerca.

4 La cosiddetta lite *de matricitate* fu nota agli studiosi di storia bergamasca ben prima che Mario Lupo nel suo *Codex* attingesse a piene mani agli atti del processo del 1187 come ad una fonte unica per conoscere le vicende della Chiesa locale nei secoli XI–XII. Nella storia della città la discordia rappresentò un costante *punctum dolens*, senza tuttavia che le venisse dedicato uno studio monografico fino alla fine del secolo scorso. Solo nel 1989 apparve finalmente il volume curato da Giangiuseppina VALSECCHI, "Interrogatus respondit...". Storia di un processo del XII secolo (Bergomum. Bollettino della Civica Biblioteca Angelo Mai di Bergamo 84), Bergamo 1989, che nelle intenzioni dell'autrice doveva dare alle stampe l'intero incartamento del processo. In realtà, come osservò a suo tempo Andrea ZONCA, *Est una matrix ecclesia*. A proposito di due recenti studi sulla Chiesa di Bergamo nel Medioevo, in: Archivio storico bergamasco 18–19 (1990) pp. 261–284; i documenti editi dalla Valsecchi erano solo parte di una più ampia serie di atti della quale essa non aveva la visione completa. All'edizione dell'89 mancava inoltre un esame diplomatistico del *corpus* documentario, una carenza a cui iniziò a supplire lo stesso Zonca nel suo contributo (*ivi*, p. 264 e ss.). Mi auguro di pubblicare in un prossimo contributo una nuova panoramica sul *dossier*.

5 Paolo Gabriele NOBILI, I contadi organizzati. Amministrazione e territorialità dei "comuni rurali" in quattro distretti lombardi (1210–1250 circa), in: Reti Medievali Rivista 14, 1 (2013), pp. 81–130: 88.

6 Angelo MAZZI, I confini dei comuni del contado. Materiali per un atlante storico del bergamasco, Bergamo 1922. Più recentemente, delle *calcationes* hanno trattato, in ordine di tempo: Riccardo RAO, Il monte di Bergamo e gli incolti collettivi della città (secoli XII–XIII), in: Bergomum 104/105 (2009/2010) pp. 51–74; Paolo Gabriele NOBILI, Comuni montani e istituzioni urbane a Bergamo nel Duecento. Alcuni esempi di un rapporto dal difficile equilibrio, in: Bergomum 104/105 (2009/2010) pp. 75–106; ID., Appartenenze e delimitazioni. Vincoli di *vicinantia* e definizioni dei confini del territorio bergamasco nel secondo terzo del Duecento, in: Quaderni di Archivio bergamasco 3 (2010) pp. 25–60; ID., Alle origini della fiscalità comunale. Fodro, estimo e prestiti a Bergamo tra fine XII e metà XIII secolo, in: Reti Medievali Rivista 11, 1 (2010) pp. 45–78; Riccardo RAO, Le inchieste patrimoniali nei comuni dell'Italia settentrionale (XII–XIV secolo), in: Quand gouverner c'est enquêter. Les pratiques politiques de l'enquête princière (occident, 13.-14. siècles). Actes du colloque international d'Aix-en-Provence et Marseille; 19–21 mars 2009, a cura

La storiografia, e segnatamente quella di ambito francofono, ha mostrato negli ultimi anni una ripresa di interesse per le inchieste. Nel corso di tre grandi convegni[7], che hanno rappresentato altrettante occasioni di riflessione globale sul tema, gli studiosi hanno sottolineato i caratteri essenziali delle *inquisitiones*: la loro natura di "processi di descrizione o scoperta di questo o quell'aspetto della realtà" o (secondo un'altra interpretazione) di ricerca "tendente a scoprire la verità"[8]; la loro ampia diffusione; la loro versatilità. Le hanno poi distinte in due grandi categorie: la prima, comprendente le inchieste "disposte dall'autorità politica [per] accertare con precisione e in modo capillare informazioni su terre, uomini, situazioni locali al fine di rispondere a lagnanze pervenute al centro ovvero al fine di rettificare o accrescere o comunque modificare i criteri di ripartizione dei carichi fiscali"; la seconda, comprendente invece quelle ordinate da un giudice in occasione di una controversia[9]. Nella prima categoria rientrano anche le inchieste amministrative come le *calcationes* bergamasche[10].

Di vere e proprie *calcationes* in forma di rotolo sono noti ad oggi soltanto due esemplari, dei quali uno ci è giunto in triplice copia[11]. Nel più antico, datato al 14 aprile 1221, due ufficiali comunali *constituti pro comuni* ed eletti dal podestà Lanfranco Moltidenari da Cremona *calcaverunt* (ossia "calpestarono", da cui il termine che identifica l'atto come *calcatio*) la via che correva davanti alla casa dei canonici della chiesa di S. Vincenzo[12]. Il testo dell'atto è molto chiaro circa il *proprium* dell'ufficio di coloro che compivano queste azioni: esso consisteva nel "mostrare, calpestare, delimitare e misurare le

---

di Thierry PECOUT (Romanité et modernité du droit), Paris 2010, pp. 285–298; NOBILI, Contadi organizzati (come alla nota 5).

7 Histoire comparée de l'administration (4.-18. siècles). Actes du 14. colloque historique franco-allemand; Tours, 27 mars-Ier avril 1977, a cura di Werner PARAVICINI/Karl Ferdinand WERNER, Zürich/ München 1980; L'enquête au Moyen Âge, a cura di Claude GAUVARD (Collection de l'École francaise de Rome 399), Roma 2008; L'enquête en questions. De la réalité à la "vérité" dans les modes de gouvernement, moyen âge – temps modernes, a cura di Anne MAILLOUX/Laure VERDON, Paris 2014.

8 L'interpretazione di Alain BOUREAU, Introduction, in: L'enquête au Moyen Âge, a cura di GAUVARD (come alla nota 7) pp. 1–10: 1 si oppone a quella di Robert Besnier, citato da Jean GLÉNISSON, Les enquêtes administratives en Europe occidentale aux XIIIe et XIVe siècles, in: Histoire comparée de l'administration, a cura di PARAVICINI/WERNER (come alla nota 7) pp. 17–25: 17.

9 La citazione è tratta da Antonio PADOA SCHIOPPA, *Conclusioni*, in: L'enquête au Moyen Âge, a cura di GAUVARD (come alla nota 7) pp. 459–465: 459.

10 Sulle inchieste amministrative si veda in particolare GLÉNISSON, Enquêtes administratives (come alla nota 8) pp. 17–25.

11 Si tratta dei documenti: ASDBg, AC, *Perg*. 357 (di cui ASDBg, AC, *Perg*. 205 e ASDBg, AC, *Perg*. 1782 sono copie autentiche) e BCAM, CP 429.

12 ASDBg, AC, *Perg*. 357.

cose comuni del comune (*comunia comunis*) in città, nel suburbio e per sei miglia attorno alla città"[13]. Ciò doveva essere compiuto in ottemperanza a quanto previsto da un capitolo dello statuto cittadino[14]. Un notaio, in qualità di ufficiale del comune appositamente nominato a questo scopo, doveva poi registrare *in scriptis publicis* le terre interessate dalla "camminata" dei due ufficiali. Nel documento veniva descritta con precisione l'area *calcata* ed era infine registrato l'intervento di un banditore che, al termine delle operazioni, *more solito* rendeva noto a coloro che occupavano quelle terre in modo abusivo la necessità di lasciarle libere (*desbrigare*). La seconda *calcatio*, effettuata da altri due ufficiali (qui detti esplicitamente *calcatores*), sempre accompagnati da un notaio, aveva luogo il 20 maggio 1233 e interessava una via della zona detta *Botta*, nei pressi della città[15]. In questo caso il banditore non doveva invitare a *desbrigare* l'area, ma semplicemente ordinava che essa rimanesse libera per il futuro. Fatti salvi questi elementi di diversità, il tenore e la forma dei due atti rimangono i medesimi: stesse operazioni, stesso riferimento al podestà e allo statuto, stesse formule, stessa struttura (caratterizzata tra il resto dall'assenza dell'invocazione iniziale alla divinità), e infine stesso formato, una pergamena invero non troppo grande.

Tra documenti conservati e testimonianze indirette si possiedono ad oggi notizie certe circa *calcationes* sui beni collettivi per gli anni 1221, 1233, 1249 e 1251[16]. Queste erano del resto solo un tipo particolare di inchiesta amministrativa tra le tante utilizzate dal comune bergamasco nella prima metà del XIII secolo. Sono note ad esempio altre *inquisitiones*, per certi versi affini

13 L'espressione utilizzata nel documento è significativa. A Bergamo infatti il suburbio corrispondeva tradizionalmente a quanto compreso entro un raggio di *tre* miglia al di fuori delle mura cittadine. Tale definizione derivava da un falso diploma di Ottone II, datato all'anno 968 ma in realtà confezionato nell'XI secolo – già M. Lupo, Codex diplomaticus civitatis et ecclesiae Bergomatis, 2 voll., Bergamo 1784-1799, II (1799) coll. 315–318 aveva del resto provveduto a dichiararlo spurio; per maggiori approfondimenti si veda Gianmarco De Angelis, Esordi e caratteri della presenza vescovile in area montana (secoli X-XII). Le modalità di costituzione del patrimonio fra disegni egemonici e concorrenze locali, in: Bergamo e la montagna nel Medioevo. Il territorio orobico fra città e poteri locali, a cura di Riccardo Rao, in: Bergomum. Bollettino annuale della Civica Biblioteca Angelo Mai di Bergamo", 104–105 (2009–2010) pp. 33–50. In quell'occasione l'imperatore avrebbe concesso al vescovo di Bergamo l'esercizio delle *publicae functiones*, appunto, sul territorio che si estendeva per tre miglia al di fuori della città. Nella *calcatio* appena citata invece si assiste a un significativo allargamento delle pertinenze comunali fino a *sei* miglia oltre le mura.

14 *... prout in statuto pergami continetur in capitulo facto de terris comunis calcandis terminandis et mensurandis* (ASDBg, AC, *Perg.* 357).

15 BCAM, CP 429. Nel 1233 il podestà era Federico Pascepoveri da Bologna.

16 Se per le prime due annate, come si è visto, la documentazione è conservata, le *calcationes* degli anni 1249 e 1251 sono note solo dai riferimenti contenuti in altri documenti, rispettivamente ASDBg, AC, *Perg.* 2199 e BCAM, CP 929.

a quelle qui sommariamente descritte ma finalizzate alla determinazione di confini tra comuni del contado[17]. Come sottolineato da Riccardo Rao, tale massiccio ricorso all'inchiesta amministrativa va inquadrato nell'ambito del fenomeno denominato dagli storici "conquista del contado". L'espressione, che rimanda ad un tema storiografico ormai "classico", identifica quella serie di tentativi messi in atto in età podestarile dai comuni allo scopo da una parte di rivendicare la titolarità municipale del distretto e dall'altra di impostarne la successiva organizzazione e razionalizzazione[18]. Di questo imponente sforzo, portato avanti non senza ostacoli ed opposizioni, l'inchiesta era appunto lo strumento privilegiato. Paolo Gabriele Nobili ha osservato come la condotta dei comuni in tale frangente non fosse slegata da un'accresciuta necessità di liquidi: in questo senso le *inquisitiones* dovevano favorire l'incremento delle disponibilità patrimoniali dell'istituzione fornendo la base per una migliore gestione delle terre e per l'imposizione diretta attraverso il sistema dell'estimo[19]. Come è noto, poi, questo insieme di operazioni comportò una intensa produzione di documentazione scritta sotto forma di pergamene sciolte, quaderni e registri.

Sin qui siamo nel quadro di un fenomeno generalizzato e già noto alla storiografia in relazione a molti comuni dell'Italia del Nord. L'Archivio Storico Diocesano e la Civica Biblioteca di Bergamo tuttavia conservano una ricca documentazione che, se è affine a quella appena descritta (si parla infatti sempre di *inquisitiones*), sembra però da ricondurre all'iniziativa di soggetti diversi dal comune: si tratta di atti prodotti soprattutto da istituzioni ecclesiastiche, in qualche modo attestanti lo sforzo di ottenere una chiara conoscenza dei propri beni e diritti, sforzo che è contemporaneo e parallelo rispetto a quello sostenuto dal comune[20]. Ciò che si intende proporre qui è dunque un primo tentativo di analisi di tale *corpus* documentario "altro" che descriva nel dettaglio la tipologia di atto di cui si tratta, ne individui la natura specifica e infine (che è quanto più importa in questa sede), rifletta sulle modalità della sua messa per iscritto.

Il *corpus* di cui si discorre è costituito in tutto da 21 pezzi di misure e fattura varie: da documenti singoli di dimensioni modeste, a lunghi fogli di pergamena, fino a *rotuli* compositi che potevano essere costituiti anche da

17 Sono quelle trattate da Nobili, Appartenenze e delimitazioni (come alla nota 6) in part. pp. 44–58.

18 Rao, Inchieste patrimoniali (come alla nota 6) p. 286.

19 Nobili, Alle origini della fiscalità comunale (come alla nota 6) pp. 2, 31 s.

20 Un rapido cenno alla questione si trova in Nobili, Appartenenze e delimitazioni (come alla nota 6) p. 45.

cinque pezzi di più di un metro di lunghezza ciascuno. A questi 21 vanno aggiunti due documenti oggi perduti ma citati all'interno di un atto sopravvissuto[21].

Il contenuto di questa documentazione è un po' più complicato rispetto a quello (in fondo lineare) delle *calcationes*. Esso, generalmente e per sommi capi, è il seguente: su incarico del podestà un servitore del comune faceva pronunciare ad un certo numero di persone residenti in una data località un ben preciso giuramento. Tale giuramento obbligava gli intervenuti a mostrare ai membri di una istituzione o a dei loro inviati terre e possedimenti che quella stessa istituzione possedeva o dalle quali ricavava un fitto e che erano siti nella località di residenza di coloro che prestavano giuramento[22]. L'angolazione da cui questa azione principale è osservata e descritta può risultare diversa da documento a documento, a seconda che il notaio ne eleggesse a protagonista il servitore comunale, gli uomini che giuravano o i membri dell'istituzione che ricevevano il *sacramentum*. La sostanza dell'operazione tuttavia rimaneva identica. Il corpo del documento poi contiene la segnalazione, compiuta dagli abitanti del luogo pezza di terra per pezza di terra, dei fondi interessati dall'inchiesta. Di ciascun appezzamento vengono descritti tipologia, ubicazione, coerenze, tenutari e infine misure. Come avveniva già nelle *calcationes*, gli *homines* chiamati a giurare percorrevano fisicamente i luoghi interessati ma, se anche in queste pergamene compare talvolta il termine *calcare*, che è il vocabolo specifico per riferirsi a tale azione, i verbi più presenti qui sono *ostendere* e *designare*. Gli stessi notai rogatari, del resto, indicano ripetutamente e in modo esplicito l'atto come *ostensio* o *designatio* (altre volte come *ostensio et confessio*). Altro fondamentale motivo di differenza rispetto alle *calcationes*, naturalmente, consiste nella titolarità delle terre di cui si tratta, che non sono più comunali ma di proprietà di enti o persone diversi. Nello specifico, i documenti sopravvissuti riguardano possedimenti dell'episcopato (1 documento)[23], del capitolo della cattedrale (13 documenti)[24], della chiesa

21 I riferimenti ai due atti perduti si ritrovano in ASDBg, AP, *RP*, *SGIV* 7.

22 Si prenda ad esempio la formula del giuramento riportata in ASDBg, AC, *Perg*. 2290, epurata dei riferimenti propri di questo particolare documento: *[...] iuraverunt ad sancta dei evangelia quod ipsi bona fide et sine ullo* [sic] *fraude, remoto omni odio, amore, timore, parentela, vicinantia, pretio et precibus ostendent et demostrabunt domino [...] totam illam terram, coerentias et confines illius terre que est in territorio et pertinentiis de loco [...] quas sciunt et credent esse [...].*

23 ASDBg, AC, *Perg*. 633.

24 Si tratta, in ordine cronologico, dei seguenti atti: ASDBg, AC, *Perg*. 3976, 15b, 614, 295, 1310, 1440, 15, 3742 (di cui si è conservato un secondo esemplare in ASDBg, AC, *Perg*. 3153), 3004, 1439, 2337, 811; ASDBg, AC, *Perg*. 15a non riporta l'anno.

extramurana di S. Grata *inter vites* (i 2 documenti perduti)[25], del monastero vallombrosano di S. Sepolcro di Astino (1 documento)[26] e, forse, di una *societas* di privati (1 documento)[27]. Alcuni atti descrivono inoltre i possedimenti delle due chiese cittadine (le già citate S. Vincenzo e S. Alessandro) che, a seguito della lite *de matricitate*, si erano reciprocamente riconosciute come concattedrali. L'unificazione del capitolo decisa in quell'occasione, infatti, era stata solo parziale, così che ciascun collegio aveva conservato porzioni di proprietà non condivise con l'altro. Al capitolo di S. Vincenzo è da ricondurre 1 documento[28], a quello di S. Alessandro altri 4[29].

L'esame approfondito di uno di questi documenti può forse chiarire ora quanto illustrato sin qui e aggiungere qualche particolare al quadro.

La pergamena 1310 dell'Archivio Storico Diocesano contiene l'*ostensio* di terre del capitolo *in loco et territorio seu confineis* (sic) *et pertinentiis* di Levate, località ai margini sud-occidentali del suburbio. Il 2 dicembre 1219, nella piazza di Levate, il servitore del comune Bernuzio, in presenza di testimoni e *nomine et ex parte domini Raymondi Capitaneis de Scalve*, podestà di Bergamo, ordinava a uomini del luogo di giurare di *ostendere seu demonstrare* ai canonici della cattedrale Oberto da Mozzo, Anselmo Rivola, Crescenzo e Alberto Moizoni (un numero invero insolito rispetto ai consueti due) *omnes illas terras quas sciunt et noscunt esse et debere esse seu pertinere debere aliquo modo eidem ecclesie*. Una volta pronunciato il giuramento, i suddetti prendevano a indicare le pezze di terra nel modo solito, operazione per cui, alle volte, non bastava un giorno. In questo caso specifico, le *ostensiones* continuavano il 3 dicembre, poi per una settimana intera tra il 9 e il 15 dicembre, il 19 e il 20 dello stesso mese, e terminavano tra l'8 e il 9 gennaio dell'anno successivo. In tutto erano elencati più di 280 appezzamenti di terra: una cifra per la quale naturalmente – l'osservazione sorge spontanea – una sola pergamena non poteva bastare.

Viene ora da interrogarsi sull'interpretazione da dare a documenti di questo genere. Che volontà si nasconde dietro tale complesso gioco di reciproci mandati, giuramenti e dichiarazioni? Che motivo è all'origine di tutte queste operazioni? In poche parole: qual è in fondo la natura di tali atti?

L'intervento del servitore del comune, che dichiarava di agire su mandato del podestà (o talvolta, di un suo consigliere) a tutta prima richiama alla mente

25 Per i cui riferimenti vedi *supra*, nota 21.
26 BCAM, CP 1543.
27 ASDBg, AP, *RP*, *SGIV* 7.
28 ASDBg, AC, *Perg.* 2596.
29 In ordine cronologico: ASDBg, AC, *Perg.* 381, 2290, 3307, 2207.

le *calcationes* viste all'inizio, inducendo a leggere questi atti nell'ambito delle iniziative intraprese dal comune in vista della presa sul distretto. Alcune sostanziali differenze separano tuttavia le *ostensiones* dalle *calcationes*, prima tra tutte il fatto che con le *ostensiones* si ha a che fare con terre di enti *altri* rispetto al comune, e che la presenza dei membri di questi stessi enti si fa sentire in modo evidente nel corso delle operazioni. Ciò spinge a riconsiderare il ruolo dei proprietari delle terre *ostense*, ponendoli all'origine dei vari atti. Rimangono tuttavia degli interrogativi circa le motivazioni che spingevano i vertici delle varie istituzioni a dare il via a operazioni lunghe come quelle sopra descritte, sul ruolo in esse tenuto dal comune, che comunque vi partecipava attivamente, e infine sulla minore o maggiore ampiezza dell'iniziativa: tali interventi interessavano cioè solo alcune zone, per motivi contingenti e di volta in volta diversi, o la documentazione rimasta è solo parte di un'inchiesta generale sulla proprietà e i diritti delle diverse istituzioni?

A fare chiarezza sulla questione soccorre la constatazione del fatto che non troppo lontano da Bergamo, nel milanese, proprio nello stesso periodo in cui la città orobica produceva le *ostensiones*, era diffusa una tipologia documentaria assai simile ad esse. Si tratta di atti detti qui *consignationes* (un termine che, significativamente, si ritrova qua e là anche nei documenti bergamaschi nella forma verbale *consignare*)[30] e il cui schema ricalca da vicino (anche se come si vedrà non perfettamente) quello delle *ostensiones*. Così infatti definisce le *consignationes* Cesare Manaresi: "giurate dichiarazioni di pertinenza di beni fatte su istanza delle parti e per ordine dei consoli di giustizia... ricevute in atti da un notaio d'ufficio il quale, accompagnato solitamente da un servitore, si recava sul luogo a richiederle dalle persone più accreditate del luogo stesso"[31]. Lo studio condotto da Antonio Piantanida su alcune *consignationes* relative a beni della pieve di S. Vittore di Varese chiarisce punti di contatto e di distanza tra i due generi documentari e aiuta nell'interpretazione degli atti bergamaschi[32]. Nella sua riflessione, infatti, lo studioso stabiliva una chiara differenza tra i documenti di S. Vittore e gli *inventaria* o *commemoraciones* di terre stilati dai misuratori del comune. Tra i motivi della distinzione egli annoverava in primo luogo il fatto che in occasione degli *inventaria* ad operare erano intere squadre di *mensuratores*, e non un solo servitore e un notaio come nelle *consignationes*; in secondo luogo, egli ricordava che queste ultime

30 Si veda in particolare ASDBg, AC, *Perg*. 2337.

31 Gli atti del Comune di Milano fino all'anno MCCXVI, a cura di Cesare Manaresi, Milano 1919, p. CXX.

32 Antonio Piantanida, Cinque *consignationes* del 1239 relative a terre di proprietà della chiesa di S. Vittore di Varese, in: Studi di storia medioevale e di diplomatica 1 (1976) pp. 69–90. Sono debitrice verso il Professor Alfredo Lucioni per la segnalazione di questo prezioso contributo.

(nel caso specifico da lui studiato) facevano cenno alla *petitio* del preposito delle pieve, che aveva esplicitamente chiesto al console di giustizia di Milano l'invio di ufficiali che presiedessero alla conduzione delle operazioni. Fatto questo chiarimento circa la natura dell'atto, poi, lo storico si interrogava sul motivo che aveva spinto il preposito a presentare tale *petitio*, e si risolveva nell'indicarne la causa indiretta nelle procedure d'estimo allora avviate dal comune di Milano. Tali procedure, motivate dalla situazione di grave crisi finanziaria in cui la città lombarda versava a seguito delle guerre federiciane[33], avevano infatti preoccupato le istituzioni ecclesiastiche, che non solo si davano pensiero per la salvaguardia dei propri privilegi, ma soprattutto temevano che i propri affittuari avrebbero colto l'occasione dell'estimo per vantare diritti reali sui beni che detenevano in concessione e perciò per staccarsi dal vincolo che li legava alla pieve. Quella del preposito dunque era stata in sostanza una mossa cautelativa diretta ad evitare futuri problemi.

Tale lettura si adatta in parte anche al caso delle *ostensiones* esaminate in questa sede. Innanzitutto, come nel caso di S. Vittore, nei documenti bergamaschi il ruolo dell'istituzione a cui appartenevano le terre *ostense* appariva centrale. Diversi elementi mostrano che le inchieste erano senz'altro volute dall'istituzione stessa: in primo luogo, venivano da essa richieste, come ad esempio dimostra chiaramente il caso di un'*ostensio* datata al 1221 relativa a beni del capitolo[34]. Qui il notaio, introducendo la figura dell'arciprete Ugo come protagonista dell'atto, sottolineava come questi, *volens scire et cognoscere atque ad memoriam et in scriptis redigere terras et potheria ipsius ecclesie*, avesse ordinato al cimiliarca del capitolo di far giurare alcuni uomini di mostrare e calpestare dinnanzi a lui le terre della Chiesa, aggiungendo soltanto dopo che ciò doveva essere fatto *iussu Lanfranci servitoris comunis*, il quale a sua volta agiva per ordine del podestà. In secondo luogo, dai documenti risulta che le *ostensiones* erano pagate dall'istituzione stessa. Una nota inserita in fondo alla già citata pergamena ASDBg, AC 1310 (anch'essa, lo si ricorderà, relativa a beni del capitolo) registrava ad esempio il fatto che il canonico *Montenarius* avesse prelevato dalle casse del capitolo 8 soldi per l'imbreviatura dell'atto, aggiungendo poi di tasca sua 33 soldi per il completamento della carta[35].

---

33 Considerazioni analoghe a queste sugli effetti delle guerre federiciane si ritrovano anche nelle già citate riflessioni di Nobili, Alle origini della fiscalità comunale (come alla nota 6) pp. 2, 17 e 28.

34 ASDBg, AC, *Perg.* 1440.

35 Così recita l'annotazione: *In nomine domini amen pro imbreviatura huius carte solvit dominus montenarius de sancto iohanne canonicus ipsius ecclesie de comuni solidos octo imperiales preterea solvit de suo proprio habere pro ista carta finita solidos triginta tres imperiales pro finienda ista carta.* Resta da spiegare il motivo di tale suddivisione della spesa.

Anche nel caso bergamasco, poi, come in quello milanese, si può postulare all'origine delle *ostensiones* un legame con l'estimo. La cronologia relativa di *ostensiones* e *calcationes* in tal caso è abbastanza significativa: le prime infatti, distribuite su un arco di tempo che va dal 1200 al 1248, si trovano sempre a ridosso di una *calcatio* (che come si è visto era concepita come base per l'imposizione diretta) o di una qualche analoga iniziativa del comune in ambito fiscale.

Infine, per come sono costruite, le *ostensiones* denunciano un'attenzione e un'enfasi particolari sui tenutari dei beni *ostensi*. Si dà il caso, infatti, che spessissimo le persone chiamate a giurare negli atti bergamaschi fossero anche allo stesso tempo tenutari o confinanti delle terre *calcate*: gli stessi nomi ritornano nel documento con insistenza. Con ciò, le *ostensiones* danno spesso l'impressione di essere il frutto di un bisogno, da parte dei concessionari di quelle terre, di una messa in chiaro della loro posizione rispetto agli affittuari, dei rapporti reciproci e dei propri diritti. Dal comportamento delle istituzioni bergamasche emergerebbero dunque preoccupazioni analoghe a quelle nutrite dal preposito della pieve di S. Vittore di Varese.

Accanto a questi elementi di somiglianza, esiste tuttavia una significativa differenza tra le *consignationes* milanesi e la documentazione bergamasca. Mentre le une, infatti, sono ordinate dal console di giustizia e si configurano quindi come un atto di natura giudiziaria, le altre sono condotte su ordine del podestà, rivelando il loro carattere di atto amministrativo. Tale aspetto, mentre attenua il carattere per così dire contingente delle *ostensiones*, escludendo che fossero legate a contese effettivamente in atto tra i concessionari delle terre *ostense* e i loro tenutari, ne sottolinea forse ancora di più il rapporto con le procedure di estimo. Si potrebbe pensare, anzi (similmente a come è stato fatto da Ezio Barbieri per Pavia)[36], che le diverse istituzioni ecclesiastiche cogliessero di volta in volta l'occasione di una nuova iniziativa del comune in campo fiscale per produrre memorie delle proprie terre e dei propri diritti, memorie che, se servivano come base delle dichiarazioni da mostrare al comune (e alle quali perciò il comune stesso prestava volentieri i propri ufficiali), erano anche utili ricognizioni in vista di eventuali questioni che dovessero sorgere con i propri affittuari per il futuro.

Alla riflessione condotta sin qui sulla documentazione prodotta in occasione delle inchieste mancano a questo punto l'analisi della materialità dei documenti stessi e l'esame delle modalità della loro messa per iscritto.

---

36 Ezio Barbieri, Gli estimi pavesi del secolo XIII, in: Ricerche medievali 13/15 (1979/1980) pp. 59–117.

Gli atti conservati offrono in merito alla questione qualche frammentaria informazione, sulla cui base si può tentare di ricostruire il lavoro dei notai che li redassero. Benché la loro figura rimanga normalmente nascosta, e riemerga solo nella *completio* dell'atto, questi professionisti avevano un ruolo fondamentale nelle ricognizioni. Innanzitutto, è più che verosimile che nel corso delle *ostensiones* un notaio presenziasse costantemente all'espletamento delle operazioni[37], in alcuni casi assolvendo tra l'altro al compito della misurazione delle terre[38]. Una fase di scrittura, provvisoria e a mo' di appunto, doveva dunque necessariamente essere contestuale a queste manovre: a ciò fanno forse riferimento gli sporadici cenni nella *completio* notarile alla *privata forma* da cui il rogatario avrebbe tratto l'imbreviatura[39]. Quest'ultima, che doveva essere inserita nei registri del notaio chiamato ad occuparsi dell'atto, poteva del resto differenziarsi di poco da quella prima bozza[40]. Una volta imbreviato il documento, il notaio si occupava della sua stesura *in publica forma*, da solo o, a quanto risulta dagli atti conservati, con la collaborazione di un socio, a cui veniva delegato il compito della scrittura della pergamena[41].

---

37 Testimonianze sicure circa la presenza di un notaio alle operazioni di *ostensio* si hanno per i seguenti atti: ASDBg, AC, *Perg.* 633, 2596, 381, 1440, 1439, 15b, 295, 1310, 3004, 3976; ASDBg, AP, *RP*, *SGIV* 17; BCAM, CP 1543.

38 Così ad esempio roga il notaio Pellegrino in ASDBg, AC, *Perg.* 633: *Ego pelegrinus de bonate domini henrici regis notarius huic suprascripto sacramento et ostensioni omnium suprascriptarum petiarum terre interfui et plures cartule uno tenore rogatu suprascriptorum magistrorum petri et iohannis asini et suprascriptorum sex hominum de coloniola ostensorum suprascriptarum terrarum sic super legitur scribere rogatus scripsi. Et totam suprascriptam terram per eorum parabolam mensuravi.* Analoghi accenni dei notai alla misurazione delle terre da loro compiuta in: ASDBg, AC, *Perg.* 1440, 15b e in BCAM, CP 1543.

39 Così per esempio in ASDBg, AC, *Perg.* 2596, dove nella *completio* il notaio del sacro palazzo Giovanni da Chiuduno afferma di aver sempre partecipato alle ricognizioni e aggiunge: *et hec briviata ex privata forma in hanc publicam reduxi et me subscripsi.*

40 Tra le carte conservate è rimasta anche una imbreviatura di *ostensio*, trascritta in un altro atto (ASDBg, AP, *RP*, *SGIV* 17).

41 Lo studio paleografico e diplomatistico dei *rotuli* mette in luce dinamiche interessanti a proposito del lavoro dei notai. Da questo punto di vista, i casi più significativi tra quelli analizzati qui sono ASDBg, AC, *Perg.* 1310 e 15. In quest'ultima il primo notaio a rogare il documento (e presumibilmente quello che detiene la responsabilità ultima nella sua redazione) non è quello che ha materialmente scritto l'atto. Egli (un certo Maginfredo de Guarinoni) sottoscrive e afferma di aver partecipato all'atto. Dopo di lui sottoscrive invece in tutta evidenza la mano di colui che ha steso tutto l'atto, *Attilettus Vigatius* da Mapello, notaio del sacro palazzo, il quale nella *completio* dichiara di aver scritto *rogatus suprascripti maynfredi guarinonis notarii qui hanc cartulam tradavit* (sic) *et imbreviavit.* In ASDBg, AC, *Perg.* 1310 l'avvicendarsi delle mani di due diversi notai è meno evidente, ma il tipo di operazione risulta la medesima: anche in questo caso, infatti, un notaio afferma di aver imbreviato la *cartula*, e un altro (quello stesso Maginfredo Guarinoni che nel caso appena visto era il primo responsabile dell'atto) dichiara di essersi occupato della sua stesura.

La *cartula* che usciva da tale processo era spesso un prodotto di pregio[42], nonché sicuramente, per i notai coinvolti, un lavoro di un certo impegno: a parte qualche raro caso, essa si presentava infatti nella forma di un *rotulus* lungo e fittamente scritto.

A questo punto dell'analisi, tuttavia, andrà rilevato come, nonostante il *rotulus* sia la forma di trasmissione più consueta sia per le *calcationes* che per le *ostensiones*, esso non ne sia però l'unica.

Diverse testimonianze menzionano un *liber calcationum* compilato da ufficiali del comune, conservato nei suoi archivi e in tutta evidenza destinato a raccogliere le *calcationes*, secondo una prassi del resto generalmente diffusa al tempo[43]. Notizie del *liber*, di cui non si è conservata traccia nelle sedi di conservazione locali, risalgono al 1249 e al 1251. Secondo le scarne testimonianze pervenute, suo estensore nel 1249 sarebbe stato il notaio e *calcator* Bellebono da Osio[44], membro di una famiglia di notai molto attiva nei primi decenni del Duecento, e particolarmente presente a servizio del capitolo[45]. Nel 1251 invece il responsabile della compilazione sarebbe stato Ruggero Falavelli[46], anch'egli proveniente da una famiglia piuttosto in vista in città, che al tempo dava alle istituzioni comunali diverse figure di giuristi ed amministratori[47].

---

42 Il termine *cartula* in riferimento agli atti delle inchieste è utilizzato esplicitamente ad esempio in ASDBg, AC, *Perg*. 1310.

43 Nobili, Contadi organizzati (come alla nota 5) in partic. p. 91.

44 Così in ASDBg, AC, *Perg*. 2199.

45 Dei da Osio, che partecipano attivamente alla vita del comune bergamasco già nel XII secolo, si ricorderanno in particolare alcuni membri: un certo Barello e quelli che sono probabilmente i suoi tre figli (Algisio, Ottobono e Giacomo). Barello è notaio imperiale e i figli Ottobono e Giacomo, a loro volta notai del sacro palazzo, ne proseguono l'attività. Come si è detto, essi rogano soprattutto per la curia vescovile e per il capitolo, e sono responsabili della redazione di alcuni atti importanti dei primi anni del XIII secolo, e *in primis* delle *constitutiones* capitolari.

46 La notizia in BCAM, CP 929, dove un certo *Lanternius de Crema notarius ad suprascripta armaria pro comuni Pergami constitutus* afferma di aver visto e letto *unum librum calcationum factarum de terris comunis Pergami et comuni Pergami pertinentibus*, scritto da Ruggero Falavelli *tempore dominatus domini Mauri de Beccaria Papie honorabillis Pergami potestatis*.

47 A metà Duecento la famiglia Falavelli contava tra i suoi membri diversi uomini di legge: Bonaventura Falavelli è attestato come notaio e giudice nel 1253 (BCAM, CP 325); nello stesso anno Giovanni è console di giustizia del comune (BCAM, CP 1746 e ASDBg, AC, *Perg*. 3430). Esponenti della stirpe risultano poi spesso coinvolti nelle inchieste compiute nel corso del secolo: Lanfranco di Falavello da Telgate è presente durante una *calcatio* nel 1208 (ASDBg, AC, *Perg*. 2596); egli è forse lo stesso che nel 1176 testimonia ad una convenzione tra i due capitoli (ASDBg, AC, *Perg*. 1189). Un Falavello notaio del sacro palazzo stende una *calcatio* nel 1217 (ASDBg, AC, *Perg*. 614) e una *ostensio* nel 1221 (ASDBg, AC, *Perg*. 1440). Quanto a Ruggero, risulta ancora attivo nel 1261 (BCAM, CP 1796), quando è

Tali labili tracce non sono del resto le uniche in merito all'uso di tipologie scrittorie diverse dal *rotulus* per le inchieste. L'Archivio Diocesano ha preservato infatti un interessante quaderno membranaceo[48], probabilmente completo ma giunto in condizioni di conservazione non buone, costituito da una raccolta di *ostensiones* di terre della chiesa di S. Alessandro risalenti al 1208.

Una situazione documentaria ambivalente, dunque, sembrerebbe caratterizzare la trasmissione delle inchieste nel loro complesso, a prescindere dall'istituzione che le ha ordinate (comune, capitolo della cattedrale e, come si vedrà, anche il vescovo) e dalle loro caratteristiche specifiche. La domanda circa i motivi di una tale situazione sorge perciò spontanea: come mai la stessa tipologia di atto risulta trasmessa da supporti differenti – *liber* da una parte, *rotulus* dall'altra? A quali esigenze rispondevano i due usi scrittòri? E che relazione c'era tra di essi?

La scomparsa dei *libri calcationum* e il generale stato di lacunosità delle fonti rende difficile dare risposte certe sulla questione. È possibile tuttavia formulare qui alcune ipotesi, sicuramente bisognose di ulteriori approfondimenti.

A giudicare dai testimoni sopravvissuti, l'utilizzo del *rotulus* per le inchieste sembra essere stato motivato innanzitutto dalla necessità di avere un documento che potesse essere consegnato alle parti interessate, un atto in forma pubblica la cui validità fosse assicurata dalla *fides publica* garantita dal notaio. Quanto poi alla forma grandiosa di certi *rotuli* essa, come già accennato, era evidentemente imposta dalla mole di beni e diritti da registrare. Solo in rarissimi casi, quando le terre erano rilevate per singole *sortes* (ovvero per appezzamenti di terra in sé chiusi e coerenti), le pergamene risultano avere misure contenute. La stragrande maggioranza dei documenti conservati, invece, è di grandi dimensioni. Si tratta insomma (per usare l'espressione emersa nel corso delle discussioni a margine di questo convegno) di *rotuli* "a priori": essi prendono *per necessità* la forma di rotolo, una *necessità* che consiste nella tipologia stessa dell'atto che viene trasmesso e nel suo contenuto.

Quanto invece a *libri* e *quaterni*, sembra necessario fare dei distinguo.

Il quaderno del Diocesano (ASDBg, AC, *Perg.* 224) è una fonte dalle caratteristiche particolari. A quanto emerso da un primo esame, esso è opera di una sola mano. Privo di autentiche notarili, è inoltre assai poco curato sia nel semplice aspetto esteriore sia nei contenuti: su fogli di pergamena mal tagliata sono trascritte varie *ostensiones*, senza che l'estensore ponga molta

---

detto notaio ed esattore del comune di Bergamo, e compare impegnato nella riscossione del fodro in base alle stime fatte dai podestà Ferrario Cane e Giacomo Butigella.

48 ASDBg, AC, *Perg.* 224.

cura nel dettato, che è disordinato e colmo di errori e ripetizioni[49]. Nello stesso testo dei documenti egli tiene conto e riferisce i dubbi dei testimoni giurati nell'attribuzione delle pezze di terra a questo o quel proprietario o nella descrizione delle coerenze, ciò che non si ritrova invece nelle inchieste giunte sotto forma di *rotulus*[50]. Egli non si dimostra costante nella modalità di trascrizione degli atti e nel complesso non dà al suo lavoro una struttura chiara. Solo, le singole *ostensiones* sono separate le une dalle altre da un certo spazio, così che il testo risulta per lo meno suddiviso in sezioni.

Nel loro insieme gli aspetti rilevati sin qui inducono a ritenere il quaderno 224 uno strumento di lavoro "ad uso interno" dell'istituzione che lo produsse. Esso dovette essere compilato una volta che le operazioni di *ostensio* erano ormai terminate, come indica chiaramente il fatto che i documenti trascritti non sono in ordine cronologico. Questo elemento, peraltro, permette anche di escludere che ci si trovi davanti al supporto scrittorio usato durante le *ostensiones* dal notaio coinvolto nelle stesse. La tipologia di errori che si riscontrano nel testo dei documenti sembrerebbe indicare piuttosto che il quaderno sia stato redatto in base alla copia di un'imbreviatura. Esso venne pensato per essere usato ed effettivamente lo fu: gli spazi tra le *ostensiones*, che sembrano lasciati vuoti appositamente per permettere aggiunte o modifiche alla situazione registrata in un primo momento, portano infatti numerose tracce di interventi successivi, ad esempio laddove due ostensioni di terra in territorio di Scano sono cassate e seguite da brevi note che attestano la vendita delle terre stesse[51]. In definitiva, il quaderno in esame sembra essere

49 A titolo d'esempio, si veda l'*ostensio* delle terre di S. Alessandro in territorio di Curno (ASDBg, AC, *Perg.* 224, fol. 2v): qui lo scrittore inserisce e poi cassa la descrizione di una pezza di terra (la sesta dell'elenco), poi corregge inserendo una nuova sesta pezza, ma nomina come "sesta" anche la pezza successiva, senza accorgersi dell'errore.

50 Interessante a tale proposito un altro brano dell'*ostensio* delle terre in Curno, dove a riguardo dei proprietari di un appezzamento di terra vengono riferite due versioni, rese da due serie di testimoni: un tipo di registrazione che non si è trovata invece nei *rotuli* analizzati. Il notaio fa peraltro una grande confusione nell'attribuzione dei due diversi pareri ai vari testimoni, come una trascrizione del passo in questione potrà chiarire: *...quam petia terre dixerunt et confessi fuerunt se credere martinus de castello et girardus decitis et gaitus [cassato] et girardus de furno et petrus [in interlinea, cassato] et albertus pentivii [cassato] esse predicte ecclesie sancti alexandri et consuevisse habere fictum. predicti gaitus et alexander de braga et an [cassato] alexander da faxonibus et ontietus de quaqueris et giraruds de furno [in interlinea, cassato] et petrus teudaldus et girardus de bixio [in interlinea] dixerunt et confessi fuerunt partem esse sancti alexandri et parte esse de faxonibus sic credebant*, ASDBg, AC, *Perg.* 224, fol. 2v.

51 ASDBg, AC, *Perg.* 224, fol. 2r: dopo una sezione con la trascrizione di un'*ostensio* che è cassata una nota recita: *vendita est suprascripta terra libras xi et denarios vi.* Dopo un'altra sezione, ugualmente cassata, appare ancora una nota: *vendita est suprascripta terra scilicet mortificata et est vendita solidos xlv.*

una sorta di registro o cartulario prodotto dall'ente che aveva fatto compiere ricognizioni sulle proprie terre al fine di una migliore gestione delle stesse.

Non molto si può dire invece a proposito dei *libri calcationum*, oggi perduti. È lecito pensare che pure in questo caso la loro natura non fosse molto diversa da quella di un registro, anche se rimane ignoto se essi fossero concepiti per essere aggiornati nel corso del tempo o se fosse prevista per loro una precisa scadenza (ad esempio annuale). In ogni caso essi dovevano servire all'autorità comunale per avere una panoramica completa sui propri diritti, funzione assegnata solitamente alle compilazioni note come *libri iurium*.

Se *libri calcationum* e quaderni sono, a quanto è dato sapere, le forme documentarie alternative al *rotulus* assegnate alle inchieste rispettivamente dal comune e dal capitolo della cattedrale di Bergamo, anche la curia vescovile produsse nello stesso periodo un *liber* per l'amministrazione, *liber* in cui tra locazioni, investiture, compravendite e privilegi papali, trovano spazio talvolta anche *ostensiones* e *designationes*.

Il codice in questione è una fonte dal valore unico, assai nota e citata dalla storiografia locale e purtuttavia sino ad oggi mai studiata in modo approfondito né edita interamente[52]. Tradizionalmente datato all'anno 1258, il *liber* è costruito anch'esso secondo la logica del cartulario: la varia documentazione trascritta o riassunta nel codice e ordinata per *curie* (ossia per aree su cui si esercitava il dominio del presule) doveva attestare i diritti del vescovo sul territorio diocesano.

L'accenno a quest'ultima fonte acquista un significato particolare al termine della rapida analisi qui condotta sulle diverse forme assunte dalle inchieste bergamasche nel XIII secolo. Ciò che vale la pena di osservare è precisamente il nome attribuito al *liber* del vescovo al momento del suo ritrovamento da parte di un canonico della cattedrale il 26 aprile 1694, nome che lo identifica ancora oggi: *Rotulum Episcopatus Bergomi*. La secolare consuetudine di affidare al *rotulus* documentazione di tipo amministrativo aveva dato luogo infatti ad un singolare corto circuito tra forma e contenuto, per cui il termine che identificava la forma della trasmissione era passato con il tempo a indicare il contenuto. In altri termini, la forma del *rotulus* aveva significato tanto per la documentazione amministrativa da lasciarle il suo nome.

---

52 Essendo duecentesca, la fonte rimase esclusa dalle pagine del *Codex* di Mario Lupo, che nella sua analisi delle fonti locali si ferma alla fine del XII secolo. Tutto quanto si può trovare su di essa è riassunto da Francesca Magnoni, Le rendite del vescovo. Tra conservazione e innovazione: i registri dei censi dell'episcopato bergamasco (secoli XIII–XV), Bergamo 2011 (Contributi della borsa di studio 'avv. Alessandro Cicolari' 2) in partic. pp. 21–24. Solo parziale è l'edizione offerta da Gianni Barachetti, Possedimenti del vescovo di Bergamo nella Valle di Ardesio: documenti dei secc. XI–XV, in: Bergomum. Bollettino della Civica Biblioteca Angelo Mai di Bergamo 74 (1980) fascc. 1–3.

Abstract

The research deals with administrative documentation from XIII century preserved in Bergamo's archives and handed down in form of *rotulus*. It focuses on property inquiries, starting from the ones ordered by commune (*calcationes*), and then studying especially those required by the Church (the so-called *ostensiones* or *designationes*). The analysis of this to date nearly unknown *corpus* considers its content as well as its structure and materiality, trying to find out its nature and to explain its different ways of transmission: actually, besides the 21 survived *rotuli*, *ostensiones* in form of *liber* or *quaternus* do exist.

Investiturstreit und Herrschaftsgrundlage

Die Rotuli von St. Viktor in Xanten als Fallstudie für den veränderten Zugriff auf ökonomische Ressourcen

JOCHEN JOHRENDT

Der Investiturstreit scheint ein Evergreen der deutschen Mediävistik zu sein[1]. Die Untersuchungen zu diesem grundsätzlichen Ringen und in seiner Folge auch einem Auseinandertreten der geistlichen und weltlichen Gewalt ist ein geradezu klassischer Untersuchungsgegenstand – mit einer Fokussierung auf die politischen und geistigen Veränderungen. Die geistliche und weltliche Gewalt definierten sich in dieser Auseinandersetzung klarer als zuvor und grenzten sich voneinander ab. Bereits die drei Bände der Libelli de lite im Rahmen der Monumenta Germaniae Historica sind ein beredtes Zeugnis dieses begrifflichen und argumentativen Ringens beider Seiten. Es ist ein Prozess, der von der Forschung vor allem auf der obersten Ebene, dem Ringen zwischen *regnum* und *sacerdotium*, zwischen Kaiser und Papst, beschrieben worden ist, der jedoch nicht allein in diesen Sphären blieb, sondern auch konkrete Auswirkungen auf die Lebenspraxis weiter Bevölkerungsteile Europas hatte – etwa bei der Frage der Bischofseinsetzung, der Priesterweihen oder schlicht der Sakramentenspendung und ihrer Gültigkeit[2]. Es war eine Phase der Verunsicherung, der grundlegenden Erschütterungen, deren Ausläufer nicht allein an der Oberfläche blieben, sondern in der gesamten Gesellschaft zu spüren waren.

In Folge dieser Auseinandersetzungen, die nicht allein religiös und theologisch motiviert waren, und sich besonders deutlich in Oberitalien mit sozialen und politischen Konflikten verbanden, entstand eine enorme Dynamik[3].

---

1 Vgl. dazu beispielsweise die beiden vor Kurzem erschienenen Bände Claudia ZEY, Der Investiturstreit, München 2017; Jochen JOHRENDT, Der Investiturstreit, Darmstadt 2018. Einen Überblick über die jüngeren Interpretationen des Investiturstreits bietet Rudolf SCHIEFFER, Deutungen des Investiturstreits, in: Brief und Kommunikation im Wandel. Medien, Autoren und Kontexte in den Debatten des Investiturstreits, hg. von Florian HARTMANN (Papsttum im mittelalterlichen Europa 5), Köln/Weimar/Wien 2016, S. 23–41.

2 Vgl. dazu etwa mit Blick auf die Lateransynode von 1059 als Schlaglicht einer breiteren Bewegung Johannes LAUDAGE, Priesterbild und Reformpapsttum im 11. Jahrhundert (Beihefte zum AKG 22), Köln/Wien 1984, S. 235–250.

3 Zu den politischen Verwerfungen vgl. etwa Claudia ZEY, Im Zentrum des Streits. Mailand und die oberitalienischen Kommunen zwischen regnum und sacerdotium, in: Vom Umbruch zur Erneuerung? Das 11. und beginnende 12. Jahrhundert, hg. von Jörg JARNUT/ Matthias WEMHOFF (MittelalterStudien 13), München 2006, S. 595–611; zur Verquickung

Dieser Wandel, der von der älteren Forschung vor allem in Hinblick auf die Königsherrschaft als eine Phase des Niedergangs skizziert wurde, kann auf der Ebene der Herrschaftsausübung jedoch funktional besser als eine Veränderung beschrieben werden[4]. Es kam zu neuen Formen der Legitimation von Herrschaft und zur Ausbildung neuer Herrschaftsformen und administrativer Mittel[5]. Dabei neigte die deutsche Mediävstik stets dazu, diesen Prozess vor allem als ein von oben nach unten durchdeklinierten Prozess zu beschrieben und hat weniger darauf geachtet, inwiefern Entwicklungen etwa auf der Ebene unterhalb des Königtums erst Handlungsmöglichkeiten schufen, die den Wandel der Königsherrschaft bedingten.

So sehr wirtschaftliche Veränderungen in der deutschen Mediävistik meist wenig Beachtung bei der Interpretation von politischen und kulturellen Wandlungen finden, so entscheidend sind sie doch für die Grundlagen adeliger, institutioneller und damit in Folge auch königlicher Herrschaft. Sie setzt den Zugriff auf wirtschaftliche Ressourcen voraus, denn ein verbesserter Zugriff bedeutete automatisch eine Erweiterung der Durchsetzungsfähigkeit[6]. Der Konflikt um diese Ressourcen ist von Seiten der deutschsprachigen Forschung vor allem auf der Ebene der Königsherrschaft und dem mit Heinrich V. wieder einsetzenden neuen Interesse an den Ressourcen der

religiöser und sozialer Momente umfassend Olaf ZUMHAGEN, Religiöse Konflikte und kommunale Entwicklung. Mailand, Cremona, Piacenza und Florenz zur Zeit der Pataria (Städteforschung A 58), Köln u. a. 2001.

4 Ein in der deutschen Mediävistik intensiv behandelter Wandel ist die verstärkte Teilhabe der Fürsten an der Königsherrschaft im Reich, vgl. dazu etwa Jürgen DENDORFER, Das Wormser Konkordat – ein Schritt auf dem Weg zur Feudalisierung der Reichsverfassung?, in: Das Lehnswesen im Hochmittelalter. Forschungskonstrukte – Quellenbefunde – Deutungsrelevanz, hg. von Jürgen DENDORFER/Roman DEUTINGER (Mittelalter-Forschungen 34), Ostfildern 2010, S. 299–328.

5 Vgl. dazu Werner HECHBERGER, Adel, Ministerialität und Rittertum im Mittelalter (Enzyklopädie deutscher Geschichte 72), München 2004, S. 27–29 u. 91–94; sowie Werner RÖSENER, Ministerialität und Hofdienst im Salier- und Stauferreich, in: Adel und Königtum im mittelalterlichen Schwaben. Festschrift für Thomas Zotz zum 65. Geburtstag, hg. von Andreas BIHRER u. a. (Veröffentlichungen der Kommission für geschichtliche Landeskunde in Baden-Württemberg. Reihe B 175), Stuttgart 2009, S. 249–270.

6 Zum Zerfall des Villikationssystems und der Umwandlung von Frohndiensten in Geldleistungen vgl. zusammenfassend Werner RÖSENER, Agrarwirtschaft, Agrarverfassung und ländliche Gesellschaft im Mittelalter (Enzyklopädie deutscher Geschichte 13), München 1992, S. 22–25. Zum langen Prozess der Umwandlung von Naturalabgaben in Zinsen und die damit verbundene Erweiterung der wirtschaftlicher Kontexte aus einer dezentralen und auf die Region konzentrierten Perspektive vgl. Ludolf KUCHENBUCH, Vom Dienst zum Zins? Bemerkungen über agrarische Transformationen in Europa vom späteren 11. zum beginnenden 14. Jahrhundert, in: Zeitschrift für Agrargeschichte und Agrarsoziologie 51 (2003) S. 11–29, hier S. 18 f., der vor allem auch die unterschiedlichen Geschwindigkeiten der Entwicklung in Europa betont, im Wechselspiel mit der Urbanisierung, ebd. S. 26–28 .

Städtelandschaft Oberitaliens thematisiert worden[7], gipfelnd in der Italienpolitik Friedrich Barbarossas und den Beschlüssen von Roncaglia[8]. Befunde für die Herrschaftsverdichtung königlicher Herrschaft im nördlichen Teil des Reiches und des Konfliktes um Ressourcen sind vor allem in die Landesgeschichte ausgelagert worden, ohne dass sie dabei immer den angemessenen Weg zurück auf die Deutungsebene königlicher Herrschaft gefunden hätten. Und doch hängt die Durchsetzungsfähigkeit königlicher Herrschaft nicht zuletzt auch mit der Fähigkeit zusammen, Ressourcen nutzbar machen zu können – nicht umsonst war dies neben der *libertas* seit der Mitte des 11. Jahrhunderts einer der Kernkonflikte zwischen den Sachsen und der salischen Herrschaft gewesen[9].

Blickt man auf die Überlieferungslage, so ist der so beschriebene epochale Umbruch zugleich in eine längere Entwicklung eingebettet. Die Schriftlichkeit vollzog einen bedeutsamen Wandel, den Clanchy in einer allgemeinen Perspektive unter dem Schlagwort „From memory to written record" zusammenfasste[10]. Hagen Keller charakterisierte das Phänomen als den Wandel

7 Zur Beziehung Reichsitaliens und Heinrichs V. vgl. zuletzt Elke GOEZ, Zwischen Reichszugehörigkeit und Eigenständigkeit: Heinrich V. und Italien. Ein Werkstattbericht, in: Heinrich V. in seiner Zeit. Herrschen in einem europäischen Reich des Hochmittelalters, hg. von Gerhard LUBICH (Forschungen zur Kaiser- und Papstgeschichte 34), Köln u.a. 2013, S. 215–232.

8 Zur oberitalienischen Situation vgl. etwa Ferdinand OPLL, Zwang und Willkür. Leben unter städtischer Herrschaft in der Lombardei der frühen Stauferzeit, Wien 2010; zu den Auseinandersetzungen Barbarossas mit den oberitalienischen Kommunen der sehr reichen Literatur v. a. Knut GÖRICH, Friedrich Barbarossa. Eine Biographie, Mümnchen 2011, S. 287–311; zu Roncaglia sowohl Gerhard DILCHER, Das staufische Herrschaftskonzept in der roncalischen Gesetzgebung und im Konstanzer Frieden: Tragende Prinzipien und innere Widersprüche, in: Gli inizi del diritto pubblico. L'età di Federico Barbarossa: legislazione e scienza del diritto, a cura di Gerhard DILCHER/Diego QUAGLIONI (Annali dell'istituto italo-germanico in Trento 19), Bologna 2007, S. 19–44; als auch Jürgen DENDORFER, Roncaglia. Der Beginn eines lehnrechtlichen Umbaus des Reiches?, in: Staufisches Kaisertum im 12. Jahrhundert. Konzepte – Netzwerke – politische Praxis, hg. von Stefan BURKHARDT u.a. Regensburg 2010, S. 111–132.

9 Zu den Auseinandersetzungen mit Heinrich III. vgl. jüngst Florian HARTMANN, Und ewig kämpfen die Sachsen? Heinrich III. und dass Herzogtum Sachsen, in: Heinrich III. Dynastie – Region – Europa, hg. von Gerhard LUBICH/Dirk JÄCKEL (Forschungen zur Kaiser- und Papstgeschichte 43), Wien/Köln/Weimar 2018, S. 73–86, der konstatiert, dass die Auseinandersetzungen tatsächlich erst unter Heinrich IV. begannen. Einen guten Überblick zu den Perspektiven der Streitparteien bietet Matthias BECHER, Die Auseinandersetzung Heinrichs IV. mit den Sachsen. Freiheitskampf oder Adelsrevolte?, in: Vom Umbruch zur Erneuerung? Das 11. und beginnende 12. Jahrhundert. Positionen der Forschung, hg. von Jörg JARNUT/Matthias WEMHOFF (MittelalterStudien 13), München 2006, S. 357–378.

10 Michael T. CLANCHY, From Memory to Written Record. England 1066–1307, Chichester [3]2012 (erste Auflage London 1979).

„vom heiligen Buch zur Buchführung", von einer statischen Schriftlichkeit hin zur einer pragmatischen, durch kontinuierliche Weiterentwicklung und Benutzung der Dokumente geprägten Schriftlichkeit[11].

Im Folgenden soll am Beispiel der Rotuli von St. Viktor dargelegt werden, wie sich in der Epoche des Investiturstreits ein Wandel der Herrschaftsausübung auf der Ebene der Ressourcenerfassung und -nutzung vollzog. Die als Vereindeutigung, Intensivierung oder Verdichtung von Herrschaft beschrieben Phänomene, die im weitesten Sinne als eine Rationalisierung zu begreifen sind, führten auf der Ebene der konkreten Verwaltung von Wirtschaftsressourcen zu einem Wandel. Letztlich ermöglichte erst der aktiver als zuvor gestaltete Zugriff auf Ressourcen die grundlegenden und übergreifend geführten Auseinandersetzungen. Gewandelte Wirtschaftsorganisation und grundlegende Verwerfungen beeinflussten sich gegenseitig. Robert Ian Moore hat dies als die erste Europäische Revolution bezeichnet und damit eine tiefgreifende Wandlung Europas zwischen dem ausgehenden 10. und 13. Jahrhundert charakterisiert[12]. Dieser Wandel kam auch in einer veränderten Rechnungslegung zum Ausdruck[13]. Welche Rolle in diesem Prozess Rotuli spielen konnten, soll in einer Fallstudie am Beispiel des Stiftes St. Viktor in Xanten und seiner Rotuli veranschaulicht werden.

* * *

11 So der Titel des Beitrags von Hagen KELLER, Vom „heiligen Buch" zur „Buchführung". Lebensfunktionen der Schrift im Mittelalter, in: FmSt 26 (1992) S. 1–31; vgl. auch die Einführung DERS., Pragmatische Schriftlichkeit im Mittelalter. Erscheinungsformen und Entwicklungsformen, in: Pragmatische Schriftlichkeit im Mittelalter. Erscheinungsformen und Entwicklungsformen, hg. von DERS./Klaus GRUBMÜLLER/Nikolaus STAUBACH (Münstersche Mittelalter-Schriften 65), München 1992, S. 1–8; sowie zuletzt der Sammelband Träger der Verschriftlichung und Strukturen der Überlieferung in oberitalienischen Kommunen des 12. und 13. Jahrhunderts, hg. von Hagen KELLER/Marita BLATTMANN (Wissenschaftliche Schriften der WWU Münster. Reihe 10 / 25), Münster 2016, mit einem stärkeren Fokus der Beiträge auf Rechtstexten.

12 Robert Ian MOORE, Die erste europäische Revolution. Gesellschaft und Kultur im Hochmittelalter, München 2001 (ursprünglich: The first European revolution, c. 970–1215, Oxford 2000).

13 Zur Rechnungslegung auf unterschiedlichen Ebenen ab dem 12. Jahrhundert vgl. den Überblick in der grundlegenden Arbeit von Mark MERSIOWSKY, Die Anfänge territorialer Rechnungslegung im deutschen Nordwesten. Spätmittelalterliche Rechnungen, Verwaltungspraxis, Hof und Territorium (Residenzenforschung 9), Stuttgart 2000, S. 19–22, sowie den sich daran anschließenden Forschungsüberblick. DERS., Römisches Königtum und Rechnungslegung im 13. und frühen 14. Jahrhundert, in: DA 64 (2008) S. 547–578, hier S. 552 f., geht auch auf Rechnungsrollen aus dem Nachlass Heinrich VII. ein. Er betont zugleich, dass auch in der Kammer der römisch-deutschen Könige Rechnungslegung seit dem 12. Jahrhundert ein offenbar alltäglicher Vorgang war, auch wenn die entsprechenden Quellenzeugnisse der Rechnungslegung selbst nicht überliefert sind.

Von einer Gemeinschaft von Kanonikern in Verbindung mit Viktorreliquien in Xanten erfahren wir erstmals 863 in den Xantener Annalen[14]. Es handelt sich im Hochmittelalter um eine der herausragenden und wichtigen Institutionen am Niederrhein. Vor allem das 10. bis 12. Jahrhundert bildete eine Phase kontinuierlicher Besitzerweiterungen, woran die gesteigerte Bedeutung der Institution am Niederrhein deutlich wird. In Etappen wird man hier vor allem Bruno I. von Köln, den Bruder Kaiser Ottos I., hervorheben dürfen, der das Stift nicht nur in seinem Testament reich beschenkte[15]. Generell kann man eine Nähe des Stiftes zu den Herrschern festhalten, auch wenn Heinrich III. als einziger Salier im Nekrolog von St. Viktor fehlt[16]. Und wie auch sonst am Niederrhein wird in der zweiten Hälfte des 11. Jahrhunderts der Erzbischof von Köln ebenso in Xanten die dominierende Figur, namentlich Anno II. von Köln, der durch seinen Sieg über die Ezzonen die Kölner Erzbischöfe auch politisch zur dominierenden Kraft am Niederrhein gemacht hatte[17]. Die engen Bindungen zwischen Xanten und den Kölner

14 Vgl. dazu grundlegend die Arbeit von Ingo RUNDE, Xanten im frühen und hohen Mittelalter: Sagentradition – Stiftsgeschichte – Stadtwerdung (Rheinisches Archiv 147), Köln u. a. 2003, zur Gründung des Viktorstifts ebd., S. 207 f. sowie zur institutionellen Ausformung des Stiftes S. 298–314. Die Nachricht in den Annales Xantenses bei Annales Xantenses ad a. 864, in: Annales Xantenses et Annales Vedastini, ed. Bernhard VON SIMSON (MGH SS rer. Germ. 12), Hannover/Leipzig 1909, S. 1–33, hier S. 20, zu den Annales Xantenses vgl. Annales qui dicuntur Xantenses, http://www.geschichtsquellen.de/repOpus_00461.html, 2019-01-07.

15 Vgl. RUNDE, Xanten (wie Anm. 14) S. 319–329. Zur heute verlorenen goldenen Altartafel, die Bruno stiftete vgl. zuletzt Anna PAWLIK, Im Angesicht der Autoritäten. Die Goldenen Tafeln des Xantener Viktorstifts im Kontext frühmittelalterlicher Altarstiftungen, in: Das Viktor-Stift Xanten. Geschichte und Kultur im Mittelalter, hg. von Dieter GEUENICH/Jens LIEVEN, Köln/Weimar/Wien 2012, S. 59–80.

16 Vgl. RUNDE, Xanten (wie Anm. 14) S. 344 f., der deutlich macht, dass die in der Forschung aufgestellt These, Heinrich III. sei aufgrund der maßgeblich durch ihn herbeigeführten Auseinandersetzungen in Niederlothringen und den damit verbundenen Unruhen nicht in das Nekrolog des Viktorstifts eingetragen worden, auf keinen belastbaren Argumenten aufbaut, sondern nur eine Vermutung ist.

17 Zu Anno und seiner Politik vgl. mit sachlichen Fehlern Joachim OEPEN, Anno II. von Köln als Reichsbischof, in: Canossa. Aspekte einer Wende, hg. von Wolfgang HASBERG/Hermann-Josef SCHEIDGEN, Regensburg 2012, S. 57–71, bes. S. 64–70; Claudia LINGSCHEID, Erzbischof Anno II. von Köln im Spiegel seiner Viten, in: Jahrbuch des Kölnischen Geschichtsvereins 81 (2011/12) S. 7–48, bes. S. 31–35. Grundlegend nach wie vor Georg JENAL, Erzbischof Anno II. von Köln (1056–75) und sein politisches Wirken. Ein Beitrag zur Geschichte der Reichs- und Territorialpolitik im 11. Jahrhundert (Monographien zur Geschichte des Mittelalters 8/1–2), 2 Bde., Stuttgart 1974, hier Bd. 1 S. 110–154. Sowie zu den Auseinandersetzungen mit den Ezzonen Ursula LEWALD, Die Ezzonen. Das Schicksal eines rheinischen Fürstengeschlechts, in: Rheinische Vierteljahrsblätter 43 (1979) S. 120–168, hier S. 154–158.

Erzbischöfen lassen sich dann vor allem auch ab den 1110er Jahren fassen, als Erzbischof Friedrich in Xanten aktiver wurde[18]. Friedrich baute nicht nur im Süden des Hochstifts, bei Siegburg, seinen Herrschaftsbereich durch Adelsbündnisse aus, sondern auch entlang des Niederrheins. Der Kölner Erzbischof und die mit ihm verbundenen Adelsgruppen – die schließlich sogar den König aus dieser Region verdrängten – sollten von nun an die entscheidenden Kräfte am Niederrhein sein[19]. Die Verdichtung von Herrschaft durch den Landesausbau verlief hier zunächst auf Kosten des Königs. Dass das Viktorstift in dieser Gemengelage nicht zu den Verlierern gehörte, bezeugt nicht zuletzt auch der 1129 bis 1151 zu datierende Viktorschrein, der die Stellung des Stiftes vor Augen führt. Nur eine herausragende Institution konnte sich mit einer derartigen Kostbarkeit schmücken.

* * *

Die Aufrechterhaltung wirtschaftlicher Prosperität gelang dem Viktorstift in einer Phase großer Dynamik, die sich vor allem im Pontifikat des Kölner Erzbischofs Friedrich von Schwarzenburg verdichtete. Mit der Erhebung Heinrichs V. im Jahre 1105 schien zunächst eine neue Phase konsensualer Herrschaftsausübung begonnen zu haben, da der letzte Salier zunächst von weiten Teilen des Reiches über den vor allem im Süden des Reiches zu fassenden Reformadel hinaus getragen wurde[20]. Das beeindruckende Heer seines Romzuges, das Heinrich V. 1111 zur Kaiserkrönung hatte aufbieten können, war das Zeugnis dieser neuen Einigung im Reich, durch die die Wirren des Investiturstreits nun endlich beigelegt zu sein schienen[21]. Doch mit

---

18 Dieser Erzbischof ist auch für die Bergische Geschichte nicht ganz unwichtig, da er Adolf II. von Berg spätestens 1131 mit seiner Nichte verheiratete und die Berger damit Vögte von Siegburg wurden, vgl. zuletzt Alexander BERNER, Kreuzzug und regionale Herrschaft. Die älteren Grafen von Berg 1147–1225, Köln/Weimar/Wien 2014, S. 70.

19 Vgl. Jens LIEVEN, Adel und Reform im Rheinland, in: Heinrich V., hg. von LUBICH (wie Anm. 7) S. 119–136, bes. S. 133–135; RUNDE, Xanten (wie Anm. 14) S. 357–362. Zu Friedrich und seiner Politik vgl. auch Heinz FINGER, Die Kölner Erzbischöfe des 12. Jahrhunderts zwischen Kaiser und Papst, in: Annalen des Historischen Vereins für den Niederrhein 220 (2017) S. 53–75, hier S. 55–59.

20 Jürgen DENDORFER, Heinrich V. Könige und Große am Ende der Salierzeit, in: Die Salier, das Reich und der Niederrhein, hg. von Tilman STRUVE, Köln 2008, S. 115–170, hier S. 122–139, dort die weiter Literatur, v. a. mit Bezug auf Stefan WEINFURTER, Reformidee und Königtum im spätsalischen Reich. Überlegungen zu einer Neubewertung Kaiser Heinrichs V., in: Reformidee und Reformpolitik im spätsalisch-frühstaufischen Reich, hg. von Stefan WEINFURTER (Quellen und Abhandlungen zur mittelrheinischen Kirchengeschichte 68), Mainz 1992, S. 1–45. Vgl. zum Übergang auf Heinrich V. und die Frage der Motive auf Seiten der Großen nun auch Steffen PATZOLD, Königtum und bedrohte Ordnung: Heinrich IV. und Heinrich V. 1105/06, in: Heinrich V., hg. von LUBICH (wie Anm. 7) S. 43–68.

21 Zum Romzug vgl. Jochen JOHRENDT, Rom zwischen Kaiser und Papst – die Universalge-

der Gefangennahme Paschalis' II., dem Vertrag von Ponte Mammolo und den anschließenden Exkommunikationen des Salierherrschers zerrann diese Hoffnung – und weite Teile des Reiches dürften in der Herrschaft Heinrichs V. ab diesem Zeitpunkt eine Fortsetzung des Herrschaftsprogramms Heinrichs IV. und der dazu eingesetzter Mittel gesehen haben[22]. Für den Niederrhein war die Situation insofern etwas komplizierter, als Heinrich IV. hier breite Unterstützung genossen hatte, vor allem in den letzten Tagen seiner Herrschaft. Doch sein Sohn knüpfte nicht an die Zusammenarbeit mit den Großen in diesem Raum an, sondern hebelte diese geradezu aus. Er versuchte einseitig, seine Herrschaft durchzusetzen, war nicht mehr auf einen Ausgleich bedacht, missachtete Regeln der Konfliktlösung und kündigte das Ideal der konsensualen Herrschaftsausübung teilweise auf[23]. Und eines der Momente, welches die Großen besonders gegen den Salier aufbrachte, war dessen Bemühen, einen besseren Zugriff auf das Reichsgut zu erhalten sowie dieses auszuweiten – oder mit anderen Worten: Die aktive Erweiterung der wirtschaftlichen Grundlagen des Königtums[24]. Die zeitgenössisch berichtende anonyme Kaiserchronik führt dazu aus, dass sich die Großen des Niederrheins darüber beklagt hatten, dass ein Ministerialer des Saliers, vermutlich Werner von Kerpen, *nimis ferociter*, allzu streng, seine Herrschaft *(dominium)* am Niederrhein ausübe[25]. Unter diesem *dominium* dürfen wir uns vor allem den straffen Zugriff auf das Reichsgut vorstellen – Heinrich V. organisierte das Reichsgut neu. Und dabei trat der König in einen klassischen Ressourcenkonflikt mit den Großen des Niederrheins.

Dieser Konflikt entlud sich schließlich in einem Aufstand gegen die Herrschaft Heinrichs V. Unter der Führung des Kölner Erzbischofs Friedrich von

walten und die Ewige Stadt, in: Heinrich V., hg. von LUBICH (wie Anm. 7) S. 169–190, hier S. 174–176; Jürgen PETERSOHN, Kaisertum und Rom in spätsalischer und staufischer Zeit (MGH Schriften 62), Hannover 2010, S. 16–33.

22 Vgl. dazu Wolf ZÖLLER, Das Krisenjahr 1111 und dessen Folgen – Überlegungen zur Exkommunikation Heinrichs V., in: Heinrich V., hg. von LUBICH (wie Anm. 7) S. 151–168.

23 DENDORFER, Heinrich V. (wie Anm. 20) S. 145–147.

24 Ebd., S. 149.

25 Eine Vorabedition (Stand 2016) der unikal überlieferten Kaiserchronik findet sich auf den Internetseiten der MGH, sie wird dann erscheinen als Anonymi Chronica imperatorum, ed. Martina HARTMANN (MGH SS 33/2), im dortigen PDF S. 153 Z. 4–8; die bisherige Edition findet sich bei Frutolfs und Ekkehards Chroniken und die Anonyme Kaiserchronik, hg. u. übers. von Franz-Josef SCHMALE/Irene SCHMALE-OTT (Ausgewählte Quellen zur deutschen Geschichte des Mittelalters 15), Darmstadt 1972, S. 211–265, hier S. 264. Vgl. dazu DENDORFER, Heinrich V. (wie Anm. 20) S. 151 f.; zu Werner von Kerpen vgl. Rudolf SCHIEFFER, Reichsgut und Reichsgewalt am Niederrhein vornehmlich in salischer Zeit, in: Königtum und Reichsgewalt am Niederrhein, hg. von Klaus FLINK/Wilhelm JANSSEN (Klever Archiv 4), 1983, S. 43–56, hier S. 46 u. 54.

Schwarzenburg versammelten sich fast alle Großen des Niederrheins gegen den Salier.[26] Diese Vereinigung umschreibt die Kölner Königschronik mit den Worten: *Coniuratio Coloniae facta est pro libertate*[27]. Die Motivation der niederlothringischen Großen war also ganz ähnlich wie im Falle der Sachsen: Gegenstand war das Verhältnis von königlicher Gewalt und autogener Adelsherrschaft, mithin die Auseinandersetzung um Ressourcen für die eigenständige Herrschaftsausübung. Der Kaiser zog bei dieser Auseinandersetzung im Herbst 1114 bei Andernach in einer Schlacht den Kürzeren, so dass der Niederrhein seither dem königlichen Einfluss entzogen blieb und vom Kölner Erzbischof domminiert wurde.

Die Herrschaftsstruktur Niederlothringens hatte sich damit grundlegend verändert – was auch nicht ohne Folgen für St. Viktor bleiben konnte. Der Gegenstand des Konfliktes war ohne Frage ein Ringen um die Dominanz am Niederrhein zwischen König und den Großen. Das Mittel, mit dem beide Seiten diese Dominanz erreichen wollten, war offensichtlich der verstärkte Zugriff auf Ressourcen, der den Konfliktparteien eine breitere Grundlage ihrer Herrschaftsausübung ermöglichen sollte. Ganz verkürzt ließe sich sagen: Es ging um Abgaben und die Ausbildung von eindeutig definierten Herrschaftsverbänden. Der Konflikt war mithin eine Folge von Herrschaftsverdichtung – und diese Verdichtung war aufgrund der Konkurrenz der Herrschaftsträger gleichsam für jeden Akteur überlebensnotwendig. Ressourcen mussten erfasst und definiert werden, um anschließend auch konkret einsetzbar gemacht zu werden. Die gerichtlichen Auseinandersetzungen um Hintersassen zwischen dem Viktorstift und den Großen des Raumes verdeutlicht, dass sich auch Xanten diesen Umwälzungen nicht entziehen konnte und in diesen neuen Konflikten bestehen musste.

* * *

In dieser Situation, die durch einen Herrschaftsumbruch, Konkurrenz und Verdrängung gekennzeichnet war, sind nun die Rotuli von St. Viktor zu verorten. Die Archivsituation in Xanten ist insofern besonders, als ein Brand im Jahre 1109 nicht nur die Klosterkirche vernichtete, sondern das Feuer auch die Sakristei erfasste und alles darin Enthaltene zerstörte. Die erst 1420/21 geschriebenen Historia Xanctensis führt dazu rückblickend aus, dass durch

26 Unter den herausragenden Große traten lediglich Gerhard I. von Wassenberg-Geldern und Dietrich I. Tomburg-Kleve auf die Seite Heinrichs V., vgl. Lieven, Adel (wie Anm. 19), S. 133.

27 Chronica regia Coloniensis (Annales maximi Colonienses), ad a. 1112, ed. Georg Waitz (MGH SS rer. Germ. 18), Hannover 1880, S. 52; zur Rolle des Kölner Erzbischofs Friedrich I. vgl. Finger, Kölner Erzbischöfe (wie Anm. 19) S. 56 f.

den Brand auch die *privilegia, … scrinea … cartarum, cronicarum, certerorumque librorum ac cartabellorum* vernichtet worden seien[28]. Das Archiv wurde anscheinend so gut wie vollständig vernichtet. Allein der Codex Monasteriensis, ein Totenbuch, in das offenbar auch von einer Hand des 11./12. Jahrhunderts Zinsleistungen eingetragen worden waren, entkam den Flammen[29]. Der Brand bildet damit nicht nur bei der Überlieferung der Urkunden für Xanten einen tiefen Einschnitt, sondern auch für die Verwaltung der Besitzungen. Diese dürften zuvor sicherlich in einem Urbar verzeichnet gewesen sein, vergleichbar dem ältesten Werdener Urbar, das an der Wende vom 9. zum 10. Jahrhundert angelegt worden war und Namen und Abgaben verzeichnete[30]. Es ist deutlich umfangreicher als die Zinsliste, die wohl zuvor in Xanten in den Codex Monasteriensis eingetragen worden war. Doch auch in Werden wurden ohne Frage nicht alle Besitzungen erfasst, wie dies im Falle des berühmten Prümer Urbars schon Caesarius ausführte, der das Urbar des 9. Jahrhunderts 1222 abgeschriebenen hatte. Am Ende des Urbars schrieb er: „Es möge niemanden verwundern, dass einzelne der Besitzungen und Güter in diesem nicht genannt sind.“[31] Ein derartiges Urbar dürfte auch in Xanten vorgelegen haben.

Nach dem Brand des Archivs begann man offensichtlich mit der Anlage von Rotuli und vertraute nicht allein auf ein zentrales Urbar, mit dem Abgaben abgeglichen werden konnten. In gewisser Weise ermöglichte der Brand eine Neuauflage der Verwaltung, ohne dass man an ältere Vorgaben gebunden war. Konkret handelt es sich dabei um drei Rotuli, die heute im Landesarchiv NRW, Abteilung Rheinland, verwahrt werden. Es sind zwei Hebere-

---

28 Friedrich Wilhelm Oedinger, Bau und Ausstattung des Xantener Domes nach der ‚Historia Xantensis' von 1420, in: Annalen des Historischen Vereins für den Niederrhein 177 (1975) S. 263–289, hier S. 273; vgl. dazu auch Runde, Xanten (wie Anm. 14) S. 412 f.

29 Vgl. zusammenfassend Runde, Xanten (wie Anm. 14) S. 377 sowie die Literatur unten in Anm. 51.

30 Es handelt sich um das sogenannte Urbar A, Edition bei Die Urbare der Abtei Werden a. d. Ruhr, nebst Einleitung u. Register hg. von Rudolf Kötzschke/Franz Körholz (Rheinische Urbare 2/4 = Publikationen der Gesellschaft für Rheinische Geschichtskunde 20), Bonn 1906, S. 4–87; einen Überblick zur Anordnung aufgrund des Lagenschemas bietet Heinrich Tiefenbach, Schreibsprachliche und gentile Prägung von Personennamen im Werdener Urbar A, in: Nomen et gens. Zur historischen Aussagekraft frühmittelalterlicher Personennamen, hg. von Dieter Geuenich/Wolfgang Haubrichs/Jörg Jarnut (Ergänzungsbände zum Reallexikon der germanischen Altertumskunde 16), Berlin u. a. 1997, S. 259–278, hier S. 262–264.

31 Das Prümer Urbar, hg. von Ingo Schwab (Rheinische Urbare 5 = Publikationen der Gesellschaft für Rheinische Geschichtskunde 20), Düsseldorf 1983, S. 259: *… et idcirco nemini mirum videatur, quod de singulis possessionibus ac foedis mentio in hoc libro non fit.* Und er fährt dann fort: *Qui enim diligenter et sollicite de istis curaverit investigare multas possessiones sive feoda, que in hoc libro non continentur, poterit reperire.*

gister für das Amt/Offizium Rottum und ein Heberegister für das Offizium Weeze[32]. Die beiden Rotuli für Rottum entstanden im 12. Jahrhundert, dasjenige für Weeze erst im 13. Jahrhundert. Die Entstehung des ersten Rotulus für Rottum ist durch einen späteren Zusatz zeitlich jedoch kaum weiter einzugrenzen. So ist der dort erwähnte *Gozwinus magister coquine archiepiscopi Coloniensis Philippi* zwar urkundlich zwischen 1190 und 1205 belegt[33], doch lässt sich durch diesen späteren Zusatz kein exakter Zeitpunkt für die Anlage des Rotulus gewinnen. Eine Entstehung nicht lang nach dem Brand von 1109 scheint jedoch möglich. Die älteren und der jüngere Rotulus hängen ohne Frage zusammen. In gewisser Weise könnte man von einer Weiterentwicklung sprechen, die eine Folge des konkreten Gebrauchs gewesen sein dürfte. Alle drei Rotuli besitzen fast identische Abmessungen von ca. 65 × 25 cm, wobei der zeitlich jüngere Rotulus für Weeze aus zwei zusammengenähten Stücken besteht – man ist versucht vom Verwaltungsformat für Pergament an St. Viktor zu sprechen. Dabei handelt es sich nicht um Pergamentstreifen, die bei der Beschneidung von Blättern übriggeblieben sind, sondern um ein sauber beschnittenes Format. Die Rotuli von St. Viktor sind damit keine Niederschrift auf Pergamentresten, sondern eine bewusst in diesem Format und mit einer entsprechenden Sorgfalt angefertigte Stücke[34].

Das Heberegister für Rottum ist ohne farbliche Hervorhebungen einheitlich gestaltet und in 38 Zeilen regelmäßig geschrieben (Taf. 17). Auffällig ist

---

32 Landesarchiv NRW, Abteilung Rheinland, Xanten, Viktorstift, Akten Nr. 21 1 (zwei Heberegister für das Offizium Rottum), ebd., Akten Nr. 21 2 (ein Heberegister für Weeze). Die Edition des Heberegisters zu Rottum und Weeze finden sich bei Quellen zur Rechts- und Wirtschaftsgeschichte des Archidiakonats und Stifts Xanten, bearb. von Carl Wilkes (Veröffentlichungen des Vereins zur Erhaltung des Xantener Domes e. V. 3), Bd. 1, Bonn 1937, S. 510–512 (Rottum) und S. 532–534 (Weeze). Zu diesen beiden Offizien und dem Offizium Wattenscheid, die einer Sonderverwaltung im Rahmen des Stiftsvermögens unterstanden vgl. Franz Weibels, Die Großgrundherrschaft Xanten im Mittelalter (Schriften zur Natur und Geschichte des Niederrheins 3), Neustadt/Aisch 1959, S. 91–93. Eine Zusammenstellung der Überlieferung zu den drei Officia mit Teileditionen bei Friedrich Wilhelm Oediger, Quellen zur Rechts- und Wirtschaftsgeschichte des Archidiakonats und Stifts Xanten, Bd. 2, überarb. u. ergänzt von Christine van Eickels/Klaus van Eickels (Veröffentlichungen des Vereins zur Erhaltung des Xantener Domes e. V. 8/2), Kevelaer 1994, S. 106–197. Zu Weeze vgl. auch Heike Hawicks/Ingo Runde, Das Offizium Weeze des Xantener Viktorstifts, in: Weeze und der Raum an Niers und Kendel im Mittelalter (Weezer Archiv 3), Weeze 2008, S. 101–123.

33 Edition bei Wilkes, Quellen (wie Anm. 32) S. 511 Z. 8 f. Zu Gozwinus siehe die Vorbemerkungen der Edition mit dem Hinweis auf Die Regesten der Erzbischöfe von Köln im Mittelalter, Bd. 2: 1100–1205, bearb. von Richard Knipping (Publikationen der Gesellschaft für Rheinische Geschichtskunde 21), Bonn 1901, Nr. 1369.

34 Zum Nebeneinander von als Rotuli angelegten Stücken und langrechteckigen Pergamentstreifen, siehe den Beitrag von Mark Mersiowsky in diesem Band, bes. nach Anm. 40 u 49.

der Wechsel zu einer schlankeren Feder etwa in der Mitte des Rotulus[35] sowie der Tinten- und erneute Federwechsel vier Zeilen danach[36]. Sieben Zeilen später kam es erneut zu einem Tintenwechsel, wobei dieser letzte und einheitlich gestaltete Teil bereits in seinem Grundeintrag Bemerkungen über der Zeile aufweist, an anderen Stellen Ergänzungen von späterer Hand, teilweise auch auf Rasur. Diese Beobachtungen sprechen dafür, dass der Rotulus nicht in einem geschrieben wurde, sondern in mindestens drei Abschnitten. Diese beruhen offenbar auf abgeschlossenen Informationseinheiten, die in dem Rotulus zusammengefasst wurden, die jedoch nicht dem sonstigen Anordnungsprinzip dieses Rotulus nach Festtagen entspricht[37]. Das gilt auch für den zweiten Rotulus, der ähnlich gestaltet ist wie der erste Rotulus, wobei hier immer wieder einzelne Zeilen nachgezeichnet, oder mit Nachträgen versehen wurden, die paläographisch bis ins 14. Jahrhundert einzuordnen sind (Taf. 18).

Der erste Rotulus beginnt mit den Worten *In cathedra sancti Petri* (22. Februar). Der Schreiber schien es nicht für notwendig zu erachten, am Beginn zu vermerken, auf welches Gebiet sich dieses Heberegister bezieht, da die Region beziehungsweise das Amt auch nicht durch eine Dorsalnotiz zu erschließen ist. Dieses Problem wurde offenbar erst im 14. Jahrhundert durch einen Zusatz beseitigt, indem an den Beginn des Registers nachgetragen wurde: *de officio Rothem*[38]. Es ist mit einer deutlich feineren Feder und kleiner über der ersten Zeile vermerkt. Nach dem Zahlungstag am Beginn des Rotulus, dem 22. Februar, folgt eine Auflistung von Namen und Abgaben. Dabei wird immer der Name der entsprechenden Person genannt und dieser

35 Ab der Eintragung *Gerardus de Rese*, in der Edition bei Wilkes, Quellen (wie Anm. 32) S. 511 Z. 4, nicht gekennzeichnet.

36 Eine andere Tinte wurde benutzt ab der Eintragung *Alegardis duos solidos*, in der Edition bei Wilkes, Quellen (wie Anm. 32) S. 511 Z. 9.

37 Es könnte sich dabei um zuvor auf Wachstafeln oder „Konzept-Rotuli" (i. e. Pergamentstreifen, die als Reste beschnittener Pergamentblätter für die Notate verwendet wurden) festgehaltene Einträge handeln, die dann im Ganzen auf den Rotulus eingetragen wurden. Zu derartigen Praktiken bei der Rechnungslegung vgl. Mersiowsky, Anfänge (wie Anm. 13) S. 88–90 u. 302–304.

38 Vgl. die Vorbemerkungen bei Wilkes, Quellen (wie Anm. 32) S. 510. Die weitere Bemerkung *monete levioris* gehört jedoch nicht zu diesem Eintrag, wie die Vorbemerkungen Glauben machen, sondern wurde von einer anderen Hand ausgeführt. Der über der Zeile stehende Zusatz von einer anderen Hand des 14. Jahrhunderts bezieht sich offenbar nicht auf das gesamte Heberegister, sondern allein auf die *duos solidos* des *Heinricus de Munimente*, die dieser abzuleisten hatte. Als Offizium ist Rottum erstmals in einer Urkunde vom 18. Mai 1283 bezeichnet, vgl. Urkundenbuch des Stiftes Xanten. Bd. 1: (Vor 590) – 1359, bearb. von Peter Weiler (Veröffentlichungen des Vereins zur Erhaltung des Xantener Domes 2), Bonn 1935, Nr. 271 S. 176 f., hier S. 176, sowie dazu auch Hawicks/Runde, Weeze (wie Anm. 32) S. 104 f.

noch zusätzlich durch eine Ortsangabe, die nicht immer zu identifizieren ist, weiter gekennzeichnet. Dann folgt die Angabe der abzuleistenden Zinsen in Geldstücken und Naturalien, so im ersten Fall des *Henricus de Munimente*, der an Petri Stuhlfeier *duos solidos et modium pise* zu leisten hatte, also zwei Solidi und einen Scheffel Erbsen[39]. Das Gliederungsprinzip der Abgaben ist dabei nicht die Höhe und die Art der Abgaben, sondern das jeweilige Datum, an dem diese zu erbringen sind. Nach dem mit deutlichem Abstand längsten Abschnitt, der die Zinsleistungen an Petri Stuhlfeier nennt, folgen Abgaben *in festo Mathie* (24. Februar), nochmals *in Chatedra Petri* (22. Februar), *in festo Sancti Victoris* (10. Oktober), *in festo sancte Walburgis* (1. Mai), *in octava Pasce* (flexibel) und *in festo sancti Martini* (11. November) mit einer Einzelabgabe von drei Denaren, die *in festo sancte Walburgis* (1. Mai) zu entrichten waren. Der zweite Rotulus setzt die Reihe der Feste fort: in *Palmis* (flexibel), *in octaca Pasche* (flexibel), *in festo sancti Johannis Baptiste* (24. Juni), *in festo Sancti Victoris* (10. Oktober), *in Chatedra Petri* (22. Februar), *in festo omnium sanctorum* (1. November), *in festo sancti Martini* (11. November), *in festo innocentum* (28. Dezember), erneut *in festo omnium sanctorum* (1. November), *ad vincula Petri* (1. August), *in palmis* (flexibel) sowie *in festo sancti Victoris* (10. Oktober).

Damit ergibt sich innerhalb der Rotuli kein klares Ordnungsmuster. Zwar findet sich ein beachtlicher Anteil zum Fest Petri Stuhlfeier zusammengezogen, doch taucht dieses Fest noch an weiteren Stellen auf, wie auch das Fest des Heiligen Viktor von Xanten oder das Martinsfest. Eine klare chronologische Reihung fehlt mithin. Hinzu kommt, dass die Rotuli auch sonst keine erkennbare optische Gliederung enthalten, etwa durch ein Paragraphenzeichen oder ähnliches. Letztlich steht dem Betrachter ein fortlaufend geschriebener Text vor Augen, in dem sich einige Lücken finden, die eine Strukturierung erleichtern, diese jedoch nicht nach klaren Kriterien vornehmen. Für eine zielstrebige Durchdringung, für einen aktiven Zugriff auf die Ressourcen scheint diese mangelnde Gliederung nicht besonders gut geeignet zu sein.

Doch das ist wohl eine moderne Perspektive, nicht die der damaligen Zeitgenossen, für die Mündlichkeit eine wesentlich wichtigere Rolle spielte. Die Zuordnung von Zinsen an Feste und Personen könnte den entsprechenden Verwaltern des *officium* Rottum folglich auch ohne die schriftlichen Aufzeichnungen präsent gewesen sein. Gleichwohl weisen beide Rotuli deutliche Gebrauchsspuren auf – und die Nachträge bis ins 14. Jahrhundert verdeutlichen, dass man sie bis dahin auch tatsächlich benutzt hatte. Von einer intensiven Nutzung zeugen auch die Abreibungen und Fettspuren am Beginn der Rolle, also dort, wo man den Rotulus festhielt oder entrollte. Nicht nur

39 Zum über der Zeile nachgetragenen Zusatz *monete levioris* siehe Anm. 38.

Wasserflecken am Beginn des Rotulus, sondern auch die in regelmäßigem Abstand auftretenden weiteren Flecken, die offenbar entstanden sein müssen, als der Rotulus eingerollt war, zeugen wie die Nachträge über den Zeilen in Hinblick auf veränderte Ortsangaben oder Höhe der Abgaben von einer kontinuierlichen Nutzung. So unsystematisch die Rotuli uns erscheinen mögen, so wenig ist doch zu verkennen, dass Sie intensiv benutzt wurden, sei es, um die Zinsen gemäß der Liste einzutreiben oder diesen Akt um ein öffentliches Verlesen der Zinser und ihrer Abgaben zu erweitern. Durch einen derartigen performativen Akt könnten die Zinser in den Herrschaftsverband des Viktorstiftes eingebunden, ihre Zinspflicht in der oralen Rechtstradition vor Ort verankert worden sein[40].

Aus der Perspektive des Viktorstiftes scheint es mir sinnvoll, beide Stücke als Zeugnisse einer ersten Phase des Einsatzes von Rotuli zu charakterisieren. Denn das dritte, aus dem 13. Jahrhundert stammende Stück, das nicht Rottum, sondern Weeze erfasst, weist eine deutlich durchdachtere und auf den ersten Blick einfacher zu verstehende Strukturierung auf, als dies noch bei den beiden älteren Rotuli der Fall war[41]. Das vorherige System wurde ganz offensichtlich weiterentwickelt (Taf. 19). Denn sofort fällt die Rubrizierung einzelner Angaben ins Auge, die einen einfacheren Zugang zu diesen ermöglichen[42]. Die Benutzung dieses Rotulus setzte ganz offenbar auch weniger Kenntnisse der Liegenschaften voraus, denn er ist durch einen Vermerk gekennzeichnet: Hatte das ältere Heberegister den Vermerk, dass es für das Offizium Rottum angefertigt wurde, erst im 14. Jahrhundert erhalten, so war diese Zuweisung im Rotulus für Weeze von Anfang an Teil dieses Heberegisters. In der Schrift des gesamten Dokumentes findet sich mit roter Tinte am Beginn allein auf der Zeile stehend: *De officio in Wese est ista carta.*

Auch hier belegen die deutlichen Gebrauchsspuren, dass dieser Rotulus benutzt wurde, dass es sich um pragmatische Schriftlichkeit handelte, die durch den Willen nach Systematisierung und aktivem Zugriff entstanden

---

40 Aus der reichen Literatur zu Rechtsgewohnheiten und der Konstitution von Recht durch Mündlichkeit vgl. Gerhard Dilcher, Mittelalterliche Rechtsgewohnheiten als methodisch-theoretisches Problem, in: ders. u. a., Gewohnheitsrecht und Rechtsgewohnheiten im Mittelalter (Schriften zur europäischen Rechts- und Verfassungsgeschichte 6), Berlin 1992, S. 21–65; Wiederabdruck in: ders., Normen zwischen Oralität und Schriftkultur. Studien zum mittelalterlichen Rechtsbegriff und zum langobardischen Recht, hg. von Bernd Kannowski/Susanne Lepsius/Reiner Schulze, Köln/Weimar/Wien 2008, S. 33–84.

41 Landesarchiv NRW, Abteilung Rheinland, Xanten, Viktorstift, Akten Nr. 21 2.

42 Dabei wurden die entsprechenden Ortsangaben in brauner Tinte ausgeführt und in der Regel mit einem nach links offenen Rahmen durch einen einfachen Strich umzeichnet, bisweilen einzelne Buchstaben ergänzt oder der Rahmen etwas verziert. In seltenen Fällen wurden einzelne Angaben mit Rot durchstrichen und auf diese Weise hervorgehoben.

war. Dafür spricht nicht nur die äußere Gestaltung, sondern auch die innere Gliederung, zunächst nach Geldarten, dann nach Zahlungsterminen. Aus späterer Perspektive könnte man sich natürlich eine noch stärkere Systematisierung vorstellen. Doch verglichen mit etlichen Listen in Codices sind die Weiterentwicklung und der Wille zur Systematisierung nicht zu verkennen. Denn nun sind die Angaben nicht mehr allein nach den Tagen der Zinsleistung gegliedert, sondern im Anschluss in der Regel auch eine Bezeichnung der Münzart (*montea gravis* oder *moneta levis*, halbseitig geprägte und dünnere Münzen) sowie die jeweilige Parochie genannt, in der sich Zinszahler finden ließen. Diesmal stehen am Beginn des Zinsverzeichnisses am Tag des Heiligen Viktor zu leistende Zinsen, die in zwei größeren Absätzen zusammengefasst sind. Dieser Beginn liegt mit Blick auf den Empfänger, das Stift St. Viktor in Xanten, nahe. Es folgen wie im Falle der Rotuli für das Offizium Rottum weitere Tagesdaten in der Form *Martini*, *in Chatedra Petri*, *in Palmis* (Taf. 20), und der vierte und letzte Block wird eingeleitet mit *Remigii*[43]. Für unsere Vorstellungen mag es bessere Organisationseinheiten geben, um die Abgaben zu verzeichnen, etwa entlang eines bestimmten Weges oder ähnliches. Und das mag vor allem für die Aufgliederung der Abgaben in *monea gravis* und *levis* gelten. Denn dort erfolgt die Anordnung nach der Geldangabe in den meisten Fällen oftmals nach Pfarreien, also innerhalb einer geographischen Ordnung.

Die Anordnung nach Festen ist nun konsequent umgesetzt worden, so dass auf einen Blick klar war, wer an den angegebenen Festtagen welche Zinsen zu leisten hatte. Diese Systematisierung war umso wichtiger, wenn der Rotulus nicht dazu bestimmt war, in der Sakristei von St. Viktor aufbewahrt zu werden, so dass dort, wenn die Zinsleistenden erschienen, die Summe kontrolliert werden konnte. Noch notwendiger war sie, wenn der Rotulus vor allem der Raumüberwindung diente, was wohl der Zweck seiner Herstellung war. Ein Beauftragter des Stiftes wird einmal im Jahr mit diesem Rotulus in der Hand die Abgaben eingetrieben haben. Wenn dies der Fall ist, so hat die Gliederung nach Festen Sinn, da dann die dort in einem Abschnitt zusammengefassten Abgaben an diesem Tag einzutreiben sind. Dass mit diesem Verzeichnis gearbeitet wurde, dass es sich um pragmatische Schriftlichkeit handelt, verdeutlichen nicht nur die Abnutzungsspuren, sondern auch die Aktualisierungen des Verzeichnisses in Hinblick auf den Gegenstand und die Personen, die den Betrag zu entrichten hatten.

Dass die Rotuli vor allem der Einsammlung von Abgaben vor Ort dienten, lässt sich zwar nicht eindeutig beweisen, doch ein Analogieschluss zur Verwaltung der Zinseinkünfte der Päpste kann dies doch sehr wahrschein-

43 Wilkes, Quellen (wie Anm. 32) S. 532–534.

lich machen. Rotuli sind uns aus der päpstlichen Verwaltung nicht bekannt. Die Zinsen wurden vermutlich schon vor dem am Ende des 12. Jahrhunderts angefertigten Liber Censuum in ein Zinsbuch eingetragen, das nach Diözesen gegliedert die Zinsabgaben an die Kurie verzeichnet.[44] Faktisch wird man durch den Liber Censuum über die tatsächliche Zinsleistung nicht informiert. Ob die Zinsleistungen ein frommer Wunsch Roms blieben oder realiter geleistet wurden, ist eine bis heute offene Frage.[45] Selten sind entsprechende Quittungen erhalten, wie etwa im Falle des Klosters S. Cruz in Coimbra, die bereits Carl Erdmann als eine „wohl einzigartige Aufzeichnung" charakterisiert hatte[46]. Denn der Livro Santo enthält an seinem Ende eine Kopie von sieben zwischen 1157 und 1186 ausgestellten Quittungen für die Zinsleistungen des Klosters an die Kurie. Diese wurden zum Teil direkt an der Kurie geleistet, zum Teil auch von einem Beauftragten der Kurie vor Ort eingetrieben, wie im Fall Coimbras beispielsweise durch den päpstlichen Subdiakon Nikolaus[47].

Schon Generationen von Historikerinnen und Historikern hat die Frage umgetrieben, woher der Beauftragte der Kurie um die Höhe der Zinsleistung wusste, wenn er diese im Falle Coimbras über 2000 Kilometer entfernt eintrieb. Woher wussten dies andere päpstliche Beauftragte, die gleichzeitig in Portugal, Spanien, England, Skandinavien, Deutschland, Frankreich, Polen oder Ungarn Zinsen einsammelten? Es ist auszuschließen, dass über 30 Beauftragte gleichzeitig mit einer Vollversion des Liber Censuum durch die lateinische Christenheit reisten. Dafür ist der durch seine Abmessungen und sein Gewicht unhandliche Liber Censuum ungeeignet.

---

44 Edition bei Le Liber censuum de l'Eglise romaine, publ. avec une introduction et un commentaire par Paul FABRE/Louis DUCHESNE (Bibliothèque des Ecoles françaises d'Athènes et de Rome, 2e sér. 6), 3 Bde., Paris 1905–1952.

45 Vgl. dazu jüngst Benedict G. WIEDEMANN, The Character of Papal Finance at the Turn of the Twelfth Century, in: The English Historical Review 133 (2018) S. 503–532, mit einem Forschungsüberblick vor allem zum Liber Censuum S. 503–516; zur Frage der tatsächlichen Zinsleistung DERS., The papal camera and the monastic census, in: ZKG (2015) S. 181–196, der sich vor allem für einen Zusammenhang zwischen der Leistung der Zinsen und der Bestätigung von Papstprivilegien ausspricht. In beiden Beiträgen findet sich auch die ältere deutsche Literatur.

46 Carl ERDMANN, Papsturkunden in Portugal (Abhandlungen der Gesellschaft der Wissenschaften zu Göttingen, phil.-hist. Kl., NF 20/3), Göttingen 1927, S. 379 Nr. 159 in den Vorbemerkungen; vgl. zudem William Eduard LUNT, Papal Revenues in the Middle Ages, 2 Bde. (Records of Civilization, Sources and Studies 19), New York 1935 (ND 1965), S. 37 f.

47 Vgl. dazu jüngst Jochen JOHRENDT, Die päpstlichen Einkünfte im 13. Jahrhundert. Heterogenität und mangelnde Qualifizierbarkeit am Beispiel von Spenden, Urkundentaxen, Immobilieneinnahmen, Lehnsabgaben und Zinsleistungen, in: Die römische Kurie und das Geld. Von der Mitte des 12. Jahrhunderts bis zum frühen 14. Jahrhundert, hg. v. Werner MALECZEK (Vorträge und Forschungen 85), Ostfildern 2018, S. 87–129, hier S. 127 f.

Wesentlich wahrscheinlicher ist hingegen – auch wenn die Überlieferung uns dafür keine Zeugnisse bereithält –, dass die päpstlichen Beauftragen dazu eine Liste der Zinser in Spanien, England, Schottland, Deutschland oder anderen Regionen in die Hand bekamen und mit diesen zur Eintreibung der Zinsen aus Rom entsandt wurden. Ein noch heute erhaltenes Beispiel dafür wäre der Zinsrotulus des Kapitels von St. Peter, der Besitzungen von Deutschland bis nach Unteritalien verzeichnet.[48] Ähnlich müssen wir uns wohl die Erhebung von Zinsen durch die Kurie vor Ort vorstellen – sofern die Zinszahler nicht in Rom erschienen.[49]

Dieses Procedere können wir wohl auch für St. Viktor in Xanten annehmen. Die Rotuli eröffneten dem Stift die Möglichkeit, auf seine Ressourcen aktiv zuzugreifen. Der Rotulus gewährte den Kanonikern die aktive Überwindung des Raumes sowie die Bildung und Festigung eines Herrschaftsverbandes vor Ort. Und es ist nicht allein ein Überlieferungszufall oder dem Brand geschuldet, dass sich die ersten Rotuli in Xanten im 12. Jahrhundert finden lassen. Sie sind die Antwort des Stiftes auf die Herausforderung einer veränderten Herrschaftsstruktur am Niederrhein, die durch einen Verdrängungsprozess gekennzeichnet war. Die Aufzeichnung auf den Rotuli diente sicherlich nicht allein einer Absicherung der Besitzungen, sondern vor allem dem regelmäßigen Kontakt mit diesem, der Kontrolle vor Ort. Zur Absicherung bot sich letztlich die Eintragung in ein ‚heiliges Buch' an, was in Xanten für das Offizium Rottum auch nachzuweisen ist, denn Teile der Angaben, die sich im Rotulus finden, wurden von einer Hand aus dem 12. Jahrhundert auch in das älteste Totenbuch von St. Viktor auf fol. 3v eingetragen[50]. War

48 Es handelt sich um das jüngere Zinsverzeichnis des Kapitels von Sankt Peter im Vatikan, das ältere war in eine Homiliar eingetragen worden. Zum jüngeren, in der BAV, Archivio del Capitolo di San Pietro, Pergamene, caps. 32 fasc. 131 Nr. 1, verwahrten Verzeichnis vgl. Jochen Johrendt, Urkundenregesten zum Kapitel von St. Peter im Vatikan (1198–1304) (Studi e testi 460), Città del Vaticano 2010, Nr. 274; Edition bei ders., Die Diener des Apostelfürsten. Das Kapitel von St. Peter im Vatikan (11.-13. Jahrhundert) (Bibliothek des Deutschen Historischen Instituts in Rom 122), Berlin/New York 2011, S. 370–387.

49 Dies scheint der Fall gewesen zu sein beim Kloster Saint-Bertin im Artois, für das Johannes Ramackers eine ähnlich geartete Aufzeichnung wie Carl Erdmann für Coimbra fand, vgl. Johannes Ramackers, Papsturkunden in Frankreich, Neue Folge, Bd. 3: Artois (Abhandlungen der Akademie der Wissenschaften in Göttingen, phil.-hist. Kl., NF 23), Göttingen 1940, S. 244 Nr. 187: Die drei dort verzeichneten Zahlungen zwischen 1174 und 1184 wurden offenbar alle an der Kurie bzw. beim Kämmerer des Papstes abgeliefert.

50 Edition bei Die Stiftskirche des Hl. Viktor zu Xanten. Das älteste Totenbuch des Stiftes Xanten, hg. und bearb. von Friedrich Wilhelm Oediger, Kevelaer 1958, S. 4. Es handelt sich bei diesem Liber officii capituli um die heute in der Universitätsbibliothek Münster verwahrte Handschrift 101, zu deren Beschreibung vgl. Die mittelalterlichen Handschriften der Universitäts- und Landesbibliothek Münster, bearb. von Eef Overgaauw, Wiesba-

hier die Absicherung das Ziel des Eintrags, so diente die Anfertigung des Rotulus einem anderen Zweck. Diente die Eintragung in das Totenbuch vermutlich nach den Erfahrungen der Brandkatstrophe der Absicherung in einem höheren Sinne[51], so fokussierte die Verzeichnung auf den Rotuli die Verwaltungsarbeit. Die immer stärkere Verdichtung der Herrschaft durch den Kölner Erzbischof und die mit diesem verbundenen Großen zwang auch die kirchlichen Institutionen zu einem besseren Management ihrer Ressourcen, um in diesem Wettbewerb bestehen zu können. Diese Umwälzungen haben ein Modell der Verwaltung und des aktiven Zugriffs entstehen lassen, das bis ins 14. Jahrhundert hinein benutzt wurde. Danach wurden neue Wege beschritten, die aufgrund einer dichteren Verwaltung möglich geworden waren. Neben die Rotuli trat dann eine neue Quellengattung der Verwaltung, das Heft. Erneut wurde am Viktorstift das Offizium Weeze erfasst, doch nicht mehr in Form eines Rotulus, sondern wie seit dem ausgehenden 13. Jahrhundert zu fassend als ein Heft[52]. Und dieses Heft zeigt keine übermäßigen, dem vorherigen Rotulus vergleichbare Gebrauchsspuren. Die Blätter dieser Hefte gingen nicht mehr jedes Jahr von Hand zu Hand und wurden dadurch abgenutzt, erhielten Wasserflecken oder Risse.

Abstract

The investiture contests saw a new kind of legitimation of power and a new kind of using power and resources. Normally German research isn't looking too intensive on economic changes in this quarrel but the rolls can show the new dynamics in the organisation and using of economic resources. The paper focuses the example of St Victor in Xanten, where the archive burned down in 1109. After this disaster we can find rolls, recording the revenues of the *officium* of Rottum. This rolls allowed the canons of St Victor to control their resources and to overcome the distances between their church and the

den 1996, S. 66–70, zum Eintrag zu Rottum S. 68. Zur Aufnahme der Angaben betreffend Rottum in das Totenbuch vgl. auch Hawicks/Runde, Weeze (wie Anm. 32) S. 104 f.

51 Oediger, Totenbuch, (wie Anm. 50) S. 4, gibt als Schreiber eine Hand des 11./12. Jahrhunderts an, doch bereits Franz Schuhknecht, Zur Identität der Frau Imeza im Stift Xanten, in: Annalen des Historischen Vereins für den Niederrhein 203 (2000) S. 23–33, hier S. 24, hielt die Eintragung nach dem Brand für möglich, ebenso Runde, Xanten (wie Anm. 14) S. 377; nach wie vor offen – aber zum Datum 1109 auch nicht ablehnend – nun Hawicks/Runde, Weeze (wie Anm. 32) S. 105.

52 Landesarchiv NRW, Abteilung Rheinland, Xanten, Viktorstift, Akten Nr. 213, zu den erst am Ende des 13. Jahrhundert aufkommenden Heften in der Rechnungslegung vgl. Mersiowsky, Anfänge (wie Anm. 13) S. 88–90.

persons subject to interest in regions apart. A second roll for the *officium* of Weeze from the 13th century shows the development of this quite direct access to the possessions of St Victor – it's an example of rationalization in the identifying and controlling resources.

Rotulus und Herrschaftsverdichtung am Beispiel der Güterliste Philipps von Heinsberg

Étienne Doublier

Accipe collatum tibi per me, Petre, ducatum, quem quinquaginta marcarum milibus emi. So lautet die Inschrift auf dem prächtigen Grabmal des Erzbischofs Philipp von Heinsberg in der Maternuskapelle des Kölner Doms[1]. Erst um die Mitte des 14. Jahrhunderts errichtet – also zu einer Zeit, in der das Oberhaupt der *ecclesia Coloniensis* einen bedeutsamen Teil des früheren Einflusses vor allem in der Stadt bereits verloren hatte –, das Grabdenkmal sollte an die beiden wichtigsten Verdienste des 1191 verstorbenen Kirchenfürsten erinnern. Die die Tumba umfassende Befestigung symbolisierte die Stadtmauer, deren Bau man im späten Mittelalter mit Philipp von Heinsberg in Verbindung zu bringen pflegte, und erinnerte somit an die Herrschaft der Erzbischöfe über die Stadt – eine Herrschaft, die vor allem nach der Schlacht bei Worringen im Jahr 1288 nur eine solche *de iure* geblieben war. Die in den Zwickelfeldern der Architekturrahmung in langgezogener Textualis formata angeführte Inschrift sollte hingegen in erster Linie die von Philipp erworbene Herzogsgewalt der Kölner Erzbischöfe vor Augen führen, die hier in Zusammenhang mit einer erheblichen Summenausgabe gebracht wird: 50.000 Mark habe der Erzbischof Philipp insgesamt ausgegeben, um dem heiligen Petrus den Dukat, gemeint ist wohl das Herzogtum Westfalen, übergeben zu können[2].

Das posthume Denkmal aus dem 14. Jahrhundert bezeugt, wie stark und nachhaltig die territoriale Politik Philipps von Heinsberg die Zeitgenossen sowie die Nachwelt beeindruckt hatte[3]. Die planmäßige und überaus in-

1 Zum Grabmal Philipps von Heinsberg siehe nun Barbara Schock-Werner, Das Grabmal des Philipp von Heinsberg im Kölner Dom: Wehrelemente an mittelalterlichen Grabmälern, in: Kölner Domblatt 65 (2000) S. 85–112; Heinrich Neu, Das Grabmal Philipps von Heinsberg im Kölner Dom, in: Philipp von Heinsberg, Erzbischof und Reichskanzler (1167–1191). Studien und Quellen, hg. von Severin Corsten/Leo Gillessen (Museumsschriften des Kreises Heinsberg 12), Heinsberg 1991, S. 95–97, mit Verweis auf die ältere Literatur.

2 Zur genauen Summe vgl. Ulrich Ritzerfeld, Das Kölner Erzstift im 12. Jahrhundert. Verwaltungsorganisation und wirtschaftliche Grundlagen (Rheinisches Archiv 132), Köln u. a. 1994, S. 354 f.

3 Zur Erwerbstätigkeit Philipps von Heinsberg vgl. Hermann Hecker, Die territoriale Politik des Erzbischofs Philipp I. von Köln (1167–1191). Ein Beitrag zur Geschichte des XII. Jahrhunderts, Leipzig 1883, bes. S. 116–128; Friedrich Josef Esser, Studien zum Kölner Erzbischof Philipp von Heinsberg, [Diss., maschinenschriftlich] Köln 1955, S. 54–84;

tensive Erwerbstätigkeit des Erzbischofs hatte in der Tat schon zahlreiche Chronisten dazu bewegt, diesen Umstand aufzuzeichnen oder sogar zu kommentieren[4]. Zum Jahr 1188 berichtet zum Beispiel die Chronica regia Coloniensis: *Hoc anno archiepiscopus Coloniensis praecavens in futurum ad quadraginta milia marcarum et septigentas marcas summam argenti perduxit in coemptione urbium et prediorum terre Coloniensis adiacentium circum circa*[5]. Noch besser scheint Heinrich von Herford informiert zu sein, der allerdings erst um die Mitte des 14. Jahrhunderts seinen Liber verfasste: *Item Phylippus hic construxit de novo castrum Peremont super Wiseram in allodio, quod ipse pecunia sua comparaverat et beato Petro donaverat [...]. Item emit castra multa scilicet Wassenberch, Rydeke, Deest, Olebugge, Are, Kempenich, Burgethem, Blankenberch, Wide lantgravii, Nuwenburch, Froisbrecht, Thekenborch, Dale, Wischene, Oye, Haggene, Ytere et alia plura. Invenitur autem, quod in castris et allodiis pro ecclesia circa quinquaginta milia marcarum erogavit. Proprietatem autem istorum castrorum tradidit beato Petro. Sed dominis terrarum tradidit quedam ex eis iure feodali possidenda*[6].

Wenn die narrativen Quellen vor allem die starke Wirkung der Erwerbstätigkeit Philipps auf die Zeitgenossen und die Nachwelt bezeugen, gilt als primäres Zeugnis der Erwerbungen des Kölner Erzbischofs ohne Zweifel seine berühmte Güterliste, von der bekanntermaßen mehrere Rezensionen überliefert sind[7]. Das älteste Güterverzeichnis ist der sogenannte Münsteraner Rotulus, heute verwahrt in der westfälischen Abteilung des Landesar-

---

RITZERFELD, Kölner Erzstift (wie Anm. 2) S. 352–362 u. 387–391; Stefan BURKHARDT, Mit Stab und Schwert. Bilder, Träger und Funktionen erzbischöflicher Herrschaft zur Zeit Kaiser Friedrich Barbarossas. Die Erzbistümer Köln und Mainz im Vergleich (Mittelalter-Forschungen 22), Ostfildern 2008, S. 398–401. Zum Episkopat Philipps von Heinsberg vgl. auch die Überblicksdarstellungen: Paul Egon HÜBINGER, Die Stellung Philipps von Heinsberg in der Geschichte seiner Zeit, in: Philipp von Heinsberg, hg. von CORSTEN/GILLESSEN (wie Anm. 1) S. 89–94; Gerhard KALLEN, Philipp von Heinsberg, Erzbischof von Köln (1167–1191), in: Philipp von Heinsberg (wie Anm. 1) S. 33–53.

4 Vgl. dazu die Zusammenstellung von Richard KNIPPING, Die Regesten der Erzbischöfe von Köln im Mittelalter. Bd. 2: 1100–1205, Bonn 1901, S. 277 f., Nr. 1386. Vgl. dazu auch RITZERFELD, Kölner Erzstift (wie Anm. 2) S. 353 f.

5 Chronica regia Coloniensis (Annales maximi Colonienses), ed. Georg WAITZ, MGH SS rer. Germ. in us. scholarum 18 (1880) S. 140.

6 Liber de rebus memorabilioribus sive chronicon Henrici de Hervordia, ed. August POTTHAST, Göttingen 1859, S. 168.

7 Siehe dazu Johannes BAUERMANN, Zu den Güterlisten Philipps von Heinsberg, in: Philipp von Heinsberg, hg. von CORSTEN/GILLESSEN (wie Anm. 1) S. 55–78, bes. S. 56, Anm. 4 f., mit Verweisen auf ältere Drucke. Vgl. dazu auch KNIPPING, Regesten (wie Anm. 4) S. 277, Nr. 1386. Laut RITZERFELD, Kölner Erzstift (wie Anm. 2) S. 354, handelt es sich hierbei um „die erste Quelle in unserem Raum, die eine annähernd vollständige Auflistung von Kosten für konkrete Aufwendungen der Territorialpolitik bietet“.

chives NRW, der höchstwahrscheinlich noch zu Lebzeiten des Erzbischofs angefertigt wurde[8]. Eine zweite Liste mit den Gütererwerbungen Philipps, ein einseitig beschriftetes, hochformatiges Pergamentblatt von erheblichen Ausmaßen (33:42 cm) aus dem zweiten Viertel des 13. Jahrhunderts, ist im Erzbistumsarchiv Paderborn verwahrt[9]. Beim dritten überlieferten Zeugen handelt es sich um eine im *Liber iurium, feudorum et reddituum castrorum Coloniensium,* einem Kopiar aus der Zeit des Erzbischofs Siegfried von Westerburg (1275–1297), inserierte Abschrift, die im ausgehenden 13. Jahrhundert niedergeschrieben wurde[10].

Wie von Johannes Bauermann überzeugend aufgezeigt wurde, können die beiden zuletzt genannten Verzeichnisse nicht unmittelbar abhängig von dem Münsteraner Rotulus sein[11]. Vielmehr rühren sie von einer verlorenen Aufzeichnung her, also von einer späteren Güterliste, die wohl nach der Abreise des Erzbischofs Philipps nach Italien 1190 oder vielleicht kurz nach seinem Tod 1191 angefertigt wurde. Die Abschlusszeile der „Paderborner" und der „Kölner" Liste lautet nämlich: *Hec omnia facta sunt sub Philippo Coloniensi archiepiscopo et talis computatio facta est, dum exiret cum rege in Ampulliam (!)*[12]. In der Tat enthalten die beiden jüngsten Verzeichnisse Angaben, die im Münsteraner Rotulus fehlen und scheinen zudem nach einem anderen Konzept erstellt worden zu sein. Dementsprechend kann das in Münster überlieferte Exemplar als Unikum gelten, während die Paderborner und die Kölner Liste als spätere Zeugen eines verlorenen Verzeichnisses zu deuten sind, womit der Münsteraner Rotulus ergänzt oder ersetzt werden sollte[13].

Die bisherige Forschung hat sich mit der Güterliste des Erzbischofs Philipp vor allem aus landesgeschichtlicher Perspektive beschäftigt, und dabei die aufgelisteten Güter samt deren früheren und späteren Besitzer im Einzelnen identifiziert sowie die zahlreichen Gütererwerbungen als primäre Quelle für die Territorialpolitik Philipps von Heinsberg betrachtet[14]. Im vorliegenden Beitrag soll eine umgekehrte Herangehensweise zur Geltung kommen.

---

8 Münster, Landesarchiv NRW, Abt. Westfalen, Herzogtum Westfalen, Lehen – Generalia – Urkunden, Nr. 1.

9 Paderborn, Erzbistumsarchiv, Metropolitankapitel, Urkunden, Nr. 2.

10 Jetzt in Duisburg, Landesarchiv NRW, Abt. Rheinland, Kurköln I, Kartulare und Repertorien, Nr. 3. Vgl. dazu Leonard Korth, Ein Kopiar des Erzbischofs Siegfried von Köln. Mit einem Anhang über die Gütererwerbungen des Erzbischofs Philipp von Heinsberg, in: Mitteilungen aus dem Stadtarchiv von Köln 12 (1887) S. 41–66, bes. S. 54–66.

11 Bauermann, Güterlisten (wie Anm. 7) S. 55–57.

12 Korth, Kopiar (wie Anm. 10) S. 66.

13 Bauermann, Güterlisten (wie Anm. 7) S. 63, Anm. 30.

14 Vgl. zusammenfassend neben den in der Anm. 3 angeführten Werken auch Odilo Engels, Die Stauferzeit, in: Rheinische Geschichte, hg. von Franz Petri/Georg Droege, Bd. 1,3: Hohes Mittelalter, Düsseldorf 1983, S. 225–236, bes. 226–228.

Ausgangspunkt der Beobachtungen soll nicht der kölnische Machtkomplex sein, wie er aus einer Gesamtbetrachtung der Güterliste, vor allem der späteren Fassungen hervorgeht, sondern die älteste Aufzeichnung in ihrer Materialität und in ihren unterschiedlichen Bearbeitungsstufen. Die Münsteraner Güterliste wird somit nicht als Spiegel eines von Anfang an klar konturierten Handlungskonzeptes betrachtet, sondern als Zeuge und Werkzeug einer von verschiedenen Umständen beeinflussten und deshalb variierenden Politik des Erzbischofs. In dieser Hinsicht erscheint es vielsprechend, gerade die noch zu Lebzeiten des Erzbischofs angefertigte und heute in Münster aufbewahrte Liste als Grundlage zu nehmen, wobei auch die späteren Fassungen immer wieder zu berücksichtigen sein werden.

Was ist der Sitz im Leben dieses Pergamentstückes? Wie könnte die Liste entstanden sein und in welchem Zusammenhang? Welche Funktionen derselben lassen sich erkennen? War zum Beispiel der Rotulus als Instrument der Administration und Besitzverwaltung gedacht? Oder war er vielmehr ein einfaches Inventar aller kölnischen Besitzungen? Hat sich dessen Funktion im Laufe der Zeit geändert? Und was sagt uns eine direkte Beschäftigung mit diesem Stück zum Episkopat Philipps und zu seinen Schwerpunkten? Was insbesondere zur konkreten Umsetzung lehnrechtlicher Verhältnisse im kölnischen Machtbereich?

Um diese Fragen überhaupt behandeln zu können, erscheint es am sinnvollsten, zunächst die äußeren Merkmale des Rotulus in den Blick zu nehmen[15]. Die Pergamentrolle ist 20,5 cm breit und 69,5 cm hoch, führt auf der Vorderseite 82 Angaben und auf der oberen Hälfte der Rückseite 15 weitere Angaben an. Aufgelistet werden hier Allodien, Burgen, Höfe, Häuser oder einfache Orte ohne zusätzliche Präzisierungen, die durch den Erzbischof Philipp meistens käuflich erworben worden waren. In der Regel wird zunächst die Art des erworbenen Gutes erwähnt, zum Beispiel *castrum*, *domus*, *allodium*, *curtis*; dann werden der Ort und in den meisten Fällen der Name des Verkäufers beziehungsweise die Namen der Verkäufer angegeben; im Anschluss daran befindet sich fast ausnahmslos der Gesamtpreis, manchmal was von ihm zur Zeit der Anfertigung bereits bezahlt worden und was noch zu begleichen war[16]. Bei einigen Positionen kommen noch weitere Präzisie-

15 Eine Beschreibung des Rotulus befindet sich in Bauermann, Güterlisten (wie Anm. 7) S. 64. Eine digitale Reproduktion des Rotulus ist im Netz verfügbar: http://dfg-viewer.de/show/?tx_dlf[id]=http%3A%2F%2Fwww.landesarchiv-nrw.de%2Fdigitalisate%2FAbt_Westfalen%2FUrkundenbestaende%2FHerzogtum_Westfalen_Lehen_Generalia%2FUrkunden%2F001%2Fmets.xml (zuletzt abgerufen am 25. November 2019).

16 Vgl. zum Beispiel die ersten vier Positionen der Liste: „Castru(m) Pierremunt et allodi(um) i(n) distorp cu(m) o(mn)ib(us) attinentiis suis. *Emptu(m) pro CC q(uin)q(ua)ginta m(arce) totu(m) sol(ute).* | Castru(m) Vlotowe. *Sexaginta m(arce) sol(ute).* | Dom(us) Hillingelvelt

rungen vor, zum Beispiel die Namen derjenigen, die die jeweiligen Güter als Lehen vom Erzbischof bekommen hatten beziehungsweise noch bekommen sollten, oder die Rechte, die dem Lehnsherrn zustanden[17]. Neben diesen auch auf den ersten Blick verständlichen Angaben sind auch weitere Zeichen vorhanden, wie ein Kreuz und vor allem ein Kreis mit einem schrägen Strich, auf deren Bedeutung noch eingegangen werden soll[18].

An dieser Stelle ist zu fragen, ob es sich aus der Beobachtung der Schrift und der äußeren Gestaltung des Rotulus unterschiedliche Bearbeitungsphasen und eventuell mehrere Schreiber beziehungsweise Bearbeiter identifizieren lassen. Es ist zunächst nicht zu übersehen, dass das Verzeichnis nicht in einem Zuge angefertigt wurde. Vielmehr sind wenigstens drei Phasen zu unterscheiden. In einer ersten Phase sind die Eingangszeile, die ersten 71 Positionen und ein Teil der 72. Position in einer gesetzten Schrift des späten 12. Jahrhunderts geschrieben worden. Es handelt sich dabei um eine frühgotische Schrift, die an die diplomatische Schrift einiger Urkunden des Kölner Erzbischofs aus der gleichen Zeit erinnert[19]. Angeführt wurden in diesem früheren Stadium das erworbene Gut und in den meisten Fällen auch dessen Verkäufer sowie der Ort. Nur selten sind auch weitere Angaben vorhanden wie zum Beispiel die Jahresrente – dies ist vor allem bei den ersten Positionen der Fall[20].

In einer sukzessiven Phase hat eine zweite Hand angefangen, die Kaufsummen ebenso in einer gesetzten Schrift anzuführen. Damit hat der Schreiber allerdings schon bei den ersten Positionen aufgehört[21]. In einem dritten

cu(m) o(mn)ib(us) suis attinentiis. *Sexaginta m(arce) sol(ute).* | De allodio C onradi de Gudinb(ur)g et Everardi f(rat)ris sui iux(t)a Brilon valens annuatim VI m(arce). *Sexaginta m(arce) sol(ute)*", aus eigener Transkription aus dem Münsteraner Rotulus. Ortsangaben wurden recte, Geldbeträge und sonstige hinzugefügte Angaben kursiv gesetzt.

17 Vgl. zum Beispiel die Positionen 37, 46 und 47: „Allod(ium) Godefridi de Stophe. *Hillenseym cc m(arce). Sala data est.* | [...] Allod(ium) de Danne, q(uo)d Otto de Wikerothe tenet ab archiep(eiscop)o. *xx sol(ute).* | Allod(ium) Vollandi ap(u)d Lo. *lx m(arce) sol(ute). Comes de Cleve ab archiep(iscop)o i(n) feodo tenebit*".

18 Siehe unten Anm. 53.

19 Vgl. zum Beispiel die im Original erhaltenen Urkunden Philipps für das Kloster Oelinghausen: Münster, Landesarchiv NRW, Kloster Oelinghausen, Urk. Nr. 6–8. In den Urkunden sind allerdings die Buchstaben schmaler und höher, gestaltet mit den typischen Ober- und Unterlängen; der Schriftzug ist außerdem im Rotulus eindeutig kräftiger.

20 So zum Beispiel auf der vierten Position, siehe oben Anm. 16. Man hat sich in diesem ersten Stadium noch bemüht, auf horizontale Linien zu schreiben, die schon vorher gezogen worden sein müssen. Um gerade zu zeichnen, hat man sich darüber hinaus kleiner Punkte bedient. Insgesamt wurden 76 Linien gezogen, 31 weniger als die am Ende insgesamt angeführten Positionen.

21 Nur die Angaben zur ersten Position sind tatsächlich in einer Schrift geschrieben, die derjenigen der zunächst angeführten Namen ähnlich ist. Die Summe *sexaginta* ist auch bei den Positionen 2, 3, 4, 5, 7 und 8 in einer relativ gesetzten Schrift geschrieben. Die Angabe *mille*

Schritt wurde die Liste von dieser zweiten Hand in einer kursiven Schrift fortgeführt und hinzu wurden die übrigen Kaufsummen registriert. Unterhalb dieses dritten Stadiums lassen sich allerdings mehrere Sub-Phasen erkennen: An einigen Stellen ist der Schriftzug eindeutig kräftiger als kurz zuvor – ein Zeichen, dass ein Wort oder eine Summe erst später hinzugefügt wurde[22]; die Schrift wird zudem bei einigen Positionen, vornehmlich am Ende des Verzeichnisses besonders flüchtig hingeworfen – was darauf zurückgeführt werden könnte, dass die Liste nachlässiger vollendet wurde.

Weitere bedeutsame Auskünfte über Entstehung und Funktion des Rotulus versprechen die inneren Merkmale zu liefern. Wie ist die Münsteraner Güterliste überhaupt strukturiert? Ist ein klar dahintersteckendes Konzept erkennbar, das die Funktionen des Verzeichnisses durchblicken lässt? Ist die Liste zum Beispiel nach einem räumlichen, einem chronologischen oder einem dynastischen, das heißt den Adelsgeschlechtern berücksichtigenden Prinzip aufgebaut worden? Bei der Behandlung dieser Fragen sind einige Befunde festzuhalten: Das Verzeichnis ist keine Aufzeichnung aller Güter des Erzstiftes. Hier fehlen zum Beispiel die alten Besitzungen des Erzstiftes, etwa die Höfe in Neuss, Bonn, Andernach und Soest sowie die Burgen Volmarstein, Wolkenburg oder Odenkirchen[23]. In der Liste wurden auch nicht alle Gütererwerbungen des Erzbischofs aufgelistet, sondern nur bestimmte Arten von Gütern. Hier fehlen beispielsweise die kirchlichen Institutionen und die Rechte über diese. Die Reichsabteien Herford und Vreden, die Philipp durch Tausch von Barbarossa erwarb, sowie die Vogteien zu Rhens und Schwarzrheindorf, für die Philipp 230 Mark ausgab, werden hier mit keiner Silbe erwähnt[24]. Verzeichnet werden zudem nicht nur Erwerbungen, die auf die Initiative Philipps zurückgehen, sondern auch solche die von seinem Vorgänger Rainald von Dassel unternommen wurden, zum Beispiel der Besitz der Grafen von Arnsberg[25].

---

ducentis marcis et xx marcis annuatim in feodo concessis auf der 15. Position weist ebenso einen gesetzteren Charakter und einen etwas kräftigeren Duktus auf. Die restlichen Beträge und Vermerke unterscheiden sich sowohl von den Orts- und Personennamen als auch von diesen ersteren Angaben durch ihren kursiven und zunehmend ungepflegten Charakter.

22 Dies ist beispielsweise auf den Positionen 27 und 28 besonders ersichtlich. Hier wurden die Angaben zu den Orten und Personen (*Allodium Ottonis de Heldorp*; *Allodium Heinrici libri de Ratingen*) in kalligraphischer Schrift geschrieben. Bei den Geldbeträgen (in beiden Fällen *xl m.*) ist der Schriftzug außerordentlich leicht und die Schrift kaum noch zu lesen. Die folgende Angabe *sol.* ist allerdings bei beiden Positionen in einer etwas dunkleren Tinte geschrieben worden.

23 Vgl. zu diesen Besitzungen des Erzstiftes Ritzerfeld, Kölner Erzstift (wie Anm. 2) S. 135–158, 169–177 u. 187 f.

24 Vgl. Knipping, Regesten (wie Anm. 4) S. 189, Nr. 1015; S. 195, Nr. 1047 u. S. 316, Nr. 1550.

25 Vgl. ebd. S. 152, Nr. 866. Am ausführlichsten sind wir über den Erwerb der Güter der Gra-

Aufgelistet werden hier also nur bestimmte Kategorien von Gütern: hauptsächlich *allodia* und *castra*, sowie im geringeren Ausmaße *curtes* und *domus*. Es geht also in erste Linie um Grundherrschaften und Burgen, während Vogteien, Stadtrechte und Kirchen ausgeschlossen bleiben[26]. Angeführt sind darüber hinaus bis auf eine einzige Ausnahme Besitzungen, die bei Herzögen, Markgrafen, Grafen, Edelherren sowie einigen Freien erworben wurden, nicht aber diejenigen, die der Erzbischof vom Kaiser, von anderen Prälaten oder von kirchlichen Institutionen bekam[27]. Festzuhalten ist darüber hinaus, dass die Liste vor allem eigenrechtliche sowie lehnrechtliche Beziehungen im Blick hat, denn es geht dabei um Allodien und Burgen, deren Eigentum zunächst vom Erzbischof gekauft wurde, und die dann in einem zweiten Schritt als *feoda* ausgegeben wurden. Die Liste scheint ferner nicht nach einem einzigen Prinzip angefertigt zu sein, sondern vielmehr sind diverse miteinander verknüpfte Konzepte zu erkennen, die wahrscheinlich in Zusammenhang mit diversen Bearbeitungsphasen zu bringen sind.

Bei den Positionen 1 bis 11 handelt es sich um *allodia* und *castra*, die das Gebiet des Bistums Paderborn einzukreisen scheinen, und zumeist zwischen 1178 und 1184 erworben wurden[28]. Sie fehlen nämlich in dem feierlichen Privileg Alexanders III., werden aber in dem Lucius' III. erwähnt[29]. Es geht da-

---

fen von Arnsberg durch die Paderborner Liste unterrichtet. Siehe Bauermann, Güterlisten (wie Anm. 7) S. 70: *Reinoldus archiepiscopus castrum Arnesberch et curtem Wedenchusen cum omnibus attinentiis suis et curtem Wicke / et Pirreclo et Gunnethe et Marswelde et curtem Hevendenhusen et Setrivelde et curtem Amewic et quicquid ad usus proprios tunc temporis habebat, a comite compravit, et hec archiepiscopo Ph. stabilita sunt de consensu et voluntate / filiorum suorum Heinrici et Godefridi Graenbeke presente Geverhardo de Wicklo, qui tunc temporis comes presidebat et bannum regium tunc temporis, sicut moris et Westvaliensium et Angarorum, promulgabat, et ob memoriam facti eiusdem comiti Gevehardo dedit carratam vini. Archiepiscopus Reinoldus comiti Henrico omnia persolvit exceptis CL marcis, quas episcopus Ph. persolvit et in feodis solvenda [!] persolvit.*

26 Nur auf der 71. Position werden zwei Pfarrkirchen und drei Kapellen erwähnt, wobei sie als *pertinentie* der Burg Arberg zu deuten sind.

27 Die einzige Ausnahme bildet das Allod in Amelgatzen (53. Position des Rotulus), das laut der Paderborner Liste, bei der Kirche in *Bezengerothe* gekauft wurde, vgl. Bauermann, Güterlisten (wie Anm. 7) S. 68.

28 Die Identifizierung der in den Güterlisten aufgezeichneten Orte ist von Hecker, Territoriale Politik (wie Anm. 3) S. 116–128, und Esser, Studien (wie Anm. 3) S. 54–84, vorgenommen worden. Vgl. dazu auch Knipping, Regesten (wie Anm. 4) S. 277–282, Nr. 1386. Für eine Visualisierung der Orte auf einer Karte siehe Bauermann, Güterlisten (wie Anm. 7) S. 74. Bei den Positionen 1 bis 11 handelt es sich um folgende Güter: Burg Pyrmont, Allod Oesdorf, Burg Vlotho, Haus Hilligsfeld, Allod Brilon, Allod Nienburg, Landbesitz in Wettesingen, Allod in Strörmede, Land bei Lippstadt, Allod Brünninghausen, Hof Velmede.

29 Vgl. Knipping, Regesten (wie Anm. 4) S. 205, Nr. 1103 u. S. 234, Nr. 1219.

bei um Erwerbungen, die vielleicht auf das Vorhaben zurückzuführen sind, den 1180 erhaltenen *ducatus* und die damit verbundene Herzogsgewalt, die auch die Hoheit über Paderborn vorsah, mit Allodialbesitz zu verfestigen[30].

Priorität konnten zu dieser Zeit die Expansion in der Region an der Weser gehabt haben, wo sich die meisten Eigengüter Heinrichs des Löwen befanden, die Schwächung Bernhards von der Lippe sowie die Ausschaltung des Bischofs von Paderborn, auf den der Kölner Metropolit keinen kirchlichen Einfluss ausüben konnte. Hinweise darauf befinden sich in einer Urkunde vom Jahr 1184, durch die der Erzbischof Philipp den Erwerb von einigen Allodien, die Errichtung der Burg Pyrmont in Waldeck und die Vergabe von dieser als Lehn bekundete: *Ad omnium igitur [...] noticiam pervenire volumus, qualiter in partibus Saxonie quoddam allodium Udistorp emimus [...] idemque allodium beato Petro et cunctis successoribus nostris in perpetuum possidendum tradidimus. Placuit autem nobis et visum utile est infra eiusdem allodii continenciam ad defensionem et maiorem tuicionem ducatus nostri in Westfalia municionem et castrum edificare [...]. Quoniam autem hoc ipsum castrum infra comitatum et iurisdictionem domini Widekindi fratris Volquini de Permut erat, dimidietatem castri eidem Widekindo et heredibus suis in perpetuum possidendam iure feodali concessimus, ea condicione, ut ipse et heredes sui beato Petro et nobis cunctisque successoribus nostris in posterum fidelitatem teneant et in omni necessitate nostra de eodem castro nobis et ecclesie Coloniensi auxilium de certo pertent*[31].

Ansatz und Ziel der Maßnahmen sind klar: der Erzbischof erwirbt käuflich ein Allod und lässt auf diesem eine Burg zur Abwehr des westfälischen *ducatus* errichten. Da sich aber Allod und Burg innerhalb der Jurisdiktionssprengel des Grafen Widekind befinden, wird die Hälfte des *castrum* dem besagten Grafen und seinen Erben *iure feodali* übertragen, unter der Bedingung, dass diese *in fidelitatem* bleiben und *in omni necessitate* dem Lehns-

30 Zum Erwerb des Herzogstitels vgl. Matthias KORDES, Lateran 1178 und Gelnhausen 1180. Zur nominellen Herrschaftsübernahme Westfalens und des Emscher-Lippe-Raumes durch den Kölner Erzbischof Philipp I. von Heinsberg, in: Fiat voluntas tua. Theologe und Historiker – Priester und Professor. Festschrift zum 65. Geburtstag von Harm Klueting am 23. März 2014, hg. von Reimund HAAS, Münster 2014, S. 531–546; Stefan WEINFURTER, Erzbischof Philipp von Heinsberg und der Sturz Heinrichs des Löwen, in: Köln. Stadt und Bistum in Kirche und Reich des Mittelalters. Festschrift für Odilo Engels zum 65. Geburtstag, hg. von Hanna VOLLRATH/Stefan WEINFURTER, Köln 1993, S. 455–481; Georg DROEGE, Das kölnische Herzogtum Westfalen, in: Heinrich der Löwe, hg. von Wolf-Dieter MOHRMANN (Veröffentlichungen der Niedersächsischen Archivverwaltung 39), Göttingen 1980, S. 275–306.

31 Christian Ulrich GRUPEN, Origines Pyromontanae et Swalenbergicae, Göttingen 1740, S. 19 f. (zum Jahr 1183). Vgl. dazu auch KNIPPING, Regesten (wie Anm. 4) S. 234, Nr. 1221.

herrn *auxilium* leisten[32]. Obwohl urkundlich nicht belegt, dürften vergleichbare Absichten auch den Erwerb der Güter des Bernhard von der Lippe inspiriert haben, denn der ehemalige Anhänger Heinrichs des Löwen taucht spätestens ab 1185 regelmäßig als Zeuge erzbischöflicher Urkunden auf, in denen es um westfälische Angelegenheiten geht[33].

Die Positionen 12 bis 22 umfassen Güter der Grafen von Arnsberg und Besitzungen an den nördlichen Grenzen des Erzbistums, einige davon schon in der Diözese Utrecht in den Niederlanden gelegen[34]. Auch diese Gruppe von Erwerbungen lässt sich sowohl einem räumlichen als auch einem zeitlichen Prinzip zuordnen: Der systematische Kauf der Güter der Grafen von Arnsberg geht noch auf die Initiative Erzbischof Rainalds von Dassel zurück und wurde vornehmlich zwischen 1166 und 1178 vorangetrieben[35]. Die Burgen und Allodien an den nördlichen Grenzen der Erzdiözese müssen hingegen genauso wie diejenigen an der Weser und um das Bistum Paderborn zu Beginn der 80er Jahren erworben worden sein, wahrscheinlich um den Dukat vom Norden zu schützen. Das Vorhaben, eine Ausweitung des grundherrlichen Besitzes des Bischofs von Münster zu verhindern, könnte ebenso eine Rolle gespielt haben. Zum *domus* Ahus notiert zum Beispiel die Paderborner Rezension der Liste, dass dieses Gut von einem gewissen Johannes dem Kölner Metropolit aus Angst vor dem Bischof von Münster übertragen wurde: *Ob timorem episcopi Hermanni Monasteriensis Johannes domum suam Ahus ecclesie Coloniensi contulit et curtem prope castrum sita contulit cum omnibus attinentiis*[36].

32 Zur Ausbreitung von Lehnsverhältnissen und lehnrechtlicher Terminologie im Reich in der zweiten Hälfte des 12. Jahrhunderts siehe nun den Sammelband: Das Lehnswesen im Hochmittelalter: Forschungskonstrukte – Quellenbefunde – Deutungsrelevanz, hg. von Jürgen Dendorfer/Roman Deutinger (Mittelalter-Forschungen 34), Ostfildern 2010, darin vor allem für den Kölner Raum auf den Aufsatz von Stefan Burkhardt, Lehnsrechtliche Ordnungsvorstellungen in den Urkunden der Erzbischöfe von Mainz und Köln, S. 177–194.

33 Vgl. Knipping, Regesten (wie Anm. 4) S. 234, Nr. 1221; S. 246, Nr. 156; S. 247, Nr. 1258; S. 251, Nr. 1274 u. S. 252, Nr. 1280.

34 Es geht dabei um folgende Güter: Allod und Burg der Grafen von Arnsberg, Burg Ahus, Allod Dolberg, Allod Dalwig, Allod Mark, Allod Hachen, Allod Ruhr, Burg Bredevoort, Allod Gest, Haus und Burg Oeyen, Allod Selheim.

35 Der Grund, weshalb auch sie in diese Liste Eingang fanden, ist, dass ein Teil der Summen erst unter Erzbischof Philipp beglichen wurde. Auch die Grafen von Arnsberg waren Gegner Rainalds von Dassel gewesen. Nach ihrer Niederlage 1166 und dem Erwerb ihrer Güter durch die Erzbischöfe sind diese immer wieder in der Gefolgschaft des Metropoliten belegt. Vgl. zum Verhältnis zwischen Philipp von Köln und den Grafen von Arnsberg Hecker, Territoriale Politik (wie Anm. 3) S. 76 f.

36 Siehe Bauermann, Güterlisten (wie Anm. 7) S. 71.

Eine weitere relativ homogene Gruppe von Erwerbungen umfasst die Positionen 23 bis 29. Dabei handelt es sich um Güter im rechtsrheinischen Gebiet zwischen Wupper, Rhein und Ruhr an der Grenze zum Reichsstift Essen[37]. In diesem Bereich waren keine Grafenfamilien, sondern meistens Freie begütert, und bei diesen wurden dementsprechend die Besitzungen erworben. Wann der Kauf erfolgte, ist nicht bekannt – wahrscheinlich nach 1184 (Jahr der Bestätigung Lucius' III.), also im Vergleich zu den Erwerbungen im Osten und im Norden erst in einer späteren Phase.

Eine vierte, relativ umfangreiche Gruppe bilden die Positionen 30 bis 49. Hier werden fast ausschließlich linksrheinische Orte aufgelistet. Betroffen war also das Herzogtum Lothringen, dessen Würde die Kölner Erzbischöfe 1151 erhalten hatten[38]. Eine Besonderheit von dieser Gruppe besteht darin, dass hier bis auf wenige Ausnahmen Güter verzeichnet sind, die bei bedeutsamen Adelsgeschlechtern gekauft wurden und in vielen Fällen an diese als Lehen zurückgingen. Die Rede ist unter anderem von den Herzögen von Limburg und Löwen-Brabant, den Grafen von Seyn, Jülich, Saffenberg, Ahr-Hochstaden, Cuik und Kleve sowie von den Edelherren von Kempenich und Wickrath[39]. Nur von zwei dieser 20 Positionen ist bekannt, dass deren Kauf bereits vor 1184 abgeschlossen war[40]. Bei den meisten sollte es also um Besitzungen gehen, die ähnlich wie die Positionen 23 bis 29 erst in der zweiten Hälfte der 80er Jahre erworben wurden und somit auf einen anderen historischen Zusammenhang und auf ein anderes Vorhaben zurückzuführen seien. Man könnte die Vermutung äußern, dass als die Positionen 23 bis 49 in kölnischen Besitz kamen, nicht mehr die Auseinandersetzung mit Heinrich dem Löwen und die Sicherung des neuen Dukats im Mittelpunkt standen, sondern vielmehr der Streit mit dem Kaiser[41]. Philipp brauchte in

37 Folgende Güter sind hier aufgelistet: Allod Angermund, Allod Katernberg, Allod Heltorf, zwei Allodien in Ratingen. Die Positionen 24 und 25 nennen Güter in den Bistümern Magdeburg und Mersburg und könnten deshalb aus einer separaten Aufzeichnung übernommen worden sein.

38 Der Münsteraner Rotulus nennt hier folgende Güter: Burg Wassenberg, Allod Tuschenbroich, Allod Gronsveld, Allod Sevelen, Burg und Allod Norvenich, Burg Saffenberg, Burg Blankenburg, Allod Hillesheim, Allod Ripsdorf, Ort Dollendorf, Burg Herpen, Allod Diest, Burg und Allod Müllenark, Allod Anstel, Allod Mündelheim, Allod Linn, Allod Denn, Allod Waldniel, Allod Rheydt, Allod und Burg Lürken.

39 Vgl. Esser, Studien (wie Anm. 3) S. 58–68.

40 Die Burg Wassenberg ist bereits im Privileg Alexanders III. von 1178 erwähnt; die Burg Saffenberg kommt in demjenigen Lucius' III. von 1184 vor, vgl. Knipping, Regesten (wie Anm. 4) S. 205, Nr. 1103; S. 234 (JL 13075; GP VII S. 122 Nr. 376), Nr. 1219 (JL 14996; RI IV,4,4,1 Nr. 982; GP VII S. 122 Nr. 376).

41 Zur Stellung Philipps von Heinsberg gegenüber Friedrichs Barbarossa vgl. Helmuth Kluger, Ein Konkurrenzhof? Der Hof der Kölner Erzbischöfe Reinald von Dassel und Philipp

dieser Phase (1184–1188) nicht nur Stützpunkte gegen Krongüter wie Düren und Kaiserswerth, sondern auch den Zusammenhalt seines Lehnshofes, um dem Kaiser und den weiteren Reichsfürsten die eigene Stärke zu zeigen[42]. Dies geschah zum Beispiel auf dem Mainzer Reichstag 1184, als er laut Arnold von Lübeck mit einem beeindruckenden Gefolge erschien und dem Abt von Fulda den Ehrenplatz zur Linke des Kaisers öffentlich bestritt, oder auf der Synode zu Köln, am 22. März 1187, auf der sämtliche Suffragane und Lehnsleuten des Kirchenfürsten, sowie einige Gegner Barbarossas anwesend waren[43]. Laut Heinrich von Herford befanden sich in Köln an dem Tag 4000 Ritter und zahlreiche Fußsoldaten[44]. Bekanntlich wagte Philipp im Juni desselben Jahres sogar, ein Heer um sich zu sammeln und die Stadt für die Eventualität aufzurüsten, dass der Kriegszug Kaiser Friedrichs zur Unterstützung König Philipp Augusts von Frankreich sich Richtung Köln wendete[45].

Wenn man die Zeugenlisten der erzbischöflichen Urkunden aus dieser Phase in den Blick nimmt, ist eine gewisse Systematik nicht zu übersehen. Nach dem Kauf der Burg oder des Allods und der Übergabe von diesen als Lehn intensivieren sich die Kontakte zwischen Lehnsherrn und den auf diese Weise gewordenen Lehnsleuten eindeutig. Für die erste Phase der Erwer-

---

von Heinsberg, in: Friedrich Barbarossa und sein Hof, hg. von Caspar Ehlers/Karl-Heinz Ruess (Schriften zur staufischen Geschichte und Kunst 28), Göppingen 2009, S. 78–98; Hugo Stehkämper, Friedrich Barbarossa und die Stadt Köln. Ein Wirtschaftskrieg am Niederrhein, in: Köln. Stadt und Bistum in Kirche und Reich des Mittelalters. Festschrift für Odilo Engels zum 65. Geburtstag, hg. von Hanna Vollrath/Stefan Weinfurter (Kölner historische Abhandlungen 39), Köln u. a. 1993, S. 367–414; Andreas Flurschütz da Cruz, Die Unterwerfung Philipps von Köln 1188 und ihre Hintergründe, in: Annalen des Historischen Vereins für den Niederrhein 214 (2011) S. 35–58.

42 Dass diese und weitere Krongüter wie beispielsweise die Burg Berenstein ein Stich im Auge für das Kölner Erzstift darstellten, bezeugt unter anderem das Diplom Ottos IV., durch das der Kaiser deren Zerstörung autorisierte, vgl. Knipping, Regesten (wie Anm. 4) S. 316 f., Nr. 1550.

43 Über die Ereignisse des Mainzer Hoftages berichtet am ausführlichsten die Slawenchronik Arnolds von Lübeck, der die Anzahl von 4064 Bewaffneten nennt; siehe Arnoldi abbati Lubecensis chronica slavorum, ed. Georg Heinrich Pertz, in: MGH SS 21 (1868) S. 152 f.: *Siquidem Coloniensis arrogantiam abbatis presenserat et cum quatuor milibus et sexaginta quatuor viris armatis ad curiam venit.* Im Chronicon Hanoniense ist bezüglich des gleichen Reichstages von 1700 Rittern die Rede; siehe Gisleberti Chronicon Hanoniense, ed. Wilhelm Arndt, in: MGH SS 21 (1868) S. 539; der Erzbischof von Köln soll auf diese Weise nach dem König von Böhmen der Reichsfürst mit dem größten Gefolge gewesen sein. Siehe zum Mainzer Reichstag auch Knipping, Regesten (wie Anm. 4) S. 236, Nr. 1224.

44 Liber de rebus memorabilioribus, ed. Potthast (wie Anm. 6) S. 169: *Philippus in festo palmarum sollempnem curiam Colonie tenuit. Cui Phylippus comes Flandrie, Ludowicus lantgravius Thuringie, episcopi Monasteriensis et Eystensis et omnes nobiles terre ac circiter 4000 militum intererant.* Vgl. dazu erneut Knipping, Regesten (wie Anm. 4) S. 253, Nr. 1281.

45 Zahlreiche weitere Quellenbelege in Knipping, Regesten (wie Anm. 4) S. 254–256, Nr. 1286.

bungen (Ende der 70er und Anfang der 80er Jahre) gilt dies, wie bereits erwähnt, vor allem für ehemalige Gegner Kölns wie die Grafen von Arnsberg und Bernhard von der Lippe. Um die Mitte der 80er Jahre sind die linksrheinischen Familien stärker betroffen: Löwen-Brabant, Flandern, Limburg, Jülich, Geldern, Kleve, Sayn, Freusburg sowie der Landgraf von Thüringen und viele weitere kleinere Herren. Gerade die zahlreichen Kaufverträge und Abmachungen dieser Jahre sollen effektive Auswirkungen auf den Zusammenhalt der kölnischen Lehnsmannschaft ausgeübt haben[46].

Wenn die Positionen 29 bis 49 die geschilderten Verhältnisse und Umstände widerspiegeln, stoßt man mit den darauffolgenden Angaben (50 bis 71) auf eine fünfte Gruppe von Gütern, die sich hingegen weder auf ein räumliches, noch auf ein zeitliches oder dynastisches Konzept zurückführen lässt. Zu konstatieren ist eine leichte Dominanz von Besitzungen im südlichen Westfalen, also in Sauerland[47]. Zwar sind auch hier zuweilen kleine nach bestimmten Kriterien geordneten Einheiten zu fassen, zum Beispiel die Positionen 58 bis 61, dessen Verkäufer wieder der Herzog von Limburg war, aber diese Einschnitte sind eher die Ausnahme als die Regel und insgesamt ist eine zunehmende Willkür nicht zu übersehen.

Zu den ersten 71 Positionen lässt sich also behaupten, dass sie zwischen 1188 und 1189 auf der Pergamentrolle niedergeschrieben wurden, um eine Übersicht über die bisher durch den Erzbischof Philipp abgeschlossenen Kaufverträge und zugleich über die potentiellen Verbündeten und Unterstützer von ihm zu haben. Unwahrscheinlich ist, dass die Liste in der Absicht erstellt wurde, die hier verzeichneten Güter durch den Papst oder den Kaiser bestätigen zu lassen. Dagegen spricht die Tatsache, dass in die Liste nicht alle Besitzungen des Erzstiftes und nicht all die von Philipp erworbenen Güter aufgenommen wurden, sondern nur bestimmte Arten davon, die bis dato im Besitz von Adelsfamilien, Edelherren und Freien standen und die größtenteils an diese oder an andere als Lehn zurückgingen. Die Liste musste außerdem nicht nur für eine einzige Person zugänglich sein, sondern auch für eine gewisse Öffentlichkeit, vielleicht für den Erzbischof selbst. Die gesetzte

46 Zu diesem Zusammenhang vgl. auch Wilhelm Weise, Der Hof der Kölner Erzbischöfe in der Zeit Kaiser Friedrich Barbarossas (Studia humaniora 38), Düsseldorf 2004, S. 91–97; Ritzerfeld, Kölner Erzstift (wie Anm. 2) S. 34–40; Kluger, Konkurrenzhof (wie Anm. 41).

47 Folgende Güter werden aufgelistet: Allod Nile, Allod Westerwinckel, Allod Kompe, Allod Amelgatzen, Burg Holten, Allod Eppendorf, Allod Berwicke, Allod Buchheim, Allod Meldem, Allod Rimburg, Allod Grevenich, gesamtes Allod des Herzogs von Limburg außer Arlo, Limburg und Nile, Allod und Burg Hemmersbach, Allod Waldenburg, Allod und Burg Kirchenbeck, Ort Mere, Allod Dorrendorf, Ort Morbach, Allod Kalden, Allod Hochstaden, Haus Sevolde, Burg Arberg samt Kirchen und Kapellen, Allod Saffenberg, Allod Waldniel, Allod Kesberg, Allod Kollerberg und Allod Ittev.

Schrift der ersten 71 Positionen und einigen Kaufsummen wäre andernfalls nicht zu erklären. Behaupten kann man mit relativer Sicherheit auch, dass die Liste eine Zusammensetzung von herkömmlichen, kleineren Verzeichnissen bildet: 1. eine oder zwei Listen mit den Erwerbungen um das Bistum Paderborn, um Arnsberg, Lippstadt und im Norden, die auf die Jahre vor 1185 zurückgehen; 2. ein oder mehrere räumlich homogene Verzeichnisse mit rechts- und vor allem linksrheinischen Erwerbungen, die größtenteils in die Zeitspanne 1185 bis 1188 fallen; 3. abschließend eine Liste mit noch weiteren Gütern, die keinem räumlichen, dynastischen oder zeitlichen Prinzip folgt.

Auch die Funktion der Liste kann sich allerdings im Laufe dieser turbulenten Jahre geändert haben. Ab der Position 72 ändert sich die Schrift und vielleicht zusammen mit ihr auch das Konzept der Güterliste. Sie scheint von nun an nicht mehr als ein Verzeichnis konzipiert zu sein, um eine Übersicht über Besitzungen und Stützpunkte zu haben, geordnet nach bestimmten Kriterien und wohl aus früheren Aufzeichnungen übernommen und zusammengesetzt – Aufzeichnungen, die möglicherweise auch die jeweiligen Schwerpunkte der erzbischöflichen Politik widerspiegeln –, sondern vielmehr als eine Liste, um die finanzielle Lage nicht aus dem Blick zu verlieren. Das Risiko war vorhanden: Im Jahr 1188 sah sich der Metropolit dazu veranlasst, den Gemeindewald in Ostervedre zu verkaufen *cum in emptionibus prediorum scilicet Krikenbeke et aliis multis prediis, que nos beato Petro comparavimus, gravi debitorum onere subvoluti fuissemus*[48].

Zunächst soll der Schreiber versucht haben, die bisher bezahlten Summen, in einer gesetzten Schrift anzuführen, die derjenigen der bis dahin aufgelisteten Güter hätte ähneln sollen[49]. Bald soll er allerdings darauf verzichtet haben, denn die Liste erfüllte nun in erster Linie eine „buchhalterische" Funktion. Zum einen wurden die Summen notiert, zum anderen die neu erworbenen Güter, oder die bisher noch nicht angeführten Güter in einer zunehmend flüchtigen Schrift hinzugefügt. Auch die Rückseite der Pergamentrolle wurde zu diesen Zwecken verwendet. Einen besonderen Wert scheint der Schreiber in dieser Phase auf die noch nicht überwiesenen Summen gelegt zu haben. Nach erfolgter Begleichung wird nach *m. (marce)* ein *sol. (solute)* angeführt. An anderen Stellen werden die noch verbleibenden Mark notiert und eventuell Korrekturen vorgenommen[50]. Auch was mit einigen Gütern geschehen

48 Anton Josef BINTERIM/Josef Hubert MOOREN, Die alte und neue Erzdiözese Köln in Dekanate eingetheilt, oder das Erzbisthum Köln mit den Stiften, Dekanaten, Pfarreien und Vikarien, sammt deren Einkommen und Collatoren wie es war. Bd. 1, Mainz 1828. Vgl. dazu RITZERFELD, Kölner Erzstift (wie Anm. 2) S. 368–371.

49 Siehe oben Anm. 21.

50 Rasuren und/oder Korrekturen befinden sich zum Beispiel auf den Positionen 64, 68, 70, 83 und 90.

sollte, wird nun mitgeteilt. Das Allod von Waldniel sollte beispielsweise noch an den Grafen von Kleve als Lehen übertragen werden: *Comes de Cleve ab archiepiscopo in feodo tenebit*[51]. Erst bei den letzten Positionen ist wieder ein räumliches Kriterium erkennbar, indem hier vor allem Orte außerhalb des Erzbistums oder sogar der Kirchenprovinz angeführt werden[52]. Zu tun hat man es vielleicht hierbei mit einer weiteren Phase der Territorialpolitik Philipps zu tun, die erneut auf die Absicherung der Außengrenzen abzielte.

Zu einem nicht näher ermittelbaren Zeitpunkt wurden 55 Positionen durch einen Kreis mit einem schrägen Strich oder durch ein Kreuz versehen: Sie stehen nicht in Zusammenhang mit der Ausgabe der Kaufsumme, denn mit diesem Zeichen sind auch Positionen versehen, die kostenfrei erworben wurden. Sie haben auch mit der Abschrift der einzelnen Positionen in den späteren Listen nichts zu tun. Wahrscheinlicher ist, dass dieses Zeichen im Rahmen einer Besprechung zum Abhaken eingesetzt wurde[53]. Man kann nicht mit Sicherheit ausschließen, dass die Liste von Anfang an, eine derartige „buchhalterische" Funktion absolvierte. Wenigstens in einer ersten Phase muss sie auch für einen nicht rein privaten Gebrauch bestimmt worden sein. In einer späteren Phase muss sie allerdings nur für den privaten Gebrauch bestimmt worden sein, vielleicht nur für einen Mitarbeiter des Erzbischofs, der mit deren Erweiterung beauftragt war.

Was könnte zu dieser Änderung geführt haben? Eine plausible Annahme ist die Abreise des Erzbischofs. Als 1190 die Nachricht des plötzlichen Todes des Kaisers in Kleinasien eintraf und König Heinrich den Kölner Metropoliten nach Italien vorausschickte, könnte es auf einmal dringend notwendig geworden sein, die Geldbeträge abzurechnen, um festzustellen, wie viel man bereits bezahlt hatte und was man noch überreichen musste. Vor dem bevorstehenden Italienzug musste der Erzbischof die Lehnsleute ansprechen, mit diesen verhandeln, Güter mussten verpfändet, Schulden beglichen und Krediten kassiert werden. Zu der strategisch wichtigen Burg Are (heute Altenahr), die den Erzbischof 1800 Mark kostete, ist im Kölner Verzeichnis notiert: *Gerardo enim quicquid promissum fuerat solutum est, Theoderico autem 420 marce debentur, quas sibi in Lengobardia dare spopondidit*[54]. Für

51 Siehe Position 47.

52 Betroffen sind die Positionen 76 bis 87: Burg Olbrück, Allod Rheinbrohl, Burg Dalheim, Allod Didam, Haus in Mainz, Allod Asseburg, Allod Kempenich, Burg Isenburg, Burg Kempenich, Burg Are, Allod Nideggen, Burg Neuwindeck, Burg Altwindeck, Burg Altenwied, Burg Bielstein, Allod des Landgrafen von Thrüingen zwischen Marburg und dem Rhein, Burg und zwei Allodien des Grafen von Tecklenburg.

53 Das Zeichen befindet sich bei folgenden Positionen: 6, 9, 13, 14, 19, 20, 21–25, 27, 29–33, 38, 40, 42–51, 53–55, 58–60, 62–65, 67–70, 73, 74, 76 u. 79–82.

54 Korth, Kopiar (wie Anm. 10) S. 63.

eine der zuletzt erworbenen Burgen plante der Erzbischof also, ein Teil der ausgemachten Summe in Italien zu bezahlen. Dies hätte die Großen der *terra Coloniensis* einmal mehr motivieren dürfen, mit dem Kontingent des Erzbischofs Richtung Süden aufzubrechen. Auf den Umstand, dass die *computatio* unter diesen Umständen abgeschlossen wurde, deutet die letzte Zeile der Paderborner und der Kölner Liste: *Iste computatio facta est, dum exiret cum rege in Ampulliam*[55].

Anders als die Paderborner und die Kölner Güterlisten, die bereits feste und abgeschlossene Verhältnisse im Blick haben, vermittelt uns der Münsteraner Rotulus das Bild einer beweglichen Realität – und deshalb ist die Funktion dieser Quelle auch anders zu deuten als diejenigen der späteren Verzeichnisse. Eine relativ kleine Schriftrolle und nicht ein großformatiges, einer feierlichen Urkunde ähnelndes Pergamentstück oder ein Codex wurde in dieser noch flüchtigen Phase eingesetzt, weil sie sich eben am besten für das ständige Registrieren und Anpassen von Informationen eignete und den aktiven Zugriff des Nutzers ermöglichte. Eine Schriftrolle gestattete darüber hinaus auch eine Änderung beziehungsweise Anpassung der Funktion. Dafür eignete sich der Münsteraner Rotulus nicht nur aufgrund seiner Form, sondern auch seines Stoffes. Zu tun hat man es mit einer sehr weichen Pergamentrolle, die ohne Schwierigkeiten sowohl eingerollt als auch gefaltet werden konnte.

Mit einigen seiner Lehnsleute brach der Erzbischof im Winter 1190/1191 tatsächlich nach Italien auf[56]. Im Februar verhandelte er mit der Kurie über die Kaiserkrönung Heinrichs[57]. Anfang April schloss er sich dem kaiserlichen Heer bei Bracciano an[58]. Ab Ende Mai beteiligte er sich an der Belagerung Neapels, die am Vorabend des Bartholomäustages, am 24. August 1191, aufgrund einer unaufhaltsamen Seuche abgebrochen werden musste[59]. Vor einigen Tagen, am 13. oder 14. August, war auch der Erzbischof Philipp von Köln aus dem Leben geschieden[60]. Wie sein Vorgänger starb Philipp I. im warmen Süden am Vorabend von Mariä Himmelfahrt[61]. Kurz nach dem Tod Rainalds am 14. August 1167 hatte Kaiser Friedrich den Heinsberger

55 Ebd., S. 66.

56 Knipping, Regesten (wie Anm. 4) S. 283, Nr. 1408.

57 Ebd., S. 283, Nr. 1409.

58 Ebd., S. 283, Nr. 1410.

59 Eine Zusammenstellung der Quellen zur Aufhebung der Belagerung befindet sich bei Theodor Toeche, Kaiser Heinrich VI. (Jahrbücher der Deutschen Geschichte), Leipzig 1867, S. 201.

60 Knipping, Regesten (wie Anm. 4) S. 284 f., Nr. 1424.

61 Ebd., S. 160 f., Nr. 902.

als neuen Erzbischof der Kölner Metropole gewollt und bestellt[62]. In diesem Vierteljahrhundert hatte sich aber die Wahrnehmung des Amtes des kölnischen Metropoliten merklich verändert. Wenn Rainald von Dassel vor allem für sein Engagement als Reichsfürst in der Erinnerung der Nachwelt bleiben sollte, ist die Memoria Philipps, und dies schon bei den Zeitgenossen, unauflöslich mit seiner Politik als Territorialfürst verbunden. Bei einer genauen Betrachtung hatte Philipp aber keine neue Politik eingeleitet, sondern vielmehr die seines Vorgängers mit einer bisher unerhörten Intensität vorangetrieben, was dieser Politik in den Augen der Zeitgenossen eine ganz andere Qualität verliehen hatte[63]. Bemüht war Philipp in erster Linie um eine Verdichtung seiner Herrschaft, das heißt zum einen um eine Kumulierung von Rechten unterschiedlicher Art, die er zwischen Maas und Weser nach Möglichkeiten auszuüben beabsichtigte, und zum anderen um eine Intensivierung der lehnsrechtlichen Beziehungen zu den Adligen und Edelherren innerhalb seines Machtbereiches. Von dieser Verdichtung war der Münsteraner Rotulus Werkzeug, Zeugnis und Zeuge. Zugleich ist er aber auch Zeuge der Grenzen dieser Politik. Was Philipp nicht anders als weitere Große des Reiches wie vor allem Heinrich der Löwe und Friedrich Barbarossa so intensiv verfolgte, war eine Systematisierung seiner Rechte und eine Verdichtung seiner Herrschaft, auch in räumlichem Sinne, nicht aber die Einrichtung einer territorialen Verwaltung, wie sie etwa zur gleichen Zeit in Sizilien oder in England zu fassen ist. Und dennoch, gerade die von ihm verfolgte Verdichtung sollte die dauerhaften Rahmenbedingungen für die spätere Entfaltung eines kölnischen Territoriums setzen: Dass seine „Listen" fast 200 Jahre nach seinem Tod für den Ausbau der kölnischen Stellung in Westfalen weiterhin Verwendung fanden, ist das beste Zeugnis dafür.

Abstract

In the second half of the 12th century the Archbishops of Colon implemented a great acquisition policy, buying estates and castles even outside their traditional area of influence, for instance in Eastern Westphalia or in Northern Hesse. This policy experienced a remarkable acceleration after the assignment of the Duchy of Westphalia to Archbishop Philip of Heinsberg (1180). This paper examines the so-called Rotulus of Philip preserved at the State Archive in Münster, which contains an inventory of whole possessions bought by Philip. On this roll were perhaps copied previous goods lists re-

62 Ebd., S. 162–164, Nr. 906.

63 Vgl. Ritzerfeld, Kölner Erzstift (wie Anm. 2) S. 353.

flecting different moments of the acquisition policy of the Archbishop. The special occasion of writing this new inventory was probably the start of the Italian expedition of 1190/91 in the service of the new King Henry VI.

Frühe Rotuli aus der Finanzverwaltung

Rollenrechnungen im 13. und 14. Jahrhundert

MARK MERSIOWSKY

Um über frühe Rotuli aus der Finanzverwaltung zu handeln, bedarf es zunächst einiger Vorbemerkungen. Was verstehen wir unter einem Rotulus? Es ist zwar ein vom 12. bis 14. Jahrhundert gut belegter Begriff, der aber ganz verschiedene Bedeutungen haben konnte[1], und der für keines der hier zu behandelnden Dokumente ausdrücklich nachgewiesen ist. Wenn wir uns auf einen Arbeitsbegriff festlegen wollen, handelt es sich um durch Nähen, Kleben, durch parallele Einschnitte eingeschobene Pergamentstreifen oder andere feste Verbindungen verbundene Einzelblätter, die entweder noch verbunden sind oder verbunden waren und noch eindeutige Spuren einer solchen Behandlung aufweisen, und die nicht in Lagen organisiert, sondern für gerollte Aufbewahrung vorgesehen waren.

Ich hatte ursprünglich vor, unter dem Titel „Frühe Rotuli aus der Finanzverwaltung" einen umfassenderen Überblick der frühen Güterlisten, Zins- und Rentverzeichnisse wie Rechnungen zu geben. Als ich dann die konkreteren Planungen der Wuppertaler Tagung sah, waren für wichtige Dokumentgruppen eigene Vorträge vorgesehen, die jetzt auch als Beiträge in diesem Band vorliegen. Das erleichterte den Entschluss, den vorgesehenen Überblick einzuschränken, und zwar auf eine zentrale Gruppe, die Rechnungen. Rechnungen sind schriftlich fixierte Aufstellungen von Einnahmen und/oder Ausgaben, die aus dem der Abrechnung zugrundeliegenden Verhältnis zwischen Rechnungsleger und Rechnungsempfänger resultieren, zum Zwecke der Rechenschaft[2].

---

1 Vgl. die Einleitung zu diesem Band. Noch nicht zur Verfügung standen mir die Ergebnisse einer parallelen Heidelberger Tagung, vgl. Stefan HOLZ, Tagungsbericht: The Roll in Western Europe in the Late Middle Ages, 28.09.2017–29.09.2017 Heidelberg, in: H-Soz-Kult, 27.11.2017, <www.hsozkult.de/conferencereport/id/tagungsberichte-7418> (20.2.2019), deren Ergebnisse noch dieses Jahr im Druck erscheinen sollen: The Roll in England and France in the Late Middle Ages. Form and Content, hg. von Stefan G. HOLZ/Jörg PELTZER/Maree SHIROTA (Materiale Textkulturen 28), Berlin 2019 (angekündigt).

2 Mark MERSIOWSKY, Die Anfänge territorialer Rechnungslegung im deutschen Nordwesten. Spätmittelalterliche Rechnungen, Verwaltungspraxis, Hof und Territorium (Residenzenforschung 9), Stuttgart 2000, S. 39; DERS., Rechnungen, in: Höfe und Residenzen im spätmittelalterlichen Reich. Hof und Schrift, hg. von Werner PARAVICINI, bearb. von Jan HIRSCHBIEGEL/Jörg WETTLAUFER (Residenzenforschung 15,3), Ostfildern 2007, S. 531–551, hier S. 531.

Seit dem 12. Jahrhundert sind Rechnungen in Rotulusform überliefert. Die englische Überlieferung beginnt mit der Pipe Roll von 1130, ab 1155 sind diese rollenförmigen Aufzeichnungen über die jährlichen Rechnungsabnahmen des englischen Königs für ein Finanzjahr nahezu lückenlos bis 1826, erhalten. Ihre Form veränderte sich über Jahrhunderte kaum, an ihr wurde bis ins 19. Jahrhundert festgehalten[3]. Neben England sind Katalonien und Savoyen Regionen mit früher und reicher Überlieferung von Rechnungen in Rotulusform. Aus Katalonien sind seit 1156 verschiedene frühe Rechnungen und verwandte Schriftstücke überkommen[4]. Die savoyanischen Rotuli sind in reicher Fülle ab 1257 erhalten[5]. Auch die ältesten im Original erhaltenen

3 Ein Überblick zu den pipe rolls mit Verweise auf die beiden Unterserien auf der Webseite der National Archives (früher Public Record Office), http://www.nationalarchives.gov.uk/help-with-your-research/research-guides/medieval-financial-records-pipe-rolls-1130–1300/ (22.02.19) sowie die Einleitung zu den pipe rolls auf der Seite der pipe rolls society, http://www.piperollsociety.co.uk/page33.htm (22.02.19). Einen guten Überblick über die englische Finanzgeschichte mit Angabe der entsprechenden Literatur bietet William Mark Ormrod, England in the Middle Ages, in: The Rise of the Fiscal State in Europe, c. 1200–1815, hg. von Richard Bonney, Oxford 1999, S. 19–52; jetzt mit stark theoretisch-linguistischem Ansatz und oft nur oberflächlicher Kenntnisnahme der Forschungsliteratur Ulla Kypta, Die Autonomie der Routine. Wie im 12. Jahrhundert das englische Schatzamt entstand (Historische Semantik 21), Göttingen 2014; Ulla Kypta, Selbstreproduzierende Abrechnungen. Was das Layout der englischen Pipe Rolls des 12. Jahrhunderts über ihren Zweck verrät, in: Wirtschafts- und Rechnungsbücher des Mittelalters und der Frühen Neuzeit. Formen und Methoden der Rechnungslegung: Städte, Klöster, Kaufleute, hg. von Gudrun Gleba/Niels Petersen (Universitätsdrucke Göttingen), Göttingen 2015, S. 273–292; Nicholas Vincent, The kings of England and their accounting procedures (1100–1300). Theory and practice, in: De l'autel à l'écritoire. Genèse des comptabilités princières en Occident (XIIe–XIVe siècle), hg. von Thierry Pécout (Romanité et modernité du droit. Moyen Age), Paris 2017, S. 107–129, hier S. 111–129.

4 Thomas N. Bisson, Fiscal Accounts of Catalonia under the Early Count-Kings 1: Introduction; 2: Accounts, Related Records, and Indices, Berkeley/Los Angeles/London 1984.

5 Ein Teil der savoyischen Rechnungsüberlieferung liegt digitalisiert vor, vgl. http://www.castellanie.net/index.php (20.02.2019), vgl auch http://archiviodistatotorino.beniculturali.it/naviga-patrimonio/progetti/rotoli-di-castellania/ (20.02.2019). Die Überlieferung ist zusammengestellt bei: Les sources de l'histoire économique et sociale du Moyen Age I. Provence – Comtat Venaissin. Dauphiné. États de la maison de Savoie I: Archives des principautés territoriales et archives seigneuriales, bearb. von Robert-Henri Bautier/Janine Sornay, Paris 1968, S. 315–500. Grundlegend sind die Ausführungen von Mario Chiaudano, der auch die ältere Überlieferung ediert hat: Mario Chiaudano, Il bilancio sabaudo nel secolo XIII, in: Bollettino Storico Bibliografico Subalpino 29 (1927) S. 485–533; ders., La Finanza Sabauda nel sec. XIII, 1: I rendiconti del Dominio dal 1257 al 1285 (Fonti e studi di storia Sabauda 1 = Biblioteca della Societá storica subalpina 131), Torino 1933; ders., La Finanza Sabauda nel sec. XIII, 2: I "Rotuli" e i "Computi" della Corte di Filippo I conte di Savoia e di Borgogna dal 1269 al 1285 (Fonti e studi di storia Sabauda 2 = Biblioteca della Societá storica subalpina 132), Torino 1934; ders., La Finanza Sabauda nel sec. XIII,

Hennegauer Rechnungen um die Wende vom 13. zum 14. Jahrhundert sind Pergamentrollen[6]. Wenn ich mich im folgenden auf den deutschen Raum konzentriere, dann deshalb, weil ich im Jahr 2000 ein auf einem eigenen Censimento beruhendes Buch über die territorialen Rechnungen vorgelegt habe, bei der ich alle einschlägigen Dokumente aus den geistlichen, weltlichen und adligen Herrschaften bis 1350 und für bestimmte Regionen sogar bis 1450 zusammengestellt und studiert habe[7]. Einzelne Stücke sind mir auch noch nachträglich untergekommen. Seit dem 12. Jahrhundert waren es die sogenannten geistlichen wie weltlichen Landesherrschaften, die erfolgreich Herrschaft ausbauten und verdichteten. Spätestens nach dem Fall der Staufer dominierten diese Landesherrschaften, monarchische Institutionen waren im Vergleich zu ihnen viel weniger erfolgreich[8]. Weitere Recherchen haben den damals ermittelten Fundus im Laufe der letzten Jahrzehnte ergänzt. Für das römisch-deutsche Königtum habe ich in mehreren Aufsätzen die entsprechende Dokumente gesichtet[9]. Censimenti für kirchliche und städtische Institutionen liegen dagegen bis heute nicht vor. Daher beruht dieser Überblick über frühe Rotuli aus der Finanzverwaltung im Reich notwendigerweise auf ungleichmäßig bereiteter Grundlage. Aus dem Bereich der städtischen wie klösterlichen oder stiftischen Verwaltung habe ich einzelne, frühe Bestände einzubeziehen versucht, kann aber keinen Anspruch auf auch nur

---

3: Le "Extente" e altri documenti del Dominio (1205–1306) (Fonti e studi di storia Sabauda 2 = Biblioteca della Societá storica subalpina 133), Torino 1937; Bernard ANDENMATTEN/ Guido CASTELNUOVO, Produzione e conservazione documentarie nel principato sabaudo, XIII – XV secolo, in: Bullettino dell'Istituto italiano per il Medio Evo e Archivio Muratoriano 110/1 (2008) S. 279–348, hier zitiert nach der mit eigener Seitenzählung versehenen Fassung unter https://univ-avignon.academia.edu/GuidoCastelnuovo (20.02.2019), S. 6 mit weiteren Literaturangaben.

6 Gérard SIVÉRY, L'évolution des documents comptables dans l'administration hennuyère de 1287 à 1360 environ, in: Bulletin de la Commission Royale d'Histoire 141 (1975) S. 133–235, hier S. 135 f.

7 MERSIOWSKY, Anfänge (wie Anm. 2).

8 Ebd., S. 130–132.

9 DERS., Römisches Königtum und Rechnungslegung im 13. und frühen 14. Jahrhundert, in: Deutsches Archiv für Erforschung des Mittelalters 64 (2008) S. 547–578; DERS., Die Rechnungen Heinrichs VII. als Spitze des Eisberges? Rechnungsüberlieferung und Rechnungswesen des Reiches im frühen 14. Jahrhundert, in: Vom luxemburgischen Grafen zum europäischen Herrscher. Neue Forschungen zu Heinrich VII., hg. von Ellen WIDDER unter Mitarbeit von Wolfgang KRAUTH (Schriften des CLUDEM 23), Luxemburg 2008, S. 225–268; Mark MERSIOWSKY, Das Finanzwesen der Luxemburger und seine Vorbilder: Ein Blick auf die Rechnungen, in: Rom 1312. Die Kaiserkrönung Heinrichs VII. und die Folgen. Die Luxemburger als Herrscherdynastie von gesamteuropäischer Bedeutung, hg. von Sabine PENTH/Peter THORAU (Forschungen zur Kaiser- und Papstgeschichte des Mittelalters. Beihefte zu J. F. Böhmer, Regesta Imperii 40), Köln/Weimar/Wien 2016, S. 149–185.

ansatzweise Vollständigkeit erheben. Dabei möchte ich chronologisch fortschreitend in fünf Schritten vorgehen. Zunächst soll das Konvolut der ältesten Rechnungen aus dem deutschen Sprachraum untersucht werden, dann die Befunde mit denen der Rechnungsrotuli und Einzelblattrechnungen des 13. Jahrhunderts verglichen werden. Unter der Frage nach Rotulus und Heft in den ersten Jahrzehnten des 14. Jahrhunderts wird das allmähliche Aufkommen von anderen Schriftgutformen in den Blick genommen, um im anschließenden Kapitel den unaufhaltsamen Siegeszug des Papiers mit seinen Folgen für den Einsatz von Rotuli zu untersuchen. Am Ende stehen noch einige zusammenfassende Bemerkungen zu den frühen Rechnungsrotuli.

1. Die ältesten Rechnungen aus dem deutschen Sprachraum: Einzelblätter oder Rotuli?

Die ältesten Rechnungen aus dem herrschaftlichen Bereich im deutschen Bereich sind die berühmten Rechnungen des Passauer Bischofs Wolfger von Erla, der 1204 Patriarch von Aquileja wurde. Deshalb sind seine Rechnungen auch in Cividale del Friuli erhalten. Sie stehen durchgehend auf langen Pergamentstreifen[10]. Als frühester erhaltener Rechnungskomplex des Untersuchungsraumes verdienen sie besondere Beachtung[11]. Bei einer ersten Gruppe lassen paläographische Indizien allmähliches Entstehen durch sukzessive Einträge vermuten. Einige der Blätter, unter anderem deren ältestes Stück mit dem berühmten Vermerk über Walther von der Vogelweide (*Walthero de Vogelweide pro pellicio .v. sol. longos*)[12] weisen eine Vielzahl von Tintenwechseln auf. Die Einträge erfolgten sukzessive, jedoch nicht Buchung für Buchung, sondern in größeren Blöcken. Chronologisch dicht gestreute Einträge wurden nicht Posten für Posten, sondern in größeren Abschnitten eingetragen – Abschnitten, die jeweils einen gewissen Zeitraum von oft mehreren Wochen umfassen. Im Schriftbild zeigt sich dies, indem größere, zusammenhängende Passagen ohne erkennbare Tinten- und Federunterschiede von derselben Hand eingetragen wurden. Chronologisch nicht so dicht aufeinanderfolgende Einträge lassen sich schon optisch erkennen, da sie nicht blockweise, sondern Satz für Satz mit unterschiedlichen Tinten niedergeschrieben wurden. Welchen Um-

10 Originale im Museo Nazionale Archeologico in Cividale del Friuli; vgl. Hedwig Heger, Das Lebenszeugnis Walthers von der Vogelweide. Die Reiserechnungen des Passauer Bischofs Wolfger von Erla, Wien 1970, S. 60; Abb. ebd., im Anhang, Taf. 1–4.

11 Vgl. schon Mersiowsky, Anfänge (wie Anm. 2) S. 43–47 u. 82–92.

12 Museo Nazionale Archeologico in Cividale del Friuli (ohne Signatur) Bl. 9r Heger, Lebenszeugnis (wie Anm. 10) Iv, ed. ebd., S. 81 Z. 98.

fang die einzelnen Einträge annehmen würden, war bei Beginn der Einträge offensichtlich noch nicht abschätzbar[13]. Auf ähnliche Weise entstanden die Rechnungen des Passauer Aufenthaltes 1204[14] und der Romreise 1204[15]. Der

---

13 Genaue Beschreibung bei August Höfer, Die Reiserechnungen des Bischofs Wolfger von Passau, in: Beiträge zur Geschichte der deutschen Sprache und Literatur 17 (1893) S. 441–549, hier S. 452–458, ihm folgend Heger, Lebenszeugnis (wie Anm. 10) S. 72 f. Ich gebe noch einmal den detaillierten Befund meiner Untersuchung am Beginn der 1990er-Jahre, Mersiowsky, Anfänge (wie Anm. 2) S. 85 f., wieder: Museo Nazionale Archeologico in Cividale del Friuli (ohne Signatur) Bl. 9, Heger, Lebenszeugnis (wie Anm. 10), I, ed. ebd., S. 79–85: Z. 1–4 in dunkelbraun-gräulicher Tinte, Z. 4 f. etwas heller, Z. 6 bis *tal.* wieder dunkelbraun-gräulich, Z. 6–10 ab *Prior* bis *den.* rotbraune Tinte, Z. 10 f. ab *Mattecensis* schwarzbraun, der Eintrag ab *dominus Wilhelm* Z. 12 bis *Cellerarius de Matse .ij. tal.* sehr gedrängt in rotbrauner Tinte. Die Ausgaben Z. 17–32 von *In die sancti Mauritij* bis *Pro ferramentis .x. den.* in dunkelbrauner, leicht ins Graue spielenden Tinte (wie Z. 1–4), Z. 32 bis Z. 38 von *Domino Wernhero* bis *.lxxxx. den.* in hellgrauer, verblasster Tinte mit feinerer Feder, Z. 39–46 *[Apud] Rez* bis *pro subsellio .iiij. den.* in feiner Schrift und brauner Tinte, Z. 47–50 mittelbraun, mittelfeiner Strich, Z. 51 f. ähneln in der Farbe der vorangegangenen Passage, doch kräftigeres Braun. Da Z. 47–50 auf einer stark abgeriebenen alten Knickstelle stehen, könnten die Einträge aber auch von Z. 47 bis 52 in einem Zug erfolgt sein. Z. 53–59 wieder grauer. Im Gegensatz zur Edition von Heger folge ich weiter den Einträgen auf der Vorderseite. Z. 167–173 hell- bis mittelbrauner Eintrag, Z. 173–177 ab *Item* bis *.xij. den.* zwar gleiche Tinte, doch dickerer Strich, Z. 177–183 ab *Magistro* kleine, gedrängte Schrift mit feiner Feder in hellem Braun, Z. 135–152 breite Schrift in hellbraun bis rötlicher Tinte (entspricht von Duktus und Farbe dem Eintrag Z. 6–10), für den Nachtrag Z. 140 f. in gleicher Tinte, in Z. 148 f. für die Nachträge bzw. Korrekturen feine Schrift in Dunkelbraun benutzt, Z. 153–158 bis *Wido[ni]* (Klammersetzung abweichend von Heger!) feinere, viel gedrängtere Schrift und kleinere Zeilenabstände in gleicher Tinte wie Z. 135–152 u. 158–166 ab *pro sella* schwarzbraune Tinte, evt. identisch mit Nachtrag Z. 148 f. Rückseite: Z. 184–187 hellbraune Tinte, Z. 63 f. Vermerk *hoc erat* mit etwas rötlicherer Tinte nachgetragen, mit derselben Tinte auch der Quervermerk Z. 64–66, Z. 67–76 wieder hellbraune Tinte, die Passage *Nuncio ducis … .xxx. den.* Z. 76 f. ist in feinerer Feder mit etwas hellerer Tinte geschrieben, Z. 77–83 ab *de parandis* kräftigere, bräunlichere Tinte und gedrängterer Gesamtduktus, genauso Text ab Z. 84. Bis Z. 118 konnte ich keine klaren Tintenunterschiede feststellen, allerdings variieren z.T. die Strichbreiten. Ab Z. 118 fast völlig unlesbarer Text in rotbrauner Tinte (wie Z. 6–10).

14 Museo Nazionale Archeologico in Cividale del Friuli (ohne Signatur) Bl. 6, Heger, Lebenszeugnis (wie Anm. 10) III, ed. ebd., S. 91 f.: Z. 1–15 in sauberer, breiter Schrift und mittelbrauner Tinte; Z. 16 bis Z. 19 nächster Eintrag; Z. 20–26 in hellbrauner Tinte mit dünnerer Feder; Z. 27–34 (*.v. den.*) in etwas hellerer Tinte mit breiterem Strich; Z. 34 (*Pro licno*)-38 (*.lx. den.*) in der gleichen hellbraunen Tinte, aber mit feinerer Feder; ab Z. 38 (*Pro redimendo*) wird der Strich wieder etwas breiter. Vgl. die Beschreibung bei Höfer, Reiserechnungen (wie Anm. 13) S. 463 f.; Mersiowsky, Anfänge (wie Anm. 2) S. 86.

15 Museo Nazionale Archeologico in Cividale del Friuli (ohne Signatur) Bl. 7, Heger, Lebenszeugnis (wie Anm. 10) VI, ed. ebd., S. 101–106: zunächst schwankt die Tintenfarbe extrem zwischen hell und dunkel, dennoch kann man nicht gleich auf sukzessiven Eintrag schließen, da die Tinte z.T. klar von dunklerer in hellere Tinte übergeht, ohne dass ein Neuansatz sichtbar ist (gut erkennbar etwa auf Bl. 7[v] = VI[r] Z. 17 *Preposito sancti Floriani*).

Schreiber Wolfgers[16] notierte auf seinem Konzept-Rotulus 1203 Einnahmen und Ausgaben. Er hatte vor, jeweils oben auf Vorder- und Rückseite die nach und nach eingenommenen Gelder und darunter jeweils 13 bzw. 11 cm tiefer die Ausgaben einzutragen[17]. Weil der freigelassene Platz überhaupt nicht aus-

---

Die Nachträge sind hier schlecht festzumachen. Ein klarer Nachtrag ist Z. 22 *Gerhardo …* in dunklerer und grauerer Tinte mit feinerem Strich. Neuer Eintrag Z. 26–30 bis *pabulo* in schwarzgrauer Tinte mit verändertem Duktus. Die bei Heger angeführten Nachträge (Z. 23 u. 29) in rötlicher Tinte. Ab Z. 30 ist die Tinte wieder heller, Nachträge sind Z. 63 *Hungaro .xij. sol. prouisen.* und Z. 74 *pisan.* Ob nach Z. 30 die Tinte noch einmal wechselt, ist wieder aufgrund der starken Farbschwankungen schlecht zu ermitteln; in jedem Falle ist der Gesamteindruck sehr unruhig. Die Rückseite (ab Z. 87) bietet diese Probleme nicht, hier sind die Eintragsabschnitte gut zu erkennen. Ein Nachtrag ist Z. 98 f. ab *Widoni*, ansonsten läuft ein Eintrag von Z. 87 bis Z. 103. Ab Z. 104–107 ist die Schrift gedrungener, die Tinte dunkler, in Z. 107 mit *Item marschalco* wird eine feinere Feder benutzt, die Tinte ist fast schwarz. Ab Z. 123 wird der Text in ausgeglichenerer Schrift in hellerer Tinte bis Z. 132 fortgesetzt. Z. 133 ist ein Nachtrag mit feinerer Feder in hellbrauner Tinte. Mit Z. 134 schließlich beginnt eine feine Schrift in dunkelbrauner Tinte. Vgl. die Beschreibung von Höfer, Reiserechnungen (wie Anm. 13) S. 467 f., der nur kursorisch darauf verweist, hier seien verschiedene Einträge (14–16) zu erkennen.

16 Ein bis zu Mersiowsky, Anfänge (wie Anm. 2), ungeklärtes Problem war die Frage, von wie viel Händen Wolfgers Rechnungen stammen. August Höfer vermied ausdrücklich eine Festlegung und Hedwig Heger – wie stets in paläographischen Fragen eng Höfer folgend – wagte nicht, diese Frage zu beantworten. Sie verwies darauf, dass die Schreiber auf der strapaziösen Reise so stark äußeren Einflüssen ausgesetzt waren, dass ihre Hände nicht mit den üblichen Methoden zu scheiden sind, vgl. Höfer, Reiserechnungen (wie Anm. 13) S. 469 f.; Heger, Lebenszeugnis (wie Anm. 10) S. 61 f. In den Regesten der Bischöfe von Passau, 1: 731–1206, bearb. von Egon Boshof, Register von Franz-Reiner Erkens (Regesten zur bayerischen Geschichte 1), München 1992, folgte Boshof Heger (ebd., Nr. 1084 S. 328). Höfer wie Heger untersuchten die einzelnen Blätter und stellten für mehrere fest, dass sie jeweils von einer Hand stammen. Nach Heger, Lebenszeugnis (wie Anm. 10) S. 71–76, sind Bll. I, IV, V, VI, VII, VIII jeweils von einer Hand geschrieben. Nur für Bl. V und VII wagte sie, die Schreiberidentität zu behaupten. Meine damaligen mehrtägigen Untersuchungen der Originale bestätigten nicht nur die diesbezüglichen Aussagen, sondern führten mich zu der Überzeugung, dass alle Stücke von einem einzigen Schreiber angefertigt wurden. Die Unterlängen werden sehr rund nach links gezogen. Typisch sind das *A* mit langem, diagonal gezogenem Anstrich, das fast wie H wirkende *N*, das unziale *d* mit rechtwinklig abgeknickter Oberlänge, das *e* mit kleinem rechtwinkligem Abstrich am Köpfchen, *f*, *g*, *l* mit hartem Abstrich, das wie ri anmutende *n*, *r* mit langem Abstrich schräg nach oben, das lange *s*, das stark gebrochene runde Schluss-*s* mit verdickter, von links nach rechts abwärts geneigter oberer Querhaste, *v*, *w*, *z*. Durchgehend verwendet er eine *et*-Abkürzung. Typisch auch die typische Abkürzung für *ferramentis* und die s-runenartige *er*-Kürzung. Vgl. schon Mersiowsky, Anfänge (wie Anm. 2) S. 88.

17 Museo Nazionale Archeologico in Cividale del Friuli (ohne Signatur) Bl. 9, Heger, Lebenszeugnis (wie Anm. 10) I, dazu Höfer, Reiserechnungen (wie Anm. 13) S. 477–485, ihm folgend Heger, Lebenszeugnis (wie Anm. 10) S. 72 f. u. 151–153.

reichte, verfing dieser Plan nicht und der Schreiber musste die ursprünglich vorgesehene Anordnung aufgeben.

Die Befunde am Gesamtkomplex der Wolfger-Rechnungen lassen noch Fragen offen. Wieso wurden die chronologisch dichten Einträge immer schubweise eingetragen und wieso passierte dies nicht bei chronologisch weiter auseinanderliegenden Zahlungen? Eine Antwort liegt nahe: dass die Pergamentdokumente nämlich nicht die ursprüngliche Form der Aufzeichnung waren, sondern bereits auf Vorlagen zurückgehen. Der paläographische Befund warnt davor, die Entstehung dieser Schriftstücke zu nah an die dokumentierten Zahlungen heranzusetzen. Die in den Passauer Rechnungen mehrfach festzustellende Tatsache, dass einzelne Posten überdies noch nachträglich korrigiert wurden, und die Beobachtung, dass zeitlich zwar nahe, doch in verschiedenen Wochen getätigte Ausgaben zusammen in einem Zuge eingetragen wurden, weist auf die Existenz von Vorakten hin[18]. Wenn in den Rechnungen selbst von Wachstafeln die Rede ist, die ein Kleriker dem Bischof nach dem 29. September 1203 überreichte,[19], und der Gebrauch von Wachstafeln im territorialen Schriftwesen schon im 12. Jahrhundert durch das Meininger Täfelchen um 1170 und verschiedene Griffelfunde belegt ist[20],

18 Vgl. schon Mersiowsky, Anfänge (wie Anm. 2) S. 88 f.

19 *Quidam plebanus unum tal. et tabulam cere*, Ed. Heger, Lebenszeugnis (wie Anm. 10) S. 79 Z. 11. Schon Höfer, Reiserechnungen (wie Anm. 13) S. 509, ging von der Benutzung von Schreibtafeln aus.

20 Zu den Griffelfunden Antjekathrin Grassmann, Das Wachstafel-Notizbuch des mittelalterlichen Menschen, in: Zur Lebensweise in der Stadt um 1200. Ergebnisse der Mittelalter-Archäologie, hg. von Heiko Steuer (Zeitschrift für Archäologie des Mittelalters, Beiheft 4), Köln 1986, S. 223–235, hier S. 226 f., ebd., zu Tafeln des 12. Jh. S. 230; zur Meininger Wachstafel Wilhelm Dersch, Die Meininger Wachstafeln, in: Archivstudien. Zum siebzigsten Geburtstage von Woldemar Lippert hg. von Hans Beschorner, Dresden 1931, S. 72–77. Zum archäologischen Forschungsstand Kristina Krüger, Archäologische Zeugnisse zum mittelalterlichen Buch- und Schriftwesen nordwärts der Mittelgebirge (Universitätsforschungen zur prähistorischen Archäologie 91), Bonn 2002; dies., Schreibgriffel und Wachstafeln als Zeugnisse von Schriftlichkeit im Mittelalter, in: Text als Realie. Internationaler Kongress Krems an der Donau, 3. bis 6. Oktober 2000, hg. von Karl Brunner/ Gerhard Jaritz (Sitzungsberichte der Akademie der Wissenschaften in Wien, phil.-hist. Kl. 704 = Veröffentlichungen des Instituts für Realienkunde des Mittelalters und der Frühen Neuzeit 18), Wien 2003, S. 229–261; Hans-Werner Peine, Schriftlichkeit und Sakralkultur. Bodenfunde aus Schreibstuben, Bibliotheken und Kirchenschätzen in Westfalen, in: Stift – Stadt – Land. Vreden im Spiegel der Archäologie, hg. von ders./Hermann Terhalle (Beiträge des Heimatvereins Vreden zur Landes- und Volkskunde 69), Vreden 2005, S. 209–241, bes. S. 215; Markus Marquart, Metallische Schreibgriffel des hohen Mittelalters aus Aschaffenburg und ihre Vergleiche, in: Aschaffenburger Jahrbuch 29 (2013) S. 9–63; ders., Neue Griffelfunde in alten Beständen, in: Mitteilungen der Deutschen Gesellschaft für Archäologie des Mittelalters und der Neuzeit 25 (2013) S. 217–224; ders., Schreibgriffel vom S-Z Typ als Beispiele für Migration im hohen Mittelalter, in: Bewegte Zeiten. Ar-

liegen diese weitverbreiteten Beschreibstoffe als Träger der ursprünglichen Aufzeichnungen nahe. Ich habe daher schon 2000 vermutet, dass die erste Niederschrift von Ausgaben und Einnahmen auf kleine Wachstäfelchen erfolgte[21]. War die Wachstafel annähernd voll, wurde der gesamte Block in die Rechnung übertragen. Dabei wurden viele chronologisch dicht beieinanderstehende Einträge, die täglichen Ausgaben, und die relativ seltenen und daher weit auseinanderliegenden Einnahmen mit Tinte und Feder auf Pergament übertragen. Auf Basis dieser Dokumente, die wohl für mögliche Nachträge größere Lücken nach dem jeweiligen Block offenließen, wurden dann Reinschriften, aber auch thematische Zusammenstellungen bestimmter Posten, ausgefertigt. Daher kann die Gruppe der älteren Dokumente als Konzepte bezeichnet werden. Fünf der zum Komplex der Wolfger-Rechnungen gehörende Pergamentblätter sind in dagegen in sorgfältiger Minuskel ohne erkennbare Tinten- und Federwechsel niedergeschrieben[22]. Für Wolfgers Romreiserechnungen wurden auf der Basis des umfassenden Konzeptes verschiedene thematisch geordnete Zusammenstellungen gefertigt. Zu diesem Zweck wurden an den entsprechenden Stellen auf dem Konzept in rötlicher Tinte Kreuze angebracht. Die so gekennzeichneten Passagen sowie alle Einträge mit dem Vermerk *ultra statutam elemosinam* wurden in die eine, alle übrigen Ausgaben in die andere Reinschrift übernommen[23]. Die ältesten Formen von Rechnungslegung waren sichtlich nur eine Art Gedächtnisstütze für einen weitgehend mündlichen Akt der Abrechnung, der wohl schon früh am Rechenbrett vollzogen wurde. Es galt, die Vielzahl von Handlungen memorierbar zu machen, und dafür nutzte man die Schriftform.

Aber können diese ganz unterschiedlichen Stücke als Rotuli bezeichnet werden? Heute sind sie als Einzelblätter überliefert, die meisten von ihnen weisen Einstiche auf, doch es ist nicht festzustellen, ob sie ursprünglich oder erst später zu Rotuli zusammengenäht wurden, auch die Form, in der sie

---

chäologie in Deutschland – Begleitband zur Ausstellung 21. September 2018 bis 6. Januar 2019, hg. von Matthias Wemhoff/Michael Rind, Berlin 2018, S. 128–129; zum historischen Forschungsstand Paul Bertrand, Les écritures ordinaires. Sociologie d'un temps de révolution documentaire (entre royaume de France et empire, 1250–1350) (Publications de la Sorbonne 138), Paris 2015, S. 54–66.

21 Mersiowsky, Anfänge (wie Anm. 2) S. 88, 90 u. 302–304.

22 Originale im Museo Nazionale Archeologico in Cividale del Friuli (ohne Signatur): Bl. 0, Heger, Lebenszeugnis (wie Anm. 10) II) Bl. 2 (ebd., V oben), Bl. 3 (ebd., V unten), Bl. 4 (ebd., VIII), Bl. 8 (ebd., VII) auf der Vorderseite, auf der Rückseite bis Z. 157, Bl. 10 (ebd., IV). Vgl. die Beschreibung der Stücke ebd., S. 71–76. Meine Einschätzung weicht bei Bl. 4 (ebd., VIII) von der Hedwig Hegers ab, denn ich halte dieses Blatt für eine Reinschrift von einer Hand.

23 Höfer, Reiserechnungen (wie Anm. 13) S. 497–509; Heger, Lebenszeugnis (wie Anm. 10) S. 60 f.; Mersiowsky, Anfänge (wie Anm. 2) S. 89.

zusammengenäht worden sein könnten, wurde bis heute nicht untersucht. Vergleiche der Einstiche könnten hier Erkenntnisse ermöglichen[24].

2. Die Rechnungsrotuli und Einzelblattrechnungen des 13. Jahrhunderts

Neben den Wolfgerrechnungen lassen sich mehrere eindeutige frühe Rechnungsrotuli aus Pergament ausmachen[25]. Bei einer Reihe anderer früher Rechnungen aus dem 13. Jahrhundert ist es nicht klar, ob es sich um Rotuli oder schmalrechteckige Einzelblätter handelte. Das gilt für die durch sukzessive Einträge in größeren Blöcken entstandene, aber nur als Fragment erhaltene Rechnung von Bolanden 1258/62[26] und die Katzenelnbogener Rechnung von 1295[27]. Sichere Einzelblätter und nicht Bestandteile eines Rotulus sind die

---

24 Dafür wäre eine erneute persönliche Einsichtnahme in Cividale notwendig, doch müssten die Dokumente auch wieder gefunden werden – was bisher immer wieder ein Problem war.

25 Eines der Kärntner Stücke: Original im Museo Nazionale Archeologico in Cividale del Friuli (ohne Signatur) Bl. 5, vgl. Heger, Lebenszeugnis (wie Anm. 10) S. 253, Abb. ebd., Taf. 4; die kurkölnischen Rollen aus Rhens, LHA Koblenz, Best. 2 Nr. 3059: der Koblenzer Rotulus ist heute in 3 Blätter aufgelöst; Landesarchiv NRW, Abteilung Rheinland, Duisburg, Kurköln Urkunden Nr. 144, Edition bei Karl Lamprecht, Deutsches Wirtschaftsleben im Mittelalter. Untersuchungen über die Entwicklung der materiellen Kultur des platten Landes auf Grund der Quellen zunächst des Mosellandes 3: Quellensammlung, Leipzig 1885, S. 329.

26 HStA Wiesbaden Abt. 168a Urkunde Nr. 5; Wolf-Heino Struck, Aus den Anfängen der territorialen Finanzverwaltung, in: Archivalische Zeitschrift 70 (1974), S. 1–21, vgl. S. 5 f. Die ursprünglichen Dimensionen lassen sich nur ungefähr abschätzen. Auf der Vorderseite sind acht Wochenberichte erhalten. Die Rückseite beginnt mit einem unvollständigen Absatz, dann folgt nach dem obligatorischen Absatz die Passage *In 16. ebdomada …* Da die Wochenberichte unterschiedlich lang waren, kann nur geschlossen werden, dass bei 9 zumindest fragmentarischen Wochenberichten 6 verloren sind. Grob überschlagen fehlt also der Rechnung bei 15 z.T. erhaltenen Absätzen gegenüber 7 verlorenen knapp ein Drittel des Textes. Geht man davon aus, dass grob ein Drittel des Textes fehlt, käme man bei einer Hochrechnung der heutigen Dimensionen (ca. 21,5 cm Breite + 2,5 cm Schnittverlust am Rande, 31 bis 31,2 cm Höhe) auf eine ungefähre ursprüngliche Länge von 45 cm. Die auf der Vorderseite des Bolandischen Fragments eingetragenen Posten zeigen keine signifikanten Abweichungen hinsichtlich Tinte und Federstärke. Auf der Rückseite schreibt die Hand, von der die gesamte Rechnung stammt, nach dem ersten, nur teilweise erhaltenen Posten mit dickerer Feder wohl in einem Zuge die Abschnitte 2 und 3. Ein dritter Schub umfasst die Einträge 4, 5 und 6. Für den letzten Abschnitt Nr. 7 sind mehrere Wechsel in Tintenfarbe und Federstärke zu beobachten, er dürfte daher sukzessiv entstanden sein.

27 StA Marburg, Samtarchiv Nachträge Katzenelnbogen 1/1, vgl. Regesten der Grafen von Katzenelnbogen 1060–1486, 3: Rechnungen, Steuerlisten und Gerichtsbücher 1295–1486, bearb. von Karl E. Demandt, Wiesbaden 1956 (Veröffentlichungen der Historischen Kommission für Nassau 11), Nr. 6071 S. 1717.

älteste königliche Rechnung für den Gegenkönig Heinrich Raspe 1246[28], die Rechnung für Philipp von Kärnten von 1268[29], der Salzburger Rechenzettel für 1284[30] und eine Tiroler Rechnung von 1280[31]. Alle ältesten landesherrlichen Rechnungen sind also ein- oder beidseitig beschriebene schmalrechteckige Pergamentstreifen oder Rotuli, die aus verschiedenen Streifen zusammengenäht wurden. Erst 1291/92 und 1292 treten im Reich Rechnungen in Heftform auf, in beiden Fällen Pergament[32]. Wie bei den Wolfger-Rechnun-

---

28 Bistumsarchiv Erfurt, [Erfurt,] St. Marien, Stift, Urk. I/51; Edition bei Constitutiones et acta publica imperatorum et regum, hg. von Ludwig WEILAND (MGH Const. 2), Hannover 1896, Nr. 458 S. 629–631, vorher gedruckt von Wilhelm WATTENBACH, Erfurter Urkunden, in: Neues Archiv der Gesellschaft für ältere deutsche Geschichtskunde 1 (1876) S. 193–198; Marguerite GASTAUT, Béatrix de Brabant. Landgravinne de Thuringe, Reine des Romains, Comtesse de Flandre, Dame de Courtrai (1225?-1288) (Recueil de travaux d'histoire et de philologie, série 3, 13 = Mémoires du Cercle royal historique et archéologique de Courtrai, nouvelle série 20), Louvain 1943, Nr. 5 S. 221 f. Vgl. Matthias WERNER, Reichsfürst zwischen Mainz und Meißen. Heinrich Raspe als Landgraf von Thüringen und Herr von Hessen (1227–1247), in: Heinrich Raspe – Landgraf von Thüringen und Römischer König (1227–1247). Fürsten, König und Reich in spätstaufischer Zeit, hg. von DERS. (Jenaer Beiträge zur Geschichte 3), Frankfurt 2003, S. 125–271, hier S. 254–256; Ulrich REULING, Von Lyon nach Veitshöchheim. Die Wahl Heinrich Raspes zum rex Romanorum im Jahre 1246, in: ebd., S. 273–306, hier S. 298. Der S. 254 Anm. 547 u. S. 298 Anm. 136 angekündigter Aufsatz von Matthias WERNER, Die päpstlichen Zahlungen für die Königswahl Heinrich Raspes und ihre Abrechnung durch den Erfurter Magister Hugo von 1246/47, in: Festgabe Fred Schwind, hg. von Ursula BRAASCH-SCHWERSMANN (Untersuchungen und Materialien zur Verfassungs- und Landesgeschichte 18), scheint noch nicht erschienen zu sein. Vgl. MERSIOWSKY, Königtum (wie Anm. 9), S. 562–567.

29 Museo Nazionale Archeologico, Cividale del Friuli, ohne Signatur, Bl. 1,5; A(nton) VON JAKSCH, Ueber die Reiserechnungen Bischof Wolfgers von Passau, in: Mittheilungen des Instituts für oesterreichische Geschichtsforschung 23 (1902), S. 162–165; Edition bei HEGER, Lebenszeugnis (wie Anm. 10) Bl. 1: IX, Bl. 5: X, S. 253–256, Kommentar S. 247–253. Abb. ebd., Tafel 4; MERSIOWSKY, Anfänge (wie Anm. 2) S. 74 u. 83 f. (Datierung).

30 Wien, Österreichisches Staatsarchiv, Haus-, Hof- und Staatsarchiv, UR AUR 1875; Digitalisat unter http://monasterium.net/mom/AT-HHStA/SbgDK/AUR_1284/charter, dort unter der Signatur Haus-, Hof- und Staatsarchiv, Salzburg, Domkapitel (831–1802) AUR 1284 (20.02.2019); Abb. J. LAMPEL, Salzburger Goldwert um 1284, in: Mittheilungen der Gesellschaft für Salzburger Landeskunde 30 (1890) S. 114–134, Beilage; Alfred NAGL, Der Salzburger Rechenzettel für 1284 und das gleichzeitige Werthverhältniss von Gold und Silber, in: [Wiener] Numismatische Zeitschrift 22 (1890) S. 47–84, Taf. I.

31 Innsbruck, Tiroler Landesarchiv, Urkunde I 12 (1280 VII 24); vgl. Josef RIEDMANN, Die Rechnungsbücher der Tiroler Landesfürsten, in: Landesherrliche Kanzleien im Spätmittelalter. Referate zum VI. Internationalen Kongreß für Diplomatik, München 1983 (Münchner Beiträge zur Mediävistik und Renaissance-Forschung 35), München 1984, S. 315–323, hier S. 319.

32 HStA München, Fürstensachen Nr. 1320a; vgl. Die Fürstenkanzlei des Mittelalters. Anfänge weltlicher und geistlicher Zentralverwaltung in Bayern. Ausstellung des Bayerischen Hauptstaatsarchivs anläßlich des VI. Internationalen Kongresses für Diplomatik [Ausstel-

gen gibt es unterschiedliche Formen, neben eindeutig sukzessiv entstandenen Stücken auch klare Reinschriften[33].

Ein für die in diesem Band behandelten Fragen der Rotuli besonders interessanter Überlieferungskomplex sind die in den Archiven von Koblenz und Duisburg und als Fragment in einer Handschrift aus Mönchengladbach in Darmstadt überlieferten Rechnungen des Burggrafen von Rheineck 1277 bis 1291. Im ersten Duisburger Exemplar sind verschieden breite Einzelblätter zu einem Rotulus zusammengenäht und von Einträgen in verschiedener Tintenfarbe und Strichstärke bedeckt. Das erste Blatt enthält die Rechnung des ersten bis dritten Rechnungsjahres, die nächsten vier Blätter jeweils für ein Jahr die des vierten bis siebten Jahres. Das sechste Blatt verzeichnet Einnahmen und Ausgaben von 1285 bis 1288, das siebte von 1289 bis 1291. Die einzelnen Blätter sind unterschiedlich breit und von unregelmäßiger Gestalt. Während die ersten sechs Blätter Breiten zwischen 15 und 18 cm aufweisen, misst Blatt 7 ca. 20 cm. Die Jahresrechnungen scheinen jeweils flüchtig in einem Zuge niedergeschrieben zu sein. Obwohl besonders die letzten Einträge in feinerer Schrift mit stärkerer Tendenz zur Schleifenbildung in den Unterlängen auf den ersten Blick sich vom übrigen Schriftbild abheben, halte

---

lungskatalog], bearb. von Joachim Wild (Ausstellungskataloge der Staatlichen Archive Bayerns 16), München 1983, Nr. 26 S. 40. – Innsbruck, Tiroler Landesarchiv, Handschrift Nr. 392,1, fol. 2r-4r.

33 Die Koblenzer Rechnungsrolle ist eine durchgehend von einer Hand in mittelbrauner Tinte und gotischer Kursive der Zeit angelegte Reinschrift mit wenigen Korrekturen: LHA Koblenz, Best. 2 Nr. 3059; vgl. Lamprecht, Wirtschaftsleben 3 (wie Anm. 25) S. 329, ohne eingehende Beschreibung. Beide Kärntner Rechnungen wurden von nicht identischen Händen in einem Zuge in Kursive niedergeschrieben, beim ersten Blatt ist die Summe in dunklerer Tinte nachgetragen: Museo Nazionale Archeologico in Cividale del Friuli (ohne Signatur), Bl. 1, Bl. 5, Heger, Lebenszeugnis (wie Anm. 10) IX u. X. Die älteste Tiroler Rechnung ist in weiten Teilen eine Reinschrift mit schwarzer Tinte in zeittypischer Urkundenminuskel, allein auf der Rückseite finden sich zwischen den beiden Eintrageblöcken Nachträge von einer zweiten, mit breitem Federstrich flüchtig schreibenden Hand: Innsbruck, Tiroler Landesarchiv, Urkunde I 12 (1280 VII 24). Die zweite Tiroler Rechnung von 1292 ist sauber von einer Hand in mittelbrauner Kursive niedergelegt. Lediglich die Summen am Ende stammen von einer zweiten (Kanzlei-)Hand: Innsbruck, Tiroler Landesarchiv, Handschrift Nr. 392,1, fol. 2^r^-4^r^ u. fol. 4^r^ Summen. Weniger sorgfältig, aber immer noch als Reinschrift anzusprechen ist das zweite, breitere Düsseldorfer Exemplar der kurkölnischen Rotuli: Landesarchiv NRW, Abteilung Rheinland, Duisburg, Kurköln Urkunden Nr. 144. Die Katzenelnbogener Rechnung von 1295 wurde von einer Hand in zierlicher Minuskel mit zwischen schwärzlich und bräunlich changierender Tinte reingeschrieben. Das Pergamentstück ist heute stark vermodert, weist dunkle Flecken und große Fehlstellen auf, die auch von Demandt noch entzifferte Passagen umfassen, und ist bei einer Restaurierung eingebettet worden: StA Marburg, Samtarchiv Nachträge Katzenelnbogen 1/1, vgl. Regesten Katzenelnbogen 3 (wie Anm. 27) Nr. 6071.

ich sämtliche Einträge doch für das Werk eines Schreibers[34]. Die vorliegende Rolle ist also ein Kompositum aus in sich abgeschlossenen Einzelrechnungen in Reinschrift mit unterschiedlichem Umfang und unterschiedlicher Laufzeit von 1277 bis 1291, die nachträglich zu einem Rotulus zusammengefügt wurden. Dieser Befund verweist uns darauf, dass bei den Rotuli primäre und sekundäre Rotuli zu unterscheiden sind: Schriftstücke, die von vorn herein als Rollen angelegt wurden, oder Schriftstücke, die sekundär zu Rollen wurden. Zu differenzieren wären daher Gebrauchs- und Aufbewahrungsform, da die Rotulusbildung in verschiedenen Stadien von Anfertigung, Benutzung und Aufbewahrung erfolgen kann. Möglicherweise ist die Benutzung langrechteckiger Blätter ein Hinweis darauf, dass die Stücke für eine spätere Verwahrung in Rollenform gedacht waren.

Der Duisburg-Koblenzer Rechnungskomplex ist aber noch in weiterer Hinsicht interessant. Vom Duisburger Rotulus aus verschiedenen Jahresrechnungen, die jeweils in einem Zug niedergeschrieben und später aneinandergenäht wurden, wurde eine Reinschrift angefertigt – der zweite heute Duisburger Rotulus. Hier sind die Verbindungen zwischen den Blättern mittels durch parallele Einschnitte in sich überdeckendem oberen und unteren Blatt eingeschobene Pergamentstreifen aus Urkundenmakulatur verbunden. Diese Rolle erweist damit die Zusammenstellung der Einzelrechnungen zu einem sekundären Rotulus als zeitgenössisch, also bald nach 1291. Die Zweckbestimmung dieser neuerlichen, einheitlichen Reinschrift erhellt sich aus einer der wenigen Textabweichungen: am Ende der Rolle notiert der Schreiber mit etwas anderer Feder: *Sic presul remanet debitor preposito et burgravio in 74 m 8 s 9 d Col.* Neben den überwiegend in Jahresschritten entstandenen Rechnungen wurde also eine Abschrift angefertigt, die als Grundlage der Abrechnung mit dem Erzbischof diente, wie der zitierte Satz ausweist[35]. Noch eine dritte, wiederum durchgehend von einer Hand in mittelbrauner Tinte beschriebene Reinschrift in gotischer Kursive in Koblenz überliefert denselben Text[36]. Hinzu kommt noch ein Fragment einer vierten Fassung in Darmstadt. Über die Form des Darmstädter Fragmentes können wir leider nicht viel sagen, dafür ist es viel zu kurz[37]. Die heutigen unterschiedlichen

34 Landesarchiv NRW, Abteilung Rheinland, Duisburg, Kurköln Urkunden Nr. 144.

35 Landesarchiv NRW, Abteilung Rheinland, Duisburg, Kurköln Urkunden Nr. 144. LAMPRECHT, Wirtschaftsleben 3 (wie Anm. 25), Nr. 285 S. 329–339, beachtete diesen Eintrag nicht und betrachtete den zweiten Düsseldorfer Rotulus als gleichzeitige Kopie, deren Bestimmung unklar sei.

36 LHA Koblenz, Best. 2 Nr. 3059.

37 Darmstadt, Hessische Landes- und Hochschulbibliothek, Hs. 701, fol. 1r, Ende 13. Jh., vgl. Die Handschriften von St. Vitus. Textband, bearb. von Christine WINKELMANN-GIESEN unter Mitwirkung von Clemens M. M. BAYER eingeleitet von Raymund KOTTJE (Der

Archivlagerorte sind der Teilung der kurkölnischen Gebiete in unterschiedliche preußische Provinzen im 19. Jahrhundert zu verdanken, die Makulierung des Darmstädter Fragmentes muss aber schon viel früher vonstattengegangen sein. Die ursprünglich auf schmalrechteckigen Blättern geschriebenen Einzelrechnungen wurden sekundär zu einem Rotulus zusammengenäht. Diese dann als Einheit bestehenden Stücke wurden bald nach 1291 abgeschrieben, einmal für die Abrechnung mit dem Landesherrn, dem Erzbischof von Köln, denn das Ergebnis der Abrechnung wurde von anderer Hand auf der Reinschrift vermerkt. Dann wurde der Text aber mindestens noch einmal komplett als originärer Rotulus kopiert. Wofür man die Rechnung gleich mehrfach abschrieb, ist unklar. Vielleicht waren die Abschriften für den Amtsträger, den Erzbischof und vielleicht das Domkapitel bestimmt[38]. Man müsste die Texte noch einmal kollationieren, um sie besser einordnen zu können. Ebenso wie die Rechnungen Wolfgers von Passau ist hier ein Komplex von verschiedenen Fassungen erhalten, ein Verweis darauf, wie vielgestaltig die Nutzung von Rotuli unterschiedlicher Zweckbestimmung schon im 13. Jahrhundert war[39].

Nach Durchsicht der sogenannten Territorialrechnungen des 13. Jahrhunderts gilt es, den Blick noch auf die übrigen Rechnungen auszuweiten.

Wie oben ausgeführt ist die Materialbasis für andere Formen von Rechnungen viel schlechter als für die landesherrlichen und adligen Stücke zu überblicken, weshalb im Folgenden nur einzelne Schlaglichter auf diesen Bereich geworfen werden können. Die älteste Osnabrücker Stadtrechnung stammt von 1285 und wird von einigen weiteren Finanzaufzeichnungen des

---

Bücherbesitz des Klosters St. Vitus in Gladbach von der Gründung bis zur Auflösung des Klosters 1.1), Köln 1998, Nr. 12 S. 41–45, hier S. 42 f., Abb. in Die Handschriften von St. Vitus. Bildband, bearb. von Kristine Weber (Der Bücherbesitz des Klosters St. Vitus in Gladbach von der Gründung bis zur Auflösung des Klosters 1,2), Köln 1998, Abb. 93; noch nicht nachgewiesen bei Mersiowsky, Anfänge (wie Anm. 2) S. 82–94, die dort behandelten Stücke weisen größte Ähnlichkeiten mit dem Darmstädter Fragment auf.

38 Darauf verweisen spätere Befunde: Die Amtsrechnungen des Godard von Drachenfels liegen in zwei identischen Exemplaren, Archiv Harff, Akten Drachenfels Nr. 8, haben die Aufschriften *R. pro G(odardo) de Drachenfeltz* und *R. pro domino meo Coloniense*, ähnliche Vermerke finden sich auf den Altenwieder Kellnereirechnungen von 1418 bis 1420, LHA Koblenz, Abt. 2 Nr. 1674, fol. 1r: *Cellerarius in Wede pro domino anno 1418*; Abt. 2 Nr. 1675, fol. 1r; *Wede pro domino*; Abt. 2 Nr. 1676, fol. 1r: *Computacio pro domino*, und denen des Vests Recklinghausen 1425/26, 1426/27 und 1437, Landersarchiv NRW, Abteilung Westfalen, Münster, Vest Recklinghausen, Urkunden Nr. 50, fol. 0r, Umschlag vor fol. 11r (früher fol. 1r), Rückseite des Umschlags vor fol. 20r. Auf dem Umschlag der Rheinberger Zollrechnung 1432/33, HStA Düsseldorf, Kurköln II Nr. 5134, fol. 1r: *Pro capitulo Coloniense.*

39 Vgl. die Befunde bei Bertrand, Écritures (wie Anm. 20) S. 75–77.

späten 13. Jahrhunderts begleitet. Diese Dokumente gehören zu den ältesten Vertretern ihrer Gattung auf deutschem Boden. Sie sind in flüchtiger Geschäftsschrift auf unregelmäßigen Pergamentstreifen und -resten mundiert. Die älteste Stadtrechnung von Osnabrück ist ein ungleichmäßig zugeschnittenes Einzelblatt, hier kann nicht von einem Rotulus gesprochen werden[40]. Eindeutiger ist der Befund für die Koblenzer Rollen. Elf Pergamentrotuli mit Längen zwischen 47 cm und 4,44 m beinhalten insgesamt fünfzehn Koblenzer Mauerbaurechnungen der Jahre 1276 bis 1281 und 1281 bis 1289[41]. Sie gleichen in der Form, sowohl was die Art der Buchungen angeht wie das typische Nebeneinander von Rotuli und langrechteckigen Pergamentstreifen dem betrachteten Befunden für die Herrschaftsrechnungen. Der Großteil der Koblenzer Rotuli ist besiegelt. Entweder tragen sie noch zumindest in Fragmenten das große Stadtsiegel oder sie weisen eine Plica, Einschnitte für die Siegelbefestigung und zum Teil auch Pergamentstreifen für abhängende, heute verlorene Siegel auf. Nur zwei der Dokumente sind nicht besiegelt[42]. Dies ist ein wesentlicher Unterschied zu den Territorialrechnungen, bei denen eine Besiegelung nicht beobachtet werden konnte. Aus Würzburg stammt die Abrechnung des Domherren Rudolf von Hürnheim. Wohl zwischen 1268 und 1270 entstand diese Aufzeichnung über die Verwendung der dem Würzburger Elekten nach Italien überbrachten Gelder, ein Pergamentblatt von ca. 50 x 12 cm, bestimmt für das Würzburger Domkapitel[43]. Auch diese Rechnung aus dem kirchlichen Bereich fügt sich in das bereits betrachtete Bild ein.

Waren die ältesten Rechnungen im deutschen Sprachraum durchgehend Rotuli oder Einzelblätter, setzen heft- oder buchförmige Aufzeichnungen erst gegen Ende des 13. Jahrhunderts ein. Auch hier liegen nur für die Territorialrechnungen belastbare Übersichten vor. Die Rechnung des Viztums

---

40 StA Osnabrück, Dep. 3 a 1 VI Nr. 74^{1-7}; vgl. Carl Stüve, Stadtrechnungen von Osnabrück aus dem 13. und 14. Jahrhundert, in: Mittheilungen des Vereins für Geschichte und Landeskunde von Osnabrück 14 (1889) S. 91–135; Hermann Rothert, Die ältesten Stadtrechnungen von Soest aus den Jahren 1338, 1357 und 1363, in: Westfälische Zeitschrift 101/102 (1953) S. 139–182, hier S. 139.

41 Stadtarchiv Koblenz, Best. 623 Nr. 7, Nr. 8, Nr. 9, Nr. 10, Nr. 11, Nr. 12, Nr. 13, Nr. 17, Nr. 18, Nr. 19 u. Nr. 20; vgl. Der Koblenzer Mauerbau. Rechnungen 1276–1289, bearb. von Max Bär (Publikationen der Gesellschaft für Rheinische Geschichtskunde 5), Leipzig 1888, S. 29 u.39–41.

42 Stadtarchiv Koblenz, Best. 623 Nr. 7 (Stadtsiegelfragment), Nr. 8 (Siegel stark beschädigt), Nr. 9, Nr. 17 (Siegelfragment); Nr. 11, Nr. 12 u. Nr. 20, weisen eine Plika, Einschnitte für die Siegelbefestigung und zum Teil auch Pergamentstreifen für abhängende, heute verlorene Siegel auf. Keine Spuren von Besiegelung bei Nr. 18 u. Nr. 19.

43 Paul Schöffel, Eine unbekannte Quelle zum Würzburger Bistumsstreit 1267–1271, in: Zeitschrift für bayerische Landesgeschichte 10 (1937) S. 124–132.

von Oberbayern 1291/94 und die Tiroler Rechnung von 1292 sind in Heftform überkommen[44]. Gemeinsam ist allen behandelten Rechnungen, seien sie nun Reinschriften oder Konzepte, dass die Buchungen meist im fortlaufenden Text niedergeschrieben sind. Die Schreiber bedienten sich einer Geschäftsschrift oft deutlich kursiven Charakters. Die Texte sind kaum gegliedert, Überschriften fehlen fast völlig. Die Beträge der Einzelposten sind in keiner Weise hervorgehoben. Selbst buchmäßige Ordnungsmittel wie Caput-Zeichen, Rubriken und Initialen kommen nicht oder nur selten zur Verwendung. Allein durch mehr oder minder willkürlich große Freiräume nach Absätzen werden einzelne Textblöcke voneinander abgehoben[45]. Wie die paläographischen Beobachtungen zeigen, sind die für frühe Rechnungen typischen zum Teil übergroßen Freiräume zwischen den Absätzen nicht nur eine Gestaltungstechnik, sondern dienen pragmatisch als Platz für noch zu erwartende Nachträge[46]. Diese praktische Gewohnheit scheint sich zum Gliederungsprinzip verfestigt zu haben und darf als Charakteristikum früher Rechnungen überhaupt gelten. Eine Ausnahme bilden hier die frühen Tiroler Rechnungen[47]. In der Tiroler Rechnung von 1280 werden von vier Abschnitten immerhin drei durch kleine Überschriften eingeleitet und die Buchungen jeweils in einzelnen Absätzen gebucht. Anders als bei den meis-

---

44 HStA München, Fürstensachen Nr. 1320a; vgl. WILD, Kat. Nr. 26 (wie Anm. 32) S. 40. Der Pergamentumschlag ist zeitgenössisch, wie der Schriftduktus der auf ihm (besonders auf der Innenseite) geschriebenen, z.T. auch unter der Quarzlampe nicht mehr lesbaren Vermerke zeigt. – Innsbruck, Tiroler Landesarchiv, Handschrift Nr. 392, fol. 2r-4r besteht aus einem Doppel- und einem Einzelblatt aus Pergament; vorgebunden ein Einzelblatt mit einem undatierten, zeitnahen Urkundenkonzept (*Circa Gazanes hec pacta volumus observari ...*).

45 MERSIOWSKY, Anfänge (wie Anm. 2) S. 88–90. Einen Überblick über die Entwicklung und Möglichkeiten der buchmäßigen Ordnungsmittel gibt Johann Peter GUMBERT: Zur ‚Typographie' der geschriebenen Seite, in: Pragmatische Schriftlichkeit im Mittelalter. Erscheinungsformen und Entwicklungsstufen, hg. von Hagen KELLER/Klaus GRUBMÜLLER/Nikolaus STAUBACH (Münstersche Mittelalter-Schriften 65), München 1992, S. 283–292.

46 Zur Textanordnung als typographisches Hilfsmittel GUMBERT, Typographie (wie Anm. 45) S. 285–287.

47 In der Tiroler Rechnung von 1280 werden von vier Abschnitten immerhin drei durch kleine Überschriften eingeleitet und die Buchungen jeweils in einzelnen Absätzen gebucht. Anders als bei den meisten frühen Dokumenten lässt der Hauptschreiber der Rechnung von 1280 auch jede Buchung mit einem Caput-Zeichen beginnen und hebt ihn mit einem kleinen Absatz von der vorangehenden Buchung ab: Innsbruck, Tiroler Landesarchiv, Urkunde I 12 (1280 VII 24). Der Text der zweiten Tiroler Rechnung ist wochenweise in Blöcken angeordnet, zwischen denen größere und kleinere Abstände freigelassen, z.T. auch durch einen kurzen Strich voneinander abgegrenzt wurden. Innerhalb der Blöcke begann der Schreiber für jeden Eintrag eine neue Zeile: Innsbruck, Tiroler Landesarchiv, Handschrift Nr. 392,1, fol. 2r-4r, fol. 4r Summen.

ten frühen Dokumenten lässt der Hauptschreiber der Rechnung von 1280 auch jede Buchung mit einem Caput-Zeichen beginnen und hebt ihn mit einem kleinen Absatz von der vorangehenden Buchung ab.

Die ältesten Rechnungen verraten, dass sie keineswegs Erzeugnisse entwickelter Verwaltungstechniken sind, und ihre spezifischen Kennzeichen lassen sich problemlos erklären. Verschiedene Faktoren haben dazu geführt, dass sich bestimmte Personen gegenüber anderen rechtfertigen müssen, und zwar über alltägliche Handlungen. Somit entstand zunächst ein mnemotechnisches Problem: es galt, eine Vielzahl von kleinen, oft ähnlichen Handlungen memorierbar zu machen. Die etwa im Bereich von Recht und Dichtung entwickelten und praktizierten Gedächtnistechniken dürften für Abrechnungen wenig hilfreich gewesen sein[48]. Sobald man über auch nur rudimentäre Schreibfähigkeiten verfügt, lag es mehr als nahe, sich statt ungeeigneter Merktechniken der Schriftform zu bedienen. Dieser Grad der Entwicklung lässt sich an den frühen Rechnungen ablesen. Bezeichnenderweise begegnen in der gleichen Zeit auch andere Aufzeichnungen im herrschaftlichen Bereich, die mit den Rechnungen die einfache Form gemein haben, ebenfalls auf Einzelblättern oder als Rotuli in einfacher, manchmal flüchtiger Schrift[49]. Man kann vermuten, dass die ältesten landesherrlichen Rechnungen wie andere Formen des frühen Verwaltungsschriftgutes okkasionell entstanden und sich erst allmählich das Bewusstsein durchsetzte, dass man sich mit solchen schriftlich fixierten Abrechnungen die Verwaltung erleichterte. Michael Clanchy hat dies mit dem Schlagwort „from memory to written record" umschrieben[50].

Sieht man sich die langrechteckigen Pergamentstreifen der frühen Rechnungen einmal genau an, so sind es oft unregelmäßige Stücke mit Löchern, Randstücke, die noch die Ansätze des Halses oder Schwanzes zeigen – also Randabfall, wenn man aus dem Pergament rechteckige Blätter für Codices und Urkunden schneidet. Für reine Gedächtnisstützen genügte solches Ma-

---

48 Theodor BÜHLER-REIMANN, Warnung vor dem herkömmlichen Weistumsbegriff, in: Deutsche Ländliche Rechtsquellen. Probleme und Wege der Weistumsforschung, hg. von Peter BLICKLE, Stuttgart 1977, S. 87–102, hier S. 88.

49 Mainzer Güterliste in: Hessen und Thüringen – Von den Anfängen bis zur Reformation [Ausstellungskatalog], Marburg o.O. [1992], Kat.-Nr. 197, S. 151; Abb. der Münsteraner und Paderborner Exemplare der Heinsberger Güterliste bei Johannes BAUERMANN, Altena – von Reinald von Dassel erworben? Zu den Güterlisten Philipps von Heinsberg, in: Beiträge zur Geschichte Dortmunds und der Grafschaft Mark 67 (1971) S. 227–252, Abb. 13, 14, 16 u. 17. Daneben gab es allerdings auch sorgfältig gestaltete Stücke, vgl. die kurkölnische Übersicht über Wildbann- und Waldrechte, Landesarchiv NRW, Abteilung Rheinland, Duisburg, Kurköln Urkunden Nr. 6.

50 Michael T. CLANCHY, From Memory to Written Record. England 1066–1307, Chichester ^{3}2012 (erste Auflage London 1979).

terial. Waren die so dokumentierten Geschäfte wenig umfangreich oder komplex, reichte das Einzelblatt, reichte es nicht, konnte man es leicht zu einem Rotulus erweitern. Genausowenig, wie die frühen Rechnungen mehr als die üblichen Schreibtechniken brauchten und sich daher ohne direkte Vorbilder entwickelten, so brauchte die Tendenz zum Rotulus rollenförmige Vorbilder. Man begann für kurze Aufzeichnungen mit schmalen Restpergamenten, wurden die Geschäfte länger, holte man einen neuen Streifen und nähte sie aneinander. Und wenn man sie dann schon einmal in dieser Form hatte, kopierte man sie eben auch so. Die älteste Rechnungen unterschieden sich nur dem Inhalt nach von den übrigen Formen von Aufzeichnungen. Alle frühen Rechnungen bedienen sich zeilenfüllender Schreibweise. Sie waren mnemotechnische Hilfsmittel, die allein als Gedächtnisstütze für die Aufzählung der Posten bei der Rechnungslegung dienten. Buchung für Buchung wurde verlesen, die Posten gelegt, die Endsumme schließlich vom Rechenbrett abgelesen. Daher fehlte der ersten Rechnungsgeneration der absatzgegliederten, kaum differenzierten Textblockrechnungen jegliche buchhaltungstechnische Gestaltung. Die Funktion als einfache Gedächtnisstütze bei der Rechnungslegung wie als nur situativ eingesetztes Herrschaftsmittel bedingt bereits die größte Gefahr für diese Dokumente und begrenzt zugleich unsere Möglichkeit, über die Rotuli Informationen zu sammeln. Ist die Rechnung abgehört, werden die Schriftstücke als mnemotechnische Stütze obsolet und gehen leicht unter. Die Rechnungen nach erfolgter Rechnungslegung aufzubewahren macht nur Sinn, wenn dies Verwaltungsroutine ist und man also mit den Rechnungen später noch etwas anfangen kann, etwa bei der Kontrolle ihrer regelmäßig anfallenden Nachfolgedokumente. Waren sie aber okkasionell entstanden, machte ihre Aufbewahrung wenig Sinn. Vermutlich sind deshalb die ältesten Rechnungen oft nur durch reinen Zufall überliefert. Die frühesten Beispiele sind als Makulatur in Bucheinbänden[51] oder an unerwarteter Stelle durch reinen Zufall überliefert. Ein Fragment kölnischer Territorialrechnungen des 13. Jahrhunderts steckt in einer 1217 entstandenen und aus Köln stammenden Handschrift, die gegen Ende des 14. Jahrhunderts für die Kölner Dombibliothek gebunden wurde, aber dann nach Mönchengladbach geriet, nach der Säkularisation in den Besitz des Baron Hüpsch kam und heute in Darmstadt liegt[52]; die Bolander Rechnung von 1258/62 wurde schon

51 Vgl. zum Makulaturwesen den Überblick bei Mark Mersiowsky, Wenn Buchmenschen zum Messer greifen: Zur Wiederverwendung mittelalterlicher Bücher, in: www.flick-werk.net. Die Kunst des Flickens und Wiederverwertens im historischen Tirol, hg. von Siegfried de Rachewiltz/Andreas Rauchegger/Christiane Ganner (Schriften des Landwirtschaftsmuseums Brunnenburg 15), Brunnenburg 2014, S. 200–219.

52 Darmstadt, Hessische Landes- und Hochschulbibliothek, Hs. 701, fol. 1r, vgl. Hand-

wenig später als Umschlag für das älteste Lehnsbuch dieser Herrschaft verwendet[53]. Die Rechnungen des Passauer Bischofs von 1203/04 sind nur deshalb erhalten, weil er sie nach seiner Romreise, zum Patriarchen von Aquileia ernannt, nach Cividale mitbrachte, wo sie durch Zufall im Archiv erhalten blieben[54]; gleiches gilt auch für die Rechnungen Philipps von Kärnten, die sich aus ähnlichem Grund am selben Ort erhalten haben[55]. Zusammenfassend kann man nicht von ausgebildeten Buchhaltungstechniken reden, denn eine der Textsorte Rechnung angemessene Verfahrenstechnik wurde in den frühen Stücken bis Ende des 13. Jahrhunderts sichtlich noch nicht entwickelt. Die ältesten Rechnungen waren mnemotechnische Stützen, entsprangen einem einstufigen Abrechnungsvorgang, in dem alle Buchungen direkt zu einer Endsumme zusammengezogen wurden. Diesen Typus habe ich als absatzgegliederte, kaum differenzierte Textblockrechnung bezeichnet[56].

3. Rotulus und Heft in den ersten Jahrzehnten des 14. Jahrhunderts

Die Rechnungen des frühen 14. Jahrhunderts ähneln noch stark denen des vorangehenden Saeculum[57]. Die ältesten Schweriner Rechnungen sind auf Pergamenteinzelblättern geschrieben, eines davon auch auf einem langen

schriften Textband (wie Anm. 37) S. 42 f., Abb. in Handschriften Bildband Textband (wie Anm. 37) Abb. 93.

53 HStA Wiesbaden Abt. 168a Urkunde Nr. 5; Struck, Anfänge (wie Anm. 26) S. 5 f. Zur Datierung Wolfgang Metz, Staufische Güterverzeichnisse. Untersuchungen zur Verfassungs- und Wirtschaftsgeschichte des 12. und 13. Jahrhunderts, Berlin 1964, S. 52–76; dagegen Albrecht Eckhardt, Das älteste Bolander Lehnbuch. Versuch einer Neudatierung, in: Archiv für Diplomatik 22 (1976) S. 317–344; vgl. Anette Löffler, Die Herren und Grafen von Falkenstein (Taunus). Studien zur Territorial- und Besitzgeschichte, zur reichspolitischen Stellung und zur Genealogie eines führenden Ministerialengeschlechts 1255–1418, 1: Darstellung, Ortskatalog, Genealogie (Quellen und Forschungen zur hessischen Geschichte 99), Darmstadt/Marburg 1994, S. 69 f.; Mersiowsky, Anfänge (wie Anm. 2) S. 83 f., 86 f. u. 92.

54 Ebd., S. 47.

55 Museo Nazionale Archeologico, Cividale del Friuli, ohne Signatur, Bl. 1,5; von Jaksch, Reiserechnungen (wie Anm. 29), Edition bei Heger, Lebenszeugnis (wie Anm. 10), Bl. 1: IX, Bl. 5: X, S. 253–256, Kommentar S. 247–253. Abb. ebd., Tafel 4; Mersiowsky, Anfänge (wie Anm. 2) S. 74 u. 83 f. (Datierung).

56 Ebd., S. 112 f.; ders., Rechnungen (wie Anm. 2), S. 534; ähnliche Beobachtungen und Überlegungen anderthalb Jahrzehnte später bei Bertrand, Écritures (wie Anm. 20), S. 165–171.

57 Außer Betracht bleiben die Steinfurter Rechnung von 1303/05, da sie nur in einer Abschrift des 17. Jahrhunderts überliefert ist (zu ihr Kap. 4.1.3.), sowie die Rechnung des Burggrafen zu Rheinfelden 1303/06, da sie aus der Reichsverwaltung stammt.

Streifen. Sie sind nicht durch Überschriften gegliedert[58]. Aus der Landgrafschaft Hessen stammt der Rotulus des *centurio* von Ebsdorf, ein schmales, sich im unteren Drittel stark verjüngendes unregelmäßiges Pergamentstück von etwa 10 cm Breite und ungefähr 35 cm Länge, auf dem nur recto in Reinschrift von einer Hand mit brauner Tinte die Ausgaben des Jahres 1316 vermerkt wurden. Am unteren Schmalrand finden sich mehrere Einstiche, die vermuten lassen, dass es einmal mit anderen Stücken vernäht war, doch ob als primärer oder sekundärer Rotulus, lässt sich nicht ermitteln[59]. Das Bruchstück einer Münsterischen Amtsrechnung aus dem Jahre 1318 wurde von einem Codex der Bibliothek des Amplonius in Erfurt abgelöst. Es ist wieder ein Rest eines ehemaligen Rotulus, wie mehrere Einstiche am oberen Rand zeigen[60]. Die Rückseite war nicht beschrieben. Variierende Strichbreite und Enge bzw. Breite des Schriftbildes verweisen auf sukzessive Entstehung. Eine Hand trug die Buchungen in kleineren Blöcken ein[61]. Zumeist begann

58 Landeshauptarchiv Schwerin, Best. 1.1–18, Nr. 4: Rechnung des Vogts Gottschalk Pren 1309, Edition bei Mecklenburgisches Urkundenbuch V: 1301–1312, Schwerin 1869, Nr. 3297 S. 448 f.; Rechnung desselben 1317/18, Edition bei Mecklenburgisches Urkundenbuch VI: 1313–1321, Schwerin 1870, Nr. 3941 S. 314 f.

59 StA Marburg, A I t Ebsdorf 1316, Edition bei Friedrich Küch, Die ältesten Salbücher des Amtes Marburg, in: Zeitschrift des Vereins für hessische Geschichte und Landeskunde 39 = Neue Folge 29 (1905) S. 145–258, hier S. 156.

60 Universitäts- und Forschungsbibliothek Erfurt-Gotha, Universitätsbibliothek Erfurt, Sondersammlungen, Bibliotheca Amploniana, Fragment Cod. Ampl. 4° 306; Johannes Bauermann, Das Erfurter Bruchstück einer Amtsrechnung des Emslandes für das Jahr 1318, in: Westfälische Zeitschrift 90 (1934) S. 155–170; wiederabgedruckt in ders., Von der Elbe bis zum Rhein. Aus der Landesgeschichte Ostsachsens und Westfalens. Gesammelte Studien (Neue Münstersche Beiträge zur Geschichtsforschung 11), Münster 1968, S. 377–388, hier S. 378–383. Vgl. Wolfgang Bockhorst, Geschichte des Niederstifts Münster bis 1400 (Geschichtliche Arbeiten zur westfälischen Landesforschung 17 = Veröffentlichungen der Historischen Kommission für Westfalen 22), Münster 1985, S. 47 f.; Mersiowsky, Anfänge (wie Anm. 2) S. 224–226. Bauermann, Bruchstück (wie Anm. 60), gibt eine eingehende formale Beschreibung ebd., S. 377 f. Die Edition erwies sich bei der Kollation am Original als zuverlässig. Bauermann übersah aber durchgängig das einem z am Wortende ähnelnde 1/2-Zahlzeichen. Daher ist in der Zeile *Item pro XXIIII*[or] *mol. siliginis XII marcas…* (ebd., S. 386) die Zahlenangabe von 12 in 12 1/2 zu verbessern. Ebenso ist im Eintrag *Item in die Ghertrudis in Lunne pro bullic III marcas …* (ebd., S. 387) statt 3 hier 3 1/2 zu lesen.

61 Bauermann, Bruchstück (wie Anm. 60) S. 381, hat den Schreiber als Mundator einer Urkunde identifizieren können, doch bot er keine paläographische Analyse des vorliegenden Fragments. Der erste Eintragsblock geht m. E. bis zum Beginn des Eintrages *Item quatuor carpentariis …* (ebd., S. 386). Die nächsten Einträge werden in feinerer Schrift niedergeschrieben. Ab *Item pro XXIIII*[or] *mol. …* (ebd., S. 386) wird die Schrift breiter. Die nächste Zäsur dürfte vor dem Eintrag *Item in die Benedicti …* (ebd., S. 387) liegen, der Duktus wird in dieser Zeile deutlich enger. Schon der übernächste Eintrag (*Item eodem tempore pro tribus …*; ebd., S. 387) wird wieder breiter. Mit der Zeile *Item in die Ambrosii …* (ebd., S. 387) stehen die Buchstaben wieder deutlich dichter gedrängt. Mit dem Vermerk *Item*

sie für jeden Eintrag eine neue Zeile, doch war dies nicht durchgehend so[62]. Inhaltlich scheint das Stück nur grob thematisch gegliedert zu sein. Als Gliederungsmittel dient ein kleiner Zwischenraum. Die Einzelposten sind weder ausgeworfen noch begegnen Summen[63]. Aus der königlichen Verwaltung ist auf die Rheinfeldener Rechnung für König Albrecht von 1303–1306 zu verweisen. Dabei handelt es sich anders als bei den bisher betrachteten Stücken um ein Pergamentheft[64]. Genauso wenig wie ihre Vorgänger sind die Rechnungen des frühen 14. Jahrhunderts also ausgefeilte Produkte hochentwickelter Buchhaltungstechnik. Die für die Stücke des 13. Jahrhunderts herausgearbeiteten Charakteristika treffen auch für die jüngeren Vertreter zu: es sind Rotuli, deren Texte kaum gegliedert sind, allenfalls durch zum Teil überlange Freiräume zwischen den Absätzen.

Ein Zufall hat den wohl wichtigsten frühen Bestand von Rollenrechnungen aus dem Reich bewahrt, der allerdings weitgehend außerhalb des deutschen Sprachraumes entstand. Kaiser Heinrich VII. starb am 24. August 1313 in Buonconvento überraschend an einem Fieber. Beim Aufbruch zu einem Kriegszug hatte er im August 1313 eine Reihe von Archivalien beim Domkapitel von Pisa deponiert, die nach seinem plötzlichen Tode zum Teil dort verblieben. Über merkwürdige Umwege kamen sie ins Archivio di Stato in Pisa[65]. Zu den bis heute erhaltenen Materialien zählen zahlreiche Rotuli, darunter auch Rechnungen, die uns in diesem Zusammenhang noch interessieren

in die Ghertrudis ... (ebd., S. 388) wird der Gesamtduktus deutlich schwungvoller. Der letzte Eintragsabschnitt beginnt mit *Item in die Palmarum* ... (ebd., S. 388). Original Universitäts- und Forschungsbibliothek Erfurt-Gotha, Universitätsbibliothek Erfurt, Sondersammlungen, Bibliotheca Amploniana, Fragment Cod. Ampl. 4° 306.

62 Universitäts- und Forschungsbibliothek Erfurt-Gotha, Universitätsbibliothek Erfurt, Sondersammlungen, Bibliotheca Amploniana, Fragment Cod. Ampl. 4° 306. BAUERMANN, Bruchstück (wie Anm. 60) weist diese Absätze nicht aus, sondern übergeht sie stillschweigend. Neben der Einleitung zu den Fehdeausgaben (ebd., S. 387) ist auch die Passage *Item feria quinta post assumptionem beate virginis* ... (ebd., S. 388) nicht vom nachfolgenden Eintrag abgesetzt.

63 BAUERMANN, Bruchstück (wie Anm. 60), hob in seiner Ed. die *const.*-Vermerke stets vom eigentlichen Eintrag ab. Diese Abhebung findet sich im Original nicht.

64 Innsbruck, Tiroler Landesarchiv, Handschriften Nr. 1450, Edition bei Constitutiones et acta publica imperatorum et regum, Bd. 4,2: 1312–1313, hg. von Jakob SCHWALM (MGM Const. 4,2), Hannover 1911, Nr. 1204; MERSIOWSKY, Königtum (wie Anm. 9) S. 570–574.

65 Das Inventar ist erhalten: MGH Const. 4,2 (wie Anm. 64) Nr. 1045 S. 1078–1085; vgl. Gerhard SEELIGER, Kanzleistudien. II. Das Kammernotariat und der archivalische Nachlass Heinrichs VII., in: Mittheilungen des Instituts für oesterreichische Geschichtsforschung 11 (1890) S. 396–442, hier S. 435–439; mit wichtigen Korrekturen gegenüber Seeliger Vinzenz SAMANEK, Die verfassungsrechtliche Stellung Genuas 1311–1313, in: Mitteilungen des Instituts für österreichische Geschichtsforschung 27 (1906) S. 237–314, 560–628, hier S. 246 f.; Friedrich SCHNEIDER, Kaiser Heinrich VII., Heft 3: Clemens V. und Heinrich VII. Der

müssen. Im Einzelnen handelt es sich um den *Computus Symonis Phylippi de Realibus* von Dezember 1310 bis Juli 1311, die Abrechnung des Gilles de la Marcelle für die Königin von Oktober 1310 bis Juli 1311 und seine *Contes* als königlicher *tresorier* von Februar 1312 bis zum Tode Heinrichs[66].

Die älteste Rechnung stammt von Gilles de la Marcelle, ein einzelnes Pergamentblatt auf südlichem Pergament mit Einträgen in Französisch. Die Überschrift steht fast mittig über dem Text, die Einträge beginnen nach einem kleinen Abstand. Der linke Textrand ist durch Blindlinierung markiert. Für jeden Eintrag wird eine neue Zeile begonnen, die Posten sind weder abgerückt noch ausgeworfen, die Einträge gehen rechts fast bis an den Pergamentrand. Die erste Summe ist durch einen kleinen Abstand von den Einträgen getrennt, nach rechts eingerückt und durch ein Caputzeichen markiert. Die Gesamtsumme ist genauso eingerückt wie die Abschnittssumme[67]. Vergleicht man die Rechnung mit zeitgenössischen „deutschen" Rechnungen, etwa der Rheinfeldener Rechnung für König Albrecht von 1303–1306[68], der Mainzer Rechnung von 1315[69] oder der Rechnung über das Emsland aus

---

Kampf zwischen Papsttum und Kaisertum, Greiz i.V./Leipzig 1928, S. 322; Mersiowsky, Rechnungen (wie Anm. 9) S. 225 f..

66 Edition bei MGH Const. 4,2 (wie Anm. 64) Nr. 1149 S. 1144–1148, vgl. Giorgio Tamba, Il Viaggio di Enrico VII nei documenti italiani, in: Il Viaggio di Enrico VII in Italia, hg. von Mauro Tosti-Croce, Città di Castello 1993, S. 217–309, hier Nr. 13 S. 240 mit Abb. S. 241; Mersiowsky, Rechnungen (wie Anm. 9) S. 245 f.; Edition bei MGH Const. 4,2 (wie Anm. 64) Nr. 1151, 1152 S. 1150–1183, Nr. 1154–1156 S. 1154–1197; Abbildung bei André Joris, Autour du *Devisement du Monde.* Rusticien de Pise et l'empereur Henri VII de Luxembourg (1310–1313), in: Le Moyen Age 100 (1994) S. S. 353–368, hier Fig. 1 S. 357, Fig. 2 S. 359; Mersiowsky, Rechnungen (wie Anm. 9) S. 243, 245 u. 251. Ergänzend ist auf MGH Const. 4,2 (wie Anm. 64) Nr. 1153 S. 1183 f. hinzuweisen, es enthält Notizen zu Nr. 1152. Zu Simone Philippi und Gilles de la Marcelle Seeliger, Kanzleistudien (wie Anm. 64); Fernand Vercauteren, Gilles de la Marcelle, chanoine de Liège, trésorier de l'empereur Henri VII. (c. 1270–1280–1337), in: Studi in onore di Armando Sapori, Mailand 1957, Bd. 1, S. 417–431; Marco Veronesi, Heinrich von Luxemburg und die italienische Hochfinanz. Staatskredit, der Prager Groschen und das florentinische Handelshaus der Macci, in: Vom luxemburgischen Grafen zum europäischen Herrscher. Neue Forschungen zu Heinrich VII., hg. von Ellen Widder unter Mitarbeit von Wolfgang Krauth (Schriften des CLUDEM 23), Luxemburg 2008, S. 185–224, hier S. 189, 191, 195 u. 197–199.

67 Pisa, AS, Diplomatico Roncioni, 1311 ….; Edition bei MGH Const. 4,2 (wie Anm. 64) Nr. 1151 S. 1150 Z. 15, die gesamte Rechnung S. 1150–1152; vgl. Vercauteren, Gilles de la Marcelle (wie Anm. 66) S. 422 f.

68 Innsbruck, Tiroler Landesarchiv, Handschriften Nr. 1450, Edition bei MGH Const. 4,2 (wie Anm. 64) Nr. 1204; Mersiowsky, Königtum (wie Anm. 9), S. 570–574.

69 StA Würzburg, Erzstift Mainz, Urkunden Nr. 5130, Edition und Beschreibung bei Die Rechnungen der mainzischen Verwaltung in Oberlahnstein im Spätmittelalter, bearb. von Otto Volk (Veröffentlichungen der Historischen Kommission für Nassau 47), Wiesbaden 1990, Nr. 1 S. 1–3, vgl. S. XLV.

Münster 1316,[70] so ist das Pisaner Blatt finanztechnisch fortschrittlicher: Der Text ist durch Überschriften gegliedert, noch nutzt man die traditionellen Freiräume zur Gliederung, aber Elemente wie die Caput-Zeichen kommen hinzu und machen die Abrechnung übersichtlicher, insgesamt eine ausgeprägte und gegenüber den deutschen Territorien mehr als eine Generation höherentwickelte Form der Rechnungsführung. Hier müssen die Vorbilder im finanztechnisch höher entwickelten Westeuropa gesucht werden[71].

Zurück zu den Rechnungen für Heinrich VII.: Die Rechnung des Simone Filippi vom Dezember 1310 bis Juli 1311 besteht aus zwei Pergamentblättern, das untere ist unregelmäßig.[72] Die Rechnung ist in einer typischen italienischen Urkundenschrift des frühen 14. Jahrhunderts mundiert. Das Protokoll steht über dem Text und ist durch einen kleinen Abstand abgerückt. Der Text ist durch Überschriften gegliedert, die mit einem größeren Caput-Zeichen und einem initialen Buchstaben beginnen. Jede Buchung wird in einer neuen Zeile begonnen und durch ein etwas kleineres Caput-Zeichen markiert. Der Textblock der Buchungen endet nach etwa drei Vierteln des zur Verfügung stehenden Platzes. Hinter den auch auf mehrere Zeilen verteilten Buchungen ist der Posten stets ausgerückt und durch einen langen Strich mit dem Ende der Buchung verbunden. Die Posten stehen jeweils rechts neben dem Textblock. Unter den Abschnitten werden Summen gezogen, sie sind rechts eingerückt und stehen unter dem Textblock. Unter der ersten Gruppe von Buchungen folgt ein großer Leerraum, wie dies in frühen Rechnungen oft der Fall war. In der Form des Eintrages gleicht die Rechnung des Simone Filippi ganz der Aufzeichnung des Bernardo de Mercato über die Einnahmen von Pisa aus dem April 1313[73] wie zeitnahen Rechnungsbüchern italienischer Kaufleute[74]. Diese Formen der Verbuchung sind sichtlich organisierter und

---

70 Universitäts- und Forschungsbibliothek Erfurt-Gotha, Fragment Cod. Ampl. 4° 306; Edition bei Johannes BAUERMANN, Das Erfurter Bruchstück einer Amtsrechnung des Emslandes für das Jahr 1318, in: Westfälische Zeitschrift 90 (1934) S. 155–170; wiederabgedruckt in DERS., Von der Elbe bis zum Rhein. Aus der Landesgeschichte Ostsachsens und Westfalens. Gesammelte Studien (Neue Münstersche Beiträge zur Geschichtsforschung 11), Münster 1968, S. 377–388, hier S. 378–383. Vgl. Wolfgang BOCKHORST, Geschichte des Niederstifts Münster bis 1400 (Geschichtliche Arbeiten zur westfälischen Landesforschung 17 = Veröffentlichungen der Historischen Kommission für Westfalen 22), Münster 1985, S. 47 f.; MERSIOWSKY, Anfänge (wie Anm. 2) S. 224–226.

71 DERS., Rechnungen (wie Anm. 9) S. 263; DERS., Finanzwesen (wie Anm. 9) S. 160–163.

72 Pisa, AS, Diplomatico Roncioni, 13…. [1310 Dicembre – 1311 Iuglio]; Edition bei MGH Const. 4,2 (wie Anm. 64) Nr. 1149; vgl. MERSIOWSKY, Finanzwesen (wie Anm. 9) S. 163.

73 DERS., Rechnungen (wie Anm. 65) S. 262. Vgl. die Abbildung bei TAMBA, Il Viaggio (wie Anm. 66) Nr. 40 S. 291.

74 Documenti per la storia economica dei secoli 13–16, hg. von Federigo MELIS, con una nota di Paleografia Commerciale a cura di Elena CECCHI (Istituto internazionale di storia econo-

übersichtlicher als die in den sogenannten deutschen Territorien gebräuchlichen und auch moderner als die nach westeuropäischen Vorbildern gestaltete älteste Rechnung von Gilles de la Marcelle.

Seine etwa anderthalb Jahre jüngere erste *Tresorier*-Rechnung vom 9. Februar 1312 ist mit einer Gesamtlänge von 7 ¾ Metern ein eindrucksvoller Rotulus. Gegenüber seiner ersten Rechnung fallen klare buchhaltungstechnische Unterschiede ins Auge, spezifische Methoden, einen Text übersichtlich zu gestalten und die wesentlichen Informationen leichter zugänglich zu machen, die eindeutig auf italienische Vorbilder zurückgehen[75]. Die späteren Rechnungen des Gilles da la Marcelle entsprechen dem hier charakterisierten Bild. Die erste dieser Rechnungen ist eine Reinschrift von einer Hand auf regelmäßig beschnittenen, wenngleich besonders am Rollenende beschädigten südlichem Pergament. Das zweite Pergamentblatt ist durch einen sehr knappen Umbug und einen hellbraunen Faden mit kleinen Stichen fest am ersten befestigt. Das dritte Blatt wird, sich etwa 1–2 cm überlappend, durch einen blauen Seidenfaden im groben Zickzack mit dem zweiten verbunden, während es wieder in obiger Weise mit dem vierten vernäht wurde. Zwischen dem vierten und dem fünften Blatt wird die Verbindung wieder durch eine Zickzack-Nähung, diesmal etwa hälftig mit blauem, hälftig mit hellbraunem Faden geschaffen. Möglicherweise wurde die Nähung hier auch restauriert. Das fünfte Blatt trägt auf der Rückseite Einträge über die Einnahmen. Fünftes und sechstes Blatt sind ebenso wie siebtes und achtes, achtes und neuntes, neuntes und zehntes und zehntes und elftes durch Zickzackstich mit blauem Faden verbunden. Das letzte, zwölfte Blatt ist heute lose, der blaue Faden ist noch am elften Blatt vorhanden. Das Pergament des elften und zwölften Blattes sind deutlich schlechter als das des übrigen Rotulus.[76] Die sich anschließende Rechnung, die vom 29. Juni bis zum 31. Oktober läuft, besteht nur aus drei Blättern südlichen Pergaments, entspricht aber im Erscheinungsbild ihrer Vorläuferin. Das zweite Pergamentblatt ist durch einen sehr knappen Umbug und einen hellbraunen Faden mit kleinen Stichen fest am ersten befestigt, das dritte am zweiten durch einen Zickzackstich mit hellbraunem Faden durch die etwa einen Zentimeter übereinandergelegten Blätter[77], die

mica „F. Datini", Prato. Pubblicazioni Ser. 1, Documenti 1), Firenze 1972, Nr. 119 S. 384 f. von 1300.

75 Pisa, AS, Diplomatico Roncioni, 1311 – Feb. 9; Edition bei MGH Const. 4,2 (wie Anm. 64) Nr. 1152; vgl. Mersiowsky, Finanzwesen (wie Anm. 9) S. 166 f. Zum Aufbau ders., Rechnungen (wie Anm. 65) S. 246–248.

76 Pisa, AS, Diplomatico Roncioni, 1310 (?) – (8); Edition bei MGH Const. 4,2 (wie Anm. 64) Nr. 1155; vgl. Mersiowsky, Finanzwesen (wie Anm. 9) S. 170 f.

77 Pisa, AS, Diplomatico Roncioni, 1312 – Giug. 29; Edition bei MGH Const. 4,2 (wie Anm. 64) Nr. 1154, S. 1190 Z. 1–4, 5–8.

Einnahmen sind auf der Rückseite des ersten Blattes in üblicher Form notiert[78]. Die Rechnung Gilles vom 1. November bis 31. Dezember 1312 ist ein Rotulus von zwei Blättern. Auch diese Rechnung ist eine Reinschrift von einer Hand auf regelmäßig beschnittenem, hellen südlichen Pergament. Das zweite Pergamentblatt ist durch einen sehr knappen Umbug und einem hellbraunen Faden mit kleinen Stichen fest am ersten befestigt. Am rechten Rande sind einige Spuren von Mäusefraß auszumachen[79]. Ihr schließt sich ein weiterer Rotulus von zwei südlichen Pergamentblättern, die durch einen sehr knappen Umbug und einen blauen Faden mit kleinen Stichen aneinander befestigt sind[80]. Sehr kurz ist Gilles Märzrechnung, ein einziges Blatt auf südlichem Pergament und zeitgenössisch nur auf der Vorderseite beschrieben. Das gerollte Stück ist rechts stark durch Mäusefraß beschädigt[81].

Fasst man die Befunde zu den Rechnungen des Gilles de la Marcelle zusammen, ergibt sich Folgendes: Italienische Vorbilder, wie sie in der Rechnung des Simone Filippi de Realibus sogar noch im Nachlass Heinrichs VII. dokumentiert sind, erweiterten die durch brabantinische Erfahrungen im Vergleich zu den „deutschen" Rechnungen sowieso schon modernen Dokumente des Gilles de la Marcelle und machten sie zu den modernsten Dokumenten ihrer Art und Zeit, die ich kenne. So entsteht mit solchen Rechnungen aus dem zweiten Jahrzehnt des 14. Jahrhunderts erstmals ein eigenständiger Typus von Geschäftsschriftgut mit eigenen Ordnungsschemata und -mitteln. Das von Clanchy für die Entwicklung vom 11. bis zum 13. Jahrhunderts benutzte Schlagwort „from memory to written record"[82] trifft auf die hier betrachteten Dokumente zu. Die Rechnung wird von der einfachen Gedächtnisstütze für einen mündlich abzuhandelnden Akt zum schriftlichen Verwaltungsinstrument. Diese ausgebildeten Formen waren zunächst auf die Form des Rotulus orientiert. Untereinander setzte man fortlaufend eine große Zahl von Textabschnitten, markierte sie optisch und machte sie leichter überschaubar.

78 Pisa, AS, Diplomatico Roncioni, 1312 – Giug. 29; Edition bei MGH Const. 4,2 (wie Anm. 64) Nr. 1154, S. 1184 Z. 22 – S. 1185, Z. 9; vgl. Mersiowsky, Finanzwesen (wie Anm. 9) S. 171–173.

79 Pisa, AS, Diplomatico Roncioni, 1312 – Nov. …; Edition bei MGH Const. 4,2 (wie Anm. 64) Nr. 1156, S. 1191 Z. 35 f.; vgl. Mersiowsky, Finanzwesen (wie Anm. 9) S. 173 f. Zum Aufbau ders., Rechnungen (wie Anm. 7) S. 250 f.

80 Pisa, AS, Diplomatico Roncioni, 1312 – Genn. – Febb. …; Edition bei MGH Const. 4,2 (wie Anm. 64) Nr. 1157, S. 1195; vgl. Mersiowsky, Finanzwesen (wie Anm. 9) S. 174. Zum Aufbau ders., Rechnungen (wie Anm. 7), S. 251 f.

81 Pisa, AS, Diplomatico Roncioni, 1312 – Apr. …; Edition bei MGH Const. 4,2 (wie Anm. 64) Nr. 1158, S. 1197 Anm. h mit der unkorrekten Angabe „sequitur rasura unius lineae H". Vgl. Mersiowsky, Finanzwesen (wie Anm. 9) S. 174 f. Zum Aufbau ders., Rechnungen (wie Anm. 9) S. 252.

82 Zur Wahl dieses Ausdrucks Clanchy, Memory (wie Anm. 50) S. 3 f.

So wurde eine lange Rechenoperation in verschiedene kleine Schritte zerlegt, indem man den Text in einzelne Abschnitte einteilte, die Zwischensummen nummerierte und erst am Schluss zu einer Summa summarum zusammenzog. Trotz ihrer fortgeschrittenen Buchungstechnik sind auch die späteren Rechnungen Heinrichs VII. die übliche Mischung von langrechteckigen Einzelblättern und richtiggehenden Rotuli. Gegenüber den Rechnungen Kaiser Heinrichs VII. zeitverzögert, erst um 1320 herum wurden in den ersten deutschen Territorien die Rechnungen in kleinere Abschnitte zerlegt. Die ältesten Rechnungen waren absatzgegliederte Textblockrechnungen. Im Zuge der Wandlungen entstand nun ein neuer Typ, die überschrifts- und summengegliederte, differenzierte Textblockrechnung. Die Buchungen wurden nach sachlichen Gesichtspunkten in kleineren Abschnitten zusammengestellt, die einzelnen Abschnitte durch Überschrift und Summen gegliedert. Dieser Rechnungstyp setzte den mehrstufigen Abrechnungsvorgang optisch um und bereitete den Text damit für dieses Verfahren vor. Zeitgleich mit dem Wechsel zur zweiten Rechnungsgeneration ging man mehr und mehr dazu über, die Einträge optisch voneinander zu trennen, um das Überlesen und Verlieren der Textstelle zu erschweren. Dazu notierte man die Einträge nicht mehr kontinuierlich, sondern Buchung für Buchung. Neben die Textblockrechnung trat so die Einzelbuchungsrechnung. In den Rechnungen der zweiten Generation setzte man fortlaufend eine große Zahl von Textabschnitten untereinander, am Schluss wurden die einzelnen Summen zusammengezogen. Auch diese Form der Verbuchung war auf den Rotulus als Träger optimiert[83].

Im zweiten und dritten Jahrzehnt des 14. Jahrhunderts lässt sich das Nebeneinander von Rotulus und Heft besonders gut am Mainzer Beispiel nachvollziehen. Das älteste Dokument des erzbischöfliches Sieglers Johann aus den Jahren 1312 bis 1319 ist ein schmaler, beidseitig beschriebener Rotulus[84]. Die Aufzeichnungen des Zollschreibers Culmann zu Oberlahnstein 1315/16 sind ein nur auf der Vorderseite beschriebenes kleines Stück rechteckigen Pergaments[85]. Die Rechnung des mainzischen Vicedominus Conradus von

83 Mersiowsky, Anfänge (wie Anm. 2) S. 112 f. u. 340–342; ders., Rechnungen (wie Anm. 2) S. 534 f.

84 StA Würzburg, Erzstift Mainz, Urkunden Nr. 446a; Edition bei Wilhelm Sauer, Archivalische Mitteilungen, in: Annalen des Vereins für Nassauische Altertumskunde und Geschichtsforschung 19 (1885/86) [1886], S. 19–54, Nr. 7 S. 28–31; Regesten der Erzbischöfe von Mainz von 1289–1396. Erste Abteilung, bearb. von Ernst Vogt: 1289–1353, 1: 1289–1328, Leipzig 1913, Nr. 1540 S. 272, Nr. 1629 S. 290, Nr. 1726 S. 316, Nr. 1815 S. 337, Nr. 1879 S. 353, Nr. 1958 S. 372, Nr. 2081 S. 400, Nr. 2148 S. 418. Vgl. Mersiowsky, Anfänge (wie Anm. 2) S. 96 f.

85 StA Würzburg, Erzstift Mainz, Urkunden Nr. 5130, Edition bei Volk, Rechnungen Ober-

1317/18 steht als Reinschrift von einer Hand auf einem dünnen Pergamentblatt mit Ausmaßen von etwa 33,5 x 24,5 cm. Unter der Überschrift *Recepta* wurden zunächst in mehreren Sinnabschnitten die Einnahmen, zum Teil aber auch schon deren Vergabe, notiert. Ein zweiter Teil umfasst die *distributa*. Unter der auf der Rückseite stehenden Summe der Einnahmen wurde flüchtig eine Schuldfeststellung gesetzt. Die einzelnen Buchungen wurden meist, aber nicht durchgängig, durch den Beginn einer neuen Zeile abgegrenzt[86]. Die Rechnung des Herrn Bertold 1317/18 steht ebenfalls auf einem schmalen Rotulus[87]. Der Mainzer Provisor Hermann von Bibra in Erfurt legte seine ältesten Aufzeichnung von 1322 auf einem einseitig beschriebenen Einzelblatt an[88]. Trotz moderner Züge wie den Beginn einer neuen Zeile für einzelne Buchungen und die Gliederung durch Caput-Zeichen fügen sie sich in das skizzierte Bild der älteren Rechnungen ein. Das zeitnächste mainzische Dokument, die zweite Rechnung des Hermann von Bibra 1323/24, ist dagegen ein Pergamentheft[89] und führt die modernen Züge, die schon in der Rechnung des Sieglers 1312/19 aufschienen, konsequent weiter. Auch die 1324 einsetzenden Amöneburger Kellereirechnungen haben Heftform. Der Umfang, ihre äußere Gestalt und innere Differenziertheit heben die Erfurter und Amöneburger Rechnungen klar von den älteren Mainzer Exemplaren ab. Die Dieburger Rechnung von 1326/28 ist dagegen ein Pergamentrotulus aus 3 unregelmäßigen Blättern[90]. Die Baurechnung des Simon, *miles in Rudensheim*, für die Burg *Heymberg* von 1326/27 steht auf einem Pergamentrotulus von zwei Blättern und einer Länge von etwa 75 cm[91], wohingegen die Rusteburger Amtsrechnung der Jahre 1327/28 ein Pergamentheft ist. Ab 1328 wurde das Erzbistum Mainz von Erzbischof Balduin von Trier verwaltet und dabei sogar etwas altmodischere Verwaltungstechniken aus dem Erzbistum Trier nach Mainz übertragen[92]. Die Abrechnung des mainzischen Viztums

---

lahnstein (wie Anm. 69) Nr. 1 S. 1–3, vgl. S. XLV. Abbildung ebd., Tafel 1. Mit abweichenden paläographischen Befunden MERSIOWSKY, Anfänge (wie Anm. 2) S. 97.

86 StA Würzburg, Erzstift Mainz, Urkunden Nr. 504; Edition bei SAUER, Mitteilungen (wie Anm. 84) S. 31–33, vgl. Regesten der Erzbischöfe von Mainz (wie Anm. 84) I,1, Nr. 1925 S. 365, Nr. 2056 S. 394 f.

87 StA Würzburg, Erzstift Mainz, Urkunden Nr. 531a; Regesten Erzbischöfe von Mainz (wie Anm. 84), Nr. 1928 S. 366, Nr. 2035 S. 389 f.

88 StA Würzburg, Erzstift Mainz, Urkunden Nr. 555; Regesten Erzbischöfe von Mainz (wie Anm. 84), Nr. 2365 S. 467.

89 LHA Magdeburg, Rep. Cop. Nr. 1386a.

90 StA Würzburg, Erzstift Mainz, Urkunden Nr. 606.

91 StA Würzburg, Erzstift Mainz, Urkunden Nr. 3709; Regesten Erzbischöfe von Mainz (wie Anm. 84), Nr. 2739 S. 541 f.

92 MERSIOWSKY, Anfänge (wie Anm. 2) S. 108–112; DERS., Finanzwesen (wie Anm. 9) S. 177–179.

zu Aschaffenburg für die Jahre 1327/29 ist ein beidseitig eng, teilweise zweispaltig beschriebener Pergamentrotulus[93]. Die beidseitige Beschriftung ist bei Rotuli aus dem Finanzbereich die Ausnahme. Die Oberlahnsteiner Zollrechnung von 1333/34 ist ein Pergamentrotulus in fortlaufendem Text, die Summen sind rechts ausgeworfen[94]. Die zweite Rechnung von 1334 gleicht ganz ihrer Vorgängerin[95].

Neben den Mainzer Rechnungen sind ihre Trierer Pendants, die zeitlich etwas später erst in den späten zwanziger Jahren einsetzen, der wichtigste Bestand aus diesen Jahrzehnten. Die älteste Rechnung des Hochstifts Trier, die Kellnereirechnung von Saarburg 1327/28 ist ein Rotulus aus drei unten zusammengenähten Pergamentblättern von etwa 64, 21 und 73 cm Länge und etwa 11,5 cm Breite, eine durch mittige Überschriften und Absätze klar und übersichtlich gegliederte Reinschrift [96]. Als Beilage ist der chronologisch aufgebaute *liber domini* mit den bei Anwesenheit des Landesherrn entstandenen Ausgaben angefügt[97]. Diesem Dokument vergleichbar ist der sogenannte *Liber amicorum* von Wittlich-Bernkastel 1333/36, die ursprüngliche Rechnung, der er beigefügt war, ist verloren[98]. Zeitnah zu den Saarburger Stücken hat sich aus der geistlichen Verwaltung die Rechnung des Koblenzer Offizialats 1328/30 erhalten, wie die Kellnerrechnungen ein Pergamentrotulus in Reinschrift[99]. Als Beilage hat sich ein weiterer Rotulus, überschrieben *Defectus subsidii anno 1329, quando solvebantur 5000 lb. hall. per universum clerum* von der gleichen Hand wie die Hauptrechnung erhalten[100]. Die trierische Sieglerrechnung von 1339/41 steht hingegen auf einem Pergamentblatt von ca. 33,2 bis 33,4 x 16,0 bis 16,8 cm[101]. Die Mayener Kellereirechnung 1344/45

93 StA Würzburg, Mainzer Neuregestierte Urkunden 1329 o.T.

94 LHA Koblenz, Best. 3 Nr. 10; Edition bei Rechnungen Oberlahnstein (wie Anm. 69), Nr. 2 S. 3 f., Nr. 3 S. 4–17, Nr. 3A S. 18.

95 HStA Wiesbaden, Abt. 107 Nr. 385; Edition bei Volk, Rechnungen Oberlahnstein (wie Anm. 69) Nr. 4, 4A S. 19–25.

96 LHA Koblenz, Best. 1 A Nr. 3233; Edition bei Lamprecht, Wirtschaftsleben 3 (wie Anm. 25) Nr. 288 S. 405–414. Zur Kritik der fehlerhaften Textrekonstruktion Lamprechts Mersiowsky, Anfänge (wie Anm. 2) S. 103 f.

97 LHA Koblenz, Best. 1 A Nr. 3233, fol. 2r.

98 LHA Koblenz, Best. 1 A Nr. 3683; Edition bei Lamprecht, Wirtschaftsleben 3 (wie Anm. 25) Nr. 290 S. 416–418.

99 LHA Koblenz, Best. 1 Nr. 4684; Edition bei Fritz Michel, Zur Geschichte der geistlichen Gerichtsbarkeit und Verwaltung der Trierer Erzbischöfe im Mittelalter (Veröffentlichungen des Bistumsarchivs Trier 3), Trier 1953, S. 109–112.

100 LHA Koblenz, Best. 1 A Nr. 4685, Edition bei Michel, Geschichte (wie Anm. 99) S. 112–116.

101 LHA Koblenz, Best. 1 A Nr. 5018; Edition bei Lamprecht, Wirtschaftsleben 3 (wie Anm. 25) Nr. 292 S. 435–438.

ist dagegen ein nur fragmentarisch erhaltenes kleines Pergamentheft in Reinschrift[102], während die zeitgleiche Oberweseler Rechnung von 1344/45 ein Pergamentrotulus von fast 2 Metern Länge ist[103], ebenso die direkt anschließende Rechnung 1345/46, diese fast 3,5 Meter lang[104], beide Reinschriften.

4. Der unaufhaltsame Siegeszug des Papiers

Eine wesentliche Neuerung im Trierer Rechnungswesen gegenüber den eben betrachteten Stücken wird um die Mitte des 14. Jahrhunderts augenfällig. Die Dierdorfer Rechnungen von 1346 bis 1351 sind ein schmalformatiges Papierheft[105], ebenso die Rechnung der Burg Schadeck 1350[106]. Das schmalformatige Papierheft ist eine Reinschrift, die Einträge sind klar voneinander abgehoben und durch Überschriften und Summen gegliedert. Die Geldausgaben sind nach sachlichen Gesichtspunkten getrennt aufgeführt, doch vermerkte der Rechnungsleger statt Einzelsummen für jeden Sinnabschnitt nun Seitensummen, die er – der besseren Übersichtlichkeit halber – durchnummerierte[107].

Die älteren Mainzer und Trierer Rechnungen seit den zwanziger Jahren des 14. Jahrhunderts waren Pergamentrotuli, während man in der zweiten Hälfte der vierziger Jahre zur Heftform, zunächst noch in Pergament, aber immer öfter und schließlich dauerhaft zum Papier übergegangen ist. Das ist nicht das erste Auftreten von Papier in der Finanzverwaltung. Die Tiroler Raitbücher, in denen die Ergebnisse der Abrechnungen unterschiedlicher Amtsträger protokollartig eingetragen wurden, bestehen seit 1288 durchgehend aus Papier, unterscheiden sich aber in den Formaten und haben zum

102 LHA Koblenz, Best. 1 C Nr. 4313, S. 1; Edition bei Friedhelm Burgard/Johannes Mötsch, Die Rechnung des trierischen Kellners in Mayen aus dem Jahr 1344/45, in: Archiv für Diplomatik 39 (1993) S. 273- 317; Friedhelm Burgard/Johannes Mötsch, Studien zum Amt Mayen in der ersten Hälfte des 14. Jahrhunderts. Nebst einer deutschen Übersetzung der Mayener Kellnereirechnung von 1344/45 (Beiträge zur Heimatgeschichte [Mayen] 8), Mayen 1996, S. 63–76 Faksimile.

103 LHA Koblenz, Best. 1 A Nr. 2801; Edition bei Lamprecht, Wirtschaftsleben 3 (wie Anm. 25) Nr. 294 S. 454–463.

104 LHA Koblenz, Best. 1 A Nr. 2802; Edition bei Lamprecht, Wirtschaftsleben 3 (wie Anm. 25) Nr. 295 S. 463–479.

105 LHA Koblenz, Best. 35 Nr. 1008; Johannes Mötsch, Die Rechnung des Pastors zu Dierdorf für Erzbischof Balduin von Trier aus den Jahren 1346 bis 1351, in: Jahrbuch für westdeutsche Landesgeschichte 23 (1997) S. 105–138.

106 HStA Wiesbaden, Abt. 339 Nr. 2261.

107 HStA Wiesbaden, Abt. 339 Nr. 2261, fol. 4^v – 10^r, Summen fol. 6^v u. 10^r, dort dann Gesamtsumme Geld.

Teil zeitgenössische alte Pergamentumschläge[108]. Doch bleibt der Papiereinsatz zunächst auf die Tiroler Kanzlei begrenzt.

Leider sind die Rechnungsbestände zu dünn gestreut, als dass man die Verbreitung des Papiers im Rechnungswesen auch andernorts zeitlich so genau verorten kann wie am Mittelrhein und an der Mosel. Waren noch in den 1320- bis 1340er-Jahren überall Pergamentrotuli gebräuchlich, kommt seit den 1340er-Jahre das Papier auf. Zumindest nach den Befunden des späteren 14. Jahrhunderts scheinen die meisten Territorien für die Rechnungen sehr schnell auf Papier übergegangen zu sein, man entschied sich durchgängig für den weniger prestigeträchtigen Beschreibstoff[109]. In der zweiten Hälfte des 14. Jahrhunderts bleibt die Überlieferung territorialer Rechnungen zwar weiter vereinzelt, aber die Befunde ähneln sich. Das Vordringen des Papiergebrauchs hatte schnell Folgen für die Form des Schriftgutes. Parallel zum Aufkommen des Papiers im Bereich der Landesherrschaften kamen die Rotuli außer Gebrauch. Im deutschen Nordwesten sind die letzten Rechnungen in Form von Pergamentrotuli aus den 1360er-Jahren. Drei einseitig beschriebene Pergamentblätter bilden die aus dem Herzogtum Jülich stammende Rheindahlener Rechnung etwa von 1366/68. Die Reinschrift gehört der zweiten Rechnungsgeneration an, eine überschrifts- und summengegliederte, differenzierte Textblockrechnung[110]. Dabei gibt es wenige Versuche mit Papierrotuli[111]. Die älteste bergische Rechnung aus dem Jahre 1363 und dem Amt Solingen ist ein 112 cm langer und etwa 12,5 cm breiter, nur auf der Vorderseite beschriebener Papierrotulus aus zwei aneinandergenähten Blättern und ist eine Rechnung auf der Schwelle zur zweiten Rechnungsgeneration, eine überschrifts- und summengegliederte Einzelbuchungsrechnung mit Auswurf der Posten rechts, ihr fehlt allerdings die innere Differenziertheit[112]. Die nächste bergische Rechnung

108 Christoph HAIDACHER, Die älteren Tiroler Rechnungsbücher (IC. 277, MC. 8). Analyse und Edition (Tiroler Geschichtsquellen 33), Innsbruck 1993, S. 18; vgl. MERSIOWSKY, Anfänge (wie Anm. 2) S. 114–116.

109 Zur unterschiedlichen Wertung von Pergament und Papier mit umfangreichen theoretischen Ausführungen Franz-Josef ARLINGHAUS, Materialität und Differenzierung der Kommunikation. Zu Funktionen des Pergament- und Papiergebrauchs in der spätmittelalterlichen Ständegesellschaft, in: Papier im mittelalterlichen Europa. Herstellung und Gebrauch, hg. von Carla MEYER/Sandra SCHULTZ/Bernd SCHNEIDMÜLLER (Materiale Textkulturen), Berlin/München/Boston 2015, S. 179–190.

110 Herdringen, Archiv des Freiherrn von Fürstenberg-Herdringen – Schloss Herdringen, Fragmente (ohne Signatur), Bl. 1–3; vgl. MERSIOWSKY, Anfänge (wie Anm. 2) S. 144 f.

111 Allgemein zu Rotuli aus Papier Leo SANTIFALLER, Über spätmittelalterliche Papierrollen als Beschreibstoff, in: Mélanges Eugène Tisserant 5: Archives Vaticanes. Histoire Ecclésiastique 2 (Studi e Testi 235), Città del Vaticano 1964, S. 361–371.

112 Landesarchiv NRW, Abteilung Rheinland, Duisburg, Jülich-Berg I Nr. 1245a; Edition bei Erich WEISE, Brüchten- und Amtsrechnung über Einnahmen und Ausgaben des Amt-

von 1382/83 war dann bereits ein schmalformatiges Papierheft[113]. Die älteste lippische Rechnung aus dem Amt Enger von 1359/60 war ein rotulusähnliches Einzelblatt Papier von 45,4 x 21–21,7 cm[114] ebenso die von 1369/70 mit 42,6 x 15,4 cm[115]. Danach gehen die lippischen Rechnungen zum Heftformat über. Die Rechnung von 1359/60 steckt noch ganz in der Tradition der ersten Rechnungsgeneration, der Text ist ohne Überschriften fortlaufend in drei großen und einem kleinen Block niedergeschrieben, zwischen den vier Abschnitten ist jeweils ein Freiraum von drei bis fünf Zeilen. Vermutlich wurden die allein aufgeführten Einnahmen grob thematisch geordnet; innerhalb der so entstandenen Gruppierungen scheinen sie chronologisch gereiht zu sein[116]. Die dritte Engersche Rechnung aus dem Jahr 1366/70 trennt die Buchungen vom Protokoll, die Einnahmen sind thematisch geordnet und jeweils durch eine Überschrift eingeleitet, für jeden Eintrag wird eine neue Zeile begonnen. Unter dem Text stehen klar abgehoben die Summen, die Ausgaben stehen in ähnlicher Form auf der Rückseite und sind durch eine Summe und den Abgleich abgeschlossen. Die klarere und differenzierte Gliederung, Überschriften, hervorgehobene Summen, und die Praxis, mit jedem Eintrag eine neue Zeile zu beginnen, heben diese Rechnung von den Vorgängern und ordnen sie der zweiten Rechnungsgeneration zu[117]. Zwei frühe Pergamentrotuli aus der hessischen Verwaltung liegen in Marburg, die Marburger Rentmeisterrechnungen 1357–1359 und 1372–1373. Sie bleiben jedoch Episode, schon 1375 setzt auch für Marburg die Heftüberlieferung auf Papier ein[118].

---

manns Dietrich Smend zu Solingen 1363, in: Zeitschrift des Bergischen Geschichtsvereins 57 (1928) S. 98–116, hier S. 111–116; Quellen zur älteren Geschichte von Hilden Haan und Richrath 1: Bis zum Jahre 1380, bearb. von Günter v. Roden (Niederbergische Beiträge 1), Hilden 1951, Nr. 52 S. 112–119. vgl. Mersiowsky, Anfänge (wie Anm. 2) S. 141.

113 Landesarchiv NRW, Abteilung Rheinland, Duisburg, Jülich-Berg I Nr. 1328; vgl. Mersiowsky, Anfänge (wie Anm. 2) S. 142.

114 Landesarchiv NRW, Abteilung Ostwestfalen-Lippe, Detmold, L 92 Z, IIIa Alte Rechnungen Nr. 45. Regesten: Lippische Regesten, bearb. von Otto Preuss/August Falkmann, 3: Vom J. 1401 bis zum J. 1475 nebst Nachträgen zu den beiden ersten Bänden, Lemgo/Detmold 1866, Nr. 1532 S. 22 (gemeinsam mit den anderen Stücken aus Enger); Gustav Engel, Das „Amt Enger“ als territorialgeschichtliches Problem, in: 71. Jahresbericht des Historischen Vereins für die Grafschaft Ravensberg (1977/78) S. 1–42, hier Anlagen III S. 28 f.; vgl. Mersiowsky, Anfänge (wie Anm. 2) S. 211 u. 222.

115 Landesarchiv NRW, Abteilung Ostwestfalen-Lippe, Detmold, L 92 Z, IIIa Alte Rechnungen Nr. 47. Regesten: Lippische Regesten 3 (wie Anm. 114) Nr. 1532 S. 22; vgl. Mersiowsky, Anfänge (wie Anm. 2) S. 211.

116 Landesarchiv NRW, Abteilung Ostwestfalen-Lippe, Detmold, L 92 Z, IIIa Alte Rechnungen Nr. 45; vgl. Mersiowsky, Anfänge (wie Anm. 2) S. 222.

117 Landesarchiv NRW, Abteilung Ostwestfalen-Lippe, Detmold, L 92 Z, IIIa Alte Rechnungen Nr. 47; vgl. Mersiowsky, Anfänge (wie Anm. 2) S. 223.

118 Die beiden Rollenrechnungen wurden mir 1988 bis 1993 wegen ihres angeblich schlech-

Seit den 1340er-Jahren dominieren Heftform und Papier. Nur übergangsweise traten auch Papierrotuli auf. Mit dem Durchsetzen der Heftform verbindet sich eine dem neuen Überlieferungsträger gemäße Form der Verbuchung mit Hilfe von Seitensummen. Zunächst wurden die Buchungen eines Sinnabschnittes, die über mehrere Seiten liefen, jeweils seitenweise zusammengerechnet und in Seitensummen notiert. Gegenüber den älteren überschrifts- und summengegliederten, differenzierten Rechnungen kamen unter Umständen weitere Rechenschritte hinzu. Die Summen der Sinnabschnitte wurden nun nicht direkt gezogen, sondern aus den einzelnen Seitensummen errechnet. Nach und nach wurden die Abschnittssummen obsolet, da man nun die Gesamtsumme auch direkt über die Seitensummen ermitteln konnte. So entstand die Seitenorientierung[119].

Viel konservativer als die eingehend betrachteten Territorien sind die Städte. Die ältesten Lüneburger Kämmereirechnungen von 1336 stehen auf schmalen, langen Pergamentstreifen[120]. Das Soester Archiv verwahrt noch heute drei Rechnungsrollen aus den Jahren 1338, 1357 und 1363 sowie ein Fragment des 14. Jahrhunderts, alle auf Pergament. Die Rolle von 1338 hat zum Beispiel eine Länge von etwa 233,5 cm. Vermutlich waren Rollenrechnungen bis 1414 gebräuchlich[121]. In Duisburg sind Stadtrechnungen seit 1348

ten Erhaltungszustandes und dringendem Konservierungsbedarfes aus konservatorischen Gründen vom damaligen Archivar Dr. Lachmann nicht vorgelegt. Nach aktuellen Auskünften sind und waren die Stücke hervorragend erhalten. Die nachfolgende Papierrechnung ist StA Marburg, Rechnungen I 73, Marburg Rentmeisterreichnung 1375. Die Signatur der älteren Rotuli sollte daher sein StA Marburg, Rechnungen I 73, Marburg Rentmeisterreichnung 1357–1359 und StA Marburg, Rechnungen I 73, Marburg Rentmeisterreichnung 1372–1373. Aufgrund des unverständlichen Vorgehens des damaligen Archivars blieb das Kapitel Hessen in meiner Monographie Mersiowsky, Anfänge (wie Anm. 2) ungeschrieben, eine umfangreiche Datei und etwa 800 beschriebene Karteikarten über die Sichtung der hessischen Rechnungen harren der Überarbeitung. Die Arbeitsbedingungen im Hessischen Staatsarchiv haben sich grundsätzlich geändert; ich beabsichtige demnächst meine damaligen Arbeiten fortzusetzen, zumal die Digitalisierung der Rechnungen nach freundlicher Mitteilung von Dr. Francesco Roberg voranschreitet.

119 Ebd., S. 341 f.

120 Georg Winter, Die ältesten Lüneburger Kämmereirechnungen, in: Lüneburger Blätter 2 (1951) S. 5–26, hier S. 5 Anm. 1, S. 7 u. 14.

121 StadtA Soest A 4525, A 4526, A 4527 u. A 10939. Beschrieben und inhaltlich kursorisch, wenn auch nicht immer zuverlässig, ausgezogen bei Rothert, Stadtrechnungen (wie Anm. 40) S. 139–182; vgl. Mark Mersiowsky, Städtische Verfassung und Verwaltung im spätmittelalterlichen Soest, in: Soest. Geschichte der Stadt, 2: Die Welt der Bürger. Politik, Gesellschaft und Kultur im spätmittelalterlichen Soest, hg. von Heinz-Dieter Heimann/Wilfried Ehbrecht/Gerhard Köhn (Soester Beiträge 53), Soest 1996, S. 57–151, hier S. 89–97 mit Abbildung der ältesten Rechnung, Abb. 4 S. 90.

in Form langer Pergamentrotuli bis weit ins 15. Jahrhundert im Gebrauch[122], wohingegen schon die ältesten Kölner Stadtrechnungen in Buchform vorliegen[123]. Der älteste Duisburger Rotulus von 101 x 11–11,5 cm Länge stammt von 1348/49[124]. Die Länge der Rotuli, von denen 44 noch überliefert sind, nimmt im Laufe der Zeit ständig zu, die Rolle von 1444/45 hat bei einer Breite von 20–22 cm stolze 741 cm[125]. Neben den Rotuli, die nachträglich angelegt und von den Bürgermeistern ihren Kontrollgremien vorgelegt wurden und deren jährliche Rechenschaftsberichte enthielten[126], wurden erstmals für das Rechnungsjahr 1412/13 erhalten sogenannte Haushaltsjournale als Schmalfolioband auf Papier geführt, kladdenmäßige, a jour geführt Aufzeichnungen, von denen noch 7 überliefert sind; der Papiergebrauch in Duisburg ist bereits seit der Mitte des 14. Jahrhunderts nachweisbar[127]. Auch in Duisburg begegnen langrechteckige Einzelblätter[128]. Ähnlich wie in England dürfte es nicht die praktikable Form gewesen sein, sondern ein symbolisch befrachtetes Festhalten an bestimmten Traditionen äußerer Formen als Sinnbild der geordneten städtischen Verfassung, die innere Struktur der Rechnungen wandelt sich dabei deutlich[129]. Aus dem kirchlichen Bereich sind als eindrucksvolle Beispiele 20 Rotuli des St. Blasius-Stifts zu Braunschweig ab

122 Margret Mihm/Arend Mihm, Mittelalterliche Stadtrechnungen im historischen Prozess. Die älteste Duisburger Überlieferung (1348–1449), Bd. 1: Untersuchungen und Texte, Köln/Weimar/Wien 2007, S. 28.

123 Richard Knipping, Die Kölner Stadtrechnungen des Mittelalters mit einer Darstellung der Finanzverwaltung 1: Die Einnahmen und die Entwicklung der Staatsschuld (Publikationen der Gesellschaft für Rheinische Geschichtskunde 15,1), Bonn 1897, S. XIX.

124 Stadtarchiv Duisburg, 1/207, Teil I, Edition bei Mihm/Mihm, Stadtrechnungen (wie Anm. 122) T1 S. 159.

125 Stadtarchiv Duisburg, 1/241, Edition bei Mihm/Mihm, Stadtrechnungen (wie Anm. 122) T49 S. 734.

126 Mihm/Mihm, Stadtrechnungen (wie Anm. 122), S. 1 f., zur Abrechnungspraxis S. 17–41, die Rotuli: T. 2 S. 162, T3 S. 166, T4 S. 170, T5 S. 176, T6 S. 182, T7 S. 188, T8 S. 193, T9 S. 198, T11 S. 205, T12 S. 209, T13 S. 216, T14 S. 221, T15 S. 229, T16 S. 235, T17 S. 242, T18 S. 250, T19 S. 255, T20 S. 267, T21 S. 276, T22 S. 287, T 23 S. 298, T24 S. 311, T25 S. 319, T26 S. 328, T27 S. 339, T28 S. 347, T29 S. 355, T30 S. 362, T31 S. 370, T33 S. 408, T35 S. 448, T 37 S. 489, T 38 S. 498, T39 S. 507, T41 S. 566, T42 S. 576, T44 S. 624, T45 S. 636, T46 S. 650, T47 S. 663, T49 S. 734 u. T50 S. 757.

127 Stadtarchiv Duisburg, 10/3211, Edition bei Mihm/Mihm, Stadtrechnungen (wie Anm. 122) T32 S. 379. Weitere Schmalfoliobände T34 S. 414, T36 S. 457, T40 S. 519, T43 S. 588, T48 S. 680 u. T51 S. 768. Vgl. Heike Hawicks, Situativer Pergament- und Papiergebrauch im späten Mittelalter. Eine Fallstudie anhand der Bestände des Stadtarchivs Duisburg und des Universitätsarchivs Heidelberg, in: Papier, hg. von Meyer/Schultz/Schneidmüller (wie Anm. 109) S. 213–246, hier S. 213–218.

128 Stadtarchiv Duisburg, 1/206, Edition bei Mihm/Mihm, Stadtrechnungen (wie Anm. 122) T10 S. 203.

129 Mihm/Mihm, Stadtrechnungen (wie Anm. 122), S. 22–27.

1299 bis 1375/76 zu benennen, ihre Länge variiert von 80 bis 130 cm[130]. Vergleichbare Stücke sind die Rechnungen des Würzburger Dompfortenamts 1309, 1311, 1312, 1313, 1314, 1315 und 1321. Auch hier handelt es sich um Rotuli[131], manche davon besiegelt[132]. Die fehlenden Vorarbeiten lassen – anders als bei den Territorialrechnungen – keinen konzisen Überblick zu, die Befunde bleiben vereinzelt.

5. Die frühen Rechnungsrotuli

Der Überblick über die frühen Rechnungen in Form von Einzelblättern und originären wie sekundären Rotuli vornehmlich des deutschen Raumes war aufgrund der zerstreuten Überlieferungslage und der für viele Rechnungssorten bislang mangelhaften Übersicht über das zu Gebote stehende Material schwierig zu leisten. Nur wenige Rotuli sind mir bekannt. Unzweifelhaft beeinflusst der Entwicklungsstand des Geschäftsschriftgutes seine Überlieferungschance. Wenn der frühneuzeitliche Archivar durch die Normierung und übersichtliche Gliederung der Rechnungen rasch in der Lage war, gesuchte Informationen zu finden, steigerte dies den Gebrauchswert des Archivguts erheblich, musste er sich hingegen durch einen ungegliederten Wust einzelner Buchungen in unleserlicher Schrift mit ungeläufigen Währungsangaben kämpfen, dürfte dies die Überlieferungschance der betreffenden Stücke sicher negativ beeinflusst haben. Die Überlieferungen von Rechnungen setzt erst in der zweiten Hälfte des 15. Jahrhunderts auf breiter Front ein. Sie sind zu diesem Zeitpunkt in der Regel relativ weit entwickelt. Im Grundtypus sind sie ohne weiteres mit dem vergleichbar, was in der frühneuzeitlichen Verwaltung gebräuchlich war. Damit konnten die Beamten der frühen Neuzeit mit diesem ihnen im Prinzip geläufigen Schriftgut umgehen. Die älteren Vorstufen verfielen hingegen schneller der Kassation. Wenn für Brabant, den Hennegau und Holland unverhältnismäßig mehr Rechnungsrollen überliefert sind, kann das damit zusammenhängen, dass die Archivierung dieser Stücke durch die Chambre des Comptes und spezialisierte Kommissionen schon im Spätmittelalter bei Eingliederung der Herrschaftsgebilde in den

130 Die Vizedominatsrechnungen des Domstifts St. Blasii zu Braunschweig 1299–1450, hg. von Hans Goetting/Hermann Kleinau (Veröffentlichungen der niedersächsischen Archivverwaltung 8), Göttingen 1958, S. 8–12.

131 Wilhelm Engel, Die ältesten Jahresrechnungen des Würzburger Dompfortenamtes 1309–1321, in: Würzburger Diözesangeschichtsblätter 16/17 (1954/55) S. 189–228, hier S. 202, 206, 212, 218 f., 223 u. 228; die Edition der Rechnungen ebd., S. 192–228.

132 Engel, Jahresrechnungen (wie Anm. 131) S. 212 u. 223.

burgundischen Verband erfolgte, als man Rollenrechnungen noch kannte[133]. Im deutschen Nordwesten hatten die damals noch vorhandenen Stücke wohl kaum einen Wert, wie ein stark verblasster Eintrag wohl des 15. Jahrhunderts auf dem Koblenzer Rotulus von 1277/91 vermerkt: *Item eyn olde rechnonge roll …*[134].

Charakteristisch für die frühen Rechnungen bis in die ersten Jahrzehnte des 14. Jahrhunderts ist das parallele Auftreten von hochrechteckigen Pergamentblättern und wirklichen Rotuli. Man kann sich durchaus vorstellen, dass die Ursprünge für das Aufkommen des Rechnungsrotulus im Gebrauch von Randpergamentreststreifen für kurze Notizen liegen, die beim Zuschneiden von Pergament für die für Codices notwendigen rechteckigen Blätter als Randstücke anfielen. Wurden die zu verarbeitenden Informationen zu umfangreich, brauchte man mehr Platz, nähte mehrere Stücke zusammen und kam so zum Rotulus. Das über ein Jahrhundert zu vermerkende Nebeneinander von Rotuli und schmalrechteckigen Pergamentstreifen kann auf solche gemeinsamen Ursprünge zurückgehen, aber auch damit, dass es neben den von vornherein als Rotulus geplanten Aufzeichnungen solche gab, die sich während des Gebrauches als erweiterungsbedürftig erwiesen und durch Verbindung mit weiteren Stücken dann zum Rotulus wurden. Schließlich war der Rotulus nicht nur eine Gebrauchs-, sondern auch Archivierungsform, man kann hier von sekundären Rotuli sprechen.

Lange Zeit gab es kaum textsortenspezifische Organisationsformen, man nutzte die üblichen, auch in Handschriften begegnenden Mittel. Erst nach und nach werden spezifische Techniken entwickelt, die sich in verschiedene Rechnungsgenerationen einteilen lassen. Dabei wurden spezifisch für die Rotulusform angepasste Techniken ausgebildet. Die sorgfältige Einzelanalyse schon der wenigen verfügbaren Überlieferungstrümmer hat zahlreiche unterschiedliche, in vielen Details noch der Durchleuchtung bedürfende Formen gezeigt, deren nicht immer ganz verständliche Vielgestalt bei aller typologischen Parallelen monokausale Ansätze oder gar teleologische Großtheorien verbietet. Der Rotulus war eine im 13. und frühen 14. Jahrhundert wichtige, wenngleich niemals alleinige Organisationsform schriftlicher Rechnungen, er verliert aber im Zuge des 14. Jahrhunderts mit dem Übergang zum Papier schnell an Bedeutung. Kurze Zeit lang scheint man mit Papierrotuli experimentiert zu haben, aber sie haben sich nicht durchgesetzt, vermutlich, weil sie weniger stabil als ihre pergamentenen Pendants waren. Dem Papierheft gehörte die Zukunft, und sobald es auf ganzer Linie

133 Mersiowsky, Anfänge (wie Anm. 2) S. 264–269.
134 LHA Koblenz, Best. 2 Nr. 3059, fol. 1^{v}.

durchgesetzt hatte – dies wohl ziemlich schnell –, entwickelten sich auch für das Papierheft spezifische Organisationsformen, vor allem das Aufkommen von Seitensummen. Wenn am Pergamentrotulus festgehalten wurde, was vor allem in Städten beobachtet werden konnte, dürfte dies eine besondere, wohl symbolische Bedeutung gehabt haben. Eine Kulturgeschichte der Rotuli steht sicher noch aus, aber auch dafür muss man die sicheren methodischen Grundlagen auf hilfswissenschaftlicher Basis bilden.

Abstract

The article provides an overview of the oldest bills in the form of single sheets and original, as well as derivative rotuli in the German area. As a characteristic of the early phase (13th and 14th century), he names the parallel occurrence of upright oblong parchment sheets and actual rotuli, whereupon the occurrence of the bill rotulus could originate in the usage of parchment edge strips for short notes. For a certain amount of time, both forms – parchment edge strips, as well as, pieces of parchment, neatly cut into a special size – are used parallelly. The practice to sew many strips together as a "derivative" rotulus might have derived from the necessity to keep the pieces together. Thereby, it was possible to keep save the original appearance of the single piece, as well as, the pieces of information on it and to convert them into a new kind of organisational form by connecting them with other pieces. Concerning the written bills, however, the rotulus lost its meaning during the 14th century because there was a fast transition towards the paper register.

3. DER ROTULUS IM JURISTISCH-ADMINISTRATIVEN BEREICH

Pragmatic methods of record-keeping?

The English chancery diplomatic enrolments between the thirteenth and fourteenth centuries

Barbara Bombi

In his seminal work *From memory to written record*, first published in 1979, Michael Clanchy referred to the creation of a bureaucracy in post-conquest England as "a complex process of experiment and makeshift" and saw it as intimately connected to the growth of "practical literacy"[1]. In particular, Clanchy outlined three features that characterized bureaucratic development in England from the mid-twelfth century: the creation of different genres of documentation, which the English Crown's personnel mainly recorded in enrolments; the organization of records in archival repositories; and finally, the functionality of record-keeping in order to provide supporting evidence in case of disputes and lawsuits[2].

Undoubtedly, Clanchy built on the traditional historiographical narrative of administrative historians such as Tout, Wilkinson and Galbraith, who had emphasised the English Crown's creation of an increasingly sophisticated bureaucratic apparatus from the twelfth century to deal with fiscal and administrative business[3]. As is well-known, the bureaucratization of the English Crown had in fact begun in the twelfth-century with the separation of the *camera regis*, namely the Chamber, from the *camera curie*, namely the exchequer. From the reign of Henry II (1154–1189) the exchequer increasingly became an organized administrative office with its own personnel and continuous series of records, the so-called Pipe Rolls, which recorded yearly expenditure, income and debts and were probably initiated in 1129–1130[4].

1 Michael Clanchy, From Memory to Written Record. England, 1066–1307, London 1979, p. 47.

2 Ibid., p. 116–147.

3 Thomas F. Tout, Chapters in the Administrative History of Medieval England 1, Manchester 1920; Bertie Wilkinson, Studies in the Constitutional History of the thirteenth and fourteenth centuries, Manchester 1937; ead., The chancery, in: The English Government at work, 1327–1336, ed. James F. Willard/William A. Morris, Cambridge (Massachusetts) 1940, p. 162–205; Vivian H. Galbraith, Studies in the Public Records, London 1948.

4 One roll survives for the year 1129–1130, whereas a continous series is found since 1154. The rolls for the years of King Stephen's anarchy (1135–1154) are probably lost: Tout, Chapters (cited n. 3) 1, p. 93–119. See also Judith Green, Praeclarum et Magnificum Antiquitatis Monumentum: The Earliest Surviving Pipe Roll, in: Historical Research 55 (1982) p. 1–17; Kenji Yoshitake, The Exchequer in the Reign of Stephen: in: English Historical

Accordingly, in the early thirteenth century, possibly alongside the baronial attempts at controlling the Crown, the chancery underwent a transformation, which, by the fourteenth century, led to the separation of "the king in his personal capacity and the Crown as the mainspring of government"[5]. The growth of the chancery and the exchequer as offices of state during the thirteenth century further coincided with the development of the king's secretarial office, the so-called wardrobe. The latter had probably originated before the Norman Conquest and was revived in the early thirteenth century during King John's reign as the king and court's treasury and archival repository[6]. Finally, it is worth noting that, as happened in other polities across the Medieval West, by the late twelfth century, the growth of the bureaucratic apparatus in England also led to the multiplication of seals. Probably already during the reign of King John (1199–1216), the king's seal, later known as the "great seal" and traditionally held by the chancellor, was duplicated to answer the need of making it available to other administrative departments during the king's journeys and military campaigns. Indeed, by the early thirteenth century the use of at least two new seals is recorded: the seal of the exchequer (from Henry II's reign) and the privy seal (probably from John's reign, 1199–1216)[7].

Arguably, the multiplication of bureaucratic departments and seals generated because of the peripatetic nature of the English Crown's rule and the growing domestic opposition of the barons to the king. As Nick Vincent puts it, "in these circumstances historical, geographical and financial necessity became the mother of administrative invention"[8]. Similarly, the choice of enrolling fiscal and administrative documents in the exchequer and the chancery rather than recording them in registers provided a convenient solution

Review 103 (1988) p. 950–959; Nicholas KARN, Nigel, Bishop of Ely, and the Restoration of the Exchequer after the 'Anarchy' of King Stephen's Reign, in: Historical Research 80 (2007) p. 299–314; Ulla KYPTA, Die Autonomie der Routine. Wie im 12. Jahrhundert das englische Schatzamt entstand, Göttingen 2014, p. 51–83.

5 TOUT, Chapters (cited n. 3) 1, p. 1–18; Nicholas VINCENT, Why 1199? Bureaucracy and Enrolment under John and his Contemporaries, in: English Government in the Thirteenth Century, ed. Adrian JOBSON, Woodbridge 2004, p. 17–48: p. 26. Carpenter further shares the view that during the reign of King John the use of chancery enrolments ought to be credited "less to ministers than to the king himself", who needed to keep records of his orders owing to his frequent trips abroad and to check the rising power of his opponents: David CARPENTER, The English Royal Chancery in the 13th century, in: Écrit et pouvoir dans les chancelleries médiévales: espace Français, espace Anglais, cur. Kouky FIAN/De-Loyd J. GUTH, Louvain-la-Neuve 1997, p. 25–26.

6 TOUT, Chapters (cited n. 3) 1, p. 163–169.

7 Ibid., p. 140–157.

8 VINCENT, Why 1199 (cited n. 5) p. 20.

to the itinerant life of the English court, while following on from established administrative practices and earlier insular traditions. In particular, the historiography concurs that in the early thirteenth century the chancery enrolled its documents, modelling its record-keeping practice on the exchequer[9]. Building on the comparative studies of Tout and Galbraith, who looked at the growth of the English administrative practice within the European milieu, especially drawing comparisons with France and the papal curia, Nick Vincent equally emphasised that since 1194 the rationalization and enrolment of the king's business had in fact begun in the exchequer with the compilation of the *cartae antiquae* rolls, which enrolled copies of charters at their beneficiaries' request[10]. With the accession of King John to the throne, the enrolment of chancery documents quickly developed. In 1199 the chancery began enrolling copies of charters, while in 1200 it started enrolling *liberate* writs, which contained mandates of payments for royal officials sent by the chancery to the exchequer, and finally letters patent in 1201. By 1204 we find three distinct series of chancery enrolments: Charter Rolls, Patent Rolls and Close Rolls[11]. Further questioning why in 1199 King John's chancery began enrolling its documentation, Vincent suggested that it was because of political circumstances, which characterized John's reign after his coronation, and thanks to the administrative innovation of the king's chancellor, who was at that time the archbishop of Canterbury, Hubert Walter. More specifically, in Vincent's opinion the chancery enrolments responded to the need of keeping copies of newly issued charters, especially given the number of beneficiaries' requests asking for royal confirmation of their grants. These enrolments, recording copies of charters issued by the king, allowed the chancery to test the authenticity of beneficiaries' future requests[12]. While acknowledging the practical convenience of enrolments for an itinerant king and chancery, Vincent also considered the functionality of these enrolments over registers: while rolls were easier to carry around because of their lack of bindings and relative little weight, enrolments sown head to tail were laborious to unroll – unlike some of the exchequer enrolments which are sown

9 Tout, Chapters (cited n. 3) 1, p. 127–139; Galbraith, Studies (cited n. 3) p. 37, 47–48, 68. On the exchequer and its *scriptorium* see also Clanchy, Memory (cited n. 1) p. 41–42.

10 Vincent, Why 1199 (cited n. 5) p. 20–27, 37–41. On these enrolments see also Clanchy, Memory (cited n. 1) p. 48.

11 Vincent, Why 1199 (cited n. 5) p. 34–35. On this point see also Pierre Chaplais, English Royal Documents. King John – Henry VI, 1199–1461, Oxford 1971, p. 3–4.

12 Vincent, Why 1199 (cited n. 5) p. 36–42. The same point on the importance of Hubert Walter's tenure (1199–1205) as chancellor in the employment of enrolments for record-keeping is made by Christopher R. Cheney, Hubert Walter, London 1967, p. 103–114; Clanchy, Memory (cited n. 1) p. 48–53.

on the top of each membrane. Vincent hence concluded that, although it was not always convenient and practical, the roll format adopted in the chancery endured, since it swiftly became a hallowed tradition[13]. Finally, Vincent noted that the English practice of enrolling documents was later adopted in other continental administrative practices, most notably in the county of Savoy where in the 1260s cartulary rolls were introduced for the regions of Vaud and Geneva under the rule of Peter of Savoy, uncle of Henry III, king of England[14]. Accordingly, comparing English and French administrative practices of record-keeping, Vincent challenged the misconception that the late twelfth-century French chancery imitated the English one, suggesting instead that similar administrative solutions were adopted in response to comparable political circumstances, such as the king's absence during military campaigns[15]. Furthermore, Jane Sayers and Patrick Zutshi, who have examined the influence of papal diplomatic practices on the English records respectively in the thirteenth and fourteenth centuries, had reached similar conclusions, explaining the similarities of contemporary administrative practices in England and on the continent as parallel and comparable administrative solutions rather than sheer imitation[16].

This last point in Vincent's examination of record-keeping in England further adds a new comparative dimension to Clanchy's work. In light of this comparative approach, I shall therefore focus on one specific type of English chancery enrolments, namely those recording diplomatic correspondence and foreign affairs between the thirteenth and fourteenth centuries, specifically engaging with two issues. Firstly, I will assess the use of enrolments rather than registers and their accessibility. The focus on the diplomatic enrolments of the English Crown will further allow me to investigate the

13 Vincent, Why 1199 (cited n. 5) p. 42–44. See also Guido Castelnuovo, Les officiers princiers et le pouvoir de l'écrit. Pour une histoire documentaire de la principauté savoyarde (XIIIe-XVe siècle), in: Offices, écrit et papauté (XIIIe-XVIIe siècle), cur. Armand Jamme/Olivier Poncet, Rome 2007, pp. 17–46.

14 Vincent, Why 1199 (cited n. 5) p. 42.

15 Ibid., p. 45.

16 Jane Sayers, The influence of papal documents on English documents before 1305, in: Papsturkunde und europäisches Urkundenwesen. Studien zu ihrer formalen und rechtlichen Kohärenz vom 11. bis 15. Jahrhundert, hg. von Peter Herde/Hermann Jakobs, Köln/Weimar/Wien 1999, p. 161–200. Sayers underlines how in the thirteenth century there is no evidence of any borrowing between the English and the papal chancery as far as registration is concerned. See also Geoffrey Barraclough, The English Royal Chancery and the Papal Chancery in the reign of Henry III, in: Mitteilungen des Instituts für Österreichische Geschichtsforschung 62 (1954) p. 365–373; Patrick N. R. Zutshi, The papal chancery and English documents in the 14th and early 15th centuries, in: Papsturkunde, hg. von Herde/Jakobs, p. 201–218.

question, already outlined above, of comparable administrative practices in different polities. Secondly, I will question the extent to which the English chancery's exclusive use of enrolments rather than registers of diplomatic correspondence at least until the mid-fourteenth century was distinctive in comparison with other contemporary administrative solutions.

1. The employment of diplomatic enrolments and their accessibility in the thirteenth and fourteenth centuries

To a great degree the increasing use of diplomatic enrolments in the English chancery from the mid-thirteenth century went hand in gloves with two more general developments in English administrative practice: the growth of what Clanchy defined as "practical literacy", which prompted the implementation of new record-keeping practices[17]; and the crucial late introduction of notaries public in England, which, as Cheney pointed out, only began in the 1270s when Nicholas III granted to John Pecham, archbishop of Canterbury, the right to appoint notaries public in England[18]. Indeed, while from the twelfth century the multiplication of enrolments employed by the English Crown's administrative departments evidence the growth of practical literacy, from the late thirteenth century the activity of notaries public as administrative personnel of the English episcopal and royal chanceries further enhanced in England continental administrative practices, which increasingly coexisted with the more insular tradition of enrolling documentation.

As pointed out above, it is likely that from the early thirteenth century the production of enrolments in the English chancery grew because of the rising number of records issued by this department and the necessity of making them easily available for consultation[19]. The issue of accessibility of the records was made even more problematic owing to the lack of permanent and centralized chancery archives until the second decade of the fourteenth century. At that time the enrolments gradually began to be deposited in the house of the Jewish converts *(domus conversorum)* in Chancery Lane in London, while from the mid-thirteenth century a chancery official, known as Keeper of the Rolls of Chancery, had been appointed to look after the chests containing the chancery enrolments, which were however still scattered and

17 Clanchy, Memory (cited n. 1) p. 258–265.

18 Chrisopher R. Cheney, Notaries Public in England in the Thirteenth and Fourteenth Centuries, Oxford 1972, p. 26–39.

19 Vincent, Why 1199 (cited n. 5) p. 20.

moved around different repositories[20]. From second half of the thirteenth century, alongside the Charter, Patent, Close Rolls, already introduced to record documents in the early thirteenth century, the English chancery began new series of enrolments in response to the exponential growth of documentary production[21]. By the late thirteenth century the chancery recorded its documents in a number of enrolments, which can be broadly classified in three categories: enrolments recording the communications among administrative departments of the English Crown[22]; enrolments concerning domestic administration[23]; enrolments dealing with diplomatic affairs and military campaigns outside the kingdom[24].

The latter mainly dealt with diplomatic correspondence and are particularly revealing when addressing the growth of administrative practices in En-

---

20 Tout, Chapters (cited n. 3) 2, p. 306–308; 3, p. 213–215; George P. Cuttino, English Diplomatic Administration, 1259–1339, Oxford 1940, p. 19–49; Clanchy, Memory (cited n. 1) p. 134–136. On the Keeper of the Rolls see below n. 47.

21 List of chancery rolls preserved in the Public Record Office, List and indexes XXVII, Dublin 1908, p. 1–3, 5–49, 67–236.

22 List of chancery rolls (cited n. 21). For a detailed catalogue of all the enrolments listed below see: http://discovery.nationalarchives.gov.uk/browse/r/h/C593 (accessed on 23 October 2017). I will only list below the series of chancery enrolments initiated in the Medieval period. See: the *Liberate Rolls* (1200–1436), enrolling mandates of payments for royal officials sent by the chancery to the exchequer (TNA, C 62/1–149); the *Scutage Rolls* (1214–1338), recording summonses for service for various domestic and foreign campaigns (TNA, C 72/1–13).

23 See: the *Confirmation Rolls* (1483–1626), enrolling confirmations of earlier letters patent (TNA, C 56/1–114); the *Fine and Oblata Rolls* (1199–1648), recording the king and his justiciar's royal favours concerning property issues (TNA, C 60/1–553); the *Extract Rolls* (1242–1352), recording grants made by the Crown (TNA, C 59/1–47); the *Redisseisin Rolls* (1285–1467), dealing with writs addressed to the sheriffs for restoration of land (TNA, C 69/1–27); the *Statute Rolls* (1277–1469), which recorded the statutes of Parliament – they were ultimately discontinued and statutes continued to be recorded in the Parliament Rolls (TNA, C 74/1–8); the *Parliament Rolls* (1316), which record the acts of Parliament (TNA, C 65/1).

24 See: the *Welsh Rolls* (1276–1294), dealing with Welsh affairs (TNA, C 77/1–7); the *Scotch Rolls* (1290–1516), concerning Scottish matters (TNA, C 71/1–113); the *Norman Rolls* (1200–1204; 1417–1422), concerning the Crown's activities in Normandy; (TNA, C 64/1–17); the *Gascon Rolls* (1253–1468), concerning the English continental territories (TNA, C 61/1–144); the *Roman Rolls* (1306–1358), enrolling petitions of the English Crown sent to the papal curia (TNA, C 70/1–25); the *Treaty Rolls* (1234–1675), which include as sub-series the *French Rolls* and the *Rotuli de Alemannia* and record petitions concerning the wars in France and the German Empire (TNA, C 76/1–222). On the creation of C 76 see Henry C. Maxwell-Lyte, Preface, in: List of chancery rolls (cited n. 21) p. iii-x; David L. Evans, Preface, in: Treaty Rolls 1, London 1955, p. v; Treaty Rolls 2, London 1972, p. v. TNA, C 76/1 was formerly *Close Roll*, 46, while TNA, C 76/2–7 were part of Chancery, Miscellaneous Rolls bundle 14: Second Report of the Deputy Keeper of the Public Records (May 15, 1841), London 1841, Appendix I, p. 3.

gland from a comparative perspective. As Pierre Chaplais pointed out, those diplomatic enrolments in fact were the product of the mid-thirteenth-century reorganization of the English chancery, which filed its documentation not only in accordance with their wording (patent letters, close letters and charters), but also making "cross divisions" based on geographical considerations for diplomatic correspondence as well as subject matters in the case of domestic affairs[25]. From 1259 the English chancery therefore enrolled its in-coming and outgoing diplomatic correspondence according to subject and place of origin, whereas, in Chaplais's words, engrossments of diplomatic documents were "stitched together for a particular purpose"[26]. This practice firmly continued in the fourteenth century, as evidenced in the inventory of William Burstall, Keeper of the Rolls of Chancery, who listed in 1381 different series of diplomatic enrolments for the reigns of Edward II (1307–1327) and Edward III (1327–1377)[27]. Such organization of the material in the chancery diplomatic enrolments very much reflected the needs posed by the political and diplomatic circumstances in the decades before the outbreak of the Hundred Years' War and mirrors similar thematic and geographical organization of records in the 1330s in the papal and French chanceries, where however records were registered rather than enrolled[28].

Nevertheless, established historiographical interpretations have considered the multiplication of diplomatic enrolments and registration of records in the English chancery as irregular, unmethodical and responsible for many mistakes[29]. Similarly, Clanchy and Carpenter have univocally challenged the possibility of tracking down records in chancery enrolments. In particular, David Carpenter maintained that this was especially the case for the chancery enrolments, which mainly enrolled "warranty notes" and were "scarcely designed for ease of access and inspection"[30]. Yet, a closer examination of the contents of the Roman, German and French Rolls allows us to draw a dif-

---

25 Pierre CHAPLAIS, Preface, in: Diplomatic documents preserved in the Public Record Office 1, London 1964, p. v; Barbara BOMBI, The Roman rolls of Edward II as source of administrative and diplomatic practice in the early fourteenth century, in: Historical Research 85 (2012) p. 597–616: p. 605. See also Barbara BOMBI, Anglo-papal relations the early fourteenth century. A study in Medieval diplomacy, Oxford 2019, p. 47–50.

26 Treaty Rolls (cited n. 24) 1, p. 93, n. 1.

27 MAXWELL-LYTE, Preface (cited n. 24) p. vi; BOMBI, Roman rolls (cited n. 25) p. 607. Burstall's inventory lists fifty-two Gascon Rolls, forty *Rotuli de Francia*, six *Rotuli de Alemannia* and twenty-one *Rotuli de Roma*.

28 For a discussion of this point see BOMBI, Roman rolls (cited n. 25) p. 605, n. 39.

29 Henry C. MAXWELL-LYTE, Historical notes on the use of the Great Seal of England, London 1926, p. 366; 380; 392–393.

30 CLANCHY, Memory (cited n. 1) p. 138–147; CARPENTER, English Royal Chancery (cited n. 5) p. 48–52.

ferent picture and argue that the compilation of these records was undertaken with a greater degree of consistency than previously thought[31]. Indeed, the registration of outgoing and incoming correspondence in the chancery diplomatic enrolments reflects the attempt of the English chancery at organizing and rationalizing its record-keeping owing to necessity and changing political circumstances. At a closer look these enrolments in fact seem to complement each other, as especially shown through the examination of the Roman Rolls for the reign of Edward II (1307–1327). The latter enrol petitions addressed to the papacy and were initiated in 1306 in response to the need of informing Edward II's lawsuit at the papal curia against the estranged archbishop of Canterbury, Robert Winchelsey[32]. Their contents clearly complemented other existing series of chancery enrolments, most notably the Gascon, Patent and Close Rolls, where some entries initially enrolled in the Roman Rolls were eventually moved and copied after careful consideration by the chancery personnel[33].

Another good example of the complementary nature of these diplomatic records is given by the diplomatic enrolments dealing with French, German and Iberian affairs, known as the Treaty Rolls[34]. Although their compilation began in the mid-thirteenth century, it appears to have been carried out inconsistently in the first two decades of the fourteenth century, when the enrolment of Anglo-French diplomatic correspondence was briefly resumed in the years of the Anglo-French conflict in Aquitaine, the so-called War of St. Sardos (1323–1325)[35]. Finally, between 1336 and 1342, the outbreak of the Hundred Years War, which initially saw Anglo-German and Anglo-Flemish alliances and papal attempts at arbitration, probably prompted the chancery to enrol its documents quite systematically in two complementary series of diplomatic enrolments: the rolls *de Alemannia* (C 76/11) and the Roman Rolls (C 70/15). Indeed, a comparison of these two series of enrolments for the year 1337–1338 seems to exemplify the chancery record-keeping practice at that time. Diplomatic documents concerning the English campaigns on

31 Bombi, Roman rolls (cited n. 25) p. 608–610.

32 Ibid., p. 609–611. On the Winchelsey's affair see Jeffrey H. Denton, Robert Winchelsey and the Crown, 1294–1313, Cambridge 1980, p. 223–235.

33 Bombi, Roman rolls (cited n. 25) p. 610–611.

34 Ibid., p. 605–606. See above n. 24.

35 For the rolls covering the period 1259–1308 see TNA, C 76/2–8; Treaty Rolls (cited n. 24) 1 p. 37–188. The enrolment was resumed at the time of the War of St Sardos (1324–1325) in TNA, C 76/10: Treaty Rolls (cited n. 24) 1, p. 246–266. The enrolment now known as TNA, C 76/9 was instead put together in the late nineteenth century by the keepers of the Public Records Office and gathers membranes originally attached to the Roman Rolls: Bombi, Roman rolls (cited n. 25) p. 607–608.

the continent were enrolled in the so-called *rotuli Alemannie*, now known as Treaty Rolls. In particular, Treaty Roll C 76/11, which covers the year 1337 and currently includes eleven membranes written on the *recto*, seems to be composed of membranes originally marked with different headings, namely four membranes, originally enrolled as *rotulus Alemannie* (m. 1–4), and four membranes formerly described as *Vascon(ie)*[36]. Meanwhile, the Roman Roll C 70/15 recorded petitions exclusively addressed to the papal curia in 1337 and was mostly concerned with provisions to benefices[37].

Notably, the existence of established series of chancery diplomatic enrolments did not preclude the possibility of recording documentation on specific matters in rolls which were later discontinued and were initially created *ad hoc* in order to facilitate the record-keeping of items dealing with particular political issues. In this respect, it should be emphasized that the English chancery came up with innovative administrative solutions during Edward III's military campaigns in the Low Countries between 17 July 1338 and January 1340 and between 24 June and 28 November 1340. The Walton Ordinances of July 1338, issued by Edward III before leaving for the continent, made precise provisions for domestic and continental departments of the royal administration, given that the chancery and the exchequer remained in London, while the wardrobe and privy seal accompanied him to the Low Countries[38]. Edward III left the chancellor a "seal of absence" and took with him the great seal, which was put under the custody of the keeper of the

36 TNA, C 76/11. Its current arrangement may depend on later archival reorganizations of the membranes. On the *verso* of TNA, C 76/11, m. 6, 8, 10 and 11 there are notes pointing out that these membranes concern Gascon matters: Treaty Rolls (cited n. 24) 2, p. 1 n. 1; p. 5 n. 3; p. 13 n. 2, p. 22 n. 1. In particular, TNA, C 76/11, m. 11 seems a later addition and it was possibly originally attached to the Gascon rolls as a note on the *verso* of this membrane points out: Treaty Rolls (cited n. 24) 2, p. 1, n. 1. Given the coherent nature of these four membranes, all concerning the Anglo-German alliance in 1337, it may be possible that these membranes became part of TNA, C 76/11 at a later stage. On the four membranes annotated as *rotulus Alemannie* see Treaty Rolls (cited n. 24) 2 p. 29, n. 2; p. 32, n. 1; p. 33 n. 2. Equally, the Gascon Roll for this year (TNA, C 61/49) includes 40 membranes, all numbered consequentially. See below n. 75.

37 TNA, C 76/11; TNA, C 70/15. Only three petitions in TNA, C 70/15 strictly speaking deal with diplomatic affairs and concern the papal dispatch of his envoys Bernard Sistre to England (C 70/15, m. 3) and Pedro Gomez de Barroso, cardinal of Santa Prassede, and Bertrand of Montfavè, cardinal of S. Maria in Aquiro, to France (C 70/15, m. 2). See the edition of TNA, C 76/11 in: Treaty Rolls (cited n. 24) 1, p. 1–43. TNA, C 70/15 is uncharacteristically very short and includes three membranes only written on the *recto*.

38 Tout, Chapters (cited n. 3) 3, p. 98–105; 143–150; Mark Ormrod, The English Royal Secretariat, in: Écrit et pouvoir dans les chancelleries médiévales: espace Français, espace Anglais, ed. Kouky Fian/DeLoyd J. Guth, Louvain-la-Neuve 1997, p. 58–59; id., Edward III, New Haven/London 2011, p. 199–200.

privy seal, since the king needed to seal the numerous alliances and treaties in the Netherlands against France. The implementation of this administrative practice is methodically recorded in the diplomatic enrolments produced in England during the king's absence: for instance, a note following the last petition of the Roman Rolls for this year points out that this petition was sealed in London with the "seal of absence", *de facto* evidencing that only routine affairs concerning the correspondence with the papal curia were enrolled in this enrolment, in accordance with what Edward had planned in the Walton Ordinances before leaving for the continent[39]. Accordingly, after Edward III's appointment as Imperial Vicar on 1 September 1338, at least one new enrolment was initiated. Fragments of this enrolment still survive at The National Archives in London and comprise two membranes, recording letters issued by Edward III in the Low Countries as Imperial Vicar between 18 September and 21 November 1338. Once more this enrolment shows how diplomatic records were enrolled in response to changing political circumstances and how enrolments allowed a certain degree of flexibility over registers[40]. Whether the surviving enrolment of documents issued by Edward III as Imperial Vicar was a one-off attempt remains, however, an open question. Later evidence, surviving in two mid-fourteenth-century registers, produced in the office of the privy seal rather than in the chancery, in fact record seventeen more items concerning Edward III's tenure as Imperial Vicar between 1338 and 1339. Owing to the lack of further evidence it is nevertheless difficult to say if these later registrations were compiled on the basis of drafts surviving in the privy seal archives as individual items or they were also recorded in now lost chancery enrolments dating from time of Edward III's tenure as Imperial Vicar[41].

The suggestion that from the early fourteenth century the English chancery recorded its diplomatic documents in complementary series of enrolments in response to political circumstances raises two further issues concerning the actual practice of registration and the accessibility of the enrolments for consultation. Arguably, the procedure of enrolment in the English chancery is a controversial issue that the historiography has not fully addressed. Maxwell-Lyte and Chaplais argued that petitions were enrolled

39 TNA, C 70/16, m. 1.

40 TNA, C 47/32/20. The documents of this enrolment are dated according to the regnal and imperial years of Lewis of Bavaria, showing how Edward's clerks further adapted their diplomatic practice and dating style because of the political circumstances.

41 Manchester, John Rylands Library, Ms. 404, fol. 35v-39r; Friedrich Bock, An Unknown Register of the Reign of Edward III, in: English Historical Review 45 (1930) p. 353–372: nn. 88–104, p. 365–367. On this manuscript see also below n. 65. See also London, BL, Add. Ms. 24062, fol. 141v; 151v; 167rv and below n. 68.

from drafts rather than fair copies. Moreover, Vincent suggested that, at least for the charters rolls, special drafts of petitions were produced in chancery and became available for enrolment before being destroyed[42]. Indeed, the petitions recorded in chancery enrolments do not follow strict chronological criteria and were clearly enrolled when their engrossments were made available in chancery[43]. Notes in the margin of some fourteenth-century diplomatic enrolments further confirm that draft and original documents had been duplicated, triplicated and even quadruplicated[44]. The explanation for the multiplication of originals of the same chancery documents can be at least twofold. While more than one copy of the same document may have needed for enrolment in chancery and in other Crown's administrative departments, in the case of diplomatic correspondence it is also possible that more than one copy of the same document was produced to be given to different envoys taking part in the same diplomatic mission. This was especially the case for letters of credence and procurations, which had to be carried by each individual envoy during their diplomatic mission. A good example of this practice is provided by the letters of credence given to the English envoys dispatched to France on 6 May and on 5 July 1325 for the Anglo-French peace negotiations to end the War of St Sardos. On this occasion entries duplication of documents were enrolled in the Treaty Roll C 76/10. Furthermore, notes on six of the surviving originals suggest that these letters of credence were duplicated to be distributed among the English envoys involved in the Anglo-French negotiations[45]. Accordingly, different drafts of the same chancery document were occasionally produced, especially when documents had to be redrafted because of the changed circumstances. In such cases, the new *cedula* or engrossment of the document was sometimes sewn in the roll, followed by the clerk's annotation which

42 Vincent, Why 1199 (cited n. 5) p. 43–44.

43 Maxwell-Lyte, Preface (cited n. 24) p. 359–361, 391–392; Chaplais, English Royal Documents (cited n. 11) p. 3.

44 Bombi, Roman rolls (cited n. 25) p. 608, n. 55.

45 TNA, 76/10, m. 3–6; Treaty Rolls 1, nn. 639–646, p. 248–253; nn. 648–651, p. 253–255; nn. 654–659, p. 256–259. The originals with annotations that show that they had been duplicated are: Treaty Rolls 1, n. 649, p. 254 = TNA, C 47/27/13/24–25; n. 650, p. 255 = TNA, C 47/27/13/22–23; n. 651, p. 255 = TNA, C 47/27/13/27. The documents that were duplicated are: TNA, C 47/27/13/6, TNA, C 47/27/13/9–10, TNA, C 47/27/13/12, TNA, C 47/27/13/22–23, TNA, C 47/27/13/24–25, TNA, C 47/27/13/26, Paris, ANF, J/634, n. 5, C 47/27/13/27. The documents concerning the mission in July 1325 are TNA, C 47/27/13/29–34. The number of nuncios, for whom the documents were copied, is specified in these notes on the *verso* of the originals and varies between two and four.

clarified that the first item had been cancelled and replaced with an updated one (*vacat quia et aliter in sedula pendent*)[46].

If the administrative practice in chancery allowed for the production of more than one draft or original of the same document, as seems likely given the surviving evidence, then the role of chancery personnel in deciding how and where to archive the documentary material was even more crucial and required a good degree of coordination. In the early fourteenth century when, as pointed out above, the chancery was reorganized and ultimately found a permanent location in Chancery Lane in London, the chancery enrolments were deposited in the office of the Keeper of the Rolls, already instituted in the mid-thirteenth century[47]. By the early fourteenth century the Keeper of the Rolls worked alongside three clerks and was responsible for distributing documents and petitions for enrolment in different series as well as for the record-keeping of the chancery diplomatic documents[48]. Finally, in 1336 the writing and enrolment of documents of an international character was entrusted to one of the chancery clerks of the first bench, called *notarius regis in sua cancelleria*, who was generally an apostolic notary and trained in canon or civil law[49]. During the reign of Edward III the Keeper of the Rolls further took over as chancellor's lieutenant and replaced him as keeper of the great seal during the chancellor's absence from duty, securing administrative continuity in the office[50].

Moreover, it should be highlighted that throughout the thirteenth century the English Crown's diplomatic incoming and outgoing correspondence was not only archived in the chancery, but also in the wardrobe and exchequer[51]. Unsurprisingly, such parallel record-keeping systems created a lot of confusion when documents had to be retrieved. In 1299 alongside the Keeper of the Rolls a new official known as the Keeper of Processes (*custos processuum et memorandorum regis*) was appointed to collect and file diplomatic doc-

46 MAXWELL-LYTE, Historical notes (cited n. 29) p. 369–370. See for instance TNA, C 70/4, m. 2r; BOMBI, Roman rolls (cited n. 25) p. 615–616.

47 TOUT, Chapters (cited n. 3) 2, p. 11, argues that Robert Burnell took over the office of Keeper of the Rolls before becoming chancellor in 1286, while MAXWELL-LYTE, Historical notes (cited n. 29) p. 5, and WILKINSON, Chancery (cited n. 3) p. 54, date the appointment of the first Keeper of the Rolls in 1265. See also above n. 20

48 CHAPLAIS, English Royal Documents (cited n. 11), p. 20–21. See above n. 20.

49 Ibid., p. 20–21 ; WILKINSON, Chancery (cited n. 3), p. 54–64.

50 WILKINSON, Chancery (cited n. 3), p. 71–73, 109–110, 200–201; Roy M. HAINES, Archbishop John Stratford. Political Revolutionary and Champion of the Liberties of the English Church, ca. 1275/80–1348, Toronto 1986, p. 274–278. This was especially the case between 1339 and 1340, when the chancellorship was replaced no less than nine times and there were two vacancies owing to the conflict between the king and his chancellor, John Stratford.

51 CUTTINO, English Diplomatic Administration (cited n. 20) p. 20–21, 117–137.

uments and report on diplomatic matters before the king and his council[52]. By 1323 the Keeper of Processes Elias Joneston (1306–1332) oversaw the compilation of at least seven calendars and registers, which were arguably easier to consult and handle for the Crown's administrative personnel and diplomatic envoys than enrolments or loose items kept in chests[53]. In particular, two of these calendars, known as the Gascon calendar and Stapeldon's calendar, were compiled in the office of the Keeper of Processes between 1320 and 1323, on the eve of the outbreak of the war of St Sardos, at the request of Walter Stapeldon, bishop of Exeter and treasurer of the exchequer, who meanwhile ordered that the archives of the exchequer should be moved to and reorganized in the Tower of London[54]. The majority of documents included in the Keeper of Processes' calendars and registers were in fact preserved in the exchequer and the wardrobe, although in some instances they also included transcripts of chancery diplomatic documents, which had been duplicated in order to facilitate record-keeping and to inform the Crown's diplomatic and legal representatives[55]. Significantly, the documentary material in those calendars was organized according to thematic and geographical criteria rather than chronological ones, adopting a practice of record-keeping comparable to the one employed in contemporary diplomatic chancery enrolments. According to Cuttino, the creation of calendars and registers was ultimately justified by the explicit difficulties of the English representatives,

52 Ibid., p. 19–48.

53 Ibid., p. 29–41; 73–83.

54 Vivian H. Galbraith, The Tower as an Exchequer Record Office, in: Essays in Medieval History presented to T.F. Tout, ed. Andrew J. Little/Frederick M. Powicke, Manchester 1925, p. 231–247: p. 231–238. The Gascon Calendar of 1322, ed. George P. Cuttino, London 1949, p. vii-viii; Patrick N.R. Zutshi, Introduction in: Original papal letters in England (1305–1415), Città del Vaticano 1990, p. xxxiii-xxxiv. On Stapledon's activity as administrative reformer see Seymour Phillips, Edward II, New Haven/London 2010, p. 444–445; Mark Buck, Politics, Finance and the Church in the Reign of Edward II. Walter Stapeldon treasurer of England, Cambridge 1983, pp. 115–130 and 163–196. Both these calendars are preserved at The National Archives and are published. See Gascon Calendar: TNA, E 36/187 edited in The Gascon Calendar, ed. Cuttino; Stapeldon's Calendar: TNA, E 36/268 edited in The Antient Kalendars and Inventories of His Majesty's Exchequer, ed. F. Palgrave, 1, London 1836, p. 1–155.

55 The Gascon Calendar (cited n. 54), p. x. For evidence of the communication among different administrative departments of the English Crown see, for instance, a memorandum dating between 17 August 1323 and 3 May 1325 in: The War of St. Sardos (1323–1325). Gascon correspondence and diplomatic documents, ed. Pierre Chaplais, London 1954, n. 167, p. 180: "Et de enquere la verite du dit fait de Seint Sacerdot' feurent lettres faites soutz le grant seal a les ministres le roi en Gascoigne, des queles la copie est escript a doos de ce roule. Queritur copia litterarum illarum in cancellaria". See also BOMBI, Anglo-papal relations (cited n. 25), p. 195-201, 208–214.

lacking appropriate supporting documentation for the defence of their clients before the French and papal courts. This was especially the case for the on-going quarrels concerning the implementation of the Treaty of Paris of 1259, which mostly dealt with the disputed rights over English possessions in Gascony, the Agenais and Aquitaine, rights which were debated at length before the French and papal courts, especially from the last quarter of the thirteenth century onwards[56].

Arguably, the reorganization of the Crown's diplomatic correspondence between the thirteenth and fourteenth centuries witnesses a coordinated attempt in the Crown's administrative departments to make diplomatic records readily available for use in legal proceedings and political negotiations. This is ultimately why in the early fourteenth century this administrative reorganization led to the creation of a new office dealing with diplomatic correspondence, namely the office of the Keeper of Processes, and to a more efficient management of the chancery diplomatic enrolments under the watch of the Keeper of the Rolls. Significantly, such reorganization was especially undertaken from the 1320s, when relations with France became more problematic, ultimately leading to the outbreak of the War of St. Sardos in 1323–1325 and the Hundred Years' War in 1337. Indeed, the office of the Keeper of Processes was discontinued in 1339, when, in Cuttino's words, Edward III "decided to dispense with diplomacy and to resort to war"[57]. The administrative reshuffle in the 1320s clearly had a degree of coordination across the different government departments, which however decided to record their diplomatic correspondence in different ways: the chancery continued to enrol diplomatic documents, while the office of the Keeper of Processes calendared and copied them in registers. These varied techniques of record-keeping still coexisted quite happily throughout the fourteenth century across different royal administrative departments, as I will indicate below.

2. How distinctive was English chancery practice?

Undoubtedly, the fourteenth-century English chancery practice of enrolling its diplomatic documents rather than copying them in registers, as happened

56 Cuttino, English Diplomatic Administration (cited n. 20) p. 79–83. While the Gascon calendar specifically dealt with the English rights in Gascony and Aquitaine, the Stapeldon's calendar recorded items preserved in the exchequer and the wardrobe, which concerned domestic affairs of Ireland, Scotland and Wales as well as foreign diplomatic relations with Aragon, Castile, Burgundy, Ponthieu, Sicily, Holland, Bar and Brabant.

57 Ibid., p. 138.

in the office of the Keeper of Processes, was pretty distinctive. Although enrolments were not so impractical and difficult to consult as previously argued, especially in light of the subject and geographical subdivisions introduced by the English chancery in the mid-thirteenth century, they provided overall a less efficient solution than registers as far as retrieving information was concerned. When speculating on the functionality of enrolments vis-à-vis registers, three issues ought to be considered: the suitability of enrolments in circumstances when records had to be moved around; the endurance of conservative English chancery traditions, which survived despite the needs for administrative reorganization; and finally the flexibility given by enrolments in terms of record-keeping.

As pointed out above, from the thirteenth century enrolments were a preferred means of record-keeping in the English exchequer and chancery because of the Crown's peripatetic governmental rule, especially at times of domestic turmoil and international conflicts, when the king campaigned abroad for long periods of time and it was difficult to predict the length of his absence in advance. Enrolments seem to have represented an ideal record-keeping solution especially after the outbreak of the Hundred Years' War in 1337, when Edward III was on the continent for long periods, followed by his household and entourage[58]. This was notably the case between November 1359 and the end of May 1360, when Edward III spent most of the winter campaigning in France and negotiating a treaty with his French counter-part, which was ultimately agreed at Brétigny on 8 May and ratified at Calais on 24 October 1360. At that time the English chancery enrolled the paperwork produced during the Anglo-French negotiations in three so-called "rolls of Calais", currently preserved in the series of French Rolls at The National Archives. The "rolls of Calais" detail copies of the bi-lateral agreements, pardons and arrangements for the exchange of hostages negotiated throughout the peace process[59]. As Tout pointed out, the "rolls of Cal-

58 During the first phase of the Hundred Years' War, which began in 1337 and terminated in 1360 with the Treaty of Brétigny-Calais, Edward III was in France in four occasions: between the end of July 1338 and February 1340; between October 1342 and February 1343; between July 1346 and October 1347; and between November 1359 and the end of May 1360. See Ormrod, Edward III (cited n. 38) p. 610–631. See also above n. 39-41.

59 TNA, C 76/41–43. The French Rolls are a sub-series of the Treaty Rolls, mentioned above n. 24. For the Anglo-French negotiations at Brétigny and Calais in 1360 see TNA, C 76/41 (*Rotulus Calais et de Rupella*): on the exchange of hostages and return of La Rochelle and Guines, as agreed in the Treaty of Brétigny (24 October – 1 November 1360); TNA, C 76/42 (*Rotulus Calais de negociis communibus*): recording bi-lateral agreements and pardons (31 August – 28 October 1360); TNA, C 76/43 (24 October 1360): Calais-ratification of the Treaty of Brétigny.

ais" were compiled under the supervision of Chancellor William Edington (1356–1363) and some of his staff, who moved in July 1360 to Calais alongside the king's wardrobe and household, to which non-household personnel from the chancery and privy seal were attached in order to oversee the process of ratification of the Treaty of Brétigny[60]. Besides Edington, the activity at Calais of another chancery clerk is well documented. This was the notary public John Branketre, who, in Chaplais's words, served as "secretary for foreign affairs in chancery" between 1355 and 1375. In particular, at Calais Branketre seems to have been responsible for verifying a number of individual articles of the Calais-ratification issued under the great seal, which the English chancery eventually enrolled in the "rolls of Calais"[61]. Significantly, the same agreements also survive at the Archives Nationales in Paris, where we find one hundred and one items, both originals and notarized copies, and at The National Archives in London, where ninety-five originals recording the ratifications and promises of John II, the Dauphin Charles and their associates agreed at Calais between 24 and 30 October 1360 , are preserved. The survival of this dossier of originals and notarized copies in Paris and London alongside the "rolls of Calais" in London allows for an interesting comparison of French and English record-keeping techniques at the time of the ratification of the Treaty of Brétigny-Calais and hints at the employment of different administrative practices to store diplomatic correspondence in these two polities: whereas the French Crown preserved originals and notarized copies of the agreements ratified by the parties in the Trésor des

60 Tout, Chapters (cited n. 3) 3, pp. 222–230. In Tout's opinion, for the first time during this king's absence rigorous arrangements were put in place, giving the regency its chancery, exchequer and privy seal, left to the keepership of John Buckingham.

61 Pierre Chaplais, Master John de Branketre and the office of notary in Chancery 1355–1375, in: Journal of the Society of Archivists 4 (1971) p.169–199: p. 182–186, n. 2, p. 193; n. 3b, p. 197. The examination of the surviving originals of these documents at The Archives Nationales sheds light on other English chancery clerks involved in the administrative work at Calais in October 1360. The name of the clerks involved in their production are in fact found in the right corner on the top of the *plica* of some letters of Edward III issued under the great seal. Among the great clerks we find Elias Grimsby (Paris, AN, J//638A n. 3: *littere cum clausula c'est assavoir*); Henry Coddington (Paris, AN, J//638A n. 6ter; J//639 n. 17); Walter Power (Paris, AN, J//638A n. 7bis); Nicholas Spaigne (Paris, AN, J//638A n. 41); William Mirfield (Paris, AN, J//638B n. 12; J//639 n. 15); Thomas Brayton (Paris, AN, J//639 n. 15, 15. sept, 16); see also Bertie Wilkinson, The Chancery under Edward III, Manchester 1929, Appendix III, pp. 205–208. Among the chancery clerks we find John Scarle, Roger Sutton and William Tickhill (Paris, AN, J//638A n. 3; J//638B n. 12; Paris, AN, J//639 n. 15. On these individuals see Wilkinson, Chancery (cited n. 3) p. 66–67. For the original documents of French promises and ratifications preserved at The National Archives see: TNA, E 30/75, 78–79, 81–95, 97–98, 100–108, 110, 111–122, 124–144, 146–172, 175, 177–179, 1083.

Chartes; the English Crown enrolled the same documents in the "rolls of Calais", only keeping the originals of its French counterparts[62]. Arguably, these different choices for archiving documentary material arose because of practical convenience and were not only dictated by established administrative practices. The English chancery personnel were in fact abroad and had to find a way of recording relevant documentary material "on the go". In those circumstances, enrolments were undoubtedly easier to compile and transport than registers or chests of heavy and bulky sealed original and notarized documents.

That the mid-fourteenth-century English chancery did not only chose to employ rolls rather than registers because it followed consecrated traditions seems further evidenced by the contemporary use of registers dealing with diplomatic correspondence in other Crown departments. This was especially the case for the office of the privy seal, which shared with the chancery the task of writing and archiving diplomatic documents during the peace-negotiations at Brétigny-Calais. Although in the early thirteenth century it was created as the seal of the chamber and the wardrobe to ensure the king's control vis-à-vis the barons, by 1356 the privy seal had become a third office of state alongside the chancery and the exchequer, undergoing an "epoch-making" reorganization under the keepership of John Winwick (1355–1360)[63]. As Chaplais pointed out, what is most interesting in the late-thirteenth- and fourteenth-century record-keeping practice of the privy seal is that this office recorded its documentation in two different ways: enrolments, which are now lost and were probably compiled until the reign of Edward III; and registers, which survive from the reign of Edward III onwards[64]. The surviving

62 These documents are preserved in Paris, AN, J//638A; J//638B; J//639; J//640. On the Trésor des Chartes see Alexandre Teulet, Layettes du Trésor des Chartes, Paris 1863, p. v-xxiv; Octave Morel, La Grande Chancellerie Royale (1328–1400), Paris 1900, p. 331–343. Equally, I am aware of one fourteenth-century manuscript of French provenance registering some of the bi-lateral agreements ratified the Brétigny-Calais in two quires written in a contemporary French administrative hand: Paris, BNF, Ms. Fr. 2873.

63 Tout, Chapters (cited n. 3) 1, p. 23–24, 206–213; 2, p. 282–313; 5, p. 34–35. On John Winwick see also ODNB: http://www.oxforddnb.com.chain.kent.ac.uk/view/article/50141 (Accessed on 4 October 2017). Between 28 October 1359 and 18 May 1360, when he died, Winwick accompanied Edward III to France, taking over the keepership of the great and privy seals, and was responsible together with his clerks for negotiating and drafting the Treaty of Brétigny, agreed just before his death on 8 May 1360: Tout, Chapters (cited n. 3) 3, pp. 225–227; 5, pp. 36–37.

64 Pierre Chaplais, Privy Seal Drafts, Rolls and Registers, in: English Historical Review 73 (1958) p. 270–273. See also Tout, Chapters (cited n. 3) 2, p. 80–81; Maxwell-Lyte, Historical notes (cited n. 29) p. 26–27. Perroy has further pointed out that, unlike the chancery and the exchequer, the privy seal did not have space to store documents and extensive

privy seal registers are four and date from the second half of the fourteenth and the fifteenth centuries. They were compiled by scribes of the privy seal and recorded, among other things, diplomatic correspondence issued in the office of the privy seal and the chancery. The first register is the so-called Leconfield register, dating to about 1360 and now preserved in the John Rylands Library in Manchester[65]. The Leconfield register duplicates a number of diplomatic documents issued by the chancery under the great seal as well as peace-agreements, such as the first draft of the Treaty of Guines (dated on 6 April 1354), which were never ratified and therefore remained in the privy seal office without ever reaching the chancery[66]. Like the diplomatic chancery enrolments and the diplomatic records kept in the office of the Keeper of Processes, the documents in the Leconfield register are arranged in accordance with geographical criteria and concern English diplomatic affairs in France, Flanders, Gascony, Austria, the Empire, Scotland, Brittany and Normandy[67]. These characteristics are shared to a great extent by the three later privy seal registers of diplomatic correspondence: the well-known formulary of the poet-clerk Thomas Hoccleve (1420–1424)[68]; and two other registers dating between 1370 and 1390, now respectively found in Cambridge University Library and Edinburgh University Library[69]. In Perroy's opinion these privy seal registers show how from the mid-fourteenth century this office replaced the chancery and became the normal place where diplomatic correspondence was archived[70]. Yet, Perroy maintained that the implementa-

archives in the thirteenth and fourteenth centuries: Eduard PERROY, The Diplomatic Correspondence of Richard II, London 1933, p. xiii.

65 Manchester, John Rylands Library, Ms. 404; BOCK, Unknown Register (cited n. 41) p. 353–372; ID., Some new documents illustrating the early years of the Hundred Years War (1353–1356), in: Bulletin of the John Rylands Library 15 (1931) p. 60–99; PERROY, Diplomatic Correspondence (cited n. 64) p. xvii-xix. See also above n. 41.

66 BOCK, Unknown Register (cited n. 41) p. 355–357; ID., Some new documents (cited n. 65) p. 82–83. The second draft of the Treaty of Guines (dating 24 August 1354) was instead enrolled in the French rolls: TNA, C 76/32, m. 2; Foedera, conventiones, littere et cuiuscunque generis acta publica 3/1, ed. Thomas RYMER, London 1825, p. 283.

67 BOCK, Unknown Register (cited n. 41) p. 358–370.

68 BL, Add. Ms. 24062; PERROY, Diplomatic Correspondence (cited n. 64) p. xiv-xvi. See also H.C. SCHULZ, Thomas Hoccleve, Scribe, in: Speculum 12 (1937) p. 71–81; Alfred L. BROWN, The Privy Seal Clerks in the Early Fifteenth Century, in: The Study of Medieval Records. Essays in honour of K. Major, ed. Donald A. BULLOUGH/Robin L. STOREY, Oxford 1971, p. 260–281. See also above n. 41.

69 Cambridge, UL, Dd. III. 53; PERROY, Diplomatic Correspondence (cited n. 64) p. xix-xxi; and Edinburgh, University Library, Ms. 183 (formerly Ms. Laing 351a); PERROY, Diplomatic Correspondence (cited n. 64) p. xxi-xxvii. Perroy edited a number of documents from these manuscripts in the same volume.

70 Ibid., p. xii-xiii.

tion of record-keeping practices in the privy seal office and its use of registers eventually led to established series of chancery enrolments being discontinued, most notably the Roman Rolls, where the petitions addressed to the papal curia were recorded until 1357[71]. Although well-informed, Perroy's argument however seems to be partly challenged by factual and documentary evidence. On the one hand, it is in fact likely that in 1357 the discontinuation of the Roman Rolls not only arose because of the growing role of the privy seal as office managing the Crown's diplomatic correspondence alongside the chancery, but it was mostly a consequence of the clash between the English Crown and the Apostolic See on alien provisions to ecclesiastical benefices in England. The latter notoriously led to a break down in Anglo-papal relations between the 1340s and the 1350s, dramatically reducing the number of petitions concerning ecclesiastical provisions sent to the Apostolic See, which were routinely recorded in the Roman Rolls[72]. On the other hand, although the importance of the fourteenth- and fifteenth-centuries privy seal registers as repositories of diplomatic correspondence cannot be underestimated, it should be emphasised that the compilation of established series of chancery diplomatic enrolments, most notably the French and Gascon Rolls, continued well into the fifteenth century[73].

The relationship between the chancery and privy seal records leads me to address a last issue concerning the flexibility of enrolments vis-à-vis registers as means of record-keeping. The use of enrolments was in fact advantageous in two respects. On the one hand, since rolls are composed of parchment membranes, which can be written on both the *recto* and the *verso* and can be easily sewn to each other, and lengthened, they provide a more practical and flexible means of record-keeping. In other words, unlike quires, rolls do not require the same degree of planning before being compiled. In this respect, the flexibility that enrolments can add to the routine registration of chancery records is well documented in the Roman Rolls, where entries, which had to be either rewritten in a different form or added at a later stage, were enrolled on the *verso* of the membrane[74]. On the other hand, diplo-

71 Ibid., pp. ix-xi; xv-xvii. A section of the register of Thomas Hoccleve, mentioned above, under the title 'Missives' contains some petitions addressed to the pope, which would have been previously probably recorded in the Roman Rolls alongside other letters addressed to foreign rulers: BL, Add. Ms. 24062, fol. 195r-197r; see also a petition of the barons to Clement V dated 10 December 1309 (ibid., fol. 178rv).

72 William A. PANTIN, The English Church in the fourteenth century, Cambridge 1955, p. 81–87; Karsten PLÖGER, England and the Avignon Popes. The Practice of Diplomacy in Late Medieval Europe, Oxford 2005, pp. 50–51.

73 See above n. 24.

74 See especially TNA, C 70/3, C 70/4 and C 70/5, where a number of entries are enrolled

matic enrolments allowed for their membranes to be rearranged quite easily and sewn in a different manner at a later stage in order to produce *ad hoc* records, which could, for instance, inform specific diplomatic missions or respond to changing political circumstances. Although this is not impossible with registers, especially if the quires are not bound together, it may however prove more difficult, given the number of documents that can be copied in a quire in comparison to a membrane. On the contrary, it would be probably easier to copy *ad hoc* documents in a new quire than rearranging quires of a register, especially when the documents are roughly recorded chronologically or in accordance with geographical criteria. Examples showing that the English chancery diplomatic enrolments were rearranged and rebound are indeed found among the Treaty Rolls, most notably in the case of C 76/11, mentioned above, which includes membranes marked as *rotulus Alemannia* and *rotulus Vasconie*[75], as well as in Chaplais's suggestion that the now lost privy seal enrolments may have been instead unbound and their membranes are now found among the numerous surviving privy seal drafts preserved at The National Archives[76].

3. Conclusions

Arguably, the examination of the diplomatic enrolments of the English Crown between the thirteenth and the fourteenth centuries allows us to draw two conclusions. Firstly, enrolments seem to have been employed to record diplomatic correspondence not only following on from an established ad-

on the *verso* of the membranes. Specific examples are given in Bombi, Roman rolls (cited n. 25) p. 611 n. 73, and in ead., The English Crown and the election of Pope John XXII, in: Journal of Ecclesiastical History 68 (2017) p. 261–284, where I examine the correspondence between England and the papal curia during the papal vacancy of 1314–1316, which is recorded to a great degree on the *verso* of Roman Roll C 70/3, Ms. 9v-12v. As a comparison, see the registration in two complementary series of registers at the papal curia during the fourteenth century, namely the Avignon registers, where engrossments were recorded and eventually corrected, and the Vatican Registers, which functioned as fair copies: Patrick N.R. Zutshi, Changes in the Registration of Papal Letters under the Avignon Popes (1305–1378), in: Kuriale Briefkultur im späteren Mittelalter. Gestaltung – Überlieferung – Rezeption, hg. von Tanja Broser/Andreas Fischer/Matthias Thumser, Köln/Weimar/Wien 2015, p. 238–240.

75 See above n. 36-37.

76 Chaplais, Privy Seal Drafts (cited n. 64) p. 272–273. Another example of this practice is provided by TNA, C 76/9, which is composed of membranes originally included in the Roman Rolls, detached and reassembled in this enrolment, probably in the nineteenth century: Bombi, Roman rolls (cited n. 25) p. 607.

ministrative practice of the English chancery, which preferred enrolments to registers from the early thirteenth century, but also as a means to improve the functionality of record-keeping vis-à-vis domestic turmoil and international conflicts. Although not as practical as registers, enrolments in fact were ultimately not as heavy and bulky and allowed a greater degree of flexibility in terms of storage and portability, meeting the demands of an itinerant court and king, who was often campaigning abroad, especially after the outbreak of the Hundred Years' War in 1337. Secondly, this essay argues that the chancery diplomatic enrolments were overall pretty accessible and enabled retrieval of information. Indeed, the attempts mentioned at reorganizing the English Crown's diplomatic correspondence through the compilation of registers in the office of the Keeper of Processes between 1299 and 1339 and in the privy seal after 1356 did not specifically target the diplomatic documentation enrolled in the chancery, but the impressive amount of loose items and discontinued enrolments, which were then stored in chests in the wardrobe, in the exchequer and in the chancery. These registers did not ultimately replace the chancery diplomatic enrolments, notably the French and Gascon Rolls, whereas other series of chancery enrolments, such as the Roman Rolls, were probably discontinued in the mid-fourteenth century because of the clash between the English Crown and the Apostolic See over alien provisions to English benefices.

All in all, while we can agree with Vincent that the chancery enrolments represent an idiosyncratic administrative practice within the European milieu and followed a hallowed tradition initiated in the exchequer in the 1130s, their survival and endurance was justified because of their practical convenience over registers as means of record-keeping, especially as far as diplomatic correspondence was concerned. Although bulky and possibly not always easy to consult, the chancery diplomatic enrolments were in fact easy to move around, convenient to store and provided flexible solutions to archive records "on the go", suiting the specific needs of diplomatic envoys and lawyers, who had to represent the English Crown before the French and papal courts, especially from the last quarter of the thirteenth century. This is probably why they were preferred to registers and they survived beyond the English Crown's fourteenth-century administrative reshuffles.

Abstract

This article focuses on the English chancery enrolments recording diplomatic correspondence and foreign affairs between the thirteenth and fourteenth centuries. The essay assesses the use of enrolments rather than registers and their accessibility, comparing England's administrative practice to that of other contemporary polities. It further questions the extent to which the English chancery's exclusive use of enrolments rather than registers of diplomatic correspondence at least until the mid-fourteenth century was distinctive in comparison with the administrative solutions in other Crown's administrative departments, most notably the office of the Keeper of Processes and the privy seal. The essay concludes that, although bulky and not always easy to consult, the chancery diplomatic enrolments were easy to move around, convenient to store and provided flexible solutions to archive records "on the go", suiting the itinerant rule of the thirteenth- and fourteenth-century English Crown.

Note in margine al rotulus ASV, A.A., Arm. I–IVIII, 3913

*La costruzione di una scrittura processuale**

Pietro Silanos

Il 10 luglio 1221 il podestà di Parma, il pavese Torello da Strada, in rappresentanza dell'intera *civitas*, e il vescovo, Obizzo Fieschi, raggiunsero un accordo con il quale si poneva fine a una decennale controversia che aveva visto contrapposte istituzioni ecclesiastiche e comunali sul terreno dell'esercizio della *iurisdictio* in città e nel contado. Il documento che attesta il raggiungimento di tale intesa ci è stato tramandato da un *exemplum* dell'*instrumentum concordiae et compositionis domini episcopi et Communis Parme* trascritto per intero, con ogni probabilità contestualmente alla stipula della stessa pace, nel codice degli statuti di Parma, il testimone più antico dei quali risale alla podesteria di Giberto da Gente (1255)[1].

Un'altra scrittura di poco precedente all'*instrumentum* citato ha permesso alla storiografia di ricostruire i termini di tale controversia. Si tratta di un rotolo pergamenaceo – conservato almeno dall'inizio del XVII secolo presso l'Archivio di Castel Sant'Angelo, confluito poi nell'Archivio Segreto Vaticano, oggi indicato con la segnatura Archivum Arcis, arm. I–IVIII, 3913 – composto da ventisette pergamene di diverse dimensioni, cucite insieme, della lunghezza di poco più di quindici metri[2]. In esso sono raccolte le prove

* Nel presente contributo le 27 pergamene che compongono il rotolo vaticano oggetto di questo studio saranno indicate in numero romano mentre le rubriche all'interno di ogni pergamena in numero arabo. Ex. Città del Vaticano, Archivio Segreto Vaticano, A.A., Arm. I–IVIII, 3913, X, 11 (X = pergamena; 11 = rubrica).

1 Parma, Archivio di Stato di Parma, Comune di Parma, Statuti, vol. 1, cc. 86r-87r; Statuta Communis Parmae digesta anno MCCLV, ed. Amadio Ronchini (Monumenta historica ad provincias parmensem et placentinam 1), Parmae 1855, pp. 194–196. Sulla podesteria di Giberto da Gente, trasformatasi in una vera e propria signoria, cfr. ora Maddalena Moglia, Pacificare per governare. La signoria di Giberto da Gente su Parma (1253–1259), in: Archivio storico italiano 174/3 (2016) pp. 421–455.

2 Per un'analisi diplomatistica del rotolo Città del Vaticano, Archivio Segreto Vaticano, A.A., Arm. I–IVIII, 3913 cfr. Olivier Guyotjeannin, Conflicts de juridiction et exercise de la justice à Parme et dans son territoire d'après une enquête de 1218, in: Mélanges de l'Ecole française de Rome. Moyen-Age, Temps modernes 97/1 (1985) pp. 183–300, in particolare pp. 187–192. Come già notato da Angelo Mercati nel 1929, questa scrittura processuale dovette far parte di un dossier documentario, entrato nel patrimonio dell'Archivio di Castel Sant'Angelo all'inizio del XVII secolo – e non del XVIII come asserito da Guyotjeannin – nel periodo in cui fu archivista Silvio de' Paoli, insieme al privilegio originale di Enrico VI del 1195 (Città del Vaticano, Archivio Segreto Vaticano, A.A., Arm. I–IVIII, 6411), a

di varia natura prodotte dall'*entourage* del vescovo di Parma, Obizzo Fieschi, a sostegno della tesi esposta nel libello presentato al giudice delegato di Onorio III e vescovo di Bologna, Enrico della Fratta, per una causa, relativa all'esercizio di poteri giurisdizionali in città e in alcuni centri del comitato, che vide contrapposti appunto il vescovo e la Chiesa di Parma al comune.

Le pergamene, attualmente, non si presentano nella forma di un vero e proprio rotolo in quanto, per ragioni di conservazione archivistica, sono state piegate. Cionostante, che originalmente la fonte vaticana fosse arrotolata e svolgibile da entrambe le estremità è attestato da un carattere estrinseco di questo documento: le note dorsali, riportate sul lato sinistro dei versi di molte delle pergamene, che richiamano sinteticamente al contenuto del recto o a quello della o delle pergamene successive, come riportato qui sotto in tabella. Sul verso della pergamena VI, ad esempio, si trova la nota dorsale *Castrum Gualterii* e parte delle rubriche riportate nel recto come parte di quelle trascritte nella pergamena successiva si riferiscono alle testimonianze rilasciate dai testi circa i poteri giurisdizionali esercitati dai vescovi di Parma nel territorio del castello di Gualtieri. Anche sul verso della pergamena IX si trova una nota dorsale con un'indicazione topografica: *Culiculum* (Collecchio). A questa si riferiscono le testimonianze riportate nel recto della medesima pergamena e in quello delle due pergamene successive. Coloro che svolgevano il rotolo o in un senso o in un altro, dunque, nel corso del pro-

una copia autentica duecentesca di un privilegio di Ottone IV del 1210 per l'allora vescovo di Parma, Obizzo Fieschi, (Città del Vaticano, Archivio Segreto Vaticano, A.A., Arm. I–IVIII, 6412) e alla copia autentica trecentesca della lettera *Coram venerabilis* con la quale Onorio III il 2 giugno del 1220 trasmise al presule parmense la sentenza definitiva (Città del Vaticano, Archivio Segreto Vaticano, A.A., Arm. I–IVIII, 6414). L'originale di quest'ultima lettera (Parma, Archivio Storico Diocesano Vescovile, Diplomatico, n. 19), che si conservava ancora all'inizio degli anni Ottanta nel fondo *Diplomatico* dell'Archivio Storico Diocesano Vescovile di Parma, – come confermatomi anche da don Lorenzo Montenz, attuale responsabile dell'archivio – oggi purtroppo non è reperibile. Probabilmente tale pergamena è stata trafugata o venduta. Questa documentazione fu verosimilmente conservata almeno fino all'inizio del XVII secolo presso l'archivio dell'episcopio parmense e si può ipotizzare che essa sia stata inviata presso la Sede apostolica in occasione di una nuova controversia giurisdizionale in cui fu coinvolto il vescovo di Parma. Per la storia archivistica di questi documenti si veda Angelo Mercati, Documento vaticano su Colorno (1198), in: Archivio storico per le province parmensi 29 (1929) pp. 55–63, in particolare pp. 57–58, nota 3. Per un'introduzione storica dell'Archivio di Castel Sant'Angelo si veda il quadro tracciato in Terzo Natalini, Profilo storico, in: Archivio Segreto Vaticano. Profilo storico e silloge documentaria, Firenze 2000, pp. 9–46, in particolare pp. 15–23 e l'introduzione di Andrea Piazza, L'Archivio di Castello e la memoria documentaria del papato nel XIII secolo, in: Le carte dell'Archivio di Castel Sant'Angelo relative all'Italia I, Documenti privati (sec. XIII), a cura di id. (Fonti per la storia dell'Italia medievale. Regesta chartarum 60; Collectanea Archivi Vaticani 90), Roma 2013, pp. ix-xxvi.

cesso, fossero essi il notaio o i notai alle dipendenze del giudice delegato o gli avvocati o procuratori delle parti, potevano avere un'indicazione istantanea del contenuto delle testimonianze riportate nel recto della pergamena e di quelle successive e consultare più agilmente il rotolo (cfr. Fig. 21 e 22[3]).

Pergamena sul cui verso si trova la nota dorsale	Nota dorsale	Pergamena di riferimento della nota dorsale
VI	*Castrum Gualterii*	parte finale della pergamena VI (da VI, 9) e prima parte della pergamena VII (a VII, 12): testimonianze relative all'esercizio di poteri giurisdizionali da parte dei vescovi Aicardo, Bernardo e Obizzo presso il castello di Gualtieri
VII	*Monticulum*	parte finale della pergamena VII (da VII, 13), tutta la pergamena VIII e prima parte della pergamena IX (a IX, 3): testimonianze relative all'esercizio di poteri giurisdizionali da parte dei vescovi Aicardo, Bernardo e Obizzo presso Montecchio
IX	*Culiculum*	pergamena IX (da IX, 4), tutta la pergamena X e prima parte della pergamena XI (a XI, 4): testimonianze relative all'esercizio di poteri giurisdizionali da parte dei vescovi Lanfranco, Aicardo, Bernardo e Obizzo presso Collecchio

3 Di seguito il testo della rubrica citata: *Quod episcopus Opiço habuerit in Culiculo castaldos qui pro eo causas tractabant, banna auferebant, probatur: per Gilium Bernardi qui dicit quod vidit episcopum Opiçonem in dicta terra per se et castaldos suos causas tractare, banna auferre pro iurisdictione domini episcopi; per Gerardum Ruberge qui dicit idem; et per multos alios testes idem probatur et fere omnis nostri testes nominant castaldos qui fuerunt ibi pro dicto episcopo ad predicta facienda; per Ianatasium, testem adverse partis, qui dicit quod vidit castaldos dicti episcopi audire causas pro episcopo hominum ipsius terre conquerentium coram eis* (Città del Vaticano, Archivio Segreto Vaticano, A.A., Arm. I–IVIII, 3913, X, 11).

Pergamena sul cui verso si trova la nota dorsale	Nota dorsale	Pergamena di riferimento della nota dorsale
XI	*Castrum rignanum*	pergamena XI (da XI, 5) e parte della pergamena XII (a XII, 9): testimonianze relative all'esercizio di poteri giurisdizionali da parte dei vescovi Bernardo e Obizzo presso Castrorignano
XII	*Cornilium*	parte della pergamena XII (da XII, 9) e parte della pergamena XIII (a XIII, 5): testimonianze relative all'esercizio di poteri giurisdizionali da parte dei vescovi Bernardo e Obizzo presso Corniglio
XIII	*Ragusia*	parte della pergamena XIII (da XIII, 6) e parte della pergamena XIV (a XIV, 5): testimonianze relative all'esercizio di poteri giurisdizionali da parte dei vescovi Lanfranco, Aicardo, Bernardo e Obizzo presso Rigoso
XIV	*Bercetum*/altra nota dorsale difficilmente leggibile	parte della pergamena XIV (da XIV, 11) e tutta la pergamena XV: testimonianze relative all'esercizio di poteri giurisdizionali da parte dei vescovi Lanfranco, Aicardo, Bernardo e Obizzo presso Berceto
XVI	*Terentium*	parte della pergamena XVI (da XVI, 11) e parte della pergamena XVII (a XVII, 10): testimonianze relative all'esercizio di poteri giurisdizionali da parte dei vescovi Lanfranco, Aicardo, Bernardo e Obizzo presso Terenzo
XVII	*Corniana*	parte restante della pergamena XVII (da XVII, 10): testimonianze relative all'esercizio di poteri giurisdizionali da parte dei vescovi Aicardo, Bernardo e Obizzo presso Corniana

Pergamena sul cui verso si trova la nota dorsale	Nota dorsale	Pergamena di riferimento della nota dorsale
XVIII	*Petra mogolana/Casula*	parte della pergamena XVIII (da XVIII, 4) e parte della pergamena XIX (a XIX, 7): testimonianze relative all'esercizio di poteri giurisdizionali da parte dei vescovi Aicardo, Bernardo e Obizzo presso Pietramogolana e Casola
XIX	*Bardone*	Da XIX, 20 argomenti *per fama* relativi all'esercizio di poteri giurisdizionali da parte dei vescovi Lanfranco, Aicardo, Bernardo e Obizzo nelle terre indicate nel libello
XX	nota poco leggibile (forse *de Ragusie et Cassio*)	La restante parte della pergamena XX riporta rubriche che si riferiscono a testimonianze sui poteri giurisdizionali esercitati dai vescovi di Parma in diverse località già menzionate
XXIV	*Rubrice domini episcopi*/ altra nota dorsale sulla parte inferiore sinistra della pergamena difficilmente leggibile (forse *Castrum rignanum*)	rubriche delle pergamene XXIV e XXV riportano la *probatio per instrumenta*
XXV	*Petra mogolana/Ragusia*/ nota di mano più tarda (XVI sec.) *Arm. XIII Caps XIV n. 69* (probabile riferimento alla posizione archivistica originale del rotolo nell'Archivio vescovile di Parma)	rubriche delle pergamene XXV e XXVI riportano la *probatio per instrumenta*
XXVI	note dorsali poco leggibili a causa delle macchie di umidità	rubriche della pergamena XXVII riportano la *probatio per instrumenta*

Tabella 1 Note dorsali riportate nel verso delle pergamene con i riferimenti al contenuto del recto della stessa pergamena o a quello delle pergamene successive[4].

4 Le pergamene indicate riportano di norma sul verso una nota dorsale scritta sempre sul

Fin dalla prima metà del Novecento, questa fonte ha attirato l'attenzione di molti studiosi. Mi riferisco, in particolare, agli studi di Angelo Mercati, prefetto dell'Archivio Segreto Vaticano dal 1925, che per la prima volta, tra la fine della seconda decade dello scorso secolo e la metà di quella successiva, riportò all'attenzione degli storici questo documento occupandosi di alcuni aspetti della storia di Parma e di Colorno ricavabili dal suddetto rotolo[5]. Passarono pochi anni e uno studioso locale, Anselmo Mori, ritornò sull'argomento in un articolo comparso sulla rivista della Deputazione di storia patria per l'Emilia e la Romagna nel quale usò le testimonianze riportate in questa scrittura processuale per indagare i poteri vescovili esercitati, in particolare, nelle terre a est del fiume Enza, vale a dire Poviglio, Montecchio e Gualtieri e la loro messa in discussione da parte delle magistrature comunali nel periodo a cavaliere tra XII e XIII secolo[6].

A metà degli anni Settanta, poi, sotto la tutela di Giovanni Tabacco, un giovane laureando dell'Università degli Studi di Torino, Giuseppe Lucca, approntò una prima trascrizione del documento vaticano accompagnando tale meritevole lavoro con un'indagine della storia dei poteri giurisdizionali esercitati dai vescovi di Parma tra il IX e il XIII secolo[7]. Un decennio più tardi il noto diplomatista francese Olivier Guyotjeannin, pur ammettendo di non conoscere il lavoro del Lucca, ritornò sull'argomento in un lungo e articolato saggio comparso sui *Mélanges de l'Ecole française de Rome* conducendo un'analisi dettagliata del rotolo vaticano grazie alla quale ricostruì

---

lato sinistro con l'indicazione della o delle località del comitato parmense alla quale si riferiscono le testimonianze riportate nella pergamena stessa e nella o nelle pergamene successive. Questo criterio, rispettato senza eccezioni dalla pergamena VI alla pergamena XIX ci informa non solo di come fu pensata ed organizzata tale scrittura processuale ma anche delle modalità di fruizione della stessa da parte di coloro che presero parte al processo del 1218. Le pergamene II, III, IV, V, VIII, X, XV, XXI, XXII, XXIII, XXVII non presentano note dorsali, mentre la pergamena I presenta tra le note dorsali leggibili indicazioni archivistiche di mano più tarda (XVI secolo), con la menzione alla probabile collocazione all'interno dell'Archivio vescovile (*Arm. XIII XIV 69* e *Posit inter bullas una cum bulla Honorii pape signata A*) indicata anche nel verso della pergamena XXV.

5 MERCATI, Documento (come alla nota 2); e ID., Una pagina ignota nella storia di Parma, in: Archivio storico per le province parmensi 35 (1935) pp. 135–141. Sulla figura di monsignor Angelo Mercati si veda la voce biografica di Paolo VIAN, Mercati, Angelo, in: Dizionario biografico degli italiani 73 (2009) coll. 596–599.

6 Anselmo MORI, Documento dell'Archivio Vaticano sul dominio temporale esercitato su Parma e suo Contado dai Vescovi della stessa città, in: Archivio storico per le province parmensi 4 (1939) pp. 81–95.

7 Giovanni LUCCA, Le contese tra il vescovo e il comune di Parma per le giurisdizioni temporali al principio del tredicesimo secolo, tesi di laurea, Università degli Studi di Torino, relatore prof. Giovanni Tabacco, a.a. 1974–75.

la storia dell'esercizio della *iurisdictio* vescovile sui diversi centri del comitato parmense nel corso del XII secolo fino all'episcopato di Obizzo Fieschi[8].

Da allora il rotolo vaticano è stato per lo più citato e utilizzato in studi dedicati alle origini e agli sviluppi delle istituzioni comunali di Parma, all'esercizio del potere pubblico da parte dei vescovi cittadini – penso, in particolare, ai lavori di Roberto Greci[9] e Giuliana Albini[10] – o alla gestione e risoluzione delle dispute giudiziarie nel comune emiliano e ai conflitti giurisdizionali insorti a seguito dell'emancipazione della *civitas* parmense dal foro episcopale, come il saggio di Gabriele Guarisco *Il conflitto attraverso le norme*[11]. Altri lavori recenti, come quelli di Maria Pia Alberzoni e Laura Baietto, hanno inserito invece lo specifico caso parmense in un orizzonte più ampio legato innanzitutto al rapporto tra la Sede apostolica e le diocesi locali, mettendo a fuoco, in particolare, il ruolo del papato e della giustizia delegata papale nei conflitti locali che nel XIII secolo videro contrapposti vescovi e istituzioni comunali dell'Italia centro-settentrionale[12]. Tale documento, perciò, è stato utilizzato in ricostruzioni per lo più interessate alla storia istituzionale sia della Chiesa sia del comune di Parma nelle loro relazioni con i poteri universali.

L'approccio con il quale si intende procedere in questo contributo, invece, segue un'altra direzione, più attenta alla storia del processo e della sua procedura. In questa prospettiva si cercherà di inquadrare meglio la fonte in questione e di cogliere ulteriori elementi utili alla comprensione della controversia che vide contrapposti il comune e la Chiesa di Parma. Per far ciò oltre a ripercorrere le tappe del processo delegato al vescovo di Bologna almeno

---

8 Guyotjeannin, Conflicts (come alla nota 2).

9 Il governo del vescovo. Chiesa, città e territorio nel Medioevo parmense, a cura di Roberto Greci, Parma 2005; id., L'avvio delle istituzioni comunali, in: Studi sul medioevo emiliano. Parma e Piacenza in età comunale, a cura di id. (Itinerari medievali 13), Bologna 2009, pp. 3–16; id., Origini, sviluppi e crisi del comune, in: Parma medievale: poteri e istituzioni (Storia di Parma 3/I), a cura di id., Parma 2010, pp. 115–168. Si veda di recente anche id., Parma (Il medioevo nelle città italiane 11), Spoleto 2016, in particolare pp. 89–92.

10 Giuliana Albini, Vescovo, comune. Il governo della città tra XI e XIII secolo, in: Il governo del vescovo, a cura di Greci (come alla nota 9) pp. 67–86.

11 Gabriele Guarisco, Il conflitto attraverso le norme. Gestione e risoluzione delle dispute a Parma nel XIII secolo (Itinerari medievali 9), Bologna 2005, pp. 36–49.

12 Maria Pia Alberzoni, Città, vescovi e papato nella Lombardia dei comuni (Studi 26), Novara 2001 e Laura Baietto, Il papa e le città. Papato e comuni in Italia centro-settentrionale durante la prima metà del secolo XIII (Istituzioni e società 9), Spoleto 2007, in particolare pp. 256–262. Sulla vicenda parmense si veda anche nello specifico Pietro Silanos, La chiesa di Parma nei secoli XII e XIII, parte del contributo di Maria Pia Alberzoni, La chiesa cittadina, i monasteri e gli ordini mendicanti, in: Parma medievale, a cura di Greci (come alla nota 9) pp. 260–321, in particolare pp. 291–314.

sino alla sentenza di Onorio III del 2 giugno 1220, si tenterà di mettere in relazione forma e contenuto del rotolo con la speculazione giuridica coeva avente come tema la procedura processuale, così come emerge nei trattati *de ordine iudiciorum*, in particolare quelli di area italiana[13]. Si prenderanno qui in considerazione principalmente quelli redatti nel corso del XIII secolo da Pillio da Medicina[14], Tancredi da Bologna[15] e Grazia d'Arezzo[16] i cui testi furono editati da Friedrich Christian Bergmann a metà degli anni Sessanta del secolo scorso, ed altri coevi, come ad esempio l'anonima *summa Curialis* datata da Ludwig Wahrmund al periodo tra il 1250 e il 1271[17] o l'*ordo* di Egi-

---

13 Per un inquadramento storico e metodologico della letteratura degli *ordines iudiciarii* si veda in particolare, oltre alla voce di Alphons Maria Stickler, Ordines judiciarii, in: Dictionnaire de droit canonique VI (1957) coll. 1132–1143, e ai lavori di Knut Wolfang Nörr, Ordo iudiciorum und ordo iudiciarius, in: Studia Gratiana 11 (1967) pp. 327–343; riedito in: id., Iudicium ets actus trium personarum. Beitrage zur Geschichte des Zivilprozeßrechts in Europa (Bibliotheca eruditorum 4), Goldbach 1993, pp. 3–17, e id., Zur Stellung des Richters im gelehrten Prozeß der Frühzeit. Iudex secundum allegata non secundum conscientiam iudicat (Münchener Universitätsschriften. Reihe der Juristischen Fakultät 2), München 1967, anche i lavori di sintesi di Linda Fowler-Magerl, Ordo iudiciorum vel ordo iudiciarius. Begriff und Literaturgattung (Ius Commune. Texte und Monographien 19), Frankfurt am Main 1984; e Ordines iudiciarii and libelli de ordine iudiciorum (from the middle of the Twelfth to the end of the Fifteenth century), ed. ead. (Typologie des sources du Moyen Âge occidental 63), Turnhout 1994, in particolare per quelli di area italiana pp. 79–85. Si veda anche Alessandro Giuliani, L'„ordo iudiciarius" medievale (riflessioni su un modello puro di ordine isonomico), in: Rivista di diritto processuale 43 (1988) pp. 599–614.

14 Su Pillio da Medicina si vedano le voci biografiche di Ennio Cortese, Pillio da Medicina, in: Dizionario biografico dei giuristi italiani (XII–IX secolo), II, Bologna 2013, pp. 1587–1590; Emanuele Conte, Pillio da Medicina, in: Dizionario biografico degli italiani 83 (2015) coll. 671–675. Per l'edizione della *Summa de ordine iudiciorum* di Pillio da Medicina si veda Pillius/ Tancredus/ Gratia, Libri de iudiciorum ordine, hg. von Friedrich Christian Bergman, Darmstadt 1965, pp. 1–86.

15 Andrea Bettetini, Tancredi da Bologna, Tancredus, in: Dizionario (come alla nota 14) pp. 1930–1931. Per l'edizione dell'*ordo iudiciarius* in: Pillius/ Tancredus/ Gratia, Libri (come alla nota 14) pp. 87–316.

16 Andrea Padovani, Grazia, in: Dizionario biografico degli italiani 58 (2002) coll. 780–783; id., Due Magister Gratia, in: Panta rei. Studi dedicati a Manlio Bellomo IV, a cura di Orazio Condorelli, Roma 2004 pp. 301–328. Di Andrea Padovani si veda anche id., Prime ricerche sul ms. 'Bologna, Collegio di Spagna, 219': l'ordo iudiciarius di Grazia aretino, in: La filosofia del diritto dei giuristi I, a cura di Bernardo Pieri/Antonino Rotolo, Bologna 2003, pp. 33–51. Cfr. anche la voce biografica di Ennio Cortese, Grazia, in: Dizionario biografico dei giuristi italiani (XII–IX secolo) I, Bologna 2013, p. 1054. Per l'edizione della *Summa de iudiciario ordine* si veda Pillius/ Tancredus/Gratia, Libri (come alla nota 14) pp. 317–384.

17 Quellen zur Geschichte des römisch-kanonischen Processes im Mittelalter, ed. Ludwig Wahrmund 1/III, Innsbruck 1905, pp. vii-xi e 1–63.

dio *de Fuscarariis* degli anni Sessanta del Duecento[18]. Queste opere, come ci informa l'*incipit* del trattato del *de Fuscarariis*, erano spesso scritte da maestri universitari non solo per gli ambienti scolastici nei quali insegnavano ma anche per quel mondo di professionisti del diritto, come avvocati o procuratori, bisognoso di chiare regole per gestire le cause nei tribunali[19].

1. Breve anamnesi del processo parmense

Gli scontri tra istituzioni comunali e vescovi, com'è noto, costituiscono un elemento costante del Duecento italiano[20]. Come già notava anni orsono Antonio Ivan Pini, le prime miravano a espandere la propria giurisdizione in città e nel contado mentre i secondi erano impegnati a difendere diritti delle chiese locali goduti da secoli, in particolare di natura patrimoniale: la cosiddetta *ecclesiastica libertas*[21]. Nel caso di Parma il primo duro contrasto si ebbe all'inizio dell'ultima decade del XII secolo quando un magistrato del comune, probabilmente un console, un certo Domenico Gualco o Walco, emanò tra il 1192 e il 1193 una disposizione, nota come *breve Dominici Gualchi*, con la quale ordinò agli abitanti del contado parmense di ricorrere unicamente ai

18 Quellen zur Geschichte des römisch-kanonischen Processes im Mittelalter, ed. Ludwig Wahrmund 3/I, Innsbruck 1916, pp. ix-xlviii e 1–270. Quest'opera è molto interessante ai fini di questa ricerca perché ha come foro di riferimento proprio quello bolognese del Duecento.

19 *Ego Egidius de Fuscariis, civis Bononiae, doctor decretorum licet indignus, ad instantiam quorundam meorum scolarium et ad eruditionem novorum advocatorum militantium in iure canonico, qui licet periti in iure existant, ignorantes tamen practicam causas nesciunt ordinare, et etiam ad instructionem iudicum et notariorum aggredior praesens opus, in quo, qualiter causae tam civiles quam spirituales ac etiam criminales secundum ordinem iuris et laudabilem consuetudinem civitatis Bononiae tractari debeant et finiri, et qualiter appellari debeat tam a gravamine quam a sententia, sum per ordinem tractaturus*: ibid., pp. 1–2. Su Egidio *de Fuscarariis* si vedano le voci biografiche di Cristina Bukowska Gorgoni, Foscarari, Egidio, in: Dizionario biografico degli italiani 49 (1997) coll. 780–783; e di Sara Menzinger, Foscarari, Egidio (Egidius, Gilius de Foscarariis, Fuscarariis), in: Dizionario (come alla nota 14) pp. 893–894.

20 Antonio Ivan Pini, Dal comune città-stato al comune ente amministrativo, in: Comuni e signorie. Istituzioni, società e lotte per l'egemonia, a cura di Giuseppe Galasso (Storia d'Italia 4), Torino 1981, pp. 449–587, in particolare pp. 471–473. Si veda anche Baietto, Papa (come alla nota 12) pp. xi-xxii.

21 Brigitte Szabó Bechstein, "Libertas ecclesiae" vom 12. bis zur Mitte des 13. Jahrhunderts. Verbreitung und Wandel des Begriffs seit seiner Prägung durch Gregor VII., in: Die abendländische Freiheit vom 10. bis zum 14. Jahrhundert. Der Wirkungszusammenhang von Idee und Wirklichkeit im europäischen Vergleich, hg. von Johannes Fried (Vorträge und Forschungen 39), Sigmaringen 1990, pp. 147–175 e Alberzoni, Città (come alla nota 12) pp. 70–73.

tribunali del comune[22]. La deroga posta per alcuni centri giurisdizionali soggetti a diversi signori laici fa presumere che l'obiettivo principale del breve gualchiano, o almeno dell'ambiente istituzionale al quale il Gualco apparteneva, fosse decostruire la *potestas* vescovile.

Come osservato da Roberto Greci, il carattere di „condominialità nell'esercizio del potere" tra vescovo e *cives* che fin dall'inizio del secolo XII aveva caratterizzato il governo della città e del suo distretto, iniziò a essere messo in crisi, dopo la Pace di Costanza, dalla volontà delle istituzioni comunali di assumere il ruolo di attore principale della vita politica parmense. In quel frangente il vescovo, Bernardo, scomunicò il podestà da lui stesso investito, Bernardo da Cornazzano. La strategia vescovile, tuttavia, non fu senza conseguenze: il palazzo vescovile, fatto ampliare proprio nel corso dell'episcopato di Bernardo, fu assaltato ed in parte distrutto[23]. Il vescovo allora si appellò all'imperatore Enrico VI il quale il 29 maggio del 1195 intervenne rilasciando da Piacenza al neoeletto vescovo, Obizzo Fieschi, un privilegio nel quale confermò la giurisdizione che l'episcopio parmense deteneva da tempo sulla città e su alcuni centri del comitato (*bonos usus et consuetudines quas huc usque parmensis Ecclesia habuit*)[24]. La *sanctio* del privilegio stabiliva inoltre che nessuno, persona laica o ecclesiastica *nullumque commune*, osasse ledere i diritti episcopali pena una multa di cento lire d'oro da pagare al fisco imperiale.

Il conflitto rimase silente sino alla seconda decade del XIII secolo quando s'innescò di nuovo un duro scontro tra le parti, documentato da una sorta di "guerra di privilegi": il 30 marzo 1210 Ottone IV, poco dopo l'incoronazione

---

22 Guyotjeannin, Conflicts (come alla nota 2) pp. 244–246; Guarisco, Conflitto (come alla nota 11) p. 36. Sull'identità di questo console o podestà di Parma ad oggi non si può dire molto. Si vedano le ipotesi formulate da Mercati, Pagina (come alla nota 5) pp. 139–140.

23 Marina Areli, The Italian Piazza Transformed. Parma in the Communal Age, University Park 2012, pp. 25–57.

24 Il privilegio enriciano si trova in originale presso Città del Vaticano, Archivio Segreto Vaticano, A.A., Arm. I–IVIII, 6411. A partire dal Duecento furono redatte diverse copie del privilegio imperiale come segnalato in Johann Friedrich Böhmer, Regesta Imperii 4/III,1: Die Regesten des Kaiserreiches unter Heinrich VI., neu bearb. von Gerhard Baaken, Köln/Wien 1972, n. 446, p. 182. Una trascrizione del privilegio di Enrico VI si trova in: Ireneo Affò, Storia della città di Parma III, Parma 1793, n. 12, pp. 307–308, il quale si affidò alla tradizione testuale trasmessa dall'*Italia sacra* dell'Ughelli, pensando si trattasse di una copia più tarda (Ferdinando Ughelli, Italia Sacra Sive De Episcopis Italiae II, Romae 1647, coll. 220–221). Attualmente, il privilegio indicato non è menzionato nell'edizione dei diplomi di Enrico VI che Bettina Pferschy-Maleczek sta curando per gli MGH (http://www.mgh.de/datenbanken/diplomata/urkunden-heinrichs-vi/ consultato online il 31.03.2017), anche se va considerato che il lavoro della Pferschy-Maleczek, ad oggi, non contempla ancora i diplomi che riguardano l'area emiliano-romagnola.

imperiale, confermò a Obizzo Fieschi il privilegio enriciano del 1195[25]; il 26 maggio dello stesso anno, però, lo stesso rilasciò un privilegio al comune di Parma nel quale confermò i *regalia* e le *consuetudines tam in civitate quam extra civitatem in perpetuum* conquistati con la Pace di Costanza[26]; il 17 agosto poi, con ogni probabilità a seguito di una *petitio* avanzata dalla Chiesa parmense per un possibile conflitto d'interpretazione dei privilegi precedentemente concessi, Ottone IV emanò un diploma con il quale precisava che quanto riconosciuto al comune non significasse una sconfessione del privilegio concesso al vescovo alla fine di marzo e che *privilegia ipsi Ecclesia parmensi a nobis indulta et concessa volumus ei ab omnibus inviolabiliter observari*[27].

La strategia pilatesca di Ottone IV lasciò aperto il problema, che si ripresentò qualche anno più tardi quando si riattivarono le brame autonomistiche del comune emiliano, in particolare durante la podesteria del bolognese Rambertino di Guido Bovalelli nel 1213, nel corso della quale gli abitanti delle terre vescovili furono obbligati a prestare giuramento di obbedienza anche al comune così come in precedenza lo avevano prestato al vescovo[28].

In questi anni il presule di Parma fu ripetutamente coinvolto da papa Innocenzo III quale giudice delegato in diverse vertenze presentate all'*audientia* papale o in *inquisitiones* intentate dalla stessa Sede apostolica[29]. Tale

25 Una copia autentica duecentesca del privilegio di Ottone IV del 30 marzo del 1210 si trova in Città del Vaticano, Archivio Segreto Vaticano, A.A., Arm. I–IVIII, 6412; trascrizione in: Affò, Storia (come alla nota 24) pp. 321–322, n. 26.

26 Parma, Archivio di Stato, Diplomatico, Comune di Parma, b. 4140; trascrizione in: Affò, Storia (come alla nota 24) pp. 323–324, n. 27.

27 Una copia autentica del diploma imperiale datata 1357 si trova in Parma, Archivio Storico Diocesano Vescovile, Diplomatico, n. 16; trascrizione in: Affò, Storia (come alla nota 24) p. 324, n. 28.

28 Ibid., pp. 327–328, n. 31.

29 Nel 1212 Obizzo Fieschi fu incaricato di trasferire al vescovo di Cremona la giurisdizione che Piacenza esercitava su Crema, essendosi questa schierata con l'imperatore Ottone IV. Nel medesimo anno insieme con l'abate del monastero di S. Giovanni Evangelista di Parma e con l'arcidiacono della cattedrale, fu incaricato di verificare, su segnalazione del vescovo di Vercelli, l'elezione dell'arcivescovo di Milano. Nel 1213 fu coinvolto dal pontefice, in collaborazione con l'arcidiacono del capitolo parmense, per esaminare la situazione del comune di Alessandria, che aveva appoggiato la causa di Ottone IV e, di conseguenza, aveva ricevuto da Innocenzo III la minaccia di vedere sottratto alla sua chiesa il titolo episcopale. Nell'aprile del medesimo anno poi il presule parmense fu inviato a Ravenna insieme ad alcuni *visitatores et provisores Lombardie* e ai vescovi di Ivrea, Mantova, Bologna e Reggio, anche se la ragione ci è sconosciuta. Nel maggio dell'anno seguente, infine, il pontefice richiese allo stesso Obizzo, all'arcidiacono del capitolo parmense e al canonico Guido di Bagnolo, di intervenire in una causa che vedeva contrapposti il vescovo di Modena e l'abate del monastero di Nonantola. Per l'attività di Obizzo quale giudice delegato papale si veda

attività continuò anche negli anni del pontificato di Onorio III: nel dicembre del 1216 Obizzo si occupò, per conto del papa, della delicata situazione economica in cui si trovava la diocesi di Bobbio[30]; nel 1217 fu inviato a Modena, insieme al canonico bolognese Guido di Bagnolo, per giudicare un contrasto sorto tra i comuni di Modena e Ferrara in merito al passaggio sul fiume Po[31]. Gli incarichi di giudice delegato del papa, che continuarono con frequenza stabile sino alla sua morte avvenuta nel 1224, portarono spesso il vescovo parmense fuori dai confini della propria diocesi. Non è forse un caso, dunque, che proprio nell'arco temporale compreso tra il 1210 e il 1217 si fossero riattivate le brame autonomistiche del comune emiliano.

Probabilmente, proprio alla fine del 1217, il vescovo di Parma inoltrò presso l'*audientia* papale istanza perché fosse aperto un processo contro il comune che il pontefice delegò al vescovo di Bologna, Enrico della Fratta[32]. Il mandato esplicito di Onorio III al vescovo felsineo, come per molti altri casi simili, non si è conservato né in originale né nei registri[33] ma è desumibile da altri documenti del dossier processuale, in particolare dalla sentenza

---

ora Pietro Silanos, Vice nostra. Vescovi di Parma con funzioni di legati e delegati papali nei secoli XII e XIII, in: Legati e delegati papali. Profili, ambiti d'azione e tipologie d'intervento nei secoli XII e XIII, a cura di Maria Pia Alberzoni/Claudia Zey (Storia. Ricerche), con la collaborazione di Renato Mambretti e Pietro Silanos, Milano 2012, pp. 53–105, in particolare pp. 96–99.

30 Sul contesto storico della diocesi di Bobbio a cavaliere tra XII e XIII secolo si veda Paola Guglielmotti, Bobbio e il suo episcopato tra Genova e Piacenza: un sistema di relazioni nei secoli XII e XIII, in: La diocesi di Bobbio. Formazione e sviluppi di un'istituzione millenaria, a cura di Eleonora Destefanis/Paola Guglielmotti (Reti Medievali E-Book 23), Firenze 2015, pp. 225–259.

31 Silanos, Vice (come alla nota 29) pp. 99–100. Mi sembra utile precisare che Obizzo non lasciò Parma nella primavera del 1217 per raggiungere Modena costretto tanto dalla situazione di conflitto con il comune quanto piuttosto perché fu coinvolto in qualità di giudice delegato di Onorio III per dirimere il contrasto intracittadino che vedeva contrapposte Modena e Ferrara (ibid., p. 99, nota 182). È altrettanto vero che nel medesimo periodo, forse prima di lasciare Parma, in risposta ai tentativi delle magistrature comunali di erodere i poteri giurisdizionali che egli esercitava nel contado, si rifiutò di benedire il carroccio del comune e vietò a tutti i membri del clero parmense di farlo, pena la scomunica, come documenta un atto rogato dal notaio imperiale Egidio, conservato a Parma, Archivio Capitolare, Pergamene del XIII secolo, n. 727; trascrizione in: Affò, Storia (come alla nota 24) p. 331, n. 35, nel quale si riporta il tenore di una lettera dello stesso Obizzo consegnata all'abate di S. Giovanni Evangelista di Parma e all'arciprete della cattedrale su tale argomento.

32 Su Enrico della Fratta si veda Lorenzo Paolini, Della Fratta, Enrico, in: Dizionario biografico degli italiani 37 (1989) coll. 1–5.

33 Cfr. Harald Müller, Päpstliche Delegationsgerichtsbarkeit in der Normadie 1: Untersuchung (Studien und Dokumente zur Gallia Pontificia 4/1), Bonn 1997, pp. 50–53. Degli *exempla* si trovano nell'anonima *summa Curialis* della seconda metà del Duecento (Quellen zur Geschichte des römisch-kanonischen Processes im Mittelalter [come a nota 17]

promulgata dallo stesso papa il 2 giugno 1220 nella quale si fa esplicito riferimento anche al contenuto del *libellus*, presentato dal vescovo di Parma al giudice delegato papale[34]. L'ipotesi cronologica di avvio del processo sarebbe inoltre corroborata dalla datazione del rotolo vaticano che per quello che si evince dalle deposizioni di alcuni testi sarebbe da collocare, come suggerito da Olivier Guyotjeannin, tra il 19 maggio e l'11 novembre del 1218[35]. Della documentazione dell'intero processo si sono conservati solamente le *probationes* presentate dalla *pars episcopi* e raccolte dal giudice in sede di processo, tràdite dal rotolo vaticano, e la sentenza di Onorio III del 1220 con la quale il pontefice riconobbe al vescovo il diritto d'investitura sui magistrati cittadini e la giurisdizione sul distretto e sulla città di Parma, eccetto che i diritti di colletta, esercito, cavalcata, *laboreria et publicas factiones*, concessi al comune.

2. Il processo parmense alla luce degli ordines iudiciorum

Come si svolse il processo del 1218? Quale procedura seguì l'*actio* intentata dal vescovo Obizzo? E in che fase del processo fu redatto e utilizzato il rotolo vaticano? Le ricerche di Harald Müller sulla *Päpstliche Delegationsgerichtsbarkeit* in Normandia tra XII e XIII secolo rappresentano un punto di riferimento metodologico importante per conoscere fasi e procedure dei

capp. LXVIII-LXIX, pp. 22–23) e nell'opera di Egidio *de Fuscarariis* (Quellen, ed. Wahrmund [come a nota 18] cap. IV, pp. 8–12).

34 *[...] Coram venerabili fratre nostro . . Bononiensis Episcopo super causa que inter te pro te, ac episcopatu tuo ex parte una, et Commune Civitatis Parmensis ex altera vertebatur a nobis judice delegato pars tua oblato libello proposuit [...]*: Città del Vaticano, Archivio Segreto Vaticano, Reg. Vat. 10, fol. 188r, <n. 760>. Preferisco riferirmi al testo della *Coram venerabili* così come riportato nei registri papali di Onorio III perché la trascrizione dell'Affò si rifà alla tradizione testuale di una copia più tarda e non priva di errori da lui consultata presso l'Archivio dei Conti Rossi di S. Secondo, successivamente smembrato e oggi collocato in parte presso l'Archivio di Stato di Parma e in parte presso la Biblioteca dell'Accademia Nazionale dei Lincei e Corsiniana. Sul fondo conservato in quest'ultima sede, dove tuttavia non ho rinvenuto la copia utilizzata dall'Affò, si veda Armando Petrucci, Fondi documentari ignoti della Biblioteca dell'Accademia Nazionale dei Lincei, in: Atti dell'Accademia Nazionale dei Lincei. Rendiconti della Classe di Scienze morali, storiche e filologiche 13 (1958) pp. 230–241, in particolare pp. 231–233.

35 Guyotjeannin, Conflicts (come alla nota 2) p. 190. La pergamena XXIII riporta le datazioni degli episcopati di Aicardo da Cornazzano, Bernardo e Obizzo Fieschi. Uno dei testimoni che rilascia la propria deposizione, un tale Giovanni Mariscalco, asserisce che *quod .XXIIII. anni erunt in festo sancti Martini proxime venturo quod dominus Opiço fuit electus in episcopum Parmensem* (Città del Vaticano, Archivio Segreto Vaticano, A.A., Arm. I–IVIII, 3913, XXXIII, 3).

processi celebrati mediante la giustizia delegata papale[36]. Alla luce di queste ricerche e dell'esame del contenuto degli *ordines iudiciorum*, soprattutto quelli prodotti in Italia tra XII e XIII secolo con lo scopo di formalizzare le fasi e la documentazione del confronto processuale, si può tentare una risposta a tali domande[37]. Gli *ordines iudiciorum*, in particolare, costituiscono un osservatorio privilegiato perché, come osservato da Massimo Vallerani, rappresentano „una sorta di teorizzazione del processo, dove la dottrina e la prassi dovevano convergere, quasi per necessità, verso una comune definizione delle regole processuali“[38].

L'interesse delle istituzioni ecclesiastiche per la procedura processuale emerse gradualmente nel corso del XII secolo ed ebbe una sua svolta importante nel corso del pontificato di Innocenzo III, come mostrano chiaramente alcune delle costituzioni promulgate nel corso del IV Concilio lateranense del 1215 nelle quali furono precisati i termini e gli attori delle procedure giudiziali che interessavano, in particolare, il foro ecclesiastico[39]. Che Innocenzo III fosse particolarmente sensibile al rispetto delle procedure giudiziali è del resto documentato dai numerosi richiami all'*ordo iudiciarius* e alla sua importanza contenuti nelle lettere inviate dalla cancelleria papale fin dagli inizi del suo pontificato, nelle quali egli sottolinea spesso ai propri destinatari *quod in omni causa deberes ordinem iudiciarium observare*[40], perché l'osservanza della procedura, *sicut ordo postulat rationis*[41], è condizione *sine qua non* della certezza del diritto e del raggiungimento della *veritas* processuale.

Quello che vide coinvolti il vescovo e il comune di Parma fu probabilmente un processo d'impianto accusatorio. Non se ne ha un'evidenza certa

---

36 MÜLLER, Delegationsgerichtsbarkeit (come a nota 33) pp. 71–115. Per un quadro più generale si veda anche Maria Pia ALBERZONI/Claudia ZEY, Legati e delegati papali (secoli XII–IIII): stato della ricerca e questioni aperte, in: Legati e delegati papali (come a nota 29) pp. 3–27.

37 Oltre alla bibliografia citata a nota 13 si veda anche Massimo VALLERANI, La giustizia pubblica medievale (Ricerca), Bologna 2005, pp. 75–101.

38 Ibid., p. 81.

39 Si vedano in particolare le costituzioni XXXV–XXXVIII in: Constitutiones Concilii quarti Lateransensis una cum Commentariis glossatorum (Monumenta iuris canonici. Series A; Corpus glossatorum 2), ed. Antonio GARCÍA Y GARCÍA, Città del Vaticano 1981, pp. 78–81. Si veda anche l'edizione più recente Conciliorum Oecumenicorum generaliumque decreta. Editio critica 2/I: The General Councils of Latin Christendom From Costantinople IV to Pavia-Siena (869–1424), Turnhout 2013, pp. 184–185.

40 Si veda, ad esempio, la lettera indirizzata da Innocenzo III all'arcivescovo di Napoli, Anselmo, il 14 novembre 1198 in: Die Register Innocenz' III 1: 1. Pontifikatsjahr 1198/99. Texte (Publikationen der Abteilung für historische Studien des Österreichischen Kulturinstituts in Rom 2 Abt.; Quellen 1. Reihe), bearb. von Othmar HAGENEDER-Anton HAIDACHER, Graz-Köln 1965, pp. 623–624, n. 415.

41 Ibid., p. 824, n. 565.

ma dagli elementi a disposizione appare l'ipotesi più probabile. Questo tipo di processo prevedeva un sistema triadico, ove cioè agivano tre soggetti distinti: l'attore, il reo e il giudice[42]. Nel processo parmense l'*actor* – cioè colui che doveva provare in *iure* la sua accusa e che presentava al giudice istanza perché fosse avviato il procedimento – fu il vescovo Obizzo il quale agì, come attesta la sentenza di Onorio III, *pro sibi et episcopato suo*[43]; il reo, chiamato a difendersi, fu il comune di Parma; il giudice, il pontefice Onorio III che delegò la causa al vescovo di Bologna, Enrico della Fratta, e che emise la sentenza nel giugno del 1220. Occorre preliminarmente precisare il funzionamento di un processo d'impianto accusatorio.

Innanzitutto, stabilito il *factus* e attribuitogli un *nomen iuris* – vale a dire riconosciuto un accadimento o una serie di accadimenti che hanno „violato un valore protetto dall'ordinamento e hanno creato la pretesa della parte lesa a vedere ristabilito il suo diritto"[44] – l'*actor* doveva individuare quale *actio* intentare e su quali argomenti fondarla. Per *actio* s'intende, naturalmente, quanto riportato nelle *Institutiones* del *Corpus* giustinianeo, ovvero *actio autem nihil aliud est quam ius persequendi iudicio quod sibi debetur* (Inst. 4, 6). A questo punto informava il giudice esplicitando la propria volontà querelante con l'*editio actionis* nel *libellus*[45]. L'atto scritto, firmato dall'*actor*, era presentato *iudice sedente*, cioè mentre il giudice era in tribunale nelle ore di udienza. In questo modo iniziava formalmente il processo. Pillio da Medicina nella prima parte della sua *Summa de ordine iudiciorum* sintetizza con questa formula tale procedura:

> *[...] Cum aliquis vult agere, primo petitionem suam et petitionis causam in suo libello debet explanare; qui libellus porrigendus est iudici ab actore et per iudicem offerendus est reo. [...]*
> *[...] Hoc facto iudex libellum recipit et admonet reum, ut veniat*[46].

---

42 Ciò era previsto dal *Decretum* di Graziano (C. 4, q. 4, c. 1) il quale aggiunge ai tre "protagonisti" del processo (attore, reo, giudice) anche i *testes*: *Nullus umquam presumat accusator simul esse et iudex uel testis, quoniam in omni iudicio quatuor personas semper esse necesse est, id est iudices electos, et idoneos accusatores, defensores congruos atque legitimos testes. Iudices autem debent uti equitate, testes ueritate, accusatores intentione ad amplificandam causam, defensores extenuatione ad minuendam causam.*

43 Città del Vaticano, Archivio Segreto Vaticano, Reg. Vat. 10, fol. 188r, <n. 760>.

44 Vallerani, Giustizia (come alla nota 37) p. 82.

45 Müller, Delegationsgerichtsbarkeit (come alla nota 33) pp. 82–83.

46 Pillius/ Tancredus/ Gratia, Libri (come alla nota 14) p. 4, par. I, § 1. Simile nell'*Ordo* del *de Fuscarariis*: Quellen, ed. Wahrmund (come alla nota 18) cap. xxxix, pp. 77–78.

È possibile conoscere il contenuto del libello presentato dalla *pars episcopi* perché esso è ripreso, sintetizzato, nella *narratio* della lettera *Coram venerabili* con la quale Onorio III trasmise a Obizzo la sentenza.

> *[...] Coram venerabili fratre nostro . . Bononiensis Episcopo super causa que inter te pro te, ac episcopatu tuo ex parte una, et Commune Civitatis Parmensis ex altera vertebatur a nobis judice delegato pars tua oblato libello proposuit, quod Commune Parmensis in quibusdam terris Parmensis episcopatus ac pertinentiis earundem, scilicet Colurnio, Pupilio, Castro Gualterii, Monticulo, Coliculo, Castro Rignanense, Cornilio, Curte Raigusie, Vallere, Berceto, Cassio, Terrentio, Petra barci, Petramugulanense, Corniana, et toto Monte Bardonis, banna ponebat, et alias iurisdictionem temporalem et spiritualem exercebat iniuste, in causis tam civilibus quam criminalibus tam spiritualibus quam temporalibus preter quam in matrimoniis, usuris, et mancipationibus, datione tutorum et curatorum, interpositione decreti, super alienationibus rerum minorum, pubblicatione testium, ad eternam rei memoriam, et tabellionibus faciendis in quarum possesione ut quasi episcopum et episcopatum ispum esse dicebat et fore tuendum. Ad hec proponens episcopum et episcopatum spoliatum esse predictis exceptis superius exceptatis, et asserens quod cum ex concessione Regum et Principum nec non consuetudine Potestas sive defensor vel Rectores Parmenses qui pro tempore fuerint investituram regiminis civitatis recipere ab epsicopo debeant episcopus et episcopatus eo iure erant spoliati ab ipsis super hoc et aliis predictis subtractis eidem possessorium intentavit, subtractorum restitutione petita. Et adiciens cuncta premissa tam in temporalibus ratione et consuetudinis et concessionis Imperatorum et Regum, quam in spiritualibus iure dignitatis episcopalis ad ispusm episcopum pertinere, petitorio nichilominus egit, et omne ius suum omnibus supradictis in iudicium deducendo petiit omnem et plenam iurisdictionem in civitate ac toto episcopatu Parmense tam in clericis quam in laicis preter quam ut diximus in superius exceptatis, quorum possessione gaudebat. Postulavit preterea statuta de clericis civitatis et diocesis Parmensis conveniendis sub communi Parmensi banniendis et privandis, necnon decimis et quarteriis hominum non solum diocesis sed etiam et civitatis eiusdem contra libertatem ecclesiasticam et alia in preiudicii temporalis iurisdictionis episcopi attemptata penitus irritari, et imponi supradicto communi silentium, ne ad hec ut similia manum presumptionis extendant*[47]. *[...]*

Come si può evincere dal testo della lettera, la parte della *narratio* dedicata al contenuto del *libellus* è molto articolata. Questo significa che la *pars episcopi* presentò un'*actio* dettagliata. Del resto quasi tutti gli *ordines iudiciorum* lo prescrivono esplicitamente. Pillio da Medicina, ad esempio, nella prima

---

47 Città del Vaticano, Archivio Segreto Vaticano, Reg. Vat. 10, fol. 188r-188v, <n. 760>.

parte della sua *Summa* raccomanda *quod actor debet exprimere in libello rem, quam petit, certam et eam designare, et debet nomen actionis in libello expressim scribere, et eam edere*[48].

A questo punto, informato dal giudice, il reo o un suo procuratore o avvocato doveva presentarsi e ascoltare l'accusa inoltrata dall'*actor*[49]. Alla presenza del giudice avveniva, dunque, la cosiddetta *litis contestatio*. Come ci informa l'*Ordo* di Egidio *de Fuscarariis*, il giudice prima chiedeva all'attore se volesse continuare nella propria *actio*, esigendo che fosse riconosciuto quanto esposto nel *libellus*, e poi alla parte querelata se volesse difendersi. Nel caso in cui quest'ultima avesse risposto *sic* allora il giudice richiedeva al notaio o a colui che redigeva per lui le scritture processuali di scrivere *lis contestata est*[50]. A questo punto la parte citata in giudizio rispondeva con le proprie *exceptiones.* Tale momento procedurale fu rispettato, come attesta nuovamente la lettera di Onorio III, nella quale si osserva che *lite itaque super premissis* [vale a dire i contenuti del *libellus*] *coram prenominato Bononiense episcopo contestata*[51]. Le parti, dunque, con ogni probabilità tramite propri procuratori, si erano incontrate alla presenza del presule Enrico della Fratta e avevano dato avvio ufficialmente al processo.

Dopo la *litis contestatio*, *actor* e *reus* dovevano prestare giuramento[52] di fronte al giudice e presentare le rispettive *positiones*: frasi, articoli, proposizioni che una parte sosteneva e alle quali l'avversario era obbligato a rispondere in forma negativa o affermativa. Egidio *de Fuscarariis* nel proprio *Ordo* stabilisce così *qualiter et quando positiones sint faciendae* da parte dell'attore:

> *[...] Debet ergo ille, qui vult ponere, examinare et videre quid oporteat ipsum probare ad suam intentionem fundandam; et super hiis debet facere positiones. [...]*
>
> *[...] Debet ergo actor habere positiones suas paratas, ut in continenti post iuramentum praestitum in causa fiant, ne frustra detur dilatio*[53].

---

48 PILLIUS/ TANCREDUS/ GRATIA, Libri (come alla nota 14) p. 12, par. I, § 3.

49 Come informa l'*Ordo* di Egidio *de Fuscarariis*, quando il *reus* si presentava davanti al giudice era redatto dal notaio o dai notai che seguivano il processo un documento che attestava tale azione così da evitare che qualcuno potesse dichiararlo contumace; Quellen, ed. WAHRMUND (come alla nota 18) pp. 31–32, cap. XVII.

50 Ibid., cap. XLI p. 81.

51 Città del Vaticano, Archivio Segreto Vaticano, Reg. Vat. 10, fol. 188v, <n. 760>.

52 Sulla forma di giuramento da prestare davanti al giudice si vedano, ad esempio, i capitoli dedicati a questo tema da Egidio *de Fuscarariis*: Quellen, ed. WAHRMUND (come alla nota 18) pp. 87–94, capp. XLIV-XLVII.

53 Ibid., pp. 95, 97.

All'enunciazione delle *positiones* della parte querelante il *reus* poteva rispondere in diversi modi[54]. In questa fase il giudice non interveniva, nel senso che la formulazione delle *positiones* e delle risposte ad esse spettava alle parti, le quali erano chiamate a ricostruire il fatto entro un procedimento dialettico. Si rispettava così un principio riconosciuto in molti *ordines* secondo il quale *iudex non potest de facto supplere*. Lo scambio dialettico che avveniva in questa fase del processo tra la parte dell'*actor* e quella del *reus*, come opportunamente notato da Massimo Vallerani, aveva una conseguenza non di poco conto: la "creazione" di un „terzo ipotetico fatto, formato dalle proposizioni negate (dalla parte accusata) che *dovevano* essere provate (dalla parte querelante)", una „sorta di somma algebrica dei segni positivi (risposte affermative) e negativi (risposte negative)"[55]. Come informa l'*Ordo* di Egidio *de Fuscarariis*, le *positiones* erano redatte per iscritto e sulla base di queste scritture il giudice stabiliva i termini temporali entro i quali le parti erano chiamate a produrre le prove[56].

Sui punti contestati, infatti, si elaboravano poi le domande da fare ai testimoni e gli articoli da verificare[57]. In questo modo si cercava di eliminare la *dubietas* del fatto. Tancredi da Bologna, infatti, nella parte del suo *Ordo* dedicata a *De probationibus* esordisce osservando che la *probatio est rei dubiae per argumenta facta demonstratio* e che *probare debet actor et accusator, qui aliquid dicunt, si reus negat [...] quoniam actore non probante reus, etsi nil praestiterit, absolvetur*[58]. L'onere della prova, dunque, era a carico del querelante. Pillio da Medicina osserva, infatti, che *quis probare debeat, et cui probetur qui accusare [...] non reus, qui negat scilicet simpliciter factum*[59]. Certo, osserva ancora Pillio, *non dico, quod reus non possit probare; sed quia non compellitur probare; semper enim onus probandi actori incumbit et non reo*[60].

A questo punto si formulavano le *intentiones*, vale a dire gli argomenti sui quali dovevano essere ascoltati i testimoni e prodotta la documentazione necessaria a sostenere accusa o difesa. Grazia d'Arezzo, a metà del XIII secolo, definì le *intentiones* gli *articulos [...] in quibus continentur ea, quae*

---

54 Ibid., pp. 97–98.

55 Vallerani, Giustizia (come alla nota 37) p. 87; Müller, Päpstliche Delegationsgerichtsbarkeit (come alla nota 33) pp. 82–83.

56 *Ceterum factis positionibus tam ex parte rei quam ex parte actoris et redactis in scriptis, iudex debet statuere terminum partibus ad probandum*, Quellen, ed. Wahrmund (come alla nota 18) pp. 99–100, 99, cap. LI.

57 Ibid., pp. 87–88.

58 Pillius/ Tancredus/ Gratia, Libri (come alla nota 14) pp. 215–216, par. III, tit. 5, § 2.

59 Ibid., p. 55, par. III, § 6.

60 Ibid.

actor probare desiderat[61]. Tra i sistemi probatori scelti in sede giudiziale, il più frequentato era quello della *productio testium*[62]. È importante comprendere com'erano prodotte le testimonianze perché questo fornisce una chiave per leggere il rotolo vaticano.

Innanzitutto, in che modo era preparato l'esame dei testi? Grazia d'Arezzo nella sua *Summa de iudiciario ordine* ci informa che l'*actor* doveva produrre le testimonianze davanti al giudice e se non poteva, con la volontà di entrambe le parti, era necessario che fosse inviato qualcuno nel luogo dove risiedevano i testimoni perché fossero esaminati[63]. In questo caso il giudice che presiedeva il processo poteva servirsi di giudici dei luoghi dove vivevano i testimoni; a questi inviava lettere in cui trasmetteva i *capitula* sui quali dovevano essere ascoltati i testi alla presenza delle parti o dei loro procuratori[64]. Pillio da Medicina ci informa anche delle modalità dell'interrogatorio:

> *[…] Et sciendum est, quod, antequam testes interrogentur vel intrent secretarium iudicis, titulus scribitur a partibus, quo continetur, quomodo et qualiter, et in quibus et de quibus capitulis sui testes vel adversae partis interrogentur; et iudici porrigitur, qui alteri parti statim illum ostendit, ut scribat suum, si vult; quoniam omnia edenda sunt, quibus usurus est quis in iudicio, ut supra dictum est. […]*[65]

Mentre Tancredi da Bologna specifica che

> *Recepto supra dicto iuramento a testibus coram partibus praestito iudex cum uno solo teste ab aliis separato secedat in aliquem locum, ita quod nullus eos audiat,*

---

61 Ibid., p. 369, par. II, tit. 5.

62 *Et quia probationis duae sunt species principaliter, scilicet testimonia et instrumenta, et dignior est probatio per testes, quam per instrumenta, ideo primitus pauca de testibus, quae magis ad causarum usum frequenter occurunt, sub compendio inseramus*: ibid., par. III, § 8 p. 61. Cfr. anche Müller, Delegationsgerichtsbarkeit (come alla nota 28) pp. 91–93.

63 *Actor producat testes suos coram iudice, si potest; alioquin de voluntate partium alicui committatur receptio testium, qui accedat ad locum, ubi sunt testes, et diligenter eos examinet […]*: Pillius/ Tancredus/ Gratia, Libri (come alla nota 14) p. 370, par. II, tit. 6, § 1.

64 *In summa notandum est, quod si testes aliunde petantur, iudex debet illuc, puta ad iudices locorum, litigantes vel eorum procuratorem cum suis literis, continentibus et unde et super quibusnam capitulis testes sint petiti, trasmittere, ut coram partibus vel eorum procuratore testes petitos iurare faciant dicere veritatem pro utraque parte, et, eorum testimoniis non editis, attestationes in scriptis redigant et signent et trasmittant ad iudicem cogniturum de causa. […]*: ibid., p. 68; par. III, § 9.

65 Ibid., p. 70, par. III, § 11.

et singula dicta testis per ordinem redigat in scriptis vel redigi faciat per manum tabellionis vel alterius sapientis specialiter ad hoc deputati. [...][66]

Il giudice, in realtà, presentava solo materialmente ai testi le domande. La loro formulazione, infatti, dipendeva dalle *intentiones* presentate dall'attore, vale a dire i *capitula* da dimostrare in forma di domanda[67]. Le *intentiones* erano logicamente legate alle *positiones* perché dovevano provare i punti negati alla parte querelante dalla parte accusata; ne riprendevano forma, contenuti e struttura. Anche Egidio *de Fuscarariis* dedica diversi capitoli del proprio trattato alla *productio testium* nei quali specifica che gli avvocati o procuratori delle parti erano coinvolti negli interrogatori dei testimoni[68] e che una volta interrogati i testi il giudice richiedeva alle parti se intendevano o meno produrre altre testimonianze[69]. In entrambi i casi le volontà delle parti erano registrate dal notaio. Dopo la rinuncia a chiamare a testimoniare altre persone il giudice prescriveva al notaio di informare le parti che sarebbe avvenuta la *pubblicatio testium*[70].

Oltre alle testimonianze, poi, nella fase della *probatio* potevano anche essere allegati *instrumenta* che comprovassero ulteriormente quanto sostenuto[71]. Nel rotolo vaticano ben tre pergamene (XXIV–XXVII) sono dedicate all'elenco dei diversi atti notarili e diplomi imperiali utili a comprovare la giurisdizione episcopale nei centri del comitato. Le rubriche comprese tra l'inizio della pergamena XXIV e parte della XXV – fino alla rubrica XXV, 7 – sono organizzate secondo lo stesso criterio utilizzato per la *probatio testium*: gruppi riuniti per centro topografico (Colorno, castello di Gualtieri, Montecchio, Castrorignano) e al loro interno per episcopati in ordine cronologico (solamente Bernardo e Obizzo Fieschi). Dalla rubrica XXV, 8 il criterio cambia e la logica sembra inversa. Le rubriche riguardano per lo più l'episcopato di Obizzo Fieschi e di conseguenza il criterio cronologico prevale su quello topografico, ad eccezione delle uniche rubriche XXVI, 15 e XXVII, 1 che riguardano l'episcopato di Bernardo.

A differenza del caso milanese, analizzato da Miriam Tessera in questo volume, il rotolo vaticano contiene una sola indicazione a rimandi alfabetici che dovevano trovarsi sul verso delle pergamene degli *instrumenta* citati nella *probatio*. Alla fine della prima delle rubriche di questa sezione del rotolo,

66 Ibid., pp. 215–216, par. III, tit. 9, § 2. Ugualmente Grazia d'Arezzo (ibid. p. 371, par. II, tit. 6, § 1).
67 Vallerani, Giustizia (come alla nota 37) p. 87–90.
68 Quellen, ed. Wahrmund (come alla nota 18) capp. lv-lvi pp. 104–107.
69 Ibid., cap. lvii p. 108.
70 Ibid., cap. lviii pp. 108–109.
71 Ibid., cap. lix pp. 109–111.

la XXIV, 1, infatti, la medesima mano che interviene correggendo e annotando il testo vergò la pergamena con questa indicazione: *signata per A* (cfr. Fig. 23)[72]. Con ogni probabilità i due atti notarili citati a prova del contenuto della rubrica dovettero essere siglati con una nota dorsale sul verso così da essere reperiti tra le carte processuali con più facilità. Fa specie, tuttavia, che dei 54 atti citati a prova dei diritti giurisdizionali solamente due siano stati segnalati con questo sistema da chi confezionò il rotolo o almeno lo ebbe fra le mani. Il perché di tale scelta non è dato saperlo o almeno è difficile comprendere che tipo di strategia sia stata seguita nella produzione di un memoriale così complesso.

Alla luce di quanto fin qui esposto, tutte le fasi processuali contemplate negli *ordines* che precedettero la sentenza di Onorio III furono rispettate, come attesta ancora una volta la *narratio* della *Coram venerabili*[73]. Alla curia pontificia, dunque, giunse una causa *sufficienter instructa*, provvista cioè degli elementi fondamentali per emanare una sentenza.

Il rotolo vaticano s'inserisce proprio nell'ultimo stadio del processo celebrato presso la corte del vescovo Enrico della Fratta. Esso rappresenta, dunque, non solo una raccolta delle testimonianze dei testi ascoltati ma, si potrebbe dire, la sintesi dell'intero *iter* processuale. In esso, infatti, confluirono i contenuti del *libellus*, presentato dalla *pars episcopi*, sottoposti alla *litis contestatio*, riformulati poi nella fase dialettica tra le parti (*positiones*) e nell'enunciazione delle *intentiones*. Esso, perciò, costituisce una fotografia dell'*ordo iudicii* celebrato a Bologna nel corso del 1218.

La stessa struttura del rotolo lo dimostra. I primi ventidue fogli di pergamena raccolgono, infatti, le testimonianze dei testi, chiamati a rispondere sui *capitula* relativi all'esercizio della *iurisdictio* episcopale a Parma dall'episcopato di Lanfranco (1136–1161) a quello di Obizzo Fieschi (1194–1124); il foglio XXIII raccoglie, invece, le testimonianze relative alla datazione degli episcopati di Aicardo da Cornazzano, Bernardo e Obizzo Fieschi; i fogli dal XXIV al XXVII costituiscono, invece, una *probatio per instrumenta* di alcuni diritti giurisdizionali esercitati dai vescovi citati in taluni centri particolari dell'episcopato parmense[74].

72 Città del Vaticano, Archivio Segreto Vaticano, A.A., Arm. I–IVIII, 3913, XXIV, 1.

73 [...] *Lite itaque super premissis coram prenominato Bononiense Episcopo contestata prestito iuramento calumpnie confessionibus factis testibus ab utraque parte productis, et attestationibus publicatis ab apostolice decisionis examen causa fuit sufficienter instructa remissa*: Città del Vaticano, Archivio Segreto Vaticano, Reg. Vat. 10, fol. 188v, <n. 760>.

74 Guyotjeannin, Conflicts (come alla nota 2) pp. 192–199.

PERGAMENE 1–22 **Contenuto**: documentazione dei poteri giurisdizionali esercitati dai vescovi di Parma da Aicardo da Cornazzano (1162–1178) a Obizzo Fieschi (1194–1224)	**Probatio testium**: suddivisione organizzata in rubriche raggruppate secondo due criteri: 1) topografico (per centro giurisdizionale) 2) cronologico (per episcopato).
PERGAMENA 23 **Contenuto**: datazione degli episcopati di Aicardo da Cornazzano (1162–1170), Bernardo II (1170–1194) e Obizzo Fieschi (1194–1224)	**Probatio testium**: suddivisione in tre rubriche raggruppate secondo un criterio cronologico (per episcopato).
PERGAMENE 24–27 **Contenuto**: prove dell'esercizio di alcuni diritti giurisdizionali in alcuni centri dell'episcopato parmense mediante documentazione scritta	**Probatio per instrumenta**

Tabella 2 Struttura interna del rotolo vaticano

Innanzitutto, fa riflettere la struttura dei primi ventidue fogli di pergamena. Le testimonianze sono classificate e riordinate secondo un ordine topografico che riflette la medesima disposizione presentata nel *libellus*[75]. Ciò trova conferma non solo nell'elenco dei centri giurisdizionali in cui è ripartita la *probatio testium*, che è il medesimo citato nella *narratio* della *Coram venerabili* di Onorio III che, a sua volta, riprende sintetizzandolo il contenuto del libello, ma anche dal testo di numerose rubriche nelle quali si esplicita che i vescovi di Parma esercitarono la loro *iurisdictio in terris comprehensis in libello*[76].

Altri elementi ci offrono indizi per collocare tale documento nel suo contesto proprio, vale a dire la fase finale dell'*iter* processuale. Olivier Guyotjeannin, e con lui tutta la storiografia che alla sua esegesi si è appoggiata, ha interpretato questo rotolo semplicemente come „un instrument de travail [...] destiné à un usage interne", „composé dans l'entourage épiscopal" del presule parmense[77]. A prova di ciò il noto diplomatista francese asserì che esso, oltre a essere sprovvisto di un'autenticazione notarile, è ripetutamente

75 Ibid., p. 196, tav. 1.

76 Città del Vaticano, Archivio Segreto Vaticano, A.A., Arm. I–IVIII, 3913 I, 1; VII, 2; VII, 6; XVI, 10; XIX, 20; XIX, 21; XX, 12; XX, 14; XX, 16; XX, 17; XX, 18; XXI, 14; XXI, 15; XXI, 16; XXII, 3; XXII, 5; XXII, 6; XXII, 7.

77 Guyotjeannin, Conflicts (come alla nota 2) pp. 189, 187.

corretto con rasure, inserzioni in interlinea di sillabe, parole, locuzioni[78]. La presenza di tali caratteri estrinseci, tuttavia, può essere spiegata anche in altro modo. Innanzitutto, la sottoscrizione notarile: non era necessario che fosse un notaio a redigere una scrittura processuale. Molte *summae* lo affermano esplicitamente. Tancredi da Bologna, ad esempio, specifica, che il giudice

> *[...] singula dicta testis per ordinem redigat in scriptis vel redigi faciat per manum tabellionis vel alterius sapientis specialiter ad hoc deputati. [...]*[79]

Ancora più autorevoli in tal senso furono i pronunciamenti del IV Concilio lateranense che dovettero funzionare da linee guida per coloro che approntarono nei medesimi anni trattati teorici di procedura processuale non solo per maestri e studenti delle scuole giuridiche ma anche per quegli addetti ai lavori, come giudici e avvocati, che si trovavano ad agire nelle corti giudiziali. Se si tiene presente inoltre che il processo fu celebrato a Bologna nel 1218, a pochi anni dalla celebrazione del concilio, è più che probabile che i pronunciamenti conciliari fossero ben presenti al vescovo felsineo e agli ambienti giuridici bolognesi. La costituzione XXXVIII stabiliva che:

> *[...] ne falsitas veritati praeiudicet aut iniquitas praevaleat aequitati, statuimus ut tam in ordinario iudicio quam extraordinario, iudex semper adhibeat aut publicam, si potest habere, personam, aut duos viros idoneos, qui fideliter universa iudicii acta conscribant, videlicet citationes, dilationes, recusationes et exceptiones, petitiones et responsiones, interrogationes, confessiones, testium depositiones, intrumentorum productiones, interlocutiones, appellationes, renunciationes, conclusiones et caetera quae occurrunt competenti ordine conscribenda, designando loca, tempora et personas, et omnia sic conscripta partibus tribuantur, ita quod originalia penes scriptores remaneant, ut si super processu iudicis fuerit subtorta contentio, per haec possit veritas declarari. [...]*[80]

78 Ibid., pp. 187–188.

79 Pillius/ Tancredus/ Gratia, Libri (come alla nota 14) pp. 215–216, par. III, tit. 9, § 2.

80 Constitutiones (come alla nota 34) p. 80. Si veda anche *l'Ordo* di Tancredi da Bologna in: Pillius/ Tancredus/ Gratia, Libri (come alla nota 14) pp. 237–238, par. III, tit. 9, § 2: *Recepto supra dicto iuramento a testibus coram partibus praestito, iudex cum uno solo teste ab aliis separato secedat in aliquem locum, ita quod nullus eos audiat, et singula dicta testis per ordinem redigat in scriptis vel redigi faciat per manum tabellionis vel alterius sapientis specialiter ad hoc deputati.* Ugualmente Grazia d'Arezzo: *Postquam autem omnes testes iuraverunt dicere veritatem, in praesentia rei, pro utraque parte, statim iudex et notarius secedant in partem, et omnes testes sigillatim et secrete, ita quod nullus audire possit extraneus, unum post alium scrutari debent* (ibid., p. 371, par. II, tit. 6, § 1).

Dunque, potevano bastare due persone ritenute idonee dal giudice a redigere gli atti del processo. Questo particolare, tra l'altro, confermerebbe l'analisi paleografica dello stesso Olivier Guyotjeannin, secondo la quale il documento sarebbe stato redatto per lo più da due mani: una prima che trascrisse il contenuto delle testimonianze organizzandolo secondo lo schema già indicato e una seconda, invece, che lavorò correggendo il testo, aggiungendo in interlinea sillabe, parole o intere proposizioni oppure eliminandole mediante rasure o cancellazioni[81].

Che il rotolo vaticano sia stato redatto da almeno due o più notai o scribi è del resto comprensibile. Se si considera, infatti, la mole di lavoro che la corte giudiziale del vescovo di Bologna si sobbarcò nei mesi del 1218 e le diverse fasi nel corso delle quali le pergamene che formano il rotolo poterono essere prodotte è più che plausibile che questa scrittura sia passata da più mani che intervennero forse in momenti diversi. È difficile immaginare infatti che i 187 testimoni siano stati ascoltati dal giudice delegato o dai suoi subdelegati in un medesimo momento e che le 1094 deposizioni da loro rilasciate siano state trascritte nel rotolo vaticano tutte insieme.

Alla luce di quanto riportato nella trattatistica di procedura processuale, però, credo non si possa più considerare il rotolo vaticano come uno strumento di lavoro interno della *pars episcopi*. Le testimonianze, infatti, dovevano essere ascoltate dal giudice stesso o da suoi subdelegati e trascritte in sede giudiziale. La parte non si presentava in giudizio con le testimonianze già scritte, anche perché il giudice doveva verificare l'idoneità dei testi a rilasciare testimonianza e ricevere da loro il giuramento. Non si dà dunque, a mio parere, l'ipotesi di un documento ad uso interno.

Altri elementi potrebbero avvalorare tale congettura. Le rubriche dei primi 23 fogli di pergamena, raccolgono come già detto ben 1094 deposizioni di 187 testimoni. Sul margine sinistro delle pergamene si ritrova spesso la formula *probata est* della medesima mano che, in molti casi, depenna o corregge inserendo in interlinea o eliminando parti di testo. Possiamo, dunque, immaginare che la *pars episcopi* presentò le formulazioni dei *capitula* sui quali dovevano essere ascoltati i testi dal giudice, come suggeriva la procedura descritta negli *ordines iudiciorum*, e questo spiegherebbe perché i testimoni sono indicati nel rotolo come *testes nostri* o *testes adverse partis*. Tali *capitula* erano l'esito del confronto dialettico con la parte avversa. Le numerose correzioni apposte e gli inserti aggiunti sempre dalla stessa mano potrebbero, dunque, fotografare una fase precisa del processo, vale a dire quella che precedeva la *publicatio testium* nel corso della quale il notaio o persona idonea leggeva le testimonianze e i procuratori o avvocati della parte accusata potevano esercitare il proprio

---

81 Guyotjeannin, Conflicts (come alla nota 2) pp. 188–189.

diritto di protestare sulla liceità di certe deposizioni, rifiutandole, o suggerire correzioni da inserire nei *dicta*. Il rotolo rappresenterebbe, dunque, un affresco dell'acceso dibattimento che dovette animare le aule della curia episcopale bolognese prima della *conclusio causae*[82].

A tal proposito, mi sembra interessante notare che delle 359 rubriche contenenti i *capitula* proposti dalla *pars episcopi* all'esame della *probatio testium* solamente 103 furono glossate con la formula *probata est* (cfr. Fig. 24).

Se la mano che glossa e corregge fosse di uno scrittore dell'entourage del vescovo di Parma, come nell'ipotesi formulata da Olivier Guyotjeannin, allora si dovrebbe immaginare che chi faceva le veci del vescovo Obizzo Fieschi e aveva tra le mani il rotolo si fosse segnato quali testimonianze erano state negate e quali invece erano passate in fase di dibattimento.

Tale lettura, tuttavia, elude il fatto che, come informano gli *ordines* citati, nella parte dedicata a *de testibus*, la produzione delle scritture processuali non era in mano alle parti ma alla corte del giudice. Erano i notai del giudice delegato o scrittori da lui ritenuti idonei che trascrivevano le testimonianze sentite in sede processuale. Se si ritiene, dunque, – ed è questa la mia ipotesi – che questo documento non sia un documento interno *ad usum* solamente dei procuratori o avvocati della *pars episcopi* ma una scrittura processuale redatta dalla corte giudiziale del vescovo delegato, allora la formula *probata est* assumerebbe un altro significato carico di conseguenze anche per la lettura dell'intero processo celebrato a Bologna nel 1218.

Rubriche approvate							
pergamena I, 3	pergamena VI, 10	pergamena XI, 4	pergamena XIII, 7	pergamena XV, 8	pergamena XVII, 7	pergamena XIX, 2	pergamena XXI, 3
pergamena II, 8	pergamena VII, 3	pergamena XI, 5	pergamena XIII, 9	pergamena XV, 9	pergamena XVII, 9	pergamena XIX, 7	pergamena XX, 9
pergamena II, 9	pergamena VII, 12	pergamena XI, 6	pergamena XIII, 11	pergamena XV, 18	pergamena XVII, 10	pergamena XIX, 13	pergamena XXI, 13

82 Gli *ordines* descrivono queste fasi. Pillio da Medicina, ad esempio, osserva che dopo le deposizioni dei testimoni *[...] quidem instrumenta producuntur a partibus, si habent et si cognoverint expedire; quae parti adversae sunt edenda, prout superius continetur. Et fit ex eis plenissima probatio, si aliud non impediat. Quibus si fuerit aliquid obiectum, permittitur alicui, contra hoc suas probationes afferre. Postmodum super his omnibus sequitur partium allegatio et advocatorum subtilissima disputatio, et super hinc inde obiectis responsio, et, cum his fuerit renunciatum, diffinitivus calculus a iudice promulgatur*: Pillius/ Tancredus/ Gratia, Libri (come alla nota 14) p. 71, par. III, § 12.

Rubriche approvate							
pergamena IV, 1	pergamena VII, 13	pergamena XI, 8	pergamena XIII, 12	pergamena XV, 19	pergamena XVII, 11	pergamena XIX, 17	pergamena XXII, 3
pergamena IV, 2	pergamena VIII, 6	pergamena XI, 9	pergamena XIII, 17	pergamena XV, 20	pergamena XVII, 14	pergamena XIX, 19	pergamena XXII, 5
pergamena IV, 3	pergamena VIII, 7	pergamena XI, 18	pergamena XIII, 18	pergamena XVI, 1	pergamena XVII, 17	pergamena XX, 12	
pergamena IV, 4	pergamena IX, 1	pergamena XII, 1	pergamena XIV, 4	pergamena XVI, 2	pergamena XVII, 21	pergamena XX, 13	
pergamena V, 1	pergamena IX, 2	pergamena XII, 7	pergamena XIV, 6	pergamena XVI, 5	pergamena XVIII, 2	pergamena XX, 19	
pergamena V, 2	pergamena IX, 3	pergamena XII, 9	pergamena XIV, 7	pergamena XVI, 11	pergamena XVIII, 3	pergamena XX, 20	
pergamena V, 3	pergamena IX, 4	pergamena XII, 15	pergamena XIV, 10	pergamena XVI, 15	pergamena XVIII, 5	pergamena XX, 21	
pergamena V, 11	pergamena IX, 10	pergamena XII, 16	pergamena XIV, 11	pergamena XVI, 16	pergamena XVIII, 6	pergamena XX, 22	
pergamena V, 16	pergamena X, 8	pergamena XIII, 3	pergamena XIV, 14	pergamena XVI, 24	pergamena XVIII, 7	pergamena XX, 23	
pergamena VI, 7	pergamena X, 9	pergamena XIII, 4	pergamena XIV, 17	pergamena XVI, 25	pergamena XVIII, 8	pergamena XXI, 1	
pergamena VI, 8	pergamena X, 16	pergamena XIII, 5	pergamena XIV, 20	pergamena XVII, 1	pergamena XVIII, 16	pergamena XXI, 2	

Tabella 3 Rubriche a lato delle quali si trova la formula *probata est*[83].

83 La tabella riporta l'elenco delle pergamene in numero romano all'interno delle quali una o più rubriche, indicate in numero arabo, furono glossate con la formula *probata est*. Della rubrica 9 della pergamena X è siglata con tale formula solo una testimonianza.

Se le rubriche di cui furono riconosciuti validi i contenuti nella loro completezza furono 102 su 359 – perché di una rubrica (X, 9) fu ammessa solo una testimonianza ascoltata – ciò significa che il giudice delegato accolse solamente il 28,6% del totale delle *probationes testium* portate in processo dalla *pars espiscopi*. Il restante 72,4%, che non fu accolto, rappresenta una percentuale considerevole sulla totalità delle testimonianze prodotte. Questo dato percentuale ci informa che, nonostante la mole considerevole di prove avanzate dalla massima istituzione ecclesiastica di Parma, solo una minima parte fu riconosciuta valida dal giudice nella fase del dibattimento. La *pars episcopi*, dunque, a dispetto dell'esito positivo sancito dalla sentenza papale del 1220, uscì fortemente ridimensionata dal processo felsineo.

Perché allora la sentenza di Onorio III fu così favorevole al vescovo di Parma? Le conclusioni cui giunse Onorio III non rappresentavano forse una forzatura del *factus* – e dunque una contraddizione del principio innocenziano secondo cui l'*ordo iudiciarium* serviva proprio a fugare la *dubietas* e a ripristinare la *veritas* processuale – così come sembrava emergere dalle carte bolognesi? La discordanza tra gli elementi deducibili dal rotolo vaticano e la sentenza contenuta nella lettera *Coram venerabili* suggeriscono l'ipotesi che in curia si scelse una via "politica" per risolvere la questione parmense. Altri indizi potrebbero avvalorare tale congettura.

In attesa, infatti, che il pontefice pronunciasse la sentenza definitiva le magistrature comunali non erano rimaste inerti: nel febbraio del 1219 erano stati inviati in qualità di ambasciatori tre notai parmensi presso la corte di Federico II, che si trovava in quel frangente a Spira, e questi avevano richiesto un privilegio che confermasse i *regalia* concessi a Costanza nel 1183[84]. Forse per tutelarsi in caso di sconfitta in sede processuale forse per avvalorare quanto emerso nel dibattimento bolognese, il rettore della città, allora il cremonese Ponzio Amato, e gli altri magistrati convennero che occorreva premunirsi di un documento rilasciato da un'autorità che, in prospettiva, – erano in corso le trattative per l'incoronazione imperiale che si sarebbe svolta di lì a pochi mesi – sola poteva fare da contraltare a quella interpellata dal vescovo Obizzo.

Il privilegio federiciano, tuttavia, non dovette essere ben accolto né dal vescovo né dal pontefice e questo spiega forse perché il mese successivo, il 18 marzo 1219, la cancelleria di Federico II fece una rapida marcia indietro inviando da Aghen, come al tempo di Ottone IV, un rescritto nel quale si precisava che *nec volumus nec sentimus, ut privilegium a nostra clementia fidelibus nostris communi Parmensi indultum in detrimentum Opizzonis venerabilis episcopi et ecclesie Parmensis effectum aliquem ullo tempore contra nostrum propositum sortiatur* e che *si quid enim in ipso privilegio continetur, per quod*

84 DD FII, XIV/3 n. 495 pp. 135–137.

ius Parmensis ecclesie minuatur, illud decernimus irritum et inane[85]. Forse proprio a seguito di questo cambio di direzione della corte federiciana, nel 1220 il podestà subentrato, il cremonese Negro Mariano, non si presentò né inviò propri procuratori a Viterbo dove gli atti del processo bolognese erano stati inviati per l'istruttoria curiale, risultando contumace, come informa il testo del giudicato papale contenuto nella lettera *Coram venerabili*.

L'atteggiamento che la cancelleria regia mostrò nel corso del 1219 nei confronti della delicata situazione parmense deve essere necessariamente inserito nel contesto più ampio dei rapporti diplomatici attivi in quegli anni tra la curia papale di Onorio III e Federico II prima dell'incoronazione di quest'ultimo a imperatore[86]. La *Constitutio in Basilica Beati Petri* del 22 novembre 1220 – insieme di norme promulgate proprio il giorno dell'incoronazione e, come noto, formulate in precedenza dalla stessa cancelleria papale[87] – sancì in modo chiaro la cooperazione tra *regnum* e *sacerdotium* in materia di difesa della *libertas ecclesiastica*. In particolare, il gruppo di capitoli che va dal I al V, dedicati a tale argomento, mostrano quanto al pontefice interessasse coinvolgere l'imperatore nella difesa dei patrimoni ecclesiastici e delle giurisdizioni esercitate dai vescovi nelle diocesi dell'Italia settentrionale. È comprensibile, dunque, che Federico II avesse "sacrificato" sull'altare della convenienza politica le richieste avanzate dalle magistrature comunali parmensi pochi mesi prima e che Onorio III avesse forzato la mano per ottenere quanto gli interessasse. Alla luce di quanto accadde nei mesi successivi fino alla composizione tra vescovo e comune sancita nel luglio del 1221, sembra che la sentenza papale del giugno 1220 sia riuscita solo in apparenza a chiudere la partita a favore del presule cittadino, Obizzo Fieschi. La resistenza in sede locale da parte delle autorità cittadine, infatti, si dimostrò molto ben organizzata tanto da reggere anche all'urto della scomunica e dell'interdetto papali.

85 Parma, Archivio Storico Diocesano Vescovile, Diplomatico, n. 17; DD FII, XIV/3 n. 502 pp. 147–148.

86 Wolfang Stürner, Federico II e l'apogeo dell'impero (Biblioteca storica. Nuova serie 8), Roma 2009, pp. 344–352.

87 Sulla *Constitutio in Basilica Beati Petri* si veda Maria Gigliola Di Renzo Villata, La Constitutio in Basilica Beati Petri, in: Studi di storia del diritto (Università degli Studi di Milano. Facoltà di Giurisprudenza. Pubblicazioni dell'Istituto di Storia del diritto italiano 23) II, Milano 1999, pp. 151–174; Filippo Liotta, Constitutio in basilica beati Petri, in: Federico II. Enciclopedia fridericiana I, Roma 2006, pp. 366–368 e dello stesso autore id., Federico II, la "Constitutio in basilica beati Petri" e il "Liber Augustalis", in: Gli inizi del diritto pubblico. Da Federico I a Federico II/Die Anfänge des öffentlichen Rechts. Von Friedrich Barbarossa zu Friedrich II (Annali dell'Istituto storico italo-germanico in Trento. Contributi 21), a cura di Gerhard Dilcher/Diego Quaglioni, Bologna 2009, pp. 113–130.

3. Funzionalità della forma del rotolo per una scrittura processuale

L'analisi proposta in queste pagine permette, infine, di fare alcune brevi considerazioni circa il nesso fra contenuto e forma del rotolo e la sua funzione. Avendo come punto di paragone le osservazioni di carattere metodologico avanzate da Nine Miedema in questo volume, il caso preso in esame permette di notare che a Bologna, in sede processuale, fu confezionata una scrittura che riflette perfettamente una fase particolare dell'*ordo iudicii* così come andò codificandosi proprio negli anni del processo tra vescovo e comune di Parma: quella della *probatio*, che comprendeva sia prove testimoniali sia prove documentali.

Il fatto che il testo dei *capitula* alla base della *probatio testium* costituisca un flusso pressoché continuo tra le pergamene e che le mani che lo trascrissero possano essere state due o poco più potrebbe indicare che il documento fu concepito in un medesimo arco temporale, quello della *productio testium*, e in un medesimo ambiente, quello dove fu svolta l'udienza, e rivisto prima della pubblicazione delle prove. Non si sono conservate altre scritture di tale processo o almeno, allo stato attuale delle conoscenze, non se ne conosce l'esistenza; imbreviature, ad esempio, che, come nel caso milanese descritto da Miriam Tessera in questo volume, costituivano una fase intermedia fra la scrittura delle singole deposizioni o gruppi di esse e l'intero *corpus* di testimonianze. La forma più idonea per raccogliere un così imponente materiale probatorio, che andava organizzato secondo una logica funzionale alle strategie processuali, non poteva che essere quella di un rotolo che consentisse alla parte querelante di costruire la propria accusa in modo organico e allo stesso tempo alla parte querelata di difendersi seguendo i *puncta* avanzati dall'accusa. Il giudice poi poteva così avere un quadro chiaro dell'oggetto sul quale era chiamato a pronunciarsi. Non va dimenticato, infatti, che quanto confezionato in sede probatoria doveva essere redatto in tre copie: una per la parte querelante, una per la parte accusata, una per la corte giudiziale. È rispettato anche in questo caso il carattere di funzionalità di questa tipologia di fonti.

Il rotolo prodotto nel corso del processo, in questo senso, costituiva sì uno strumento di lavoro, come sottolineato da Olivier Guyotjeannin, ma per avvocati o procuratori delle parti che dovevano avere in mano una scrittura facile da consultare e da ostendere in un ulteriore dibattimento prima della sentenza. Il rotolo, dunque, rispetto ad altre forme documentali come il codice, ad esempio, corrispondeva meglio a due principi suggeriti da Nine Miedema: quello della trasportabilità, in quanto occupava meno spazio ed era facilmente spostabile e anche archiviabile; quello della performatività in quanto, in sede di dibattimento dove avvocati o procuratori delle parti avevano la necessità di mostrare i documenti utili a comprovare le proprie tesi, un rotolo si configurava come lo strumento più agile perché permetteva di trovare facilmente i punti utili ad avvalorare quanto si stava dichiarando. Si pensi a tal proposito all'analisi proposta sulle note dorsali delle pergamene legate insieme nel rotolo.

Il documento vaticano rappresenta, dunque, un ulteriore esempio di *pragmatische Schriftlichkeit* il cui valore è tanto più apprezzabile quanto più essa è compresa nel suo contesto genetico, l'*ordo iudicii*, e nella sua funzione propria: raccogliere in un medesimo e organico contesto testuale il materiale probatorio da usare in sede di dibattimento dalle parti o dal giudice per emettere la sentenza.

Abstract

Between 1218 and 1220 the bishop and the communal institutions of Parma were opposed in a trial taking place in Bologna at the court of the bishop Enrico della Fratta. He was choosen by Onorius III as papal judge delegate. Among the conserved sources that allow us to reconstruct this institutional conflict, there is a roll consisting of twenty-seven parchments sewn together that collects the depositions of the trial. Today it is conserved at the Archivio Segreto Vaticano. Up until now the historiography has analized this source from an institutional and political point of view. Instead, in this paper a giuridical point of view is adopted and the roll is studied in the light of the theoretical texts of the trial procedure, in particular those composed in Italy in the thirteenth century. New elements emerge that clarify the genetic context of this source and its function within the trial of Parma.

I rotoli della canonica e del monastero di S. Ambrogio nei secc. XII–XIII

Le allegationes *dei canonici nel 1201*

Miriam Rita Tessera

Nella primavera del 1201 Enrico da Brentana e Ambrogio Boffa, procuratori dei canonici di S. Ambrogio di Milano, raccolsero tutto il materiale necessario a difendere la propria parte nella complicatissima causa istruita davanti ai giudici delegati papali, Alberto vescovo di Vercelli e Pietro abate cistercense di Lucedio, contro l'abate Arialdo e i monaci dell'omonimo monastero. Erano le fasi finali di un procedimento iniziato nel 1198 che, dopo alterne vicende ben studiate da Annamaria Ambrosioni e Maria Pia Alberzoni, giunse a sentenza il 24 novembre 1201. Si arrestavano così, almeno per qualche decennio, le controversie scoppiate già alla fine del secolo XI tra i due collegi che officiavano la basilica di S. Ambrogio[1].

La quantità di documentazione prodotta da canonici e monaci era enorme: entrambe le parti si erano servite degli atti preparati durante le precedenti fasi della controversia – svoltesi nel 1143–1144 e nel 1189–1191 – per provare i propri diritti sulla chiesa dove si trovava la tomba del patrono di Milano attraverso *allegationes*, *positiones*, *libelli*, *dicta testium* diligentemente acquisiti e contestati dagli avversari, secondo la prassi abituale[2]. Monaci e canonici

1 Sintesi della vicenda in: Annamaria Ambrosioni, Controversie tra il monastero e la canonica di S. Ambrogio alla fine del XII secolo, in: Ead., Milano, papato e impero in età medievale. Raccolta di studi, a cura di Maria Pia Alberzoni/Alfredo Lucioni (Bibliotheca erudita. Studi e documenti di storia e filologia 21), Milano 2003, pp. 3–39; Maria Pia Alberzoni, Quia causa ipsa non poterat apud sedem apostolicam terminari. Innocenzo III e la controversia tra monaci e canonici di S. Ambrogio a Milano, in: Päpste, Privilegien, Provinzen. Beiträge zur Kirchen-, Rechts- und Landesgeschichte. Festschrift für Werner Maleczek zum 65. Geburtstag, a cura di Johannes Giessauf/Rainer Murauer/Martin P. Schennach (Mitteilungen des Instituts für Österreichische Geschichtsforschung, Ergänzungsband 55), Wien/München 2010, pp. 17–40. Nel testo si utilizzano le seguenti sigle: ASA = Milano, Archivio e Biblioteca del capitolo della Basilica di S. Ambrogio; ASMi = Milano, Archivio di Stato.

2 Sulle *allegationes* santambrosiane: Gerolamo Biscaro, Note e documenti santambrosiani, in: Archivio Storico Lombardo, s. IV, 31 (1904) II pp. 302–359, in particolare pp. 314–331; edizione delle *allegationes* di monaci e canonici per il processo del 1144 in: ibid., pp. 346–359 (il documento dei canonici è edito dalla trascrizione del così detto Giulio Cesare Della Croce, Codex diplomaticus Mediolanensis ab anno 658 ad annum 1408, Milano, Biblioteca Ambrosiana, I 1–30 suss., I, 7, fol. 194–95, ma la mano che esegue la trascrizione, come mi segnala Marco Petoletti, è quella di Felice Monti; originale ASA, XII-247); riferimenti ai

avevano elaborato una strategia difensiva costruita su numerosi documenti, datati tra l'VIII e il XII secolo e custoditi nei rispettivi archivi, che erano stati accuratamente riesaminati – e, in qualche caso, opportunamente interpolati o falsificati – per dimostrare in modo inoppugnabile e storicamente fondato l'antichità e la precedenza del proprio collegio su quello degli avversari[3].

Come in altri casi di *bella diplomatica* medievali[4], alla fine del XII secolo la controversia tra canonici e monaci di S. Ambrogio aveva assunto un rilievo notevole all'interno della società milanese e aveva contribuito allo sviluppo delle tecniche di produzione e analisi critica dei documenti portati in giudizio. Nel caso specifico del 1201, per contestare le *petitiones* dell'abate i procuratori dei canonici furono costretti a riassumere ogni singola fase del procedimento, che si era svolto a più riprese davanti all'arcivescovo di Milano Filippo da Lampugnano, ai cardinali uditori della Curia papale e a due differenti commissioni di giudici delegati. I procuratori Enrico e Ambrogio dovevano poi analizzare le argomentazioni dell'abate del monastero santambrosiano e le relative obiezioni dei canonici, riesaminare i documenti favorevoli e contrari e, soprattutto, verificare la correttezza delle proprie affermazioni sulla base dei *dicta testium* di entrambe le parti verbalizzati dal notaio Lanfranco di Concorezzo tra novembre 1200 e marzo 1201[5].

La soluzione pratica che consentì loro di organizzare tutto il materiale necessario nel dibattimento finale, in modo da mettere in luce gli argomenti in favore dei canonici e presentare le relative prove, fu quella di costruire un lungo rotolo (14 pezzi di pergamena per 7,88 metri complessivi, con una larghezza media di circa 20 cm), attualmente conservato nell'Archivio Capitolare della Basilica di S. Ambrogio con la segnatura Perg. XIII-204 (Fig. 25). L'idea non era del tutto originale: anche il procuratore dei monaci, il priore Giovanni, si servì della stessa tecnica e preparò un rotolo membranaceo riassuntivo in favore della sua parte, ora custodito insieme ad altra documentazione sulle controversie santambrosiane all'Archivio di Stato di Milano[6]. Il

---

singoli documenti prodotti per il processo del 1200 in: Ambrosioni, Controversie (come alla nota 1) pp. 34–38.

3 Alfio Rosario Natale, Falsificazioni e cultura storica e diplomatistica in pergamene santambrosiane del principio del secolo XIII, in: Archivio Storico Lombardo s. VIII 75–76 (1948–1949) I pp. 25–42, con conclusioni parzialmente da rivedere.

4 Cfr. ad esempio Michele Ansani, Caritatis negocia e fabbriche di falsi. Strategie, imposture, dispute documentarie a Pavia tra XI e XII secolo (Nuovi studi storici 90), Roma 2011.

5 Originali e copie contestuali prodotte per i due collegi santambrosiani: ASA, Perg. XII-203 e 204; ASMi, Archivio Diplomatico, Pergamene per fondi, cart. 343, nn. 21–22.

6 ASMi, Archivio Diplomatico, Pergamene per fondi, cart. 343, n. 23 (Inc. *In nomine Domini nostri Ihesu Christi. Ut merita causarum que inter monasterium Sancti Ambrosii et canonicos…*).

rotolo allestito dai monaci era di qualità inferiore rispetto a quello dei canonici: le loro *allegationes*, più brevi (4 pezzi in pergamena cuciti tra loro) erano meno articolate, con una scelta essenziale di riferimenti ai documenti citati come prova mediante lettere alfabetiche o segni convenzionali[7].

In ogni caso, entrambe le parti avevano scelto di servirsi della forma del *rotulus*, più pratica per citare, reperire ed eventualmente riutilizzare in procedimenti successivi gli atti già prodotti in giudizio durante i processi del 1143–1144 e 1189–1191. La possibilità di recuperare le informazioni e aggiornarle rapidamente sembra essere stato uno degli aspetti determinanti per il successo di questa tipologia di 'scritture pragmatiche'. Rotoli contenenti atti processuali, soprattutto nel caso dei *dicta testium*, diventano frequenti nella documentazione dell'Italia centro-settentrionale soprattutto a partire dal XII secolo[8].

Il materiale relativo alle controversie tra i canonici e i monaci di S. Ambrogio è però di eccezionale rilievo per quantità e tipologia. In particolare, l'Archivio capitolare della Basilica di S. Ambrogio, dove è custodita la parte più interessante del fondo proveniente dalla canonica di S. Ambrogio, conserva numerosi rotoli pergamenacei dei secoli XII–XIII – attualmente tutti appiattiti e collocati in cartelle cartonate – che si possono classificare principalmente in tre tipologie:

1) 'falsi' rotoli, costruiti cucendo insieme più pergamene di epoca e provenienza differente ma di argomento affine. In genere si tratta di dossier che servono a provare il possesso o i diritti su determinati beni territoriali. Un esempio interessante è quello dei beni che la canonica possedeva a Moirano, un complesso di terre e cascine a ovest di Milano oggetto di varie *inquisitiones* tra XII e XIII secolo. In questo caso i canonici cucirono insieme le 10 pergamene (oggi staccate) vergate tra 1091 e 1197 che provavano la proprietà delle terre contese, come è ricordato in una nota dorsale moderna sul verso di una *carta iudicati* del novembre 1138 (ASA, Perg. XII-57) con l'elenco completo degli atti in questione[9];

7 Tabella dei segni usati dai monaci, sulla base della copia conservata nell'Archivio di Stato di Milano, in: NATALE, Falsificazioni (come alla nota 3) p. 42.

8 Per altri esempi di dibattimenti milanesi registrati su rotolo, il secondo dei quali coinvolge nel 1289 ancora una volta il capitolo di S. Ambrogio, si vedano Marco POGLIANI, Il dissidio tra nobili e popolari a Milano. La controversia del 1203 fra l'arcidiacono e il primicerio maggiore, in: Ricerche Storiche sulla Chiesa ambrosiana, X, (Archivio ambrosiano 42), Milano 1981, pp. 5–111 e Mirella FERRARI, Libri di pergamena e libri di carta in tribunale a Milano nel 1289: il "Liber qui nominatur Datius de antiquitatibus civitatis Mediolani" v. osservazione precedente e altri, in: Il mondo e la storia. Studi in onore di Claudia Villa, a cura di Francesco LO MONACO/Luca Carlo ROSSI, Firenze 2014 pp. 187–216.

9 ASA, Perg. XII-57: *Decem instrumenta simul connexa spectantia ad varias inquisitiones bo-*

2) rotoli di natura giudiziaria prodotti durante un processo, in particolare *libelli*, *allegationes* e *dicta testium*. Tali atti erano in genere preparati in duplice copia, una ad uso interno e una da consegnare al procuratore della parte avversaria. Un caso emblematico è il rotolo dei *dicta testium* dei vicini delle chiese di S. Pietro e S. Nabore di Milano che conserva anche le annotazioni interlineari del procuratore dei canonici di S. Ambrogio (ASA, Perg. XIII-17)[10]. Molto famosi – ma ancora da studiare in modo complessivo – sono i quattro lunghissimi rotoli, due per parte, dei testimoni dei monaci e dei canonici relativi al processo del 1198–1201, oggi suddivisi tra l'Archivio capitolare e l'Archivio di Stato di Milano, dove è custodito il materiale proveniente dall'archivio del monastero di S. Ambrogio[11];

3) rotoli prodotti appositamente per occasioni diverse, in genere comunque riconducibili a controversie in atto. Un esempio singolare è il bellissimo rotolo (ASA, Perg. XIII-155) di dimensioni contenute (5 pezzi di pergamena per una lunghezza complessiva di metri 3,23) che contiene copia delle lettere

---

norum loci Moirani factas per ecclesiam et canonicam sancti Ambrosii, inter que instrumenta adsunt tria legata, seu iudicata, facta de ecclesia ab anno 1091 usque ad annum 1197 inclusive. Prepositis Lanterio anno 1160 | Satrapo annis 1171 usque ad 1174.| Nazario annis 1178 usque ad 1186 | et magistro Petro anno 1197. In plerisque iamscriptorum instrumentorum fit mentio quod sanctum corpus Beati Ambrosii requiescit in ecclesia Sancti Ambrosii (nota di mano corsiva del XVIII secolo, in inchiostro seppia scuro, che copre una scritta del XII secolo di mano del notaio Arialdo: ... *a presenti die fict* ...). Sul margine superiore e inferiore corre una fila di forellini, segno che la pergamena era stata successivamente cucita insieme alle altre, tutte attualmente conservate nell'Archivio della canonica: ASA, Perg. XI-100, 1091, edizione in: Gli atti privati milanesi e comaschi del secolo XI, IV: (a. 1075–1110), a cura di Cesare Manaresi/Caterina Santoro, Milano 1969, pp. 394–396 n. 766; ASA, Perg. XII-45 (1130); ASA, Perg. XII-110, 1160, edizione in Annamaria Ambrosioni, Le pergamene della canonica di S. Ambrogio nel secolo XII. Le prepositure di Alberto di S. Giorgio, Lanterio Castiglioni, Satrapa (1152–1178) (Scienze storiche 9), Milano 1974, pp. 137–40, n. 46; ASA, Perg. XII-121, 1171, edizione ibid., pp. 199–202, n. 66; l'edizione si fonda sulla copia in ASMi, Archivio Diplomatico, Pergamene per fondi, cart. 303 n. 108 che però, alla luce delle annotazioni su Moirano, doveva essere quella destinata all'altro contraente e non alla canonica di S. Ambrogio; ASA, Perg. XII-129, 1174, edizione in: Ambrosioni, Le pergamene della canonica pp. 281–85, n. 92; ASA, Perg. XII-130, 1174, edizione ibid., pp. 286–88, n. 93; ASA, Perg. XII-143, 1178; ASA, Perg. XII-154, 1186; ASA, Perg. XII-191, 1197; ASA, Perg. XII-192, 1197. Sempre al complesso di terre di Moirano è riconducibile un piccolo rotolo (ASA, Perg. XIII-350) che contiene gli elenchi dei documenti dal 1198 al 1240 sui beni posseduti in loco dai canonici.

10 Patrizia Merati, La rappresentazione dell'esperienza: mediazioni culturali e meccanismi della memoria a Milano nel XIII secolo, in: Mélanges de l'École française de Rome – Moyen Âge 113 (2001) pp. 453–492; sull'uso dei *dicta testium* cfr. Enrico Faini, Le memorie del territorio nella Tuscia dei secoli XII–XIII: strategie di condizionamento nei *dicta testium*, in: Mélanges de l'École française de Rome – Moyen Age 123/2 (2001) pp. 487–497.

11 Si veda la nota 5.

inviate da papa Innocenzo IV nel 1248 a numerosi esponenti della Chiesa milanese per favorire la nomina di alcuni chierici nel collegio canonicale di S. Ambrogio. Di questo documento i canonici intendevano servirsi in giudizio per provare le indebite pressioni ricevute dalla curia papale[12].

In questa sede mi limiterò all'analisi delle *allegationes* prodotte nel 1201 dai canonici di S. Ambrogio durante le fasi conclusive del processo del 1198–1201 (ASA, Perg. XIII-204)[13]. Questo documento consente di mettere in evidenza quanto fosse importante disporre di strumenti pratici e versatili, quali appunto il *rotulus*, per impostare una strategia efficace di difesa nel caso di controversie articolate e complesse come quelle che coinvolgevano i diritti delle due comunità di S. Ambrogio ormai da più di un secolo[14].

Il *rotulus* delle *alegationes et defensiones canonice Sancti Ambrosii contra positiones abbatis et monachorum siti apud ecclesiam Sancti Ambrosii* è costituito da 14 pezzi cuciti insieme appositamente[15]. I pezzi 1–4 sono stati scritti da una mano molto ordinata (A), in tarda carolina di transizione, e sono stati collegati mediante striscioline regolari di pergamena. Un sistema analogo di giunture in pergamena collega tra loro le due pergamene (5–6) successive,

12 Rapida sintesi della vicenda in: Annamaria Ambrosioni, Monaci e canonici all'ombra delle due torri, in: Ead., Milano (come alla nota 1) pp. 245–262, qui p. 260. Sto apprestando edizione e studio storico di questo documento.

13 L'elenco delle *allegationes* superstiti prodotte dai canonici tra 1144 e 1201 è dato in: Biscaro, Note (come alla nota 2) p. 315. Si identificano qui per maggior chiarezza i singoli documenti con le attuali segnature dell'Archivio capitolare di S. Ambrogio: *allegationes* del 1144 (ASA, Perg. XII-247); *allegationes* contro i monaci del 1190 (cucite in ASA, Perg. XIII-204) e *allegationes* per l'appello del 1191 (ASA, Perg. XII-250); *allegationes* riassuntive del 1201 (ASA, Perg. XIII-204). Si è ritenuto opportuno rimandare l'edizione di tutti questi documenti ad una auspicabile, futura, edizione integrale dei processi tra monaci e canonici nel periodo 1143–1201.

14 In generale sullo sviluppo delle controversie santambrosiane Ambrosioni, Monaci (come alla nota 12) pp. 245–262; Pietro Zerbi, La Chiesa ambrosiana di fronte alla Chiesa romana dal 1120 al 1135, in: id., Tra Milano e Cluny. Momenti di vita e cultura ecclesiastica nel secolo XII (Italia sacra 28), Roma ^{2}1991, pp. 188–189 (*Excursus* I, sulle controversie nei secoli XVII–IVIII).

15 Il rotolo è trascritto, diviso nelle tre parti di cui è composto, in: Della Croce, Codex diplomaticus Mediolanensis (come alla nota 2) I 13*, fol. 21r-33r, 34r-49v (prima parte delle *allegationes* 1201 e *notulae* dei procuratori) e I 11*, fol. 50r-61r (*allegationes* 1190); Pogliani, Dissidio (come alla nota 8) p. 19, nota 51, menziona la trascrizione di Della Croce ma ritiene irreperibile (o inesistente) l'originale. Si rettifichi così quanto da me scritto in: Canonici di S. Ambrogio e giudici delegati papali: un caso milanese agli inizi del Duecento, in: Legati e delegati papali. Profili, ambiti d'azione e tipologie di intervento nei secoli XII–XIII, a cura di Maria Pia Alberzoni/Claudia Zey, Milano 2012, pp. 283–336, qui p. 286, nota 11, in cui non avevo identificato le *allegationes* citate con il rotolo ASA, Perg. XIII-204.

legate con spago alle precedenti. Questi due pezzi sono stati vergati da una diversa mano notarile (B): si tratta infatti degli originali delle *allegationes* preparate nel 1190 dai canonici per la prima fase del processo svoltosi nel 1189–1191 che – come dichiaravano esplicitamente i procuratori nel 1201 – servivano ancora per confutare le accuse dei monaci e che dunque erano state reimpiegate (Fig. 27)[16]. Infine, gli otto pezzi restanti (7–14), cuciti con spago, sono stati vergati da una terza mano (C) assai simile alla prima per impostazione grafica, con poche aggiunte; i primi sei sono numerati nell'angolo inferiore o superiore sinistro con le lettere alfabetiche da A a F, gli ultimi due sono privi di lettera (Fig. 26). La struttura materiale del documento mette bene in luce quanto la forma del rotolo consentisse ai procuratori dei canonici di inserire parti dei precedenti processi ancora valide per rafforzare la loro tesi senza procedere a nuove compilazioni, e di ricavare elementi utili alla propria causa riassumendo ad uso dei giudici delegati i *dicta testium* di entrambi i collegi.

L'esame del contenuto delle tre parti in cui si può suddividere il rotolo ASA XIII-204 rafforza quest'impressione. Nelle prime quattro pergamene, i procuratori Enrico e Ambrogio ribattevano punto per punto alle accuse contenute nel *libellus* dei monaci e riassumevano le fasi precedenti della causa. In particolare, servendosi abilmente del diritto civile e canonico, ricusavano il mandato del precedente sindico dei canonici, *magister Girardus*, che nel febbraio 1199 aveva concluso davanti al cardinale uditore Gerardo di S. Nicola in Carcere Tulliano a Roma un accordo non autorizzato con i monaci sulla validità dell'interdetto comminato dall'arcivescovo Filippo di Lampugnano al preposito di S. Ambrogio Pietro Longo e ai suoi confratelli[17]. Se questo punto non fosse stato confutato, infatti, avrebbe potuto inficiare la validità dell'intero procedimento a sfavore dei canonici.

---

16 ASA, Perg. XIII-204: *Cetera que desunt requirantur infra in nostris allegationibus egregie compositis, que facte fuerunt in causa illa quam iudicaverunt prepositus Bergamensis et abbas Laudandis* (sic); *quam sententiam prefatis capitulis diverso modo oponimus et que allegationes mirabiliter in hac causa sibi locum vendicant.* Nel presente saggio indico per convenzione con la qualifica di 'procuratore del 1189–1191' il rappresentante dei canonici che si occupò della preparazione delle *allegationes* del 1190; nel 1191 i canonici nominarono per l'appello a Roma il chierico Ruggero di S. Eustorgio (su cui si veda nota 24 e testo corrispondente).

17 Il *magister Girardus* è identificabile con il canonico Girardo *Ferrarius*, che nel 1203 aveva in prestito una summa di teologia del confratello Manfredo *Oculiblanci*: Miriam Rita Tessera, I testamenti di Manfredo Oculiblanci, canonico di S. Ambrogio di Milano, in: Aevum 80 (2006) pp. 423–455, qui p. 429. Sul procedimento a Roma nel 1199: Alberzoni, Causa (come alla nota 1) pp. 24, 31–32, n. II (con edizione della nomina di Girardo come procuratore il 7 gennaio 1199).

Prima di presentare le successive argomentazioni i procuratori si premuravano di informare i giudici sulla struttura della loro perorazione, che riutilizzava le *allegationes* contro i monaci prodotte nel 1190 (pezzi 5–6) e aggiungeva le *notulae* ricavate dalla lettura dei *dicta testium* di canonici e monaci (pezzi 7–14)[18]. Infine concludevano con un appello alla benevolenza e alla competenza di chi avrebbe emesso la sentenza: *Cetera de benignitate et solertia iudicum procedant.*

La produzione di un memoriale complesso come quello in esame implicava un lavoro preciso sui documenti che si serviva di tecniche utilizzate dai precedenti procuratori della canonica di S. Ambrogio a partire dalla metà del XII secolo. Nella prima parte del rotolo (pezzi 1–4), i canonici avevano inserito, secondo la prassi consueta, le copie del *libellus* accusatorio prodotto dall'abate Arialdo[19] e della lettera commissoria inviata da Innocenzo III l'8 marzo 1199, con cui il papa delegava il giudizio sulla sentenza di interdetto emessa dall'arcivescovo di Milano Filippo di Lampugnano contro i canonici[20].

La loro difesa si fondava su un uso preciso delle norme di diritto civile, con abbondanti esemplificazioni tratte dal *Codex* e dal *Digesto* – conoscenze tecniche esibite dai monaci nel 1143–1144 di cui i canonici si erano comunque impadroniti più o meno contemporaneamente[21] – e soprattutto sulla presentazione di una consistente serie di documenti probatori per contestare la validità del mandato del precedente procuratore Girardo e controbattere ai singoli capi d'accusa dei monaci. Ciascun documento (o anche più documenti relativi alla stessa questione) era stato contrassegnato con una lettera alfabetica (da *b* a *g*) in modo da essere facilmente reperibile: ad esempio, il decreto emesso dell'arcivescovo Milone da Cardano l'11 dicembre 1191 che sollecitava l'attuazione della sua precedente sentenza – sfavorevole ai canonici – era contenuto „in una carta di sentenza segnata con la lettera *d*"[22], come

18 ASA, Perg. XIII-204: *Item inspicite diligentissime notulas quas fecimus super testibus sive atestationibus ex parte abbatis et ex parte prepositi; que notule pro parte domini prepositi faciunt.*

19 Originale delle *petitiones* di Arialdo: ASA, Perg. XIII-36 (21 maggio 1200).

20 Originale della lettera di Innocenzo III *Accedentibus ad apostolicam sedem*: ASA, Perg. XII-196, edizione in: Alberzoni, Causa (come alla nota 1) pp. 32–33, n. III.

21 Antonio Padoa Schioppa, Aspetti della giustizia milanese dal X al XII secolo, in: Atti dell'11. Congresso internazionale di studi sull'alto medioevo (Milano, 26–30 ottobre 1987), Spoleto 1989, I, pp. 459–549; 545–547 sottolinea che anche i canonici riuscirono a servirsi già nel 1143–1144 del diritto romano, contrariamente a quanto sostenuto dalla precedente storiografia. Per un esempio analogo: Corinna Mezzetti, Carte processuali dell'archivio di Pomposa. Un dossier della metà del XII secolo, in: Scrineum Rivista 2 (2004) pp. 1–72, qui pp. 37–38.

22 ASA, Perg. XIII-204: *Predictam sententiam non esse mandandam executioni, et canonici*

effettivamente si legge sul verso del documento originale, ASA, Perg. XII-177 (Fig. 34). Il procuratore aveva poi riportato le stesse lettere sul margine sinistro dei singoli pezzi del rotolo per facilitare il reperimento delle prove – prodotte in originale o in copia – durante il dibattimento.

Questo sistema alfabetico per citare i documenti probatori era stato messo a punto dai canonici almeno una decina d'anni prima, in occasione del processo sui compiti del cimiliarca – il tesoriere della basilica che, secondo i monaci, era tenuto a fornire alcuni servizi anche alla comunità benedettina – sia nelle *allegationes* contro i monaci del 1190 (riutilizzate nel rotolo ASA, Perg. XIII-204 durante il processo del 1200–1201) sia in quelle immediatamente successive (1191) che l'allora procuratore dei canonici, il chierico Ruggero di S. Eustorgio, aveva presentato per sostenere l'appello a Roma contro le sentenze pronunciate il 3 marzo 1190 dall'arcivescovo di Milano Milone e il 17 marzo 1191 dai giudici delegati papali[23]. Nelle *allegationes* presentate per l'appello del 1191 (ASA, Perg. XII-250) si sottolineava che la custodia della 'cimiliarchia' di S. Ambrogio spettava ai canonici, come dimostravano i numerosi documenti prodotti in giudizio segnati con la lettera z (*et probatur per plurima instrumenta et sunt signata per* z) [24].

Nei secoli successivi questo sistema di citazione dei documenti con una specifica lettera alfabetica divenne una prassi abituale per la canonica di S. Ambrogio. Osservando infatti le prime pergamene del rotolo ASA, Perg. XIII-204, si notano sul margine sinistro piccole lettere di rimando ai documenti apposte nel corso del XIII secolo e, per il secolo XIV, eleganti *maniculae* che indicano i passi rilevanti del testo (Fig. 28). Tale indizio consente di comprendere quanto potesse essere lunga la vitalità dello strumento-rotolo e la possibilità di un riutilizzo continuo durante le cause giudiziarie dalla durata pressoché secolare come nel caso dei monaci e canonici di S. Ambrogio.

In realtà l'uso dei rimandi alfabetici all'interno delle *allegationes* prodotte dai canonici è molto più raffinato di quanto sembra a una prima analisi: combinava infatti la documentazione relativa al processo in corso nel 1201 con quella preparata per i procedimenti giudiziari del 1189–1191, in particolare

---

contenderent eam esse mandandam; tunc Milo, Mediolanensis ecclesie archiepiscopus, censuit ipsam fore mandandam executioni et executioni mandavit ut continetur in quadam cartam sententie signata per .d.

23 Originale della sentenza di Milone: ASA, Perg. XII-163; sul ruolo di Milone: Maria Pia Alberzoni, Milone da Cardano, in: Dizionario Biografico degli Italiani 74 (2010) coll. 546–551; originale della sentenza dei delegati, Paolo, abate di S. Pietro di Lodi, e Oberto, preposito di S. Alessandro di Bergamo: ASA, Perg. XII-169. Sulla controversia del 1189–1191: Ambrosioni, Controversie (come alla nota 1) pp. 25–28.

24 ASA, Perg. XII-250. Per la nomina a procuratore di Ruggero di S. Eustorgio (22 marzo 1191): ASA, Perg. XII-172; Ambrosioni, Controversie (come alla nota 1) p. 27.

quella del dibattimento sui compiti spettanti al cimiliarca. La serie alfabetica utilizzata nei primi quattro pezzi del rotolo ASA, Perg. XIII-204 dai procuratori del 1201 venne integrata con una seconda serie, in parte ad essa accostata, che riutilizzava l'originale delle *allegationes* compilate dal loro predecessore nel 1190 (e i relativi documenti probatori) per eliminare come false o irrilevanti le prove documentarie prodotte dagli avversari (Fig. 29). I procuratori dei canonici scelsero quindi di combinare in modo ingegnoso le possibilità offerte dall'uso delle lettere alfabetiche in un complicato gioco di rimandi e incastri tra i vari processi istruiti nella seconda metà del XII secolo. I rimandi alfabetici nei margini di ASA, Perg. XIII-204 ai numerosi documenti esibiti nel 1190 e nel 1201 vennero sfruttati in almeno quattro modi diversi grazie all'uso della 'forma-rotolo': rimandi diretti a singoli documenti (come nel caso della sentenza di Milone ASA, Perg. XII-177), rimandi a gruppi di documenti contrassegnati con la stessa lettera[25], rimandi ai singoli passi di uno stesso documento da utilizzare per contestare due o più accuse dei monaci; rimandi interni tra documenti probatori che potevano essere utilizzati per corroborare la stessa tesi.

Durante i processi degli ultimi decenni del secolo XII, infatti, monaci e canonici avevano cercato di dimostrare che la fondazione del loro collegio era storicamente precedente a quella degli avversari, con tutte le implicazioni di preminenza che ne conseguivano. La difesa dei monaci si fondava principalmente su un diploma attribuito all'anno 866 con cui l'arcivescovo Tadone concedeva all'abate di S. Ambrogio Pietro II di inserire nel clero cittadino i preti che servivano alle necessità dei monaci officiando la basilica[26]. Sulla base di questo documento, che la storiografia moderna giudica falsificato[27], i monaci sostenevano che il gruppo dei preti da cui in seguito sarebbe nato il collegio canonicale di S. Ambrogio dipendeva formalmente dall'abate del monastero: di conseguenza il dominio sulla chiesa spettava ai monaci. Al contrario, i canonici cercavano di provare l'anteriorità storica del proprio

25 Ad esempio, i procuratori del 1201 contrassegnarono con la lettera *A* tutti i documenti relativi all'operato della prima commissione di giudici delegati (*appellationes* contro l'interdetto comminato dall'arcivescovo Filippo da Lampugnano, *petitio* del procuratore Girardo, appello dell'abate del monastero contro l'assoluzione dei canonici dal giuramento decisa dai delegati, lettere dimissorie del pontefice all'arcivescovo).

26 ASMi, Museo diplomatico, n. 78; edizione in: Il Museo diplomatico dell'Archivio di Stato di Milano, a cura di Alfio Rosario NATALE, Milano 1971, I/2, n. 118.

27 Luisa Federica ZAGNI, Gli atti arcivescovili milanesi dei secoli VIII–IX, in: Studi di storia medievale e di diplomatica 2 (1977) pp. 5–45: 13–15: il diploma è una copia 'autentica' (ma i segni di tabellionato sono in parte contraffatti) del presunto originale allestita per il processo del 1189–1191. Cfr. le osservazioni di BISCARO, Note (come alla nota 2) pp. 338–340 e NATALE, Falsificazioni (come alla nota 3) pp. 35–37 (ma le conclusioni di entrambi i saggi dovrebbero essere riesaminate).

collegio: sulla base della tradizione storiografica milanese attribuivano infatti, come si vedrà, l'origine dei preti officiali all'azione personale del vescovo Ambrogio, che li avrebbe inclusi nel numero dei settantadue presbiteri da lui scelti per servire la Chiesa milanese (aumentati fino a cento dal suo successore Simpliciano) e dichiaravano che i preti officiali erano presenti nella basilica ben prima della fondazione del monastero nel 784[28].

Un chiaro esempio del riutilizzo di rimandi già confezionati per il processo precedente si trova nel pezzo 5 del rotolo ASA, Perg. XIII-204, che corrisponde alle *allegationes* contro i monaci prodotte nel 1190 e cucite dai procuratori Enrico e Ambrogio all'interno del nuovo rotolo del 1201 (Fig. 30): i canonici dichiaravano infatti che in una carta di permuta segnata con la lettera *G* e scritta ai tempi del re longobardo Desiderio – dunque prima della conquista di Carlo Magno e della fondazione del monastero nel 784 – gli attori erano i dodici preti officiali della basilica di S. Ambrogio[29]. Questa circostanza provava indubitabilmente l'esistenza di un 'collegio canonicale' ben prima di quello monastico[30]. La stessa carta di permuta, però, contrassegnata con la lettera *A*, era stata citata dai canonici anche in precedenza, nella pergamena 4 del rotolo, cioè nella parte appositamente preparata per il processo concluso da Alberto di Vercelli nel 1201. In questo caso il documento serviva come prova per contestare che al momento della fondazione del monastero, disposta dall'arcivescovo Pietro nel 784 (come dimostravano i monaci con il documento relativo alla mano), i dodici preti officiali della basilica fossero sottoposti al dominio dei monaci poiché invece disponevano liberamente già prima dei beni della chiesa, tanto da poterli permutare con un altro sacerdote milanese[31].

---

28 Si veda la nota 39 e testo corrispondente.

29 Il documento esibito dai canonici è identificabile con ASA, Perg. VIII-2 (febbraio 757), su cui si vedano le osservazioni esposte nelle note successive.

30 ASA, Perg. VIII-2, nota dorsale del procuratore del 1189–1190: *G. Quia hic ostenditur canonicos offitiales Sancti Ambrosii de ordine decumanorum numquam fuisse subiectos ordinariis, numquam eorum mercenarios fuisse, cum per ipsos libere absque ordinariorum ulla (con)venientia vel subscriptione facta fuerit hec commutatio per XII istius ecclesie presbiteros per multa tempora ante monasterii constructionem, et ad hec facit signum G.* Questa nota del procuratore è ripresa praticamente alla lettera nel testo delle *allegationes* del 1190 (ASA, Perg. XIII-204, pezzo 6): *Quare, sicut pars adversa solet obicere, non eos servientes ordinariorum sive mercenarios fuisse, sed potius dominium sive regimen illius eclesie habuisse liquido probatur, quia, si hoc esset, vel per ordinarios esset ipsa comutatio principaliter facta vel etiam eorum consensu. Et est illud instrumentum signatum per G.*

31 ASA, Perg. VIII-2, nota dorsale del procuratore del 1189–1190: *Per istud instrumentum hostenditur canonicos offitiales beati Ambrosii de ordine decumanorum sancte Mediolanensis ecclesie fuisse tempore Desiderii imperatoris, anno eius XXI, qui* (sic) *fuit imperator, sicut probatur per legendam vite sancti Eugenii et in cronicis imperatorum reperitur. Qui etiam*

L'attento lavoro di ricognizione e ricostruzione storica già eseguito dal procuratore della causa nel 1189–1191 risalta chiaramente esaminando il verso della pergamena citata dai canonici. Si tratta di una *carta commutacionis* di dubbia autenticità (ASA, Perg. VIII-2), datata febbraio 776, che attestava una permuta di terre in località *Baradiclo* tra i dodici presbiteri officiali di S. Ambrogio e il prete Uberto della chiesa dei SS. Gervaso e Protaso di Parabiago[32]. Questo documento fu utilizzato certamente durante le controversie a metà del XII secolo, come attesta una nota dorsale coeva apposta sul verso della pergamena, quando i canonici erano guidati dall'intraprendente preposito Martino Corbo[33]. Circa cinquant'anni dopo, il procuratore del 1189–1191 aggiunse i due efficaci regesti esplicativi, segnati rispettivamente con le lettere alfabetiche *A* e *G*, che individuavano e riassumevano le argomentazioni esposte nelle *allegationes*, a loro volta inserite dai suoi successori Enrico e Ambrogio nel rotolo del 1201 (Fig. 31–33).

Un altro esempio interessante è quello dei rimandi incrociati tra le lettere alfabetiche precedentemente assegnate alle note vergate dal procuratore del

fuit ante tempora Karoli, cuius Karoli tempore hedificatum fuerit monasterium, ut in privilegiis monasterii continetur. Et ad hoc spectat hoc signum ut supra A.

32 Per quanto riguarda l'origine di ASA, Perg. VIII-2, il problema delle copie confezionate dai canonici per sostenere i diritti del proprio collegio sarebbe da riesaminare in modo complessivo: Luigi Sisto Pandolfi, L'Archivio di Sant'Ambrogio in Milano, in: Ambrosiana. Scritti di storia, archeologia ed arte pubblicati nel XVI centenario della nascita di sant'Ambrogio, Milano 1942, pp. 239–248: 242–243, riteneva la *cartula* falsificazione del secolo XI costruita su un originale del 1028, che però è trasmesso soltanto da trascrizioni condotte su un originale perduto dell'archivio canonicale: Gli atti privati milanesi e comaschi del sec. XI, II: [a. 1026–1050], a cura di Cesare Manaresi/Caterina Santoro, Milano 1960, pp. 54–55 n. 167. In realtà, ASA, Perg. VIII-2 (in scrittura corsiva, di imitazione) e le sue 'copie' (ASA, Perg. VIII-1 in minuscola carolina, ASA, Perg. VIII-3 e ASMi, Museo diplomatico, n. 22, in tarda carolina del secolo XII) presentano notevoli difformità nella scrittura, nella datazione e nelle sottoscrizioni che meriterebbero un'analisi approfondita prima di trarre conclusioni sui metodi di produzione di falsi e riutilizzo degli stessi nella canonica di S. Ambrogio; per una rapida analisi di ASMi, Museo diplomatico, n. 22: Giorgio Picasso, Un documento inedito per la storia dei canonici di S. Ambrogio (M.D. n. 22–23), in: Archivio storico lombardo 98–99–100 (1971–1972–1973) pp. 53–58. Sul problema si rimanda alle osservazioni metodologiche di Michele Ansani, Sul tema del falso in diplomatica. Considerazioni generali e due dossier documentari a confronto, in: Secoli XI e XII: l'invenzione della memoria. Atti del Seminario Internazionale Montepulciano, 27–29 aprile 2006, a cura di Simone Allegria/Francesca Cenni, Montepulciano 2006 (Medieval writing 1) pp. 9–50.

33 ASA, Perg. VIII-2, note dorsali (parzialmente illeggibili) della metà XII secolo: *Ante hedificationem monasterii fuit facta hec carta comutacionis per XII presbiteros decomanos ecclesie beati Ambrosii et canonicos eiusdem ecclesie* [...] *et per hanc comutacionem susceptam* [...]. Su Martino Corbo: Annamaria Ambrosioni, Corbo (Corbus, Corvus) Martino, ora in: ead., Milano (come alla nota 1) pp. 203–212.

1189–1191 sul verso dei singoli documenti d'archivio e in seguito riportate nel rotolo del 1201. Così, sul verso di una *carta divisionis* del novembre 867 (ASA, Perg. IX-4) – in questo caso autentica – con cui il prete Gregorio disponeva di lasciare i suoi beni ai preti officiali di alcune chiese milanesi, tra cui la basilica di S. Ambrogio, il procuratore del 1189–1191 aggiunse la lettera *C* accanto alla nota in cui rilevava che i canonici, come provava anche il documento già contrassegnato sul verso con la lettera *B*, avevano ricevuto la donazione senza nessun intervento o concessione da parte dei monaci[34]. Anche in questo caso la corrispondenza tra le lettere citate nel rotolo e i documenti d'archivio è puntuale: la donazione (autentica) disposta il 26 luglio 882 dal prete Leoperto agli officiali della chiesa di S. Ambrogio (ASA, Perg. IX-6) riporta sul verso della pergamena la lettera *B* oltre alle usuali note di mano del procuratore[35].

I regesti vergati dai procuratori sul dorso dei documenti più antichi – o esibiti come tali – custoditi nell'archivio di S. Ambrogio testimoniano anche la volontà dei canonici di costruire una precisa memoria storica delle origini e dello sviluppo del proprio collegio, che si serviva delle testimonianze più celebri del passato della Chiesa milanese per giustificare i privilegi e i diritti detenuti nella basilica del santo patrono. A proposito della *datatio* inusuale (e cronologicamente scorretta) apposta nel documento del 776 (ASA, Perg. VIII-2) – „Desiderio, per grazia di Dio imperatore augusto, nel ventunesimo anno del suo regno" – il procuratore del 1189–1191 annotava a riguardo che di Desiderio si trovava notizia „nella vita di sant'Eugenio e nelle cronache degli imperatori"[36].

34 ASA, Perg. IX-4, note dorsali (parzialmente illeggibili) di mano del procuratore del 1189–1191: *Hec carta divisionis facte* (sic) *inter offitiales beati Ambrosii ubi eius sanctum humatum quiescit corpus* [...] *et facta fuit anno quintodecimo Lodoici imperatoris, qui Lodoycus fuit filius Karoli. Per hoc igitur hostenditur neque canonicos* [...] *fuisse* [...] *subpositos, cum libere divisiones absque abbatis et monachorum et ordinariorum maioris ecclesie* (sic) *fecissent, et hoc pertinent illa signa B.* Ancora da studiare in relazione alle *allegationes* del 1190 sono anche le note interlineari con i relativi rimandi alfabetici marginali apposte dal procuratore alla copia dei *dicta testium* dei monaci (verbalizzati il 27 luglio 1190 su tre pezzi di pergamena cuciti insieme in un piccolo rotolo) durante il processo sui compiti del cimiliarca, oggi ASA, Perg. XII-167A.

35 In questo caso il procuratore del 1189–1191 si limitò ad aggiungere le proprie considerazioni alla prima riga di note vergata dal suo predecessore per il processo del 1143–1144, come si evince dal cambio di mano e di scrittura.

36 Si veda la nota 31. Un inventario parziale della biblioteca dei canonici redatto nel novembre 1247 (ASA, Perg. XIII-150b), segnala la presenza di un generico *Liber ystoriarum regum*; edizione di Mirella FERRARI, in: Libri canonicorum sancti Ambrosii, in: La basilica di S. Ambrogio: il tempio ininterrotto, a cura di Maria Luisa GATTI PERER, Milano 1995, I, pp. 321–327; qui pp. 322, 324, ma non è possibile essere più precisi sull'eventuale corrispondenza con il volume delle cronache citato nelle *allegationes*.

I canonici si riferivano alla vita del leggendario vescovo transalpino di epoca carolingia, salvatore del rito ambrosiano, che era confluita insieme ai testi fondamentali sul prestigio e la dignità della Chiesa milanese nell'importante codice Ambr. I 152 inf., prodotto dallo *scriptorium* della cattedrale di Santa Tecla prima del 1140[37]. La vita del vescovo Eugenio si leggeva anche in uno dei monumenti della produzione storiografica milanese, l'*Historia Mediolanensis* di Landolfo Seniore, che – con l'aggiunta della cronaca di Arnolfo e del *Libellus de situ* – circolava sotto il nome di 'cronaca di Dazio' e costituiva una raccolta di testi capitale per la costruzione della memoria storica della Chiesa milanese[38]. In effetti, per giustificare in modo puntuale l'appartenenza dei canonici al clero decumano, il procuratore del 1189–1191 menzionava appunto la cosiddetta 'cronaca di Dazio'. Nella pergamena 6 del rotolo si sosteneva che i canonici erano stati insediati nella basilica da Ambrogio in persona, che aveva stabilito il primo ordinamento del clero della città in seguito perfezionato dal suo successore Simpliciano, „come è espressamente contenuto nel libro degli annali della Chiesa di Milano che è chiamato Dazio"[39]. L'autorità del volume di 'Dazio', fisicamente presente

37 Per la vita di sant'Eugenio: Sermo beati Thomae episcopi Mediolani, in: ANONYMI MEDIOLANENSIS Libellus de situ civitatis Mediolani, a cura di Alessandro COLOMBO/Giuseppe COLOMBO, RIS², I/2, Bologna 1952, pp. 90–95, su cui Paolo TOMEA, *Tradizione apostolica e coscienza cittadina a Milano nel medioevo. La leggenda di S. Barnaba* (Bibliotheca erudita. Studi e documenti di storia e filologia 2), Milano 1993, pp. 48–49, nota 61 e Enrico CATTANEO, Sant'Eugenio vescovo e il rito ambrosiano, in: Ricerche storiche sulla Chiesa ambrosiana (Archivio ambrosiano 18), Milano 1970, pp. 36–43.

38 Sull'esatta natura della 'cronaca di Dazio', che la storiografia discute se identificare completamente o soltanto in parte con l'*Historia Mediolanensis* di Landolfo Seniore, si veda Paolo TOMEA, Cronache episcopali e cronache universali minori, in: Le cronache medievali di Milano, a cura di Paolo CHIESA (Scienze storiche 73), Milano 2001, pp. 39–78, qui pp. 66–67, nota 81 con ulteriori riferimenti bibliografici, e la precedente discussione in: ID., Le suggestioni dell'antico. Qualche riflessione sull'epistola proemiale del 'De situ civitatis Mediolani' e sulle sue fonti, in: Aevum 63 (1989) pp. 172–185, qui pp. 174–175.

39 ASA XIII-204, pezzo 6: *Sciendum est beatum Ambrosium, totius ecclesie catholice doctorem atque Mediolanensis statutorem, LXXII presbiteros ordinasse qui omnibus ecclesie nostre civitatis divina celebrarent officia, atque eisdem quendam alium presbiterum prefecit, qui primicerius appellatur. Beatus igitur Ambroxius quattuor construxit eclesias, inter quas fuit illa que nunc vere et proprie eclesia beati Ambrosii apellatur, quia in ea eius sanctum humatum quiescit corpus, que etiam et ex tunc Ambrosiana vocabatur ecclesia; et ibi instituit XII officiales de predictis presbiteris, qui usque in odiernum diem remanserunt ibidem servientes. Demum, mortuo sanctissimo patrono nostro Ambrosio, statim ei in episcopatum successit beatus Simplicianus, quondam eius archidiaconus... alios XXVIII presbiteris predictis addiderit sacerdotibus... Isti etiam decumani apellabantur, quia decies decem sunt vel quia decimas totius populi recipiebant vel decumani decus maiorum dicebantur, et ex eo tempore nostro* (sic) *fuit origo. Sic hec omnia in libro annali Mediolanensis eclesie qui Datius appellatur expressim continetur.* Cfr. il passo corrispondente in: LANDULFI SENIORIS Historia

nel palazzo arcivescovile – almeno secondo la testimonianza di un processo del 1289 tra il capitolo dei decumani di S. Maria e, ancora una volta, la canonica di S. Ambrogio – era assoluta e rappresentava una 'storia ufficiale' degli ordinamenti ecclesiastici ambrosiani che ormai era divenuta patrimonio comune dei chierici milanesi[40].

Alle soglie del XIII secolo, infatti, in un momento di gravi contrasti civili tra *nobiles* e *populares* che si rispecchiavano all'interno del clero, numerose istituzioni ecclesiastiche milanesi scelsero di ricercare e utilizzare prove 'storiche' custodite in documenti, annali e cronache[41] per ricostruire il passato della Chiesa ambrosiana e sostenere le proprie rivendicazioni, come dimostra il contenzioso tra l'arcidiacono e il primicerio dei decumani della cattedrale svoltosi nel 1203. Durante questo processo, ancora una volta affidato al giudizio del delegato papale Alberto di Vercelli, alcuni dei testimoni – i cui *dicta* furono anche in questo caso registrati su rotolo – fecero esplicito riferimento alla divisione del clero milanese in maggiore e minore come provata non solo dalla visibile consuetudine delle mansioni svolte da ordinari e decumani, ma anche attestata nei documenti scritti custoditi negli archivi delle singole istituzioni[42].

Processi lunghi e complicati come quelli che impegnarono la canonica e il monastero di S. Ambrogio nell'ultimo decennio del XII secolo implicavano quindi per le istituzioni coinvolte un notevole sforzo (anche finanziario) che si sviluppava su almeno tre livelli successivi e complementari: la costruzione di una memoria storica per giustificare i propri diritti, la riorganizzazione della documentazione già esistente e la produzione di nuovi documenti – anche in forma di rotolo, testimoniale o riassuntivo – richiesti dalle distinte fasi del procedimento giudiziario in corso. In effetti, la quantità di carte custodite nell'archivio dai canonici ed esaminate preventivamente dal procuratore del

---

mediolanensis usque ad a. 1085, ed. Ludwig Conrad BETHMANN/Wilhelm WATTENBACH, MGH SS 8 (1948), I, 7, pp. 32–100, qui p. 41.

40 FERRARI, Libri (come alla nota 8) pp. 194–198.

41 La biblioteca dei canonici accoglieva, ancora alla fine del secolo XVII, la cosiddetta *Chronica archiepiscoporum I*, con sintetiche notizie sui vescovi di Milano da Barnaba a Leone da Perego (morto nel 1257), oggi salvata dall'apografo Milano, Biblioteca Ambrosiana, L 29 suss., su cui TOMEA, Cronache episcopali, p. 63, nota 67.

42 Si vedano ad esempio le indicazioni fornite da Guglielmo Balbo, arciprete della cattedrale: *Interrogatus quomodo hoc scit, respondit quia plura vidit instrumenta in quibus sciretur presbiter talis de ordine maiore et presbiter talis de ordine minori et primicerius de ordine decumanorum*, cit. in POGLIANI, Dissidio (come alla nota 8) p. 64, rr. 779–782. Su Guglielmo Balbo: Maria Pia ALBERZONI, Città, vescovi e papato nella Lombardia dei comuni, Novara 2001, pp. 187–188, dove si mette in luce l'abilità di Guglielmo di servirsi dei documenti presentati davanti alla curia papale per modificare in senso favorevole la posizione del proprio arcivescovo Filippo da Lampugnano nella vertenza sul monastero di S. Donato di Scozola.

1189–1191 e, in seguito, da Ambrogio ed Enrico nel 1201, risulta notevole: si trattava di almeno 25 documenti, datati tra l'VIII e il XII secolo, di cui praticamente tutti gli originali identificabili – o le relative copie esemplate durante il processo – sono ancora conservati nell'Archivio capitolare della basilica di S. Ambrogio[43]. Come si è visto, questi documenti erano contrassegnati con lettere alfabetiche sia singolarmente, sia in gruppi (designati con la stessa lettera) o anche in alcuni punti specifici, che poi trovavano una corrispondenza puntuale con le lettere citate nel testo e sui margini del rotolo presentato nel 1201, dove erano state inserite anche le *allegationes* del 1190. A tutto questo materiale si aggiungevano i documenti coevi, redatti tra il 1199 e il 1201, citati o inseriti in copia nelle *allegationes* dei canonici con i relativi riferimenti.

Ci si potrebbe dunque chiedere se il complesso sistema di rimandi impiegato dai canonici di S. Ambrogio nel rotolo del 1201 rappresenti una peculiarità sviluppata a causa del lungo contenzioso con il vicino monastero, o piuttosto non sia un sistema mutuato da altre realtà – o categorie professionali – presenti sul territorio milanese secondo modalità ancora da indagare. In effetti un riscontro interessante, pressoché coevo, si trova nei documenti prodotti dall'abbazia cistercense di Morimondo durante gli ultimi vent'anni del XII secolo, in particolare durante la lunghissima causa contro la pieve di Casorate[44]. Molto simile al rotolo santambrosiano per struttura e impostazione si presenta il *consilium* con *allegationes* e *defensiones* redatto per i cistercensi nel 1199–1200 e materialmente scritto dal notaio Lanfranco di Concorezzo, che si occupò anche di redigere la sentenza dei giudici delegati e altri documenti del procedimento[45]. La strategia utilizzata dai cistercensi

---

43 La necessità di disporre di copie multiple dei documenti probatori per costruire la propria difesa o da consegnare agli avversari, giustifica la presenza in Archivio capitolare di numerose copie degli atti, redatte in fasi diverse, la cui successione si potrebbe ricostruire con uno studio specifico utile anche per distinguere eventuali interpolazioni nelle copie: si veda ad esempio il caso del giudicato di Rodoaldo di Abbiate (13 aprile 776), che sopravvive in due copie redatte alla fine del XII secolo per i due collegi santambrosiani: ASA VIII-4 (copia dei canonici) e ASMi, Museo diplomatico, n. 23 (copia dei monaci), che riporta nel margine superiore sinistro la nota '*factum*' coeva ai processi del 1189–1191 e 1198–1201.

44 Sul processo tra i cistercensi e Casorate: Werner Maleczek, La pieve di Casorate nella controversia con il monastero cistercense di Morimondo. Un contributo sulla giurisdizione papale delegata al tempo di Innocenzo III, in: Archivio Storico Lombardo 123 (1997) pp. 283–327, con edizione dei documenti più rilevanti.

45 ASMi, AD, Pergamene per fondi, cart. 688, n. 289, edizione in: Maleczek, Pieve (come alla nota 44) pp. 303–307 n. III; l'attribuzione alla mano di Lanfranco di Concorezzo è sostenuta da Michele Ansani nell'edizione digitale in: Codice diplomatico della Lombardia medievale, Le carte del monastero di S. Maria di Morimondo, II: (1171–1200), a cura di Michele Ansani, http://cdlm.unipv.it/edizioni/mi/morimondo-smaria2/, n. 343, consultato

durante il processo contro Casorate è la stessa che i canonici di S. Ambrogio applicarono nel 1201: delegittimare la precedente sentenza dei delegati servendosi del *Codex* e del *Digesto* per favorire la revisione del procedimento; identico a quello usato nel rotolo ASA, Perg. XIII-204 è anche il ricorso ai rimandi alfabetici per contrassegnare i documenti probatori citati durante le varie fasi del giudizio[46].

Lanfranco di Concorezzo, inoltre, è lo stesso professionista a cui Alberto di Vercelli diede l'incarico di interrogare i testimoni e verbalizzare in forma ufficiale i *dicta testium* di monaci e canonici nel 1200–1201; nel 1201 fu chiamato da Alberto a sostituire il precedente notaio, Nicolao di Vercelli, e a reinterrogare, su richiesta dei canonici, i testimoni dei monaci sospettati di aver deposto il falso. In compenso il capitolo canonicale avrebbe dovuto pagare le spese di copiatura dei verbali „in modo che ciascuna delle due parti abbia un esemplare delle prove (*attestationes*)"[47].

Lanfranco proveniva da una famiglia di professionisti del diritto molto attiva nel mondo milanese nell'ultimo trentennio del XII secolo, che annoverava tra i suoi membri il giudice imperiale *Laurentius* e il notaio del sacro palazzo *Andriottus*, spesso al servizio della canonica di S. Ambrogio[48]. La sua presenza tra gli officiali al seguito di Guglielmo della Pusterla, eletto podestà di Como nel 1227, permette di intuire l'importanza crescente di tecnici e giursiperiti professionisti che non soltanto si mettevano al servizio delle istituzioni civili ed ecclesiastiche del proprio comune, ma che stavano sperimentando nuovi sistemi di registrazione e strategie difensive professionali da impiegare nei diversi ambiti in cui operavano[49]. Il ruolo di questi notai-giu-

---

il 4 dicembre 2017. Durante la controversia con Casorate, i cistercensi di Morimondo si servirono anche di Pietro e Alemanno Rabbo, una coppia di notai del sacro palazzo abitualmente impiegati dalla canonica e dal monastero di S. Ambrogio; su Alamanno Rabbo: Marco Petoletti, *Copiare le epigrafi nel Medioevo: l'epitafio di Ansperto in S. Ambrogio a Milano e la sua fortuna*, in: Italia medioevale e umanistica 43 (2002) pp. 91–114: 93–94.

46 Ad esempio: *quod dominus Radulfus cardinalis, homo sapiens et discretus, iudicavit, sicut apparet per cartam unam signatam per .D., et que confirmata est per dominum Innocentium, sicut legitur in privilegio uno signato per .E.*, Maleczek, Pieve (come alla nota 44) p. 304.

47 ASA, Perg. XII-234 (copia autentica dell'originale con sigillo di Alberto di Vercelli): *ut sine mora attestationes partium recitentur et transcribantur, ita ut quelibet pars earundem attestationum habeat exemplum.* Su questo documento si veda Ambrosioni, Controversie (come alla nota 1) p. 37, che data la sostituzione del notaio Nicolao prima del marzo 1201.

48 Notizie sintetiche sulle carriere dei da Concorezzo in: Alfio Rosario Natale, Ricerche paleografiche in carte lombarde dalla seconda metà del Mille al Millecento, Milano 1961, pp. 33, 84–86, 93 e Le pergamene del XII secolo della chiesa di S. Stefano di Vimercate conservate presso l'Archivio di Stato di Milano, a cura di Liliana Martinelli Perelli, Milano 2001 (Pergamene milanesi dei secoli XII–IIII, 14) pp. VII.

49 Sul ruolo dei notai milanesi nelle strategie processuali, oltre al classico Alberto Liva, No-

risperiti nella redazione dei documenti processuali e il loro rapporto 'di fiducia' con istituzioni ecclesiastiche a loro volta collegate da legami personali e culturali – come i cistercensi delle abbazie milanesi e la canonica di S. Ambrogio[50] – potrebbe aver infatti esercitato un profondo influsso sulle pratiche di gestione archivistica e di organizzazione del patrimonio documentario all'interno delle istituzioni stesse con risultati di lunga durata.

Tracce del consistente lavoro preparatorio svolto dai canonici per costruire le *allegationes* del 1201 si trovano infatti esaminando anche la terza ed ultima parte del rotolo ASA, Perg. XIII-204 (pezzi 7–14), compilato a partire dai verbali delle testimonianze prodotte dai monaci – che i procuratori potevano consultare in copia (ASA, Perg. XIII-205) – e degli originali dei canonici stessi (ASA, Perg. XII-206). Una volta ottenuto il rotolo con i *dicta testium* degli avversari, Enrico e Ambrogio avevano annotato su pergamene sciolte le considerazioni contro i testimoni dei monaci; in seguito le avevano riportate ordinatamente – divise per argomenti con eleganti segni di paragrafo – nelle pergamene 7–14 del propro rotolo aggiungendo anche, sui singoli punti contestati, il nome di coloro che avevano deposto in favore della canonica[51].

Così, ad esempio, si potevano facilmente screditare le affermazioni del monaco Guifredo *de Uglono* – uno spergiuro – sul dovere dei canonici di portare le croci in processione davanti ai morti della comunità monastica citando alla lettera la sentenza di assoluzione pronunciata nel 1191 dai giudici delegati[52]. Ancora una volta, questo sistema era stato già utilizzato nella

---

tariato e documento notarile a Milano dall'Alto Medioevo alla fine del Settecento, Roma 1979 (Studi storici sul notariato italiano 4), cfr. Cecilia Piacitelli, Notariato a Milano nel secolo XII: qualifiche e nomine, in: Atti dell'11. Congresso internazionale di studi sull'alto medioevo (Milano, 26–30 ottobre 1987), Spoleto 1989, II, pp. 969–980 e Luca Fois, Interpretazione, trascrizione o traduzione? I dicta testium e il ruolo di mediazione linguistica dei notai (secc. XII–XIV), in: Cahiers d'études italiennes 17 (2013) pp. 21–36, con riferimento al caso santambrosiano alle pp. 28–29.

50 Nel 1160–1162 il preposito di S. Ambrogio Lanterio Castiglioni si ritirò a Morimondo nel clima instabile della guerra contro Federico I: Ambrosioni, Pergamene (come alla nota 9), pp. XXXI–XXXII. Scambi tra Chiaravalle e la basilica di S. Ambrogio sono ben attestati anche all'inizio del XIII secolo grazie alla mediazione del soprastante Guglielmo da Pomo: Gerolamo Biscaro, Note e documenti santambrosiani. Seconda serie, in: Archivio Storico Lombardo IV ser. 32 (1905) III–IV pp. 47–94, 56–57.

51 ASA, Perg. XIII-204, pezzi 7–14, incipit: *Notitiae factae ex parte canonice sive universitatis canonicorum beati Ambrosii contra abbatem et monachos sancti Ambrosii.*

52 ASA, Perg. XIII-204: *Quia autem domnus Guifredus de Uglono monachus monasterii Sancti Ambrosii et testis ipsius monasterii periurius manifeste probatur ex dicto suo et ex eo quod dicit, quod canonici debent deferre facere deferre* (sic) *cruces ante abbatem et monachos ad omnia corpora defunctorum tam conversorum et clericorum et abbatum et monachorum monasterii Sancti Ambrosii, et in sententia supra hec lata a preposito Bergamensis et ab abbate de Laude veteri ita continetur: 'Et absolvimus iamdictum Petrum cimiliarcam ne*

causa del 1189–1191, come dimostra una delle 'minute' superstiti, un efficace elenco riassuntivo delle motivazioni – spesso di ordine morale – che provavano l'inattendibilità dei *testes monachorum*: il priore Giovanni era uno scomunicato per violenze, Ottone *de Aplano* un incendiario, Giacomo *de Siziano* un ladro e un consistente gruppo di monaci si era macchiato di spergiuro[53].

Tuttavia, la qualità delle *allegationes* preparate dai canonici nel 1201 non fu sufficiente a garantire un successo completo davanti allo sguardo severo di Alberto di Vercelli e di Pietro di Lucedio: la sentenza del 24 novembre 1201, infatti, ripartiva tra le due comunità i diritti controversi, senza stabilire quale dei due collegi avesse il dominio sulla basilica di S. Ambrogio[54]. L'intenso lavoro preparatorio sui documenti conservati nell'archivio canonicale per allestire il *rotulus* del 1201 – così come quello compiuto dai monaci – influì comunque sul giudizio emesso dai delegati del papa, forse anche grazie alla mediazione dei professionisti del mondo del diritto coinvolti nel dibattimento. Alberto e Pietro dichiaravano infatti di aver concluso che „entrambi i due collegi, cioè quello dei monaci e quello dei canonici, esistevano da lunghissimo tempo addietro nella chiesa del beato Ambrogio, ben distinti per diversità di *ordo* e separati nei possedimenti e nella residenza“[55]. Tuttavia, la sentenza finale venne ritenuta dai canonici come equivalente ad una vittoria, tanto che le resistenze del monastero di S. Ambrogio ad applicarla provocarono una ulteriore, irritata, reazione di Innocenzo III: il 20 settembre 1202 il papa ingiunse all'arcivescovo di Milano e al vescovo di Novara di far eseguire le disposizioni stabilite dai giudici su esplicita richiesta della canonica di S. Ambrogio[56].

La sintesi storica che la forma del *rotulus* aveva imposto ai procuratori di monaci e canonici era dunque riuscita a condizionare l'interpretazione delle

---

deferri faciat cruces ad cadavera mortuorum cum requisitus fuerit ab abbate et monacis sancti Ambrosii'.

53 ASA, Perg. XII-251; su questo documento si veda anche Ambrosioni, Controversie (come alla nota 1) p. 16.

54 ASMi, AD, Pergamene per fondi, cart. 343, c. 1 n. 25 (copia per il monastero) e ASA XIII-1 (copia per la canonica); Ambrosioni, Controversie (come alla nota 1) pp. 37–38. Per l'attività di Alberto come giudice delegato si veda Laura Minghetti Rondoni, Alberto di Vercelli (1185–1205). Contributo per una biografia, in: Aevum 59 (1985) pp. 267–304; 283–285.

55 ASA, Perg. XIII-1; edizione in: Gian Pietro Puricelli, *Ambrosianae Mediolani basilicae ac monasterii hodie Cisterciensis monumenta*, Mediolani 1645, *pp.* 653–654: *Invenimus utrumque collegium, monachorum scilicet et canonicorum, a longissimis retro temporibus fuisse in ecclesia beati Ambrosii sicut varietate ordinis diversum ab invicem sicut possessionibus et habitatione divisum, nec patere potuit nobis unde alterum subiacere debeat alteri.*

56 ASA, Perg. XIII-4; il documento non è segnalato dal Potthast: Ambrosioni, Controversie (come alla nota 1) pp. 37–38.

prove da parte dei giudici delegati. E questo era solo il risultato più tangibile: l'abilità con cui i procuratori dei canonici si servirono dello strumento pratico del *rotulus* per una presentazione rapida, ordinata e soprattutto integrabile in tempi successivi del materiale probatorio accumulato in quasi quarant'anni a S. Ambrogio permise ai loro successori di riutilizzare le loro conclusioni a più riprese. Nelle dispute seguenti, nuovi rimandi alfabetici vennero aggiunti sul verso delle pergamene e altrettanti richiami nel margine delle *allegationes* del 1201: l'efficacia dello strumento-*rotulus* veniva così prolungata, con minimo sforzo, per i secoli successivi, fino alle soglie dell'età moderna.

Abstract

During the long-lasting trials between the canons and monks of the Basilica of S. Ambrogio in Milan, a huge amount of charters was issued, among which an outstanding example of medieval roll (Milano, Archivio capitolare e biblioteca della Basilica di S. Ambrogio, Perg. sec. XIII-204) survives. The canons' proctors compiled this very long roll (mt. 7, 88) in 1201 in order to support their *allegationes* that is the rights the canons pretended to have on the church during the debate in front of papal delegates. The complex structure of this parchment roll, which re-uses an older example of the canons' *allegationes* together with some new charters against the monks' charges, is a good example of the flexibility required to this kind of documents, which could easily change according to the subsequent development of the trial. Moreover, the canons used an innovative way to quote older charters marked with alphabetical letters on the margins of their roll which was possibly created by Milanese legal experts (in particular the Concorezzo family) and already used by the nearby Cistercians of Morimondo abbey.

Il rotolo San Domenico 77/7411 dell'Archivio di Stato di Bologna e il dossier Borgognoni

Storia di un processo annunciato (f. XIII-i. XIV sec)[*]

Lorenza Iannacci

Il rotolo *San Domenico 77/7411* è conservato presso l'Archivio di Stato di Bologna, fondo delle *Corporazioni religiose soppresse* (il cosiddetto *Demaniale*), archivio del convento di San Domenico di Bologna.

Esso fu segnalato a me e alla dott.ssa Annafelicia Zuffrano dalla dott.ssa Diana Tura, archivista dell'Istituto, come pezzo ancora inedito e dal contenuto non meglio identificato, sebbene noto agli studiosi per le sue caratteristiche estrinseche, le dimensioni, in effetti davvero ragguardevoli (28 carte cucite assieme lungo il lato corto per una lunghezza complessiva di 19,57 m).

Nell'antico inventario del fondo *Demaniale*, redatto verso il 1834 negli uffici del Demanio e attualmente conservato in copia presso la sala di studio dell'Archivio di Stato[1], il rotolo viene genericamente descritto come documento riguardante Teodorico Borgognoni, *episcopus Cerviensis*, al pari di un secondo pezzo, un faldone contenente documenti relativi al medesimo vescovo. Si tratta di una busta con documentazione originale e in copia di vario tipo, il cui contenuto comprende in particolare[2]: la *licentia testandi* concessa da papa Niccolò III al vescovo (conservata in originale); la copia autentica delle

---

* L'intervento qui presentato trae spunto dalle notazioni, arricchite dell'apparato di note bibliografiche, presentate in occasione del convegno "Der Rotulus im Gebrauch. Einsatzmöglichkeiten, Gestaltungsvarianz und Aussagekraft einer Quellengattung" tenutosi a Wuppertal il 21–23 settembre 2016 ed organizzato da Jochen Johrendt, Maria Pia Alberzoni e Étienne Doublier; i suoi contenuti sono strettamente complementari al saggio di Annafelicia Zuffrano, Il rotolo *San Domenico 77/7411*: analisi paleografico-diplomatistica di un inedito *dicta testium*, pubblicato in questo volume, cui si farà costante riferimento. Il progetto di edizione del rotolo *San Domenico 77/7411* è in corso a cura di chi scrive e di Annafelicia Zuffrano. Desidero inoltre qui ringraziare tutto il personale e i collaboratori dell'Archivio di Stato, in particolar modo: Massimo Giansante, per le pazienti riletture e le puntuali indicazioni bibliografiche; Giovanna Morelli per i consigli, le scoperte archivistiche e gli studi fatti e condivisi; Diana Tura per il costante supporto scientifico fornito nel corso della ricerca; inoltre Valentina Gabusi per le impeccabili e preziosissime riproduzioni del rotolo *San Domenico 77/7411*. Dedico questo lavoro a Giovanni Feo.

1 A proposito dell'inventario del Demaniale si veda la Guida generale degli archivi di Stato italiani, direttori Piero D'Angiolini/Claudio Pavone, 1, Roma 1981, p. 624.

2 Archivio di Stato di Bologna (d'ora in avanti ASB), Corporazioni religiose soppresse, S. Domenico di Bologna, b. 76/7410, che contiene svariata documentazione in forma di fogli singoli, o cuciti assieme a mo' di rotolo, ovvero di fascicoletti rilegati; per la descrizione

ultime volontà di Teodorico Borgognoni; un documento, mutilo (che verrà identificato con la segnatura che reca sul dorso: *R.P. 31*), con il quale il procuratore *Thomaxinus de Sancto Georgio* chiede che vengano pubblicamente sentiti testimoni su alcune *questiones* in relazione al testamento di Borgognoni[3]. A questi tre documenti si affiancano, a formare un piccolo ma coerente *dossier* documentario, svariate obbligazioni su beni disposti in vita dal vescovo, nonché gli *acta* giudiziari relativi al processo che vide fronteggiarsi il francescano *Antonius*, il successore sulla cattedra di Cervia del domenicano Teodorico, e gli eredi di quest'ultimo.

L'analisi complessiva di tale documentazione ci consente di ricostruire alcuni momenti salienti delle vicende che interessarono Teodorico, il suo testamento e il successivo processo intentato contro i suoi eredi.

1. Brevi note biografiche su Teodorico Borgognoni

Teodorico Borgognoni[4] nacque nel 1205 a Lucca e si trasferì a Bologna al

puntuale del contenuto della della busta si rimanda al contributo di Annafelicia Zuffrano nel presente volume.

3 ASB, Corporazioni religiose soppresse, S. Domenico di Bologna, all'interno della quale si trovano i documenti qui analizzati: la *licentia testandi* (b. 76/7410, R.P. n. 20), il testamento (b. 76/7410, privo di ulteriore segnatura) e il documento presentato da *Thomaxinus* (b. 76/7410, R.P. n. 31); si veda anche Zuffrano in questo volume.

4 Per le vicende biografiche di Teodorico Borgognoni si veda Antonio Alecci, Borgognoni, Teodorico, in: Dizionario Biografico degli Italiani 12 (1971), consultabile sul sito http://treccani.it/enciclopedia/teodorico-borgognoni_(Dizionario-Biografico) (ultima consultazione 19 novembre 2018), con bibliografia ivi citata, a cui si aggiungono: Luigi Bianchedi, Aspetti culturali e sanitari dell'Ars medica nell'Italia medievale, in: Analecta romana instituti danici 38 (2013) pp. 7–52, in particolare pp. 24–25; Vincenzo Busacchi, Fra Teodorico (Tederico) Borgognoni (1205–1298), in: Studi Romagnoli 22 (1971) pp. 33–38; Michael Roger McVaugh, Alchemy in the Chirurgia of Teodorico Borgognoni, in: Alchimia e Medicina nel Medioevo, a cura di Agostino Paravicini Bagliani/Chiara Crisciani, Spoleto 2003, pp. 55–76; Agostino Paravicini Bagliani, Medicina e scienze della natura alla corte dei papi nel Duecento, Spoleto 1991; Mario Tabanelli, La chirurgia italiana nell'Alto Medioevo, 2 voll., Firenze 1965, 1, pp. 198–207; Augusto Vasina, I vescovi di Cervia dal XII al XV secolo, in: Storia della Chiesa di Cervia, a cura di Marino Mengozzi, Cesena 2003, pp. 49–104. Michael McVaugh, The Rational Surgery of the Middle Ages, Firenze 2006 (Micrologus' Library, 15), in part. alle pp. 16–32. All'opera e alla figura di Teodorico Borgognoni è stato di recente dedicato il convegno internazionale: Teoria e pratica medica nel basso Medioevo: Teodorico Borgognoni vescovo, chirurgo e ippiatra (Bologna, 19–20 ottobre 2018), organizzato dai Dipartimenti di Storia Cultura e Civiltà e di Filologia Classica e Italianistica, dal Centro RAM (Ricerche e Analisi Manoscritti) dell'Università di Bologna e dall'Institut für Paläoanatomie, Domestikationsforschung und Geschichte der Tiermedizin della Ludwig-Maximilians-Universität di Monaco di Baviera; gli atti del convegno

seguito del padre, Ugo Borgognoni[5]; entrato probabilmente in giovane età nell'ordine dei Domenicani, nel 1262 fu creato vescovo di Bitonto e dal 1270 venne eletto vescovo di Cervia. Trascorse tuttavia la maggior parte della propria vita nella città felsinea, dove morì alla veneranda età di 93 anni, il 24 dicembre 1298, probabilmente nella sua casa in *Borgo Richo*, l'odierna via del Riccio, nella contrada di Barberia; lì aveva dettato le sue ultime volontà il 17 ottobre 1298, in virtù della *licentia testandi* a lui concessa da papa Niccolò III[6].

Uno degli aspetti per cui Borgognoni è ad oggi maggiormente noto, soprattutto agli storici della medicina, è la sua applicazione nella scienza cerusica. Egli infatti fu esponente di punta della chirurgia del Duecento, figlio d'arte, e allievo, di Ugo Borgognoni[7], quest'ultimo fu medico a servizio del Comune di Bologna a partire dal 1214, e considerato da taluna storiografia uno dei più celebri chirurghi del suo tempo[8]. Ugo, inoltre, ebbe altri tre figli: Uberto, che entrò a far parte dell'Ordine religioso-cavalleresco di S. Maria Gloriosa in Bologna, Francesco e Veltro, che si dedicarono, come il padre e il più noto fratello, all'*ars medica*.

Furono importanti le ricerche di Teodorico su alcune patologie (e relative cure), come la gotta, la lebbra, le riflessioni sull'utilizzo degli oppiacei come anestetici. Nel 1240 compose la sua opera più importante, il *Cyrurgia seu Filia Principis*, a cui è principalmente legata la sua fama; nel 1243 venne chiamato a Roma da Innocenzo IV, che lo nominò *penitentiarius minor*, concedendogli tuttavia la dispensa di continuare a praticare l'arte cerusica, forse proprio in riconoscimento del trattato da lui scritto[9]. Egli esercitò anche la professione

---

sono stati raccolti e pubblicati in: Teoria e pratica medica nel basso Medioevo. Teodorico Borgognoni vescovo, chirurgo, ippiatra, a cura di Francesca Roversi Monaco, Firenze 2019 (Micrologus' Library 99). Inoltre, la figura di Teodorico Borgognoni, il dossier documentario lui riguardante e le recenti scoperte di cui alla nota 34 sono stati oggetto della mostra storico-documentaria, organizzata dall'Archivio di Stato di Bologna, Teodorico Borgognoni, vescovo e medico del Duecento. Nuovi apporti documentari dall'Archivio di Stato di Bologna (ottobre 2018 – marzo 2019), a cura di Massimo Giansante [e.a.].

5 Su di lui si veda la voce di Augusto Vasina, Borgognoni, Ugo, in: Dizionario Biografico degli Italiani 12 (1971), consultabile al sito http://www.treccani.it/enciclopedia/ugo-borgognoni_(Dizionario-Biografico) (ultima consultazione 19/11/2018); Tabanelli, La chirurgia (come alla nota 4), pp. 196–198.

6 Les registres de Nicolas III (1277–1280): recueil des bulles de ce pape, ed. M. Jules Gay, Paris 1904, p. 184, n. 489.

7 Entrambi, padre e figlio, sono oggetto di una scheda biografica all'interno di Mauro Sarti/Mauro Fattorini, De claris Archigymnasii bononiensis professoribus a saeculo XI usque ad saeculum XIV, 2 voll., Bologna 1888–1896, rispettivamente alle pp. 544–545 e 537–542 del I volume. I documenti riguardanti Ugo e Teodorico, inoltre, sono editi nel secondo volume, dedicato ai *Monumenta* dei più illustri professori dello Studium.

8 ASB, Comune Governo, Registro Grosso, 30, Registro Grosso, I, cc. 209v–210r.

9 Edizione a stampa dell'opera (versione *Venerabili*) in: Ars chirurgica. Guidonis Cauliaci

di ippiatra e fu autore di un trattato di veterinaria, la *Mulomedicina*, dedicato alle patologie dei cavalli, e relative cure, che fu pubblicato dopo il 1277[10].

2. Il dossier Borgognoni: il processo contro gli eredi

All'interno del *dossier* Borgognoni, come sopra accennato, è conservata anche documentazione processuale, prodotta nel corso del procedimento giudiziario celebrato contro gli eredi del vescovo, tra cui si annoverano in particolare: la *facti narratio,* il rotolo contenente gli *acta cause* e i libelli di *questiones, positiones* e *replicationes* presentate dalle parti[11]. Com'è noto, infatti, il processo, sia esso civile o criminale, avviato di fronte alle autorità comunali o ecclesiastiche, per *accusatio*, per *inquisitio* dell'autorità competente ovvero *extra ordinem*, era scandito da una serie di fasi ben individuate dalla procedura giudiziaria[12] che coincidevano a tutti gli effetti con la produzione di peculiare documentazione: in particolare a Bologna, a partire dagli anni

medici celeberrimi lucubrationes chirurgicæ, ab infinitis prope mendis emendatæ ac instrumentorum chirurgicorum formis, quæ in alijs impressionibus desiderabantur, exornatæ. Bruni preterea, Theodorici, Rolandi, Lanfranci, et Bertapaliæ, chirurgiæ, maxima cum diligentia recognitæ, Venetiis 1576, fol. 135–184; il testo, inoltre, è stato tradotto in: The surgery of Theodoric, 2 voll., translated from Latin by Eldridge Campbell and James Colton, New York 1955–1960. Si veda inoltre: Bianchedi, Aspetti (come alla nota 4), che evidenzia come „pur basandosi sulle dottrine di Galeno e di Avicenna, furono soprattutto le intuizioni e le innovazioni geniali del padre Ugo da Lucca ad averlo ispirato, così come Teodorico si premura di scrivere nell'*incipit* dell'opera, nella quale circa trenta capitoli sono dedicati alla cura delle ferite", p. 25. I riferimenti all'insegnamento del padre, inoltre, sono puntualmente presenti in tutto il testo della *Chirurgia*; cfr. a tal proposito anche Nancy G. Siraisi, Taddeo Alderotti and his pupils. Two generations of Italian medical learning, Princeton 1981.

10 L'opera di Borgognoni si inserisce nel solco della tradizione dei „trattati antichi e medievali di veterinaria, disciplina questa che si identifica con l'ippiatria, data l'importanza del cavallo nella vita militare e civile nell'antichità e nel Medioevo", Lisa Sannicandro, Aspetti della lingua della *patologia nella Mulomedicina di Teodorico* dei Borgognoni (1205–1298), in: Archivum Latinitatis Medii Evi 71 (2013) pp. 209–222, qui p. 209, e bibliografia ivi citata.

11 Si veda anche Zuffrano in questo volume.

12 Sul processo non posso qui che rimandare in generale all'estesa produzione bibliografica di André Gouron; sempre fondamentale Ennio Cortese, Il Rinascimento giuridico medievale, Roma 1992; id., Il diritto nella storia medievale, 2, Il basso Medioevo, Roma 1995, in particolare pp. 103–142. Per una panoramica sugli *ordines iudiciarii* e sulle specifiche disposizioni della procedura si veda in particolare Linda Fowler Magerl, Ordines iudiciarii and Libelli de ordine iudiciorum: from the middle of the twelfth to the end of the fifteenth century, Turnhout 1994 (Typologie des sources du Moyen Âge occidental 63); sulle peculiarità della giustizia a Bologna nel corso del Duecento: Massimo Vallerani, La giustizia pubblica medievale, Bologna 2005, p. 136; si veda, inoltre, per la disciplina processuale prevista dagli Statuti bolognesi, il libro IV, in particolare le rubriche VIII–XII, in: Statuti

Trenta del Duecento, „esiste un parallelo stretto tra la capacità di giudicare e la capacità di documentare“[13].

Questi *acta* processuali, in parte editi negli *Analecta Franciscana* (1927)[14], ci consentono pertanto di ricostruire la vicenda giudiziaria.

All'indomani della morte di Borgognoni, nell'aprile del 1299 venne consacrato vescovo di Cervia il francescano Antonio[15], il quale, non riconoscendo come valide le disposizione testamentarie del suo predecessore, all'atto di acquisire i beni lui spettanti venne respinto dagli esecutori nominati da Teodorico; tuttavia *post aliquam altercationem factum fuit compromissum in venerabilem patrem fratrem Iohannem de Bonaventura Bononiensem episcopum de omnibus questionibus que possent oriri occassionis dicti testamenti inter episcopum Cerviensem et fratres Predicatores de Bononia et Luca et omnium eorum quorum posset interesse.* In quest'occasione vennero anche materialmente divisi fra gli eredi i titoli di possesso relativi alle donazioni confermate da Teodorico nel testamento. Il nuovo vescovo di Cervia, pur avendo così approvato l'atto di ultime volontà e ratificata la divisione sta-

---

di Bologna dell'anno 1288, 2 voll., a cura di Gina Fasoli/Pietro Sella, Città del Vaticano 1937–1939, I, pp. 163–164.

13 Vallerani, Giustizia pubblica (come alla nota 12) p. 115. Sulla costruzione formale della documentazione processuale, condizionata da un lato dai meccanismi giudiziali, dall'altro dal sapiente ruolo del notaio, si rimanda a Victor Crescenzi, La rappresentazione dell'evento giuridico. Origini e struttura della funzione documentaria, Roma 2005; sul ruolo del notaio nella produzione documentaria nel processo tardo-medievale, in particolar modo inquisitorio: Diego Quaglioni, Il notaio nel processo inquisitorio, in: La documentazione degli organi giudiziari nell'Italia tardo-medievale e moderna: atti del convegno di studi, Siena, Archivio di Stato, 15–17 settembre 2008, a cura di Andrea Giorgi [e.a.], Roma 2012, pp. 5–14 (e bibliografia citata), il quale mette significativamente in luce „la stretta interdipendenza fra la legittimità della procedura e la *forma* che ad essa imprime il notaio“, p. 7; riguardo l'influenza esercitata dal notariato – e dall'elaborazione notarile – nella definizione del processo, Massimo Vallerani, Giustizia e documentazione a Bologna in età comunale (secoli XIII–XIV), in: ibid., pp. 275–314 che sottolinea come „la trasposizione di queste regole procedurali [del *iudicium*] nell'*Ars notaria* comporta una cornice nuova, costituita dalla scritturazione della causa giudiziaria. È qui, nel punto di innesto degli atti processuali con la loro redazione scritta, che le *artes* apportano il contributo maggiore alla definizione complessiva del *iudicium.* Procedura e scrittura tendono infatti a coincidere“, a p. 280.

14 Bonaventura Giordani, Acta franciscana e tabulariis bononiensibus deprompta, in: Analecta franciscana 9 (1927) pp. 727–741, nn. 1598–1600, ove sono editi una delle due copie della *facti narratio* (ASB, Corporazioni religiose soppresse, S. Domenico di Bologna, b. 76/7410, R.P. n. 28) e gli *acta cause* (ibid., b. 76/7410, R.P. n. 26), un documento, quest'ultimo, redatto su fogli cuciti insieme in forma di rotolo, per cui si veda anche Zuffrano in questo volume.

15 Pius Bonifacius Gams, Series episcoporum Ecclesiae Cattolicae quotquot innotuerunt a beato Petro apostolo, Leipzig 1931, p. 680; Vasina, Vescovi (come alla nota 4) pp. 75 e seguenti.

bilita a fronte della tentata composizione da parte del vescovo di Bologna, Giovanni Savelli, *post aliquod tempus venit et intendit… totum testamentum et divisionem concorditer factam infringere.* Recusato per la seconda volta il testamento, il vescovo Antonio avviò un procedimento giudiziario avverso i monasteri eredi dei beni del defunto presule cerviese, le cui *questiones* fondamentali vertevano, a vario titolo, sulla legittimità del disposto testamentario e sulla rivendicazione a favore dell'episcopato cerviese di una parte dei beni disposti altrimenti da Teodorico[16]. Il 31 ottobre 1300 i monasteri bolognesi di S. Agnese, S. Maria Maddalena di Vallepietra, S. Matteo e S. Maria della Guardia, nonché i priori dei monasteri dell'*Ordo fratrum Predicatorum* di Bologna e Lucca, vengono citati in giudizio, alla presenza dell'*auditor* di Matteo d'Acquasparta[17] legato pontifico e rettore della Romagna, che all'epoca dimorava tra Bologna e Ravenna. Nell'ordinata scansione prevista dalla procedura, a partire dal 2 novembre e fino al 3 dicembre 1300 vengono regolarmente presentate le diverse *positiones* e *replicationes* delle due parti; il racconto giudiziario si arresta per i successivi giorni di dicembre[18], per poi riprendere il primo gennaio 1301, presso la chiesa dei frati predicatori di Bologna; qui *Thomaxinus de Sancto Georgio*, *procurator* dei monasteri citati in accusa, si presenta al cospetto dell'*auditor Symone de Marvilla* e istituisce, *cum nequeat ad presens personaliter eisdem causis insistere*, i *domini Pace* da Bologna, *Baldettinus* e il notaio Marco da Forlì e, infine, *Primiranus* da Bologna quali *procuratores, actores et sindicos et nuntios speciales in omnibus et singulis dictis causis generaliter ad agendum, defendendum.*

Il 7 gennaio 1301, al cospetto dell'*auditor*, presso il palazzo arcivescovile di Ravenna, *in quo morabatur ipsus dominus*, riprende il vero e proprio processo. In quest'occasione è presente il solo *Primiranus* da Bologna, in qualità di *procurator* dei monasteri citati in accusa (il testo precisa: *absente aliqua parte*, cioè gli avvocati dell'accusa), il quale esibisce l'*instrumentum* della nomina a lui conferita da Tommasino e chiede che venga prorogato il termine fissato per la conclusione della causa. Il sabato successivo *Primiranus* presenta le sue *positiones in scriptis* e il 10 gennaio 1301, nuovamente alla presenza dell'*auditor*, intervengono i procuratori delle due parti: Giorgio da Forlì in rappresentanza del vescovo di Cervia e *Primiranus* per i monasteri eredi di Borgognoni, così come costituito da Tommasino di Sangiorgio. Tut-

16 Cfr. Giordani, Acta (come alla nota 14) p. 729.

17 Giulia Barone, Matteo d'Acquasparta, in: Dizionario Biografico degli Italiani 72 (2008), consultabile al sito http://www.treccani.it/enciclopedia/matteo-d-acquasparta_%28Dizionario-Biografico%29/ (ultima consultazione 19/11/2018).

18 Giordani, Acta (come alla nota 14) pp. 738–39. Verosimilmente il processo si arrestò in occasione della novena natalizia.

tavia proprio in questa occasione *Primiranus* notifica agli astanti che lo stesso Tommasino, il giorno precedente, gli aveva revocato l'ufficio del sindacato e la relativa procura *causa suspitionis et quia haebabat ipsum suspectum*.

Gli *acta cause*, dopo aver registrato l'*instrumentum* di revoca, si concludono con la sottoscrizione del notaio Gandolfino di Pietro di Corvaria da Imola, il quale *de mandato et auctoritate prefati domni auditoris* esemplò la copia *in publicam formam* del documento processuale in nostro possesso. La causa pare dunque concludersi, per esaurimento della procedura, senza un vero esito giudiziario.

Quello che certamente sappiamo è che il convento domenicano di Bologna ancora nel 1313 disponeva della piena titolarità del testamento e dei beni in esso disposti: come si vedrà, proprio su istanza dei Domenicani, l'11 ottobre 1313 il testamento venne fatto insinuare presso la *Camera actorum* del Comune di Bologna[19].

Queste le vicende biografiche e processuali note alla storiografia, intorno alle quali proveremo a collocare la cornice documentaria offerta dai documenti prodotti in vita da Teodorico Borgognoni, *episcopus Cerviensis*, la cui analisi complessiva, nell'ambito del contesto storico-giuridico di riferimento, risulta fondamentale per comprendere le motivazioni che portarono al processo celebrato dopo la morte del vescovo.

3. Il dossier Borgognoni: la *licentia testandi*, il testamento e il documento R.P. 31

1279, Roma. Papa Niccolò III, al secolo Giangaetano Orsini, concede a Teodorico vescovo di Cervia *licentia testandi* cioè la facoltà di poter disporre liberamente dei propri beni, in deroga a quanto fosse normalmente concesso ai prelati, ed in particolare la possibilità di concedere in eredità i beni che egli avesse personalmente acquisito prima di diventare vescovo e, a titolo privato, anche durante il proprio vescovato, escludendo dunque tutto quanto fosse

19 Un'ulteriore conferma in tal senso proviene dalla presenza all'interno dell'Archivio di S. Domenico degli *instrumenta* originali (si veda anche la nota 2) di *donationes* e *concessiones* di beni, effettuate in vita da Teodorico e confermate nel testamento, di cui il convento dei Predicatori di Bologna era titolare. Inoltre, come ricordano le cronache bolognesi, l'11 ottobre 1313 fu completato *truna qui noviter incepta fuit super altare sancti Nicolai ad locum fratrum Predicatorum*, all'interno cioè della medesima cappella di cui Borgognoni dispose il completamento della volta nel suo testamento (cfr. *infra*), Corpus chronicorum Bononiensium, a cura di Albano Sorbelli, II, Città di Castello/Bologna 1911–1938, in: Rerum Italicarum scriptores: raccolta degli storici italiani dal Cinquecento al Millecinquecento, ordinata da Ludovico Antonio Muratori, 18/1.2, p. 329.

attinente con l'amministrazione della *Res Ecclesie*[20]. Come già nota Agostino Paravicini Bagliani, nel suo fondamentale volume dedicato ai testamenti dei cardinali del Duecento[21], il permesso di testare, invero piuttosto formulare, è sempre strettamente legato all'attuazione di un preciso 'programma', legato alla salvezza della propria anima, che può essere anche nel caso del documento indirizzato al Borgognoni riassunto in tre punti: 1) disposizioni per la propria sepoltura 2) remunerazioni di servitori, familiari e consanguinei, a patto di non indebitare la Chiesa le cui cure erano state lui affidate 3) disposizioni di lasciti pii. Manca nella concessione fatta a Teodorico l'obbligo di restituire i debiti e il maltolto, che compare invece con una qualche diffusione nel testo di altre *licentie*.

17 ottobre 1298, Bologna. Il Borgognoni, *sane mentis quamvis corpore debilis,* detta le sue ultime volontà a *Iohannes Damiani notarius imperialis auctoritate* presso la propria dimora in via del Riccio. Il documento venne edito da Mauro Sarti e Mauro Fattorini nel *De claris archigymnasii bononiensis professoribus*, che riporta la trascrizione tratta dalla pergamena originale[22]. La copia autentica conservata con le carte Borgognoni venne invece redatta su un'unica grande pergamena (595 x 780 mm) nel 1313, in occasione dell'*insinuatio* del testamento originale presso la *camera actorum* (l'archivio) della città di Bologna, alla presenza del podestà della città, Giovanni figlio di Brodaio da Sassoferrato[23].

---

20 Sulle origini e le motivazioni delle *licentie testandi* si veda Agostino Paravicini Bagliani, I testamenti dei cardinali del Duecento, Roma 1980, pp. XLIII e seguenti, con rimando all'ampia bibliografia e normativa di riferimento ivi citata. Il controllo sull'amministrazione delle cose appartenenti alla Chiesa si era fatto ancor più stringente anche a seguito dell'emanazione della Costituzione *De usuris* del Concilio di Lione (1245), che sanciva l'obbligo da parte dei prelati di redigere un inventario dei beni loro affidati (Conciliorum oecumenicorum decreta, Bologna 1973, pp. 293–294); cfr. anche Maria Clara Rossi, La morte vissuta, la morte pensata. Materiali e fonti per una ricerca sui vescovi e la morte (secoli XIII–XVI), in: L'évêque, l'image et la mort: identité et mémoire au Moyen Âge, sous la direction de Nicolas Bock [e.a.], Roma 2014, pp. 363–386, in particolare p. 369, nota 22.

21 Paravicini Bagliani, Testamenti (come alla nota 20) pp. LXIII e seguenti.

22 L'esemplare originale del testamento venne edito in Sarti/Fattorini, Archigymnasii (come alla nota 7), fra i *monumenta* dedicati agli insigni professori di medicina, p. 233, n. XV. Tuttavia attualmente il documento originale non è più reperibile all'interno della b. 181/7515 ASB, Corporazioni religiose soppresse, S. Domenico di Bologna, Testamenti, citata dai padri maurini né risulta fra la documentazione restituita al convento di S. Domenico come da "Inventario dei documenti dell'Archivio di S. Domenico ceduti al convento a seguito di ordinanza del Min. Finanza in dispaccio nr. 3317 del 18 giugno 1850, parte prima e seconda", riprodotto in sala di studio (originale in: ASB, Amministrazione dei beni demaniali, 1853–1958, Capitoli, 5/18).

23 Giovanni figlio di Brodaio da Sassoferrato è segnalato come podestà di Bologna nel secondo semestre dell'anno 1313, in: Corpus chronicorum (come alla nota 19) p. 327; su di

L'*insinuatio* del testamento presso l'Archivio del Comune[24] fu avanzata ad istanza del convento OP di Bologna l'11 ottobre 1313 e dunque la copia ottenuta dai Domenicani in quella circostanza è quella attualmente conservata con la restante documentazione relativa a Teodorico Borgognoni.

Il *testamentum nucupativum sine scriptis* qui analizzato reca anche la copia, tratta dall'originale, delle annotazioni di deposito *in secreto* presso il convento di S. Domenico da parte del testatore e dell'apposizione del doppio sigillo, così come disposto dagli Statuti bolognesi del 1288[25]. Le norme statutarie infatti sancivano l'obbligo da parte del testatore di notificare gli estremi dell'atto ad uno dei notai preposti alla registrazione dei negozi privati presso il cittadino ufficio dei Memoriali[26] oppure di tenerlo segreto dopo averlo depositato, personalmente o attraverso un proprio procuratore, in uno dei conventi cittadini munito di doppio sigillo. Gli Statuti, come si vede, provvedono a disciplinare gli aspetti del testamento che attengono la prassi pubblicistica speciale e particolare del Comune[27]. La complessa disciplina generale sulla

lui si veda anche la notizia riportata nella voce dedicata al padre: Franco CARDINI, Brodaio da Sassoferrato, in: Dizionario Biografico degli Italiani 14 (1972), consultabile al sito http://www.treccani.it/enciclopedia/brodaio-da-sassoferrato_(Dizionario-Biografico) (ultima consultazione 19/11/2018).

24 In occasione dei presenti studi, ho consultato in Archivio di Stato anche i registri della serie dei testamenti insinuati presso la *Camera Actorum* del Comune di Bologna, senza tuttavia trovare traccia del testamento originale di Borgognoni. In generale, sulla ricchezza e la varietà delle attestazioni di ultime volontà conservate in ASB, Raccolte dell'Archivio notarile, Testamenti, serie ad oggi non ancora sistematicamente sondata, si veda Martin BERTRAM, Testamenti medievali bolognesi: una miniera documentaria tutta da esplorare, in: Rassegna degli Archivi di Stato, 52/2 (1992) pp. 307–323; Bruno FORTUNATO, Testamenti bolognesi inediti del secondo Trecento, tesi di laurea di Storia delle città, relatore prof.ssa Maria Giuseppina MUZZARELLI, correlatore prof. Lorenzo PAOLINI, Università di Bologna, A.A. 2000–2001.

25 Rubr. XXX, lib. VII: *De testamentis et ultimis voluntatibus in memorialibus ponendis vel in secreto faciendis*, in: Statuti, a cura di FASOLI/SELLA (come alla nota 12) II pp. 82–84. Qui, nelle rubriche precedenti e seguenti vengono disciplinate, fra le altre cose, le forme di tutela (sottoscrizioni notarili e presenza dei testimoni), le pratiche di registrazione, la potestà o meno di nominare eredi, le *publicationes* obbligatorie all'atto di registrazione nei Memoriali.

26 Sull'ufficio dei Memoriali, istituito presso il Comune di Bologna nel 1265, si veda almeno Giorgio TAMBA, I Memoriali del comune di Bologna nel secolo XIII, in: ID., Una corporazione per il potere. Il notariato a Bologna in età comunale, Bologna 1998, pp. 199–257; e, da ultimo, I Memoriali del comune di Bologna: storia, diritto, letteratura, a cura di Massimo GIANSANTE, indice dei nomi a cura di Lorenza IANNACCI (I quaderni del Chiostro 4), Bologna 2017 con relativi aggiornamenti bibliografici.

27 Oltre a quanto detto alla nota 25, sul controllo esercitato, da parte delle autorità comunali bolognesi, riguardo la materia testamentaria si vedano gli esempi in territorio lombardo-veneto in: Maria Clara ROSSI, Volentes falsitatibus obviare ac lites removere occasione testa-

redazione delle ultime volontà veniva invece demandata allo *ius commune* di matrice giusromanista e canonista, alle interpretazioni di docenti e *doctores legis* e alla prassi dei notai, considerata anche la complessità della stesura di questo particolare tipo di atto, a cui Rolandino de' Passeggeri dedicò, com'è noto, un'intera opera: il *Flos testamentorum.* L'opera fu pubblicata, proprio su istanza dei domenicani bolognesi, nei primi anni Novanta del Duecento per poi confluire come operetta monografica nella monumentale *Summa totius artis notarie*[28].

Nel testamento, dopo la *datatio* segue il necessario preambolo giuridico costituito dall'inserzione del testo della *licentia testandi,* in virtù della quale (*predicte auctoritate licentie)* venne concesso a Teodorico la facoltà di testare liberamente, *quia presentis vite condictio statim habeat instabilem et ea que visibilem habent effectum*: vengono così richiamate l'instabilità della vita terrena e le motivazioni spirituali legate alla necessità di disporre al meglio dei propri beni dopo l'umana dipartita, legittimando al contempo il testamento come *ius.*

Il primo elemento successivo alla propria morte che viene ordinato sono il luogo e le modalità della sepoltura, che dovrà avvenire nel sepolcro fatto costruire dallo stesso Borgognoni sul lato sinistro del presbiterio nuovo della chiesa di S. Domenico in Bologna, dopo che il corpo sia stato trasportato su

---

mentorum: forme di tutela e pratiche di registrazione degli atti di ultima volontà: il caso veronese, in: Medioevo. Studi e documenti, a cura di Andrea Castagnetti [e.a.], Verona 2007, pp. 351–370, e bibliografia ivi citata.

28 Summa totius artis notariae Rolandini Rodulphini Bononiensis, ristampa anastatica a cura del Consiglio nazionale del notariato, Bologna 1977 (stampa), *Flos testamentorum* alle pp. 238–272. Com'è noto, la struttura della *Summa* rolandiniana rispecchia la partizione tipica, da Ranieri da Perugia in avanti, dei trattati di *artes notarie* del Duecento: atti tra viventi, ultime volontà e giudizi, per cui si veda, classicamente, Gianframco Orlandelli, Genesi dell'ars notariae nel secolo XIII, in: Studi medievali III ser. 6/2 (1965) pp. 329–366; da ultimo si veda anche Giovanni Feo, Lorenza Iannacci, Annafelicia Zuffrano, Il formulario del documento privato tra norma giuridica e prassi notarile. L'apporto della scuola bolognese di notariato del secolo XIII, in: Les formulaires. Compilation et circulation des modèles d'actes dans l'Europe médiévale et moderne, XIIIe congrès de la Commission international de Diplomatique (Paris, 3–4 settembre 2012), actes réunis par Olivier Guyotjeannin, Laurent Morelle, Silio P. Scalfati avec la collaboration de M. Bláhová, Prague 2018, pp. 105–138. Su Rolandino e il testamento, d'obbligo il riferimento allo studio di Giovanni Chiodi, Rolandino e il testamento, in: Rolandino e l'*ars notoria* da Bologna all'Europa: atti del Convegno Internazionale di Studi Storici sulla figura e l'opera di Rolandino (Bologna, 9–10 ottobre 2000), a cura di Giorgio Tamba, Milano 2002, pp. 459–582; sul rapporto tra legge e prassi nei testamenti medievali si veda anche Giovanni Rossi, Il testamento nel medioevo fra dottrina giuridica e prassi, in: Margini di libertà. Testamenti femminili nel Medioevo: atti del convegno internazionale (Verona, 23–25 ottobre 2008), a cura di Maria Clara Rossi, Verona 2010, pp. 45–70.

due baldacchini. Per la sepoltura vengono stanziate cento lire di bolognini e *si contingat* che il vescovo muoia in un'altra città egli specifica di voler essere riportato a Bologna. Borgognoni nel testamento dispone anche il completamento della volta della cappella dedicata a san Nicola.

Le prime disposizioni del presule si concentrano poi a favore del monastero bolognese di Sant'Agnese, a cui Borgognoni conferma due poderi siti a Bologna, già concessi attraverso due *donationes inter vivos*, ribadendo tutte le clausole in esse contenute. Seguono i legati a favore di monasteri lucchesi, cerviesi e di altre città e numerosissimi sono anche i lasciti a vantaggio di indigenti, dei suoi consanguinei e *socii* nonché a favore di *familiares* e servitori, come disposto dalla *licentia testandi* e in maniera analoga alle indicazioni presenti normalmente negli atti testamentari di vescovi e cardinali[29]. Lasciti che sono costituiti da immobili, erogazioni in denaro (solitamente con una finalità specificata dal testatore) o concessioni ad altri di rendite in denaro spettanti a Borgognoni.

Teodorico dispone inoltre che i propri testi di medicina, una leggenda dei Santi e la *Summa Monaldi* siano affidati ai suoi nipoti[30]. La mitra *laborata de auro*, il *pastoralem eburneum* e i principali „simboli materiali del potere episcopale"[31] vengono invece lasciati al proprio successore sulla cattedra cerviese, *postquam fuerit canonice confirmatus* e a patto che questi riconosca appieno le volontà espresse nel testamento e non crei ad esso alcun impedimento, nella cui eventualità tutti i beni spettanti al futuro vescovo di Cervia debbano essere devoluti ai conventi domenicani di Lucca e Bologna. Alla Chiesa di Cervia vengono inoltre lasciati un appezzamento di terra in Bologna e la *domum magnam* fatta edificare *ex novo* nella contrada bolognese di Barberia, con la clausola di non alienazione della detta casa ad altri collegi o

29 Cfr. Rossi, Falsitatibus (come alla nota 27) pp. 370–371.

30 *Item iure legati relinquimus fratri Hugoni, ordinis Predicatorum nepoti nostro, Legendas Sanctorum et Monaldinam …; Item relinquimus Thederico, filio domni Veltri, et Hugoni et Veltrucio, fratribus et filiis domni Francisci, libros nostros de medicina.* Secondo la storiografia, la copia della *Summa Monaldi* ricordata nel testamento di Teodorico è il medesimo esemplare citato nell'antico inventario dei libri del convento, edito in: L'antica libreria dei padri domenicani di Bologna alla luce del suo inventario, in: Atti e Memorie della regia deputazione di Storia patria per le province di Romagna 5 (1939–40) pp. 205–251, qui p. 230. Il testo della *Summa Monaldi* è disponibile nella versione a stampa Giustiniano Politano Monaldo, Summa perutilis atque aurea venerabilis viri fratris Monaldi in utroque iure tam civili, Lugduni 1516. Sulla biblioteca di S. Domenico si veda inoltre Venturino Alce /Alfonso D'Amato, La Biblioteca di S. Domenico in Bologna, Firenze 1961; da ultimo, Letizia Pellegrini, La biblioteca e i codici di San Domenico (secc. XIII–XV), in: Praedicatores/ Doctores. Lo *Studium* generale dei frati Predicatori nella cultura bolognese tra il '200 e il '300, a cura di Roberto Lambertini (Memorie Domenicane 29) (2008), pp. 143–159.

31 Rossi, Morte (come alla nota 20) p. 373.

universitates; infine la Bibbia in due volumi e altri paramenti sacri vengono affidati ai frati OP di Lucca e Bologna.

Un aspetto interessante delle disposizioni testamentarie di Borgognoni è la remissione dei crediti da lui accumulati in vita, in senso evidentemente opposto a quello che emerge dalla lettura di altri atti di ultime volontà, ove invece il testatore soddisfava l'obbligo, esplicitato nella *licentia*, di restituire i debiti e il maltolto per la salvezza della propria anima[32]. Nel testamento di Borgognoni non solo il vescovo non è costretto ad assolvere ad alcun debito, ma vengono invece condonate ai monasteri bolognesi di Santa Maria di Vallepietra, dei frati di Barbiano, delle suore della Misericordia e di Santa Caterina e dei frati dei Servi di Maria le rendite lui spettanti annualmente in base agli accordi stipulati in cinque differenti *instrumenti* che vengono puntualmente citati nel testamento (con la data cronica e topica e l'indicazione del notaio estensore). Infine, vengono istituiti come *heredes* principali dei beni non altrimenti assegnati i conventi domenicani di Lucca e Bologna e la Chiesa di Cervia.

Il documento si chiude con la nomina degli *executores* e dei *commissarios* delle disposizioni del testato (che vengono individuati nei priori dei conventi di Lucca e Bologna, nel fratello *magister Veltrus*, nel nipote *Lemo Sornachi* e in frate Stefano, già beneficiario di alcune disposizioni) e con una lunga parte formulare riportante la clausola di revoca di precedenti disposizioni. Perfeziona il documento la sottoscrizione notarile e la presenza di un numero di testimoni superiore ai sette di norma previsti[33], tra cui spiccano l'*episcopus Salubrensis*, il priore del convento OP di Lucca, il subpriore del monastero bolognese dei Domenicani e numerosi altri frati Predicatori.

Contestualmente alla stesura del testamento o subito dopo, venne redatto un interessante documento, di cui si conserva solo la prima carta[34]: a Bolo-

32 Paravicini Bagliani, Testamenti (come alla nota 20); per i testamenti di usurai, cfr. anche Massimo Giansante, Mala ablata. La restituzione delle usure nei testamenti bolognesi fra XIII e XIV secolo, in: Rivista internazionale di diritto comune 22 (2011) pp. 183–216.

33 In merito al numero di notai e di testimoni che dovevano essere presenti agli atti di ultima volontà cfr. Statuti, a cura di Fasoli/Sella (come alla nota 12) II p. 83; si veda inoltre il *Flos testamentarum* (come alla nota 28) p. 259; cfr. anche Rossi, Falsitatibus (come alla nota 27) pp. 356 e seguenti.

34 La carta superstite è la prima di quello che doveva essere un rotolo, come si evince dalla cucitura presente sul margine inferiore del supporto pergamenaceo. Dopo la prima stesura del presente saggio, sono state rinvenute da Giovanna Morelli, nel corso del suo minuzioso e prezioso lavoro di studio e ordinamento del fondo cosiddetto della *Miscellanea bellica* dell'Archivio di Stato di Bologna, due carte cucite insieme lungo il lato corto che contengono: la parte finale della *petitio* e la parte iniziale del rotolo. Il ritrovamento, che sostanzialmente conferma quanto già esposto in questa sede, è stato oggetto di due comunicazioni da parte di chi scrive: il 30 settembre 2018, con Giovanna Morelli e Annafelicia Zuffrano,

gna, alla presenza del vicario del vescovo di Bologna Schiatta degli Ubaldi (1295–1298 *exeunte anno*)[35], il procuratore designato da Borgognoni, Tommasino di Sangiorgio, chiede che vengano sentiti testimoni informati sulla verità dei fatti e degli atti menzionati nel testamento, dove Teodorico aveva lecitamente disposto delle sue ultime volontà, sulla base della *licentia testandi* concessa da papa Niccolò III. Quesi dati ci consentono di precisare la data del documento, altrimenti assente nel protocollo, che deve necessariamente collocarsi tra il 1298 ottobre 17 (data del testamento) e il 1298 dicembre 24 (data della morte di Borgognoni, qui evidentemente ancora in vita). A quello che possiamo considerare il preambolo giuridico segue la dichiarazione delle motivazioni di carattere eminentemente giuridico e patrimoniale alla base della richiesta: infatti ampio fu il patrimonio lecitamente acquisito da Teodorico, già correttamente disposto nel suo testamento, e volendo impedire danni o questioni legali future ai propri eredi *(ne sibi vel sui heredibus in futurum questio maneatur vel preiudicium in posterum generetur)*, il vescovo, attraverso il suo procuratore, chiede che le testimonianze rilasciate vengano pubblicate. Attraverso la dichiarazione orale e giurata di testimoni scelti, *qui super premissis sciunt veritatem*, Borgognoni intende provare, e dunque attestare, i fatti relativi all'acquisizione e al mantenimento delle sue proprietà, come emerge dall'elenco delle sedici *questiones* che seguono[36]. Il testo risulta tuttavia mutilo a partire dalla *questio* numero diciassette, ignoti sono dunque il numero complessivo di *questiones*, i nomi dei testimoni e le dichiarazioni effettivamente rilasciate, nonché l'estensore del documento, prodotto quando Borgognoni era ancora in vita e dunque ben prima che venisse celebrato il processo.

---

in occasione della seduta della Deputazione di Storia Patria per le Province di Romagna; il 20 ottobre 2018, con Annafelicia Zuffrano, in occasione del Convegno internazionale di cui alla nota 4. In occasione delle due citate comunicazioni sono state presentate, oltre al suddetto ritrovamento, anche altre interessanti scoperte documentarie relative al dossier Borgognoni, che saranno oggetto di maggiori e più approfondite ricerche da parte delle tre studiose.

35 Gams, Series (come alla nota 15) p. 676 (Schiatta Ubaldini o degli Ubaldi).

36 *Indendit probare ... primo, quod antequam esset episcopus Cerviesis, idem domnus Thedericus habuit in civitate Luche in redditibus/ annuatim viginti octo modios bladii, quas percepit ....Secundo, quod antequam esset episcopus et post, percepit et habuit fructus et possessiones quarumdam domorum, que fuerunt/ patris et fratrum suorum, positis in civitate Bononie in Sarragoçia ...*

4. Il dossier Borgognoni: il rotolo San Domenico 77/7411 – Analisi contenutistica

Venendo finalmente al rotolo, si osserva come esso, mutilo della parte iniziale, ci introduca agli avvenimenti *in media re* con la dichiarazione escussa da un testimone interrogato sull'undicesimo *capitulo dicte intentionis*: non conosciamo dunque né l'*incipit* né la data del documento, ma i soli dati cronologici sono costituiti dall'indicazione dei giorni e del mese in cui vengono rese le testimonianze, che vanno dal 10 dicembre al 31 dello stesso mese. Nel corso di nove giorni consecutivi ciascun teste, tredici in tutto, rende la propria testimonianza su trentasette *capitula intentionis*, puntualmente registrati dal notaio *Franciscus Mascharonis*, che appone la sua firma in fondo a ciascuna delle 28 carte che compongono il rotolo[37].

I primi trenta *capitula* oggetto degli interrogatori sono dedicati al patrimonio accumulato da Teodorico Borgognoni prima di diventare vescovo di Cervia e mantenuto anche successivamente, che risulta costituito dalle sue proprietà e dalle rendite annuali in denaro o in natura che egli manteneva su terreni, case e proprietà di terzi; a questi si affiancano i proventi acquisiti attraverso la sua attività di medico o *intuitu persone sue*, cioè attraverso le sue qualità personali. Si noti come i primi sedici *capitula* su cui vengono sentiti i testimoni registrati nel rotolo coincidano con le sedici *questiones* elencate dal *procurator Tomaxinus* nel documento di *petitio*. I capitoli *dicte intentionis* dal trentunesimo al trentaseiesimo riguardano, invece, le rendite pertinenti la Chiesa cerviese e le spese sostenute da Teodorico nel corso della sua vita e in particolare in qualità di vescovo di Cervia. L'elenco si chiude con il capitolo relativo alle dichiarazioni rese sulla *licentia testandi* e con l'ultimo capitolo *de fama*.

Entrando nello specifico delle testimonianze, pur nella loro scandita formularità[38], emerge uno spaccato del patrimonio del vescovo ancora più vasto

37 Per una puntuale disamina degli aspetti materiali del rotolo, la caduta delle prime carte e una loro ipotesi ricostruttiva, si veda il saggio di Zuffrano, cui si rimanda anche per la *subscriptio* notarile qui impiegata quale forma di 'marcatura'.

38 Si rimanda al saggio di Zuffrano per un'analisi del formulario, affrontando qui l'analisi delle testimonianze esclusivamente sotto l'aspetto dei contenuti, e ben coscienti del fatto che questa sia solo una delle tante lenti con cui possono essere scandagliate le fonti che recano la voce di testimoni. Infatti notissimi, ampi e originali sono i percorsi di ricerca affrontati a partire dallo studio dei *dicta testium*, in relazione, ad esempio, alla concezione e al computo del tempo da parte di uomini e donne del passato, ai meccanismi della memoria o ancora ai processi di condizionamento messi in atto nel corso dei procedimenti giudiziari. Si vedano, a questo proposito, Arnold Esch, Gli interrogatori di testi come fonte storica. Senso del tempo e vita sociale esplorati dall'interno, in: Bullettino dell'Istituto Storico Italiano per il Medio Evo 105 (2003) pp. 249–265; Johannes Fried, Der Schleier der Erinne-

e preciso di quello già delineatosi con il testamento, patrimonio che comprendeva rendite e immobili tra: Lucca e la campagna lucchese, dove il Borgognoni deteneva le rendite su un lago; nella città di Bologna, ove possedeva, oltre la propria, almeno due *domus*, di cui una, di grandi dimensioni, adibita a *hospitium*, vantando inoltre il diritto di riscuotere l'affitto su altre abitazioni; nel contado bolognese. In aggiunta ai beni ricevuti in eredità, acquisiti personalmente o posseduti in solido con i fratelli, il vescovo godeva dunque anche di svariate rendite su possedimenti di proprietà di terzi; questo aspetto emerge chiaramente dalle dichiarazioni rese dai testimoni, i quali spiegano come l'acquisto dell'immobile (case o terreni) avvenisse grazie a somme di denaro anticipate da Teodorico (*de sua peccunia*) al compratore, il quale, *de sua voluntate* e in virtù di precisi accordi scritti e consensuali, garantiva al vescovo una rendita vitalizia, in denaro o in natura, sul medesimo possedimento. Inoltre i testimoni, in diversi casi, citano puntualmente le obbligazioni cui fanno riferimento, specificando il negozio giuridico, il notaio e la data. Analizzando trasversalmente i *capitula* attraverso le dichiarazione escusse ai tredici testimoni, vengono infatti citati più di venti *instrumenta*, tra compravendite, locazioni, donazioni e generiche *obligationes*; ai documenti notarili citati si affiancano il testamento (ricordato più volte in relazione al capitolo ventinove riguardante i beni acquisiti da Teodorico *intuitu persone sue*) e i *libri rationum*, i registri di gestione contabile di Borgognoni, che molti dei testimoni dichiarano di aver visto quando non addirittura compilato personalmente in qualità di amministratori dei beni del vescovo.

In questo *iter* di acquisizione e gestione delle rendite, si concentra una particolare attenzione dell'interrogatorio sui monasteri bolognesi ai quali Borgognoni aveva confermato nel suo testamento le donazioni o condonato i debiti, oggetto dei capitoli terzo, ottavo, dal diciassettesimo al ventesimo e ventiquattresimo del rotolo. Oltre dunque ad attestare i passaggi patrimoniali, le testimonianze rilasciate completano un aspetto che era già in parte emerso nel testamento: Teodorico non lasciò, quando era ancora in vita, né debiti né crediti e tutto quello che viene citato nel testamento era stato lecitamente acquisito da Borgognoni *intuitu persone sue* ed era stata legittimamente e accu-

rung. Grundzüge einer historischen Memorik, München 2004; Enrico Faini, Le memorie del territorio nella Tuscia dei secoli XII–XIII: strategie di condizionamento nei *dicta testium*, in: Mélanges de l'École française de Rome – Moyen Âge, 113 (2001) pp. 487–497; Patrizia Merati, La rappresentazione dell'esperienza: mediazioni culturali e meccanismi della memoria a Milano nel XIII secolo, in: Mélanges de l'École française de Rome – Moyen Âge 113 (2001) pp. 453–492. In particolare sul ruolo di mediazione linguistica del notaio nella resa scritta delle testimonianze si veda Luca Fois, Interpretazione, trascrizione o traduzione? I *dicta testium* e il ruolo di mediazione linguistica dei notai (secc. XII–XIV), in: Cahiers d'études italiennes 17 (2013) pp. 21–36.

ratamente disposto dal vescovo anche nel corso della sua vita. Questi aspetti emergono anche dalla lettura delle dichiarazioni rilasciate in merito al patrimonio liquido e mobile direttamente accumulato da Teodorico grazie alle sue qualità personali in generale e di medico in particolare (capitoli dal cinque al sette, ventinove e trenta). Aspetti, questi, di rilevante importanza per sancire la legittimità del testamento se si considera, lo ricordiamo, che la facoltà di testare di Borgognoni era limitata ai beni da lui acquisiti privatamente e che non appartenessero alla Chiesa o all'Ordine di cui egli faceva parte, ed inoltre a patto di non causare debiti alla Chiesa lui affidata. Proprio in quest'ottica vanno lette anche le deposizioni rese sui *capitula* dal trentesimo in avanti. Infatti le rendite e il patrimonio personale di Borgognoni risultavano essere di molto superiori a quelle della cattedra cerviese (capitolo 30), che versava in gravi condizioni a causa dei debiti accumulati dal suo predecessore e dalle rovinose guerre che devastarono la Romagna in quei decenni, tanto che le rendite dell'episcopato sono più volte dette *tenues et modici valoris* (capitolo 32). Le stesse guerre causarono l'indebita occupazione delle saline di Cervia (capitolo 35), le cui rendite erano normalmente di spettanza dell'episcopio, tanto che le uniche entrate percepite dalla Chiesa di Cervia in quei lunghi anni furono le rendite di Massa e Massa Fiscaglia nella diocesi di Ferrara e le decime versate dagli eredi di Andrea di Castellano degli Andalò[39], feudatari della Chiesa di Cervia (capitolo 31). Nonostante ciò Teodorico versò ugualmente a Roma le decime lui spettanti (capitolo 33) e, come viene ribadito anche nelle testimonianze rese sul *capitulum* seguente (capitolo 34), riuscì a mantenere uno stile di vita *honorifice* con la famiglia di fratelli, servitori e clerici al suo seguito, dispensando anche elemosine e aiuti, *sicut decuit episcopum facere*, solo grazie al proprio patrimonio personale, ché anzi a stento sarebbe riuscito a sostentarsi se non avesse avuto nulla *aliumdequam Ecclesie Cerviensis*. Dunque, e con questo si conclude l'elenco dei *capitula* tornando a quanto prescritto dalla *licentia testandi*, i testimoni, opportunamente interrogati, confermano che nessun debito fu causato in vita da Borgognoni e tantomeno alla Chiesa di cui egli era stato il pastore, ma al contrario proprio i debiti contratti dal precedente vescovo di Cervia causarono ulteriori e gravi

39 Su Castellano degli Andalò si veda, seppur un po' datata, la voce di Emilio Cristiani, Andalò, Castellano, in: Dizionario Biografico degli Italiani 3 (1961), consultabile al sito http://www.treccani.it/enciclopedia/castellano-andalo_(Dizionario-Biografico) (ultima consultazione 19/11/2018). In collegamento con le deposizioni rese in merito al capitulum intentionis n. 31, si veda anche il documento del 1279 dicembre 13, pubblicato in *Monumenta*, a cura di Sarti/Fattorini (come alla nota 7), n. VIII, p. 220. Il tema dei rapporti di Borgognoni e del vescovato di Cervia con le complesse vicende storiografiche che interessarono le Romagne in quegli anni meriterà certamente specifico approfondimento e studio. Ringrazio Riccardo Pallotti per le prime preziose segnalazioni bibliografiche su questo tema.

spese a Teodorico, che dovette sostenere di tasca propria i costi di una controversia contro le rivendicazioni ai danni della Chiesa cerviese da parte di alcuni mercanti (come si legge nelle deposizioni sul capitolo 36).

A conclusione di questa veloce e trasversale carrellata delle testimonianze registrate dal rotolo, un'ultima notazione squisitamente contenutistica. Come si comprende, dai *dicta testium* emerge, volontariamente o meno, la narrazione delle vicende biografiche del vescovo e la fitta rete di relazioni intessute da Borgognoni in vita, relazioni che andavano di pari passo con gli interessi patrimoniali del vescovo. Inoltre, al di là degli aspetti più minuti legati alla biografia di Teodorico[40], sullo sfondo della lunga serie di deposizioni rese si stagliano eventi storici maggiori, come il prolungato periodo di instabilità e di guerre che sconvolsero la Romagna nel corso del XIII secolo, che emerge, ad esempio, nella menzione all'occupazione delle saline di Cervia[41]; si attesta altresì la presenza di note personalità che animarono le vicende storiche di quegli anni, come il *donno Malatesta*, menzionato nel capitolo trentasei, che occupò indebitamente un castello dell'episcopato di Cervia, da identificare quasi certamente con Malatesta da Verucchio, capostipite dell'omonima dinastia[42].

In coda a ciascuna deposizione, prima del *capitulo de fama*, disposizione di chiusura[43], ogni teste viene interrogato sulla *licentia testandi*: ciascun testi-

40 Ad esempio, come si legge nei capitoli quinto e sesto, fra i pazienti illustri di Borgognoni si possono annoverare Carlo II d'Angiò e papa Martino IV, che egli curò personalmente; fra i locatari dell'*hospitium* in via del Riccio si avvicendarono svariati *magistri* e studenti, anche stranieri, dello *Studium*.

41 In generale sulla storia di Cervia, la ricostruzione dell'insediamento *Ficoclense* e sulla storia delle sue saline, si veda: Cervia, natura e storia, a cura di Oriana Maroni/Angelo Turchini, Rimini 1988; Storia di Cervia, 2, Il medioevo, a cura di Augusto Vasina, Rimini 1998. Sul rapporto tra episcopato e organizzazione territoriale dalla tarda antichità al XIII secolo si veda id., Vescovo-città e organizzazione territoriale, in: ibid., pp. 71–101, in particolare p. 100, sullo sfruttamento dall'esterno delle risorse delle saline di Cervia operato prima dai Da Polenta, poi dai Malatesta e infine dai Veneziani.

42 I Malatesta avevano in effetti esteso la loro influenza nelle zone di Cervia e Bertinoro a partire dal 1287 proprio grazie all'azione politica e militare di Verucchio, per cui si veda la voce di Anna Falcioni, Malatesta, Malatesta detto Malatesta da Verucchio, in: Dizionario Biografico degli Italiani 78 (2007), consultabile al sito http://www.treccani.it/enciclopedia/malatesta-detto-malatesta-da-verucchio-malatesta_(Dizionario-Biografico) (ultima consultazione 19/11/2018). Sull'avvicendarsi delle diverse dominazioni in territorio cerviese nel corso del tardo medioevo si veda Silvia Pari/Anna Falcioni, Il commercio del sale in età malatestiana, in: Storia di Cervia (come alla nota 41) pp. 239–270.

43 „L'accezione con cui deve intendersi qui il lemma parrebbe essere „la fama come sapere collettivo e comunitario relativo a uno o più fatti e alla condizione delle persone: è "ciò che si sa", che è noto, di cui si parla: in inglese sarebbe il *talk*, o il *gossip*, come recita il titolo di un importante articolo di Chris Wicham", Massimo Vallerani, La fama tra costruzioni

mone dichiara che Teodorico *habet et habuit* la facoltà di testare liberamente concessa da papa Niccolò III e che egli ricevette *litteras bullatas, vera et integra bulla plumbea papali, cum filo canapis, non viciatas in aliqua sua parte*; tutti i testimoni dichiarano di averne sentito parlare, molti ebbero modo di vedere, leggere e toccare personalmente il documento e frate Stefano OP (il dodicesimo testimone, uno degli esecutori testamentari) legge nel corso della sua testimonianza il documento in originale che reca materialmente fra le mani[44].

5. Il dossier Borgognoni: il rotolo San Domenico 77/7411 – Funzione giuridica

Ad una prima analisi dei contenuti del rotolo *San Domenico 77/7411*, sarebbe immediato stabilire un legame con la documentazione prodotta nel corso del processo celebrato tra il 31 ottobre 1300 e l'11 gennaio 1301, ove l'oggetto delle rivendicazioni da parte del vescovo *Antonius* sono proprio i beni richiamati nel disposto testamentario di Borgognoni a favore dei monasteri citati dall'accusa.

Infatti, per la sua costruzione e per le modalità formulari con cui vengono rese le testimonianze[45], il rotolo *San Domenico* pare essere assimilabile alla documentazione di una parte procedurale ben precisa prevista dagli *ordines iudiciarii*, ovvero la scritturazione dei *dicta testium* resi nel corso dell'interrogatorio dei testimoni chiamati in causa[46]. In questo modo potremmo collocare il documento al <1300> dicembre 10–31, giorni in cui, in effetti, negli

giuridiche e modelli sociali nel tardo medioevo, in: La fiducia secondo i linguaggi del potere, a cura di Paolo Prodi, Bologna 2007, pp. 93–111, qui p. 93, cui si rimanda per diversi significati di *fama* nel contesto sociale e giuridico medievale, oltreché per la bibliografia sul tema.

44 *Super trigisimo septimo capitulo intentionis predicte interrogatus, diligenter et per ordinem dixit quod dictus domnus Thedericus habet et habuit litteras tempore/ felicis recordationis domni Nicolai pape tertii et eodem vivente recepit bullatas, vera et integra bulla plumbea papali, cum filo/ canapis, quarum tenor talis est* [NDR: segue il testo integrale della *licentia testandi*] ... *Interrogatus quod scit, respondit quia ipsas litteras ad presens habet/ in manibus scilicet originales et coram me notarium legit.*

45 Per cui si veda il contributo di Zuffrano in questo volume.

46 La procedura infatti stabiliva che sulle *intentiones* prodotte la controparte avrebbe formulato le domande del proprio interrogatorio: a tal proposito si veda Vallerani, Giustizia pubblica (come alla nota 12) pp. 136 e seguenti, con la bibliografia citata. Il documento era normalmente redatto in tre esemplari, che venivano consegnati alle *tria personarum iudicii*: attore, accusato e giudice.

acta causa non sono registrati né libelli di accusa né *positiones* o *replicationes* presentate dalle parti.

Osta a questa ipotesi il dettato di alcune testimonianze da cui ricaviamo alcune informazioni dirimenti anche rispetto alla datazione del rotolo *San Domenico*, per cui si veda puntualmente il contributo di Annafelicia Zuffrano in questo volume. In particolare nella sua testimonianza, *frater Stephanus*, esecutore testamentario di Borgognoni, il 16 dicembre dichiara, in merito al capitolo venticinque, che alcuni proventi spettanti a Teodorico debbano pervenire *post mortem suam* al convento dei Domenicani di Bologna, *secundum quod continetur de predictis in quadam cedula sigillata sigillo dicti conventus*. Evidentemente, dunque, il vescovo è ancora in vita al momento delle dichiarazioni, considerato che il suo testamento sarebbe stato aperto solo dopo la sua morte (ricordiamo che Borgognoni muore il 24 dicembre 1298), come da precise disposizioni statutarie. Questo *terminus ante quem* consente di precisare la datazione del rotolo al <1298> dicembre 10 – 31 e dunque due anni prima che venisse celebrato il processo a carico degli eredi di Borgognoni.

Tale collocazione cronologica e la coincidenza contenutistica, sopra richiamata, con le sedici *questiones* elencate nel documento di *petitio* (databile <1298 ottobre 17 – dicembre 24>) consente di considerare quest'ultimo il proemio, diremmo il preambolo giuridico, delle testimonianze registrate dal rotolo, esemplate sulla scorta dei *dicta testium* prodotti in sede giudiziaria. Tale nesso giuridico, inoltre, consente verosimilmente di restringere la datazione della *petitio* ai primi di dicembre del 1298, cioè immediatamente prima l'inizio degli interrogatori[47].

Collocato in tal modo il rotolo nella sua cornice documentaria, si chiarisce ulteriormente la motivazione che portò alla redazione di un documento di tale entità e complessità, anche materiale, e si comprende appieno come il testamento e il rotolo *San Domenico* vadano letti e considerati contestualmente, integrandosi a vicenda: il primo rappresenta le disposizioni *ultime voluntatis* dei beni e delle rendite del vescovo, il secondo costituisce il documento, voluto da Teodorico *ad futuram rei memoriam*, di certificazione testimoniale dell'*iter* di acquisizione dei propri diritti e possedimenti, contro possibili future rivendicazioni o opposizioni.

In tal modo il rotolo si configura, a tutti gli affetti, come un corposo completamento del testamento: evidentemente, vista l'entità del lascito, non do-

47 Per il rapporto formale e genetico fra *petitio* e rotolo *San Domenico 77/7411* si veda Zuffrano in questo volume, cui si rimanda anche per la datazione della *petitio*. Si anticipa qui che, a seguito del recente ritrovamento di cui alla nota 34, possiamo oggi affermare che il rotolo San Domenico aveva una misura complessiva di circa 22 metri, per un totale di 31 carte, ed è datato: 1298 dicembre 1–31.

veva essere così peregrina nella mente di Borgognoni la possibilità di future azioni legali contro il suo disposto e pertanto sembrò necessario al vescovo Teodorico fornire un ulteriore strumento di prova nelle mani dei propri eredi.

A tal scopo, vengono sentiti testimoni *qui super premissis* (atti e fatti contenuti nella *licentia testandi* e nel testamento) *sciunt veritatem*. E non può che essere così se si analizza la qualità e la condizione dei testimoni prescelti, tutti personaggi di estrema fiducia del vescovo e dunque persone ben informate sulla verità dei fatti: su tredici testi, infatti, almeno la metà figurano fra i testimoni del testamento; vengono inoltre sentiti i *fratres carnales* di Teodorico, il notaio Giovanni di Damiano (l'estensore delle ultime volontà del vescovo) e numerosi altri frati predicatori, che erano già stati nominati nel testamento come eredi o esecutori testamentari (ad es: Ugo, priore del convento dei Predicatori di Lucca) oppure, come si apprende dalle testimonianze stesse, avevano precedentemente svolto funzioni di amministratori dei beni del vescovo.

Per ciascuno dei *capitula intentionis*, i testimoni sentiti si dichiarano di volta in volta al corrente o meno dei fatti, citando su richiesta le prove che corroborano la deposizione giurata resa: essi possono essere stati testimoni diretti del fatto, possono averne sentito parlare (*publice* da Borgognoni stesso o da persone di sua fiducia) o possono aver visto, letto o scritto documentazione relativa al fatto stesso, documenti che, come già detto, in molti casi vengono puntualmente citati.

I *dicta testium* del rotolo rappresentano in questo modo la documentazione prodotta per fornire un ulteriore strumento di tutela nelle mani dei propri eredi in future ed eventuali sedi giudiziarie[48].

Non pare molto diverso, in tal senso, il significato delle motivazioni espresse nel preambolo di numerosi testamenti laici, ove, a differenza degli atti di ultime volontà di religiosi, risulta assai più marcata l'idea che le disposizioni testamentarie servissero anche a „impedire prolungate azioni legali, liti o controversie fra gli eredi dopo la morte (*volentes falsitatibus obviare ac lites removere*)"[49]. Nel caso del rotolo, il valore probatorio a futura memoria

48 *Timens ne sibi vel suis heredibus in futurum questio maneatur vel preiudicium in posterum generetur*. La medesima finalità presente nel testo pare trasparire anche dall'*incipit* della notazione tergale, di mano coeva, della quale attualmente risultano visibili, anche alla lue di Wood, solo i seguenti lacerti: *Testes producti ad sanare lite(m) [..n..]/ C[..8..] q(uod) bon[..n..]/[..n..]/ Que cu(m) multa dilige[..n..]/ f[..n..]*.

49 Rossi, Morte (come alla nota 20) p. 369; Ead., Falsitatibus (come alla nota 27) pp. 363–364. In quest'ultimo saggio l'autrice nota anche come la medesima motivazione richiami molto da vicino quella alla base della creazione dei vicedomini di Trieste, istituiti da parte dell'autorità pubblica quali forma di garanzia delle disposizioni testamentarie: *quia maliciis hominum obviandum est et ne de cetero intra contrahentes questio aliqua vel dubium or<i>atur*,

è ancora più esplicitamente marcato, oltre che materialmente attestato, dal rotolo *San Domenico*: attraverso *adtestationes* redatte *in publicam formam* e presentate davanti alla pubblica autorità, Borgognoni desidera *probare*, nel senso di fornire una prova (utilizzabile in una futura sede giudiziaria) sulla legittimità del proprio disposto testamentario[50].

6. Il dossier Borgognoni: il rotolo San Domenico 77/7411 – Forma

Oltre che da un punto di vista e formulare e sostanziale, il rotolo ricalca la tipologia documentale processuale dei *dicta testium* anche da un punto di vista formale.

Usuale, infatti, la prassi di redigere le deposizioni testimoniali su un supporto differente (rotoli o carte singole raccolte in registri o fascicoletti) rispetto al documento processuale principale, ad altri *libelli* prodotti in giudizio e alla sentenza, uso testimoniato anche dalla coeva documentazione giudiziaria prodotta dai magistrati forestieri che amministravano la giustizia laica in Bologna, documentazione sedimentata presso la *Camera actorum* del Comune nelle serie parallele di *accusationes*, *libri inquistionum et testium* e *sententiae*, cui si affiancano le *carte di corredo*[51].

---

ibid., p. 364, nota 31; il testo dell'edizione è tratto da Francesco Antoni, Note sui Vicedomini di Trieste (1322–1732), in: Clio 25/2 (1989) pp. 319–335, qui p. 326.

50 *Et eorum adtestationes in forma publica redactas ad futuram rei huius memoriam publicetis.* Il documento in parola svolgerebbe dunque una duplice funzione: *in primis* rendere pubbliche (*publicare*) le attestazioni rilasciate in merito ai contenuti della *licentia testandi* e del testamento; si tenga presente che il testo originale del testamento sarebbe rimasto segreto e sigillato almeno fino alla morte di Teodorico, per precise disposizioni statutarie (per cui si veda la nota 25). Riguardo la necessità di garantire l'integrità del testamento all'atto della sua apertura e dunque con la funzione di identificare eventuali manipolazioni o aggiunte seriori, ed inoltre in merito alla procedura di pubblicazione, si vedano, solo per rimanere nell'ambito della presente bibliografia, quanto prescritto da Rolandino nel *Flos testamentorum* (come alla nota 28) pars II, cap. VIII, rubrica *Quemadmodum testamentum in scriptis aperiatur et scribatur et publicetur*, pp. 166–167. In secondo luogo il documento svolgerebbe la funzione, attraverso le *adtestationes redactas in forma publica* e presentate davanti ad una pubblica autorità, di ulteriore assicurazione a tutela della legittimità e validità dei beni disposti nel testamento, e della veridicità, integrità e completezza delle disposizioni testamentarie. Su questi complessi temi, in particolare in relazione al testamento, si vedano almeno la voce Documento, documentazione in: Enciclopedia del Diritto, XIII, Milano 1964; inoltre sul testamento in ambito ecclesiastico la voce Testament. Droit ancien, in: Encyclopédie du droit canonique, pp. 1191–1195, in particolare p. 1193.

51 Vallerani, Giustizia e documentazione (come alla nota 13) pp. 290–291.

In territorio cittadino, tuttavia, la forma del rotolo non viene utilizzata nell'ambito della produzione di documentazione comunale, non solo giudiziaria, dove si assiste gradualmente, a partire dalla metà del XIII secolo, all'utilizzo del registro per la scritturazione degli atti pubblici: i mutamenti politico-istituzionali, occorsi nell'organizzazione del Comune, „fisicamente ... si vedono tradotti negli archivi in un progressivo affermarsi degli scritti in forma di quaderno e di libro"[52]. Impossibile verificare, se non indirettamente, la formazione e sedimentazione degli archivi della Chiesa bolognese dal momento che la coeva documentazione originale del foro ecclesiastico risulta completamente dispersa[53].

La forma del rotolo è comunque ampiamente attestata altrove in numerosi contesti, anche cittadini, come peculiare per la registrazione in generale degli

---

52 Paolo Cammarosano, Italia medievale. Struttura e geografia delle fonti scritte, Roma 1995, p. 139, dove lo studioso precisa che „un portato dell'evoluzione "popolare" [dei Comuni] ... fu dalla metà circa del Duecento, il grande incremento delle scritture pubbliche. Vi fu una sorta di traduzione, assai più sistematica e articolata che nel passato, delle modalità della vita pubblica in modalità della documentazione scritta", tra cui, appunto, i registri della giustizia civile e criminale. Si veda inoltre Jean-Claude Marie Vigeur, Révolution documentaire et révolution scripturaire: le cas de L'Italie Médiévale, in: Bibliothèque de l'Ecole des Chartes 153/1 (1995) pp. 177–185, in particolare p. 184; sulla sedimentazione e la forma della documentazione processuale bolognese: Vallerani, Giustizia pubblica (come alla nota 12) p. 115; id., Giustizia e documentazione (come alla nota 13) pp. 285–286 e bibliografia ivi citata.

53 Nell'Introduzione a L'archivio Generale Arcivescovile di Bologna. Inventario-guida dei fondi ordinati e consultabili, a cura di Mario Fanti, Bologna 2015, questi sottolinea come nel corso del secolo XIII sia pienamente attivo all'interno della Curia l'ufficio di notai al servizio sia del vescovo sia del Capitolo, addetti alla tenuta del registro degli atti, come attesta anche la formula di esemplazione posta in calce agli *acta* giudiziari conservati nella b. 76/7410 (come alla nota 2): *Et ego Gandolfinus Petri de Corvaria Imolensis ... notarius predicta, prout in regestro actorum curie dicti domni Legati habitorum, coram dicto domno auditore, mihi dato et assignato, per magistrum Iacobum notarium de Tuderio et scribam actorum curie ipsius domni legati, inveni, et fideliter ... exemplavi.* Il dottor Fanti prosegue notando di come „si ha inoltre notizia che più di un notaio era addetto contemporaneamente al foro vescovile, ma disgraziatamente non ci sono pervenuti gli atti riguardanti tali periodo", pp. 21–22, si veda inoltre Giorgio Cencetti, Note di diplomatica vescovile bolognese dei secoli XI–XIII, in: Scritti di paleografia e diplomatica in onore di Vincenzo Federici, Firenze 1944, pp. 157–223, in part. pp. 217–218. Ancor più prezioso risulta in tal senso il rotolo *San Domenico 77/7411* e in generale il *dossier* Borgognoni che attesterebbero il peculiare utilizzo, in archivi ecclesiastici, della forma del rotolo nella produzione di *dicta testium* e *acta* giudiziaria in generale, come parrebbero testimoniare anche altri documenti, fortuitamente superstiti, ad esempio la documentazione processuale conservata in ASB, Corporazioni religiose soppresse, Capitolo di S. Pietro, b. 22/209, per cui si rimanda a Zuffrano in questo volume. Si ringrazia inoltre Giovanna Morelli per la segnalazione di simile documentazione processuale in forma di rotolo prodotta in ambito ecclesiastico, conservata sempre nell'archivio S. Domenico del fondo *Demaniale* dell'Archivio di Stato di Bologna.

acta giudiziari ed in particolare dei *dicta testium*, soprattutto quando particolarmente estesi[54]. Nel caso del rotolo *San Domenico* la scelta della forma arrotolata per il documento, ottenuto cucendo insieme singoli fogli di pergamena opportunamente 'vidimati'[55], parrebbe uno strumento funzionale a tenere solidali le carte del lungo e complesso processo verbale su un unico supporto documentario, ad ulteriore garanzia dell'immodificabilità dell'atto. La forma estrinseca del rotolo è dunque collegata alla precisa funzione giuridico-diplomatistica che il documento riveste, di prova a futura memoria.

In conclusione, pare qui riproporsi l'annosa e complessa questione, tanto cara ai giuristi, in merito al valore della prova instrumentaria e della prova testimoniale, qui plasticamente rappresentate dalla documentazione prodotta da Borgognoni per disporre *post mortem suam* dei propri beni: il testamento e i *dicta testium* registrati dal rotolo *San Domenico 77/7411*, documenti, atti ad attestare diritti, utilizzabili in sede giudiziaria.

Sede giudiziaria che, puntualmente, di lì a pochi mesi dopo la morte di Teodorico, vide fronteggiarsi il minorita Antonio, nuovo episcopus *Cerviensis*, e gli eredi del vescovo domenicano[56].

---

54 L'utilizzo del rotolo come supporto per la redazione degli *acta* giudiziari è attestato con una certa omogeneità pressoché in tutta Europa nel corso del Medioevo e in alcuni casi fino ai bagliori della contemporaneità, come emerge dagli studi raccolti in: La diplomatica dei documenti giudiziari (dai placiti agli *acta* – secc. XII–XV). Atti del X Congresso Internazionale della Commission Internationale de Diplomatique (Bologna, 12–15 settembre 2001), a cura di Giovanna Nicolaj, Città del Vaticano 2004. Anche presso numerosi comuni marchigiani è ampiamente attestato l'utilizzo del rotolo per la registrazione dei *dicta testium*, per cui si vedano gli studi di Wolfgang Hagemann; si veda inoltre Faini, Memorie (come alla nota 38).

55 Si ricorda che il notaio *Francischus Mascharonis* appone la sua sottoscrizione in calce a ciascuna carta del rotolo, quale forma di marcatura e garanzia di *publica fides* (cfr. anche la nota 37). Vi è senz'altro uno stretto collegamento tra la forma arrotolata e la presenza della sottoscrizione notarile o del *signum notarii* alla fine di ogni carta, per cui si veda anche Zuffrano in questo volume, aspetto, questo, che presenterà peculiari problemi di resa in sede di edizione. Il medesimo uso è attestato anche nel rotolo testamentario edito in: Maddalena Modesti, Il testamento del "nobilis miles dominus" Niccolò del fu Iacopo degli Alberti. Edizione critica, in: L'ospedale di Orbatello. Carità e arte a Firenze, Firenze 2015, pp. 45–71, cui si rimanda anche per l'ampia bibliografia citata. Il problema della possibile manipolazione materiale del testo è ben presente anche ai notai del Comune: si veda, ad esempio, ASB, Curia del Podestà, Giudici ad Maleficia, Libri inquisitionum et testium, b. 50, II semestre 1300-I semestre 1301, reg. 1, cc. 3–4, ove il segno paratestuale, che potremmo definire di 'marcatura', garanzia contro aggiunte o modifiche dei *dicta testium* ivi registrati, è dato da una linea verticale che corre parallela al testo e lo chiude in fondo orizzontalmente.

56 Questi temi, di grande complessità e sterminata bibliografia, necessiteranno di uno specifico approfondimento in sede di edizione, soprattutto in relazione al contesto storico-politico e al quadro giuridico-normativo di riferimento.

Abstract

Der vorliegende Beitrag untersucht die Gestalt sowie das Vermögen des Teodorico Borgognoni (Lucca, 1205 – Bologna, 1298), Bischof von Cervia, Chirurg und Tierarzt (Ippiatra). Insbesondere wird der Prozess über sein Testament behandelt. Die Forschung basiert auf der Untersuchung des sogenannten Rotulus San Domenico 77/7411, der im Staatsarchiv Bologna aufbewahrt wird. Dabei handelt es sich um einen wichtigen, unedierten und 19,57 Meter langen Pergamentrotulus, der aus 28 eingebundenen Blättern besteht. Der Rotulus San Domenico bezieht sich auf ein grosses Urkundendossier, das Zeugnisse über die Güter und die testamentarischen Verfügungen des Bischofs von Cervia bewahrt. In diesem Rahmen untersucht die Arbeit nicht nur den Pergamentrotulus, in dem die *dicta testium* – die Aussagen von 13 Zeugen über das Vermögen Borgognonis – eingetragen sind, sondern auch andere Urkunden aus dem gleichen Dossier: die dem Borgognoni vom Papst Nikolaus III, erteilte *licentia testandi*, sowie eine interessante *petitio*. Die Studie fokussiert die juridische Bedeutung des Pergamentrotulus sowie die Beziehungen zwischen dem Inhalt und der besonderen Form dieser Urkunde.

Il rotolo San Domenico 77/7411

Analisi paleografico-diplomatistica di un inedito dicta testium*

Annafelicia Zuffrano

Nel ricchissimo fondo delle Corporazioni religiose soppresse dell'Archivio di Stato di Bologna, tra le carte del convento cittadino di S. Domenico, è custodito un piccolo gruppo di documenti riguardanti Teodorico Borgognoni, frate domenicano, chirurgo, ippiatra e vescovo di Cervia dal 1270 al 1298[1].

L'insieme delle carte si divide in due distinte unità archivistiche, la prima contiene alcuni atti processuali, dei documenti di natura contrattuale, la copia di un testamento più altre tre carte ad esso collegate[2]. Nel secondo faldone invece si conserva un rotolo membranaceo, dalle ragguardevoli dimensioni, nel quale è riportata la registrazione di un interrogatorio[3]. Gran parte di questa documentazione è stata prodotta in occasione di una lunga controversia, conclusasi a seguito di un processo celebrato tra la fine del 1300 e l'inizio del 1301. La causa vedeva opposti da un lato il francescano padre Antonio[4], successore di Teodorico alla cattedra cerviese, dall'altro alcuni eredi di quest'ultimo[5]. Il nuovo vescovo, infatti, non riconoscendo come valide alcune donazioni fatte in vita, poi ratificate mediante testamento, dal Borgognoni a

---

* Il presente contributo trae spunto dalla relazione, ampliata nei contenuti e arricchita dell'apparato bibliografico, presentata in occasione del convegno "Der Rotulus im Gebrauch. Einsatzmöglichkeiten, Gestaltungsvarianz und Aussagekraft einer Quellengattung. Il *rotulus* in uso. Possibilità di utilizzo, poliedricità e forza espressiva di una tipologia di fonte scrittoria" tenutosi a Wuppertal il 21–23 settembre 2016 ed organizzato da Jochen Johrendt, Maria Pia Alberzoni e Étienne Doublier. I suoi contenuti sono strettamente complementari al saggio di Lorenza Iannacci "Il rotolo San Domenico 77/7411 dell'Archivio di Stato di Bologna e il dossier Borgognoni: storia di un processo annunciato (f. XIII–i. XIV sec.)", edito in questo volume, a cui si rimanderà più volte. Si segnala inoltre che è in corso il progetto di edizione critica del rotolo *S. Domenico 77/7411* e dell'intero *dossier* testamentario di Teodorico Borgognoni, a cura di chi scrive e di Lorenza Iannacci.

1 P. Pius Bonifacius Gams, Series episcoporum Ecclesiae Cattolicae quotquot innotuerunt a beato Petro apostolo, Leipzig 1931, p. 680.

2 Archivio di Stato di Bologna (ASBo), Corporazioni religiose soppresse, S. Domenico 76/7410.

3 ASBo, Corporazioni religiose soppresse, S. Domenico, 77/7411.

4 Vedi nota 1.

5 Il vescovo Antonio citò in giudizio il convento dei frati predicatori di Bologna e di Lucca, eredi universali di Teodorico insieme alla chiesa di Cervia, e i conventi bolognesi di S. Mattia, S. Maria del Monte della Guardia, S. Agnese e S. Maria Maddalena di Val di Pietra, beneficiati dal Borgognoni di alcuni legati.

diversi istituti religiosi della città e non solo, chiedeva al tribunale ecclesiastico di intervenire e dichiarare nulli tali lasciti[6].

Finora la storiografia, più che a queste vicende, si è interessata soprattutto alla vita del Borgognoni e, in modo particolare, agli importanti traguardi da lui raggiunti nello svolgimento della professione medica[7]. Nato a Lucca nel 1205, Teodorico risiedette per lungo tempo a Bologna dove si trasferì sin da piccolo con il padre Ugo, da cui apprese il mestiere di medico[8]. Entrato

6 Cfr. Lorenza IANNACCI, Il rotolo San Domenico 77/7411 dell'Archivio di Stato di Bologna e il dossier Borgognoni: storia di un processo annunciato (f. XIII–i. XIV sec), in questo volume, in particolare p. 282.

7 Per un racconto più dettagliato delle vicende biografiche relative a Teodorico Borgognoni si rimanda a IANNACCI, Rotolo (come alla nota 6) p. 280 e bibliografia ivi citata; qui si rinvia in generale a Gundolf KEIL, Borgognoni, Teodorico di, in: LexMA 2 (1983), coll. 456–457; Antonio ALECCI, Borgognoni, Teodorico, in: Dizionario Biografico degli Italiani, 12 (1971), consultabile al sito http://www.treccani.it/enciclopedia/teodorico-borgognoni_(Dizionario-Biografico) (ultima consultazione 19/11/2018) e bibliografia ivi citata; si veda anche: Mauro SARTI/Mauro FATTORINI, De claris Archygimnasii bononiensis professoribus, Bologna 1769, I, pp. 537–544; Eldridge C. Campbell, James B. Colton, Theodoric: Master Surgeon of the Thirteenth Century, in: New York State Journal of Medicine, 54 (1954) pp. 191–194; Eldridge C. Campbell, James B. Colton, The Surgery of Theodoric, 2 vols., New York 1960; Vincenzo BUSACCHI, Fra Teodorico (Tederico) Borgognoni (1205–1298), in: Studi Romagnoli 22 (1971) pp. 33–38; Norbert Kamp, Kirche und Monarchie im staufischen Königreich Sizilien, München 1975, I, 2, pp. 613–616; Harold Edwards, Theodoric of Cervia, a Medieval Antiseptic Surgeon, in: Proceedings of the Royal Society of Medicine, 69 (1976) pp. 553–555; Agostino PARAVICINI BAGLIANI, Medicina e scienze della natura alla corte dei papi nel Duecento, Spoleto 1991; Michael Roger MCVAUGH, Alchemy in the Chirurgia of Teodorico Borgognoni, in: Alchimia e Medicina nel Medioevo, a cura di Agostino PARAVICINI BAGLIANI/Chiara CRISCIANI, Spoleto 2003, pp. 55–76; Augusto VASINA, I vescovi di Cervia dal XII al XV secolo, in: Storia della Chiesa di Cervia, a cura di Marino MENGOZZI, Cesena 2003, pp. 49–104, in particolare pp. 72–75; Luigi BIANCHEDI, Aspetti culturali e sanitari dell'Ars medica nell'Italia medievale, in: Analecta romana instituti danici 38 (2013) pp. 7–52, in particolare pp. 24–25. All'opera e alla figura di Teodorico Borgognoni è stato di recente dedicato il convegno internazionale: Teoria e pratica medica nel basso Medioevo: Teodorico Borgognoni vescovo, chirurgo e ippiatra (Bologna, 19–20 ottobre 2018), organizzato dal Dipartimento di Storia Culture e Civiltà, di Filologia Classica e Italianistica e dal Centro RAM (Ricerche e Analisi Manoscritti) dell'Università di Bologna e dall'Institut für Paläoanatomie, Domestikationsforschung und Geschichte der Tiermedizin della Ludwig-Maximilians-Universität di Monaco di Baviera. Inoltre, la figura di Teodorico Borgognoni, il dossier documentario lui riguardante e le recenti scoperte (v. nota 24), sono stati oggetto della mostra storico-documentaria allestita presso l'Archivio di Stato di Bologna dal titolo "Teodorico Borgognoni, vescovo e medico del Duecento. Nuovi apporti documentari dall'Archivio di Stato di Bologna" (ottobre 2018 – marzo 2019), a cura di chi scrive e di Massimo GIANSANTE [e.a.].

8 Cfr. Mauro SARTI/Mauro FATTORINI, De claris (come a nota 7), vol. I, pp. 544–545; Augusto VASINA, Borgognoni, Ugo, in: Dizionario Biografico degli Italiani 12 (1971), consultabile al sito http://www.treccani.it/enciclopedia/ugo-borgognoni_(Dizionario-Biografico) (ultima

nell'ordine dei domenicani, fu prima penitenziere di Innocenzo IV, e nel 1262 venne nominato vescovo di Bitonto da Urbano IV. Capo della Chiesa di Cervia dal 1270 vi rimase fino al 24 dicembre 1298, giorno in cui morì. Anche da vescovo non smise mai di praticare la professione medica nella quale collezionò diversi meriti, apprezzati dai suoi contemporanei ma anche dai posteri, per l'avanguardia delle sue intuizioni; in qualità di maestro nell'arte della cerusìa e dell'ippiatria scrisse infatti alcuni autorevoli e noti trattati[9]. L'eredità paterna, i proventi derivatigli dall'esercizio della professione e le concessioni ottenute nel corso della sua carriera ecclesiastica, gli consentirono di accumulare un ingente patrimonio di cui dispose nel testamento scritto il 17 ottobre 1298[10].

In parte nota è anche la vicenda legata al processo seguito alla sua morte, alcuni degli atti prodotti nel corso della causa, infatti, sono stati parzialmente editi nella collana degli *Analecta franciscana*[11].Tuttavia non si conoscono ancora a sufficienza molti fatti legati al procedimento come anche la procedura con la quale esso si è svolto, inoltre è del tutto sconosciuta parte della documentazione oggi conservata fra cui anche il lungo rotolo.

È proprio a questa particolare fonte che si intende dedicare le pagine che seguono, analizzandone il contenuto e mettendone in luce le caratteristiche formali e formulari. L'analisi dei caratteri estrinseci e la lettura del testo

---

consultazione 19/11/2018); Mario TABANELLI, La chirurgia italiana nell'Alto Medioevo, 2 voll., Firenze 1965, vol. 1, pp. 198–207, in particolare pp. 198–207. Nell'Archivio di Stato di Bologna si conserva l'accordo stipulato il 5 ottobre 1214 tra il comune bolognese e Ugo, per mezzo del quale quest'ultimo si impegnava a prestare il suo servizio di medico in città e nel contado; si veda ASBo, Comune-Governo, 30, Registro grosso, I, cc. 209v-210r.

9 La sua opera più importante è la *Cyrurgia seu Fillia Principis* in quattro libri, composta tra il 1266 e il 1267; al Borgognoni si deve anche un trattato di veterinaria in tre libri intitolato *Mulomedicina*, pubblicato dopo il 1277, di cui è in corso l'edizione critica nell'ambito di un progetto di ricerca internazionale che vede coinvolte la Ludwig-Maximilians-Universtität di Monaco, la Johannes-Gutenberg-Universtität di Magonza e la Eberhard-Karls-Universtität di Tubinga, per questo si veda Lisa SANNICANDRO, Aspetti della lingua della patologia nella *Mulomedicina* di Teodorico dei Borgognoni (1205–1298), in: Archivum Latinitatis Medii Evi 71 (2013) pp. 209–222.

10 Il testamento è in parte edito in: Mauro SARTI/Mauro FATTORINI, Archygimnasii (come alla nota 7) II pp. 233–237; del documento originale da cui è stata tratta l'edizione non vi è più traccia, di esso resta invece presso l'Archivio di Stato di Bologna una copia autentica del 1313 conservata all'interno della busta San Domenico 76/7410, per cui si veda *infra*. Si deve a Giovanna Morelli la recente scoperta di una ulteriore copia del testamento del Borgognoni presso l'Archivio di Stato di Lucca. La pergamena, redatta dal notaio estensore del testamento originale, riporta anche il testo di un codicillo dettato dallo stesso Teodorico il 4 novembre 1298.

11 Cfr. Bonaventura GIORDANI, Acta franciscana e tabulariis bononiensibus deprompta, in: Analecta franciscana 9 (1927) pp. 727–741.

avranno lo scopo di descrivere le peculiarità del documento anche in relazione al particolare modo, arrotolato appunto, in cui è pervenuto. Le circostanze storico-giuridiche nelle quali il rotolo ha visto la luce costituiranno il punto di riferimento per la comprensione della genesi del manoscritto, per questo si farà costante rimando al contributo di Lorenza Iannacci, che a questo tema dedica ampio spazio e con cui si condivide lo studio e il progetto di edizione critica della fonte.

1. Il dossier Borgognoni nell'Archivio di Stato di Bologna

Prima di procedere con l'analisi particolareggiata del rotolo è utile, ai fini della ricerca, considerare un momento il contenuto della busta *San Domenico 76/7410*. In essa si trovano:

1. un rotolo pergamenaceo di sette carte smembrato in tre unità (R. P. nn. 21, 24, 25) in cui sono stati trascritti diversi contratti (a.a. 1283, 1293, 1298), in originale o in copia autentica, dal notaio Giovanni Damiani[12];
2. un rotolo pergamenaceo di sei carte che riporta, in copia di Gandolfino di Pietro di Corvaria, gli atti del processo del 1300 (R. P. n. 26)[13];
3. un altro rotolo scucito, formato da quattro pergamene contenenti delle istanze d'accusa e alcune *replicationes contra exceptiones* (R. P. n. 27)[14];
4. due pergamene originariamente legate fra loro a costituire un quarto rotolo, insieme almeno ad un altro pezzo andato perduto, in cui si riportano tre atti del 1297 esemplati dal notaio Giovanni Damiani (R. P. nn. 22, 23);
5. una pergamena scucita nel margine inferiore contenente una istanza rivolta al foro ecclesiastico bolognese seguita da una lista parziale di *intentiones* (R. P. n. 31);
6. la copia, autenticata dal notaio Guido di Zambonino, di tre compravendite (a.a. 1272, 1274) (R. P. n. 19);
7. una compravendita, datata al 1308, del notaio Giacomo Giacomini (R. P. n. 30);
8. un documento del 1301 del notaio *Lançalottus quondam Frederici Pili* di Faenza (R. P. n. 29);

12 La ricostruzione del presente rotolo è stata condotta sia sulla base delle caratteristiche estrinseche che accomunano le singole unità sia sulla presenza, nel margine superiore delle pergamene, di un numero d'ordine progressivo apposto dalla stessa mano che ha redatto il testo.

13 Anche in questo caso, l'esemplatore della copia ha numerato le carte del rotolo nel margine inferiore.

14 Il documento è privo di sottoscrizione notarile tuttavia dal confronto paleografico emergono numerose somiglianze con la mano di Gandolfino di Corvaria.

9. una piccola membrana con un atto del 1260 (R. P. n. 18);
10. la *licentia testandi* emessa in favore del Borgognoni da papa Nicolò III il 16 aprile 1279 (R. P. n. 20);
11. il testamento dettato il 17 ottobre 1298, in copia autentica del 1313 di mano del notaio Guido del fu Zambonino;
12. un fascicolo cartaceo di sei fogli, parzialmente scucito e all'apparenza incompleto (R. P. n. 28);
13. cinque camicie contenenti altrettanti atti datati 1596–1710, estranei al dossier Borgognoni (R. P. nn. 32, 33, 44, 152, 160).

Di questo insieme di documenti, si dovrà tenere in gran considerazione il pezzo n. 5, con segnatura antica R. P. n. 31. L'analisi e la comprensione del rotolo, infatti, non possono prescindere dallo studio delle connessioni esistenti tra i due manoscritti.

Nello specifico R. P. n. 31 è una pergamena di 24,9x62,5 cm con uno specchio di scrittura, tracciato con punta metallica, di 22x57,2 cm. Attualmente la carta versa in uno stato non buono di conservazione: oltre ad alcune macchie di umidità e ad un piccolo foro nella parte alta, la membrana presenta nel centro un profondo strappo che nel tempo ha causato il deterioramento del supporto e dell'inchiostro, che risulta in più punti evanito. Evidenti, inoltre, sono le tracce di un'antica cucitura del foglio. Nel margine inferiore, infatti, sono presenti alcuni piccoli fori oltrepassati da filo di spago al quale sono attaccati alcuni brandelli di quella che doveva essere una seconda carta.

Al momento bisogna considerare il documento come il frutto del lavoro di un anonimo scrittore: nel testo, infatti, non vi è alcuna menzione relativa alla mano che lo redige, mancando sia la parte finale, dove è plausibile ci fosse una sottoscrizione, sia un riferimento in tal senso nel preambolo[15].

Ad ogni modo, la tipologia grafica impiegata è la minuscola notarile, ossia quella scrittura formatasi a cavallo tra il XII e il XIII secolo nell'Italia comunale centro-settentrionale in ambito – come suggerisce il nome stesso – notarile[16]. È una scrittura che ha avuto un'ampia diffusione in Italia e che,

---

15 Il testo del documento è stato scritto a tutta pagina nel *recto* della membrana, nel *verso* si rileva invece la presenza di alcune note dorsali che riassumono il contenuto dell'atto; la prima è coeva al testo e quasi del tutto illegibile anche alla luce di Wood fatta eccezione per le parole: *Testes producti ad sanare litem [..n..]/ C[..8..] quod bon[..n..]/[..n..]/ Que cum multa dilige[..n..]/ f[..n..]*; la seconda è di mano del secolo XVI; *Iura quibus mediantibus episcopus Cerviensis/ potuit testari*; infine l'ultima è di epoca sei-settecentesca e riporta il seguente testo: *Ragioni in iure, che provano la validità di tutte le donazioni fatte e da farsi da frate Teodorico de Lucca dell'Ordine dei Predicatori, Penitenzieri e Cappellano del Papa, poi vescovo di Bertinoro ed ultimamente di Cervia. Atti di Francisco Dominico Mascheroni.*

16 La minuscola notarile, detta anche *littera minuta corsiva* o minuscola cancelleresca – nella

a partire dal XIII secolo, ha conosciuto una discreta circolazione anche nel resto d'Europa. Creata per le esigenze della documentazione privata, che dal XII secolo subisce un notevole incremento, ben presto venne impiegata anche all'interno della cancelleria imperiale e pontificia[17], nonché in ambito comunale e podestarile. Questa scrittura infatti, pur con le dovute varianti – imputabili ai diversi gradi di calligraficità ovvero alla presenza o meno di artifici cancellereschi – a partire dal Duecento può essere considerata, almeno in Italia, la scrittura dei documenti[18]. A Bologna poi, dove per prima è stata utilizzata, in poco tempo la minuscola notarile divenne la scrittura impiegata per la redazione degli atti sia amministrativi sia giudiziari.

Se alla base vi è una „carolina indifferenziata"[19], tuttavia rispetto a questa – rotonda e posata per definizione – la minuscola notarile, pur mantenendo inalterata la rotondità del tratto, al contrario fa uso sistematico delle legature che la rendono quindi corsiva e veloce, facilmente adattabile agli usi più correnti imposti dal proliferare della documentazione scritta.

Rispetto a questo quadro, la scrittura impiegata per la redazione di R. P. n. 31 si mostra ben eseguita, calligrafica, dal tratteggio arioso ma – a dispetto di quanto appena detto – dal *ductus* non particolarmente corsivo. Caratteristiche sono le terminazioni ad uncino delle aste di *b* ed *l* e l'impiego sistematico delle lettere maiuscole, a volte usate anche in maniera impropria.

---

variante più connotata dall'artificio grafico –, fa la sua prima apparizione a Bologna, nel corso del XII secolo, tra i maestri della scuola bolognese di *dictamen* e di notariato per poi diffondersi, con le dovute varianti, nel resto d'Italia e in Europa. Per un inquadramento generale si veda: Giorgio Cencetti, Lineamenti di storia della scrittura latina, Bologna 1997, pp. 200–204; Paolo Cherubini/Alessandro Pratesi, Paleografia latina. L'avventura grafica del mondo occidentale, Città del Vaticano 2010, pp. 491–504, a cui si rimanda anche per una bibliografia più puntuale su questa tipologia grafica.

17 Si vedano ad esempio il registro di Federico II, il cui originale è andato perduto a causa dei danni che l'Archivio di Stato di Napoli ha subito nel corso della seconda guerra mondiale, riprodotto in: Franz Steffens, Lateinische Paläographie, seconda edizione, Trier u. a. 1909, rist. Berlin 1929, 1964, tav. 92 e il *Liber Censum* di Cencio Camerario, poi Onorio III (1216–1227), della Biblioteca Apostolica Vaticana, Vat. lat. 8486, fol. XI e seguenti.

18 G. Cencetti, Lineamenti (come alla nota 17); va segnalato, inoltre, che dalla fine del XIII secolo la minuscola notarile ampliò ulteriormente la sua sfera di utilizzo per essere adoperata anche nei codici, per lo più in volgare, in ambito epistolare, e in generale „per quella produzione 'borghese'", privata ma pensata anche per il commercio, legata alle figure professionali di spicco delle nuove società comunali, rappresentate da notai, giudici, mercanti e letterati; tra gli esempi più famosi si veda il codice preparatorio dei *Rerum vulgarium fragmenta* di Petrarca (Biblioteca Apostolica Vaticana, *Vat. lat.* 3196) e il bellissimo esemplare della *Commedia* di Dante della bottega di Francesco di ser Nardo da Barberino (notaio, figlio d'arte), conservato a Milano (Biblioteca Trivulziana 1080); cfr. Cherubini/Pratesi, Paleografia (come alla nota 17) p. 498 (da cui è tratta la citazione) e seguente.

19 Cherubini/Pratesi, Paleografia (come alla nota 17) p. 494.

Il documento non è esplicitamente datato ma le persone e i fatti richiamati nel testo concorrono all'individuazione di una datazione di massima.

Nel testo si legge che alla presenza di Gerardo da Cornazzano, canonico di Comacchio e vicario del vescovo di Bologna[20], Teoderico per il tramite di Tommasino di Sangiorgio suo procuratore, sulla base della licenza, concessagli da papa Niccolò III di disporre per testamento[21] delle cose da lui lecitamente acquisite non per via ecclesiastica *(non per Ecclesiam seu Ecclesias licite aquisitis)*, considerata la vasta quantità di beni accumulati nel corso della sua vita e temendo che a sé o ai suoi eredi ovvero ad altri si faccia causa in futuro, chiede che vengano sentiti dei testimoni che conoscano la verità su questi beni e che le loro testimonianze vengano redatte in forma pubblica e pubblicate *ad futuram rei memoriam*[22]. Attraverso questa *petitio*, Teodorico Borgognoni *intendit probare* – così continua il testo – una serie di questioni, elencate e descritte puntualmente, riguardanti le caratteristiche, la gestione e le modalità con cui nel tempo il vescovo di Cervia è riuscito ad accumulare il suo patrimonio mobiliare e immobiliare. Purtroppo il documento si interrompe al sedicesimo argomento, tuttavia, come dimostrano anche le caratteristiche materiali della carta, è certo che a questa seguisse almeno un'altra pergamena[23].

La redazione del presente atto va, dunque, collocata necessariamente dopo l'emissione della bolla papale, che data al 17 aprile 1279, ma soprattutto dopo

20 All'epoca il fiorentino Schiatta Ubaldini, sulla cattedra bolognese dal 1295 fino alla fine del 1298; cfr. Gams, Series (come alla nota 1) p. 676.

21 Nella busta *San Domenico 76/7410* si conserva sia l'originale della bolla papale sia una copia autentica del testamento (si vedano i punti 10 e 11 dell'elenco). Per l'analisi puntuale di questi due documenti si rimanda a Iannacci, Rotolo (come alla nota 6) pp. 285–291.

22 Il testo recita: *(...) petit dictus Thomaxinus procurator, nomine pro ipso domno episcopo et omnibus quorum interest vel interesse poterit, quatenus recipiatis testes, qui super premissis sciunt veritatem, et eorum adtestationes in forma publica redactas ad futuram rei huius memoriam publicetis, vocatis hiis quorum interest vel edictis propositis pubblice, ut, si velint, veniant videre, iurare, testari et adtestationes eorum postea publicandas.*

23 Dopo la prima stesura del presente saggio, sono state rinvenute da Giovanna Morelli, nel corso del suo minuzioso e prezioso lavoro di studio e ordinamento del fondo *Miscellanea bellica* dell'Archivio di Stato di Bologna, due carte cucite insieme lungo il lato corto che contengono la parte finale del documento di *petitio* riportante le *intentiones* e la parte iniziale del rotolo S. Domenico 77/7411. Il ritrovamento, che conferma quanto già esposto in questa sede, è stato oggetto di due comunicazioni ufficiali: la prima avvenuta il 30 settembre 2018, con Giovanna Morelli e Lorenza Iannacci, in occasione della VI seduta della Deputazione di Storia Patria per le Province di Romagna; la seconda il 20 ottobre 2018, con Lorenza Iannacci, in occasione del Convegno internazionale di cui alla nota 7. Nel corso delle due comunicazioni sono state presentate, oltre al suddetto ritrovamento, anche altre interessanti scoperte documentarie relative al *dossier* Borgognoni.

la stesura del testamento del Borgognoni e prima della sua morte, quindi tra il 17 ottobre e il 24 dicembre 1298.

2. Il rotolo San Domenico 77/7411: caratteristiche fisiche

Così come oggi si conserva, il rotolo *San Domenico 77/7411* misura 19,57 metri e si compone di 28 pergamene, di grandezza mediamente uniforme (ca. 26x70 cm), cucite tra loro lungo il lato corto con filo di spago[24]. Nel margine superiore della prima carta, il manoscritto presenta una serie di piccoli fori che lasciano presumere la caduta di una parte del supporto, così come conferma la lettura del testo che di fatto risulta sprovvisto di un vero e proprio incipit. Tali caratteristiche fanno quindi ritenere il manoscritto acefalo, per l'esattezza sprovvisto almeno delle prime tre carte.

Ad ogni modo, le pergamene sono di buona qualità[25]e nel complesso il manoscritto si presenta semplice ma curato.

Particolare attenzione è stata riservata alla *mise en page*: lungo tutto il rotolo, infatti, lo specchio di scrittura è regolare ed è tracciato con punta metallica[26]; allo stesso modo anche lo spazio interlineare risulta uniforme. Il testo, vergato solo sul *recto*, è a piena pagina ed è distribuito in capoversi abbastanza ampi principianti con lettera maiuscola e distanziati l'uno dall'altro da una riga bianca[27]. Questa struttura, che viene mantenuta per tutta la lunghezza del rotolo, conferisce alla pagina un certo ordine, facilitandone al contempo la lettura.

Alla mano del bolognese Francesco di Domenico Mascaroni, *imperiali auctoritate notarius*, si deve attribuire – come lui stesso dichiara in calce al

24 Le singole pergamene misurano: I 25 × 75cm; II 25 × 77cm; III 25 × 73cm; IV 25 × 78cm; V 26 × 73,5cm; VI 25,5 × 72,5cm; VII 26 × 69cm; VIII 25,5 × 65cm; IX 26 × 71cm; X 25,5 × 63cm; XI 25,5 × 67,5cm; XII 26 × 71,5cm; XIII 25,5 × 77,5cm; XIV 25,7 × 76,5cm; XV 25,5 × 58cm; XVI 25,5 × 62cm; XVII 26 × 72cm; XVIII 26,5 × 68cm; XIX 25,5 × 69,5cm; XX 25,5 × 74cm; XXI 25,5 × 72cm; XXII 25,5 × 71,5cm; XXIII 25,5 × 71,5cm; XXIV 25,5 × 70cm; XXV25,5 × 72cm; XXVI 25,5 × 71,5cm; XXVII 25 × 66,5cm; XXVIII 25,5 × 48,8cm.

25 Buono è anche lo stato di conservazione del rotolo in generale: si registrano, infatti, soltanto una lacerazione di media entità nella prima carta, sporadiche macchie di muffa e umidità, che in alcuni casi hanno provocato la parziale cancellazione dell'inchiostro, e leggeri corrugamenti della membrana lungo tutta la superficie.

26 Mediamente il rettangolo di scrittura misura 23x68 cm.

27 Non c'è traccia di scrittura nel *verso* ad eccezione di alcuni numeri (da VI a XII) posti in progressione su alcune delle pergamene.

documento[28] – la redazione per intero del lungo rotolo[29]. In realtà non è solo a chiusura dell'atto che il notaio appone la sua *subscriptio*: essa compare, infatti, nel margine inferiore di ciascuna pergamena, impiegata quale forma di marcatura e di autenticazione delle singole membrane, secondo un uso più volte attestato nei documenti costituiti da più pergamene legate insieme. Un interessante esempio di questa pratica è costituito da un altro rotolo contenuto nell'archivio Borgognoni, che tramanda gli *acta causae* del processo del 1300[30], qui il notaio esemplatore della copia, *Gandulfinus Petri de Corvaria*, nel punto di congiunzione delle pergamene disegna, proprio come un timbro, il suo *signum notarii* così come lui stesso dichiara a conclusione del documento[31]. La disposizione del testo e la presenza della sottoscrizione notarile al termine di ciascuna carta chiariscono anche le modalità con cui il rotolo è stato confezionato: è evidente, infatti, che la lunga striscia di pergamena è stata assemblata solo successivamente alla redazione dei singoli fogli. Tali caratteristiche, inoltre, configurano il rotolo come primario ossia concepito come tale sin dal principio.

Così come lo scrittore della *petitio*, anche Francesco Mascaroni si serve della minuscola notarile. Egli traccia una corsiva pulita e uniforme, priva di particolari abbellimenti ma allo stesso tempo elegante. Nel complesso, si tratta di una grafia dal corpo minuto e compresso sul rigo che accentua i tratti ascendenti e discendenti, prolungati e curvi sia sopra sia sotto la linea di scrittura. Il *ductus* è veloce, come attesta il frequente ricorso alle legature costituite da catene fluide di tre o quattro segni. La morfologia delle lettere è conforme

28 La sottoscrizione notarile, preceduta dal *signum notarii*, è nella forma: *Ego Franciscus Dominici Mascharonis imperiali auctoritate notarius ut supra legitur scripsi et in publicam formam redegi.*

29 Sfortunatamente non c'è traccia dell'archivio personale del notaio; ciò che al momento si conosce dell'attività di Francesco Mascaroni, che molto probabilmente ha appreso il mestiere dal padre, il notaio Domenico, è la sua iscrizione nel 1285 nella Matricola della società come proveniente dalla cappella cittadina di S. Procolo; si veda *Liber sive matricula notariorum comunis Bononie* 1219–1299, a cura di Roberto Ferrara, Roma 1980, pp. 372, 558.

30 Si veda il n. 2 dell'elenco a p. 306 e Iannacci, Rotolo (come a nota 6) p. 282.

31 (SN) *Et ego Gandulfinus Petri de Corvaria Imolensis diocesi, imperiali auctoritate iudex ord(inarius) atque notarius, predicta acta prout in registro actorum curie dicti domni legati habitorum coram dicto domno Auditore, mihi dato et assignato per magistrum Iacobini notario de Tuderto et scribam actorum curie ipsius domni legati inveni; ita de ipso registro in istis sex petiis pergameni simulsatis et meo solito signo signatis in iuncturis eorum fideliter transcripsi, exemplavi et de mandato et auctoritate prefati domni Auditoris in hanc publicam formam redegi, subscripsi.*Un ulteriore esempio di questa pratica si ricava in: Maddalena Modesti, Il testamento del *nobilis miles dominus* Niccolò del fu Iacopo degli Alberti. Edizione critica, in: L'ospedale di Orbatello. Carità e arte a Firenze, a cura di Cristina De Benedictis/Carla Milloschi, Firenze 2015, pp. 45–71, in particolare p. 48.

al modello grafico di riferimento, tuttavia si possono considerare distintivi della mano del notaio il prolungamento in basso e ad uncino di alcune lettere in fine di parola (specie *m*, *n*, *x*) e dei compendi *et*, *con*, *q*(uod)/*q*(ue) e *p*(*ro*); le varianti grafiche – fenomeno tipico nelle corsive – di *a*, *r*, *s* e *v*; il tratteggio doppio di *s* ed *f*; la particolare forma di *g* con coda aperta e schiacciata che piega a sinistra; la *p* con occhiello aperto, infine, l'asta di *d* che piega su se stessa a volte a cappio a volte a bandiera, quest'ultima secondo uno stile tipico della minuscola notarile. Le abbreviazioni, moderatamente utilizzate, sono segnalate in generale da una linea orizzontale, leggermente curva quando è sovrascritta, e riguardano soprattutto i compendi canonizzati e poche altre parole che risultano contratte. Nonostante la notevole quantità di testo, in pochi casi il redattore è intervenuto a correggere eventuali errori in interlinea, mantenendo così inalterata la generale scorrevolezza del dettato.

3. Il rotolo di San Domenico 77/7411: il formulario

Il rotolo *San Domenico 77/7411* trasmette, come si è già accennato, il verbale di un interrogatorio. Nello specifico, il testo riporta le dichiarazioni giurate di tredici testimoni[32] su trentotto *capitula intentionis*, vale a dire su gli argomenti che si intendevano dimostrare attraverso l'esame dei testi e sulla base dei quali venivano formulate le domande[33].

32 Riguardo all'identità dei testimoni, parenti o comunque persone molto vicine al vescovo, si rimanda a Iannacci, Rotolo (come alla nota 6) p. 292.

33 Data la natura diplomatistica del documento, si è tenuto come punto di riferimento teorico la disciplina relativa agli interrogatori escussi in sede di processo per cui si veda in generale: Antonio Pertile, Storia del diritto italiano. Dalla caduta dell'impero romano alla codificazione, a cura di Pasquale Del Giudice, Bologna ²1966, VI/2; Giovanna Nicolaj, Gli acta giudiziarii (secc. XII–IIII): vecchie e nuove tipologie documentarie nello studio della diplomatica, in: La diplomatica dei documenti giudiziari (dai placiti agli acta – secc. XII–IV). Atti del X Congresso Internazionale della Commission Internationale de Diplomatique, Bologna, 12–15 settembre 2001, a cura di Giovanna Nicolaj, Città del Vaticano 2004, pp. 1–24; in particolare per Bologna: Arturo Palmieri, La diplomatica giudiziaria bolognese nel secolo XIII, in: Atti e memorie della R. Deputazione di Storia Patria per le provincie di Romagna, serie III, 17 (1898/99) pp. 143–170 (note e appunti), e serie III, 18 (1900) pp. 143–170; Massimo Vallerani, La giustizia pubblica medievale, Bologna 2005, in particolare i capp. II–III; id., Giustizia e documentazione a Bologna in età comunale (secoli XIII–IIV), in: La documentazione degli organi giudiziari nell'Italia tardo-medievale e moderna (Atti del Convegno di studi, Siena, Archivio di Stato, 15–17 settembre 2008), a cura di Andrea Giorgi [e.a.], Roma 2012, pp. 275–314; proficuo è stato anche il confronto con la bibliografia relativa ad altre realtà cittadine per cui si veda Dino Puncuh, Note di diplomatica giudiziaria savonese, in: Atti della Società Ligure di Storia Patria, nuova serie, V (1965) pp. 5–36 ora in: id., All'ombra della lanterna. Cinquant'anni tra archivi e

Prima di procedere con l'analisi diplomatistica del documento va chiarito che a seguito della caduta delle pergamene iniziali, il manoscritto oggi si apre con la dichiarazione di un anonimo testimone all'undicesimo articolo. Manca quindi un vero e proprio incipit che riporti la data di redazione dell'atto, le motivazioni che hanno portato alla sua stesura e gli argomenti sui quali doveva vertere l'interrogatorio.

Giova, alla ricostruzione di questi dati, l'esame puntuale del contenuto, anche dal punto di vista del formulario.

Il testo, in terza persona, si articola secondo un modello che si ripete per tutte le deposizioni. In apertura a ciascuna dichiarazione vi è il nome proprio del testimone seguito dal patronimico e, a seconda dei casi, dalle indicazioni riguardanti la provenienza, la qualifica o la professione a cui si accompagna la formula di giuramento *testis iuratus de veritate dicenda*. Segue il richiamo alle *intentiones* già esposte precedentemente (*predicte/dicte*), la formula dispositiva *interrogatus diligenter dixit*, in ultimo il testo vero e proprio di quanto è stato dichiarato circa la questione in esame. A ciò si aggiungono ulteriori e più puntuali domande volte a circostanziare con maggiori dettagli quanto affermato, spesso viene chiesto, infatti, di chiarire le modalità con cui si è venuti a conoscenza del fatto o di specificare quanto detto con indicazioni di natura temporale[34]. Successivamente, la formula *Super secundo/ tertio/... capitulo intentionis predicte interrogatus dixit/diligenter et per or-*

---

biblioteche 1956–2006, a cura di Antonella Rovere [e.a.], Genova 2006, pp. 531–555; Patrizia Merati, La rappresentazione dell'esperienza: mediazioni culturali e meccanismi della memoria a Milano nel XIII secolo, in: Mélanges de l'École française de Rome – Moyen Âge, 113 (2001) pp. 453–492; Antonio Padoa Schioppa, Note sulla giustizia ecclesiastica a Milano alla fine del Duecento, in: La diplomatica dei documenti giudiziari (dai placiti agli acta – secc. XII–IV). Atti del X congresso internazionale della Commission Internationale de Diplomatique, Bologna 12–15 settembre 2001, a cura di Giovanna Nicolaj, Città del Vaticano 2004, pp. 295–307. Anche qui, come per il caso studiato da Pietro Maria Silanos, Note in margine al *rotulus* ASV, A.A., Arm. i-xviii, 3913: la costruzione di una scrittura processuale, edito in questo volume, risulta molto fruttuoso il raffronto con gli *ordines iudiciarii* duecenteschi, in particolare con quelli di Pillio da Medicina, Tancredi da Bologna e Grazia d'Arezzo editi in: Pillius, Tancredus, Gratia, Libri de iudiciorum ordine, hg. von Friedrich Christian Bergmann, Darmstadt 1965, pp. 61–96; 222–248; 370–373, ma anche con l'*ordo* del maestro di diritto canonico Egidio Foscarari, scritto a Bologna tra 1260 e il 1266 ed edito in: Quellen zur Geschichte des römisch-kanonischen Processes im Mittelalter, hg. von Ludwig Wahrmund, 3/I, Innsbruck 1916 pp. IX-XLVIII e 1–270.

34 Le domande sono del tipo *Interrogatus quod scit, respondit* o *Interrogatus quantum tempus est (...), respondit* oppure *Interrogatus qua de causa (...), respondit* o ancora *Interrogatus quando vidit et legit (...), respondit*. Molto spesso capita che il teste affermi di essere a conoscenza dei fatti perché ha visto o letto o sentito parlare di un documento attestante il diritto messo in discussione, di cui è in grado di indicare il notaio che l'ha rogato o anche il luogo in cui questo si conserva; altre volte invece il teste dichiara di essere testimone oculare

dinem dixit introduce le risposte ai *capitula* seguenti, che occupano ciascuna un capoverso. In questo modo, si viene a creare, anche figurativamente, un elenco formalmente omogeneo di enunciati che facilitano la lettura del lungo testo, rendendo più immediato il reperimento delle informazioni a coloro che dovranno servirsi del verbale. Naturalmente, in base al livello di conoscenza dell'interrogato varia la lunghezza delle singole deposizioni; va inoltre detto che nel caso in cui il soggetto sia ignaro dei fatti il notaio tenda a sintetizzare le sue parole utilizzando delle frasi standard[35]. Chiude la lunga lista di deposizioni la sottoscrizione notarile del Mascaroni[36].

Anche se il notaio nelle varie dichiarazioni fa riferimento ad un elenco di argomenti già espressi in precedenza (*predicte intentiones*), tuttavia tramite le parole dei testimoni è comunque possibile ricostruire per sommi capi i temi al centro dell'interrogatorio. Le risposte, infatti, spesso molto simili tra loro, sono state costruite a partire da una base comune, che verosimilmente riprende l'*intentio* nella sua forma originale, per poi differenziarsi caso per caso a seconda del livello di conoscenza del soggetto ascoltato.

Frater Stephanus condam domni Guillelmi de ordine Predicatorum	Frater Figlocarius condam magistri Benamati de ordine Predicatorum	Domnus Iohannes Damiani notarii
Super secundo capitulo intentionis predicte interrogatus diligenter dixit quod ipse domnus Thedericus, antequam esset episcopus Cerviensis et post, habuit et percepit fructos et pensiones quarumdam domorum, quarum una est alta e magnam, que fuerunt patris et fratrum dicti domni Thederici, posite in civitate Bononie in	***Super secundo capitulo intentionis predicte interrogatus diligenter et per ordinem dixit quod dictus domnus Thedericus, antequam esset episcopus et post, percepit et habuit fructus et pensiones cuiusdam magne domus, que fuit patres dicti domni Thederici, posita in contrata Saragotie civitatis Bononie,*** *per multos annos et valuit*	***Super secundo capitulo dicte intentionis interrogatus, diligenter et per ordinem dixit quod dictus domnus Thedericus, postquam fuit episcopus Cerviensis, habuit fructus et pensiones cuiusdam domus magne*** *per viginti octo annos, quod valuerunt annuatim, uno cum alio computato, quin queginta libras Bononiensis.*

o parte attiva dei fatti di cui si discute; su questo aspetto si veda anche Iannacci, Rotolo (come alla nota 6).

35 Si tratta di formulazioni del tipo: *Super (...) capitulo intentionis predicte interrogatus, diligenter dixit se nichil scire de contentis in dicto (...) capitulo*; *(...) set aliter nisi ex auditu nescit*, ma non mancano anche risposte più vaghe come questa: *Super sexto capitulo intentionis predicte interrogatus, testificando dixit quod ispe domnus Thedericus percepit a quadam summo pontifice denarios et donaria, set quot et quando nescit. Interrogatus quod scit quod percepit denarios et donaria, respondit quod audivit dici multis personis. Interrogatus de nomine dicti summi pontificis, respondit quod nescit.*

36 Per questo si veda la nota 28.

contrata Saragotie, *viginti octo annis, que valuerunt singulis annis, uno cum alio computato, sexaginta libras Bononiensis et ultra.* **Interrogatus quod scitpredicta, respondit** *sicut homo qui presens fuit pluribus locationibus factis de dictis domibus per ipsum dictum Thedericum et dixit quod quandoque concedebat dictam domum altam pro septuaginta libras Bononiensis, aliquando pro sexaginta, aliquando pro quinqueginta, aliquando pro quinqueginta quinque, secundum cursum temporum, et hoc dixit se scire, sicut homo qui fuit familiaris et socius dicti domni Thederici iam sunt duodecim anni vel idcirca.* **Interrogatus si umquam fuit presens ubi dictus domnus Thedericus perceperet pensiones, respondit** *sic plures et dixit quod dicte domus fuerunt dicti domni Thederici et sunt.*	*pensio annuatim sexaginta libras Bononiensis.* **Interrogatus quod scitpredicta, respondit** *sicut homo/ qui fuit familiaris et de familia dicti domni Thederici bene quatuor annos et audivit dici domno Thederico quod dictas percepit pensiones, antequam esset episcopus et post. Item dixit quod presens fuit, tempore quo morabatur cum dicto domno Thederico, ubi dicta domus locata fuit domno Federico Polono per ipsum domnum Thedericum pro precio sexaginta libras Bononiensis in anno, que domnus Federicus habitavit in dicta domo per duos annos et fuit presens ubi ipse domnus Federicus solvit dictam pensionem et ipse idem testis recepit peccuniam dicte pensionis, pro ipso domno Thederico et de precepto eius. Interrogatus qua de causa ipse domnus Thedericus percepit dictas pensiones de dicta domo, respondit quod audivit dici, quod ipse emerat parte fratrum suorum, ita quod erat sua tota libera, se<t> pro quanto precio nec quando nescit.* **Interrogatus quantum tempus est quod ipse testis fuit familiaris dicti domni Thederici, respondit** *quod bene sunt quatuor anni et ultra, quod ipse fuit familiaris continuus dicti domni Thederici, usque ad dictum festivitatis sancti Michaelis proximi preteriti.*	**Interrogatus quod et qualiterscit, respondit** *sicut homo qui fuit et est suus notarius et qui fecit plura instrumenta locationum pensionis dicte domus et dixit quod aliquando percipiebat quinqueginta libras, aliquando sexaginta, aliquando septuaginta.* **Interrogatus si umquam fuit presens ubi dictus domnus Thedericus aliquas percipere pensiones et a quibus percepit et quotiens et quo anno, mense et die, respondit** *quod percepit a quedam magistro Stephano et a domno Recardo de Colona et a domno Federico de Valioracu et a pluribus aliis, de quibus non recordatur, et dixit quod habuit a dicto magistro Stephano, pro pensione unius anni, quinqueginta libras Bononiensis et a domno Ricardo septuaginta libras Bononiensis et a domno Federico lx libras Bononiensis et a pluribus aliis, de quibus non recordatur, et hoc dixit se scire sicut homo qui fecit instrumenta solutionum et locationumdicte domus. Interrogatus cuius est dicta domus et actenus fuit, respondit quod est et fuit domnorum Veltri, Uberti et Francisci, suorum fratrum, et heredes condam domni Ugonis de Luca et de eorum patris, qui permiserunt et concesserunt dicto domno Thederico ut pensiones prefate domus perciperet et haberet.*

Tabella 1. Confronto fra quanto dichiarato da tre differenti testimoni riguardo al secondo *capitulo intentionis*.

Dall'analisi dei singoli enunciati, dunque, risulta che l'interrogatorio fu finalizzato ad indagare in merito alle rendite, in natura e in denaro, percepite da Teodorico a Lucca e a Bologna, sui proventi ottenuti dall'esercizio della professione medica, sui suoi beni immobili (case e terreni), sulle opere di carità, in generale su alcuni aspetti della gestione della diocesi cerviese (ad es. il versamento delle decime), sul possesso da parte del Borgognoni di una speciale licenza papale per disporre dei suoi beni dopo la morte (*licentia testandi*), infine sulla popolarità e la reputazione (*publica vox et fama*) che le vicende in discussione avevano presso la comunità[37]. Più formulare, o forse sarebbe meglio definirla "di rito", è l'ultima domanda con la quale si chiede ai testi di dichiarare di aver dato testimonianza liberamente, senza alcun tipo di costrizione[38].

Riguardo alla datazione, invece, va detto che anche in questo caso, come per R. P. n. 31, nel dettato del documento sono presenti diversi elementi che concorrono alla sua determinazione. Alla carta n. 3, dove comincia l'interrogatorio del teste *Velter*, del fu Ugo medico di Lucca e fratello del Borgognoni, compare, al centro della pergamena, la prima notazione temporale che assegna la testimonianza al giorno 10 del mese di dicembre. Altre simili indicazioni precedono le successive interrogazioni, che si collocano quindi tra il 10 e il 16 dicembre, mentre l'ultima data al 31 dello stesso mese. Al momento, non è possibile stabilire con certezza il giorno d'inizio della procedura dato che il numero di persone ascoltate nell'arco di una giornata varia da uno sino ad un massimo di quattro, per cui si terrà ferma la data del 10 dicembre anche per la testimonianza incompleta presente in apertura del rotolo. L'*intentio* riguardante la *licentia testandi*, inoltre, permette senz'altro di dire che il rotolo è stato scritto successivamente alla emissione della bolla papale e quindi dopo il 16 aprile 1279. Tuttavia, è la viva voce dei testimoni a datare con più precisione il pezzo. In particolare, uno di loro fa esplicito riferimento ad una *cedula sigillata*, conservata presso il convento dei frati predicatori di Bologna[39]. La *cedula* di cui si parla non è altro che il testamento di Teodorico

37 Su questo tema si veda Massimo Vallerani, La fama nel processo tra costruzioni giuridiche e modelli sociali nel tardo medioevo, in: La fiducia secondo i linguaggi del potere, a cura di Paolo Prodi, Bologna 2007, pp. 93–111, cui si rinvia anche per una prima bibliografia di riferimento sull'argomento; delle tre specie analizzate da Vallerani, nel rotolo *San Domenico 77/7411* si fa riferimento alla *fama* nell'accezione di *talk* o *gossip*, vale a dire come a ciò che presso la collettività è noto dei fatti legati alla vita del Borgognoni.

38 *Interrogatus si tulit dictum testimonium prece, precio, hodio, amore, timore, gratia vel dotrina, speciali lucro vel dampno suo vel alieno, respondit (…).*

39 Si tratta di frate Stefano OP, testimone alla stesura del testamento di Teodorico e suo esecutore, che dichiara al termine del venticinquesimo capitolo: (…) *et ipse debet habere pensiones dictarum domorum donec vixerit, post mortem suam antedicte domus debent pervenire*

dettato il 17 ottobre 1298, ancora chiuso e sigillato quando il rotolo è stato scritto[40]. Questo conferma che Teodorico Borgognoni in quel momento era ancora vivo, come del resto lasciano intendere anche altre dichiarazioni[41].

In definitiva, quindi, il verbale delle testimonianze può essere datato al periodo 10 – 31 dicembre 1298[42].

I dati emersi dall'analisi del formulario, infine, consentono di fare alcune considerazioni in ordine alle modalità di redazione del rotolo. La forma oggettiva del testo, il formulario e l'utilizzo di frasi standard ma anche l'uniformità della resa grafica e la pressoché assenza di errori nel dettato attestano che il notaio più che riportare fedelmente le parole degli interrogati ne renda invece il senso[43]. Il ruolo di intermediazione svolto da Francesco Mascaroni permette inoltre di escludere che il rotolo sia stato scritto nel momento stesso in cui avvenivano le deposizioni dei testimoni, cioè sotto dettatura, ma è piuttosto da credere che il notaio lo abbia redatto in un secondo momento, sulla base delle annotazioni prese nel corso dell'interrogatorio[44].

4. Il rotolo Borgognoni e la *petitio* R. P. n. 31: ipotesi interpretative

L'esame approfondito della *petitio* (R. P. n. 31) e del rotolo mette in luce l'esistenza tra i due documenti di numerose somiglianze, di ordine sia materiale sia contenutistico.

Dal punto di vista codicologico i due pezzi hanno in comune il fatto di essere formati dall'unione di più pergamene cucite insieme con filo di spago. Molto simili fra loro, sono anche le dimensioni delle singole membrane e le caratteristiche della *mise en page*.

---

conventui fratrum Predicatorum de Bononia, secundum quod continetur de predictis in quadam cedula sigillata sigillo dicti conventus.

40 Sul deposito in *secreto* del testamento e l'apposizione del doppio sigillo si veda Iannacci, Rotolo (coma alla nota 6) p. 000.

41 Significativo in questo senso è uno stralcio della deposizione del notaio Giovanni Damiani, lo stesso che ha redatto il testamento di Borgognoni, che alla domanda *quod et qualiter scit* risponde *sicut homo qui fuit et est suus notarius et qui fecit plura instrumenta.*

42 Dalla lettura della prima carta del rotolo, recentemene scoperta (per cui si v. nota 24), si evince che l'interrogatorio ebbe inizio il primo dicembre.

43 Sul ruolo di mediatore svolto dal notaio nella registrazione degli interrogatori si veda Luca Fois, Interpretazione, trascrizione o traduzione? *I dicta testium* e il ruolo di mediazione linguistica dei notai (secc. XII–IIV), in: Cahiers d'études italiennes 17 (2013) pp. 21–36.

44 Cfr. Puncuh, Note (come alla nota 33) pp. 542–545; Fois, Interpretazione (come alla nota 42) pp. 23–27.

Dal punto di vista del contenuto i documenti, scritti entrambi sul finire del 1298, condividono sicuramente l'oggetto: entrambi, infatti, hanno lo scopo di indagare sui beni patrimoniali di Teodorico Borgognoni. Non a caso, infatti, i punti elencati in R. P. n. 31 coincidono con le prime sedici *intentiones* sottoposte ai testimoni del rotolo. L'istanza rivolta da Teodorico al vescovo di Bologna di sentire persone *qui sciunt veritatem* riguardo alle sue proprietà e in relazione al suo testamento trova risposta nel lungo rotolo che Francesco Mascaroni ha redatto, *ad futuram rei memoriam* e – come recita la sottoscrizione notarile – *in publicam formam*.

È lecito dunque chiedersi se R. P. n. 31 è da ritenere un tutt'uno con il rotolo, vale a dire se questa si debba considerare la prima carta scucita del rotolo.

Che i due documenti siano l'uno il presupposto dell'altro non c'è alcun dubbio. Tuttavia, rispetto al fatto che R. P. n. 31 possa appartenere in tutto e per tutto al rotolo ostano, al momento, alcune perplessità.

Sul piano codicologico, ad esempio, lascia incerti il fatto che le modalità di cucitura dei due pezzi siano differenti. R. P. n. 31 presenta, infatti, una foratura confusa e irregolare che invade il margine inferiore della pergamena, al contrario del rotolo in cui le cuciture sono uniformi e nascoste nei lembi delle membrane. L'esame paleografico, inoltre, anche se rileva l'impiego della stessa tipologia grafica – entrambi sono scritti in minuscola notarile – tuttavia non lascia propendere per una identità di mano. Più rotonda e posata la grafia della *petitio*, compressa sul rigo e decisamente più corsiva quella del rotolo. Nella stessa direzione, si può dire, porta anche la morfologia di alcune lettere (soprattutto la resa delle maiuscole). Non ci sono elementi, inoltre, che facciano ipotizzare che Mascaroni abbia iniziato a scrivere il rotolo con un andamento, per così dire, "spaziato" e che in corso d'opera abbia modificato il *ductus* per stanchezza o per mancanza di spazio. Il notaio, infatti, lungo tutto il documento mantiene la sua grafia pressoché omogenea e dentro lo spazio delimitato dello specchio di scrittura. In aggiunta, va segnalata la significativa assenza, nel margine inferiore di R. P. n. 31, della sottoscrizione notarile a validazione della stessa.

Detto questo, l'ipotesi che al momento sembra essere la più plausibile è che i due documenti siano da considerarsi giuridicamente uniti ma geneticamente differenti. In un primo momento Teodorico presenta la sua istanza alla curia bolognese, successivamente questa viene accolta e si procede all'interrogatorio quindi alla redazione del rotolo. Nulla vieta, ad ogni modo, che in un secondo momento i due documenti siano stati cuciti insieme per mantenere saldo il vincolo giuridico e archivistico.

Le ragioni che hanno spinto Teodorico Borgognoni a pensare di mettere in atto una procedura di questo tipo sono legate sicuramente alle dimensioni e al valore del suo patrimonio[45]. In sintesi – perché di questi aspetti si è occupata Lorenza Iannacci – si può dire che Teodorico intende munirsi con il rotolo di uno strumento che renda il più possibile giuridicamente inattaccabile il suo testamento, il quale forse – questo va ancora verificato –, per l'ingente patrimonio di cui disponeva, risultava anomalo fra gli atti di ultima volontà dei suoi pari. Così il vescovo, quasi a prefigurare una possibile controversia giudiziaria – che nei fatti avvenne –, prepara lo schema difensivo: da un lato l'*instrumentum* testamento, dall'altro la *productio testium*. Non sembra, inoltre, un caso che R. P. n. 31 e il rotolo *San Domenico* mostrino una forte somiglianza con i *dicta testium* coevi e con quanto, riguardo a questi, veniva prescritto sia negli *ordines iudiciarii*[46] sia nei formulari notarili[47].

In conclusione, alcune riflessioni sulla forma "rotolo". Il contenuto della busta *San Domenico 76/7410*, in cui si conservano ben quattro esempi di rotolo[48], e i documenti processuali della curia bolognese coevi ai *dicta testium* teodoriciani finora confrontati[49], dimostrano che presso la cancelleria vescovile alla fine del XIII secolo la pratica di stendere gli atti in forma di rotolo è ancora fortemente attestata. Nel rotolo di San Domenico questa prassi trova, dunque, ulteriore conferma. Lo stato attuale delle ricerche non consente di individuare una ragione di ordine generale che spieghi il motivo per cui a Bologna, in ambiente ecclesiastico, si confezionassero, a fianco dei più comuni

45 Da questo punto di vista e alla luce delle vicende giudiziarie seguite alla morte del Borgognoni, sono meritevoli di un adeguato approfondimento anche gli aspetti storico-politici legati in generale alla città di Cervia e alla sua Chiesa.

46 Cfr. nota 33.

47 In particolare si veda l'*Ars notariae* di Ranieri da Perugia edito in: Die *Ars notariae* des *Rainerius Perusinus*, hg. von Ludwig Wahrmund, Innsbruck 1917, pp. 147–151 e la *Summa* rolandiniana in: *Summa totius artis notariae Rolandini Rudolphini Bononiensis*, Venetiis 1546 (ristampa anastatica con introduzione di Gianfranco Orlandelli, Bologna 1977) p. 390.

48 Si veda quanto detto a p. 306.

49 È noto che la documentazione più antica prodotta dalla cancelleria vescovile bolognese sia per la maggor parte dispersa; per un quadro più completo della situazione archivistica si rimanda a L'Archivio Generale Arcivescovile di Bologna. Inventario-guida dei fondi ordinati e consultabili, a cura di Mario Fanti, Bologna 2015, in particolare le pp. 17–22. Una piccola parte della documentazione, tuttavia, è conservata presso l'Archivio di Stato di Bologna, in particolare si veda ASBo, Corporazioni religiose soppresse, S. Pietro 22/209 la filza III n. 32 costituita da un rotolo processuale del 1265 in cui si riportano *articula intentiones*, *positiones* e nomina dei procuratori di un processo che vedeva opposti il capitolo e un erede del conte Maginardo di Panico. Dalla curia bolognese deriva anche il rotolo processuale esaminato da Silanos in questo volume, attualmente conservato presso l'Archivio Segreto Vaticano; in generale sull'impiego del rotolo quale forma documentaria già a partire dal primo Medioevo si vedano i saggi pubblicati in questo volume.

registri[50], lunghe sequenze di pergamene legate tra loro e arrotolate. Non c'è dubbio che in questa forma i documenti, occupando meno spazio ed essendo più facilmente trasportabili, risultassero più gestibili dal punto di vista archivistico. Inoltre, in alcuni degli esemplari che si è avuto modo di esaminare è evidente l'intenzione di tenere saldi tra loro documenti diversi riguardanti un medesimo oggetto[51]. Nel caso specifico qui studiato, invece, sembra difficile intravvedere una qualche funzionalità pratica: le notevoli dimensioni del rotolo (poco meno di 20 m!), infatti, allontanano l'ipotesi che si sia scelta questa forma per rendere più agevole la lettura del testo che al contrario risulta alquanto difficoltosa. In verità, di fronte al rotolo *San Domenico* si ha la netta impressione di trovarsi di fronte ad un documento molto poco consultato, quasi intonso. Tale percezione è avvalorata dal fatto che al momento non si hanno evidenze di un effettivo utilizzo del rotolo dopo la sua stesura, non vi è menzione di esso ad esempio negli *acta cause* del processo intentato nel 1300 dal successore frate Antonio, e non c'è traccia sulle pergamene di note sia marginali sia dorsali, che attestino il passaggio di un qualche lettore.

Il rotolo *San Domenico 77/7411* voluto da Teodorico Borgognoni si staglia, dunque, anche fisicamente, quale baluardo a difesa e a sigillo delle sue ultime volontà*.

Abstract

The S. Domenico *Rotolus* 77/7411, kept at the State Archive in Bologna, is a document not yet published and composed by the union of 28 papers, sewed together in order to form a long unique strip of 20 m. It is part of a small but

50 È il caso ad esempio delle filza III nn. 31 e 33 della busta S. Pietro 22/209: entrambi riportano nella forma del registro gli atti di un processo.

51 Ad esempio in *San Domenico 76/7410* il rotolo formato dalle pergamene R. P. nn. 22 e 23 riporta degli atti riguardanti il medesimo bene, ma originariamente distinti; cfr. p. 306.

* Al termine di questo contributo si desidera rivolgere un sentito ringraziamento a Massimo Giansante e Diana Tura, dell'Archivio di Stato di Bologna, per aver segnalato a me e a Lorenza Iannacci questo interessantissimo documento e per i numerosi suggerimenti dispensatici. Un sincero grazie va a Giovanna Morelli per aver così generosamente condiviso con noi i suoi studi e le sue scoperte, a Berardo Pio per essersi fatto con fiducia promotore della mia candidatura presso gli organizzatori del convegno, a Pietro Maria Silanos per avermi concesso di leggere in anteprima il suo contributo e a Igor Santos Salazar a cui ho chiesto più di un consiglio. In ultimo, sia consentito rinviare a Annafelicia Zuffrano, Teodorico Borgognoni: nuovi apporti documentari dall'Archivio di Stato di Bologna – 1, in: Teoria e pratica medica nel basso Medioevo: Teodorico Borgognoni vescovo, chirurgo e ippiatra, a cura di Francesca Roversi Monaco, Firenze 2019, pp. 147–162, per gli sviluppi successivi alla presente ricerca.

interesting dossier documentary belonging to Teodorico Borgognoni (Lucca 1205 – Bologna 1298), dominican friar, surger, veterinary and bishop of Bitonto and Cervia. From this source, unknown untill now, which reports the statements under oath of thirteen witnesses about specific arguments related to the life and heritage of the Bishop Borgognoni, the Author looks at the paleographic and diplomatic aspects in order to describe its peculiarities, to find out the exact date, its genesis and its functions, also connected to the "rolled" shape, in which it is kept. The document's characteristics, that position the S. Domenico *Rotolus* in the precincts of the *dicta testium,* have been studied also in connection to other parchments kept in the same Archive (S. Domenico 77/7410), either directly connected to it or that generally contribute to better specify its value. The contribution is tightly connected to the work of Lorenza Iannacci "Il rotolo San Domenico 77/7411 dell'Archivio di Stato di Bologna e il dossier Borgognoni: storia di un processo annunciato (f. XIII – i. XIV sec.)", published in this volume (pp. 297–302), with whom we share the research and project about the critical edition of the long *Rotolus.*

Memoria di un processo imperiale di fine XII secolo nella Vercelli viscontea in un rotolo dell'Archivio capitolare eusebiano*

Alberto Spataro

1. Il processo dimenticato

Il 20 settembre dell'anno 1196, sotto il chiostro adiacente alla chiesa cattedrale di Piacenza, in presenza di un cospicuo numero di esponenti ecclesiastici e laici del mondo comunale lombardo, Angelo arcivescovo di Taranto, in quella circostanza vicario imperiale di Enrico VI, avvalendosi del consiglio dei giudici appartenenti alla corte imperiale, pronunciò la sentenza d'appello che chiuse il lungo e articolato processo nel quale si fronteggiarono, da un lato Enrico *de Frascarolio*, canonico del capitolo cattedrale di Vercelli e *sindicus* del vescovo Alberto, dall'altro Guala *Guarnerius* che rappresentava, sempre in veste di *sindicus*, il comune di Casale Sant'Evasio, oggi Casale Monferrato[1].

Tale sentenza, emessa dal prestigioso tribunale dell'impero, attribuì alla Chiesa eusebiana numerosi diritti giurisdizionali su Casale, nonché il controllo sulle rive e sulle isole fluviali del Po con l'eccezione di quelle più vicine

* Intendo in primo luogo ringraziare il personale di questo archivio, in particolare Silvia Faccin, Sara Minelli e Timoty Leonardi per la loro diponibilità e competenza. Il medesimo ringraziamento va a Patrizia Carpo dell'Archivio Storico Comunale di Vercelli.

1 Per il testo della sentenza, nonché di tutti gli altri atti relativi al processo, occorre ancora rifarsi alla trascrizione a volte lacunosa di Vincenzo de Conti, Notizie storiche della città de Casale del Monferrato 1, Casale 1838, pp. 372–383. Le trascrizioni approntate dall'erudito casalese sono state poi accolte in: Julius von Ficker, Forschungen zur Reichs- und Rechtsgeschichte Italiens 4, Innsbruck 1874, pp. 233–239; inoltre, Francesco Innocenzo Fileppi, Historia ecclesiae et urbis Vercellarum 1, Vercelli 1857, pp. 507–510, pubblicò la sola sentenza di Angelo di Taranto, di cui: Norbert Kamp, Kirche und Monarchie im staufischen Königreich Sizilien 2 (Münstersche Mittelalter-Schriften 10/I-2), München 1975, pp. 692–695. La vita e l'operato di Alberto da Vercelli sono stati al centro degli studi di Laura Minghetti, Alberto vescovo di Vercelli (1185–1205). Contributo per una biografia, in: Aevum 59 (1989), pp. 267–304; ead., L'episcopato vercellese dall'età del confronto fra papato e impero fino all'affermazione del primato innocenziano: i vescovi Uguccione, Guala e Alberto (1151–1214), in: Bollettino storico vercellese 28 (1999) pp. 75–106: 94–99; Cristina Andenna, "Fidelissimus mediator": Alberto patriarca di Gerusalemme e legato papale in Terra Santa. I suoi interventi nelle questioni della successione dei regni d'Oriente, in: Legati, delegati e l'impresa d'Oltremare (secoli XII–IIII). Atti del convegno internazionale di studi. Milano, Università Cattolica del Sacro Cuore, 9–11 marzo 2011, a cura di Maria Pia Alberzoni/Pascal Montaubin (Ecclesia militans 3), Turnhout 2014, pp. 161–194.

a quest'ultima città, le quali rimanevano sotto il controllo dei consoli casalesi. In tal modo il vescovo Alberto riuscì a rafforzare la posizione di Vercelli, alleata di Milano, nel complesso scacchiere politico nord-italiano durante il regno di Enrico VI[2].

Benché questo pronunciamento del tribunale imperiale abbia costituito una tappa fondamentale nell'evoluzione dei rapporti intercittadini nella Lombardia di fine XII secolo, il processo non ha goduto di molta fortuna nella storiografia, forse anche a motivo della tradizione documentaria[3]. A

---

2 Dopo le ricerche di Julius von FICKER, Forschungen zur Reichs- und Rechtsgeschichte Italiens 3, Innsbruck 1874, pp. 159–175, l'attività del tribunale dell'impero nel regno italico non ha goduto di grande interesse da parte della storiografia, se si escludono i lavori eruditi di Gerolamo BISCARO, Gli appelli ai giudici imperiali dalle sentenze dei consoli giustizia di Milano sotto Federico I e Enrico VI, in: Archivio storico lombardo 35 (1908) pp. 213–243; Cesare MANARESI, Un appello contro sentenza dei consoli di Milano al tempo di Ottone IV, in: Archivio storico lombardo 43 (1916) pp. 562–568. A questi vanno aggiunte le voci dedicate alle biografie di due giudici imperiali milanesi di Maria Pia ALBERZONI, Passaguerra (Passawerra, Poxonerius), in: Dizionario biografico degli Italiani 81 (2014) coll. 611–614 e di Guido CARIBONI, Ottone (Ottobello) Zendadario (Cendadario), in: Dizionario biografico degli Italiani 81 (2014) coll. 7–9; qualche accenno in: Alfred HAVERKAMP, Herrschaftsformen der Frühstaufer in Reichsitalien 2 (Monographien zur Geschichte des Mittelalters 1), Stuttgart 1971, pp. 546–549. Sui rapporti tra i comuni lombardi sotto Enrico VI: Massimo VALLERANI, I rapporti intercittadini nella regione lombarda tra XII e XIII secolo, in: Legislazione e prassi nell'Europa medievale. Tradizioni normative, ordinamenti, circolazione mercantile (secoli XI–IIV), a cura di Gabriella ROSSETTI (Europa mediterranea. Quaderno 15), Napoli 2001, pp. 221–290: 246–249; Maria Pia ALBERZONI, Pluralità di comuni e ascesa di Milano, in: Sperimentazioni di governo nell'Italia centrosettentrionale nel processo storico dal primo comune alla signoria. Atti del convegno di studio (Bologna, 3–4 settembre 2010), a cura di Maria Consiglia DE MATTEIS/Berardo PIO, Bologna 2011, pp. 51–85; Johannes BERNWIESER, Herrschaft und Heimlichkeit: Heinrich VI. in der Lombardei, in: Der „Zug über Berge" während des Mittelalters. Neue Perspektiven der Erforschung mittelalterlicher Romzüge (Trierer Beiträge zu den historischen Kulturwissenschaften 15), a cura di Christian JÖRG/Christoph DARTMANN, Wiesbaden 2014, pp. 93–109.

3 Il processo è stato preso in considerazione da Giuseppe SERGI, Gli statuti casalesi come espressione di autonomia istituzionale in un comune non libero, in: Gli statuti di Casale Monferrato del XIV secolo (Biblioteca della Società di storia, arte e archeologia per le province di Alessandria e Asti 22), a cura di Patrizia CANCIAN, Alessandria 1978, pp. 1–30: 4–6; Riccardo RAO, Comunia. Le risorse collettive nel Piemonte comunale (Il Filarete. Pubblicazioni della Facoltà di Lettere e Filosofia dell'Università degli Studi di Milano 253), Milano 2008, pp. 96–118; accenni alla vicenda pure in: Paul SCHEFFER-BOICHORST, Zur Geschichte des XII. und XIII. Jahrhunderts. Diplomatische Forschungen (Historische Studien 8), Berlin 1897, pp. 380–384 e Werner WOHLFARTH, Kaiser Heinrich VI. und die oberitalienischen Städte (Lombardei und Piemont) (Quellen und Studien zur Geschichte und Kultur des Altertums und des Mittelalters 10), Heidelberg 1938, pp. 72–74. Per la definizione geografica di Lombardia a quell'altezza cronologica: Giancarlo ANDENNA, Il concetto geografico-politico di Lombardia nel Medioevo, in: ID., Storia della Lombardia medioevale, Torino 1998, pp. 3–19.

lungo si è creduto infatti che la documentazione relativa al processo in questione fosse andata irrimediabilmente perduta e, almeno per quanto riguarda gli originali, purtroppo la situazione rimane ancora tale. Eppure, dopo alcune ricerche, tra le pergamene custodite nell'Archivio Capitolare di Vercelli è stato ritrovato un rotolo composto da otto pergamene, le quali riportano gli atti del processo in forma di copie autentiche realizzate tra maggio e giugno 1346[4].

L'analisi di questo pezzo archivistico consente di declinare il tema del nostro convegno nel ricco e vivace scenario della produzione notarile trecentesca in area subalpina[5]. Nello specifico interessa indagare le circostanze che portarono alla copiatura degli atti processuali di fine XII secolo e tentare di comprendere se questa iniziativa sia stata contestuale o meno all'assemblaggio del rotolo e, alla luce di ciò, motivare la scelta di questa forma scrittoria rispetto ad altre impiegate nel medesimo contesto.

2. Struttura del rotolo

Le otto pergamene che compongono il rotolo sono legate con fil di spago e nel loro insieme misurano circa 383 centimetri in lunghezza e una media di quasi 42 centimetri in larghezza.

Le prime tre membrane costituiscono un nucleo abbastanza omogeneo innanzitutto per quanto riguarda la loro foggia, giacché le dimensioni di ciascuna sono piuttosto simili (418/384 x 582/552, 422/417 x 609/573, 412/409 x 607/608). Tuttavia, ciò che le accomuna è la circostanza nella quale furono realizzate: tutte e tre le pergamene, infatti, prima delle copie dei documenti processuali recano un *preceptum*, rogato l'11 maggio 1346 nel *castrum* epi-

4 Vercelli, Archivio Capitolare, Atti privati, Cartella LXXXVII. Colgo l'occasione per ringraziare Flavia Negro, alla quale devo il ritrovamento del rotolo. Agli inizi del XX secolo Hermann Kalbfuss ebbe modo di vedere il rotolo, all'epoca già conservato presso il medesimo archivio: Hermann Kalbfluss, Urkunden und Regesten zur Reichsgeschichte Oberitaliens, II, in: Quellen und Forschungen aus italienischen Archiven und Bibliotheken 15 (1913) pp. 223–283, qui 231 s.

5 Oltre allo studio di riferimento di Gian Giacomo Fissore, Autonomia notarile e organizzazione cancelleresca nel comune di Asti. I modi e le forme dell'intervento notarile nella costituzione del documento comunale (Biblioteca degli Studi medievali 9), Spoleto 1977, si ricordino, almeno per quanto riguarda la Vercelli trecentesca, i contributi di Antonio Olivieri, La società dei notai di Vercelli e i suoi statuti alla fine del Trecento, in: Vercelli nel secolo XIV. Atti del quinto congresso storico vercellese. Vercelli, 28–29–30 novembre 2008, a cura di Alessandro Barbero/Rinaldo Comba, Vercelli 2010, pp. 117–140. Inoltre ampie informazioni provengono dai Protocolli notarili vercellesi del XIV secolo. Regesti, ed. Andreino Coppo/Miriam Clelia Ferrari, Vercelli 2003.

scopale di Biella dal notaio pubblico Uberto *de Cerreto*, per ordine di Papiniano, vicario e nipote di Manuele Fieschi da tre anni ordinario della Chiesa eusebiana[6]. Il funzionario vescovile, su richiesta dei *sapientes* del comune vercellese, commissionò l'autenticazione dei documenti, come in uso a Vercelli, a ben tre notai, i quali, oltre a sottoscrivere le copie, si preoccuparono di riprodurre i *signa* notarili degli originali[7]. I professionisti ai quali Papiniano commissionò la redazione delle copie furono tra i più attivi del periodo: Bartolomeo *de Alice*, Francesco *Carraria* e Manfredo *Meschiatus*, il quale, a differenza dei primi due, oltre ricoprire la carica di pubblico notaio *imperiali auctoritate* fu anche *scriba* della curia eusebiana[8].

6 Sull'esecuzione di copie autentiche si veda la messa a punto, con indicazione della bibliografia precedente, di Maria Franca BARONI, Il "preceptum". Note di diplomatica comunale milanese, in: Studi di storia medioevale e di diplomatica 4 (1979) pp. 5–16; sulle modalità di autenticazione restano fondamentali le osservazioni di Ezio BARBIERI, Notariato e documento notarile a Pavia (secoli XI–IIV) (Pubblicazioni della Facoltà di Lettere e Filosofia dell'Università di Pavia 58), Firenze 1990, pp. 81–123. L'episcopato vercellese di Emanuele Fieschi (1343–1348), a differenza di quello del suo successore e parente Giovanni, ha goduto di minore attenzione da parte dalla storiografia, in particolare si segnalano le puntuali ricerche di Flavia NEGRO, "Quia nichil fuit solutum": problemi e innovazioni nella gestione finanziaria della diocesi di Vercelli da Lombardo della Torre a Giovanni Fieschi (1328–1380), in: Vercelli (come alla nota 5) pp. 293–375: 306–313, in particolare la nota 26, su Papiniano: ibid., p. 313, nota 39; Romualdo PASTÈ, I vicarii generali della curia vescovile di Vercelli, in: Archivio della Società vercellese di Storia e Arte 7 (1915) pp. 161–171, 164. Sulla famiglia genovese dei Fieschi si vedano gli studi raccolti in: Giovanna PETTI BALBI, Governare la città. Pratiche sociali e linguaggi politici a Genova in età medievale (Reti medievali. Monografie 4), Firenze 2007, dove però non si accenna né a Emanuele né a Papiniano.

7 La triplice autenticazione e la riproduzione dei *signa* sono attestati nella prassi notarile vercellese già dal secolo XII: Ezio BARBIERI, Notariato e documentazione a Vercelli tra XII e XIII secolo, in: L'università di Vercelli nel Medioevo. Atti del secondo congresso storico vercellese. Vercelli 23–25 ottobre 1992, Vercelli 1994, pp. 255–292: 267 s.

8 Essi fanno parte di quel gruppo di notai di origine biellese che negli anni precedenti autenticarono numerose copie di privilegi per conto del predecessore di Emanuele Fieschi, Lombardo della Torre (sul quale si veda la nota 25 del presente contributo). Sulle attestazioni della loro attività si veda Gianmario FERRARIS, Il "cerchio magico" dei privilegi imperiali per la Chiesa di Vercelli. Il diploma di Ottone III (Roma, 7 maggio 999), in: 999–1999. Per un millennio: da "Trebledo" a Casalborgone. Atti della giornata di studi. Castello di Casalborgone, 22 maggio 1999, a cura di Arrigo CIGNA/Aldo Angelo SETTIA, Casalborgone 2000, pp. 15–50: 27–33, dove l'autore riconsidera la fama di falsari attribuita loro da Ferdinando GABOTTO, Biella e i vescovi di Vercelli. Ricerche 1, in: Archivio storico italiano 17 (1896) pp. 279–340: 317–324. Sui notai attivi presso le curie episcopali si ricordi almeno, oltre allo studio di Giorgio CHITTOLINI, "Episcopalis curiae notarius". Cenni sui notai di curie vescovili nell'Italia centro-settentrionale alla fine del medioevo, in: Società, istituzioni e spiritualità. Studi in onore di Cinzio Violante 1 (Collectanea 1), Spoleto 1994, pp. 221–232; Antonio OLIVIERI, "Notai del vescovo" e "notai per il vescovo". Il caso del vescovo di Vercelli Aimone di Challant (1273–1303) nel quadro dell'evoluzione delle cancellerie vescovili

La prima di queste tre pergamene riporta la copia, trascritta da Bartolomeo *de Alice*, del pronunciamento emesso il 22 giugno 1196 presso la chiesa di S. Croce di Mortara dal giudice imperiale Guido dal Pozzo, il quale attribuì a Vercelli tutti i diritti su Casale, l'isola fluviale detta *Anseretum*, nonché le isole minori eccezion fatta per l'esercizio del *districtus*[9]. La mancata conferma di quest'ultima prerogativa fu alla base del ricorso in appello da parte di Alberto di Vercelli, che portò alla sentenza definitiva emanata da Angelo di Taranto il 20 settembre successivo evocata in apertura di questo lavoro. Il testo di questo pronunciamento è trascritto sulla seconda pergamena del rotolo, la quale include pure la conferma di esso richiesta di persona a Federico II il 23 novembre 1220 *in castris iuxta Romam* dall'allora vescovo eusebiano Ugo da Sesso[10]. La copia autentica della conferma imperiale presenta un'interessante peculiarità, in quanto il notaio scrivente Francesco *Carraria* riporta ulteriori tre autenticazioni di altrettanti notai pubblici affiancate dai rispettivi *signa* (*Iacobus Vegius*, *Girardus* e *Iacobus de Alice*). Il *Carraria*, quindi, come lascia intendere nella sua sottoscrizione, si trovò davanti sia al privilegio originale ormai corroso, munito di sigillo pendente applicato con filo serico sia a una copia dello stesso, autenticata dai tre notai testé menzionati[11].

La terza pergamena di questo primo nucleo che compone il rotolo contiene quattro copie autentiche di documenti sempre commissionati da Pa-

tardoduecentesche nell'Italia settentrionale, in: In uno volumine. Studi in onore di Cesare Scalon, a cura di Laura Pani, Udine 2009, pp. 473–502.

9 … *absolvo predictum Gualam nomine communis etiam a petitorio de placitis et bannis et vindictis et aliis, que pertinent ad iurisdictionem et districtum, preter de predictis de quibus commune Casalis condempnavi* … Edizione proposta in Alberto Spataro, Ricerche sull'attività dei giudici imperiali nella Lombardia comunale, Università Cattolica del Sacro Cuore di Milano. Scuola di Dottorato in Studi Umanistici. Tradizione e contemporaneità. Ciclo XXX. Anno Accademico 2016–2017, p. 224.

10 Tale documento è edito in MGH D F II 707 sulla base della tradizione recata in Giovanni Antonio Frova, Memorie per la storia della città di Vercelli, fol. 742r-v.

11 … *et dictum privilegium originale et confirmationem sententie antedicte ab instrumento inde autenticato per suprascriptum Iacobum de Alice notarium a publico originali autentico sigillo cereo pendenti communito, ut manifeste asseritur in suscriptione notarii antedicti utiliore notatione, qui se subscripserunt* (!) *a dicto autenticato, et etiam ab publico originali autentico corroso in aliquibus suis partibus propter eius vetustatem cum filis siricis quibus bulla dicti domini imperatoris cerea, ut manifeste apparebat stetit et fuerat aplicata* … I tre notai dovettero operare in ambito vercellese nei primi decenni del XIII secolo, quindi a ridosso del rilascio del privilegio da parte della cancelleria di Federico II, se si identifica *Iacobus de Alice* con il notaio attestato in due atti rogati nell'agosto 1221 e il 7 giugno 1226 (rispettivamente: Documenti dell'Archivio comunale di Vercelli relativi ad Ivrea [Biblioteca della Società storica subalpina 8], ed. Giuseppe Colombo, Pinerolo 1901, nr. 90, pp. 126 s.; Le carte dell'Archivio vescovile d'Ivrea fino al 1313 1 [Biblioteca della Società storica subalpina 5], ed. Ferdinando Gabotto, Pinerolo 1900, nr. 115, pp. 159–161).

piniano Fieschi l'11 maggio 1346 nel *castrum* di Biella ai notai già coinvolti nella redazione delle prime due pergamene e, come quella precedente, l'onere di trascrivere il tenore degli originali fu assunto da Francesco *Carraria*[12]. I primi due strumenti copiati in questa pergamena sono relativi alle fasi successive alla sentenza d'appello, attraverso le quali la Chiesa vercellese entrava in possesso dei diritti confermati dal tribunale imperiale: i primi due risalgono rispettivamente al 10 e all'11 ottobre 1196, ragion per la quale sono da riferirsi alla sentenza in appello pronunciata Angelo di Taranto il 20 settembre di quell'anno.

Il terzo documento riguarda la presa di possesso, su incarico di Guido dal Pozzo, da parte di *Brexanus*, avvocato di Alberto di Vercelli, delle isole attribuite alla Chiesa eusebiana. La *datatio* di questo scritto è però problematica, giacché risale al 12 ottobre 1196 – pertanto – non dovrebbe riferirsi alla sentenza del detto giudice imperiale bensì, come i due documenti precedenti, a quella in appello pronunciata dal presule tarentino il 20 settembre. Forse si tratta di una svista di Francesco *Carraria*, tanto più se si considera che il quarto e ultimo documento della pergamena è datato al 23 giugno 1196, ovvero proprio due giorni dopo il pronunciamento di Guido dal Pozzo e riporta la richiesta a quest'ultimo formulata da Alberto di Vercelli, affinché il giudice s'affrettasse a nominare per mezzo di lettere un incaricato che mettesse in possesso la Chiesa vercellese dei diritti garanti dalla sentenza. Probabilmente il terzo documento andrebbe quindi retrodatato a una data di poco successiva a quella del quarto, il 24 giugno, poiché *Brexanus* procedette all'*immissio* su incarico di Guido dal Pozzo, solo dopo che Alberto di Vercelli ne fece espressamente richiesta.

Dopo questa prima serie di tre pergamene, redatte come visto tutte l'11 maggio 1346, fa seguito una quarta, anch'essa introdotta da un *preceptum* di Papiniano Fieschi rogato da Uberto *de Cerreto*, sempre nel *castrum* di Biella, ma, questa volta, il 3 giugno 1346. A essere incaricati furono il già menzionato Bartolomeo *de Alice* e Giorgio *Agazia*, i quali autenticarono due documenti simili a quelli della pergamena precedente: il primo fa memoria della lettura, avvenuta il 6 ottobre a Torino, da parte del podestà di quella città Tommaso di Annone, di una lettera di Enrico VI che lo incaricò di provvedere alla corretta esecuzione della sentenza di Angelo di Taranto, mentre il secondo *instrumentum* risale al luglio 1196 e ricorda l'affidamento da parte di Guido dal Pozzo all'avvocato *Brexanus* dell'incarico di mettere in possesso della Chiesa di Vercelli i diritti attribuiti dalla sentenza del 22 giugno 1196[13].

---

12 Il secondo e il quarto documento non sono trascritti in De Conti, Notizie 1 (come alla nota 1).

13 La lettera di Enrico VI, attingendo sempre da ibid., pp. 380 s., è edita pure in: Documenti

La quinta e la sesta pergamena sono costruite in maniera sensibilmente diversa. La prima reca due lettere di Alberto di Vercelli: in una è contenuta una missiva di Enrico VI indirizzata a un certo *Guido de Rodobio*, con la quale questi fu incaricato di porre gli abitanti di Casale sotto il banno imperiale, qualora essi si fossero opposti alla sentenza di Angelo di Taranto; mentre nell'altra, datata 4 ottobre 1196, si ricorda la nomina da parte di Alberto di Vercelli dell'arcidiacono *Guala*, incaricato di riscuotere le imposte sulle isole attribuite alla giurisdizione vescovile. Sebbene questi due documenti, a differenza degli altri finora esaminati, non siano introdotti dal *preceptum* di Papiniano Fieschi, sono seguiti dalle consuete tre sottoscrizioni di Bartolomeo *de Alice*, il notaio scrivente, Francesco *Carraria* e Manfredo *Meschiatus*, dalle quali si evince che furono trascritti, come quelli contenuti nelle prime tre pergamene, l'11 maggio 1346 per ordine di Papiniano nel *castrum* vescovile di Biella. Nella sua sottoscrizione Bartolomeo *de Alice* affermò di aver copiato quattro documenti, due dei quali, probabilmente, occupavano una parte di pergamena recisa e andata perduta; tuttavia sempre dal *de Alice* si ricava che il primo di questi due documenti proveniva da un'altra copia autentica e che fu rogato dal notaio dell'aula imperiale Manfredo, il medesimo rogatario della prima sentenza del 22 giugno[14].

Quest'ultimo redasse anche il documento trascritto nella sesta pergamena che compone il rotolo: si tratta dell'atto con cui il giorno prima della sentenza (21 giugno 1196), Guido dal Pozzo diede lettura del *libellus* presentato da Enrico *de Frascarolio* per conto di Alberto di Vercelli contro il comune di Casale[15]. Il notaio scrivente fu di nuovo Bartolomeo *de Alice*, il quale, dopo aver ricopiato altre tre autentiche di *Ruffinus*, *Vercellinus* e *Gulielmus*,

---

inediti e sparsi sulla storia di Torino, ed. Francesco Cognasso (Biblioteca della Società storica subalpina 65), Pinerolo 1914, nr. 90, p. 53. Su Tommaso di Annone: Haverkamp, Herrschaftsformen (come alla nota 2) *ad indicem*; Enrico Artifoni, Due podestà, due funzioni politiche, in: Dalla preistoria al comune medievale (Storia di Torino 1), Torino 1997, pp. 723–729.

14 Su questo notaio: Barbieri, Notariato (come alla nota 6) p. 27.

15 Il *libellus* in questione è diverso da quello presentato da Alberto di Vercelli in persona al legato imperiale Drusardo da Kestenburg il 3 maggio 1994 edito in: Minghetti, Alberto (come alla nota 1) pp. 269 s. e tradito unicamente dai fol. 111r-112v di un volume cartaceo approntato forse nel XVI secolo conservato a Torino, Archivio di Stato, Vescovado di Vercelli, Mazzo 1. Dalla trascrizione cinquecentesca si ricava che il *libellus* fu copiato da Bartolomeo *de Alice* e da Giorgio *Agazia* il 3 giugno 1346 per ordine di Papiniano Fieschi nel *castrum* di Biella, come attesta il *preceptum* rogato da Uberto da Cerreto. Certamente il contesto redazionale è il medesimo di quello del rotolo, tuttavia, non disponendo della copia autentica, non conviene azzardare ulteriori congetture. Sul *libellus* in generale: Ezio Barbieri, Il 'libellus conquestionis' nella documentazione pavese, in: Archivio storico lombardo 113 (1987) pp. 331–352.

appose la sua sottoscrizione[16]. Si potrebbe ipotizzare che tale documento sia proprio quello a cui si riferisce la sottoscrizione di Bartolomeo *de Alice* nella pergamena precedente, poiché effettivamente rogato dal giudice imperiale Manfredo; standо così le cose, questo atto potrebbe essere stato asportato dalla quinta pergamena, così da diventare quella che attualmente è la sesta membrana del rotolo.

La settima pergamena differisce dalle precedenti sia per contenuto sia per tempistica di realizzazione. Essa, infatti, non contiene un atto relativo al processo del 1196, ma una copia di un documento del 3 febbraio 1219 che ricorda il giuramento prestato dai consoli di Casale nelle mani di Ugo vescovo di Vercelli, il medesimo che chiese a Federico II il privilegio di conferma della sentenza di Angelo di Taranto trascritto nella seconda pergamena del rotolo. Anche la modalità di estrazione della copia è anomala, infatti, oltre a non presentare le consuete tre sottoscrizioni autenticatorie, il *preceptum*, rogato questa volta non da Uberto *de Cerreto* ma dal notaio Bartolomeo *Astanona*, non fu più ordinato da Papiniano Fieschi, bensì da *Curadinus de Curadinis*, vicario del potestà di Vercelli Giovanni *de Mandelo* in data 19 maggio 1346.

L'ultima pergamena reca il *preceptum* rogato da Uberto *de Cerreto* per ordine di Papiniano Fieschi nel *castrum* di Biella il 3 giugno 1346. La membrana contiene tre documenti: il primo è datato al 10 dicembre 1224, allorché il vescovo Ugo promise ai rappresentanti di Casale di concedere la podesteria di tale località alle persone propostegli da loro; il secondo, precedente di un mese esatto, fa memoria dell'accordo tra il podestà di Vercelli Beltramo *de Lampugnano* e il presule Ugo circa la podesteria di Casale da affidare a Uberto *de Salugiis*, come richiesto dai consoli del luogo; infine, il terzo documento, datato 27 dicembre 1236, riporta la nomina fatta da quest'ultimo, come concessogli dall'allora vescovo eusebiano Giacomo, di Guglielmo *de Lampugnano* quale suo successore alla podesteria casalese. Tutti e tre i documenti furono copiati da Bartolomeo *de Alice* e sottoscritti dal suo collega Giorgio *Agazia*[17].

---

16 Questi notai operarono a cavallo tra XII e XIII secolo, infatti, il *signum* di *Ruffinus* corrisponde a quello di colui che BARBIERI, Notariato e documentazione (come alla nota 7) pp. 264 s., identifica con *Ruffinus Oriolus*, così come *Vercellinus* dovrebbe coincidere con *Vercellinus II*, in quanto l'omonimo individuato da Barbieri impiegava un altro segno.

17 L'originale dell'ultimo documento fu rogato da *Petrus Monachus*, un notaio molto attivo a Vercelli tra XII e XIII secolo: ibid, p. 258. Sui vescovi Ugo e Giacomo si vedano le informazioni raccolte da Fedele SAVIO, Gli antichi vescovi d'Italia dalle origini al 1300 descritti per regioni. Il Piemonte 1, Torino 1899, pp. 488–491. La figura di Beltramo *de Lampugnano*, fondamentale per il riassetto istituzionale del comune eusebiano, è stata esaminata da Laura BAIETTO, Scrittura e politica. Il sistema documentario dei comuni piemontesi nella prima metà del secolo XIII, in: Bollettino storico-bibliografico subalpino 98 (2000) pp. 473–528:

Nel loro insieme tutte le copie autentiche trascritte nelle pergamene che compongono il rotolo attestano la giurisdizione della Chiesa vercellese su Casale Sant'Evasio e furono realizzate tutte tra maggio e giugno del 1346 da un gruppo stabile di notai professionisti. A eccezione della copia contenuta nella settima pergamena, approntata, come visto, per volontà del podestà vercellese Giacomo *de Mandelo*, l'estrazione delle copie fu sempre commissionata da Papiniano Fieschi, il vicario del vescovo eusebiano Manuele su richiesta dei *sapientes* del comune di Vercelli[18].

L'unico dato certo riguardo all'assemblaggio del rotolo è che questo dovette avvenire dopo il 3 giugno 1346, allorché furono confezionate la quarta e l'ottava pergamena. Interessanti indicazioni provengono da alcuni elementi materiali: ogni pergamena, infatti, presenta sul lato della cucitura una seconda fila di buchi senza alcuna traccia di filo, inoltre, questi fori sono pure presenti nel margine superiore della prima pergamena e di quello inferiore dell'ultima, il quale presenta al centro ulteriori due buchi. Se a ciò si assomma il fatto che la quarta e la quinta membrana sono cucite per mezzo di una doppia cucitura, è lecito supporre che il rotolo sia stato smembrato e ricomposto, probabilmente variando l'ordine delle pergamene.

I regesti sul dorso della prima e ultima pergamena, di epoca sette-ottocentesca, facendo riferimento a *diversi instrumenti di delegati di monsignor Alberto vescovo di Vercelli*, lasciano intendere che il loro autore si trovasse di fronte a un rotolo, mentre una nota trecentesca, sempre sul dorso dell'ottava, scritto quasi certamente dalla mano di Uberto da Cerreto, riporta la data del *preceptum* rogato da quest'ultimo e i testimoni presenti: *die tercio Iunii testes dominus Petrus de Avolis et presbiterus Guala Bertoldanus et presbiterus Georgius Gemmus*[19].

481–486; EAD., Vescovi e comuni: l'influenza della politica pontificia nella prima metà del secolo XIII a Ivrea e a Vercelli, in: Bollettino storico-bibliografico subalpino 100 (2002) pp. 459–546: 513; inoltre: Petra KOCH, Die Statutengesetzgebung der Kommune Vercelli im 13. und 14. Jahrhundert. Untersuchungen zur Kodikologie, Genese und Benutzung der überlieferten Handschriften (Gesellschaft, Kultur und Schrift. Mediävistische Beiträge 1), Frankfurt a.M. 1995, pp. 64–67.

18 Su Giovanni de *Mandelo* si veda l'appendice di Paolo GRILLO, Istituzioni e personale politico sotto la dominazione viscontea (1335–1402), in: Vercelli nel secolo XIV, a cura di BARBERO/COMBA (come alla nota 5) pp. 79–115: 107; sulla famiglia milanese dei Mandelli: ID., Milano in età comunale (1183–1276). Istituzioni, società, economia (Centro italiano di studi sull'alto medioevo 1), Spoleto 2001, pp. 260–263 e *ad indicem*.

19 Il regesto moderno sul dorso della prima pergamena recita: *1196 diversi instrumenti di delegati di monsignor Alberto vescovo di Vercelli in tre canonici nella cattedrale eusebiana in ordine all'aggiustamento d'alcune controversie della curia vercellese e di Casale*; mentre quello sull'ultima: *1196 4 ottobre. Delegazione di monsignor Alberto vescovo di Vercelli nella persona dell'arcidiacono Guallone di detta città in ordine a prender possesso della giu-*

Indizi più utili sono invece ricavabili dal margine sinistro delle pergamene, dove in corrispondenza di ciascun documento ricopiato sono disegnati alcuni simboli affiancati dalla parola *producatur*; inoltre, nella prima e nella sesta pergamena sono scritte con inchiostro assai sbiadito alcune note che fanno riferimento a una *protestatione pro commune Vercellensi*. Tali elementi rinviano a un ambito ben preciso, ovvero quello della produzione di prove in ambito giudiziario, tanto più se si considera che in ogni *preceptum* si esplicita che la committenza delle copie, richiesta dai *sapientes* del comune di Vercelli, fosse finalizzata a corroborare il tenore dei documenti *tam in iudicio quam extra*[20]. Per poter meglio comprendere le circostanze che portarono alla redazione di tali copie e al loro assemblaggio in forma di rotolo è perciò opportuno chiedersi che cosa rese necessario alla metà del XIV secolo commissionare l'estrazione di copie autentiche di documenti risalenti a più di un secolo prima.

3. Il contesto di produzione

Innanzitutto occorre domandarsi come mai tutti questi documenti siano stati fatti trascrivere su richiesta del comune vercellese, se la sentenza di Angelo di Taranto attribuiva il *districtus* su Casale alla Chiesa di Vercelli e non al comune di tale città. Effettivamente, nei decenni centrali del XIII secolo il comune di Vercelli aveva più volte impugnato la giurisdizione ecclesiastica su Casale, tentando così di consolidare il controllo amministrativo a scapito della Chiesa eusebiana[21]. L'apice si raggiunse negli ultimi mesi del 1234, allorché il comune costrinse il clero a pagare il *fodrum* nelle terre di giurisdizione comunale: ciò scatenò l'ira dell'allora pontefice regnante, Gregorio IX, il quale nel maggio 1235 fulminò al comune subalpino la scomunica e

risdizione di Casale e altre terre, isole, bandi, che sono in distretto d'essa città vicino al fiume Po dalla parte di Vercelli.

20 Sulle procedure giudiziarie si veda Siegfried Frey, Das öffentlich-rechtliche Schiedsgericht in Oberitalien im 12. und 13. Jahrhundert, Luzern 1928; Massimo Vallerani, La giustizia pubblica medievale, Bologna 2005, pp. 19–111. Per un confronto si veda il caso esaminato da Miriam Rita Tessera, I rotoli della canonica e del monastero di S. Ambrogio nei secc. XII–IIII: le "allegationes" dei canonici del 1201, in questo volume.

21 Su questo periodo oltre Baietto, Vescovi (come alla nota 17) pp. 518–520; ead., Il papa e le città. Papato e comuni in Italia centro-settentrionale durante la prima metà del secolo XIII (Istituzioni e società 9), Spoleto 2007, pp. 356–395. La politica espansionistica del comune di Vercelli nel primo Duecento è stata studiata da Francesco Panero, Particolarismo ed esigenze comunitarie nella politica territoriale del comune di Vercelli (secoli XII–IIII), in: Vercelli nel secolo XIII. Atti del primo congresso storico vercellese. Vercelli, Auditorium di S. Chiara. 2–3 ottobre 1982, Vercelli 1982, pp. 227–262.

l'interdetto[22]. Il controllo su Casale da parte della Chiesa vercellese venne meno a seguito della vendita del *districtus* vescovile sui beni ecclesiastici al comune di Vercelli effettuata nel 1243 da parte del legato papale Gregorio da Montelongo, che attraverso questa cessione ottenne l'appoggio del suddetto comune nella lotta contro Federico II[23].

Nei decenni successivi Casale abbandonò ogni pretesa autonomistica; tuttavia, come è stato messo in luce, dopo che nel 1316 i suoi abitanti si sottomisero al marchese Teodoro I Paleologo, fu raggiunto un discreto equilibrio tra potere marchionale e autogoverno cittadino, del quale la stesura delle prime *consuetudines* fu espressione[24]. Al contrario, nei primi decenni del XIV secolo Vercelli stava vivendo anni difficili, durante i quali ebbero luogo numerosi conflitti intestini che raggiunsero il culmine durante l'episcopato eusebiano di Lombardo della Torre (1328–1343)[25]. Se da un lato egli frenò l'egemonia della famiglia degli Avogadro, dall'altro, la sua dura reazione alla sottomissione di Vercelli a opera dei Visconti, acerrimi rivali della famiglia del vescovo, portò a una intensa lotta tra fazioni culminata tra il 1339 e il 1340[26]. Tali vicende costrinsero la Chiesa vercellese a sostenere ampi costi

---

22 Il documento pontificio relativo alla vicenda è conservato nei Registri Vaticani, 18, fol. 47r; regesto in: Les registres de Grégoire IX, 2, ed. Lucien AUVRAY (Bibliothèque des Écoles française d'Athènes et de Rome, 2me ser. 9), Paris 1907, col. 105, nr. 2667.

23 Per la documentazione relativa alla vendita del *districtus* si veda la nota 38. Sul tale vicenda oltre a BAIETTO, Papa (come alla nota 21) p. 364; SERGI, Statuti (come alla nota 3) p. 6; Francesco PANERO, Una signoria vescovile nel cuore dell'Impero. Funzioni pubbliche, diritti signorili e proprietà della Chiesa di Vercelli dall'età tardocarolingia all'età sveva, Vercelli 2004, pp. 161–172; inoltre: Maria Pia ALBERZONI, Le armi del legato: Gregorio da Montelongo nello scontro tra Papato e Impero, in: La propaganda politica nel basso medioevo. Atti del XXXVIII convengo storico internazionale. Todi, 14–17 ottobre 2001 (Atti dei Convegni del Centro italiano di studi sul basso medioevo – Accademia Tudertina e del Centro di studi sulla spiritualità medievale. Nuova serie 15), Spoleto 2002, pp. 177–239: 191–193 con ulteriore bibliografia alle note 38 e 39. Per un quadro d'insieme: Massimo VALLERANI, Le città lombarde tra impero e papato (1226–1250), in: Comuni e signorie nell'Italia settentrionale: la Lombardia (Storia d'Italia 6), Torino 1998, pp. 455–480: 475 su Vercelli.

24 Paolo GRILLO, Il governo del marchesato, in: "Quando venit marchio grecus in terra montisferrati". L'avvento di Teodoro I Paleologo nel VII centenario (1306–2006). Atti del convegno di studi. Casale Monferrato, 14 ottobre 2006, Moncalvo, Serralunga di Crea, 15 ottobre 2006, a cura di Aldo SETTIA, Casale Monferrato 2008, pp. 103–117. Gli statuti sono editi da Patrizia Cancian in: Statuti di Casale Monferrato, a cura di CANCIAN (come alla nota 3).

25 Sull'episcopato di Lombardo: NEGRO, "Quia nichil fuit solutum" (come alla nota 6) pp. 295–306; Anna CASO, Lombardo della Torre, in: Dizionario biografico degli Italiani 37 (1989) pp. 591–593.

26 La famiglia degli Avogadro è stata oggetto di ampi studi da parte di Alessandro BARBERO, Vassalli vescovili e aristocrazia consolare, in: Vercelli nel secolo XII. Atti del quarto congresso storico vercellese. Vercelli, Salone S. Eusebio – Seminario. 18–19–29 ottobre 2002,

militari, in particolare per le fortificazione del *castrum* episcopale di Biella, aggravando ancora di più la situazione economica della diocesi[27].

Le cose cambiarono con l'elezione al soglio vescovile eusebiano di Emanuele Fieschi nel 1343, voluta dal pontefice Clemente VI[28]. Tale scelta era motivata in primo luogo dall'assenza, differentemente dai vescovi della famiglia Avogadro, di qualsivoglia compromissione da parte dei Fieschi con le reti del potere cittadino; nondimeno, la parentela con Isabella Fieschi, moglie di Luchino Visconti era un buon viatico per le relazioni con i nuovi signori milanesi[29].

Come è stato messo in luce da Alessandro Barbero, i primi anni del periodo di dominazione viscontea rappresentarono per Vercelli un fase di relativa stabilità, durante la quale fu possibile per le istituzioni cittadine mettere a punto sistemi di controllo efficaci volti a rafforzare il *districtus* nella regione[30]. Non è un caso che a questi anni risalga la compilazione dei cosiddetti Biscioni, ovvero quei quattro grandi volumi contenenti numerosissime copie di documenti che attestano i diritti sia del comune sia della Chiesa di Vercelli[31]. Inoltre, nel 1341 fu anche varato uno statuto cittadino nel quale,

---

Vercelli 2005, pp. 217–309 e ID., Da signoria rurale a feudo: i possedimenti degli Avogadro fra il distretto del comune di Vercelli, la signoria viscontea e lo stato sabaudo, in: Poteri signorili e feudali nelle campagne dell'Italia settentrionale fra Tre e Quattrocento: fondamenti di legittimità e forme di esercizio. Atti del convegno di studi (Milano, 11–12 aprile 2003), a cura di Federica CENGARLE/Giorgio CHITTOLINI/Gian Maria VARANINI (Quaderni di Reti Medievali Rivista 1), Firenze 2005, pp. 31–45. Per un quadro dell'espansione dei Visconti in Piemonte rimane di riferimento: Francesco COGNASSO, L'unificazione della Lombardia sotto Milano, in: La signoria dei Visconti (1310–1392) (Storia di Milano 5), Milano 1955 pp. 1–567: 317–321; inoltre: Riccardo RAO, Le signorie dell'Italia nord-occidentale fra istituzioni comunali e società (1280ca. – 1330 ca.), in: Tecniche di potere nel tardo medioevo. Regimi comunali e signorie in Italia, a cura di Massimo VALLERANI (I libri di Viella 114), Roma 2010, pp. 53–87.

27 I conflitti sono descritti dettagliatamente da Ferdinando GABOTTO, Storia del Piemonte nella prima metà del secolo XIV (1292–1349), Torino 1894, pp. 187 s.; in particolare sul *castrum*: ID., Biella e i vescovi di Vercelli. Ricerche 2, in: Archivio storico italiano 18 (1897) pp. 3–57: 32–34.

28 Su Emanuele Fieschi si veda la nota 6 del presente contributo.

29 I rapporti tra i Visconti e le gerarchie ecclesiastiche sono oggetto di un denso studio di Giannina BISCARO, Le relazioni dei Visconti di Milano con la Chiesa. L'arcivescovo Giovanni e Luchino – Clemente VI, in: Archivio storico lombardo 54 (1927) pp. 44–95.

30 Alessandro BARBERO, Signorie e comunità rurali nel vercellese fra crisi del "districtus" cittadino e nascita dello stato principesco, in: Vercelli nel secolo XIV (come alla nota 5) pp. 411–510, 434–440. Le conseguenze istituzionali conseguenti all'entrata di Vercelli nell'ambito visconteo sono dettagliatamente analizzate da GRILLO, Istituzioni (come alla nota 18) pp. 79–115: 87–91.

31 Alla diffusione dei *libri iurium* in area subalpina sono dedicati gli studi raccolti in: "Libri iurium" e organizzazione del territorio in Piemonte (secoli XIII–IVI). Atti del Convegno

trattando dei compiti del podestà, si esplicitò che questi fosse tenuto a recuperare numerose località; in particolare, una rubrica menziona esplicitamente Casale Sant'Evasio: il podestà avrebbe dovuto ordinare la costruzione di un borgo franco *in facie Casalis Sancti Evasii*, nondimeno si doveva provvedere in ogni modo a *inquiri omnes scripturas et iura que commune Vercellarum habet in burgo Casalis Sancti Evasii et ipsa iura totis viribus recuperari*[32].

Sebbene non vi siano attestazioni di un borgo franco eretto nei pressi di Casale, l'intenzione da parte del comune di Vercelli di ribadire il proprio dominio su quell'area era chiara. A maggior ragione se si considera che agli anni immediatamente successivi risale la documentazione relativa a una causa giudiziaria tra i rappresentanti del comune di Vercelli e di Casale e conservata nell'Archivio storico comunale di Vercelli: si tratta di una pergamena, purtroppo ampiamente corrosa, relativa a una sentenza arbitrale emessa il 15 maggio 1347 da Leone da Dugnano e Ottolino *de Giselbertis* rappresentanti rispettivamente di Luchino Visconti e del marchese del Monferrato[33].

Sempre nel medesimo archivio è conservato un faldone nel quale è contenuto del materiale inerente a tale controversia, nello specifico una pergamena del 14 luglio 1346, con la quale Leone da Dugnano intimò ai Casalesi di presentarsi al suo cospetto a Milano per portare le prove loro favorevoli, giacché frattanto i Vercellesi si erano presentati *iura et instrumenta communis Vercellarum producendo*, per mezzo del loro rappresentante Bartolomeo *de Bazolis*, noto per essere stato il compilatore dei Biscioni[34]. È molto probabile che le

---

svoltosi a Mondovì il 29 marzo 2003, = Bollettino della Società per gli studi storici, archeologici ed artistici della Provincia di Cuneo 128 (2003); Antonella ROVERE, I "libri iurium" dell'Italia comunale, in: Civiltà comunale: libro, scrittura, documento, Atti del convegno. Genova 1988, = Atti della Società ligure di storia patria 29 (1989) pp. 157–199.

32 Statuta communis Vercellarum, Vercellae 1541, fol. 14v. Sullo statuto: KOCH, Statutengesetzgebung (come alla nota 17) pp. 191–207. La costruzione di borghi franchi come teste di ponte per il controllo del territorio è una caratteristica della strategia del comune di Vercelli già dal secolo XII: Francesco PANERO, Comuni e borghi franchi nel Piemonte medievale (Biblioteca di storia urbana medievale 2), Bologna 1988, pp. 13–132; ID., La costruzione dei distretti comunali dei grandi borghi nuovi del Piemonte centro-meridionale (secoli XII–III); in: Borghi nuovi e borghi franchi nel processo di costruzione dei distretti comunali nell'Italia centro-settentrionale (secoli XII–IIV). Atti del convegno svoltosi a Cherasco presso la sede del CISIM nei giorni 8–10 giugno 2001, a cura di Rinaldo COMBA/Francesco PANERO/Giuliano PINTO (Insediamenti e cultura materiale 1), Cherasco/Cuneo 2002, pp. 331–356; nonché i saggi nel medesimo volume di Riccardo RAO, Proprietà allodiale civica e formazione del distretto urbano nella fondazione dei borghi nuovi vercellesi (prima metà del XIII secolo) pp. 357–381; Anna Maria RAPETTI, I borghi franchi del Piemonte centro-settentrionale: Novara, Vercelli, Ivrea, pp. 307–328, su Vercelli: pp. 313–318.

33 Vercelli, Archivio Storico Comunale, Mazzo 11. L'unico accenno a riguardo è in: Vincenzo DE CONTI, Notizie storiche della città de Casale del Monferrato 3, Casale 1839, pp. 144 s.

34 La segnatura attuale è: Vercelli, Archivio Storico Comunale, Corda 75b. Questo faldone

copie autentiche contenute nel rotolo dell'Archivio capitolare, ultimate tutte entro il 3 giugno, siano state confezionate proprio in vista della *productio* avvenuta il 14 luglio innanzi a Leone. Da un'altra pergamena dell'Archivio storico comunale si è a conoscenza che il 13 giugno nel brolo del comune, radunata la credenza, il podestà di origine milanese Giovanni *de Mandelo*, il quale – si ricordi – aveva comandato di eseguire la copia contenuta nella settima pergamena del rotolo, nominava Bartolomeo *de Alice*, proprio il notaio scrivente di quella copia, a ricevere per conto del comune, dalle mani del vicario episcopale Papiniano Fieschi, l'investitura *recto feudo* dell'esercizio dei diritti che la Chiesa di Vercelli deteneva nella città e nella diocesi *ab imperio per multas privilegias*[35]. In tal modo il comune poteva presentarsi dinnanzi al tribunale rivendicando la legittimità delle pretese giurisdizionali su Casale. Non è certo un caso se gli stessi Giovanni *de Mandelo*, Papiniano Fieschi e Bartolomeo *de Alice* erano stati tutti e tre coinvolti nella realizzazione dei documenti contenuti nel rotolo poco più di un mese prima.

Nel faldone dell'Archivio storico comunale sono anche custoditi tre volumi cartacei contenti le *allegationes* delle rispettive parti: tra questi quello relativo a Vercelli è di fondamentale importanza per contestualizzare il rotolo, giacché vi sono trascritti, oltre ai *dicta testium*, pure un elenco di regesti, i quali, oltre a indicare succintamente per ogni *instrumentum* il contenuto, l'anno e, per molti, il rogatario, sono associati a dei segni. Si tratta di documenti che in vario modo hanno a che fare con la supremazia di Vercelli su Casale e in generale sull'area circostante, tra i quali vi sono pure le testimonianze relative al processo del 1196 e degli anni successivi affiancate dai medesimi segni presenti sul margine laterale sinistro delle pergamene del rotolo.

Per quanto l'inchiostro sul volume sia ormai sbiadito per ampie porzioni di testo, è possibile accertare che il compilatore di queste pagine fu il notaio *Biaxolus de Cimiliano*, il medesimo che rogò il testo della sentenza del 15 maggio 1347, il quale, prima di introdurre l'elenco dei documenti, esplicita che questi furono portati innanzi a Leone da Dugnano da parte del rappresentante dei Vercellesi Bartolomeo *de Bazolis*, pertanto è verosimile che si

---

contiene materiale relativo sia alla causa presa in esame sia a una, sempre tra Casale e Vercelli, risalente al 1397 brevemente menzionata in: de Conti, Notizie 3 (come alla nota 33) p. 145. Informazioni su Bartolomeo *de Bazolis* e del suo coinvolgimento nella compilazione dei Biscioni in: I Biscioni 1/1 (Biblioteca della Società storica subalpina 145), ed. Giulio Cesare Faccio/Cesare Ranno, Torino 1934, pp. X-XIII. La sottoscrizione al fol. 1 del primo volume dei Biscioni recita: *Et ego Bartholomeus de Bazolis notarius infrascriptus deputatus per eum ad hoc opus scribendum in memoriam eiusdem hoc scripsi* (ibid., p. 1).

35 Vercelli, Archivio Storico Comunale, mazzo 11. Su Giovanni de *Mandelo* e Bartolomeo *de Alice* si vedano rispettivamente le note 18 e 8 di questo contributo.

tratti della *productio* menzionata dal da Dugnano nel documento del 14 luglio 1346, con il quale intimò ai Casalesi di presentarsi al suo cospetto[36].

Ora è il momento di volgere l'attenzione all'elenco di regesti: i primi quattro si riferiscono ai privilegi in favore della Chiesa di Vercelli e sono disposti secondo tale ordine: Enrico IV (20 luglio 1070), Ottone III (7 maggio 999), Corrado II (1027), Federico I (17 ottobre 1152)[37]; a essi seguono i documenti relativi alla vendita del *districtus* effettuata dal capitolo eusebiano in favore del comune di Vercelli, avvenuta nel 1243 grazie all'intervento di Gregorio da Montelongo[38]. Dopodiché è ricordata l'investitura del primo gennaio 1313 effettuata del vescovo di Vercelli Uberto Avogadro in favore del comune e avente per oggetto la giurisdizione civile e criminale della città e della diocesi, a essa segue quella del 14 luglio 1346 ricordata poco sopra[39]. A questo punto sono registrati i documenti trascritti nel rotolo, il cui ordine è perfettamente coincidente con quello delle prime tre pergamene, dopodiché sono elencati i due atti copiati nella quinta membrana e, infine, quello trascritto nella sesta. Nel volume sono poi elencati tre documenti che non sono presenti nel rotolo: il primo è la sentenza emessa il 14 dicembre 1342 da *Iacobus de Strictis* per conto di Luchino Visconti in favore di Vercelli riguardo a una sottrazione di sale perpetrata da Pavia; il secondo sembra avere a che fare con una *inquisitio* avviata dai podestà di Vercelli nel 1339 della quale non si ha notizia, mentre il terzo fa riferimento al foglio 43 del volume cartaceo stesso, purtroppo completamente sbiadito, nel quale sarebbero contenuti *petitio, capitula et dicta testium* prodotti innanzi a Leone da Dugnano. Seguono poi altri documenti che hanno a che fare con il rotolo, ovvero i tre dell'ultima pergamena che lo compone e l'atto riportato nella sesta. L'ultimo documento dell'elenco risale al 1224 e, benché sia andato perduto e il regesto sia quasi illeggibile, sembrerebbe riguardare con il podestà di Casale Raniero *de Centoriis* e il vescovo vercellese Ugo da Sesso[40].

Come appare da questa ricostruzione il rapporto tra i regesti vergati dalla penna del notaio *Biaxolus* e i relativi documenti trascritti nel rotolo non è del tutto simmetrico: se si seguisse l'ordine del volume, le prime tre perga-

36 Oltre alle somiglianze paleografiche, egli sottoscrive al fol. 156v.

37 MGH DD H. IV. 235; O. III. 323; K. II. 84; F. I. 31.

38 Si tratta dei seguenti documenti: la vendita vera e propria del 22 aprile 1243 (I Biscioni 1/I [come alla nota 34] nr. 89 pp. 190–193), la presentazione da parte del legato delle lettere di Gregorio IX del 6 agosto 1238 riguardo alla sua nomina a legato papale per la Lombardia, la Romagna e la marca trevigiana (ibid., nr. 42–43, pp. 131–136); l'approvazione del capitolo eusebiano alla vendita (nr. 48, pp. 141–144).

39 I Biscioni 1/2, ed. Giulio Cesare Faccio/Cesare Ranno (Biblioteca della Società storica subalpina 146), Torino 1939, nr. 194, pp. 20–24.

40 Su questo presule si veda la nota 17 di questo contributo.

mene che contengono le copie disposte secondo la serie di regesti dovrebbero essere immediatamente seguite dagli atti inclusi nella quinta e alla sesta, le quali, tra l'altro, si è visto essere state verosimilmente redate nella stessa data delle prime tre e avere simili dimensioni. Seguendo l'elenco del *Biaxolus* dovrebbero poi succedersi dei documenti non contenuti nel rotolo, a loro volta seguiti da quelli inclusi nella settima e poi quello della sesta. La sequenza indicata nel volume confermerebbe quindi i dati già emersi dall'analisi della struttura del rotolo, ovvero che vi sarebbe un primo nucleo originario di documenti copiati l'11 maggio 1346 in membrane che, oltre a essere state vergate il medesimo giorno e presentare dimensioni simili, recano le copie autentiche nella medesima successione presentata nel volume[41].

In ultima analisi non è peregrino ipotizzare che queste cinque pergamene fossero state legate insieme contestualmente alla *productio* del 14 luglio 1346 e, successivamente smembrate, riordinate e assemblate di nuovo, aggiungendo quelle che oggi si presentano come la quarta, la settima e l'ottava pergamena del rotolo. Al contempo è da escludere che tutte le pergamene presentate durante la *productio* facessero parte di un rotolo unico, infatti, il documento della sentenza di *Iacobus de Strictis*, pur recando il simbolo corrispondente a quello riportato nel codice, non presenta alcun segno di fori[42].

Secondo tale ipotesi l'insieme di pergamene così come oggi è conservato sarebbe da definire un rotolo secondario, frutto di una ricomposizione avvenuta successivamente alla *productio* innanzi a Leone da Dugnano delle prove in favore di Vercelli, circostanza nella quale il rappresentante del comune eusebiano avrebbe recato con sé da Vercelli a Milano quel primo gruppo di pergamene, quello sì, forse già assemblato.

41 Un'ipotesi è che facesse parte di questo insieme pure una copia del privilegio di Enrico IV rilasciato nel 1070 (DD H.IV.235), il primo documento ricordato nel volume. Stando a quanto osservato da Ferdinando Gabotto, Intorno ai diplomi regi ed imperiali per la Chiesa di Vercelli, in: Archivio storico italiano 21 (1988) pp. 1–53: 14 si tratta di una trascrizione commissionata da Papiniano Fieschi il 6 maggio 1346 nel *castrum* episcopale di Biella ai notai già impegnati nell'estrazione delle altre copie del rotolo: Uberto *de Cerreto*, Bartolomeo *de Alice* e Francesco *Carraria*. Essi procedettero alla trascrizione l'11 maggio successivo, ovvero contestualmente a quella delle prime tre pergamene. Dato lo stato di riordino dell'Archivio arcivescovile di Vercelli, ove la pergamena è custodita, purtroppo, non è stato possibile verificare né se essa presenta o meno il *signum* corrispondente a quello associato nel volume né se vi sono dei fori corrispondenti a quelli della prima membrana del rotolo.

42 I privilegi e i documenti relativi a Gregorio da Montelongo sono stati tutti copiati all'interno dei Biscioni durante l'episcopato di Lombardo della Torre, tuttavia, osservando il codice, non vi sono i *signa* corrispondenti; come non ci sono nemmeno nelle poche copie conservate che funsero da antigrafi, censite in: Ferraris, "Cerchio magico" (come alla nota 8), p. 28, nota 50.

4. Osservazioni conclusive

Se si accetta tale ricostruzione è possibile formulare qualche osservazione sull'impiego del rotolo. Come è stato evidenziato da Petra Koch, durante la prima metà del XIV secolo il comune di Vercelli, coinvolto in numerosi processi per il mantenimento del controllo territoriale, era solito allestire rotoli di pergamena che includevano le testimonianze documentarie, le quali si intersecavano con quelle registrate su altri supporti come i Biscioni[43]. In questa prospettiva è possibile inquadrare meglio la specificità della forma del rotolo: a fianco della copiatura di numerosi diplomi regi e imperiali e della preparazione di strumenti amministrativi sotto forma di codici, i rotoli sembrano costituire una terza modalità, diversa, ma comunque strettamente legata al resto della produzione cancelleresca. Questa forma scrittoria unisce in una sequenza logica una serie di documenti che tali rimangono, anche nella loro materia originale, la pergamena, che è possibile utilizzare *tam in iudicio quam extra*, come recita il *preceptum* che introduce le copie nel rotolo dell'Archivio Capitolare. Il mantenimento della forma di "documento" in una sequenza coerente pare quindi essere una peculiarità che rende il rotolo un vantaggioso strumento di conservazione della memoria, ben più agile da trasportare in sede processuale rispetto per esempio ai grandi codici pergamenacei dei Biscioni.

Ciò del resto, a metà del XIV secolo permise ai Vercellesi di fare in modo che la voce del tribunale imperiale di Enrico VI favorisse nuovamente gli interessi della città eusebiana, come avvenne in quel settembre di più di un secolo prima nel chiostro della cattedrale di Piacenza.

Abstract

Im Zentrum des Aufsatzes steht der im Archivio Capitolare di Vercelli unter der Signatur „Atti Privati, LXXXVII" aufbewahrte Rotulus. Es geht um ein Dokumentenbündel zu den Phasen eines bedeutenden Prozesses des Hofgerichts Henrich VI. zwischen dem Bischof von Vercelli Alberto und der Kommune von Casale Sant'Evasio. Die Verfahrensakte sowie weitere Urkunden sind durch beglaubigte Kopien aus der Mitte des 14. Jahrhunderts überliefert. Im Aufsatz wird versucht, die Umstände der Gestaltung der Ko-

43 Petra Koch, Rechtskonflikte der Kommune Vercelli – Zur Entstehung und zum Einsatz von Prozeßschriftgut, in: Kommunales Schriftgut in Oberitalien. Formen, Funktionen, Überlieferung, a cura di Hagen Keller/Thomas Behrmann (Münstersche Mittelalter-Schriften 68), München 1996, pp. 91–116.

pien sowie den vermutlichen Zusammenbau des Rotulus zurückzuverfolgen. Durch einen Vergleich mit der zeitgenössischen Überlieferung ist deutlich geworden, dass die kopierten Urkunden in den Jahren 1346/1347 im Rahmen einer Rechtsstreitigkeit zwischen der Kommune Vercelli und jener von Casale Sant'Evasio vor dem mailändischen Richter Leone da Dugnano vorgestellt wurden. Wie bei anderen Fällen der Vercelleser Überlieferung aus dem 14. Jahrhundert gilt der Pergamentrotulus als bevorzugtes Medium für eine Prozessakte.

La donazione di Bernabò Visconti del 1359 agli ospedali milanesi: rotoli nell'archivio dell'Ospedale Maggiore

Paolo M. Galimberti

Premessa

L'Archivio dell'Ospedale Maggiore conserva documenti privati e pubblici dal secolo XI al XXI, pertinenti all'attività amministrativa dell'Ente e dei preesistenti ospedali medievali in esso aggregati, oltre che relativi ai beni patrimoniali, o documenti provenienti da archivi privati acquisiti per via ereditaria. Tra essi, una stima approssimativa porta a calcolare per difetto la presenza di circa 15.000 pergamene.

I rotoli non sono un'eccezione, anzi parrebbe che originariamente questa forma fosse la norma nell'ambito notarile. Sono abituali casi di 2, 3 o 4 pergamene cucite insieme, ma sono anche frequenti esempi di più pergamene unite in sequenza: da 11 o 12, fino a 17.

Si vuole presentare ora un caso particolarmente interessante, oltre che inusuale per dimensioni: la donazione di beni fatta da Bernabò Visconti nel 1359 agli ospedali del Brolo, di S. Ambrogio, di S. Caterina e di S. Antonio.

Ospedali, assistenza e sanità

Nella città di Milano, a partire dal secolo IX, sono documentati *xenodochia* e *hospitalia*, destinati all'accoglienza gratuita dei bisognosi; nel 1288 Bonvesin de la Riva menziona una decina di istituzioni in città, e quindici nel contado[1].

---

1 AOM = Archivio dell'Ospedale Maggiore di Milano. Per comodità si semplifica la segnatura completa Origine e dotazione, Aggregazioni, Milano [nome ospedale], Origine e dotazione, Benefattori, Donatori, nel solo nome dell'ospedale e n. della busta.
ASMi = Archivio di Stato di Milano
ALPE = Archivio dei Luoghi Pii Elemosinieri di Milano
Per un primo inquadramento e riferimenti bibliografici rimando a Paolo M. Galimberti, Gli ospedali a Milano e in Lombardia nel Medioevo: una panoramica, in: Quaderni dell'abbazia 20 (2013) pp. 71–92. Vedi anche Pio Pecchiai, L'Ospedale Maggiore di Milano nella storia e nell'arte (...), Milano 1927; Giuliana Albini, Guerra, fame, peste, crisi di mortalità e sistema sanitario nella Lombardia tardomedievale, Bologna, Cappelli, 1982; Laura Colangeli, La tutela sanitaria nella tradizione italiana (Milano, sec. XIV–XVII), Milano 1988 (Archivio opere prime, 1); Giuliana Albini, Città e ospedali nella Lombardia medievale, Bologna 1993; Bonvesin de la Riva (1240 c.a -1313), De magnalibus Mediolani = Le meraviglie di Milano, testo critico, traduzione e note a cura di Paolo Chiesa, Milano 1997, III.6.

Nel secolo XV gli ospedali del Ducato furono oggetto di una riforma, diretta a una più organica amministrazione; la riorganizzazione fu avviata nel 1401 da Giangaleazzo Visconti, concretizzata nel 1448 dall'arcivescovo Rampini (con approvazione di papa Niccolò V) e infine conclusa nel 1456 da Francesco Sforza, con il concentramento in un solo ospedale "Maggiore" (con approvazione di papa Pio II, nel 1458)[2].

Agli ospedali veri e propri si affiancheranno, a partire dall'inizio del Trecento, molteplici istituzioni caritative (confraternite, *scholae*, *consortia*) che nei secoli arriveranno a costituire una vera rete di assistenza gratuita a favore degli indigenti, promossa dalla beneficenza cittadina[3]. Il potere civile e religioso fu attivo nel sostenere gli ospedali e gli altri enti assistenziali con esenzioni fiscali o donazioni di beni.

Oltre che una consolidata tradizione benefica, l'attenzione alle condizioni di salute della popolazione è una costante nella normativa sanitaria medievale. Norme igieniche sono espresse nel *Liber consuetudinum Mediolani* del 1216, e negli Statuti comunali del 1396[4]. Drastici provvedimenti contro la peste furono emanati sotto Luchino Visconti nel 1348, assicurando una bassissima mortalità nella città; provvidenze e regole che limitarono la mortalità a Milano furono anche imposte da Bernabò Visconti nell'epidemia del 1371–1374, e infine disposizioni ducali si devono a Gian Galeazzo Visconti nella pestilenza del 1399–1400; tanto che il Corradi scrive che "è veramente singolare che niuno allora fosse sollecito alla salute de' proprj sudditi, quanto chi n'era chiamato maggior tiranno"[5].

Donazioni di Bernabò Visconti a ospedali

Bernabò Visconti, figlio di Stefano e di Valentina Doria, nacque nel 1323; divenuto Signore di Milano e vicario imperiale (1355), morì a Trezzo sull'Adda

2 Franca Leverotti, Ricerche sulle origini dell'Ospedale Maggiore di Milano, in: Archivio Storico Lombardo IV (1981) pp. 95–97; Lucio Franchini, Ospedali lombardi del Quattrocento. Fondazione, trasformazioni, restauri, Como 1995; Francesco Somaini, Alle origini dell'Ospedale Grande: il duca, il papa, la città, in: La Ca' Granda 46 (2005) pp. 19–34.

3 Il tesoro dei poveri: Il patrimonio delle Istituzioni pubbliche di assistenza e beneficenza (ex Eca) di Milano, a cura di Marco G. Bascapè [e.a.], Cinisello Balsamo 2001; Milano. Radici e luoghi della carità, a cura di Lucia Aiello [e.a.], Torino 2008.

4 Un testimone si conserva in: AOM, Codici 4, nella redazione del 1481.

5 Colangeli, Tutela (come alla nota 1) p. 102; Alfonso Corradi, Annali delle epidemie occorse in Italia dalle prime memorie fino al 1850. II. Dall'anno 1601 al 1800, Bologna 1870 [reprint: Bologna, Forni, 1973], p. 202; citaz. in I, p. 243. Epidemie sono attestate a Milano negli anni 1348, 1350, 1361, 1371–74, 1387–88, 1399–1400, 1422–25, 1430, 1451, 1467–68, 1476–79, 1483–86.

il 19 dicembre 1385, prigioniero del nipote Gian Galeazzo[6]. Il suo monumento equestre con sarcofago, originariamente nella chiesa di S. Giovanni in Conca e ora alle Civiche Raccolte d'Arte del Castello Sforzesco, fu scolpito da Bonino da Campione tra 1384 e 1386 [7]. Infamato nel processo che ne precedette la morte (forse per veleno), oggetto di propaganda negativa, ebbe comunque il merito di aver centralizzato il potere e di aver gettato le basi per la costituzione dello Stato di Milano. Agli storici del passato le sue disposizioni benefiche sembrarono incongruenti con la fama sinistra che aleggiava intorno alla sua figura: "Quantunque in molte cose già divenuto tiranno, in altre non lasciava di dare delle buone ed utili disposizioni"[8]; di certo si ricordano le menzionate azioni contro la peste del 1371–74, ma anche gesti di liberalità verso ospedali: ad esempio la donazione del 1359, oggetto di questo contributo, e una successiva.

Nel 1366, infatti, gli si deve accreditare l'assegnazione di beni agli ospedali di S. Lazzaro, di S. Giacomo e dei SS. Pietro e Paolo, specializzati nell'accoglienza il primo degli infettivi, gli altri due dei pellegrini, rispettivamente di Santiago e romei[9].

La donazione è articolata in tre fasi: il giorno 6 gennaio vengono redatte le promesse ai vari ospedali, il 7 si ha l'approvazione dei "Capitoli" che li amministravano, infine l'8 avviene la donazione. All'ospedale di S. Lazzaro vengono destinati numerosi sedimi, edifici e diritti di erbatico a Lodi, terre a Livraga, San Zenone, Ossago, Corno Vecchio; all'ospedale di S. Giacomo beni e diritti livellari a Pezzolo de' Riccardi (oggi Cascina Pezzolo a Pieve Fissiraga) dove si trovava il castello di Amizino di Spino; all'ospedale dei

6 Luigi SIMEONI, Visconti, Bernabò, in: Enciclopedia Italiana 35, Roma 1950, pp. 443–444.

7 Graziano A. VERGANI, L'arca di Bernabò Visconti al Castello Sforzesco di Milano, Cinisello Balsamo 2001 (Tesori dell'arte medievale); Graziano A. VERGANI, Scheda in: Museo d'arte antica del Castello Sforzesco. Scultura lapidea, I (Musei e Gallerie di Milano), Milano 2012, pp. 278–291.

8 Giorgio GIULINI, Memorie spettanti alla storia, al governo ed alla descrizione della città e campagna di Milano (…), V, Milano 1856, Libro 70, p. 505.

9 L'ospedale di S. Lazzaro risulterebbe fondato verso il 1087, quello di S. Giacomo è attestato dal 1323, quello dei SS. Pietro e Paolo fu fondato poco prima del 1344; il primo fu aggregato all'Ospedale Maggiore nel 1473, gli altri due invece furono aggregati nel secolo XVIII all'Orfanotrofio maschile dei Martinitt; Giacomo C. BASCAPÈ, L'Ospedale milanese di S. Lazzaro all'Arco Romano, in: Atti e Memorie dell'Accademia di Storia dell'Arte Sanitaria s. II 34 (1935) pp. 164–175; Domenico PANEBIANCO, Contributi alla storia degli Ospedali di Milano: L'Ospedale di S. Pietro dei Pellegrini, in: Archivio storico lombardo 93–94 (1966–1967) pp. 115–126, in particolare pp. 120–121; Roberto PERELLI CIPPO, Le più antiche carte dell'Ospedale di S. Giacomo (secolo XIV), in: La Carità a Milano nei secoli XII–XV: atti del Convegno di studi Milano (6–7 novembre 1987), a cura di Maria Pia ALBERZONI/Onorato GRASSI, Milano 1989, pp. 239–259.

SS. Pietro e Paolo diritti di erbatico a Corneliano Bertario (MI); con l'obbligo per i tre istituti di erogare 50 fiorini d'oro ogni anno in panni di lana ai poveri[10].

La benevolenza dimostrata non evitò in seguito crudeltà del Visconti nei confronti degli amministratori dell'ospedale, se dobbiamo prestare fede agli *Annales mediolanenses*: „Quum fuisset dissensio verbalis super strata publica inter fratrem Bertramum de Villa, Magistrum hospitalis Sancti Lazari, et quemdam rusticum, dictum fratrem Bertramum castrari fecit anno MCCCLXXIX. (...)"[11]

La beneficenza verso gli ospedali cittadini pare essere stata consueta tra i Visconti[12]. L'arcivescovo Ottone il 24 marzo 1292 dona all'ospedale Nuovo di Madonna Bona beni a Trivulzio per il sussidio di una cappellania, con eventuale sostituzione da parte dell'ospedale di S. Lazzaro[13]. L'arcivescovo Giovanni il 5 marzo 1353 dona all'ospedale Nuovo di Madonna Bona alcuni beni siti a Lampugnano, Trenno, e fuori porta Romana, con l'onere di mantenere alcune cappellanie[14]; lo stesso giorno favorisce gli ospedali di S. Ambrogio e del Brolo, che riceve beni a Cascina degli Ovi in Rovagnasco di Segrate, prevedendo la sostituzione da parte della *schola* delle Quattro Marie in caso di inadempienza[15]; infine Giovanni, nel suo testamento del 9 marzo

---

10 Copia semplice in AOM, Statuti e codici 48 (reg. membr. 92 sgg.), riporta gli atti del 6, 7 e 8 gennaio, per l'ospedale dei SS. Pietro e Paolo e la registrazione fino al 1403 delle successive erogazioni con elenchi dei poveri riceventi da parte di questo ospedale. Il rogito dell'8 gennaio risulterebbe rogato da Petrolo Oldani, come riportato nell'atto 1372 novembre 11 (fol 27r). Altra copia semplice cartacea del XV sec., del solo atto 8 gennaio, in AOM, S. Lazzaro, b. 58; Caterina SANTORO, La politica finanziaria dei Visconti. Documenti 1 (Settembre 1329-agosto 1385), Milano 1976, a pp. 155–157, n. 190, dà l'edizione del doc. 1366 gennaio 7 (conservato in ALPE, 161/19), e a pp. 157–159, n. 191, dà l'edizione del doc. 1366 gennaio 8 (conservato in AOM, Statuti e codici 48; del quale cita copia esistente in ALPE); Roberto PERELLI CIPPO, Le più antiche carte dell'Ospedale di S. Giacomo (secolo XIV), in: Carità, a cura di ALBERZONI/GRASSI (come alla nota 9) pp. 239–259, pubblica la copia riportante gli atti per l'ospedale di S. Giacomo del 6 e 7 gennaio, ma non quello dell'8 (conservata in ASMi, Orfanotrofio Maschile, rog. Steffanolo de Terzago f. q. Francesco); il doc. è menzionato da GIULINI, Memorie, V (come alla nota 8) p. 505; e da Antonio NOTO, Gli amici dei poveri di Milano, Milano 1966, p. 16.

11 Ludovico Antonio MURATORI, Rerum Italicarum Scriptores, Milano, Ex Typographia Societatis Palatinae, 1730, tomo XVI, cap. CXLVII, col. 795.

12 G. SOLDI RONDININI, Le opere di carità a Milano: gli interventi dei Visconti, in: Carità, a cura di ALBERZONI/GRASSI (come alla nota 9), pp. 123–135.

13 Giacomo C. BASCAPÈ, Antichi diplomi degli Arcivescovi di Milano e note di diplomatica episcopale (Fontes Ambrosiani 18), Firenze 1937, pp. 95–97, n. XXII.

14 AOM, Diplomi episcopali di Milano, 424 bis; copia in: AOM, Codici 63; cfr. anche BASCAPÈ, Diplomi (come alla nota 13) pp. 125–126, n. LII.

15 Antonio NOTO, Una donazione dell'arcivescovo Giovanni Visconti signore di Milano:

1353, tra altri legati testamentari, menziona gli ospedali di S. Antonio e di S. Giacomo[16]. In seguito, nel 1391, l'ospedale di S. Giacomo ebbe il favore anche di Gian Galeazzo[17].

La 'Donatio inter vivos' del 1359

Bernabò Visconti "Intanto anche in mezzo a molti e gravi suoi vizj, essendo egli liberale verso de' poveri, pensò ad arricchire diversi luoghi pii di questa città"[18]. Nel 1359 il Signore di Milano stabilisce infatti una donazione di beni, terreni e diritti nel Lodigiano a favore degli ospedali del Brolo, di S. Caterina, di S. Ambrogio e di S. Antonio, che in cambio avrebbero dovuto ogni anno dotare ragazze bisognose, distribuire pane ai poveri ed elargire elemosine ai carcerati. L'erogazione era prevista a rotazione ogni 3 mesi; i fondi restanti avrebbero coperto le necessità degli ospedali.

Gli istituti interessati sono i seguenti:

L'ospedale di S. Antonio, attivo dal 1127, che dipendeva dal celebre Ordine di Vienne specializzato nella cura dell'ergotismo[19].

L'ospedale del Brolo, nel quale si erano fusi nel 1256 i due ospedali di S. Barnaba (1145) e del Brolo (1150), fondati da un Goffredo da Bussero, era sostenuto dagli arcivescovi Oberto, san Galdino e Algisio; era una delle istituzioni più ragguardevoli della città; Bonvesin de la Riva ne computava gli assistiti in 500 malati poveri a letto, 500 non a letto e 350 bambini[20]. Menzionato negli Statuti del 1396, divenne il cardine della riforma dell'arcivescovo

---

dall'Ospedale del Brolo al luogo pio Quattro Marie, in: Archivi 22 (1955) pp. 30–38. Il possedimento di Cascine degli Ovi sarà ceduto alla *schola* delle Quattro Marie nel 1440.

16 AOM, Diplomi 424ter/quater; Bascapè, Diplomi (come alla nota 13) p. 123, n. XLIX; Nel secondo centenario della nascita del conte Giorgio Giulini, istoriografo milanese, I, Milano 1916, p. 376.

17 Perelli Cippo, Carte (come alla nota 9) p. 243–244.

18 Giulini, Memorie (come alla nota 8) p. 442, n. 69.

19 Elisabetta Filippini, Questua e carità: i canonici di S. Antonio di Vienne nella Lombardia medievale (Studi. Serie storica 74), Novara 2013, pp. 51–55; ead., Potere politico e Ordini religiosi: La casata visconteo-sforzesca e la domus di S. Antonio di Milano, in: Monasticum regnum: religione e politica nelle pratiche di governo tra Medioevo ed Età Moderna, a cura di Giancarlo Andenna [e.a.] (Vita regularis. Abhandlungen 58), Berlin 2015, pp. 41–83, in particolare pp. 48–50.

20 Bonvesin de la Riva, Magnalibus (come alla nota 1) III.6., Colangeli, Tutela (come alla nota 1), pp. 28, 52, n.131; Ambrosioni, in: Carità, a cura di Alberzoni/Grassi (come alla nota 9). Questo Goffredo da Bussero è un omonimo dello scrittore del secolo XIII; la famiglia possedeva beni nella parrocchia di S. Stefano in Brolo, si veda Gigliola Soldi Rondinini, Bussero, Goffredo da, in: Dizionario Biografico degli Italiani 15 (1972) coll. 558–560.

Rampini nel 1448, ospitando il Capitolo di ventiquattro "deputati" preposto all'amministrazione degli ospedali cittadini.

L'ospedale di S. Ambrogio, fondato da laici prima del 1154, fu condotto nel secolo XII sotto la giurisdizione dell'adiacente omonimo Monastero[21].

L'ospedale di S. Caterina al Ponte dei Fabbri fu fondato per lascito testamentario di Maderno Caccialepori nel 1335, prese a funzionare nel 1338 con sei posti letto; il patronato spettava ai fratelli Caccialepori: Martinolo, Iohanolo, Iacomolo e loro successori[22].

La Scuola delle Quattro Marie è menzionata per la prima volta nel 1305: si tratta di una confraternita germinata dal movimento dei Raccomandati della Beata Vergine, che ebbe un ruolo di primo piano nell'assistenza elemosiniera Milanese[23].

Le elemosine ai carcerati erano erogate tramite la Malastalla, anche se il documento del 1359 non la menziona espressamente; si trattava di una confraternita che dal secolo XIII assisteva i detenuti per debiti presso l'omonimo carcere; la troviamo esplicitamente nominata nel registro dei confessi di S. Ambrogio (AOM, *codici* 47), e così nel Settecento ne specifica le funzioni Serviliano Latuada, osservando che aveva il "carico di pagare un annuo livello per provvedere di pane i carcerati; e questo ancora a' nostri giorni viene effettuato"[24].

La donazione è redatta come documento privato, rogato da un notaio, non è quindi un prodotto di cancelleria. L'atto viene realizzato in più fasi, impiegando diversi giorni, e redatto in vari originali per i diversi destinatari. Come rilevato dal Giulini: "Molti sono gli istrumenti per queste donazioni, i quali si conservano nell'archivio del Ven. Spedal Maggiore di Milano, e sono stati anche unitamente pubblicati colle stampe." Di tali documenti "Il primo con-

---

21 Oltre a Pecchiai, Ospedale (come alla nota 1), vedi Angelo Borghino, L'Ospedale di S. Ambrogio nei suoi rapporti con il monastero di S. Ambrogio nel secolo XII, in: Il monastero di S. Ambrogio nel Medioevo, Convegno di studi nel XII centenario: 784–1984 (5–6 novembre 1984) (Bibliotheca erudita 3), Milano 1988, pp. 441–456.

22 Pecchiai, Ospedale (come alla nota 1); Bascapè, Diplomi (come alla nota 13) pp. 112–113, n. XLI (1337 marzo 26).

23 Paolo M. Galimberti, Il Luogo Pio delle Quattro Marie (1305 c.a-1784), in: Tesoro, a cura di Bascapè (come alla nota 3) pp. 63–65; Daniela Bellettati, Quattro Marie, in: Milano, a cura di Aiello (come alla nota 3) pp. 51–54.

24 Serviliano Latuada, Descrizione di Milano (…), Tomo quinto, In: Milano, nella regio-ducal corte, a spese di Giuseppe Cairoli mercante di libri, 1738, p. 140; Serafino Biffi, Sulle antiche Carceri di Milano e del ducato milanese, e sui sodalizj che vi assistevano i prigionieri ed i condannati a morte, Milano 1884; Paola Bianchi, Malastalla, in: Milano, a cura di Aiello (come alla nota 3) pp. 65–67; Marina Gazzini, Storie di vita e di malavita. Criminali, poveri e altri miserabili nelle carceri di Milano alla fine del Medioevo (Reti Medievali, E-Book, 30), Firenze 2017.

tiene il consenso (...) dello spedale di S. Caterina (...) Simili rispettivamente a questo sono gl'istrumenti de' consensi prestati dagli altri spedali, che non sono stati stampati"[25].

I passaggi che hanno portato i beni nelle proprietà dei quattro ospedali sono quattro.

Una dichiarazione di volontà del Visconti e le seguenti trattative con i singoli ospedali, che convocano i propri Capitoli in più giorni, e le cui decisioni vengono verbalizzate, e rogate presso le diverse sedi. Forse un certo tempo era necessario anche per accordi tra i singoli enti: infatti S. Caterina, S. Ambrogio e S. Antonio si ritrovano il 1, 2, 4 marzo, il Brolo viene coinvolto con un giorno di ritardo, il 2, 3, 4 marzo.

Una procura del Visconti a Girardolo Pusterla per la donazione il giorno 10 marzo, il cui testo è uguale per tutti gli enti. Il testo della donazione presenta qualche integrazione rispetto alla *promissio*, con l'aggiunta di clausole riguardanti gli ospedali del Brolo e di S. Ambrogio.

La donazione vera e propria il giorno 23 marzo, il cui testo è uguale per tutti gli enti. Il testo della donazione presenta qualche integrazione rispetto alla procura, con l'aggiunta di clausole riguardanti l'ospedale di S. Antonio. Il tenore non riporta nessuna arenga a giustificazione delle motivazioni.

Transazioni dei singoli ospedali col Comune di Lodi per privilegi ed esenzioni, di uguale tenore, rogate presso le diverse rispettive sedi il 3 aprile; nel caso dell'ospedale di S. Antonio invece il 31 marzo.

Prima di indicare nel dettaglio i diversi documenti si deve richiamare il fatto che la loro attuale posizione deriva da un riordino, in parte arbitrario, effettuato dall'archivista Pio Pecchiai, intervenuto ai primi del Novecento dopo una rovinosa distruzione e conseguente disordine[26]; non abbiamo quindi prove certe dell'esatta attribuzione ai diversi ospedali dei vari documenti.

Nello specifico, si propone di ricondurre all'archivio di S. Caterina il grande rotolo ora sotto quello del Brolo (AOM, *Brolo* 16); infatti questo te-

25 La transazione per S. Caterina del 3 aprile 1359 menziona la "*donatione ... de qua extant tria instrumenta tradita et imbreviata videlicet unum per Albertollum Bolgaronum f.q. domini Vergini; et aliud per Iohannolum Bruzinum f. domini Iacobi; et aliud per me Petrolum Oldanum, omnes notarios Mediolani*". Cfr. AOM, *Codici* 46, fol. 20r. Del notaio Petrolo Oldani si conservano le filze degli anni 1348–1380, in: ASMi, *Atti dei notai*, n. 3, nelle quali però non sono presenti i rogiti del 1359 e 1366 di nostro interesse; degli altri notai non si sono rintracciate le imbreviature.

26 Paolo M. Galimberti, "La conservazione delle carte e la facilità dell'uso": l'Archivio dell'Ospedale Maggiore, in: Il cuore dell'antico Ospedale Maggiore di Milano: i luoghi dell'archivio e la chiesa della B.V. Annunciata, a cura di Mariangela Carlessi/Alessandra Kluzer, Cinisello Balsamo 2011, pp. 116–125.

stimone, il codice riportante la copia (AOM, *Codici* 46) e l'edizione a stampa, presentano un testo identico; inoltre nei tre esemplari l'ospedale di S. Caterina viene menzionato espressamente nella *promissio* e nella transazione. Oltre a ciò, da parte sua l'esemplare ora in S. Caterina (AOM, *S. Caterina* 30) completa con certezza le due parti di S. Ambrogio (AOM, *S. Ambrogio* 9), delle quali costituisce la sezione centrale relativa al 10 marzo di un rotolo ora mutilo, e va pertanto ricondotta all'archivio di S. Ambrogio.

La *promissio* del 2, 3, 4 marzo (AOM, *Brolo* 16) è certamente del Brolo. A differenza degli altri rotoli ha una lisière in coda, che impedisce la giunzione a pergamene successive; e quindi forse si era preferito tenere separati i diversi atti.

Probabilmente, in mancanza di note dorsali sul grande rotolo, e data la primaria rilevanza del Brolo, gli archivisti del secolo XX hanno attribuito il rotolo di dimensioni maggiori all'ospedale di maggiori dimensioni.

Possiamo schematizzare così i diversi testimoni:

Ospedale di S. Ambrogio

Tractatus: 1, 2, 4 marzo. AOM, *Sant'Ambrogio* b. 9 = N. 4 pergg., di mm [520+528+476+330] 1.854 x 459, con tracce di cucitura nei lati superiore e inferiore; la cucitura nel lato superiore è anomala, si potrebbe forse sospettare che in prima posizione fosse collocata la transazione del 3 aprile, che non era possibile cucire di seguito alla *donatio*; nel *verso:* "hospit(alis) s(anc)t(i) Ambr(osii)" di mano del secolo XIVex.

Procura: 10 marzo. AOM, *Santa Caterina al Ponte dei Fabbri* b. 30 = N. 6 pergg., di mm [556+510+513+516+412+303] 2.810 x 491, con tracce di cucitura nel lato superiore e inferiore; il documento è ora posto in archivio con le carte di S. Caterina, ma la perfetta corrispondenza dei fori della cucitura con quelli di S. Ambrogio permette di ricostruire un unico rotolo di mm 8.041, del quale costituirebbe la parte centrale.

Donatio: 23 marzo. AOM, *Sant'Ambrogio* b. 9 = N. 6 pergg. di mm [560+543+522+526+530+696] 3.377 x 475, con resti di cucitura nel lato superiore, il lato inferiore termina con la coda (lisière); nel *verso*: "donatio hospitalis s(an)c(t)i Ambrosii".

Transactio: 3 aprile. Menzionata da G. Agnelli[27].

27 Giovanni AGNELLI, Vertenze dei Visconti colla mensa vescovile di Lodi ed altre memorie sulla dominazione viscontea nel Lodigiano, in: Archivio Storico Lombardo III ser. 28 (1901) pp. 276–277.

Ospedale di S. Antonio

Transactio: 31 marzo. AOM, *Sant'Antonio* b. 8 = N. 5 pergg., di mm [570+528+532+520+685]= 2.835 x 458 cucite, con tracce di cucitura nel lato superiore, il lato inferiore termina con la lisière (coda di c.a 120 mm).

Ospedale del Brolo

Tractatus: 2, 3, 4 marzo. AOM, *del Brolo* b. 16 = N. 2 pergg. di mm [645+680] = 1.325 x 441, lisière sia sui lati superiore e inferiore (di c.a 112 e 120 mm).

Transactio: 3 aprile 1359. AOM, *Acque, Muzza.* = Menzionato nel fasc. a stampa: *Relatione delli particolari titoli, e privilegij nel godimento d'Acque della Muzza (...)* / Giovanni Battista della Porta, Sindico generale dell'Ospitale, Avvocato Fiscale del Sant'Officio di Milano, 21 marzo 1717, s.n.t. Notaio Antonio Cattaneo di Milano.

Ospedale di S. Caterina

Tractatus: 1, 2, 4 marzo; *Procura*: 10 marzo; *Donatio*: 23 marzo. AOM, *del Brolo* b. 16 = N. 16 pergamene, di mm [535/505/310/532/525/567/482/525/543/538/ 525/520/527/480/485/460] 8.059 x 460, cucite insieme a rotolo; anche l'ultima presenta tracce di cucitura sul lato inferiore, forse le era unita di seguito la transazione del 3 aprile col comune di Lodi.

Transazione: 3 aprile. AOM, *Santa Caterina al Ponte dei Fabbri* b. 30; manca il documento ma resta la *papela* con regesto archivistico del sec. XVIII$^{2/2}$.

Tractatus: 1, 2, 4 marzo (ff. 1^r-3^v); *Procura*: 10 marzo (ff. 3^v-10^v); *Donatio*: 23 marzo (ff. 11^r-19^v); *Transactio*: 3 aprile 1359 ff. 19–21^v). AOM, *Statuti e codici* 46. Membranaceo, cm 38, 5x27, 22 ff., 2 fascicoli di 5 e 6 bifogli, ultimo f. bianco, 52 linee (specchio rigato mm 3,5 / 28,5 /6,5 x 4,5 / 718 / 5), legatura originale in pelle. Copia autentica (*Beltraminus de Crispis* scrittore rogatario sottoscrittore, *Bertolus de Viglerio* sottoscrittore, Antoniolus de Rolandis sottoscrittore[28]).

Tractatus: 1, 2, 4 marzo; *Procura*: 10 marzo; *Donatio*: 23 marzo. AOM, *Santa Caterina al Ponte dei Fabbri* b. 30 = fascicolo a stampa, s.n.t., XVII sec., folio, cm 30x21, 32 cc. (5 fasc. A3-D3, E4), legatura in cartoncino.

28 Filze di Beltramino Crespi (1404–1456) in: ASMi, Atti dei notai, n. 154–156; Filze di Antoniolo Rolandi (1371–1424) in: ASMi, Atti dei notai, n. 15–17.

Il contenuto[29]

Tractatus pro donatione 1, 2, 4 marzo 1359
Notizia all'ospedale di S. Caterina della volontà di Bernabò Visconti di procedere a una *donatio inter vivos* di metà *pro indiviso* di beni (sedimi, case cupate e paleate, terre colte e incolte, prati, vigne, boschi, gerbidi, règone[30], pascoli e diritti di pascolo, mulini e loro *vohorum* [31], peschiere, diritti d'acqua e di pesca, a Bertonico, Ceradello (oggi cascina Ceradello), Vinzasca (oggi cascina Vinzasca CR) e San Martino e dintorni, da entrambe le parti dell'Adda, e di metà *pro indiviso* di tutti i diritti su Adda e Serio, nel territorio e diocesi di Lodi, e metà *pro indiviso* delle decime e diritto di decima, e giurisdizione civile e *districtum.* Le coerenze dei beni sono: a est oltre l'Adda i territori di Moscazzano, Rivoltella, Montodine, Cassina de Lagno in parte nel distretto di Crema, e in parte territorio di Gombito e di San Bassano in diocesi di Cremona, a sud oltre l'Adda San Bassano e Vinzasca e San Martino oltre Adda, per il fiume Serio verso Crema, Castiglione e S. Alberto; a ovest Melegnan[ell]o, a meridie [*recte* "nord"] Turano, Monticelli di qua e di là dall'Adda, Moscazzano distretto di Crema.

Gli obblighi per l'ospedale di S. Caterina, comportano la distribuzione di un importo di 212 lire imperiali e 10 soldi, nel trimestre dicembre/febbraio,

---

29 Edizione: Caterina Santoro, La politica finanziaria dei Visconti. Documenti 1 (settembre 1329-agosto 1385), prefazione di Gino Barbieri, Milano 1976, pp. 116–118, n. 139 (l'autore dà l'edizione del solo atto del 23 marzo da copia cart. del XV sec., in: ALPE, Archivio generale, Origine e dotazione, Donazioni, Visconti Bernabò (1359–1366), 161/18, cita copia a stampa del sec. XVIII in: ASMi, Potenze sovrane, cart. I, e menziona come "non reperibili" i documenti in AOM); Agnelli, Vertenze (come alla nota 27) p. 274 (anche senza considerare la faziosità dell'autore, l'edizione è solo in parte utile per la transazione con Lodi del 3 aprile). Regesto: Giorgio Giulini, Memorie spettanti alla storia, al governo ed alla descrizione (...) di Milano, 5, Milano 1856, Libro 69, pp. 442–446; Repertorio diplomatico visconteo: documenti dal 1263 al 1402. Tomo primo 1263–1363, raccolti e pubblicati in forma di regesto dalla Società Storica Lombarda (...), Milano 1911, p. 99, cita copia in Biblioteca Ambrosiana, ES, VI, 13, fol. 175 b; I registri viscontei, a cura di Cesare Manaresi (Inventari e regesti del R. Archivio di Stato di Milano 1), Milano 1915 [rist. anast. 1971]; Antonio Noto, Amici (come alla nota 10) pp. 10–11; cita solo l'atto del 23 marzo, con notazione sulla causa intentata dalle Quattro Marie per l'inadempienza degli ospedali; Panebianco, Contributi (come alla nota 9); Giovanna Negri, Scheda in: La Ca' Granda. Cinque secoli di storia e d'arte dell'Ospedale Maggiore, catalogo della mostra, Milano 1981, pp. 73–74, n. 3.

30 Termine della Bassa lombarda che indica terre acquitrinose, soggette a inondazioni: Dante Olivieri, Dizionario di toponomastica lombarda, Milano 1961, col. 462.

31 Non si è trovato il significato di questo termine: cfr. anche Luisa Chiappa Mauri, I mulini ad acqua nel Milanese (secoli X-XV), Roma 1984, pp. 152–175; forse da vadum, con esito comparabile a quello del toponimo Vho? Cfr. Olivieri, Dizionario (come alla nota 30) col. 574.

per ciascuna delle seguenti beneficenze: doti a ragazze; pane di frumento cotto e "bene ordinato" ai mendicanti nei giorni di lunedì e venerdì; beni ai carcerati di Milano nei giorni di mercoledì e sabato.

L'adempimento degli obblighi deve essere verificato annualmente il giorno di san Michele (29 settembre), da parte dell'abate di Chiaravalle (cistercensi), del priore di S. Eustorgio (domenicani), del guardiano de' Minori di S. Francesco, del priore di S. Marco (Eremitani), del Vicario di Provvisione; il controllo va fatto a rotazione ogni anno presso i diversi ospedali, nell'ordine: Brolo, S. Caterina, S. Antonio, S. Ambrogio. In caso di inadempienza si prevede la sostituzione con la scuola delle Quattro Marie e, in caso di inadempienza di quest'ultima, ulteriore sostituzione col monastero di Chiaravalle, e in successione nuovamente con gli ospedali.

Convocato il Capitolo dell'ospedale, il medesimo e il priore fra Giovanni Caccialepori[32] deliberano di accettare la donazione; decisione confermata nelle due convocazioni successive del 2 e del 4 marzo.

I tre accordi sono redatti nell'ospedale di S. Caterina, sito in Porta Ticinese, nella parrocchia S. Vincenzo in Prato.

All'istrumento intervengono i notai: *Ambrollus de Cornaredo* sottoscrittore, *Petrolus Oldanus f.q. Iohannes* rogatario e sottoscrittore, *Franciscolus Vicecomes f.q. dni Galle* scrittore[33].

Analogamente a questo atto vengono stesi atti individuali per S. Antonio e Brolo nei giorni 1, 2, 4 marzo, e S. Ambrogio il 2, 3, 4 marzo 1359.

Procura 10 marzo 1359
Bernabò nomina Girardolo Pusterla del fu Rainerio procuratore per la *donatio inter vivos* agli ospedali del Brolo, S. Caterina, S. Ambrogio, S. Antonio *pro indiviso* di tutti i beni e diritti sopra descritti (si ripetono: a Bertonico, Ceradello, Vinzasca e San Martino, etc.).

Inoltre, dopo aver descritto i doveri per gli ospedali, si concedono tutti i diritti sull'acqua della Muzza, diritti di immunità per lo spostamento e pascolo delle greggi, esenzioni, giurisdizione, ad eccezione del luogo di Corneliano Bertario spettante unicamente all'ospedale di S. Ambrogio.

Ogni ospedale, per un trimestre ciascuno all'anno, avrebbe dovuto erogare elemosine nell'ordine indicato:

L'ospedale del Brolo, nel trimestre settembre/novembre, è tenuto a distribuire un importo di 191 lire imperiali, 3 soldi, 4 denari per ciascuna delle seguenti beneficenze: doti a ragazze povere (per un massimo di 12,5 lire per

32 Probabilmente da identificare con Iohanolo Caccialepori 1337 (vedi sopra e nota 21).

33 Di Franciscolo Visconti si conservano le filze degli anni 1360–1403, in: ASMi, Atti dei notai, n. 11.

ogni ragazza); pane di frumento cotto e "bene ordinato" ai mendicanti nei giorni di lunedì e venerdì; beni necessari ai carcerati di Milano nei giorni di mercoledì e sabato.

L'ospedale di S. Caterina, nel trimestre dicembre/febbraio, è tenuto a distribuire un importo di 212 lire imperiali e 10 soldi, per ciascuna delle seguenti beneficenze: doti a ragazze; pane di frumento cotto e "bene ordinato" ai mendicanti nei giorni di lunedì e venerdì; beni ai carcerati di Milano nei giorni di mercoledì e sabato.

L'ospedale di S. Antonio, nel trimestre marzo/maggio, è tenuto a distribuire un importo di 193 lire e 15 soldi per ciascuna delle seguenti beneficenze: doti a ragazze; pane di frumento cotto e "bene ordinato" ai mendicanti nei giorni di lunedì e venerdì; beni ai carcerati di Milano nei giorni di mercoledì e sabato.

L'ospedale di S. Ambrogio, nel trimestre giugno/agosto, è tenuto a distribuire un importo di 182 lire, 1 soldo e 8 denari per ciascuna delle seguenti beneficenze: doti a ragazze; pane di frumento cotto e "bene ordinato" ai mendicanti nei giorni di lunedì e venerdì; beni ai carcerati di Milano nei giorni di mercoledì e sabato.

Ogni anno si deve verificare l'adempimento, da parte dell'abate di Chiaravalle, del priore di S. Eustorgio, del guardiano dei Minori di S. Francesco, del priore di S. Marco, del Vicario di Provvisione, il controllo va fatto il giorno di san Michele, a rotazione ogni anno presso i diversi ospedali a partire dal 1360, nell'ordine del Brolo, S. Caterina, S. Antonio, S. Ambrogio. In caso di inadempienza si prevede la sostituzione con la scuola delle Quattro Marie e, in caso di inadempienza di quest'ultima, ulteriore sostituzione col monastero di Chiaravalle.

L'ospedale del Brolo viene inoltre gravato del legato di 40 fiorini d'oro a Petrina del fu Fazio da Soresina, moglie del giurisperito Giovanni Villani, da pagare il giorno di san Martino (11 novembre) a lei in vita, e successivamente ai suoi figli e discendenti legittimi.

All'ospedale S. Ambrogio è destinata in aggiunta una ulteriore donazione condizionata *pro remedio anime*, con obbligo di elargire 20 fiorini d'oro per messe e funzioni e processioni ogni 5 marzo, di beni in pieve di Missaglia a Cascina Butto (oggi fraz. di Lomaniga LC), Maresso, Lomaniga, Montevecchia; e nella diocesi di Lodi beni a Monticelli, Boffalora, Muzzano, Dresano, Casalpusterlengo, Corneliano (Bertario), dei quali si dettagliano le coerenze.

L'atto è eseguito nella corte di Bernabò Visconti. All'istrumento intervengono i notai: *Albertolus Bolgaronus* rogatario, e *Luchollus de Terzago fil. Francisci* scrittore.

Donatio 23 marzo 1359

Girardolo Pusterla, come procuratore di Bernabò Visconti, alla presenza dell'arcivescovo Roberto Visconti, e del podestà Gotofredo da Sesso, procede alla donazione ai procuratori dei quattro ospedali: fra' Albertolo da Bussero dell'ospedale del Brolo, fra' Giovanni de Caccialepori dell'ospedale di S. Caterina, a Tommasolo Borro dell'ospedale di S. Ambrogio, fra' Ponzio da Bessio dell'ospedale di S. Antonio, dei beni, diritti e privilegi a loro destinati. I beni e diritti vengono nuovamente descritti in dettaglio, con le coerenze, riprendendo l'esposizione datane nei documenti dell'1 e 10 marzo, si ripetono gli obblighi stabiliti per l'erogazione di elemosine e doti, con l'indicazione degli importi spettanti a ciascun ospedale, e la sostituzione prevista in caso di inadempienza.

All'ospedale di S. Antonio vengono destinati altri beni in diocesi di Lodi: Terenzano (oggi Cascina Terenzano, a Turano Lodigiano)[34], "Fossato alto" con Borghetto (oggi Fossadolto fraz. di Borghetto Lodigiano), dei quali si dettagliano campi e coerenze, oltre a diritti sui fiumi Lambro e Sillaro.

L'atto è eseguito nel sedime della casa di Mirasole dell'ordine degli Umiliati, sita a Milano a Porta Ticinese, parrocchia S. Eufemia, nell'abitazione di Aronne Spinola di Luccoli di Genova, figlio di Bernabò Spinola. All'istrumento intervengono i notai: *Ambrolus de Cornaredo* sottoscrittore, *Antoniolus de Pessina f.q. Aserboli* scrittore e sottoscrittore, *Petrolus Oldanus*, rogatario sottoscrittore.

Transactiones et conventiones 3 aprile 1359
Transazione e convenzioni tra S. Caterina e il comune di Lodi, con cui si formalizzano esenzioni e immunità, e si stabiliscono messe in onore di san Bassiano, in occasione della sua festa (19 gennaio).

Eseguito nell'ospedale di S. Caterina. All'istrumento intervengono i notai: *Ambrosolus de Cornaredo* sottoscrittore, *Petrolus Oldanus* rogatario sottoscrittore, *Franciscolus Vicecomes* scrittore.

Analogamente a questa, nelle rispettive sedi, vengono redatte transazioni individuali per S. Antonio il 31 marzo (all'istrumento intervengono i notai: *Ambrolus de Cornaredo*, *Petrolus Oldanus*, *Antoniolus f. domini Beltrami de Alzate*), per il Brolo e S. Ambrogio il 3 aprile 1359.

---

34 Giovanni Agnelli, Ospedali Lodigiani: Ospedale di Terrenzano, in: Archivio storico per la città e comuni del circondario di Lodi 26/1 (1907) pp. 6–7.

Valutazione storica

I documenti, oltre ad essere interessanti per la storia locale, i toponimi, la descrizione del paesaggio, costituiscono ancora oggi l'attestazione della provenienza di beni e terreni di proprietà della Fondazione Irccs Ca'Granda Ospedale Maggiore Policlinico.

Certamente la donazione faceva parte di più ampie strategie di ricerca di consenso del Visconti, con il sostegno agli enti assistenziali, o almeno ad alcuni di essi. Gli atti saranno probabilmente anche da comprendere nel quadro delle manovre di Bernabò, che nel 1359 era occupato nella guerra per la conquista di Bologna, tenuta da Giovanni Visconti da Oleggio.

Più di tutto peraltro risalta il fatto che i territori interessati dalle donazioni del 1359 e del 1366 sono eccentrici rispetto a Milano, ricadendo per la quasi totalità in diocesi di Lodi.

L'area era strategica per la città, permettendo il controllo di importanti vie di comunicazione già di età romana: tra tutte la Via Emilia (la strada Romea / Francigena) ovvero il più importante asse stradale Parma-Piacenza-Milano (che oltre Milano si proietta verso Sesto Calende, il Lago Maggiore e i valichi alpini), incrociando qui gli attraversamenti sull'asse Brescia-Crema-Lodi-Pavia[35].

Non si deve poi ignorare il traffico fluviale, rilevante sul fiume Adda, che rappresenta insieme un confine naturale e un percorso navigabile che poteva mettere in collegamento Milano col Po e l'Adriatico (anche tramite il canale Muzza e il fiume Lambro).

A riprova di un significativo snodo di transito, negli elenchi degli ospedali dipendenti dal monastero di S. Colombano di Bobbio (anni 833 e 972) troviamo menzionati uno *xenodochio* a "Casal Lupano" (ora Cascina San Vito di Castiglione d'Adda) e lo "Xenodochium Sanchti Viti et Clementis" nel comune di Bertonico, la cui chiesa parrocchiale è ancora oggi intitolata a S. Clemente papa[36].

---

35 Alessandro Riccardi, L'incrociamento di antiche strade a Pezzolo de' Codazzi, in: Archivio storico per la città e comuni del circondario di Lodi 8 (1889) pp. 89–104; per un inquadramento del territorio (idrografia, viabilità e località): Giovanni Agnelli, *Lodi ed il suo territorio nella storia, nella geografia e nell'arte*, Lodi 1917; Sergio Zaninelli, Una grande azienda agricola della pianura irrigua lombarda nei secoli XVIII e XIX, Milano 1964, in particolare p. 37; Luigi Gaffuri, Trasfigurazioni della pietà: l'agire territoriale dell'Ospedale Maggiore di Milano tra Sette e Ottocento, Milano 1996, in particolare pp. 82–83.

36 Giovanni Agnelli, Ospedali (come alla nota 34) pp. 3–5; Aldo Greco Bergamaschi, L'attività ospitaliera del monastero di S. Colombano in Bobbio nell'Alto Medioevo con particolare riguardo alla assistenza dei pellegrini irlandesi in Italia, in: Atti del primo congresso europeo di storia ospitaliera. 6–12 giugno 1960, Reggio Emilia 1962, pp. 119–128.

Numerose località tra Lambro e Adda, menzionate nella donazione di Bernabò Visconti, compaiono già in un testamento di Ariberto da Intimiano, arcivescovo di Milano. Nella *Pagina iudicati et ordinationis* del 1034 il presule cede a numerosi monasteri e chiese milanesi trentuno località "in comitatu Laudense", tra cui riconosciamo: Fossadolto, Borghetto-Lodigiano, Livraga, Ceradello, Bertonico. Come messo in luce da Martina Basile Weatherhill, i beni appartenevano al gruppo famigliare di Ariberto, che possedeva numerose terre anche nel Lodigiano e nel Cremonese, estendendo quindi la propria influenza ben oltre la nativa Brianza[37].

Monasteri e ospedali erano proprietari di beni in questa zona. Tra i monasteri va segnalato quello di S. Dionigi, fondato dal medesimo Ariberto, che ebbe possedimenti anche a Bergamo, Lodi e Cremona. Al cenobio era annesso un ospedale; i diritti dell'ospedale di S. Dionigi sulla zona furono confermati dagli imperatori nel 1045 e nel 1158[38]. L'ospedale del Brolo vantava diritti sulle acque della Muzza già dal 1256 per acquisto (peraltro oggetto di vertenze con il Comune di Lodi[39]); possedeva inoltre terreni a Paullo dal secolo XIII, e beni anche a Zelo Buon Persico, Molinazzo, Mignete, Villapompeiana, tutti in diocesi di Lodi[40].

Ci troviamo quindi in un'area dove gli interessi milanesi erano numerosi: non a caso Milano nel medioevo fu costantemente in guerra con Lodi per il dominio di questo territorio.

Si potrebbe in definitiva pensare che la presenza di beni ospedalieri rispondesse anche a criteri di controllo della regione; come forse avverrà nella prima metà del secolo XVI con le donazioni all'ospedale Maggiore dei papi Paolo

---

37 Martina Basile Weatherill, Una famiglia "longobarda" tra primo e secondo millennio: i "da Intimiano". I parenti e le proprietà di Ariberto, in: Ariberto da Intimiano: fede, potere e cultura a Milano nel secolo XI, a cura di Ettore Bianchi [e.a.], Cinisello Balsamo 2007, pp. 311–333; in particolare pp. 322–232; Ariberto da Intimiano: i documenti segni del potere, a cura di Martina Basile Weatherill/Miriam Rita Tessera, edizione critica di Marta Luigina Mangini, traduzione di Marco Petoletti, Cinisello Balsamo 2009, pp. 51–57.

38 Agnelli, *Lodi* (come alla nota 35) pp. 726–732.

39 Documentazione in AOM, Patrimonio attivo, Acque, Muzza, Giovanni Battista della Porta, Relatione delli particolari titoli, e privilegij nel godimento d'Acque della Muzza (...), 21 marzo1717, e in AOM, Aggregazioni, Brolo; vedi anche Pecchiai, Ospedale (come alla nota 1) pp. 47–51. Per la causa del 1286: Cesare Vignati, *Codice Diplomatico Laudense*, IV (Bibliotheca historica italica 4), Milano 1885, pp. 401–410, nn. 400–406; Gli Atti del Comune di Milano nel sec. XIII, III: 1277–1300, a cura di Maria Franca Baroni, Alessandria 1992, pp. 361–362, n. 341; p. 405, n. 382; p. 410, n. 386; pp. 435–437, n. 453; p. 710, n. 666.

40 Come sostenuto da Della Porta, Relatione (come alla nota 39). Anche il monastero di S. Simpliciano aveva proprietà a Muzzano negli anni 1224, 1225 e 1226: Maria Franca Baroni, Gli Atti del comune di Milano nel sec. XIII, I: 1217–1250, Milano 1976, pp. 182–185, n. CXVIII, pp. 206–209, n. CXL, pp. 245–248, n. CLXIX.

III e Pio IV di beni a Sesto Calende, Valganna, Morimondo, ovvero sulle due direttrici verso la Francia e i principali valichi alpini, aree che fino all'età di san Carlo Borromeo furono contese tra le diocesi di Milano e di Pavia[41].

Conclusioni

Diamo per assodato che i documenti di norma si conservavano arrotolati, e che questo uso è comune nell'ambito notarile, anche composti da più fogli in pergamena[42], mentre non ha riscontri nella cancelleria viscontea. La cosa diventa comunque curiosa quando le dimensioni rendono questa forma assolutamente non funzionale.

Nel caso esaminato si conservano due rotoli di 8 metri di lunghezza, fin dall'inizio concepiti come una sola unità, pertinenti agli ospedali di S. Caterina e di S. Ambrogio[43], probabilmente ancora più lunghi in origine, se ipotizziamo di aggiungere la transazione col comune di Lodi ora persa. Supponiamo invece che i singoli documenti fossero tenuti separati per il Brolo (stante la presenza di una coda in principio e alla fine delle varie parti), ma comunque composti da più fogli di pergamena cuciti in sequenza.

Abbiamo la fortuna, peraltro, di conservare una copia autentica che invece è rilegata in un volume; la copia evidentemente era consultata più di frequente ed è intuitiva la praticità del codice, oltre che la sua economicità: in questo caso infatti i fogli di pergamena sono esattamente la metà rispetto al rotolo.

Una condizione dettata da Bernabò Visconti prevedeva la verifica annuale dell'azione dei vari ospedali da parte di una commissione dei principali monasteri cittadini, pena la sostituzione in caso di inadempienza. La regolare distribuzione delle elemosine viene pertanto attestata annualmente con rogiti notarili, che registrano la distinta delle erogazioni, dettagliando le elemosine

41 Il 15 dicembre 1534 papa Paolo III Farnese concesse all'ospedale di succedere all'Abbazia e poi Commenda di S. Donato in tutti i privilegi, i diritti e i possedimenti fondiari di Sesto Calende. La Commenda di Valganna, originariamente di proprietà dell'abbazia cluniacense di S. Gemolo, poi dell'Arcivescovo di Milano, giunse all'ospedale Maggiore per volontà del milanese Giovan Angelo de' Medici, con bolla di papa Paolo IV Carafa del 22 agosto 1556. Lo stesso Giovan Angelo de' Medici, divenuto papa col nome di Pio IV, il 15 ottobre 1561 concesse all'ospedale la facoltà di succedere al Monastero cistercense di Morimondo per i beni, i diritti e le prerogative della mensa abbaziale.

42 La casistica si può riassumere in queste situazioni: 1. un unico documento scritto su più fogli, in rotolo o in forma di codice; 2. più documenti scritti su più fogli cuciti insieme (contestualmente o a posteriori) in rotolo o in forma di codice; 3. più documenti scritti su un unico foglio.

43 Della donazione del 1366 si sono conservate unicamente delle copie: possiamo quindi solo ipotizzare che anche in questo caso ci si trovasse di fronte a documenti in rotolo.

alle varie carceri (della torre dell'arengo, dell'arcivescovo, di Bernabò, della Malastalla), la distribuzione di pane e le doti, e testimoniando il successivo riscontro da parte dell'organo di controllo. Orbene: per queste registrazioni si sceglie la forma di cartulari, rilegati in registri. Si conservano quelli di S. Ambrogio relativamente agli anni 1360–1385 e agli anni 1390–1399; per S. Caterina relativamente agli anni 1359–1379[44]. Lo stesso avviene per l'ospedale di S. Lazzaro relativamente agli anni 1366–1403 e 1446–1472[45].

Il testo in forma di codice si dimostra quindi più pratico. A dimostrazione forse di un uso frequente e della conseguente necessità di facile consultazione stanno anche l'apposizione di *tituli* all'inizio di ogni sezione, nel margine sinistro o superiore.

Perché allora mantenere, per i documenti relativi alla donazione, la forma in rotolo, quasi scritto per restare avvolto e chiuso? Possiamo congetturare che forse questa forma conferisse prestigio e autorevolezza, dando vita a un oggetto da serbare ed esibire unicamente in caso di contenziosi, non certo da utilizzare per il disbrigo quotidiano degli affari, per i quali codici e registri sono molto più maneggevoli.

Abstract

Im Jahr 1359 stellte der Herr von Mailand Bernabò Visconti eine Spende von Eigentum, Grundstücken und Rechten im Gebiet von Lodi, zugunsten der Krankenhäusern von Brolo, Hl. Ambrogio, Hl. Caterina und Hl. Antonio, aus. Dafür müssten sie jährlich bedürftige Mädchen ausstatten, Brot an die Armen verteilen und den Gefangenen Almosen spenden. Der Akt ist in mehrere Teile unterteilt, die an verschiedenen Tagen durchgeführt wurden. Er wurde in verschiedenen Vorlagen für unterschiedliche Empfänger vorbereitet. Zwei komplette Zeugen sind in dem Archiv des mailändischen Krankenhauses Maggiore erhalten, diese sind auf über fast 8 Meter langen Rollen verfasst.

44 AOM, Statuti e codici 47 (membr., 219 sgg. rilegati., 390x270 mm) per gli anni 1360–1385; AOM, Statuti e codici 49 (membr., 40 sgg. rilegati., 410x290 mm) per gli anni dal 1390 al 1399; AOM, Statuti e codici 56 (membr., 213 sgg., 380x260 mm) per gli anni dal 1359 al 1379. I pagamenti proseguirono anche successivamente alla fusione dei vari ospedali nell'Ospedale Maggiore, come annotato nel mastro di contabilità 1460–1461: Tommaso Zerbi, Le origini della partita doppia. Gestioni aziendali e situazioni di mercato nei secoli XIV e XV, Milano, C. Marzorati, 1952, pp. 466–470.

45 AOM, Statuti e codici 48, per gli anni 1366–1403; e AOM, Statuti e codici 62, per gli anni 1446–1472.

Tracce di *rotuli* nella documentazione inquisitoriale italiana (secc. XIII–XIV)

Riccardo Parmeggiani

La produzione documentaria dell'Inquisizione medievale italiana, dopo un lungo periodo di sostanziale disinteresse, è stata negli ultimi anni oggetto di una crescente attenzione da parte della storiografia specialistica[1]. Pur dovendo fare i conti con un numero estremamente ridotto di fonti sopravvissute, principalmente a causa – com'è noto – della distruzione di diversi archivi dei tribunali italiani sullo scorcio del Settecento in concomitanza con le soppressioni napoleoniche, la ricerca ha evidenziato la natura proteiforme tanto da un punto di vista materiale, quanto sostanziale, delle scritture prodotte dall'Inquisizione. Il tema del presente convegno ha sollecitato un'indagine e una riflessione anche sul supporto materiale di tali scritture, sia pur limitatamente ad una ben individuata tipologia, fornendo risultati a mio avviso significativi, nonostante il ridotto numero di documenti individuati.

Per quanto mi consta, sono infatti soltanto quattro i *rotuli* attestati nel primo secolo di vita del *negotium fidei* in Italia: uno di questi, per giunta, ci è noto per via indiretta, grazie ad una trascrizione integrale settecentesca. Ciononostante, a parte una coppia di documenti che, per contenuto, tempi

---

1 Un importante impulso ad un'inversione di tendenza può ravvisarsi nella miscellanea dedicata a Le scritture e le opere degli inquisitori (Quaderni di storia religiosa 9), Caselle di Sommacampagna 2002. Il precedente disinteresse da parte della storiografia è stato esplicitamente sottolineato da Grado Giovanni Merlo, di cui si veda il saggio Problemi documentari dell'Inquisizione medievale in Italia, in: I tribunali della fede: continuità e discontinuità dal medioevo all'età moderna. Atti del XLV Convegno di studi sulla Riforma e sui movimenti religiosi in Italia (Torre Pellice, 3–4 settembre 2005), a cura di Susanna Peyronel Rambaldi (Bollettino della Società di Studi Valdesi 200), Torino 2007, pp. 19–29, in particolare p. 19 e nota 1. In tempi recenti, a partire da un pionieristico studio di Lorenzo Paolini, Le finanze dell'Inquisizione in Italia (XIII–IIV sec.), in: Gli spazi economici della Chiesa nell'Occidente mediterraneo (secoli XII – metà XIV). Atti del XVI Convegno internazionale di studi (Pistoia, 16–19 maggio 1997), Pistoia 1999, pp. 441–481, ora anche in: id., Le piccole volpi. Chiesa ed eretici nel medioevo, a cura di Riccardo Parmeggiani, Bologna 2013, pp. 209–242, sugli aspetti finanziari della repressione inquisitoriale, particolare attenzione è stata prestata alle fonti contabili del *negotium fidei*: a questo proposito, cfr. in special modo Marina Benedetti, Inquisitori lombardi del Duecento (Temi e testi 66), Roma 2008, pp. 99–178. In tema di scritture degli inquisitori, la stessa studiosa ha inoltre pubblicato diversi saggi sui libri dei titolari del *negotium fidei* di epoca medievale: si veda in particolare, da ultimo, ead., Manoscritti eccentrici. Ancora sui libri degli inquisitori, in: *Scriptoria* e biblioteche nel basso medioevo (secoli XII–XV). Atti del LI Convegno storico internazionale (Todi, 12–15 ottobre 2014), Spoleto 2015, pp. 587–608.

e modalità di realizzazione possono considerarsi quasi 'gemelli', l'insieme presenta notevoli elementi di differenziazione, suggerendo una pluridirezionalità di utilizzo che probabilmente si concretizzò anche in altre soluzioni applicative, di cui tuttavia non è rimasta traccia. Procederò pertanto a presentare e contestualizzare ciascuno dei quattro *rotuli* individuati, per poi proporre in conclusione qualche riflessione e alcune ipotesi destinate a rimanere tali, in considerazione dell'esiguità delle fonti sopravvissute per il periodo preso in esame.

Il primo documento, seguendo l'ordine cronologico, è da tempo noto agli specialisti grazie ad uno studio di Raoul Manselli apparso alla metà del secolo scorso[2]. Il celebre eresiologo dedicò il suo saggio, comprensivo di edizione, ad un frammento giudiziario riguardante il credente cataro Saraceno Paganelli di Firenze, accennando soltanto cursoriamente alla tipologia del supporto documentario. Il 'piccolo' *rotulus* membranaceo (lungo 70 cm per 20,5 cm di larghezza), è conservato presso l'Archivio Arcivescovile di Lucca e reca a tergo la generica definizione *Tabula actorum retinenda apud inquisitorem*[3]. Esso ci tramanda l'unico tassello superstite della vicenda processuale, i cui dati interni consentono una datazione approssimativa alla prima metà degli anni Ottanta del Duecento, periodo in cui la titolarità dell'*officium* fiorentino competeva giudice della fede dell'Ordine dei Minori Salomone Mordecastelli da Lucca[4].

Il documento presenta caratteristiche che lo rendono un *hapax* nel panorama delle fonti inquisitoriali, differenziandosi nettamente dai tradizionali atti processuali coevi. In esso è infatti riportato un lungo elenco di estratti di testimonianze a carico del Paganelli, cui è premessa una stringata rubrica

---

2 Raoul Manselli, Per la storia dell'eresia catara nella Firenze del tempo di Dante, in: Bullettino dell'Istituto Storico Italiano per il Medio Evo e Archivio Muratoriano 62 (1950) pp. 123–138.

3 Lucca, Archivio Storico Diocesano, Archivio Capitolare, *Collezione Martini*, *Diplomatico*, fine XIII sec. La pergamena ha come attuale segnatura il nr. 464 (si veda, anche per una sintetica descrizione, La raccolta diplomatica della Collezione Martini, a cura di Angelina Fuggi/Samir Musa, inventario del 2007 disponibile al sito http://www.archivi.beniculturali.it/archivi_old/safi/versioneprecedente/inventari/DiocesiLucca.pdf: cfr., nello specifico, pp. IX, 155), ma è previsto a breve un riordino definitivo del fondo basato sull'indicazione cronologica dei singoli documenti. La larghezza della pergamena indicata nel testo è stata rilevata nella parte inferiore del documento, che risulta più ampia rispetto alla superiore, che misura cm 18,4. Devo un vivo ringraziamento al dott. Tommaso Maria Rossi e alla Direzione dell'Archivio Storico Diocesano di Lucca per l'aiuto ricevuto per la presente ricerca.

4 Su cui si veda Mariano D'Alatri, L'inquisizione francescana nell'Italia centrale del Duecento, Roma 1996, p. 349, nr. 59, e, da ultimo, Riccardo Parmeggiani, L'Inquisizione a Firenze nell'età di Dante. Politica, società, economia e cultura, Bologna 2018, ad indicem.

(*Ista est tabula et rubrica super actis et inventis contra Saracenum Paganelli de Florentia*). Priva di data, oltre che di sottoscrizione notarile, la *tabula* si presenta in forma bipartita: una prima sezione del documento è – implicitamente – dedicata agli addebiti a carico del convenuto comprovati da più testimoni, dal momento che la seconda porzione è preceduta dall'indicazione di un diaframma, il quale introduce le imputazioni ascrivibili a *testes singulares*[5]. Le acquisizioni storiografiche sulla procedura inquisitoriale maturate successivamente al saggio del Manselli consentono al contempo di corroborare e parzialmente smentire alcune ipotesi formulate dallo studioso. Questi intuì acutamente come con ogni probabilità il *rotulus* fosse destinato ai consultori giuridici dell'Inquisizione in vista del pronunciamento del *consilium*[6], parere che andava inderogabilmente richiesto nei procedimenti più rilevanti, vale a dire in caso di irrogazione di pene giudiziarie e non semplicemente penitenziali, per usare una categorizzazione presente nella manualistica. I *sapientes*, abitualmente una commissione mista formata da laici esperti di diritto, oltre che da ecclesiastici, dovevano infatti valutare l'entità degli addebiti, per consigliare al meglio l'inquisitore, il quale a sua volta doveva attenersi al parere ricevuto[7]. È invece da scartare l'ipotesi, pur non formulata, che il documento dovesse essere consegnato al convenuto. Le norme procedurali prevedevano infatti che gli inquisiti dovessero conoscere le imputazioni a carico, ma non può essere a mio avviso questo il caso del presente documento, dal momento che in esso figurano a sostegno delle accuse anche alcune confessioni estorte allo stesso Paganelli, a meno di non considerarle aggravanti *a fortiori*. Questa constatazione non esclude comunque la possibilità che simili elenchi, nessuno dei quali è giunto fino a noi, potessero essere strutturati in forma di *rotulus*.

Il punto su cui si è spinti a non concordare con Manselli riguarda la considerazione per cui il frammento giudiziario dovrebbe ritenersi – in assenza di sottoscrizione notarile – un tassello rispetto ad altri che dovevano seguire, motivando l'osservazione in base ad assenze di tagli o lacerazioni[8]. A mio

5 *Ab isto loco inferius sunt testes singulares*, Manselli, Storia (come alla nota 2) p. 136.

6 Ibid., p. 127.

7 Sui consultori giuridici del *negotium fidei*, con specifico riferimento all'ambito di provenienza del presente documento, vale a dire l'*officium* di Firenze, rimando al mio „Consiliatores" dell'Inquisizione fiorentina al tempo di Dante: cultura giuridico-letteraria nell'orbita di una oligarchia politico-finanziaria, in: „Il mondo errante". Dante fra letteratura, eresia e storia. Atti del Convegno internazionale di studio (Bertinoro, 13–16 settembre 2010), a cura di Marco Veglia [e.a.], Spoleto 2013, pp. 57–79.

8 „è evidente che a questo primo rotolo altri dovevano seguire, come si deduce dal fatto che la pergamena non mostra alcuna traccia di taglio o lacerazione", Manselli, Storia (come alla nota 2) p. 125.

avviso il rarissimo documento è al contrario assolutamente autonomo: l'elenco prodotto risponde infatti alla perfezione alle necessità dei consultori, i quali dovevano valutare il complesso delle accuse contestate, pesando con attenzione quelle addotte da *testes singulares*, in quanto tali teoricamente insufficienti per la condanna del sospetto eretico[9]. La trasmissione delle informazioni funzionali al *consilium* – una sorta di stralcio processuale – avveniva verosimilmente in maniera informale, poiché si trattava di una scrittura specificamente propedeutica all'emissione di un parere giuridico con valore di atto pubblico; non va inoltre dimenticato che i *sapientes* appartenevano alla *familia* dell'inquisitore[10], da cui venivano stipendiati, e che il rapporto professionale che li legava al giudice della fede era solo raramente occasionale, dal momento che le fonti ci restituiscono commissioni di esperti generalmente fisse per diverse sedi dell'*officium*, con avvicendamenti assai infrequenti (dunque una collaborazione abituale che a maggior ragione passava anche attraverso canali più informali)[11].

Questo approfondimento sulla procedura contribuisce all'individuazione di un legame assolutamente centrale per cogliere la corretta natura del *rotulus*, tra l'altro l'unico – tra quelli oggetto della presente ricerca – ad essere costituito da un'unica pergamena e non da una serie di documenti cuciti tra loro.

In quest'ultima casistica rientra invece il secondo *rotulus* preso in esame, relativo al processo postumo per eresia condotto a Montepulciano ad opera dell'inquisitore francescano Alamanno da Lucca nel 1314 contro un usuraio locale. I quattro documenti membranacei originali non si sono purtroppo preservati fino ai giorni nostri: il contenuto sopravvive in una trascrizione protosettecentesca oggi conservata presso la Biblioteca Comunale di Siena, trascrizione che fortunatamente ci fornisce ragguagli circa la strutturazione dell'originale[12]. A corroborare l'importanza del documento concorre la segnalazione dello stesso a Ludovico Antonio Muratori ad opera dell'erudito senese Uberto Benvoglienti affinché il modenese potesse valutarne, insieme a

9 Sul delicato nodo procedurale rappresentato dai *testes singulares*, mi permetto di rinviare al mio volume I *consilia* procedurali per l'Inquisizione medievale (1235–1330), Bologna 2011, pp. 228–232.

10 Sui coadiutori dell'inquisitore è ineludibile il rinvio a Caterina Bruschi, *Familia inquisitionis:* a study on the inquisitors' entourage (XIII–IIV centuries), in: Mélanges de l'Ecole Française de Rome. Moyen Âge 125/2 (2013) pp. 537–572.

11 Per una concreta esemplificazione opportunamente contestualizzata anche da un punto di vista geografico, rimando nuovamente al mio „Consiliatores" (come alla nota 7).

12 Riccardo Parmeggiani, Dal carteggio Benvoglienti – Muratori: la condanna postuma dell'usuraio Vanni da Montepulciano (1314), in: Archivio Storico Italiano 174/4 (2016) pp. 713–736.

molti altri suggeriti, l'inclusione nelle *Antichità estensi ed italiane*. Il *rotulus deperditus* non ci restituisce l'intero processo, ma soltanto la sua fase conclusiva: i quattro documenti, tutti rogati dal notaio dell'inquisitore, il lucchese Rustico di Passamonte, contengono nell'ordine la sentenza di condanna dell'eretico al rogo postumo e alla confisca dei beni, l'elenco delle proprietà requisite dal tribunale ecclesiastico, il contratto di vendita delle stesse da parte del vicario del podestà di Montepulciano e, infine, la patente di nomina del giudice della fede che aveva istruito il processo.

Quest'ultimo documento, del 1312, è ovviamente il più risalente ed ha un valore legittimante rispetto alla veste in cui agisce il frate Minore. I primi tre, invece, sono distanziati tra loro di pochi giorni (17–26 febbraio 1314) e presentano una stretta relazione, consequenziale rispetto all'*iter* procedurale. La normativa in vigore presso gli *officia* italiani prevedeva in base alla *Ad extirpanda* di Innocenzo IV (1252) che in caso di confisca dei beni questi dovessero essere messi all'incanto e venduti ad opera dell'autorità podestarile, così che il ricavato fosse poi diviso in tre parti fruite dal venditore – cioè il Comune, mediante il suo massimo rappresentante –, dagli ufficiali dell'Inquisizione e dal giudice della fede[13]. L'aderenza alla normativa è provata a valle della sentenza, che costituisce il primo documento, dalla *declaratio bonorum* compiuta a stretto giro di posta dagli eredi del defunto su ordine del titolare dell'*officium*, nonché dalla relativa vendita – peraltro al genero del convenuto – operata dal vicario del podestà di Montepulciano. Se la correlazione di queste tre prime pergamene un tempo conservate è cristallina, meno evidente risulta l'inserzione, a conclusione del *rotulus*, dell'atto di nomina di Alamanno da Lucca. In sua assenza, si sarebbe potuto ipotizzare una confezione del *dossier* giudiziario funzionale ad un migliore trasporto dello stesso: nella provincia inquisitoriale toscana, infatti, erano solo due le sedi dell'*officium*, vale a dire Firenze e Siena[14]: e certamente in quest'ultima città, la più prossima a Montepulciano, doveva essere trasportato il *rotulus* perché venisse conservato nell'archivio del tribunale locale. Il carattere itinerante del tribunale della fede affonda del resto le sue origini proprio in concomitanza con la comparsa degli *inquisitores a sede apostolica dati*, la cui prima attestazione si ha in corrispondenza del pontificato di Gregorio IX, più precisamente nel 1231[15]. Quale fosse la frequenza degli spostamenti dei giudici

13 Lorenzo PAOLINI, Il modello italiano nella manualistica inquisitoriale (XIII–IIV secolo), in: L'Inquisizione. Atti del Simposio internazionale (Città del Vaticano, 29–31 ottobre 1998), a cura di Agostino BORROMEO (Studi e testi 417), Città del Vaticano 2003, pp. 95–118, ora anche in: ID., Volpi (come alla nota 1) pp. 175–193.

14 D'ALATRI, Inquisizione (come alla nota 4) p. 347.

15 Sulle origini dell'Inquisizione si veda Lorenzo PAOLINI, Papato, Inquisizione, frati, in: Il papato duecentesco e gli ordini mendicanti. Atti del XXV Convegno internazionale (Assisi,

della fede lo testimoniano plasticamente alcuni rendiconti di inquisitori attivi in Italia a cavallo tra Due e Trecento, documenti da cui emergono vere e proprie *peregrinationes*[16]. È soltanto una congettura, ma non vi è dubbio che l'attività processuale svolta in diverse città gravitanti attorno alle sedi provinciali dell'*officium* – talora anche a grande distanza da esse – potesse suggerire quale ottimale soluzione pratica per il trasporto dei *dossier* giudiziari la loro strutturazione in *rotuli*: del resto la stessa tipologia di fonte ci informa anche della frequenza degli acquisti di carta pergamena, segno della copiosa produzione documentaria a fronte dell'elevato numero di processi svolti[17].

Accantonando solo momentaneamente il discorso circa la funzionalità della forma documentaria per il trasporto, ritorniamo brevemente ad interrogarci sulla presenza dell'atto di nomina dell'inquisitore Alamanno da Lucca quale pergamena conclusiva del perduto *rotulus* toscano. Che potesse trattarsi di una prassi non isolata lo testimonia un altro atto di vendita di beni confiscati, verificatosi a Ferrara nel 1289 durante il mandato del domenicano Florio da Vicenza: anche il quel caso il documento, definito erroneamente *rotulus* da un pur validissimo studioso locale – si segnala per un evidente refuso una cucitura inesistente –, si conclude con l'atto di nomina del giudice della fede, avvenuta undici anni prima[18]. Dal momento che i documenti prodotti dagli inquisitori venivano conservati presso l'archivio del tribunale, dove le patenti di nomina erano certamente presenti, sono propenso a pensare che l'atto di creazione del giudice della fede fungesse in casi simili da mero 'giustificativo'; che servisse – in altre parole – a prevenire eventuali contestazioni inerenti alla vendita motivate da dubbi circa la validità e la regolarità del mandato inquisitoriale in essere.

13–14 febbraio 1998), Spoleto 1998, pp. 179–204, ora anche in: ID., Volpi (come alla nota 1) pp. 157–174.

16 Esemplare in tal senso è la figura dell'inquisitore domenicano Lanfranco da Bergamo, per una cui ricostruzione si rimanda a BENEDETTI, Inquisitori (come alla nota 1) pp. 112–152.

17 Città del Vaticano, Archivio Segreto Vaticano, *Camera Apostolica*, *Collectoriae*, 250, 251, *passim*.

18 Antonio SAMARITANI, I Frati Predicatori nella società ferrarese del Duecento, in: Analecta Pomposiana 13 (1988) pp. 5–48 (nello specifico, p. 47, nr. 15). Entrambi i documenti della pergamena (Ferrara, Archivio Storico Diocesano, *Fondo del Sant'Uffizio e dell'Inquisizione*, busta 1 A +, nr. 1) sono editi: cfr., per l'atto di vendita, Laura GRAZIANI SECCHIERI – Silvia SUPERBI, Il cimitero ebraico del Sesto di San Romano: prime riflessioni, in: Analecta Pomposiana 34 (2009) pp. 239–242 (doc. 1), e, per la designazione dell'inquisitore, Riccardo PARMEGGIANI, L'inquisitore Florio da Vicenza, in: Praedicatores – inquisitores. The Dominicans and the Mediaeval Inquisition. Acts of the First International Seminar on the Dominicans and the Inquisition (Rome, 23–25 February 2002), Roma 2004, pp. 694–696 (I).

I restanti due *rotuli* dei quattro da me censiti sono certamente i più noti del primo secolo di vita del *negotium fidei* italiano. Date le forti e già rilevate analogie che legano questi due documenti, anche da un punto di vista cronologico e di contesto, intendo qui presentarli in forma congiunta. Si tratta di due famose azioni giudiziarie condotte contro avversari politici del Papato durante il pontificato di Giovanni XXII, in quella stagione che è stata anche recentemente ribattezzata come 'l'età dei processi'[19]. Come è noto, in Italia negli anni Venti e nei primi anni Trenta del Trecento si verificò un'ondata di procedimenti aperti nei confronti dei vertici del ghibellinismo italiano con la sostanziale accusa di eresia per 'disprezzo delle chiavi' (*contemptus clavium*): ne furono colpiti i sostenitori di Ludovico il Bavaro, i Visconti, gli Estensi, Federico da Montefeltro, nonché alcuni signori e *nobiles* ribelli tra le stesse Marche e l'Umbria. Appunto a queste due ultime regioni, entrambe interne al *Patrimonium* e dunque soggette all'autorità temporale della Chiesa romana, si riferiscono due famosi processi conservanti in forma di *rotuli*: per le Marche il riferimento va all'azione giudiziaria intrapresa a partire dal 1320 contro alcuni *nobiles* di Recanati che si erano impadroniti del governo della città, mentre per l'Umbria va all'analogo processo iniziato l'anno successivo (1321) contro Muzio d'Assisi, insignoritosi con la forza della città di Francesco nel 1319.

Il primo dei due procedimenti, che conosce profondi intrecci con altri episodi contemporanei di opposizione al Papato nelle stesse Marche (nella limitrofa città di Osimo e nei domini di Federico da Montefeltro), è conservato nel fondo *Archivum Arcis* dell'Archivio Segreto Vaticano[20]. Si tratta di un imponente *rotulus* composto da 14 carte membranacee cucite con pergamena, la cui lunghezza complessiva raggiunge i 10 metri per una larghezza media che sfiora i 30 cm. La fonte è stata segnalata ed indagata nel secolo scorso da Friedrich Bock[21], prima, e poi più dettagliatamente da Mariano d'Alatri in un saggio che contiene anche l'edizione di alcuni frammenti processuali[22]; in

19 L'età dei processi. Inchieste e condanne tra politica e ideologia nel '300. Atti del convegno (Ascoli Piceno, 30 novembre – 1° dicembre 2007), a cura di Antonio Rigon/Francesco Veronese, Roma 2009.

20 Città del Vaticano, Archivio Segreto Vaticano, A.A., Arm. C 1003.

21 Friedrich Bock, I Processi di Giovanni XXII contro i Ghibellini delle Marche, in: Bullettino dell'Istituto storico italiano per il medio evo e Archivio Muratoriano 57 (1941) pp. 19–70.

22 Mariano d'Alatri, Gli idolatri recanatesi secondo un rotolo vaticano del 1320, in: Collectanea franciscana 33 (1963) pp. 82–105, ora in: id., Eretici e inquisitori in Italia. Studi e documenti, II, Roma 1986, pp. 9–40. Per le misure del *rotulus* cfr. ibid., p. 24. Va rilevato come alcune delle pergamene (nr. 7, 9, 11) risultino di dimensioni nettamente inferiori rispetto alle altre: tale disomogeneità non si spiega con ragioni contenutistiche – relative, cioè, al completamento di documenti –, bensì, evidentemente, materiali. Così, ad esempio,

tempi assai recenti, è stata infine ristudiata, sia pur in forma cursoria, da Sylvain Parent in una complessiva monografia sull'età dei processi[23]. Il *rotulus* ci restituisce soltanto la fase istruttoria dell'azione penale intrapresa tra il marzo e l'aprile del 1320 contro il gruppo di recanatesi dall'inquisitore francescano Lorenzo da Mondaino, poi promosso vescovo di Ragusa; sappiamo da altre fonti che il processo si concluse con un verdetto di condanna[24]. L'indagine fu aperta d'ufficio in base all'elemento caratterizzante del processo inquisitorio introdotto un secolo prima da Innocenzo III, vale a dire quella *fama* che sostituì nella promozione dell'inchiesta il ruolo dell'accusatore, scardinando così il tradizionale impianto triadico della procedura accusatoria e introducendo un sistema concretamente binario[25]. Pur se dal complesso degli atti emerge con chiarezza e in forma affatto esplicita come l'accusa di fondo fosse quella di 'disprezzo delle chiavi', ormai inequivocabilmente connotata in direzione ereticale, i formali capi d'accusa nei confronti dei nove *nobiles* inquisiti sono riconducibili ad un nutrito *mix* che comprende la pratica di riti idolatrici, la blasfemia, comportamenti immorali e violenti in spregio ai sacramenti e la Chiesa, tra cui il macabro rogo di un fantoccio in sembianze vescovili. L'effettivo clima di terrore provocato dai *nobiles* recanatesi è verificabile dallo smarcarsi dell'ordinario diocesano nella prevista co-conduzione del processo (la sede episcopale di Recanati fu peraltro soppressa a seguito di questa inchiesta): Lorenzo da Mondaino aveva infatti inutilmente richiesto la collaborazione del vescovo locale, nonché di un rappresentante del Capitolo di Osimo. Dovendo necessariamente sintetizzare, il cuore dei documenti superstiti del procedimento, non sempre ordinati da un punto di vista

---

la piccola *cedula* nr. 7 non conclude il documento iniziato nella pergamena precedente, il cui contenuto termina infatti alla nr. 8.

23 Sylvain Parent, Dans les abysses de l'infidélité. Les procès contre les ennemis de l'Église en Italie au temps de Jean XXII (1316–1334), Rome 2014, in particolare pp. 217–230. Si veda inoltre, per un sintetico richiamo del processo e della fonte materiale, anche Maria Grazia Del Fuoco, La custodia francescana di Camerino nel Duecento, in: Bausteine zur deutschen und italienischen Geschichte. Festschrift zum 70. Geburtstag von Horst Enzensberger, hg. von Maria Stuiber/Michele Spadaccini, Bamberg 2014, pp. 95–115 (nello specifico, pp. 112–115). Per una complessiva lettura dei processi politici per eresia avviati da Giovanni XXII nell'area marchigiana, si veda Francesco Pirani, I processi contro i ribelli della Marca anconitana durante il pontificato di Giovanni XXII, in: Età, a cura di Rigon/Veronese (come alla nota 19) pp. 181–212.

24 Paola Iocco, Il caso giudiziario di un inquisitore inquisito: fr. Lorenzo d'Ancona (OFM), in: Picenum seraphicum 22–23 (2003–2004) pp. 11–65 (cfr. in particolare pp. 12–13). Per i capi d'accusa del processo, cfr. riepilogativamente Parent, Abysses (come alla nota 23) pp. 271–275.

25 Winfried Trusen, Der Inquisitionsprozess: seine historischen Grundlagen und frühen Formen, in: ZRKA 74 (1988) pp. 168–230.

cronologico[26], è costituito essenzialmente dalle testimonianze processuali, che occupano le pergamene centrali del *rotulus* (4–9). I restanti documenti riguardano l'apertura ufficiale dell'inchiesta, la nomina del notaio e messaggero dell'inquisitore, la citazione degli inquisiti delegata al clero di Camerino e la richiesta di salvacondotto al Rettore della Marca per gli stessi accusati; dopo altri atti correlati, sostanzialmenti analoghi, e dopo le testimonianze raccolte segue la nomina di un procuratore da parte dei *nobiles* recanatesi e le eccezioni da questi avanzate in merito alla conduzione processuale. Si tratta di quella tattica dilatoria frequentemente verificabile in ciascuno dei processi 'politici' per eresia promossi in quegli anni.

La situazione di stallo prodottasi, accompagnata dalla constatazione della forte pericolosità dell'inchiesta, spinsero Giovanni XXII per tramite del vescovo di Senigallia e dell'arcidiacono Guglielmo a richiedere all'inquisitore le carte processuali: è questa l'origine della confezione del *rotulus*, redatto in forma autentica il 26 aprile 1320 su mandato di Lorenzo da Mondaino da due notai dell'*officium* marchigiano, Giovanni di Federico da Macerata e Tommaso di Gentile di Penna S. Giovanni[27]. I due estensori del documento provvidero inoltre ad apporre il proprio *signum* in corrispondenza delle giunture membramenacee, a cerziorare l'autenticità del raccordo tra pergamene e, dunque, della struttura complessiva del rotolo[28].

A differenza di quest'ultimo documento, il processo contro Muzio di Assisi si è invece conservato integralmente, anche se questa volta, al contrario del caso precedente, non risulta evidente una specifica ragione che abbia indotto alla realizzazione del *rotulus*. Sembra peraltro da escludere un'ipotesi legata alla semplice conservazione, dal momento che i documenti originali su cui fu esemplata la copia – come si vedrà – erano già custoditi presso l'archivio dell'*officium* locale: è dunque plausibile supporre anche in questo caso la volontà di trasmissione del *dossier*, verosimilmete alla Curia papale.

Con il documento 'gemello' marchigiano il rotolo condivide l'attuale sede conservativa, sempre nel fondo *Archivum Arcis* (peraltro presso il medesimo Armadio 'C') dell'Archivio Segreto Vaticano[29]. Le dimensioni sono davvero imponenti, dal momento che il *rotulus* consta di 21 pergamene cucite con fili

---

26 La scelta editoriale, peraltro parziale, di Mariano D'ALATRI, Idolatri (come alla nota 22), ha inteso ripristinare quest'ordine; un rilievo critico rispetto a questa opzione, sposata anche da Friedrich BOCK, è stato espresso da Sylvain PARENT, Abysses (come alla nota 23) p. 15.

27 Cfr. anche Mariano D'ALATRI, Idolatri (come alla nota 22) pp. 19, 24, 37.

28 Fanno eccezione i passaggi tra la nona e la decima pergamena e quelli dall'undicesima alla quattordicesima. Proprio l'undicesima è l'ultima in cui si ha la sottoscrizione finale congiunta dei due notai, mentre il documento conclusivo del *rotulus* è rogato dal solo Tommaso di Gentile di Penna S. Giovanni.

29 Città del Vaticano, Archivio Segreto Vaticano, A.A., Arm. C 1063. La somiglianza tra i

di canapa, il cui complesso misura oltre 15 m (15,16 m) per una larghezza media di 26 cm. Il notaio estensore del rotolo, integralmente edito da Stefano Brufani[30], fu Matteo di Cola da Todi. Questi redasse nel 1326 copia dei documenti originali su mandato degli inquisitori Francesco da Montefalco e Tebaldo da Narni, attingendo principalmente dal registro dell'Inquisizione locale: per corroborare la struttura integrale e tutelare la genuina scansione dei documenti, il cui succedersi rispecchia le diverse fasi processuali, il copista aggiunse inoltre il proprio *signum* in corrispondenza dei punti di unione delle pergamene[31]. Contrariamente al caso dei *nobiles* recanatesi, la vicenda giudiziaria di Muzio di Assisi conobbe uno sviluppo piuttosto prolungato, principalmente a causa della sospensione del procedimento, per motivi che ci sfuggono, per quasi quattro anni, poco dopo l'apertura nella primavera del 1322 fino al 1326.

Il *rotulus* processuale si apre con la lettera *Dudum ad nostri*[32] inviata da Giovanni XXII sullo scorcio del 1321 al vescovo di Assisi e agli inquisitori umbri. Non sempre la successione documentaria segue un ordine rigidamente cronologico, come del resto si è visto anche nel caso precedente. Probabilmente la cessazione dell'esperienza signorile di Muzio e il successivo esilio volontario nello stesso 1322 favorirono il rallentamento dell'*iter* processuale,

due documenti „dans leur forme, leur matérialité et leur présentation d'ensemble" è stata sottolineata da PARENT, Abysses (come alla nota 23) p. 15.

30 Stefano BRUFANI, Eresia di un ribelle al tempo di Giovanni XXII: il caso di Muzio di Francesco d'Assisi, Firenze – Perugia 1989 (ristampa: Spoleto 1991).

31 *Et ego Matheus Cole de Tuderto, imperiali auctoritate notarius, [...] omnia de mandato [...] fratris Francisci de Montefalco et fratris Tebaldi de Narnia inquisitorum heretice pravitatis, tam ex auctoritate eorum officii et commissionis per summum pontificem dominum Iohannem XXII papam in hac parte specialiter eis facte, quam etiam ex speciali commissione eis facta per venerabilem patrem et dominum dominum fratrem Theobaldum miseratione divina episcopum Asisinum eorum in hac parte collegam prout supra legitur, in XXI petiis cartarum pecudinearum, simul sutis et iunctis et meo proprio signo signatis in eorum iuncturis, scripsi et publicavi. Et supradictas licteras papales, de vero, auctentico et originali sive de veris licteris papalibus, bullatis bulla plumbea papali vera et integra ad ipsas licteras cum cordula canapis pendentem, fideliter scripsi et exemplavi. Et una cum dicto fratre Thebaldo inquisitori ascultavi sententiam vero supradictam a vero, autentico, non vitiato, non cancellato, non abolito, nec abraso nec in aliqua parte sui suspecto, prout supra continetur exemplavi et trascripsi et una cum fratre Barthollo de Massa notario diligenter ascultavi. Reliqua quidem dicta et alia documenta superius scripta de quodam libro inquisitionis supradicte in cartis bambacinis scripto manibus diversorum notariorum, fideliter exemplavi et in hoc exemplo transcripsi et una cum Iacopo Fidancie de Tuderto notario ascultavi. Insuper frater Francischus inquisitor dictus huic exemplationi et scripture et publicationi suam <auctoritatem> et dictorum suorum collegarum qua fungebantur in hac parte interposuit et decretum* (ibid., p. 234). Ho ritenuto opportuno riportare questa lunga *subscriptio* del *rotulus* anche per evidenziare l'eterogenea natura del materiale documentario assemblato.

32 Ibid., pp. 129–136.

sostenuto da capi d'accusa simili a quelli evidenziati a proposito del gruppo di recanatesi, nonostante un diverso punto di partenza, rappresentato dalla pertinacia oltre l'anno nella scomunica e nonostante un aggravio in corso d'opera degli addebiti a carico. Sull'affannoso andamento dibattimentale influì peraltro la medesima tattica dilatoria adottata dall'inquisito ad imitazione di una prassi diffusa. La ripresa del processo nel 1326 si spiega probabilmente con la presenza del nuovo legato per la Toscana e il *Patrimonium*, Giovanni Caetani Orsini, e dal pericoloso avvicinamento tra Muzio d'Assisi e il vescovo di Arezzo Guido Tarlati, *leader* del fronte ghibellino nella regione. Il procedimento si concluse con una sentenza di condanna e con la confisca dei beni del convenuto. Per inciso, Muzio in seguito non si riappacificò con la Chiesa, a differenza di quanto invece poi avvenne per i *nobiles* di Recanati, così come per altri ribelli perseguiti dall'Inquisizione italiana coeva, tanto da indurre Jacques Chiffoleau a parlare a proposito di Giovanni XXII dell'utilizzo del processo, e segnatamente di quello per eresia, come metodo e strumento di governo[33].

Al termine di questa rapida rassegna, vorrei proporre alcune riflessioni, ben conscio della loro provvisorietà a fronte della ristrettezza di esempi sopravvissuti. Credo verosimilmente che altre fasi della procedura – come in parte già anticipato – potessero trovare nel rotolo la forma ottimale di scrittura: penso ad esempio alle lunghe liste dei *dicta testium*; agli elenchi dei testimoni ipoteticamente rancorosi che l'inquisito doveva produrre come forma di propria tutela a fronte di future ed eventuali deposizioni dolose; alla trasmissione di atti processuali da un *officium* inquisitoriale ad un altro a fronte della presenza di un eretico *relapsus*, ricaduto cioè nell'errore dopo un primo giudizio (è ad esempio il caso tristemente noto di Cecco d'Ascoli, giudicato in prima battuta a Bologna e sentenziato a Firenze pochi anni dopo, nel 1327[34]). Penso infine, ma l'esempio è scollegato dalla procedura ed invece riconducibile ad un'inchiesta papale del 1334 sugli abusi degli inquisitori, agli inventari dei beni del tribunale, come il lungo elenco che l'inquisitore Mino da S. Quirico, titolare dell'*officium* fiorentino, produsse al nunzio papale Pons Etienne nella forma di una *papiri cedula* (forse un rotolo cartaceo)[35].

---

33 Jacques CHIFFOLEAU, *Le procès comme mode de gouvernement*, in: Età, a cura di RIGON/ VERONESE (come alla nota 19) pp. 319–347.

34 Per lo scambio di documentazione avvenuto in quell'occasione tra l'Inquisizione domenicana di Bologna e l'*officium* francescano di Firenze, cfr. Gerolamo BISCARO, Inquisitori ed eretici a Firenze, in: Studi Medievali, n.s., 2 (1929) pp. 269–271.

35 Mariano D'ALATRI, Archivio, offici e titolari dell'inquisizione toscana verso la fine del Duecento, in: Collectanea franciscana 40 (1970) pp. 169–190, ora in: ID., Eretici (come alla nota 22), I, Roma 1986, pp. 269–295 (cfr. nello specifico p. 278): *dominus [Minus] inquisitor tradidit et exhibuit [...] domino Pontio, ibidem pro tribunali sedenti, quandam papiri cedulam*

Per il resto abbiamo visto come i quattro *rotuli* individuati presentino complessivamente più elementi di disomogeneità che di omogeneità. Uno di questi elementi, tuttavia, è rappresentato dalla comune matrice francescana: non risultano infatti esempi superstiti provenienti dall'Ordine dei Predicatori, l'altra famiglia mendicante impegnata nella conduzione del tribunale antiereticale. Un secondo fattore che accomuna i documenti qui presi in esame è rappresentato dai confini geografici, riferiti ad una, sia pur vasta, porzione dell'Italia centrale corrispondente alle Marche, all'Umbria e alla Toscana. Queste constatazioni contribuiscono a richiamare alla mente un altro uso coevo del *rotulus* presso i frati Minori – per tacere qui degli ancor più famosi, ma problematici e risalenti, rotoli attribuiti a frate Leone[36] –, relativo alla vibrante contesa in corso nel primo quindicennio del Trecento tra Spirituali e Comunità (volgarmente, i conventuali). Mi riferisco nello specifico al 'pamphlet' – mi si passi il termine – intitolato *Rotulus iste*[37], scritto tra il 1310 e il 1311 dal *leader* dei rigoristi, Ubertino da Casale, e prodotto nell'ambito della *disceptatio magna* avignonese voluta da Clemente V tra le due anime dell'Ordine minoritico. Come è noto, quella sarà per gli Spirituali una delle ultime occasioni di – sia pur aspro – confronto, prima dell'ereticazione operata da Giovanni XXII: per paradosso, proprio il Casalense, estensore del *Rotulus*, e ora in odore di eresia, era stato incaricato – e sempre tra Toscana e Umbria – di un'azione antiereticale, sia pure *sui generis*, contro i confratelli appartenenti al cosiddetto movimento dello *Spiritus libertatis*[38]. Per ulteriore coincidenza, quel processo era stata sollecitato dalla mistica Chiara da Mon-

---

scriptam in presentia dicti domini Pontii per magistrum Iohannem Bongie, ipsius domini inquisitoris notarium. Dal momento che il contenuto di questa *cedula* cartacea occupa quattro carte *recto-verso* di un registro (Città del Vaticano, Archivio Segreto Vaticano, *Camera Apostolica*, *Collectoriae*, 251, cc. 47r-51r, corrispondenti alle pp. 278–288 dell'edizione di Mariano d'Alatri) è più che plausibile l'ipotesi che si trattasse di un lungo *rotulus*.

36 Su cui, anche per il decisivo ruolo svolto da Ubertino da Casale, di cui si dirà tra breve, si rinvia almeno a Daniele Solvi, Lo „Speculum perfectionis" e i rotoli di frate Leone, in: Studi Medievali 3ª ser. 34/2 (1993) pp. 595–651 e Sylvain Piron, Les écrits de frère Léon. Introduction, in: François d'Assise. Écrits, Vies, témoignages, ed. Jacques Dalarun I, Paris 2010, pp. 1165–1184 (si veda, nello specifico, il paragrafo intitolato *À la recherche des „rouleaux" de frère Léon*). Più in generale, per un'importante riflessione avviativa sulla complessiva produzione documentaria ad opera dei frati Minori e degli altri Ordini mendicanti, si rimanda a Attilio Bartoli Langeli/Nicolangelo D'Acunto, I documenti degli ordini mendicanti, in: Libro, scrittura, documento della civiltà monastica e conventuale nel basso medioevo (secoli XIII–IV), a cura di Giuseppe Avarucci [e.a.] (Studi e ricerche 1), Spoleto 1999, pp. 381–415.

37 Edito in: Archiv für Literatur und Kirchengeschichte des Mittelalters 3 (1887) pp. 93–135.

38 Riccardo Parmeggiani, Ubertino e lo 'Spiritus libertatis', in: Ubertino da Casale. Atti del XLI Convegno internazionale di studi francescani (Assisi, 18–20 ottobre 2013), Spoleto 2014, pp. 149–187.

tefalco, il cui fratello Francesco abbiamo poi visto impegnato nell'azione inquisitoriale contro Muzio d'Assisi.

Tornando per concludere ai quattro rotoli rapidamente esaminati, con un gioco parole che tiene conto della specifica prospettiva del mio intervento, si potrebbe dire che la volontaria rimozione della memoria operata con la distruzione degli archivi della repressione ha purtroppo condizionato e quasi impedito la trasmissione *nel tempo* di quei *rotuli* in prevalenza impiegati dagli inquisitori per la circolazione *nello spazio*.[39]

Abstract

This paper examines the presence of rolls among the scarce survival of sources concerning the italian Inquisition between 13th and 14th centuries. The very low number of documents pinpointed does not provide univocal resultes: despite of an identical documentary typology, the contents and the goals are uneven and sometimes difficult to perceive. In any case, the choice of rotuli was certainly determined by the facility of transportation of legal cases, often long and complex. An important feature that ties the four rolls identified is represented by the same provenance from the milieu of the Order of Friars Minor: this factor inevitably recalls the wider use and production of rotuli among the Franciscans since the origins.

39 Nelle ore di stampa del volume è apparso l'importante e ricco studio di Sylvain Parent intitolato Le pape et les rebelles. Trois procès pour rébellion et hérésie au temps de Jean XXII (Marche d'Ancône, Romagne, Lombardie), Rome 2019, che propone tra gli altri documenti l'edizione integrale del rotulus contenente il processo contro gli 'idolatri' di Recanati (pp. 77–151), oggetto di indagine nel mio contributo. In perfetto accordo con le scelte di Parent, si è deciso di non includere nel presente studio l'analisi del rotulus relativo ad un altro processo promosso da Giovanni XXIII, quello contro il vescovo di Arezzo, Guido Tarlati, in quanto gli inquisitori ne sono di fatto esclusi, fungendo unicamente da veicoli di trasmissione del documento.

Scritture su rotolo nell'archivio abbaziale di S. Benigno di Fruttuaria

La visitatio ordinata dal legato cardinale Bertrand de Poujet (1326)

Alfredo Lucioni

Era iniziato da pochi anni il secondo millennio quando Guglielmo, abate di Saint-Bénigne de Dijon, avviò l'edificazione di un monastero su terreni messi a disposizione da membri della sua famiglia, i *de Vulpiano*. Il cenobio sorse non lontano dal villaggio di Volpiano, in una zona boscosa nota con il nome di Fruttuaria posta presso il confine tra gli episcopati di Ivrea e Torino, e fu dedicato alla Vergine e a S. Benigno[1]. In poco meno di un secolo l'insediamento monastico fondato da Guglielmo divenne l'abbazia madre di un *Klosterverband* costituito da abbazie, priorati e prepositure (incluse un paio di dipendenze femminili) distribuiti tra le Alpi occidentali e il mare Adriatico, oltre che nell'isola di Corsica[2].

La fama acquisita in breve tempo dal nuovo cenobio favorì inoltre, grazie all'azione di Annone arcivescovo di Köln e alle relazioni con l'imperatrice Agnese[3], una precoce diffusione in area germanica del modello di vita monastica praticato a Fruttuaria[4], molto simile a quello cluniacense e fissato nelle *Consuetudines* compilate entro la fine dell'XI secolo[5].

---

1 Per una ricostruzione delle fasi iniziali della storia dell'abbazia di Fruttuaria rinvio ad Alfredo Lucioni, L'abbazia, l'episcopato, il papato e la formazione della rete monastica di S. Benigno di Fruttuaria nel secolo XI, in: Il monachesimo del secolo XI nell'Italia nordoccidentale. Atti dell'VIII Convegno di studi storici sull'Italia benedettina (San Benigno Canavese, 28 settembre – 1° ottobre 2006), a cura di id. (Italia benedettina 29), Cesena 2010, pp. 237–308.

2 Alfredo Lucioni, L'evoluzione del monachesimo fruttuariense tra la fine dell'XI e la metà del XIII secolo: dalla "ecclesia" all'"ordo", in: Il monachesimo italiano nell'età comunale. Atti del IV Convegno di studi storici sull'Italia benedettina (Abbazia di S. Giacomo Maggiore, Pontida, 3–6 settembre 1995), a cura di Francesco G. B. Trolese (Italia benedettina 16), Cesena 1998, pp. 97–138.

3 Sui rapporti tra Agnese e Fruttuaria si veda almeno Tilman Struve, Zwei Briefe der Kaiserin Agnes, in: HJb 104 (1984) pp. 411–424.

4 Franz Neiske, Fruttuaria e gli ambienti monastici dell'area germanica, in: Monachesimo, a cura di Lucioni (come alla nota 1) pp. 309–328.

5 Consuetudines Fructuarienses – Sanblasianae, edd. Luchesius G. Spätling/Petrus Dinter (Corpus consuetudinum monasticarum XII/1–2), Siegburg 1985–1987. Per l'epoca di compilazione del testo consuetudinario si veda Alfredo Lucioni, Il processo di formazione delle consuetudini fruttuariensi, in: Regulae – Consuetudines – Statuta. Studi sulle fonti normative degli ordini religiosi nei secoli centrali del Medioevo. Atti del I e II Seminario

Guglielmo (†1° gennaio 1031), al quale vennero affidati a scopo di riforma numerosi monasteri dalla Borgogna alla Normandia, nella seconda metà del secolo ventesimo ha trovato un attento studioso delle sue vicende in Neithard Bulst, al quale si devono una fondamentale biografia dell'abate pubblicata nel 1973[6] – ancora oggi testo di riferimento obbligato per qualsivoglia ricerca sul personaggio – e nel seguente 1974 una nuova edizione della *Vita domni Willelmi abbatis* composta da Raoul Glaber[7]. Una aggiornata edizione del testo delle consuetudini fruttuariensi fu inoltre data alle stampe nel 1985–1987 da Luchesius G. Spätling e Petrus Dinter nell'ambito del *Corpus consuetudinum monasticarum*[8].

L'apparizione delle edizioni critiche della vita di Guglielmo e delle consuetudini congiuntamente alle ricerche condotte dal Bulst[9] hanno costituito

---

internazionale di studio del Centro italo-tedesco di storia comparata degli ordini religiosi (Bari/Noci/Lecce, 26–27 ottobre 2002/Castiglione delle Stiviere, 23–24 maggio 2003), a cura di Cristina Andenna/Gert Melville (Vita regularis. Ordnungen und Deutungen religiösen Lebens im Mittelalter 25), Münster 2005, pp. 105–139. Inoltre sulle affinità con il monachesimo cluniacense rinvio ad Alfredo Lucioni, Guglielmo da Volpiano tra Lucedio, Cluny e Fruttuaria, in: Volpiano, Fruttuaria e la Vauda. Gli esordi dell'insediamento medievale (Quaderni dell'Associazione "Terra di Guglielmo" 1), Volpiano (Torino) 2016, pp. 24–35.

6 Neithard Bulst, Untersuchungen zu den Klosterreformen Wilhelms von Dijon (962–1031), Bonn 1973 (Pariser historische Studien 11), ora anche in traduzione italiana: id., Ricerche sulle riforme monastiche di Guglielmo da Volpiano (962–1031), Foglizzo (Torino) 2014, con un aggiornamento bibliografico.

7 Neithard Bulst, Rodulfus Glabers Vita domni Willelmi abbatis, in: DA, 30 (1974), pp. 450–487, poi riedita: Rodulfi Glabri Vita domni Willelmi abbatis, in: Rodulfus Glaber, Opera, ed. John France/Neithard Bulst/Paul Reynolds (Oxford Medieval Texts), Oxford 1989, pp. 254–302.

8 Vedi sopra alla nota 5.

9 Lo studioso tedesco ha mantenuto un vivo interesse nei confronti dell'abate Guglielmo anche in seguito, come dimostrano i suoi contributi prodotti nel corso degli anni Ottanta e Novanta del XX secolo: Neithard Bulst, La réform monastique en Normandie. Étude prosopographique sur la diffusion et l'implantation de la réforme de Guillaume de Dijon, in: Les mutations socio-culturelles au tournant des XIe-XIIe. Actes du Colloque international du CNRS – Études anselmiennes IVe session (Abbaye Notre-Dame du Bec, Le Bec – Hellouin, 11–16 juillet 1982) (Spicilegium Beccense 2), Paris 1984, pp. 317–330; id., Le origini italiane di Guglielmo di Digione e l'importanza dell'Italia nella sua riforma, in: Medioevo in cammino: l'Europa dei pellegrini. Atti del Convegno internazionale di studi (Orta San Giulio, 2–5 settembre 1987), Orta San Giulio 1989, pp. 61–71; id., La filiation de St.-Bénigne de Dijon au temps de l'abbé Guillaume, in: Naissance et fonctionnement des réseaux monastiques et canoniaux. Actes du Premier Colloque International du C.E.R.C.O.M. (Saint-Étienne, 16–18 septembre 1985), Saint-Étienne 1991, pp. 33–41; id., Guillaume de Dijon, le bâtisseur de la rotonde, in: Guillaume de Volpiano et l'architecture des rotondes, sous la direction de Monique Jannet/Christian Sapin, Dijon 1996, pp. 19–26. Si aggiungano due voci di dizionario: Neithard Bulst, Wilhelm v. Volpiano, in: LexMA 9 (1998) coll.

la solida base sulla quale, a partire dall'ultimo decennio del secolo scorso, si sono sviluppati nuovi studi sul monachesimo fruttuariense in generale e sulla stessa abbazia di S. Benigno, unico monastero fondato *ab imis* da Guglielmo diversamente dagli altri di cui curò la riforma della vita religiosa, del quale tuttavia egli non volle mai assumere formalmente l'abbaziato. Va infatti registrato prima di allora un sostanziale e prolungato disinteresse storiografico nei confronti dell'importante centro cenobitico italico, interrotto solo da sporadici interventi di riconosciuto valore scientifico, apparsi per lo più distanziati tra loro nel tempo (mi riferisco ai contributi pubblicati nel corso di un secolo da Calligaris nel 1889, da Albers nel 1911, da Kaminski nel 1966, da Penco nel 1966 e 1971, da Dell'Omo nel 1985[10]), mentre negli ultimi trent'anni l'abbazia di S. Benigno e la rete monastica facente capo a essa, la *ecclesia Fructuariensis*, sono state fatte oggetto di indagini più continue oltre che per la prima volta estese alle strutture materiali e agli aspetti artistici del complesso cenobitico, stimolate da campagne di scavo archeologico le quali hanno consentito di ottenere risultati assai rilevanti[11]. La crescente attenzione rivolta alla storia di Fruttuaria si è tuttavia arrestata nella maggior parte dei casi alle soglie del XIII secolo, trascurando le epoche successive e soprattutto il periodo dal Trecento in poi, sul quale allo stato attuale delle ricerche

---

159–160; ID., Guglielmo di Volpiano, in: Dizionario enciclopedico del Medioevo, diretto da André VAUCHEZ, II, Roma 1998, col. 899.

10 Giuseppe CALLIGARIS, Un'antica cronaca piemontese inedita, Torino 1889; Consuetudines Fructuarienses, in: Consuetudines monasticae, ed. Bruno ALBERS, IV, Montis Casini 1911, pp. 1–191; Hans Heinrich KAMINSKY, Zur Gründung von Fruttuaria durch den Abt Wilhelm von Dijon, in: ZKG 77 (1966) pp. 238–267; Gregorio PENCO, Le „Consuetudines Fructuarienses", in: Monasteri in alta Italia dopo le invasioni saracene e magiare (sec. X-XII). Relazioni e comunicazioni presentate al XXXII Congresso storico subalpino; III Convegno di storia della Chiesa in Italia (Pinerolo, 6–9 settembre 1964), Torino 1966, pp. 137–155; poi in: ID., Cîteaux e il monachesimo del suo tempo, Milano 1994, pp. 81–96; ID., Il movimento di Fruttuaria e la riforma gregoriana, in: Benedictina, 15 (1968) pp. 229–239 e in: Il monachesimo e la riforma ecclesiastica (1049–1122). Atti della quarta Settimana internazionale di studio (Mendola, 23–29 agosto 1968), Milano 1971, pp. 385–395; Mariano DELL'OMO, L'abbazia medievale di Fruttuaria e i centri della riforma fruttuariense, in: Monastica V (Miscellanea cassinese, 52), Montecassino 1985 pp. 185–201. Quest'ultimo è anche l'autore del lemma Fruttuaria, in: LexMA 4 (1988) coll. 1003–1005.

11 Dei progressi degli studi fino all'anno 2000 ho dato conto in due rassegne storiografiche: Alfredo LUCIONI, Note di storiografia fruttuariense a cento anni dalla pubblicazione di G. CALLIGARIS, in: Rivista di storia della Chiesa in: Italia 44 (1990) pp. 466–487 e ID., La storiografia fruttuariense, in: Dove va la storiografia monastica in Europa? Temi e metodi di ricerca per lo studio della vita monastica e regolare in età medievale alle soglie del terzo millennio. Atti del Convegno internazionale (Brescia – Rodengo, 23–25 marzo 2000), a cura di Giancarlo ANDENNA, Milano 2001, pp. 311–322. Le mie osservazioni vanno ora integrate con il recentissimo contributo di Antonio SANNA, Gli studi su S. Benigno di Fruttuaria: una storiografia frazionata, in: Bollettino storico-bibliografico subalpino, 115 (2017) pp. 41–74.

le conoscenze appaiono davvero frammentarie, e per meglio dire sono ancora deficitarie e talora di incerta affidabilità.

Una delle ragioni della riluttanza dei ricercatori a impegnarsi nella ricostruzione dell'intera parabola storica di una delle più ragguardevoli reti monastiche costituitesi nel medioevo può essere facilmente indicata nella assenza di una sistematica edizione delle fonti documentarie, nonostante che Fruttuaria sorga nell'area geografica piemontese, dove con grande efficacia operò la 'Società storica subalpina' (e opera tuttora la 'Deputazione subalpina di storia patria'), alla quale si deve la stampa dei numerosi cartari di enti monastici presenti tra gli oltre duecento volumi della nota collana *Biblioteca della Società storica subalpina* (poi *Biblioteca storica subalpina*)[12]. In verità progetti per l'edizione dei documenti fruttuariensi furono presentati in molteplici occasioni a partire dal 1899 e almeno un paio di volte si passò effettivamente alla fase operativa, però il lavoro non superò mai lo stadio della trascrizione manoscritta di un limitato gruppo di atti, conclusa nel 1912, e di una prova di stampa negli anni Sessanta del secolo scorso[13].

Occorre dire che l'impresa presentava qualche difficoltà, ancorché sia da considerare carica di una buona dose di enfatizzazione la frase usata da Giuseppe Calligaris laddove descrisse come *rudis indigestaque moles* l'insieme dei documenti di Fruttuaria da lui consultati per la stesura del suo volume del 1899[14]. Sebbene le informazioni sullo stato dell'abbazia al principio della età moderna siano al momento alquanto incerte, sembra di poter affermare che la vita cenobitica a S. Benigno terminò nella prima metà del XVII secolo quando il monastero fu trasformato in collegiata[15], tuttavia è da presumere che il materiale archivistico sia rimasto *in loco* almeno fino alla definitiva soppressione dell'ente nel 1803[16]. Dopo questa data, in un anno che non sono in grado di precisare, l'archivio pervenne all''Archivio di Corte dei Savoia' e in parte all''Archivio dell'Economato generale dei benefici vacanti', ora conservati nelle due sedi dell'Archivio di Stato di Torino. La porzione comprendente la documentazione più antica una volta depositata nell'Archivio

12 Sulla edizione di documenti di monasteri della zona pedemontana si veda Giovanni Tabacco, Erudizione e storia di monasteri in Piemonte, in: Rivista di storia della Chiesa in Italia, 21 (1967) pp. 198–222, poi in: Monachesimo e ordini religiosi nel Medioevo subalpino. Bibliografia degli studi 1945–1984, Torino 1985, pp. 57–88.

13 Ho ricostruito le tormentate vicende della pubblicazione dei documenti dell'abbazia di Fruttuaria in: Lucioni, Note (come alla nota 11) pp. 477–479.

14 Calligaris, Cronaca (come alla nota 10) p. 99.

15 Qualche notizia ho raccolto in: Lucioni, Storiografia (come alla nota 11) p. 311, nota 2.

16 Per la soppressione in età napoleonica si veda Ilo Vignono/Giuseppe Ravera, Il „Liber decimarum" della diocesi di Ivrea (1368–1370) (Thesaurus ecclesiarum Italiae I/2), Roma 1970, p. 96, nota 3.

di Corte fu sottoposta a smembramento: gli atti riguardanti propriamente l'abbazia di S. Benigno (ma non solo) furono riuniti nel fondo *Abbazie: San Benigno di Fruttuaria* mentre numerosi altri vennero destinati a incrementare fondi artificiosamente creati secondo un criterio 'per materia' e confluirono perciò in *Benefizi e corpi ecclesiastici stranieri*, *Monache di diversi paesi*, *Paesi per A e B*, *Benefizi divisi per paese*, soltanto per citare i principali.

Gli intralci che siffatta polverizzazione archivistica poneva ieri e pone tuttora a chi voglia approfondire la storia dell'abbazia di Fruttuaria o intenda pubblicarne la documentazione sono aggirabili, almeno parzialmente, grazie al lavoro di riordino dell'archivio abbaziale compiuto da un anonimo archivista nel XVIII secolo, quando il materiale era conservato ancora nella sede originaria[17]. Oltre a suddividere tutto il contenuto del *tabularium* monastico in 34 mazzi e ad apporre la relativa segnatura sul dorso di ciascuna pergamena o carta (numero del mazzo e posizione occupata in ogni mazzo nel rispetto di una progressione tendenzialmente cronologica) aggiunse quasi sempre un regesto del contenuto dell'atto, poi trascrisse (quasi tutti) i regesti in un codice cartaceo che porta il titolo *Inventario delle scritture spettanti all'abazia di San Benigno*[18]. L'inventario contiene i regesti di 654 atti datati tra l'XI secolo e l'inizio del XVIII (la maggior parte, oltre 400, appartengono ai secoli XI–XIV), tuttavia il lavoro sembra essere stato interrotto prima della conclusione poiché due mazzi sono solo indicati con il titolo e le rispettive pagine furono lasciate bianche. Il manoscritto rimane in ogni caso una preziosa guida per giungere a una ricomposizione virtuale di quell'archivio monastico e per capire che cosa esso contenesse appena qualche decennio avanti la soppressione dell'ente e il conseguente trasferimento del materiale documentario a Torino.

Non è questo il luogo per descrivere nei dettagli l'avviato lavoro di ricostruzione della consistenza dell'archivio fruttuariense e i problemi che sovente esso pone; quanto detto sopra vale essenzialmente come cornice entro la quale collocare le scritture su rotolo rinvenute in quello specifico *tabularium*. Il rotolo più antico individuato fino a ora fu compilato entro il secondo decennio del XII secolo con una raccolta di testimonianze di monaci fruttuariensi in merito a una controversia tra l'abbazia madre e il priorato dipen-

---

17 L'operazione può essere stata compiuta per adempiere alle richieste contenute nella costituzione *Maxima vigilantia* con la quale Benedetto XIII nel 1727 impose, tra l'altro, la inventariazione delle *scripturae* conservate negli archivi degli enti ecclesiastici, cfr. Luigi Tomassetti, Bullarum, diplomatum et privilegiorum sanctorum Romanorum pontificum Taurinensis editio, XXII, Augustae Taurinorum 1871, pp. 560–567, nr. 181, in particolare pp. 561–562.

18 Archivio di Stato di Torino, Corte, Materie ecclesiastiche [d'ora in poi: AST, C, ME], *Abbazie: San Benigno di Fruttuaria*, mazzo 10.

dente di S. Gemolo di Ganna[19]. Altri due rotoli costituiti da più pergamene cucite assieme risalgono agli anni finali del XIII secolo e furono appositamente confezionati per accogliervi una copia dei numerosi atti riguardanti il processo che nel 1297–1298 oppose l'abbazia di S. Benigno ai monaci cistercensi di S. Maria di Rivalta per il possesso di una chiesa in diocesi di Torino[20]. Altri rotoli risalgono al Trecento: due di essi contengono i conti dei vicari di Filippo di Savoia-Acaia operanti sulle terre comprese nella signoria abbaziale fruttuariense[21]. Uno presenta i conti per gli anni dal 1318 al 1327; il secondo i conti dal 1329 al 1330[22]. Datata al 12 gennaio 1357 è invece una corposa *consignatio bonorom* delle proprietà monastiche giacenti nel territorio dei villaggi di S. Benigno e di Lombardore[23].

Si tratta in tutti questi casi di scritti afferenti ai campi giudiziario e amministrativo, dove l'utilizzo di supporti per la scrittura di varia lunghezza ottenuti cucendo tra loro più pergamene e conservati arrotolati è ampiamente documentato. Non è invece usuale l'uso nell'ambito dell'*offitium visitationis* al quale va ascritto un altro rotolo presente nell'archivio di S. Benigno di Fruttuaria. Quest'ultimo è formato da quattro *cedule* di pergamena, di differenti dimensioni, cucite insieme con filo di canapa, le quali danno origine a una superficie utilizzabile per la scrittura di 145 cm di lunghezza per 22/23

---

19 AST, C, ME, *Abbazie, S. Benigno di Fruttuaria*, mazzo 1, nr. 29 (cm 104). Il documento è edito in: Monumenta Gannensia, a cura di Roberto Comolli, Varese 2008, pp. 46–58, nr. 13.

20 AST, C, ME, *Abbazie, S. Benigno di Fruttuaria*, mazzo 3, nr. 7 (rispettivamente cm 180 e cm 1949). Regesti (non impeccabili) del contenuto dei singoli atti presenti nei due rotoli sono stati pubblicati da Edoardo Durando, Alcune notizie sulla chiesa di S. Maria di Beceto, in: Miscellanea saluzzese, a cura di Ferdinando Gabotto [e.a.] (Biblioteca della Società storica subalpina 15), Pinerolo 1902, pp. 137–143. Si veda al riguardo Alfredo Lucioni, Una chiesa contesa tra Rivalta e Fruttuaria: S. Maria di Becetto in Val Varaita nel XIII secolo, in: L'abbazia di Rivalta di Torino nella storia monastica europea. Atti del Convegno (Rivalta di Torino, 6–7–8 ottobre 2006), a cura di Rinaldo Comba/Luca Patria (Storia e storiografia 46), Cuneo 2007, pp. 329–348.

21 Dell'accordo stipulato il 25 novembre 1318 tra l'abbazia e Filippo di Savoia principe di Acaia ha scritto Rinaldo Comba, Le villenove del principe. Consolidamento istituzionale e iniziative di popolamento fra i secoli XIII e XIV nel Piemonte Sabaudo, in: Piemonte medievale. Forme del potere e della società. Studi per Giovanni Tabacco, Torino 1985 (Saggi 680) p. 137, in particolare nota 19.

22 AST, C, ME, *Abbazie, S. Benigno di Fruttuaria*, mazzo 4, nr. 3 e 10. La produzione di documenti di rendicontazione su rotolo da parte degli ufficiali sabaudi è conosciuta soprattutto per i conti di castellania: si veda in proposito una essenziale bibliografia, con riferimenti al materiale edito, all'URL http://www.castellanie.net/lire.php (consultato il 16 gennaio 2018).

23 AST, C, ME, *Abbazie, S. Benigno di Fruttuaria*, mazzo 18, nr. 11.

cm di larghezza e accolgono 296 righe di testo[24]. Le quattro pergamene, sono sostanzialmente integre; presentano macchie attribuibili a dilavamento e limitate rosicature sui due margini lunghi (più numerose sul margine destro) oltre a una lacerazione che va a intaccare la superficie scritta, ma in nessun caso viene pregiudicata la lettura. Il documento è scritto da un'unica mano che ha consuetudine con le scritture degli atti notarili, tuttavia non presenta nessuna convalida di notai. Si tratta verosimilmente di una copia semplice della lettera inviata dai due visitatori apostolici di cui si dirà. È curioso che nel riordino settecentesco il rotolo sia stato collocato nel mazzo 5 come atto numero 9 (lo attesta la segnatura sul dorso), una collocazione che appare in verità incongruente poiché secondo il sopra citato *Inventario delle scritture spettanti all'abazia di San Benigno* l'ordinamento prevedeva che il mazzo 5 contenesse i *Provvedimenti per le Chiese in generale dipendenti dall'Abazia di San Benigno*[25], mentre l'atto in questione concerne proprio l'abbazia centrale.

Riguardo al contenuto, nel rotolo è trascritta la lettera inviata il 27 novembre 1326 da Francesco, abate della canonica regolare di S. Andrea di Vercelli, e da Palaino Avogadro di Casanova, preposito del capitolo cattedrale della medesima città, all'abate Bernardo e alla comunità monastica di S. Benigno di Fruttuaria con l'ordine di far conoscere in monastero la lettera inserta contenente i provvedimenti presi dai due ecclesiastici nella loro veste di *executores et visitatores* incaricati di compiere la visita all'abbazia dal cardinale di S. Marcello e legato pontificio Bertrand du Poujet[26]. Il cardinale nel suo mandato inviato da Parma il 22 maggio 1326 (anch'esso inserto) affermava di aver avuto informazioni da fonti degne di fede che i residenti nell'abbazia tenevano comportamenti disonesti e non consoni allo stato di vita monastica con grave pericolo per le loro anime; in considerazione del fatto che il cenobio, soggetto *ad Romanam ecclesiam nullo medio*[27], da lungo tempo non era

---

24 AST, C, ME, *Abbazie, S. Benigno di Fruttuaria*, mazzo 4, nr. 9. La prima pergamena è lunga cm 69,5; la seconda cm 34,5; la terza cm 33,5; la quarta cm 12,5. Nel cucirle tra loro vengono persi quasi 5 cm, pertanto la lunghezza totale del rotolo assomma a cm 145.

25 Vedi *Inventario delle scritture spettanti all'abazia di San Benigno*, fol. 13r (AST, C, ME, *Abbazie: San Benigno di Fruttuaria*, mazzo 10).

26 Una biografia del cardinale con una aggiornata bibliografia si deve a Pierre Jugie/Armand Jamme, Poggetto, Bertrando del, in: Dizionario biografico degli Italiani 85 (2015) coll. 459–466.

27 La formula *nullo medio* o *nullo mediante* indica i cenobi soggetti alla giurisdizione della sede apostolica di cui il pontefice era direttamente responsabile; sull'argomento si veda Michele Maccarrone, Primato romano e monasteri dal principio del sec. XII ad Innocenzo III, in: Istituzioni monastiche e istituzioni canonicali in Occidente (1123–1215). Atti della settima Settimana internazionale di studio (Mendola, 28 agosto – 3 settembre 1977), Milano

stato visitato da alcuno e che in forza del suo *officium* a lui spettava il compito della visita e della correzione, non potendo intervenire di persona perché gravato da altri impegni delegava a *visitare, corrigere et reformare* il monastero e i monaci in esso presenti i summenzionati Francesco e Palaino insieme a Uberto di S. Stefano vescovo di Ivrea. Uberto aveva governato l'abbazia di Fruttuaria fino all'inizio di giugno 1321 quando, proprio per volontà del cardinale Bertrand, era stato insediato sulla cattedra vescovile eporediese[28], ma morì tra il settembre e l'ottobre 1326[29] cosicché soltanto i due restanti visitatori poterono portare a termine l'incarico[30].

La pratica della visita ai monasteri è conosciuta in età medievale sia secondo il modello della visita effettuata dall'abate generale o da specifici *visitatores* – nei casi di articolate reti monastiche – sia nella forma della visita compiuta dal vescovo del luogo nei cenobi che non avevano ottenuto l'esenzione dalla giurisdizione episcopale[31]. A Fruttuaria, come in altri raggruppamenti monastici caratterizzati da un sistema di governo accentrato, inizialmente era prevista la visita periodica dell'abate dell'abbazia madre di S. Benigno alle comunità presenti nei priorati e nelle prepositure appartenenti alla *ecclesia Fructuariensis*,

---

1980, pp. 49–70, ora in: ID., Romana ecclesia – Cathedra Petri, a cura di Pietro ZERBI [e.a.], II, Roma 1991 (Italia sacra 48) pp. 821–848. Per i rapporti fra S. Benigno e la Chiesa romana rinvio a LUCIONI, Abbazia (come alla nota 1) pp. 299–308.

28 Uberto come vescovo di Ivrea è stato studiato da Giancarlo ANDENNA, Episcopato e strutture diocesane nel Trecento, in: Storia della Chiesa di Ivrea dalle origini al XV secolo, a cura di Giorgio CRACCO (Chiese d'Italia 1), Roma 1998, pp. 337–347.

29 Ibid., p. 347.

30 Palaino era preposito del capitolo di Vercelli dal 1312, cfr. Gianmario FERRARIS, I canonici della Cattedrale di Vercelli nel secolo XIV. Linee di ricerca, in: Vercelli nel secolo XIV. Atti del quinto congresso storico vercellese, a cura di Alessandro BARBERO/Rinaldo COMBA, Vercelli 2010, p. 250. Apparteneva al casato degli Avogadro (ibid., p. 255), che aveva forti legami con il cardinale legato, e il 20 ottobre 1326 fu nominato vescovo di Ivrea da papa Giovanni XXII in sostituzione del defunto Uberto; prima però di accettare l'episcopato Palaino volle trattare con la curia pontificia affinché il posto di preposito del capitolo vercellese fosse assegnato a un suo parente, cosicché solo il 3 aprile 1327 per la prima volta è qualificato come vescovo eletto, cfr. ANDENNA, Episcopato (come alla nota 28) pp. 348–349.

31 Il tema della visita è stato studiato da Jörg OBERSTE, Visitation und Ordensorganisation. Formen sozialer Normierung, Kontrolle und Kommunikation bei Cisterziensern, Prämonstratensern und Cluniazensern (12.-frühes 14. Jahrhundert) (Vita regularis 2), Münster 1996; ID., Die Dokumente der klösterlichen Visitationen (Typologie des sources du Moyen Âge occidental 80), Turnhout 1999; ID., La vita canonica, in: Dizionario degli Istituti di perfezione 10 (2003) coll. 114–122. Per un primo approccio alla bibliografia sull'argomento si vedano L'histoire des moines, chanoines et religieux au moyen âge. Guide de recherche et documents, sous la direction de André VAUCHEZ/Cécile CABY (L'atelier du médiéviste 9), Turnhout 2003, pp. 181–183 e Francesco SALVESTRINI, La più recente storiografia sul monachesimo italiano medievale (ca. 1984–2004), in: Benedictina, 53 (2006) p. 489.

una prassi di cui restano numerose testimonianze risalenti ai secoli XI e XII[32]; in seguito alla introduzione della celebrazione annuale del capitolo generale nel corso del XIII secolo, con il conseguente obbligo di partecipazione imposto a tutti i priori e i prepositi, la visita abbaziale secondo le modalità appena riferite venne progressivamente accantonata[33] e sostituita dall'invio di monaci visitatori delegati volta per volta dall'abate[34] di quello che ormai dalla metà del XIII secolo è stabilmente chiamato *ordo Fructuariensis*[35]. Nella documentazione superstite non vi è però traccia di visite eseguite nell'abbazia di S. Benigno né da esponenti del monachesimo fruttuariense né da visitatori esterni ma pur sempre appartenenti al mondo monastico e neppure da ecclesiastici non monaci. Nel caso qui in esame l'intervento del legato pontificio Bertrand nel corso della sua missione legatizia in Italia settentrionale[36] trova fondamento nella condizione di esenzione dall'ordinario diocesano di cui godeva

32 Alfredo LUCIONI, Le visite abbaziali nella costruzione della rete monastica fruttuariense tra i secoli XI e XII, in: Attraverso le Alpi: S. Michele, Novalesa, S. Teofredo e altre reti monastiche. Atti del Convegno internazionale di studi (Cervère – Valgrana, 12–14 marzo 2004), a cura di Frederi ARNEODO/Paola GUGLIELMOTTI (Bibliotheca michaelica 3), Bari 2008, pp. 266–276.

33 Le ultime visite abbaziali a me note furono compiute dall'abate Rainerio al monastero femminile di Caronno il 27 e 28 ottobre 1211 e dall'abate Giovanni a S. Michele di Voltorre l'8 maggio 1227; si vedano rispettivamente Elena SALA, Il monastero di San Pietro. Un cenobio femminile a Caronno (Secoli XII–IV), Busto Arsizio (Varese) 2012, p. 133, nr. 3, e AST, C, ME, *Benefizi stranieri*, mazzo 2, fascicolo *Volturio*, nr. 2.

34 Il 10 maggio 1297 Ardizzone priore di S. Michele di Voltorre visitando il cenobio femminile di Caronno dichiarò che a lui „comissa est visitatio et corectio monesterii Sancti Petri per (…) Ubertum, monesterii Fructuariensis abatem": AST, C, ME, Monache di diversi paesi per A e B, m. 4 (C. 1°), fascicolo *Monastero de Carono*, nr. 3. Altre attestazioni si hanno per il Trecento: il 2 agosto 1316 un monaco fu delegato a visitare il monastero di S. Daniele a Venezia (AST, C, ME, *Benefizi stranieri*, mazzo 2, fascicolo *Venezia*, nr. 1); il 26 novembre 1324 due monaci vennero incaricati della visita e correzione dei priorati di Bologna, Ferrara e Venezia (la lettera di incarico è inserta nel verbale della visita al priorato bolognese di S. Bartolomeo datato 29 gennaio 1325: AST, C, ME, *Benefizi stranieri*, mazzo 1, fascicolo *Bologna*, nr. 1); un monaco è incaricato dall'abate di visitare i monasteri dipendenti il 2 novembre 1375 (AST, C, ME, *Abbazie, S. Benigno di Fruttuaria*, mazzo 4, nr. 24). Nel medesimo periodo anche l'abate di una delle poche dipendenze di rango abbaziale affiliate alla rete fruttuariense, quella di S. Benigno di Capodifaro a Genova, nominò un monaco per la visita agli enti soggetti a Fruttuaria nell'isola di Corsica, che facevano appunto capo in prima istanza al cenobio genovese: l'incarico datato 18 novembre 1327 è inserto nell'atto del 18 gennaio 1328 attestante l'effettuazione della visita, cfr. Le carte del monastero di San Benigno di Capodifaro (secc. XII–IV), a cura di Antonella ROVERE, Genova 1983, pp. 107–108, nr. 98–99.

35 Su tempi e modo del passaggio da *ecclesia* a *ordo* rinvio al mio studio citato alla nota 2.

36 Informazioni su luoghi toccati dal cardinale e le diverse fasi della legazione in Armand JAMME, Le Languedoc en Italie? Réseaux politiques et recrutement militaire pendant la légation du cardinal Bertrand du Pouget (1319–1334), in: Jean XXII et le Midi (Cahiers de Fanjeaux 45), Toulouse 2012, pp. 255–290.

Fruttuaria e insieme è espressione della intensificata attenzione dimostrata dal papato, in maniera significativa a partire dal pontificato di Innocenzo III, nei confronti dei monasteri e soprattutto di quelli legati *nullo medio* alla sede apostolica, e della contestuale valorizzazione dello strumento della visita.

Insieme al capitolo generale convocato ogni triennio, l'istituzione di visitatori monastici rappresentava infatti l'altro mezzo per la riforma dei monasteri individuato nel 1203 e riproposto nel 1215 nella dodicesima costituzione *In singulis regni* del IV concilio lateranense[37]. Al di là dello scarso successo ottenuto da questi provvedimenti, si deve constatare – ha osservato Maria Pia Alberzoni – che da allora *la visita monastica (...) fu ripetutamente raccomandata dalla sede apostolica come organo di riforma interna*[38]. E nella *Histoire de l'Ordre de Saint-Benoît* Philibert Schmitz ha messo in evidenza come il successore di Innocenzo III, Onorio III, abbia accordato altrettanta importanza alle visite canoniche, ma al tempo stesso non si sia accontentato delle visite ordinarie e soprattutto nel caso di abbazie potenti abbia incrementato l'invio di visitatori apostolici, avvalendosi dei legati pontifici presenti nei territori dei regni di Francia e di Germania[39]. Il 25 febbraio 1227 l'incarico *ut visitent et reforment* il monastero di S. Colombano a Bobbio fu affidato dal pontefice agli abati di altri due cenobi benedettini genovesi, mentre il 14 luglio 1218 i visitatori che ricevettero il mandato papale per recarsi a visitare l'abbazia di S. Michele della Chiusa al fine di indagare sull'abate e riformare il monastero furono due vescovi – di Torino e Ivrea – con l'aggiunta dell'abate cistercense di Staffarda, e il 29 novembre 1225 l'ordine di compiere l'*officium visitationis* nell'antico centro

---

37 Sui due provvedimenti sono ancora fondamentali gli studi di Michele MACCARRONE, Riforme e innovazioni di Innocenzo III nella vita religiosa, in: ID., Studi su Innocenzo III (Italia sacra 17), Padova 1972, pp. 228–246; ID., Le costituzioni del IV concilio lateranense sui religiosi, in: ID., Nuovi studi su Innocenzo III, a cura di Roberto LAMBERTINI (Nuovi studi storici 25), Roma 1995, pp. 19–36. Ora si veda anche Gert MELVILLE, Il modello della vita regolare secondo il Concilio Lateranense IV: i Cisterciensi, in: Il Lateranense IV. Le ragioni di un concilio. Atti del LIII Convegno storico internazionale (Todi, 9–12 ottobre 2016), Spoleto 2017 (Atti del Centro italiano di studi sul basso medioevo – Accademia Tudertina, N.S. 30) pp. 395–414.

38 Maria Pia ALBERZONI, Ex eo quod visitationes nec studiose nec bene observantur magna sequitur dissolutio ordinis. La visita monastica presso gli Umiliati, in: Chiesa, vita religiosa, società nel medioevo italiano. Studi offerti a Giuseppina De Sandre Gasparini, a cura di Mariaclara ROSSI/Gian Maria VARANINI (Italia sacra 80), Roma 2005, p. 24.

39 Philibert SCHMITZ, Histoire de l'Ordre de Saint-Benoît, III, Maredsous 1948, pp. 54–55. Anche al tempo di Innocenzo III, nel 1208–1209 un legato, Guala Bicchieri, compì una visita nel monastero di Corbie, intervenendo dopo che a tre inviati del papa era stato impedito di espletare il loro mandato. Sulle conseguenze dell'intervento del legato ha scritto Lotte KERY, "De plenitudine potestatis sed non de jure". Eine „inquisitio" von 1209/1210 gegen Abt Walter von Corbie (X 5.1.22), in: Licet preter solitum. Ludwig Falkenstein zum 65. Geburtstag, a cura di Lotte KERY [e.a.], Aachen 1998, pp. 91–117.

monastico di Luxeuil per correggere e riformare *tam in capite quam in membris* fu inviato al legato apostolico cardinale Romano di S. Angelo[40]. Di nessuna di tali visite – per quanto mi è dato di sapere – si sono tuttavia conservate le disposizioni finali emanate dai visitatori, mentre conosciamo quelle stabilite per le monache di S. Giulia di Brescia dai tre visitatori dell'ordine domenicano delegati da papa Gregorio IX nel 1227 per la visita ai monasteri benedettini esenti, alle canoniche regolari, alle case umiliate e agli ospedali presenti nelle diocesi di Cremona, Brescia e Bergamo[41]. Ciò che fu statuito dai visitatori fu poi sottoposto al controllo del pontefice il quale trasmise alle monache i decreti inserendoli in una sua lettera datata 20 giugno 1229[42].

Di poco successiva, risalente al 27 aprile 1255, è una visita ordinata dal pontefice Alessandro IV all'abbazia pedemontana di S. Michele della Chiusa in diocesi di Torino, motivata dalla cura che i pontefici dovevano avere nei confronti dei monasteri *quae ad Romanam ecclesiam noscuntur nullo medio pertinere* e richiesta dal deteriorato stato patrimoniale e spirituale della comunità[43]. L'esercizio dell'*officium correctionis et reformationis* fu affidato dal papa all'abate di Fruttuaria, al priore della certosa di Monte Benedetto e al guardiano del convento francescano di Pinerolo, tuttavia soltanto gli ultimi due si recarono a S. Michele. I loro reiterati tentativi di entrare nell'abbazia si infransero però contro il rifiuto opposto dall'abate clusino e pertanto a testimonianza della fallita visita rimane solo un rotolo che raccoglie una decina di atti prodotti dagli inviati papali e dall'abate tra il 19 e il 24 gennaio 1256 con la finale scomunica di tutta la comunità[44], ma ovviamente nessun decreto dei visitatori[45].

---

40 Pietro Pressutti, Regesta Honorii Papae III, I, Romae 1888, pp. 253–254, nr. 1530 (14 luglio 1218); II, Romae 1895, p. 386, nr. 5737 (29 novembre 1225), p. 481, nr. 6253 (25 febbraio 1227).

41 Il mandato era a tempo indeterminato (*donec nobis placuerit*) e la visita andava effettuata ogni anno e poteva essere replicata più volte in un anno, cfr. Girolamo Tiraboschi, Vetera Humiliatorum monumenta, 2, Mediolani 1767, pp. 167–168.

42 La lettera è edita in: Les Registres de Grégoire IX, I, ed. Lucien Auvray, Paris 1896, coll. 193–196, nr. 316. Del contenuto tratta Gabriele Archetti, Vita e ambienti del monastero dopo il Mille, in: San Salvatore – Santa Giulia di Brescia. Il monastero nella storia, a cura di Renata Stradiotti, Milano 2001, pp. 110–113.

43 Bullarium franciscanum, II, ed. Joannes Hyacinthus Sbaralea, Romae 1761, pp. 40–41, nr. 48.

44 Della visita si è occupato Italo Ruffino, Incontro ai monaci clusini del secolo XIII, in: Il millennio composito di San Michele della Chiusa. Documenti e studi interdisciplinari per la conoscenza della vita monastica clusina, I, Borgone Susa (Torino) 1995, pp. 139–144. Un accenno anche in: Giuseppe Sergi, Il prestigio e la crisi: S. Michele della Chiusa dopo il travaglio riformatore, in: Dal Piemonte all'Europa: esperienze monastiche nella società medievale. Relazioni e comunicazioni presentate al XXXIV Congresso storico subalpino nel millenario di S. Michele della Chiusa (Torino, 27–29 maggio 1985), Torino 1988, pp. 282–284, poi in: id., L'aristocrazia della preghiera. Politica e scelte religiose nel medioevo italiano, Roma 1994, pp. 95–96.

45 Secondo il settecentesco inventario delle carte clusine compilato dal Pezziardi in un atto

La visita compiuta a S. Benigno nel 1326 condusse dunque alla elaborazione di un documento che non consente facili comparazioni per la modalità di conservazione del supporto pergamenaceo (in rotolo) e neppure per il contenuto. Comprensibili sono invece le circostanze che indussero il cardinale legato a compiere la visita delegandone l'effettuazione ai due ecclesiastici vercellesi e al vescovo di Ivrea, poi defunto nel frattempo.

Uberto di S. Stefano al momento della sua elezione all'abbaziato fruttuariense, confermata da Bonifacio VIII il 2 luglio 1296[46], aveva trovato le finanze del cenobio in uno stato di dissesto, gravato com'era di mutui usurari e con molte proprietà e rendite impegnate ai creditori; durante il lungo governo abbaziale, terminato con la nomina all'episcopato di Ivrea nel 1321[47], non era riuscito a porre rimedio alla situazione tanto che il nuovo abate Guala, nominato da papa Giovanni XXII[48], dovette imporre una ennesima taglia alle dipendenze[49]. Se è certo l'intervento del cardinale Bertrand nella elevazione di Uberto all'episcopato, è presumibile che sia stato lui anche a suggerire il nome del successore a S. Benigno giacché il legato in quegli anni appare sempre più implicato nelle vicende interne al monachesimo fruttuariense: oltre a essere stato incaricato dal pontefice nel 1322 di occuparsi della provvista di un beneficio per un monaco di Fruttuaria[50], sappiamo che il du Poujet alla morte di Guala tra febbraio e luglio 1322 provvide personalmente alla nomina di un amministratore *in spiritualibus et temporalibus* dell'abbazia[51]. Il repentino decesso di Guala, abate soltanto per un anno circa, indusse

datato 20 gennaio 1256 si parla espressamente di *visitatores domini pape*. Il brano del documento comprendente la citazione si legge in Il millennio composito di San Michele della Chiusa. Documenti e studi interdisciplinari per la conoscenza della vita monastica clusina, VI: L'Archivio dell'abbazia di San Michele della Chiusa e del capitolo canonicale di Giaveno nel Registro del canonico Ignazio Camillo Pezziardi 1789, a cura di Gian Mario PASQUINO, Borgone Susa (Torino) 2006, p. 261.

46 Les registres de Boniface VIII, I, ed. George DIGARD [e.a.], Paris 1907, coll. 404–405, nr. 1134.

47 Vedi sopra il testo corrispondente alla nota 28.

48 Jean XXII (1316–1334). Lettres communes, III, ed. Guillaume MOLLAT, Paris 1906, p. 305, nr. 13623.

49 Un quadro della situazione è tracciato da Giancarlo ANDENNA, Le grandi abbazie dell'Italia settentrionale, in: Il monachesimo italiano nel secolo della grande crisi. Atti del V Convegno di studi storici sull'Italia benedettina (Abbazia di Monte Oliveto Maggiore – Siena, 2–5 settembre 1998), a cura di Giorgio PICASSO/Mauro TAGLIABUE (Italia benedettina 21), Cesena 2004, pp. 246–247.

50 6 marzo 1322: Jean XXII (1316–1334). Lettres communes, VI, ed. Guillaume MOLLAT, Paris 1910, p. 71, nr. 15176.

51 Lo afferma il medesimo *adminstrator* Federico *de Plozasco*, priore della dipendenza fruttuariense di S. Benigno di Quaranta in un atto di investitura con data illeggibile edito da Claudio ANSELMO, Le origini di Brandizzo. Dall'età antica al basso Medioevo, Brandizzo

il pontefice il 23 luglio 1322 a designare al governo di S. Benigno Bernardo *de Lagarda* abate di S. Dalmazzo di Pedona, un antico cenobio benedettino che tuttavia non apparteneva alla rete di Fruttuaria[52]. La debolezza dell'abbaziato, a causa della grave situazione economica e della repentina scomparsa di Guala oltre che della imposizione al vertice di un monaco fino a quel momento estraneo all'*ordo* fruttuariense, si sommò all'endemico conflitto che contrapponeva i sostenitori del papa avignonese e di Roberto d'Angiò ai partigiani della parte imperiale, il quale a sua volta si intersecava con il confronto tra Savoia, Acaia e marchesi del Monferrato – e con le famiglie dei conti del Canavese divise nell'appoggio ai due contendenti – combattuto proprio nel comparto dove erano più fitti i beni di S. Benigno[53]. L'esito fu l'esasperazione di una situazione che era critica fin dagli anni di governo dell'abate Uberto, tanto che già lui intervenne nell'ambito disciplinare con l'emanazione di *ordinationes et statuta*, alcuni dei quali furono riproposti e convalidati dai due visitatori del 1326[54].

La lettera copiata nel rotolo pergamenaceo contiene *statuta, constitutiones, precepta ac ordinamenta circa reformationem dicti monasterii ac correctionem personarum in ipso monasterio degentium* elencati in 34 paragrafi introdotti dalle clausole *item reformando statuimus atque precipimus* ... oppure *item quia in eodem visitationis offitio repertum est (...), reformando statuimus atque precipimus* ... o ancora *item precipimus in virtute sancte obedientie* ... con poche altre varianti.

Le riforme e le correzioni prescritte vanno a toccare tutti gli aspetti della vita monastica: dopo un generico richiamo all'osservanza della *Regula Bene-*

(Torino)/Peveragno (Cuneo) 1999, pp. 148–149, nr. 6. La stesura dell'atto va posta tra l'ultima menzione di Guala il 1° febbraio 1322 e la prima del successore Bernardo il 23 luglio 1322: si vedano rispettivamente Andenna, Abbazie (come alla nota 49) p. 247, nota 81, e Jean XXII, VI (come alla nota 50) p. 134, nr. 15854.

52 Vedi nota precedente.

53 Per esempio il 14 giugno 1324 Filippo di Savoia accordò agli uomini del villaggio di San Benigno il diritto di rappresaglia contro i Vercellesi e i membri della famiglia Tizzoni che avevano invaso il paese catturando uomini e danneggiando proprietà (AST, C, ME, *Abbazie: San Benigno di Fruttuaria,* mazzo 4, nr. 8). Dà informazioni sugli scontri nel territorio tra Torino e Ivrea Andenna, Episcopato (come alla nota 28) pp. 322, 330–332, 338.

54 Uberto aveva ordinato che tutti i monaci intervenissero all'ufficio divino diurno e notturno e alle due messe conventuali giornaliere; aveva pubblicato *ordinationes et statuta* che proibivano di portare armi entro il recinto monastico; infine aveva statuito che fossero scomunicati i monaci che nel contesto di liti fra monaci o con l'abate avessero chiesto l'*auxilium parentum suorum vel brachii secularis*. Questi provvedimenti furono riproposti dai visitatori i quali stabilirono inoltre che *omnia alia statuta sive ordinamenta edita per ipsum abbatem et per fratrem Gualam successorem suum (...) per nos visa et examinata (...) laudamus, ratificamus et approbamus et ipsa omnia volumus et precipimus inviolabiliter observari*, fatta eccezione per quanto fosse in contrasto con le disposizioni degli stessi visitatori.

dicti e all'obbedienza dovuta all'abate e al priore (che deve essere sacerdote e al quale viene imposto di risiedere stabilmente in monastero), la quarta disposizione richiede che vi sia un *magister* per i novizi. Altri decreti, correttivi rispetto alle abitudini dominanti nella comunità di S. Benigno, riguardano la sfera della vita dei monaci e della disciplina da osservare all'interno del monastero in ordine alla celebrazione dell'ufficio divino; al rispetto delle prescrizioni sui digiuni e sul silenzio; alla foggia dell'abito; al divieto di tenere armi e di uscire dal recinto monastico senza autorizzazione. Venne infine ordinato di dormire nel dormitorio comune a tutti i monaci con l'eccezione del solo abate.

Un secondo gruppo di disposizioni riguarda in particolare la persona dell'abate, al quale fu imposto l'obbligo di residenza in monastero per almeno tre mesi all'anno, anche non continuativi, dopo aver verificato che non dimorava quasi mai a Fruttuaria privando in tal modo i monaci del suo insegnamento impartito con le parole e con l'esempio; lo si richiamò inoltre ad adoperare le entrate dell'abbazia per i bisogni della comunità (poiché alcuni portavano abiti non dignitosi e in refettorio vi era carenza di tovaglie), a mettere chi svolgeva compiti particolari nella condizione di svolgerli al meglio e a non far mancare medici, medicine e vitto adeguato agli infermi. Oltre a richiedere l'apertura di un *hostale* che garantisse agli ospiti cibo e alloggio, i due visitatori, constatato il comportamento negligente dell'abate, gli imposero la tenuta di scritture contabili nella forma di quaderni delle entrate da far redigere in duplice copia e gli ingiunsero di destinare il residuo di cassa – dedotte le spese per vitto e vestiario dei monaci – alla progressiva estinzione dei debiti e alle spese per la riparazione entro due anni della chiesa e di altri edifici monastici che necessitavano di urgenti lavori di manutenzione.

La preoccupante situazione di dissesto economico fu affrontata anche con un blocco triennale dell'accettazione di nuovi monaci e mediante misure atte a recuperare in brevissimo tempo il possesso dei beni passati nella disponibilità di singoli monaci o affittati senza garanzie. In parallelo fu disposta la proibizione decennale di sfruttamento del bosco del monastero, gravemente impoverito nel recente passato da una dissennata gestione, e alla comunità monastica fu intimato di individuare entro sei mesi una soluzione al problema dei debiti prospettando due vie: o trovare qualcuno disposto ad accettare in pegno l'insieme delle proprietà abbaziali in cambio di una somma sufficiente a estinguere il debito totale oppure destinare a una riduzione progressiva della posizione debitoria l'intero reddito ricavato annualmente dai beni nelle località di Montanaro e Brandizzo.

Ancora all'ambito disciplinare possono essere ricondotti l'ordine ai monaci di trasferirsi entro poche settimane dalla nomina nei priorati, prepositure o chiese a loro assegnati e il divieto di detenere più di un beneficio alla volta, assieme alla proibizione di possedere e usare abitazioni poste al di fuori del recinto monastico, come invece i visitatori avevano verificato che accadeva a S. Benigno. Venne poi richiamato sinteticamente l'obbligo di osservanza del decreto *Ne in agro dominico* – parte della costituzione *De statu monachorum et canonicorum regularium* – emanato da Clemente V al concilio di Vienne del 1310–1311, che normava molti aspetti della vita monastica sui quali erano appunto intervenuti anche i due visitatori[55].

I provvedimenti finali riguardano situazioni particolari quali la rimozione del sagrestano, perché inadatto a svolgere il suo incarico; la questione dei beni abbaziali a Corio, improvvidamente concessi al figlio di un *dominus* locale, quindi a rischio di andare perduti e perciò attribuiti al proposito di Lombardore in deroga alla normativa, purché riuscisse a recuperarli; alcune disposizioni a favore di un singolo monaco.

A livello formale il fatto che la quarta e ultima delle pergamene cucite tra loro sia di misura ridotta rispetto alle altre e che sia rimasto uno spazio minimo tra l'ultima riga di scrittura e il margine inferiore (senza sottovalutare l'assenza di fori, che impedisce di supporre l'esistenza di una ulteriore pergamena ora perduta) avvalora l'idea che nel caso in esame il rotolo sia stato appositamente confezionato per contenere il testo in esso trascritto e che, per converso, pur in assenza di una chiara clausola finale l'elenco di provvedimenti presi dai due ecclesiastici vercellesi delegati dal cardinale Bertrand sia giunto a noi completo in tutte le su parti.

Per quanto attiene al contenuto, la visita compiuta per ordine del legato apostolico invita a portare l'attenzione su una tipologia di *visitatio* non usuale e finora poco considerata dagli storici del monachesimo. Gli analitici provvedimenti adottati dai visitatori offrono inoltre un contributo alla conoscenza della qualità della vita monastica praticata a Fruttuaria all'inizio del Trecento, il secolo che per alcuni introduce alla 'grande crisi' del monachesimo benedettino tradizionale[56]; e benché tale valutazione negativa sia stata da altri studiosi variamente attenuata, è pur sempre vero che il XIV secolo vide le comunità monastiche *alle prese non più coi grandi problemi posti dalla società medievale (...) bensì con le proprie, sempre più limitate vicende interne* secondo le parole usate da Gregorio Penco, il quale ha anche osservato che certo l'istituzione monastica restò ancora *importante e diffusa ma*

---

55 Conciliorum oecumenicorum generaliumque decreta, 2/1: The General Councils of Latin Christendom. From Constantinople IV to Pavia-Siena (869–1424), Turnhout 2013, pp. 422–426.

56 Si veda il titolo dato al convegno del Centro storico benedettino italiano tenutosi nel 1998 citato sopra alla nota 49.

(...) alle prese con due problemi fondamentali: (...) problemi di spiritualità e problemi di strutture[57], come proprio dai decreti voluti dai visitatori di S. Benigno emerge talora attraverso una lettura in filigrana e talaltra con esplicita evidenza.

Abstract

Am 23. Mai 1326 beauftragte Kardinal Bertrand du Poujet, Legat von Papst Johannes XXII. in Italien, zwei Geistliche aus Vercelli, nämlich Francesco, Abt der Stiftung St. Andreas, und Palaino Avogadro, Propst des Domkapitels, die Abtei von S. Benigno von Fruttuaria zu visitieren. Das Kloster – das sich auf dem Territorium der Diözese Ivrea befindet, aber *nullo medio* von der römischen Kirche abhängig war – befand sich seit einiger Zeit in einer Phase tiefgreifender geistiger und wirtschaftlicher Krisen. Die vierunddreissig von den beiden *executores et visitatores* getroffenen Maßnahmen wurden am 27. November 1326 dem Abt Bernhard und den Mönchen mit einem schriftlichen Brief mitgeteilt, der kurz darauf auf vier zusammengenähten Pergamenten kopiert wurde, um ein ungefähr 150 cm langes Rotulus zu bilden.

57 Le citazioni sono tratte da Gregorio PENCO, Crisi e segni di rinascita monastica nel Trecento, in: Monachesimo, a cura di PICASSO/TAGLIABUE (come alla nota 49) pp. 1 e 3.

4. ARCHIVIERUNG, ERFASSUNG UND AUFARBEITUNG

L'Archivio di Stato di Perugia e il progetto di digitalizzazione

Pier Maurizio Della Porta

In questo breve lavoro si espone l'esperienza di acquisizione e pubblicazione di informazioni e immagini in formato digitale relative a documenti che costituiscono fondi o serie di archivi conservati presso l'Archivio di Stato di Perugia. Per la maggior parte si tratta di documenti pergamenacei tra cui anche alcuni *rotuli*. Tali documenti sono stati pubblicati attraverso il sistema informativo dell'Archivio di Stato di Perugia alla pagina web *http://www.archiviodistatoperugia.it/ricerca-e-consultazione*. Il sistema scelto ha permesso il recupero e il "riuso" di dati e immagini oggetto di progetti precedenti come il progetto *Imago II*.

Il progetto *Imago II* fu formulato sulla base del programma triennale di indirizzo per gli interventi organici di tutela e valorizzazione dei beni culturali, adottato con D.M. 6 marzo 1992, ai sensi della legge 10 febbraio 1992, n. 145, che prevedeva *la riproduzione di documenti d'archivio su supporti maneggevoli, indicizzabili e facilmente consultabili.* Così gli archivi coinvolti nel progetto si preparavano ad affrontare su vasta scala, ancora una volta dopo il progetto *Anagrafe degli archivi italiani* e il primo progetto *Imago*, i problemi connessi con metodi di gestione di "ambienti" digitali. L'obiettivo primario che gli Istituti archivistici si proponevano nel realizzare i progetti *Imago*, era quello di una migliore conservazione dei documenti, le immagini dei quali, acquisite in formato digitale, potevano essere "consultate" a piacere e riprodotte, senza spostare gli originali dalla propria collocazione; oltre a ciò, attraverso l'associazione alle immagini di elementi informativi e identificativi sui documenti , veniva offerta la possibilità di elaborare un "prodotto" archivistico nuovo, rispetto agli inventari su supporto cartaceo, utile alla ricerca in loco nelle sale di studio e da remoto, attraverso internet; in ogni caso un prodotto destinato a rinnovare modi e tempi di lavoro degli archivisti e quindi anche dei ricercatori che frequentano gli Archivi.

L' Ufficio Centrale per i beni Archivistici, attraverso il "Nucleo di coordinamento per l'informatica", assegnò agli Istituti coinvolti i finanziamenti per la realizzazione dei progetti, dando loro anche la possibilità di scegliere autonomamente il patrimonio documentario sul quale realizzare le procedure di digitalizzazione e le tecnologie più adatte per realizzare i singoli progetti.

Gli Archivi che aderirono al progetto affrontarono il problema in modo diverso, alcuni, come Firenze e Lucca, si rivolsero per l'elaborazione dei progetti di fattibilità ai tecnici del CNR, altri come Torino, Perugia, Venezia al

DIBE dell'Università di Genova[1], l'Archivio di Stato di Cagliari, partendo più tardi, si rivolse direttamente per la consulenza a un'impresa privata, basandosi però sull'esperienza di *American Memory* presso la *Library of Congress;* a Roma i problemi furono affrontati "in casa" come è stato detto più volte nell'illustrazione del progetto da parte di Paolo Buonora, seppure con l'aiuto del CASPUR di Roma. I tecnici, lavorando a stretto contatto con i funzionari degli Archivi di Stato arrivarono alla elaborazione di capitolati tecnici che permisero di dare l'avvio al complesso iter amministrativo per l'espletamento delle gare europee necessarie per l'appalto dei servizi; i lavori partirono realmente nel 1997–98.

Ovviamente diverse furono le soluzioni tecniche adottate: per alcuni progetti l'acquisizione avveniva attraverso sensori di area, utilizzando cioè il dorso digitale BigShot 3000 della DICOMED e il successivo modello 7200. Tale dorso si sostituisce al caricatore per la pellicola dell'apparecchio fotografico, nel caso di Perugia una Hasselblad 6x6, e si basa su di un sensore CCD di 4096 x 4096 pixel monocromatico (toni di grigio) originariamente sviluppato per acquisizione di immagini da satellite.

L'informazione "colore" viene ottenuta frapponendo, fra il sensore e l'obiettivo, un filtro detto "Liquid Crystal Tunable Filter (LCTF)" che cambia, durante la stessa esposizione, da rosso a verde a blu consentendo un'acquisizione RGB in un'unica passata.

Le immagini, conservate in formato JPEG furono masterizzate in CD ROM e inserite in Juke Box; in seguito, tutti gli istituti si sono dotati di sistemi di *storage* più affidabili e veloci per la gestione delle immagini, alle quali sono stati collegati sistemi informativi che permettono una rapida ricerca sui documenti trattati e rappresentano un valore aggiunto di notevole significato anche rispetto ai normali strumenti di corredo.

Per Perugia si scelse di trattare con le nuove tecnologie i registri relativi alle serie *Catasti e Statuti* dell'Archivio storico del Comune di Perugia e dei *Corali* di San Pietro e San Domenico, conservati nella Sezione di Archivio di Stato di Gubbio. Si tratta di documenti di grande formato, elaborati dal XIII al XVIII secolo, molto consultati dai frequentatori delle sale di studio dell'Istituto e assai preziosi per il valore storico del contenuto testuale e per le miniature che vi si trovano in gran numero.

Le immagini oltre 204.000 in formato JPEG stoccate in CD immessi nei juke-box afferivano ad un database di informazioni alfanumeriche, relative al fondo, alla serie e, per quanto riguarda i *Catasti,* ai singoli "allibramenti" (cioè documenti relativi ai possidenti accatastati), per cui è possibile fare ricerche, per parole chiave, che permettono il recupero dei documenti asso-

1 Dipartimento di Ingegneria Biofisica ed Elettronica dell'Università di Genova.

ciati. Ciò facilita di fatto la ricerca e sostituisce efficacemente la consultazione dei documenti in originale.

I sistemi informativi che accompagnano gli archivi e i documenti in formato digitale oggetto del progetto *Imago*, altre a trasporre in forma digitale le notizie sugli archivi e i documenti contenute nei mezzi di corredo classici, come è avvenuto per l'Archivio Mediceo avanti al Principato conservato presso l'Archivio di Stato di Firenze, comportano una descrizione delle fonti archivistiche che, strutturata sugli *standars* di descrizione accettati, ISAAR (CPS) e ISAD (G), mette a disposizione degli utenti e degli operatori una grande quantità di informazioni e varie possibilità di accesso; ciò vale anche per i documenti inseriti nel sistema informativo dell'Archivio di Stato di Perugia.

Il sistema informativo dell'Archivio di Stato di Perugia è stato presentato in occasione della celebrazione del 70° anno di istituzione dell'ente. Si tratta di un complesso di risorse informative e informatiche che presentano un sito web accessibile al pubblico e una piattaforma di lavoro, condivisa da archivisti e anche operatori esterni, per la descrizione/inventariazione dei complessi archivistici conservati nelle cinque sedi dell'Archivio di Stato di Stato di Perugia. La piattaforma di lavoro è integrata con il sito ufficiale dell'Istituto.

Il sistema informativo è stato realizzato dalla ditta Regesta s.r.l. di Roma, specializzata nella gestione di risorse digitali per gli archivi le biblioteche, ed è stato strutturato in conformità alle *Linee Guida per i siti della Pubblica amministrazione*, direttiva del ministro per la Pubblica Amministrazione n. 8 del 26 novembre 2009 aggiornata nel 2011.

Il sito presenta informazioni sulle sedi dell'Istituto: ubicazione, indirizzi, numeri di telefono, contatti, storia, particolarità, fotografie, regolamenti delle sale di studio.

Alcune pagine sono dedicate agli "avvisi" relativi ai servizi resi ai fruitori delle sale di studio, al pubblico in generale e alle "notizie" relative alle attività, alle iniziative dell'Istituto nel suo complesso e delle singole sedi; alcune pagine sono dedicate all'attività didattica e in particolare alla Scuola di Archivistica, Paleografia e Diplomatica annessa all'Istituto.

Consultando le pagine del sito è possibile attingere informazioni relative ai fondi archivistici conservati in tutte le sedi e accedere, attraverso la pagina "risorse digitali", agli strumenti di consultazione che vengono realizzati attraverso la "piattaforma di lavoro" *xDams*, gli strumenti sono pubblicati nel sito dopo che il lavoro di inventariazione o schedatura degli archivi è stato portato a termine. Come si è già detto il sistema è assolutamente integrato e permette comunque di aggiungere e correggere dati, anche dopo la pubblicazione sul web.

L'interrogazione delle pagine web, dunque, oltre a dare tutte le informazioni relative al funzionamento dell'Istituto: orari, iniziative, regolamenti, carta dei servizi, permette al fruitore di sapere, come primo approccio di ricerca, quali sono i complessi archivistici conservati o, utilizzando alcuni campi di ricerca, se e in quale sede è conservata la documentazione che lo interessa; sarà poi possibile raffinare la ricerca utilizzando gli "strumenti digitali".

Le informazioni sulla descrizione degli archivi sono allineate a quelle presenti nel Sistema Informativo degli Archivi di Stato (SIAS).

Il cuore del sistema informativo è la piattaforma *xDams* , una soluzione tecnologica per la descrizione degli archivi e in generale dei beni culturali, che adotta lo standard XML per la conservazione dei dati, garantendo interoperabilità e condivisione delle risorse. La struttura dei dati risponde allo standard EAD (Encoded Archival Description). *xDams* è un sistema multiutente basato interamente su WEB ed è stato già utilizzato proficuamente per altri archivi (Archivio di Stato di Napoli, Archivio di Stato di Bologna, Archivio Storico Luce, Accademia di Santa Cecilia a Roma). L'adozione, come ambiente di sviluppo, del software *Open Source* garantisce l'uso multipiattaforma, sia lato *server* sia lato *client*. Il sistema di descrizione degli archivi è multilivellare (dal generale al particolare: dal complesso archivistico all'unità documentaria) conforme agli *standard* Isad e Isaar[2]. L'uso degli standard di redazione e sviluppo del sistema ha reso possibile la visualizzazione dei dati contenuti nel sito dell'Archivio di Stato di Perugia anche nel portale del Sistema Archivistico Nazionale. La contestualizzazione storica, giuridico-amministrativa degli archivi è realizzata, oltre che attraverso le schede descrittive, anche stabilendo un collegamento con le schede contenute in un *authority file* dei soggetti produttori di archivio i cui *links* sono concepiti secondo una struttura "molti a molti", vale a dire che più archivi possono essere prodotti da un soggetto (persona, famiglia o ente) come più soggetti possono essere responsabili della produzione di un singolo archivio.

Per rendere utilizzabili le fonti documentarie oggetto del progetto *Imago* nel sistema informativo dell'Istituto è stata necessaria come prima operazione la conversione dei dati dal linguaggio del sistema proprietario originario in XML, poi l'allineamento e la verifica dei dati alla luce degli standard descrittivi, quindi la mappatura, il filtraggio e il riversamento dei dati nel nuovo sistema.

Sono state messe a disposizione degli utenti in linea anche le informazioni (descrizione e contenuto) e le immagini relative ai documenti appartenenti

---

2 Sul sistema *xDams* vedi le pagine web di Regesta S.r.l. http://www.regesta.com/cosa-e-xdams.

alle serie diplomatiche del Comune di Perugia e di alcune corporazioni soppresse: Monastero di Santa Maria di Monteluce, Convento di San Francesco al Prato, Convento di San Domenico, Monastero di Santa Maria di Monte Morcino, Monastero di Santa Giuliana. Il sistema informativo dell'Archivio di Stato di Perugia permette dunque, ad oggi, di poter accedere a circa 120.000 schede e 220.000 immagini, a queste si aggiungono gli strumenti di consultazione realizzati man mano dai funzionari dell'Istituto. Il sistema, attraverso semplici moduli di interrogazione, permette l'accesso diretto agli strumenti di ricerca e la loro consultazione sequenziale, ma permette anche di puntare alle unità di descrizione di livello basso (unità archivistiche, di norma fascicoli e singoli documenti) attraverso parole chiave contenute nei campi delle schede descrittive: denominazione, contenuto, elementi cronologici, segnatura.

Per quanto concerne i "rotuli", presso l'Archivio di Stato di Perugia non ne sono conservati molti. Si tratta di undici documenti datati dall'anno 1268 all'anno 1533, costituiti da pergamene cucite insieme a posteriori: sono per lo più raccolte di documenti che testimoniano proprietà o diritti e che vengono usate spesso in procedimenti giuridici di vario grado. Nel sistema informativo viene redatta una scheda relativa all'unità documentaria a cui si riferiscono tutti i documeti di cui è composto il "rotulus", vengono poi redatte schede relative ad ogni unità e messe in relazione alla scheda principale, ordinate gerarchicamente come schede figlie: per esempio, il documento con la seguente segnatura: Archivio di Stato di Perugia, *Comune di Perugia*, *Diplomatico*, 1399 a-d, sarà costituito, nel sistema informativo, da una scheda principale relativa al documento n. 1399, che conterrà le schede figlie dei documenti nn. 1399 da "a" a "c". Tutti i documenti sono stati fotografati singolarmente, le immagini sono state unite tutte in sequenza alla prima scheda e ognuna poi alla scheda di competenza. I dati e le immagini sono perciò raggiungibili attraverso la scheda principale o ogni singola scheda, la relazione che lega il documento ricercato agli altri che fanno parte del "rotulus" è sempre evidenziata sia nella scheda principale che in quelle relative ai singoli documenti.

L'aggiornamento continuo del sistema e il suo arricchimento con nuove e più complete descrizioni degli archivi, una continua ed efficace informazione sulle attività dell'Istituto costituiscono senza dubbio uno strumento diretto e veloce per rendere un migliore servizio al pubblico ed ottemperare in modo più efficace alle funzioni di conservazione e valorizzazione del patrimonio.

Abstract

In dieser kurzen Arbeit wird die Erfahrung bei der Aufnahme und Veröffentlichung von Informationen und Bildmaterial im digitalen Format in Bezug auf Dokumente dargestellt, die Bestände oder Archivserien die im Staatsarchiv Perugia bilden. Es handelt sich dabei größtenteils um Pergamente, aber auch um Schriftrollen. Besagte Dokumente sind über das Informatiksystem des Staatsarchivs Perugia auf der Webseite http://www.archiviodistatoperugia.it/ricerca-e-consultazione zugänglich gemacht worden. Das ausgewählte System ermöglichte unter anderem die Wiedereingliederung und "Wiederverwendung" von Daten- und Bildmaterial, das Gegenstand vorhergehender/vorangegangener Projekte, wie z. B. des Projekts *Imago II*, gewesen war.

Erhalt und Benutzung als Ziele

Konservatorisch-restauratorische Behandlung und digitale Bereitstellung von Rotuli im Landesarchiv Nordrhein-Westfalen[1]

Johannes Burkardt

1. Rotuli im Archiv

Die reizvolle Aufgabe, Rotuli in Archiven nachzuspüren, wird durch lange tradierte begriffliche Unschärfen nicht eben erleichtert. Verwaltung, Justiz, Philologie und Geschichtswissenschaften mit allen ihren Nebendisziplinen benutzen die Begriffe des „Rotulus“ und der „Rolle“ nebeneinander und mehrdeutig, was sich natürlich in der von den Archiven verwendeten Nomenklatur niederschlägt. Diplomatik und Quellenkunde definieren den Rotulus seit dem 19. Jahrhundert in der Regel als eine „Urkunde <oder> aufgerollte Schrift“ bzw. „eine Rolle <oder> aufgerollte Urkunde“[2]. Es geht also ganz allgemein um Schriftrollen, unabhängig davon, ob ihr Inhalt in einer Kanzlei abgefasst wurde oder ob er urkundlicher, chronikalischer oder literarischer Natur ist[3]. Die sich mit dem zunehmenden Aktenanfall in der Verwaltung professionell entwickelnde und mit der Aufklärung zügig systematisierende Registraturkunde und die sich im Gefolge dieser Entwicklung von der Diplomatik emanzipierende Aktenkunde kennen den Begriff des „Rotulus“ ebenfalls. Sie meinen damit aber, diesmal von der äußerlichen Form völlig losgelöst, das Inhaltsverzeichnis einer Sachakte („Rotulus actorum“, „Ro-

---

1 Im Aufsatz verwendete Abkürzungen: LAV NRW=Landesarchiv Nordrhein-Westfalen mit den Buchstabenzusätzen OWL für die Abteilung Ostwestfalen-Lippe (früher Staats- und Personenstandsarchiv Detmold), R für die Abteilung Rheinland in Duisburg (früher Hauptstaatsarchiv Düsseldorf) und W für die Abteilung Westfalen (früher Staatsarchiv Münster); KEK=Koordinierungsstelle schriftlichen Kulturguts, Berlin.

2 So Eduard Brinckmeier in: Glossarium diplomaticum zur Erläuterung schwieriger, einer diplomatischen, historischen, sachlichen oder Worterklärung bedürftiger lateinischer, hoch- und besonders niederdeutscher Wörter und Formeln (...), Gotha 1856 bzw. 1863, S. 489.

3 Zur Geschichte der Schriftrolle ausführlich Wilhelm Wattenbach, Das Schriftwesen im Mittelalter, Leipzig 1896, S. 150–174, zu den Urkunden S. 170–172, als Vorstufe der Akten S. 172–174. Zum Rotulus in der Diplomatik immer noch am umfassendsten: Harry Bresslau, Handbuch der Urkundenlehre für Deutschland und Italien. Vgl. hier die Nachweise zum Thema „Rotuli“ im Register zur zweiten und dritten Auflage, zusammengestellt von Hans Schulze, Berlin 1960, S. 37.

tulus commissionis")[4]. Aneinandergeheftete und dann aufgerollte Schriftstücke bezeichnen sie nicht als Rotuli, sondern einfach nur als Rollen. In jüngerer Zeit erörtern einige Autoren die Möglichkeit, diese in Amtsstuben entstandenen Rollen als Vorstufe der Serienakten anzusehen[5] oder sie, vor allem mit Blick auf kommunale Schriftguttraditionen, eher den Geschäftsbüchern zuzuordnen[6]. Registratur- und Aktenkunde übernehmen zugleich einen dritten, von der Justiz geprägten Rotulusbegriff. Hier bezeichnete man die im Verlauf eines Prozesses bei Gericht entstehenden Beweisaufnahmeprotokolle als „Rotuli dictorum testu" oder als „Rotulus testium"[7].

Archivische Lehrbücher des 20. Jahrhunderts, allen voran die Standardwerke von Adolf Brenneke und Johannes Papritz, folgen überwiegend dem Sprachgebrauch der Registratur- und Aktenkundler und rekurrieren auf die Inhaltsverzeichnis-Rotuli[8]. Das aktuelle archivwissenschaftliche Fachvokabular führt weder den Begriff des Rotulus noch den der Rolle auf[9]. Der Ar-

---

4 Zum spätmittelalterlichen aktenkundlichen Rotulusbegriff vgl. Ludwig von ROCKINGER, Zum baierischen Schriftwesen im Mittelalter, Münster 1872, S. 56–66; für die Moderne: Heinrich Otto MEISNER, Aktenkunde. Ein Handbuch für Archivbenutzer mit besonderer Berücksichtigung Brandenburg-Preußens, Berlin 1935, S. 160 f.; Michael HOCHEDLINGER, Aktenkunde. Urkunden- und Aktenlehre der Neuzeit, Wien/Köln/Weimar 2009, S. 100. Eckart Henning bezeichnete vor einigen Jahren das von den Archiven den einzelnen Archivalien beigefügte Benutzerblatt, in das sich der Einsicht nehmende Lesesaalkunde einträgt, ebenfalls als Rotulus. Vgl. Eckart HENNING, Einleitung zu: Die archivalischen Quellen. Mit einer Einführung in die Historischen Hilfswissenschaften, hg. von Friedrich BECK/Eckart HENNING, Köln/Weimar/Wien [5]2012, S. 18. Die lateinischen Begriffe bei Philipp Wilhelm Ludwig FLADT, Anleitung zur Registratur-Wissenschaft und von Registratoribus, deren Amt und Pflichten (…), Frankfurt/Leipzig 1765, fototechnischer Nachdruck, München 1975, S. 84.

5 Zu den Akten vgl. als Beispiel für die ältere Literatur: FLADT, Anleitung (wie Anm. 4). Repräsentativ für die jüngeren Autoren: Ahasver von BRANDT, Vorbemerkungen zu einer mittelalterlichen Aktenlehre, in: Archivar und Historiker. Studien zur Archiv- und Geschichtswissenschaft. Zum 65. Geburtstag von Heinrich Otto Meisner (…), Redaktion Helmut LÖTZKE u. Hans-Stephan BRATHER (Schriftenreihe der staatlichen Archivverwaltung 7), Berlin 1956, S. 435 f.; DERS., Werkzeug des Historikers. Eine Einführung in die Historischen Hilfswissenschaften, Stuttgart [16]2003, S. 68 f. u. 108.

6 Heinrich Otto MEISNER, Archivalienkunde vom 16. Jahrhundert bis 1918, Göttingen 1969, S. 203 mit Hinweis auf ältere Literatur.

7 Vgl. FLADT, Anleitung (wie Anm. 4) S. 84 f.; Samuel OBERLÄNDER, Lexicon Juridicum Romano-Teutonicum. Das ist: vollständiges Lateinisch-Teutsches Juristisches Hand-Lexicon (…), Nürnberg [4]1753, unveränderter Nachdruck, hg. und eingeleitet von Rainer POLLEY, Köln/Weimar/Wien 2000, S. 627.

8 Adolf BRENNEKE, Archivkunde. Ein Beitrag zur Theorie und Geschichte des Europäischen Archivwesens, bearb. nach Vorlesungsnachschriften und Nachlaßpapieren und ergänzt von Wolfgang LEESCH, Leipzig 1953, S. 12; Johannes PAPRITZ, Archivwissenschaft 2 (Veröffentlichungen der Archivschule Marburg 1), Marburg [2]1998, S. 8 f.

9 Angelika MENNE-HARITZ, Schlüsselbegriffe der Archivterminologie (Veröffentlichungen der Archivschule Marburg 20), Marburg [3]2000.

chivbenutzer wiederum muss damit rechnen, bei seinen Recherchen auf alle diese Wortbedeutungen zu stoßen.

Im folgenden wird der „Rotulus" mit Blick auf die physische Gestalt des im Archiv vorhandenen Objekts als gerollter oder gerollt gewesener Informationsträger verstanden. Schwerpunkte werden dabei mit Blick auf den mittelalterlich-frühneuzeitlichen Betrachtungsraum dieses Bandes in den Urkundenbeständen und in den Kartenbeständen gesetzt.

2. „Rotuli" im Landesarchiv Nordrhein-Westfalen

Das Landesarchiv NRW mit seinen drei Archivstandorten Duisburg, Münster und Detmold ist das historische Gedächtnis des heutigen Bundeslandes Nordrhein-Westfalen. Es verwahrt in seinen Magazinen zur Zeit ca. 160 laufende Kilometer Archivgut. Die Zahl der Objekte, die als Rotulus oder ehemaliger Rotulus in Frage kommt, ist mit Blick auf die Gesamtmenge gering. Schon ein Blick auf die Urkunden aus der Zeit vor 1806 mag dies illustrieren: ihr Anteil an der Gesamtmasse des vom Landesarchiv betreuten Archivgutes beläuft sich auf etwa 180.000 Stücke. Die Zahl der Rotuli darunter dürfte sich im Promillebereich bewegen. Prozentual schrumpft ihr Anteil laufend angesichts der wachsenden Masse modernen Schriftguts. An der historischen Bedeutung der Altbestände ändert das natürlich nichts[10].

Das Landesarchiv ist sich der Verantwortung gegenüber diesen Stücken bewusst, was sich in konservatorisch-restauratorischen Dauerprojekten niederschlägt, mit denen die Urkunden der Standorte Duisburg (ca. 70.000 Stück) und Münster (ca. 100.000 Stück) nach und nach umgebettet, ggfs. restauriert und digitalisiert werden[11]. Ähnliches gilt für Karten, Pläne und Großformate, bei denen der Bearbeitungsschwerpunkt neben einer fachgerechten Lagerung auf dem Gebiet der Massendigitalisierung liegt[12].

---

10 Zahlen lt. offiziellen Flyern des Landesarchivs und, soweit nicht im Einzelnen nachgewiesen, lt. der internen Kosten-Leistungsrechnung des LAV.

11 Zur Bestandserhaltung im LAV: Johannes Kistenich (Red.), Landesarchiv Nordrhein-Westfalen. Grundsätze der Bestandserhaltung. Technisches Zentrum (Veröffentlichungen des Landesarchivs Nordrhein-Westfalen 19), Detmold ³2011. Die Behandlung von Urkunden am Beispiel der Abteilung Westfalen vgl. Johannes Burkardt, Bestandserhaltung und Bestandssicherung mittelalterlicher Urkunden im Landesarchiv NRW Abteilung Westfalen, in: Papsturkunden des frühen und hohen Mittelalters. Äußere Merkmale – Konservierung – Restaurierung, hg. von Irmgard Fees/Andreas Hedwig/Francesco Roberg, Leipzig 2011, S. 45–61.

12 Im Rahmen eines von der DFG geförderten Pilotprojektes wurden 2012–2016 über 60.000 Karten und Großformate aller drei LAV-Regionalabteilungen digitalisiert und online gestellt.

Wir fragten uns bereits eingangs, ob und wie viele Rotuli das Landesarchiv eigentlich beherbergt. Die Antwort fällt ebenso klar aus wie bei anderen Sonderformen, z. B. Chirographen, auch: wir wissen, dass es sie gibt, kennen aber ihre Menge nicht und werden sie mit vertretbarem Aufwand auch nicht ermitteln können. Dafür gibt es mehrere Gründe:

1. Erschwerend wirken sich die eingangs erwähnten terminologischen Mehrdeutigkeiten aus. Recherchiert man in der LAV-internen Erschließungsdatenbank V.E.R.A. nach dem Begriff „Rotulus", erhält man eine auf den ersten Blick erfreulich große Treffermenge[13]. Diese führt für unsere Fragestellung allerdings in die Irre, da es sich in den meisten Fällen um Rotuli im aktenkundlichen Sinne handelt, also schlicht und einfach um Register oder Inhaltsverzeichnisse zu Aktenbänden, sehr häufig auch um Beweisaufnahmeprotokolle des Reichskammergerichts[14].

2. Im Rahmen der archivischen Verzeichnung wird die physische Gestaltungsform des Archivguts nur in Ausnahmefällen berücksichtigt. Überwiegend aus arbeitsökonomischen Gründen beschränkt man sich heute wie früher in der Regel auf die Erfassung eines Titels bzw. Regestes und der Laufzeit. Hinzu können je nach Archivalientyp weitere Daten kommen. Bei Urkunden werden Angaben zu ihrer Entstehungsstufe (Original, Abschrift etc.), zum Beschreibstoff, zur Sprache und natürlich zu den ggfs. erhaltenen Siegeln erfasst, bei Karten werden beispielsweise Abmessungen und Maßstäbe aufgenommen.

3. In den Beständen des LAV finden sich durchaus Urkunden, die von ihrem Format her die Vermutung nahelegen, dass sie irgendwann einmal Rotuli gewesen sein könnten, dann aber irgendwann auf kleinere Formate zusammengefaltet wurden. Wann das geschehen ist, lässt sich nicht mehr nachvollziehen. Die Beibehaltung der Rollenform im Archiv hielten bereits die Registratoren des 18. Jahrhunderts für „eher mißlich, confus und unbequem"[15], im 19. und 20. Jahrhunderts traute man solch unmodernen „Missstand" allenfalls einem hoffnungslos traditionsverhafteten Land wie Großbritannien zu[16]. So kommt es, dass die meisten Rotuli irgendwann lagerungstechnischen Motiven zum Opfer fielen. Sie wurden plangelegt bzw. zusammengefaltet:

---

13 Beispielsweise erbrachte eine Rechercheabfrage nach dem Lemma „Rotulus" in der Abteilung Rheinland im Juli 2017 188 Treffer. Davon bezogen sich 120 auf Aktenrotuli.

14 Vgl.: Peter OESTMANN und Wilfried REININGHAUS, Die Akten des Reichskammergerichts. Schlüssel zur vormodernen Geschichte (Veröffentlichungen des Landesarchivs Nordrhein-Westfalen 44) Düsseldorf 2012, S. 18.

15 FLADT, Anleitung (wie Anm. 4) S. 103.

16 So Franz VON LÖHER, Einrichtung von Archiven, Teil VIII, in: Archivalische Zeitschrift 8 (1883, Reprint 1975) S. 279 unter Bezugnahme auf Colmar GRÜNHAGEN, Eine archivalische Reise nach London, in: Archivalische Zeitschrift 3 (1878) S. 236–238. Identisch in: Franz

flache Objekte sind nun einmal platzsparend, kostengünstig und einfach handhabbar zu lagern, Rollen nicht.

3. Konservatorisch-restauratorische Behandlung der Urkundenbestände

Da die Fachtagung und der vorliegende Band thematischen Wert auf bestandserhalterische Aspekte legen, sei, bevor auf Rotuli und mögliche Rotuli eingegangen wird, ein Blick auf die aktuell im LAV praktizierte Restaurierungsstrategie, besonders mit Blick auf die Urkunden geworfen. Das Landesarchiv setzt zur Zeit etwa ein Viertel der vorhandenen ca. 20 Restaurierungskräfte für die Behandlung von Urkunden ein. Eine sicher wünschenswerte Erhöhung der Personalressourcen ist vor dem Hintergrund der insgesamt von den Werkstätten zu bewältigenden Aufgaben nicht möglich. Die „Hauptbaustelle", mit der sich die Bestandserhalter aktuell und auch in der nahen Zukunft konfrontiert sehen, ist der Zerfall industriell gefertigter Papiere aus dem 19. und 20. Jahrhundert. Die Ende 2015 publizierten Handlungsempfehlungen der bei der Stiftung preußischer Kulturbesitz angesiedelten Koordinierungsstelle für die Erhaltung schriftlichen Kulturguts (KEK) weisen eindrucksvoll auf den Befund hin, dass für einen Großteil der vom Papierzerfall betroffenen Archivalien vordringlicher Handlungsbedarf besteht[17].

Angesichts des benannten bestandserhalterischen Kernproblems wie auch angesichts des Umstands, dass die Benutzungsfrequenz der Urkundenbestände erfahrungsgemäß relativ gering ist[18], vor allem aber mit Blick auf die großen Materialaufwände und die geradezu Schwindel erregende Projektdauer der Urkundenkonservierung (wir reden hier auf das Landesarchiv gesehen über eine Gesamtlaufzeit von 70–75 Jahren), haben die staatlichen Archive in Nordrhein-Westfalen und seit 2004 das Landesarchiv die Entscheidung über dieses Projekt sehr lange und gründlich abgewogen. Das Ergebnis ist klar: die fachliche Notwendigkeit des Vorhabens wird anerkannt, das Projekt wird umgesetzt.

Löher, Archivlehre. Grundzüge der Geschichte, Aufgaben und Einrichtung unserer Archive, Paderborn 1890, S. 350.

17 Die Erhaltung des schriftlichen Kulturguts in Archiven und Bibliotheken in Deutschland. Bundesweite Handlungsempfehlungen für die Beauftragte der Bundesregierung für Kultur und Medien und die Kultusministerkonferenz. Vorgelegt von der Koordinierungsstelle für die Erhaltung des schriftlichen Kulturguts (KEK) (...), Berlin 2015.

18 Unter den 2015 in der Abteilung Westfalen des Landesarchivs ausgehobenen 16.000 Archivalien waren beispielsweise nur 700 Urkunden.

Ansprechpartner für die Bestandserhaltung im Landesarchiv sind die Kolleginnen und Kollegen des Technischen Zentrums, das in Münster-Coerde angesiedelt ist und Zweigwerkstätten in Duisburg und Detmold unterhält. In Coerde und Duisburg finden zur Zeit Urkundenbearbeitungen statt. Für Detmold ist eine vergleichbare Maßnahme in Planung. Das Technische Zentrum trat 2004 an die Stelle der bisherigen dezentralen Restaurierungswerkstätten in den Staatsarchiven. An den weiter entfernten Standorten Detmold und Duisburg verblieben kleine Zweigstellen vor allem für die Erledigung kleinerer Aufgaben, zum Beispiel die kurzfristige Benutzbarmachung geschädigter Archivalien in den Lesesälen. Ziel dieser Umstrukturierung war, das individuelle Bearbeiten von Einzelstücken, wie es bislang in mehreren selbständigen Werkstätten erfolgt war, durch die serielle Bearbeitung von Archivgut in standardisierten Mengenverfahren zu ersetzen. Hintergrund all dessen ist eine Organisationsuntersuchung, die 1999/2000 ergeben hatte, dass der Anteil des geschädigten Archivguts am Gesamtbestand ca. 11 % beträgt. Für seine Abarbeitung wurde, die Verhältnisse des Jahres 2000 vorausgesetzt, ein Bedarf von ca. 500 Personenjahren ermittelt. Abhilfe kann in einem solchen Fall, andere Bundesländer haben es erfolgreich vorgemacht, nur eine Zentralisierung der Werkstätten mit zentraler Projektsteuerung bieten[19].

„Standardisiertes Mengenverfahren" heißt im Falle der Urkunden, dass keine aus dem Zusammenhang genommenen Einzelstücke, sondern jeweils nur ganze Bestände in die Hand genommen werden. Dabei wird „minimalinvasiv" gearbeitet: nur das wird getan, was unbedingt nötig ist, um die Urkunde dauerhaft einlagern zu können und sie gegebenenfalls ohne Risiko im Lesesaal vorlegen oder sie unter den Scanner legen zu können. Das früher übliche Prinzip, restauratorisch-konservatorisch alles Machbare auch wirklich an jedem Stück in die Tat umzusetzen, ist nicht mehr Praxis. Am Beispiel der in der Abteilung Westfalen in Münster liegenden Urkunde „Fürstabtei Herford – Urkunde 212" aus dem Jahr 1330 lässt sich verdeutlichen, welche Art von Schäden im Interesse einer Benutzbarkeit bzw. Digitalisierbarkeit behoben werden müssen (vgl. Abb. 3). Das Pergamentblatt weist deutliche mechanische Schäden auf: Risse, Löcher und abgebautes Material. Selbst eine kleinere Bewegung dieses recht großformatigen Stückes würde weiteres Einreißen oder das Abbröseln von Pergamentstückchen bewirken. Die großen Schäden müssen behoben werden, um das Stück handhaben zu können,

---

19 KISTENICH, Grundsätze (wie Anm. 11) S. 5–11. Zur Standardisierung der Arbeitsabläufe vgl. Johannes BURKARDT, Standards und Normen in der Bestandserhaltung und bei Massenentsäuerungsverfahren, in: Masse und Qualität. Standardisierte Verfahren der Bestandserhaltung in der Diskussion (…), hg. von Hanns Peter NEUHEUSER/Peter K. WEBER (Archivhefte 47), Bonn 2016, S. 27–41.

Abb. 1: Das Technische Zentrum des LAV NRW in der Speicherstadt Münster-Coerde (Bild: Johannes Burkardt).

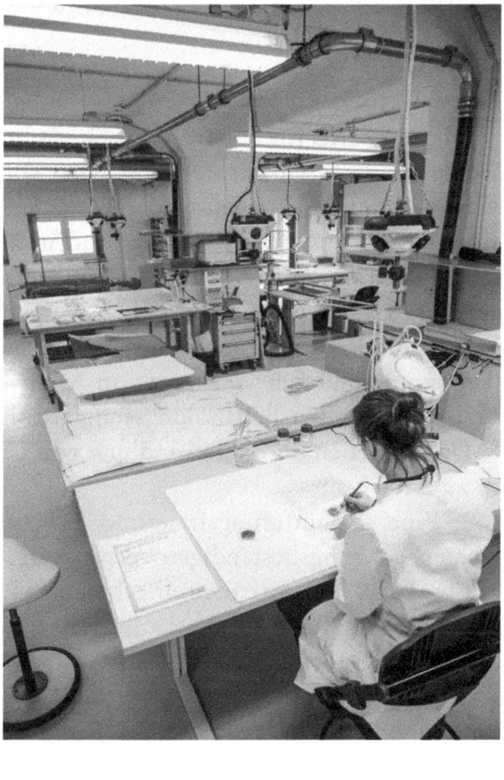

Abb. 2: Restaurierungswerkstatt im Technischen Zentrum Coerde (Bild: Kristian Peters).

Abb. 3: Beispiele für Pergamentschäden, die eine Benutzung oder Digitalisierung nicht erlauben würden und restauratorisch behandelt werden müssen (Bild: LAV NRW).

während kleinere, nur wenige Zentimeter lange Beschädigungen, wie zum Beispiel Risse am Rand, nicht zwingend behandelt werden müssen.

Die Standards für konservatorisch-restauratorische Arbeitsabläufe in den Werkstätten des Landesarchivs werden von einer abteilungsübergreifenden Arbeitsgruppe entwickelt und in regelmäßigen Abständen evaluiert. Das Team besteht aus leitenden Restauratorinnen und Restauratoren des Technischen Zentrums sowie den für Bestandserhaltung in den Regionalabteilungen zuständigen Querschnittsdezernenten. Standards liegen unter anderem vor für die Restaurierung von Amtsbüchern und Urkunden sowie für die Umbettung und den Transport von Archivgut. An dieser Stelle ist ein Blick auf den Urkunden-Behandlungsstandard sinnvoll.

Die Vorgaben für die Behandlung von Urkunden zielen darauf ab, dreierlei zu erreichen:

1. Eine erschütterungsfreie und druckgeschützte Lagerung in normgerechten, alterungsbeständigen Verpackungen. Die frühere Lagerung, bei der z.T. bis zu 30 in Papiertüten eingebrachte Urkunden in einer Archivschachtel lagen, hat vor allem die Siegel arg strapaziert, schlimmstenfalls sogar beschädigt oder zerstört.

2. Herstellung der Benutzungsfähigkeit und vor allem der Digitalisierungsfähigkeit der Urkunden. Beschädigte Stücke werden soweit stabilisiert,

Schadensart	Schadensklasse	Behandlungsmethode	Aufwand	Schwierigkeitsgrad	Benutzbarkeit im Original bzw. Digitalisierungsfähigkeit	Erforderlich für dauerhafte Lagerung
Verschmutzung	1 - 3	Trockenreinigung	niedrig	niedrig	verbessert	ja
Verhornung, Versprödung	1, 2	ggfs. Befeuchten und Planlegen	mittel	niedrig	evtl. verbessert	bedingt
Knicke, Falten	1 - 3	Befeuchten und Planlegen	mittel	niedrig	verbessert	bedingt
Risse						
kleine Risse (bis 3 cm)	1 - 3	Risse schließen	mittel	mittel	evtl. verbessert	nein
lange Risse (ab 3 cm)	1 - 3	Risse schließen	hoch	mittel	evtl. verbessert	bedingt
Abriss (Urkunde fragmentiert)	1 - 2	durch Verklebung ansetzen	hoch	mittel	verbessert	bedingt

Abb. 4: Ausschnitt aus dem LAV-Behandlungsstandard für Urkunden. Oberer fetter Kasten: Beispiel für ein Schadensbild, das im Interesse einer Benutzbarkeit und besseren Lagerfähigkeit restauratorisch behandelt werden muss. Unterer fetter Kasten: Beispiel für einen Tatbestand, der keiner Behandlung bedarf (Bild: LAV NRW).

Abb. 5: Alte Lagerung von Urkunden in der Abteilung Westfalen des LAV in Münster: dicht an dicht liegen die in nicht alterungsbeständigen Papiertüten verpackten Urkunden in Strohpappekartons vom Beginn des 20. Jhs. (Bild: Johannes Burkardt).

Abb. 6 und 7: Schäden infolge der alten, unsachgemäßen Lagerung: Das Siegel an der Urkunde LAV NRW W Stift Fröndenberg – Urk. 28 in einer Aufnahme aus dem Jahr 1887 (links) und im aktuellen Zustand (rechts).

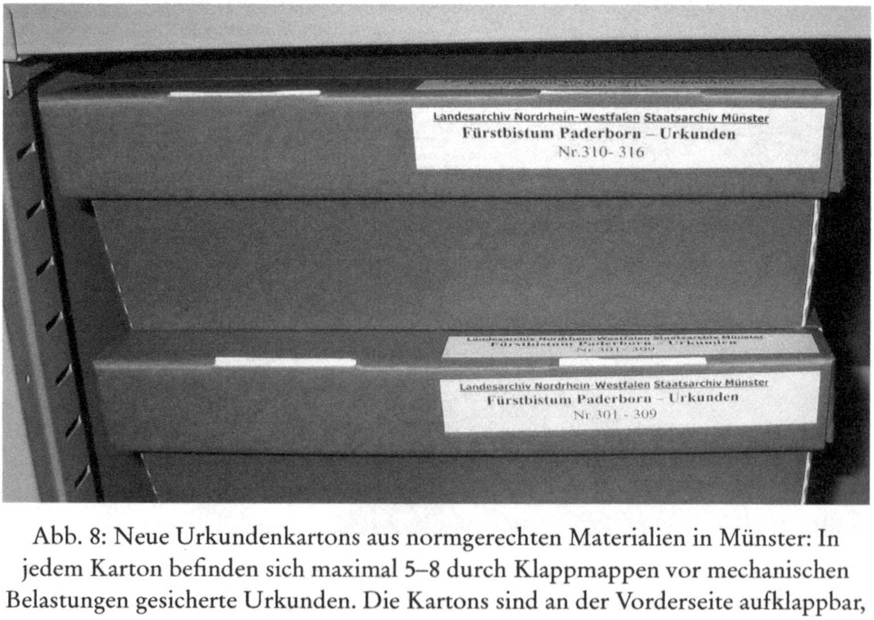

Abb. 8: Neue Urkundenkartons aus normgerechten Materialien in Münster: In jedem Karton befinden sich maximal 5–8 durch Klappmappen vor mechanischen Belastungen gesicherte Urkunden. Die Kartons sind an der Vorderseite aufklappbar, sodass die Kartons bei Aushebungen nicht „umgestapelt" werden müssen.

dass sie in den Lesesaal bzw. die Digitalisierungswerkstatt gebracht werden und dort ungefährdet benutzt oder eingescannt werden können.

3. An dieser Stelle vielleicht am Interessantesten ist die Regelung, dass die Gestalt, in der uns die Urkunde überkommen ist, nach Möglichkeit erhalten bleiben soll. In ihr sehen wir, wie es auch schon einzelne fortschrittliche preußische Archivare des 19. Jahrhunderts wie Karl Gustav Könnecke in Marburg, taten, einen eigenen historischen Wert[20]. Das bedeutet: Rollungen bleiben erhalten, Faltungen bleiben ebenfalls erhalten, zumindest jedoch erkennbar. Nur in Ausnahmefällen erfolgt, auch dies forderte Könnecke bereits[21], eine komplette Planlegung in großformatigen „Pizza"-Schachteln[22]. Heute erfolgt die Planlegung nur noch in Ausnahmefällen, wenn z. B. eine besonders große oder eine besonders ausgestattete, z. B. illuminierte oder mit vielen Siegeln ausgestattete Urkunde zu sichern ist, oder wenn eine restauratorische Bearbeitung, z. B. Sicherung der Schrift, anders nicht möglich ist. Sollten solche Änderungen vom Standardablauf vorgenommen werden müssen, so wird dies, anders als früher, dokumentiert.

Konkret kann die Durchführung der Maßnahmen je nach Standort etwas in den verwendeten Materialien variieren, weil die Bedingungen in den Magazinen in Duisburg und Münster unterschiedlich sind (z. B. unterschiedliche Regalformate). In der Regel werden die Urkunden mittels PVC-Streifen auf einem Tableau aus Museumskarton fixiert, das in einer stabilen Klappmappe mit hoher Grammatur verpackt wird. Wir werden noch Beispiele dafür vorstellen. Besonderes Augenmerk gilt dabei den Siegeln. Sie werden durch Ergänzung von Bruchstellen und brüchigen Rändern mit gefärbtem Wachs stabilisiert und anschließend mit ausreichend hohen gefalzten Kartonstreifen so fixiert[23], dass kein Druck mehr auf die sensiblen Objekte ausgeübt werden kann. Doch wenden wir uns wieder den Rotuli oder zumindest den potentiellen Rotuli zu.

---

20 Karl Gustav KÖNNECKE, Archivlehre. Vorlesung, gehalten an der Universität Marburg im Wintersemester 1894/95. Nach einer Mitschrift von Felix Rosenfeld herausgegeben und mit einer Einleitung versehen von Johannes BURKARDT, in: Archivalische Zeitschrift 82 (1999) S. 59–60, zu den Rotuli S. 60: „Rotuli (in Deutschland selten [...]) bleiben zusammengerollt in Kapseln und werden zu den anderen Urkunden geordnet."

21 KÖNNECKE, Archivlehre (wie Anm. 20) S. 59: „Ältere Urkunden mit aufgedrücktem Siegel und wichtige Urkunden von sehr grossem Format werden ausgebreitet in Kartenschränken mit flachem Kasten niedergelegt."

22 Zum Verfahren vgl. Hermann LENTFORT, Verschiedene Systeme der Siegel- und Urkundenaufbewahrung. Neue Montage der wertvollen Urkunden im Staatsarchiv Münster, in: Arbeitsblätter des Arbeitskreises Nordrhein-Westfälischer Papierrestauratoren 10 (17. Fachgespräch der NRW-Papierrestauratoren am 7. März und 8. März 2005 in Altenberg/ Odenthal, 2005) S. 81–84.

23 Zu Arbeitsabläufen und Materialien vgl. BURKARDT, Bestandserhaltung (wie Anm. 11) und LENTFORT, Systeme (wie Anm. 22).

Abb. 9: Plangelegte Urkunden in einem Selektbestand (Bild: Johannes Burkardt).

Abb. 10: Beispiel für eine plangelegte großformatige Urkunde: Privileg Papst Coelestins III. betreffend die Bestätigung von Besitzungen und Rechten des Klosters Wedinghausen vom 7. März 1197 (LAV NRW W, Kloster Wedinghausen – Urkunde 9) (= PU 14) (Bild: Johannes Burkardt).

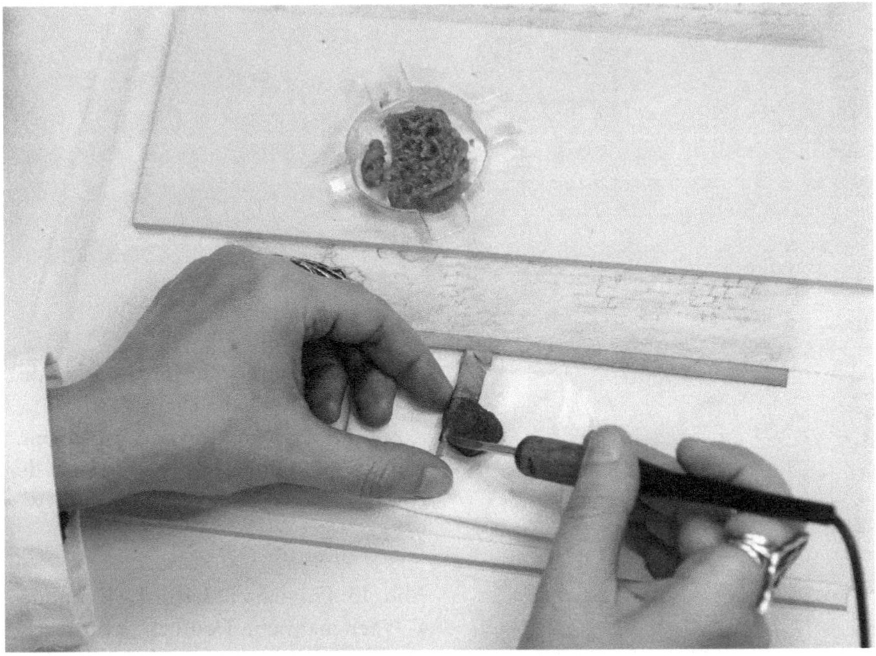

Abb. 11: Siegelsicherung mit Heizspatel und Wachs im Technischen Zentrum Münster-Coerde (Bild: Kristian Peters).

4. Beispiele für „Rotuluskandidaten" im Landesarchiv NRW

Ein Archivale, dem man deutlich ansieht, dass es einmal aufgerollt war und einer späteren Faltung unterworfen wurde, findet sich als Nummer 477 im Urkundenbestand der Fürstabtei Herford. Es handelt sich um eine Sammlung von Appellationsschriften bzw. Notariatsinstrumenten aus einem Strafprozess gegen einen ehemaligen Hebdomadar des Stifts Herford wegen Unzucht mit einer Kanonissin. Sie stammen aus dem Jahr 1392 und finden sich auf 15 zusammengenähten Pergamentblättern, die anfangs offensichtlich aufgerollt und später eher zusammengelegt und -gedrückt, als gefaltet worden sind. Die Abmessungen belaufen sich auf 261,5cm x 23,8cm. Die ehemalige Rolle strebt noch heute, wenn man sie aus ihrer Tüte herausnimmt, in ihre ursprüngliche Form zurück. Das Archivale wurde vor kurzem nach LAV-Standard behandelt und neu verpackt, wobei die Faltungen beibehalten wurden.

In den Urkundenbeständen der Abteilung Westfalen in Münster findet sich eine der wenigen nördlich der Alpen erhaltenen Papyrusurkunden. Papst Stephan IV. (V.?) bestätigte damit dem Kloster Heerse seine Besitztü-

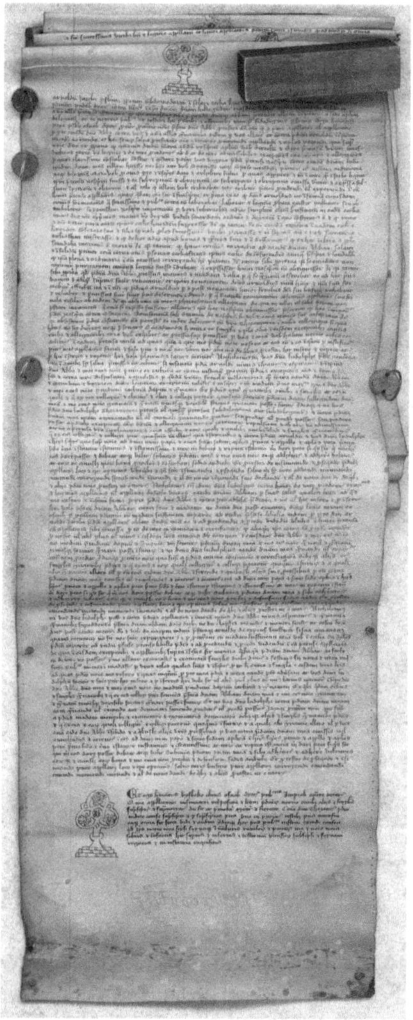

Abb. 12: Fürstabtei Herford – Urkunde 477: unteres Ende des ehemaligen Rotulus mit einem Notariatsinstrument. Am oberen Bildrand das Notarsignet der vorangehen Urkunde (Bild: LAV NRW W).

Abb. 13: Fürstabtei Herford – Urkunde 477: Seitenansicht. Deutlich sichtbar ist, dass das Pergament nicht „scharf" gefaltet ist, ebenso die Neigung des Pergaments, sich aufzurollen (Bild: Peter Fröhlich).

mer[24]. Die Urkunde wurde – hier folge ich einer Erzählung des ehemaligen Archivleiters Wilhelm Kohl – in den 1930er Jahren zu Forschungszwecken nach Berlin gegeben und dort in eine Art Sarkophag eingebracht, in dem sie sich heute noch befindet. Sollte dieses ca. 150 x 30cm messende Stück ur-

24 LAV NRW W, Stift Heerse (Neuenheerse) – Urk. 3a. Faksimile bei: Frühe Papsturkunden (891–1054), hg. von Irmgard Fees/Francesco Roberg (Digitale Urkundenbilder aus dem Marburger Lichtbildarchiv älterer Originalurkunden 2/I, 2006) Taf. 1a–1c; vgl. auch Burkardt, Bestandserhaltung (wie Anm. 11) S. 60.

Abb. 14: Im Rahmen der Neuverpackung des Bestandes „Fürstabtei Herford-Urkunden“ wurde die Nr. 477 auf einem Kartontableau montiert und in eine Klappmappe verpackt. Gut sichtbar die vier Kartonrollen, welche die Mappe in Form halten und ein weiteres Zusammendrücken der Urkunde verhindern. (Bild: Kristian Peters).

Abb 15: Die magazinfertig verpackte Urkunde „Fürstabtei Herford“ Nr. 477 (oberste Mappe) im geöffneten Archivkarton (Bild: Kristian Peters).

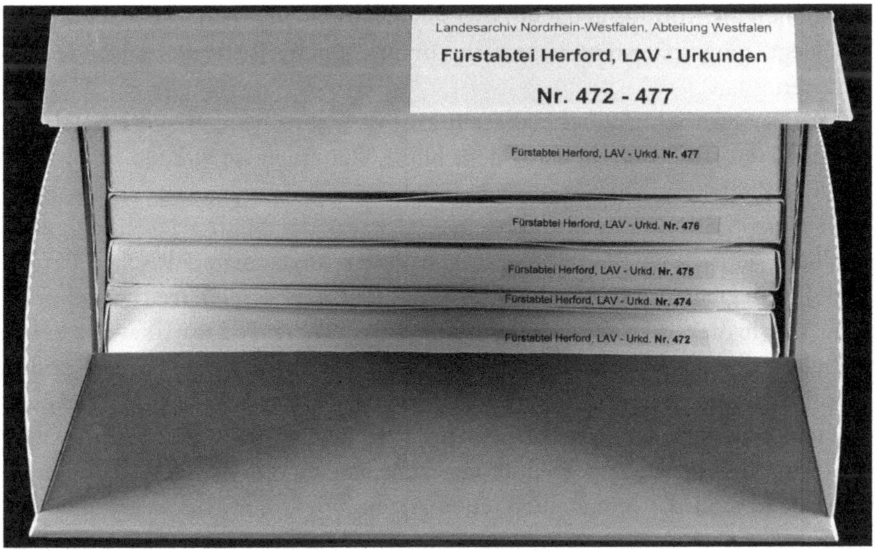

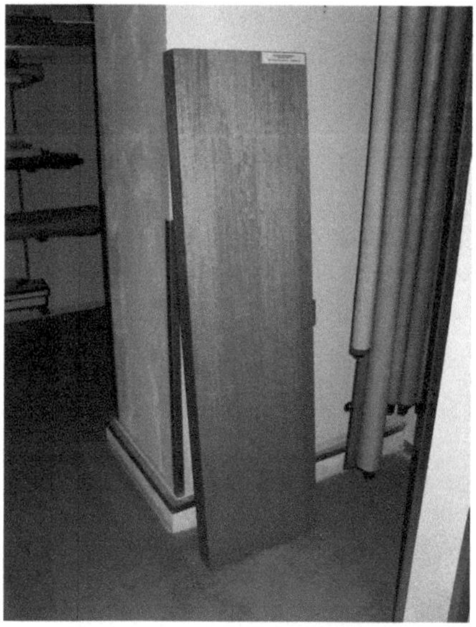

Abb. 16: Die Papyrusurkunde für das Stift Heerse aus dem 10. Jh. ist unter Glas auf einer Holzunterlage montiert, die entnehmbar in einen aufklappbaren Holzkasten eingelegt ist. Hier der geschlossene Kasten (Bild: LAV).

Abb. 17: Die Papyrusurkunde der Abteilung Westfalen in geöffnetem Kasten (Bild: LAV).

sprünglich als Rotulus gedacht gewesen sein, was angesichts seines Formats naheliegt, ging spätestens jetzt seine ursprüngliche Rollengestalt endgültig verloren.

Drei weitere Schriftstücke, die mit großer Wahrscheinlichkeit einmal Rotuli gewesen sind, stammen aus dem Jahr 1378. Auch sie werden in der Abteilung Westfalen aufbewahrt, und zwar bei den Urkunden des Fürstbistums Paderborn[25]. Sie dokumentieren einen Prozess der Stadt Paderborn gegen Bischof Heinrich von Paderborn wegen Verletzungen der städtischen Rechte und Privilegien durch den Bischof. Auf den drei Papierstreifen befinden sich Abschriften diverser Urkunden in dieser Sache: Klageartikel der Stadt, Repliken des Bischofs und Urteile der Schiedsrichter, die aus dem Kapitel, den Städten des Fürstbistums Paderborn (vor allem Brakel und Warburg) sowie der Ritterschaft gewählt worden waren. Man kann diese Archivalien durchaus als Vorstufe einer Akte oder zumindest eines Vorgangs betrachten. Auffallend sind die unterschiedlichen Arten, wie die Stücke zusammen ge-

25 LAV NRW W, Fürstbistum Paderborn – Urkunden 1026a.

Abb. 18: Die drei „Rotulikandidaten“ Fürstbistum Paderborn – Urkunden 1026a (Bild: Peter Fröhlich).

näht sind, und die Siegelspuren bzw. -reste, aus denen sich ersehen lässt, dass die Nahtstellen der einzelnen Pergamentblätter besiegelt wurden. Alle drei Objekte werden heute in gefaltetem Zustand in Klappmappen gelagert.

Ein weiteres nennenswertes Archivale stammt aus der Abteilung OWL in Detmold. In der ca. 53 x 13cm messenden, undatierten Pergamenturkunde quittiert Graf Simon (III.) zur Lippe (1360–1410) 55 namentlich genannten Eingesessenen des Kirchspiels Schötmar, Geld für die Befriedung von Hof, Zaun, Wagen oder Karren gezahlt zu haben[26]. Inhaltlich ist dieser Vorgang in den Kontext des großen westfälischen Landfriedens einzuordnen, dem sich die Grafschaft Lippe 1385 angeschlossen hatte[27]. Besiegelt ist die Urkunde mit einer Bleibulle, die als Siegelbild ein Horn (möglicherweise als Symbol der göttlichen Macht und Stärke) mit den Buchstaben „ihc“ als Christuszeichen darüber zeigt und die Umschrift „S[igillum] PACIS trägt. Die Bulle ist mit einem Bleibügel an der Pressel befestigt; vermutet wird, dass es sich um ein Boten- oder Ladesiegel handelt, welches behelfsmäßig zur Besiegelung der Urkunde verwendet wurde[28]. Vor allem das Format der Urkunde legt den

26 LAV NRW OWL, L 1 [1385].

27 Vgl. Ludger Tewes, Der Westfälische Landfrieden vom 1. Oktober 1387, in: Westfälische Zeitschrift 136 (1986) S. 9–17, hier S. 9 f.; Johann Peter Wurm, Veme, Landfriede und westfälische Herzogswürde in der 2. Hälfte des 14. Jahrhunderts, in: Westfälische Zeitschrift 141 (1991) S. 25–92, hier S. 82–86.

28 Vgl. Theodor Helmert-Corvey (Bearb.), Dokumente ostwestfälisch-lippischer Geschichte aus dem Nordrhein-Westfälischen Staatsarchiv Detmold (Veröffentlichungen der staatli-

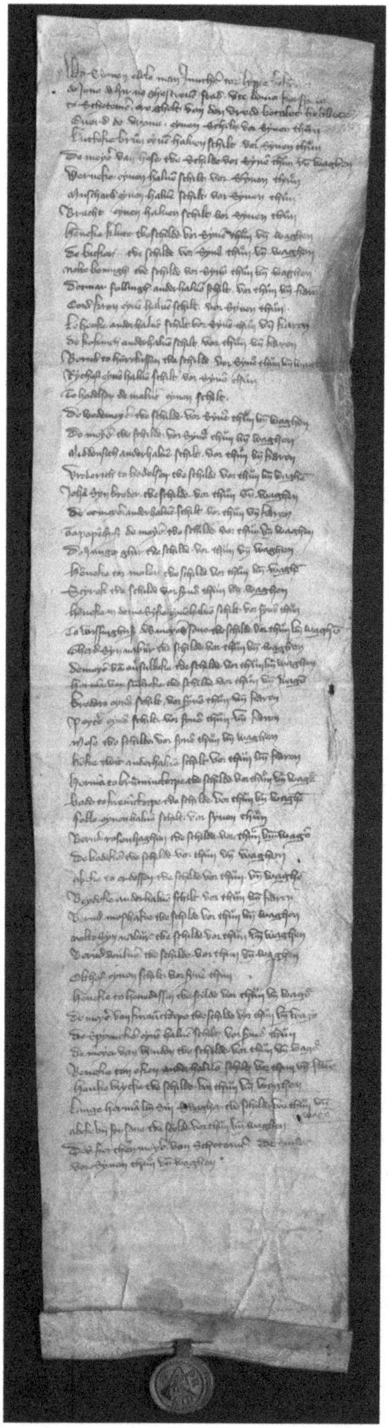

Abb. 19: Die Urkunde L 1 1385 der Abteilung OWL in Detmold (Bild: LAV).

Abb. 20: Dieselbe Urkunde in ihrer heutigen Aufbewahrung. Die untere Hälfte der Urkunde ist fest montiert, der rechte Teil des Montagekartons kann darüber geklappt werden. Anschließend wird der obere Teil der Urkunde vorgefaltet, der Schutzkarton geschlossen und das ganze Tableau in einer Tüte verpackt (Bild: LAV).

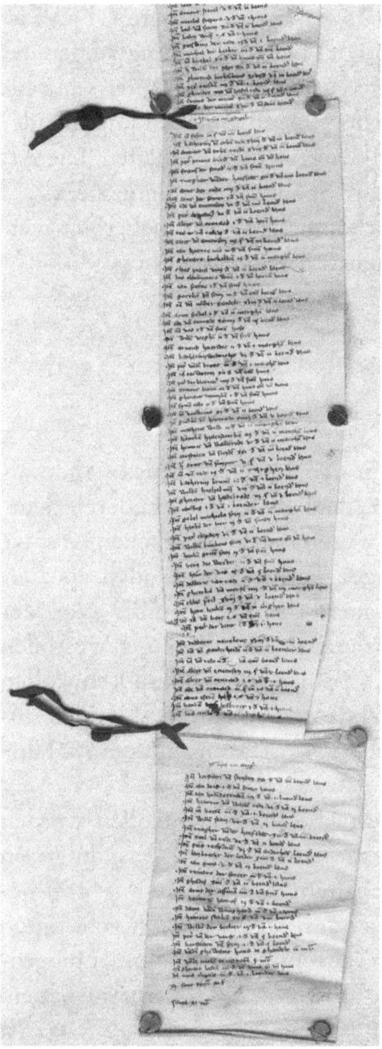

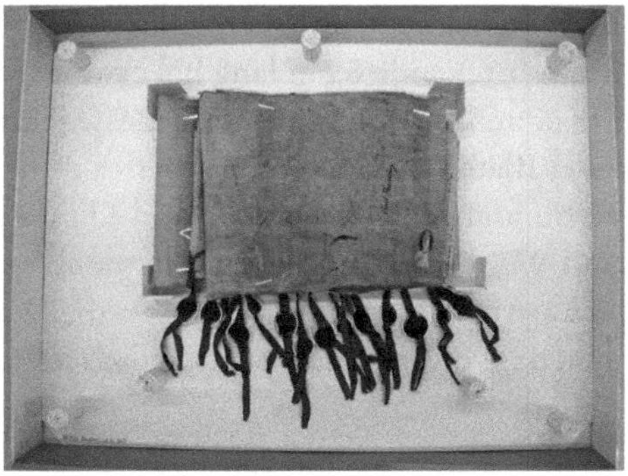

Abb. 21: Das untere Ende der Urkunde AA0581 Heinsberg Urk. 127. Deutlich sichtbar die unterschiedlichen Formate der aneinandergefügten Pergamentblätter sowie die Besiegelung der Nähte (Bild: LAV).

Abb. 22: Dieselbe Urkunde in ihrer aktuellen Verpackung. Gut sichtbar die Fixierung der gefalteten Urkunde und ihrer zahlreichen Siegel und die Abstandhalter zum Deckel des großformatigen Kartons (Bild: LAV).

Verdacht nahe, dass es sich ursprünglich um einen Rotulus gehandelt haben könnte. Sie ist heute einmal gefaltet, Spuren wenigstens einer weiteren, älteren Faltung sind aber zu erkennen.

Schließlich sei noch ein Stück aus der Abteilung Rheinland vorgestellt: ein Zinsregister der Grafen Looz-Heinsberg aus dem Jahr 1343[29]. Das aus 17

chen Archive des Landes Nordrhein-Westfalen, Reihe C: Quellen und Forschungen 19), Detmold 1984, S. 6 mit Tafel 2.

29 LAV NRW R, AA 0581 Heinsberg, Urkunden Nr. 127. Das Register ist wohl nicht vollständig erhalten und darf keineswegs als Übersicht der gesamten Einkünfte der Grafen

Blatt Pergament unterschiedlichsten Formats zusammengefügte Objekt ist beeindruckende 8,2m lang bei etwa 25cm Breite. Die Verbindungsstellen der Pergamentblätter sind durch Besiegelung dergestalt autorisiert, dass jeweils zwei Blätter durch ein besiegeltes dunkelgrünes Stoffbändchen miteinander verbunden sind. Insgesamt sind 13 Siegel an dem Archivale erhalten. Die Art und Weise der Faltung und die noch spürbare Spannung im Pergament, das sich gerne rollen möchte, lassen die Wahrscheinlichkeit zur Sicherheit werden, dass dieses Objekt tatsächlich ursprünglich Rollengestalt besaß.

5. Im Original erhaltene Urkunden-Rotuli im Landesarchiv NRW

Doch es finden sich auch „echte" Rotuli in den Magazinen des Landesarchivs, womit sich der Wattenbach'sche Satz, dass alle „bedeutenderen deutschen Archiven Rollen zu besitzen pflegen", auch für die staatlichen Archive des heutigen Nordrhein-Westfalen bestätigen lässt[30]. Zwei sollen als Beispiele vorgestellt werden. Sie liegen im Bestand der Adelsfamilie „von der Recke-Volmerstein – Urkunden", die ihr Archiv in der Abteilung Westfalen des Landesarchivs in Münster deponiert hat. Es handelt sich um Lehnrollen des Grafen Dietrich von der Recke-Volmerstein. Die Rotuli stammen aus dem 15. Jahrhundert und enthalten Abschriften von Texten aus dem 13. Jahrhundert[31].

Die beiden Rotuli sind identisch gelagert: die Pergamentrollen werden von einem schützenden Streifen alterungsbeständigen Kartons umgeben und durch ein Baumwollband zusammengehalten. Sie liegen in mit Stoff bespannten, der Machart nach in den 1960er oder 1970er Jahren gefertigten Schachteln, die wiederum rutschfest in einer Archivalien-Klappmappe größerer Grammatur eingebracht sind. Der Rotulus Nr. 956 besteht aus einem Stück Pergament und misst ausgerollt ca. 50 x 15cm, der Rotulus Nr. 957 ist

von Looz-Heinsberg etc. gelten. Wahrscheinlich betrifft es nur die Einkünfte aus einer Teilanweisung (Leibzucht) für die Frau Gottfrieds von Heinsberg, Tochter Rainalds II. von Geldern. Für diesen Hinweis danke ich meinem Kollegen Herrn Jörg Franzkowiak in Duisburg.

30 Wattenbach, Schriftwesen (wie Anm. 3) S. 174.

31 LAV NRW W, Von der Recke Volmerstein (Dep.) – Urkunden 956 und 957. Zum Kontext vgl. R[obert] Krumbholtz, Urkundenbuch der Familien von Volmerstein und von der Recke bis zum Jahre 1437 (...), Münster 1917, S. 425–492. Die hier vorgestellte Urkunde mit der Signatur 956 findet dort keine Berücksichtigung. Zu Nr. 957 vgl. bei Krumbholtz die Nr. I auf den Seiten 425–427.

Abb. 23: Magazinfertige Verpackung der Urkunde „Familie von der Recke-Volmerstein (Dep.) – Urkunden 956" in der Abteilung Westfalen in Münster (Bild: Johannes Burkardt).

Abb. 24: Öffnet man die in Abb. 22 gezeigte Mappe, findet man ein Schächtelchen vor, in dem sich der Rotulus befindet (Bild: Peter Fröhlich).

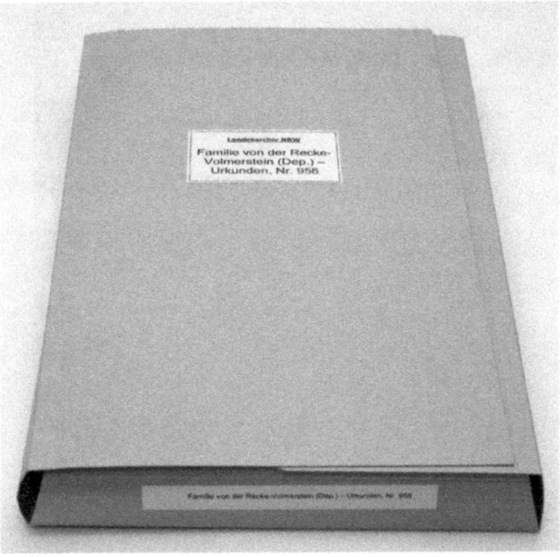

aus drei Pergamentstücken zusammengenäht, ca. 100cm lang und 15cm breit. Beide Archivalien sind undatiert und unbesiegelt.

Auch wenn eine umfassende und repräsentative Analyse zum gegenwärtigen Zeitpunkt aus den bereits erläuterten Gründen nicht möglich ist, so kann man doch mit Blick auf die bekannten Rotuli und die „Rotuluskandidaten" unter den Urkunden einige Beobachtungen aus der Literatur bestätigen, zum Beispiel dass – laut Literatur beispielsweise in Köln zu beobachten – Naht-

Abb. 25: Der Rotulus selbst ist nach wie vor gerollt, zum Schutz aber mit einem Streifen alterungsbeständigen Kartons umgeben und mit einem Baumwollband fixiert (Bild: Peter Fröhlich).
Abb. 26: Der aufgerollte Rotulus „Familie von der Recke-Volmerstein (Dep.) – Urk. 956“ (Bild: Peter Fröhlich).
Abb. 27: Die Verpackung des Rotulus „Familie von der Recke-Volmerstein (Dep.) – Urk. 957“ entspricht der auf den vorigen Abbildungen gezeigten. Hier der aufgerollte Rotulus (Bild: Peter Fröhlich).

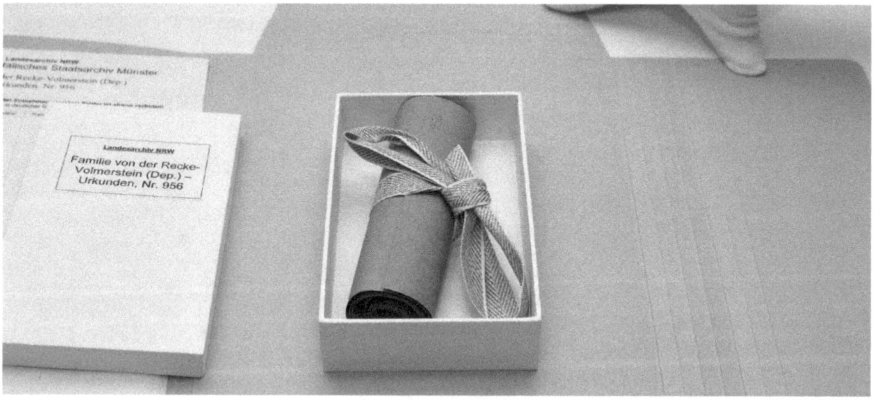

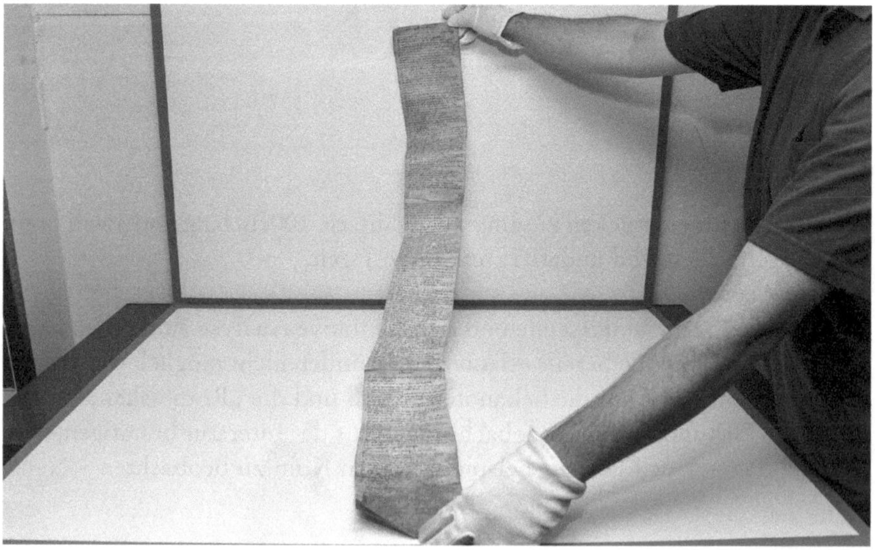

oder Klebestellen der einzelnen Rotulusblätter besiegelt werden können[32]. Die Verwendung der Rollenform für unbesiegelte Notariatsinstrumente, wie sie im Handbuch der Urkundenlehre für Deutschland und Italien beschrieben wird, lässt sich zumindest für den Fall der Urkunde Fürstabtei Herford 477 bestätigen[33].

6. Karten und andere gerollte Objekte

Als zweite Hauptgruppe gerollter Archivalien im Landesarchiv wurden eingangs Karten benannt. Ein besonders schönes Archivale in den älteren Beständen ist eine Karte aus dem Jahr 1707, welche den Flussverlauf der Lippe zwischen Hamm und Wesel zeigt, der zugleich über weite Strecken die Grenze zwischen dem Fürstbistum Münster und der Grafschaft Mark bzw. dem Vest Recklinghausen markierte[34]. Städte wie Hamm und besonders hervorzuhebende Wasser- und Landmarken sind darauf als wirklichkeitsnahe Illustration wiedergegeben. In modernen Kategorien entspricht die Skalierung etwa dem Maßstab 1 : 2.000, woraus die enorme Länge des Objekts resultiert. Es misst stolze 12,50 Meter bei nur 23cm Höhe. Hier haben wir definitiv einen Fall, dem wir nicht nur mit keinem Behandlungsstandard beikommen, sondern der auch in der Benutzung nur sehr schwer zu handhaben ist.

Sowohl bei Karten als auch bei modernen überformatigen Archivalien, beispielsweise Plakaten und Plänen, kann es vorkommen, dass sie in gerollter Form ins Archiv gelangen und dort – in Ausnahmefällen, z. B. wenn eine flache Lagerung aufgrund des Formats nicht möglich ist – auch gerollt eingelagert werden. Fünf bis sechs Stücke werden in solchen Fällen auf eine Papprohre gewickelt und mit Baumwollbändern fixiert und das Ganze dann in eine lange Schachtel aus säurefreiem, alterungsbeständigem Karton verbracht, die an den beiden Kopfenden Halterungen besitzt, in welche die über die Karten herausragenden Enden der Papprohre genau hineinpassen. Um die Benutzung dieser etwas sperrig verpackten Objekte zu erleichtern, werden sie vor dem „Aufwickeln“ digitalisiert.

---

32 Wattenbach, Schriftwesen (wie Anm. 3) S. 171.

33 Handbuch der Urkundenlehre für Deutschland und Italien von Harry Bresslau (†), 2. Bd., 2. Aufl., 2. Abt., hg. von Hans-Walter Klewitz, Berlin/Leipzig 1931, S. 503.

34 LAV NRW W, Karten A 7621.

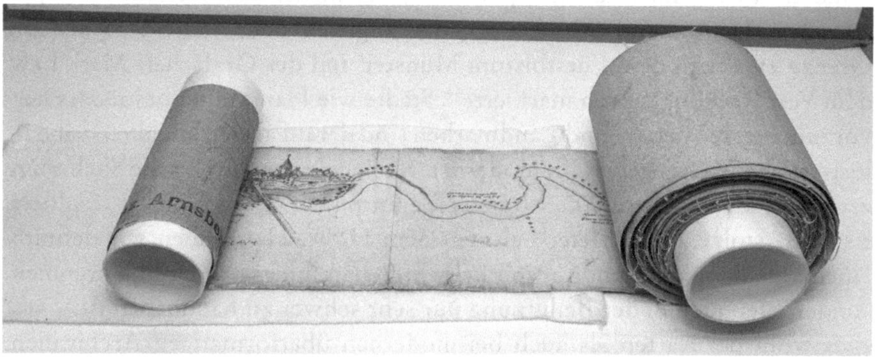

Abb. 28: In diesem Karton wird die „Lippekarte" der Abteilung Westfalen aufbewahrt (Kartensammlung A 7621) (Bild: Johannes Burkardt).

Abb. 29: Abt. W, Karten A 7621, im geöffneten Karton. Die Karte ist auf eine Papphülse aufgerollt, die in passenden Lagern an den Stirnseiten des Kartons einliegt (Bild: Johannes Burkardt).

Abb. 30: Abt. W, Karten A 7621. Für die Benutzung wird das freie Ende der Karte auf einer kleinen Papprolle aufgewickelt, die nach der Benutzung in die große Hülse hineingeschoben werden kann (Bild: Johannes Burkardt).

7. Digitalisierung und Nutzung

Zum Standardablauf bei der Restaurierung und Konservierung besonderer Stücke gehört im LAV, dass die fertig behandelten Einzelstücke vor der Reponierung digitalisiert werden. Die Digitalisate werden von den zuständigen Archivaren qualitätsgesichert, anschließend werden die zu einer Verzeichnungseinheit gehörigen Digitalisate in einem Mets-Container zusammenge-

Abb. 31: Schachtel für großformatige Karten (wird in unterschiedlichen Formaten vorgehalten) (Bild: Johannes Burkardt).

Abb. 32: Geöffnete Schachtel mit aufgewickelten Karten (Bild: Johannes Burkardt).

Abb. 33: Blick auf die aus der Schachtel herausgenommene Kartenrolle. Deutlich sichtbar die aus starkwandigem Karton bestehende „Kernrolle" (Bild: Johannes Burkardt).

fasst und mit dem zugehörigen Datensatz in der Verzeichnungsdatenbank verknüpft. Auf diese Weise können Findbücher mit den zugehörigen Digitalisaten sowohl in den Lesesälen wie im Landes-Internetportal „Archive NRW" präsentiert werden. Von „Archive NRW" aus werden sie weiter in das länderübergreifende „Archivportal D" übernommen.

Voraussetzung, dass das funktioniert, ist natürlich, dass die elektronische Verzeichnung auch abgeschlossen und auf aktuellem Stand ist. Auf diese Weise wachsen archivische Erschließung, bestandserhalterische Maßnahmen

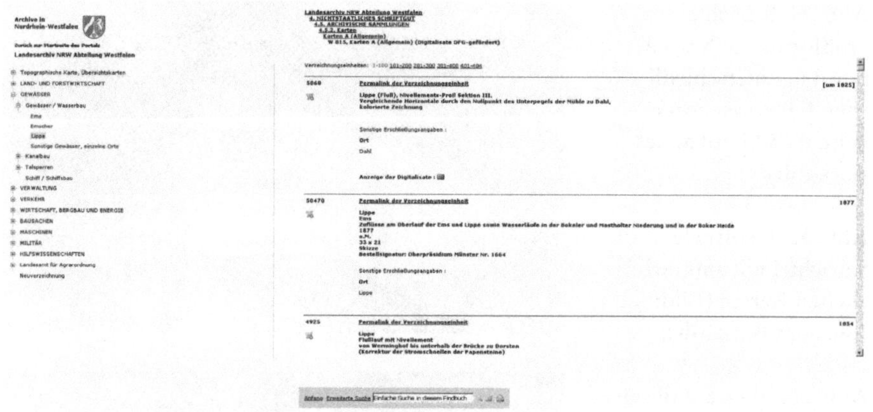

Abb. 34: Anzeige des Internetfindbuchs „Karten A“ der Abteilung Westfalen in Münster im Intenetportal www.archive.nrw.de. In der Mitte der Eintrag für die „Lippekarte“ Nr. 7621. Beim Klicken auf das Kamerasymbol am Eintragende öffnet sich das zugehörige Digitalisat (vgl. die folgende Abb.).

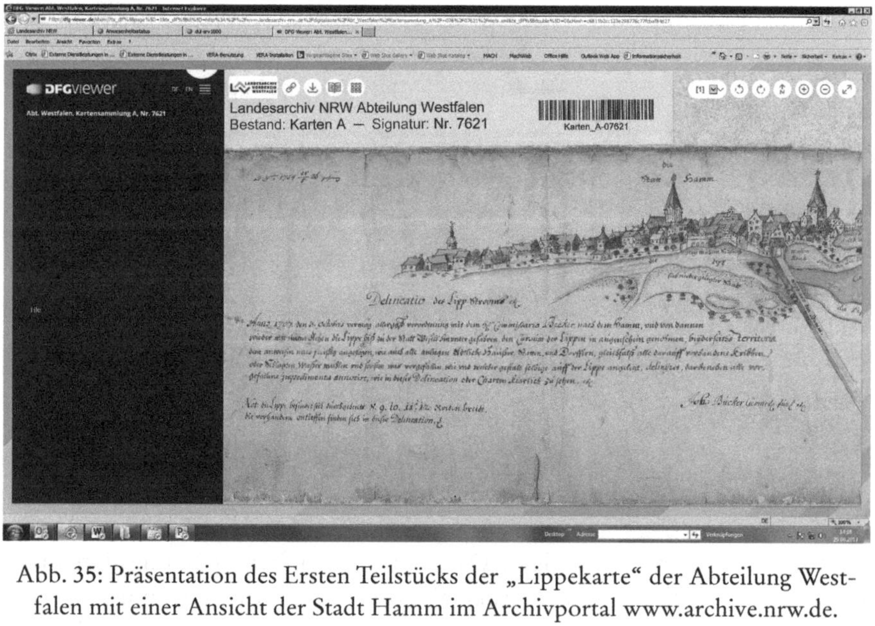

Abb. 35: Präsentation des Ersten Teilstücks der „Lippekarte“ der Abteilung Westfalen mit einer Ansicht der Stadt Hamm im Archivportal www.archive.nrw.de.

und Digitalisierungsprojekte zu umfassenden Gesamtmaßnahmen zusammen, was eine gründliche Vorbereitung und Ablaufplanung erfordert: eine Herausforderung für alle Beteiligten.

Ist ein Bestand komplett digitalisiert, gilt der Grundsatz: benutzt wird am Bildschirm, und zwar nicht nur im Internet, sondern auch im Lesesaal[35]. An beiden Stellen findet der Einsichtnehmende den von der Internet-Bibliotheksnutzung bekannten DFG-Viewer-Komfort vor. Auf diese Weise können wir das wertvolle Unikat schonen und in fast allen Fällen die Nutzerwünsche erfüllen. In Sonderfällen, z. B. wenn jemand wirklich für seine Forschungen die Beschaffenheit des Pergamentes untersuchen muss, wird das Original aus dem Magazin geholt, wobei freilich immer ein Restaurator hinzugezogen wird, um in die Nutzung der kostbaren Stücke einzuweisen und eventuell erforderliche Schutzmaßnahmen, z. B. den Einsatz von Schaumstoffkissen, Bleischlangen zum Planhalten aufgerollter Objekte etc. mit der Lesesaalaufsicht und mit dem Nutzer zu besprechen. Aus Nutzerperspektive scheint mir die Arbeit mit einem elektronischen Medium mit den Möglichkeiten, das Bild zu drehen und vergrößern, attraktiver und komfortabler zu sein als die Vorlage eines möglicherweise sperrigen Originals. Wie auch immer man über Rotuli denkt, Wattenbachs Urteil über die „Unbequemlichkeit“ der Rollen, die nur der „vollkommen würdigen kann, welcher sie abgeschrieben oder collationiert hat“[36], ist nicht ganz von der Hand zu weisen.

Abstract

Mediaevists, archivists, records managers and legal historians use the terms ‘rotulus’ and ‘roll’ in different ways. It may describe e.g. medieval charter-rolls, tables of content in modern records or early-modern inquiry records. Archival finding mostly refer to the last, so that it is nearly impossible to detect medieval rolls precisely or in an extensive way. An additional problem for the scientist ist that archives very often folded medieval rolls in reason of economic transport an storage. Today, rolls are preserved in their original form and presented to the user in a digital form in order to protect the originals. Archives contain not only charter-rolls, but other rolls like maps, plans etc. In special cases, i.e. early modern maps of large formats, they are stored in a rolled form.

35 [Link ins Archivportal: *http://dfg-viewer.de/show/?tx_dlf[id]=http%3A%2F%2Fwww.landesarchiv-nrw.de%2Fdigitalisate%2FAbt_Westfalen%2FKartensammlung_A%2F%7E076%2F07621%2Fmets.xml]* [zuletzt aufgerufen: 26.7.2018]

36 Wattenbach, Schriftwesen (wie Anm. 3) S. 170.

Tafeln

Taf. 1a: Juda Maccabeus

Taf. 1b: Alexander der Große

Taf. 2: Wappen auf dem Rotolus ms. 258

Taf. 3: Siegel einer Urkunde vom 18. September 1450 mit dem Namen von Johannes Markgraf von Monferrat (1445–1464)

Taf. 4: Antifonario dal primo sabato dell'Avvento all'ottava dell'Epifania (detto Antifonario XI) f. 3v, iniziale A *(«Aspicens a longe»)* (Casale Monferrato, Archivio del Capitolo della Cattedrale)

Taf. 5: Antifonario del Comune dei Santi f 3v, iniziale E *(«Ecce ego mitto vobis»)* (Casale Monferrato, Archivio del Capitolo della Cattedrale)

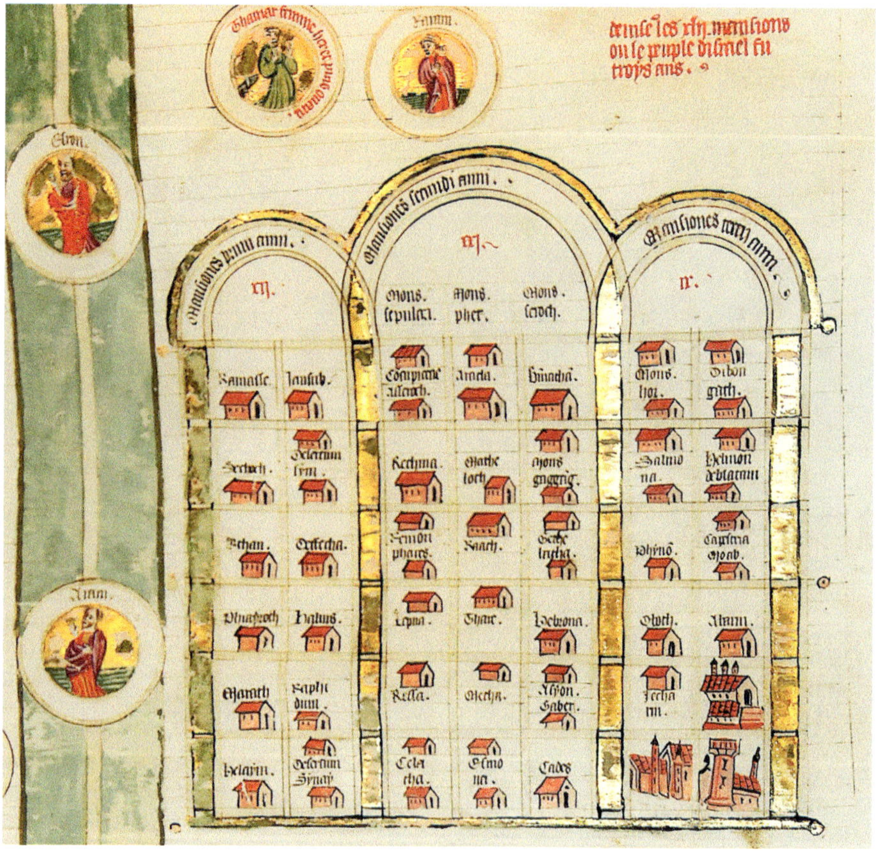

Taf. 6: 42 Etappen der Wüstenwanderung Moses’

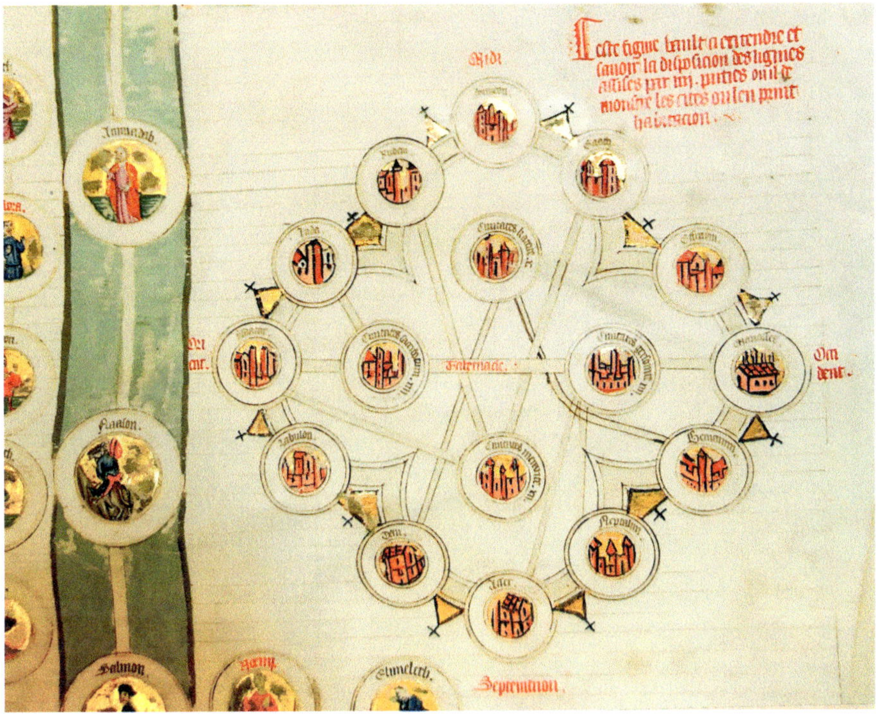

Taf. 7: Zwölf Stämme Israels

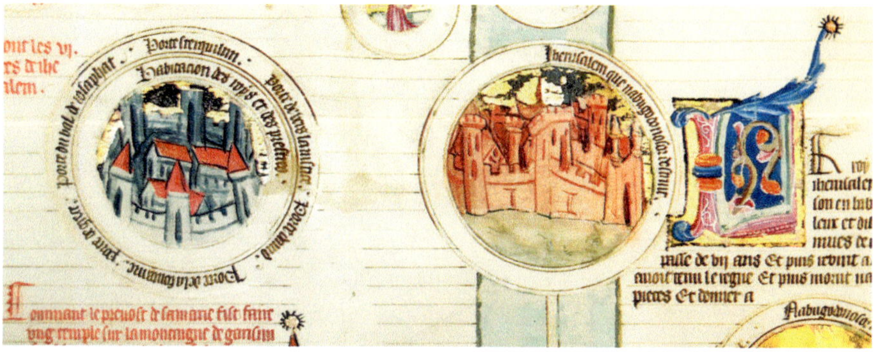

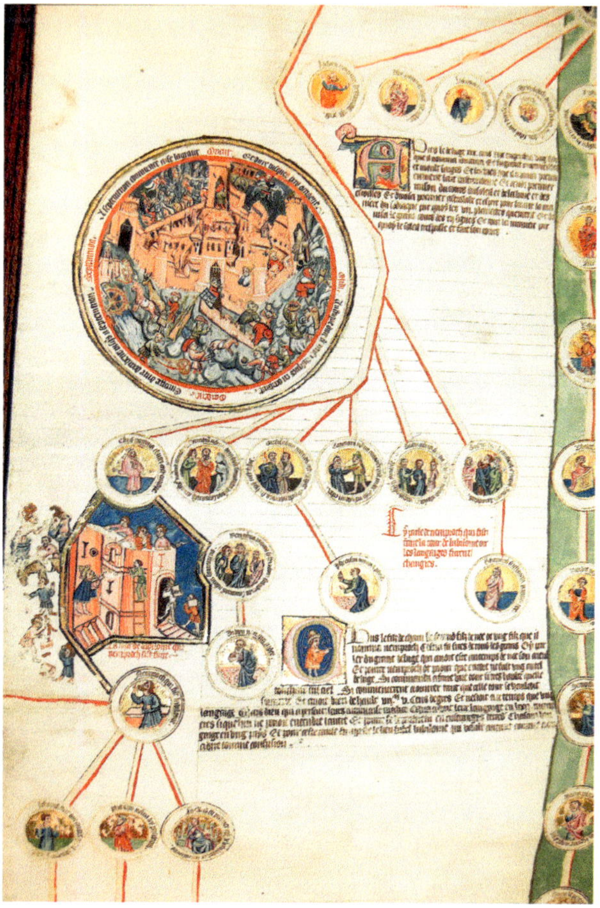

Taf. 8: Die sechs Tore Jerusalems (links), Die Zerstörung Jerusalems durch Nebukadnezar (rechts)

Taf. 9: Die Aufteilung der Erde unter den drei Söhnen Noas' (oben). Die babylonische Verwirrung (unten)

Taf. 10: Die Anbetung und die Geschenke der heiligen drei Könige (oben). Die Kreuzigung (Mitte). Der Abstieg in den Limbus (unten)

Taf. 11: Mariä Verkündigung

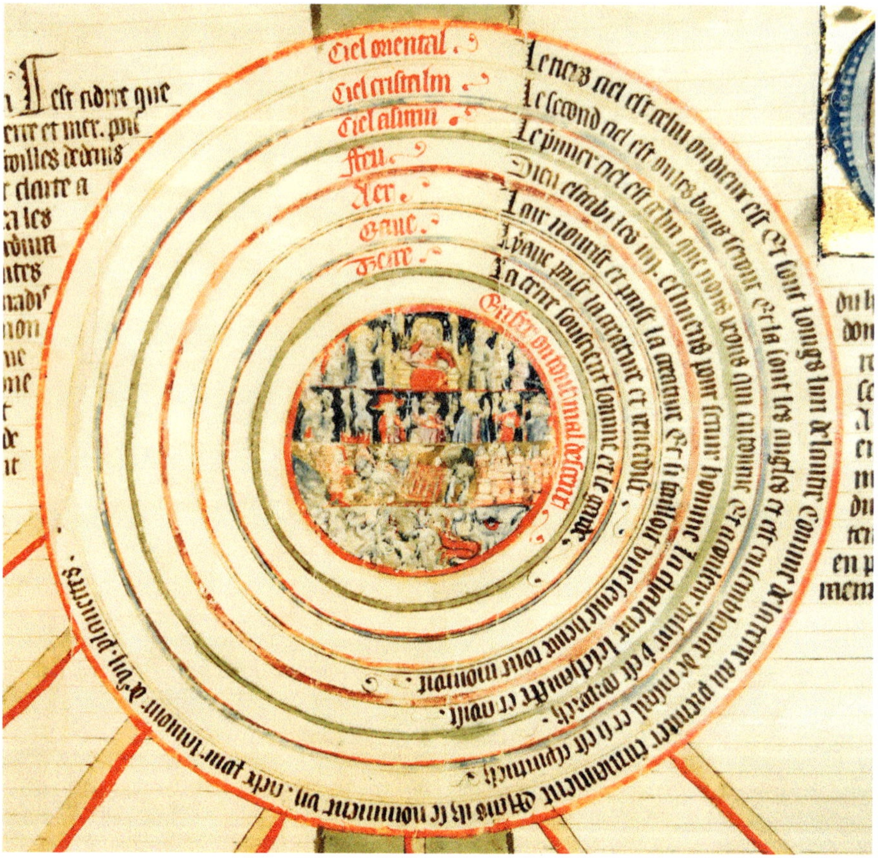

Taf. 12: Der Kosmos

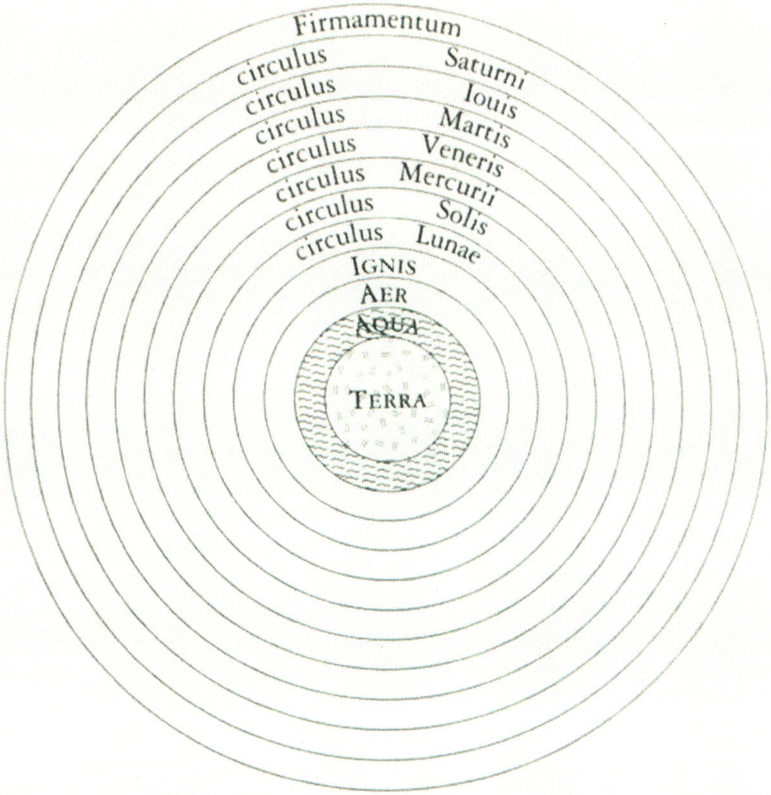

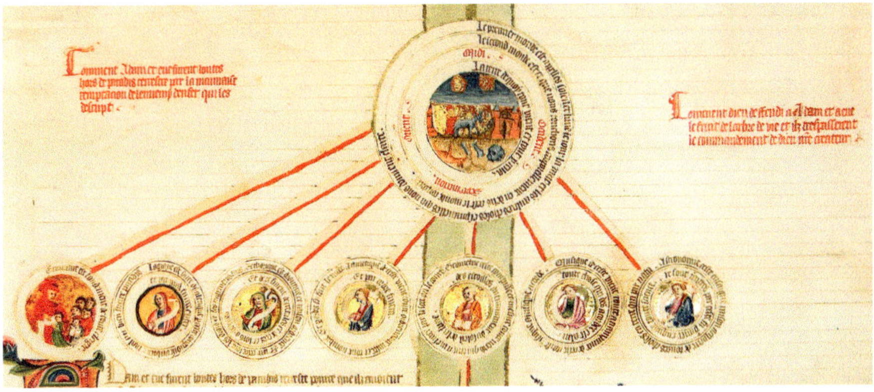

Taf. 13: Guillelmus de Conches, Dragmaticon Philosophie, CC 152, S. 71

Taf. 14: Die Erde und die sieben freien Künste

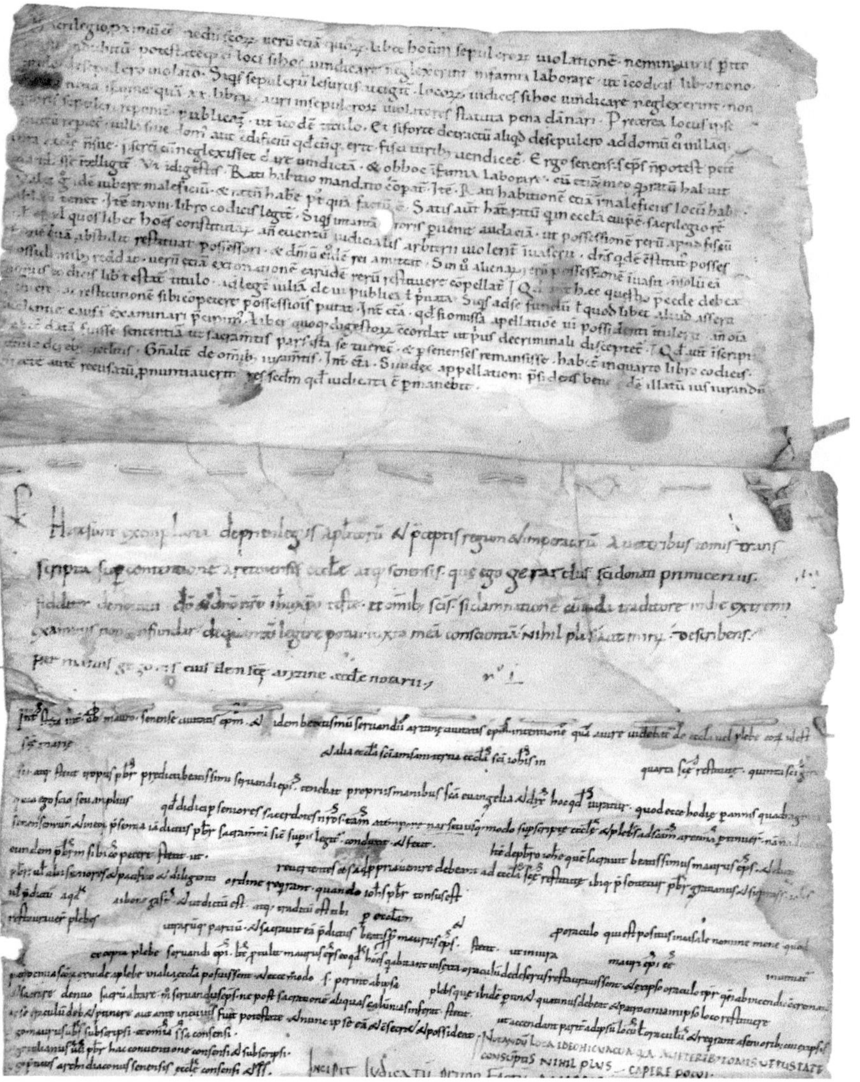

Fig. 15: Arezzo, Archivio Capitolare, Nr. 3

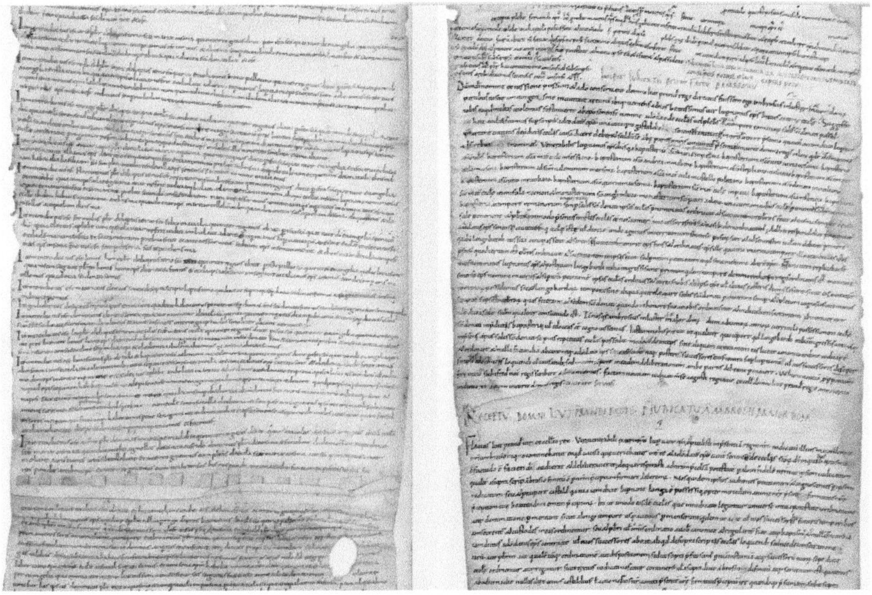

Fig. 16: Arezzo, Archivio Capitolare, Nr. 2 und 3

Taf. 17: Landesarchiv NRW – Abteilung Rheinland – AA 0567 Xanten, Viktorstift, Akten Nr. 21 1, Heberegister des Offiziums Rottum (erster Rotulus)

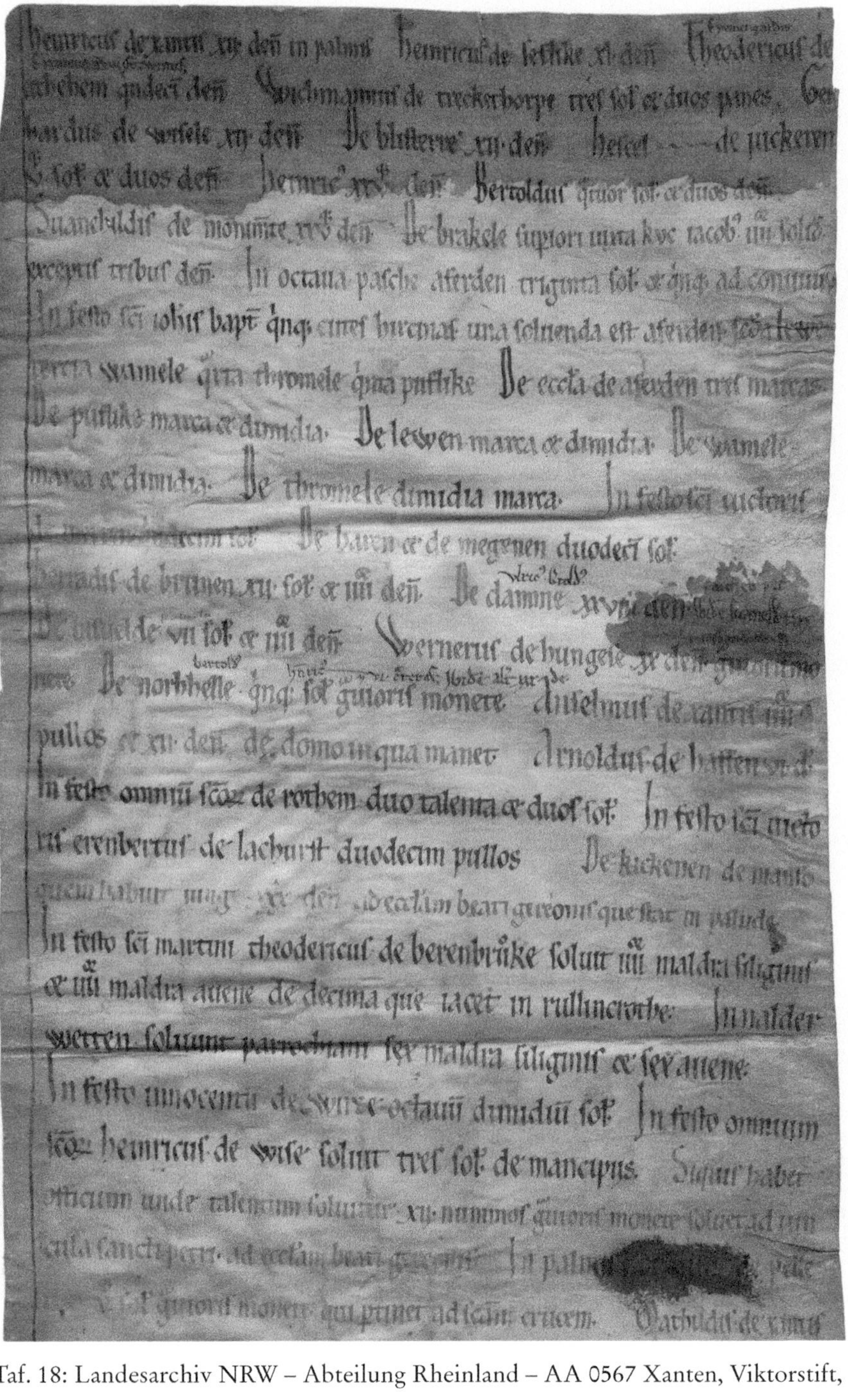

Taf. 18: Landesarchiv NRW – Abteilung Rheinland – AA 0567 Xanten, Viktorstift, Akten Nr. 21 1, Heberegister des Offiziums Rottum (zweiter Rotulus)

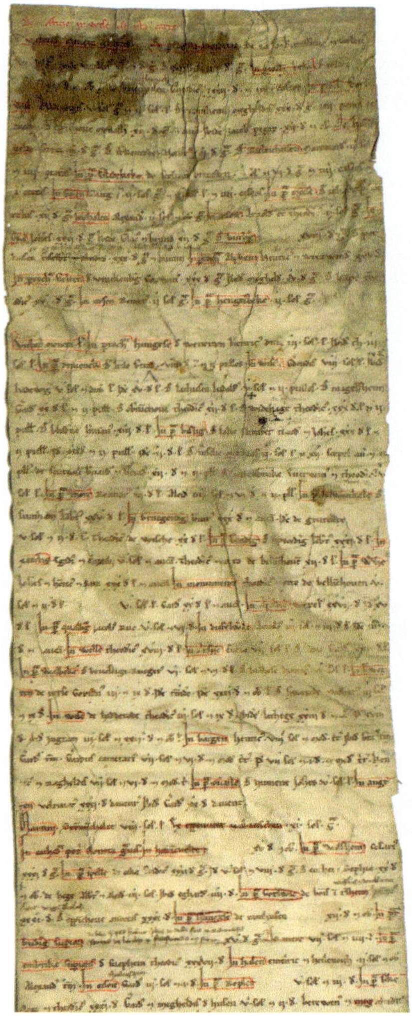

Taf. 19: Landesarchiv NRW – Abteilung Rheinland – AA 0567 Xanten, Viktorstift, Akten Nr. 21 2, Heberegister des Offiziums Weeze (oberer Abschnitt)

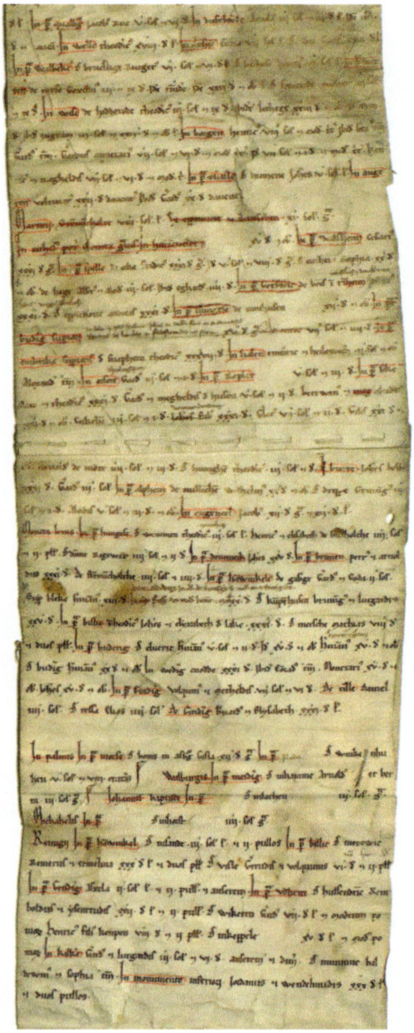

Taf. 20: Landesarchiv NRW – Abteilung Rheinland – AA 0567 Xanten, Viktorstift, Akten Nr. 21 1, Heberegister des Offiziums Weeze (mittlerer Abschnitt)

Fig. 21: Nota dorsale della pergamena IX con indicazione *Culiculum* (Città del Vaticano, Archivio Segreto Vaticano, A.A., Arm. I-XVIII, 3913, IX v.). © Archivio Segreto Vaticano

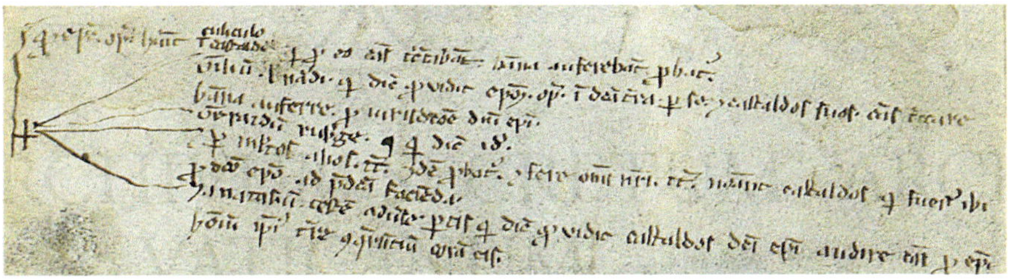

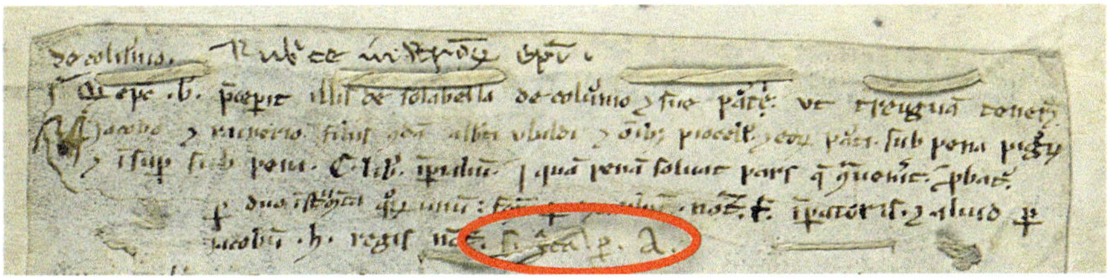

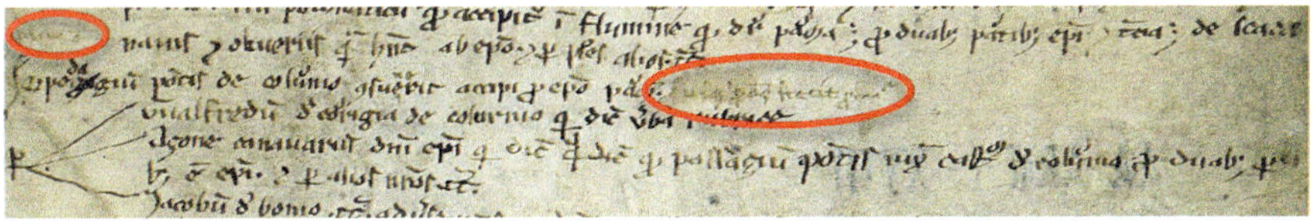

Fig. 22: Rubrica in cui si riportano le testimonianze che si riferiscono ai poteri esercitati dal vescovo Obizzo Fieschi a Collecchio (Città del Vaticano, Archivio Segreto Vaticano, A.A., Arm. I-XVIII, 3913, X, 11). © Archivio Segreto Vaticano

Fig. 23: Rubrica vergata con la formula *signata per A* dalla stessa mano che corregge in interlinea (Città del Vaticano, Archivio Segreto Vaticano, A.A., Arm. I-XVIII, 3913, XXIV, 1). © Archivio Segreto Vaticano

Fig. 24: Esempio di rubrica vergata con la formula *probata est* (nella parte superiore del lato sinistro della pergamena) dalla stessa mano che corregge in interlinea (Città del Vaticano, Archivio Segreto Vaticano, A.A., Arm. I-XVIII, 3913, IV, 3). © Archivio Segreto Vaticano

Fig. 25 Rotolo con le *allegationes* prodotte dai canonici di S. Ambrogio nel 1201: Milano, Archivio capitolare e biblioteca della Basilica di S. Ambrogio, *Pergamene*, sec. XIII, n° 204 (ASA XIII-204)

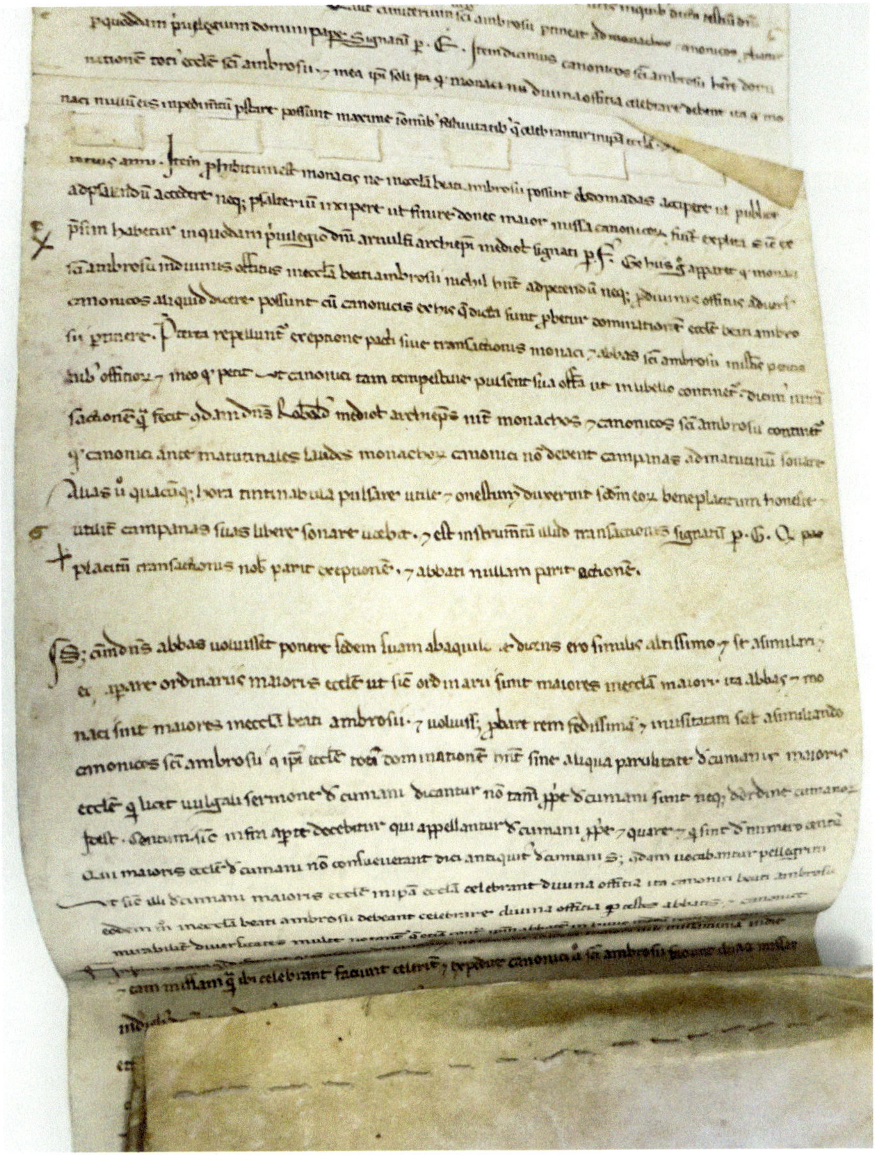

Fig. 26 ASA XIII-204, particolare della cucitura in pergamena caratteristiche dei ff. 1-4 e 7-14 del rotolo

Fig. 27 ASA XIII-204, particolare della cucitura tra i ff. 4-5: originale delle *allegationes* del 1190 cucite alle nuove *allegationes* composte nel 1201

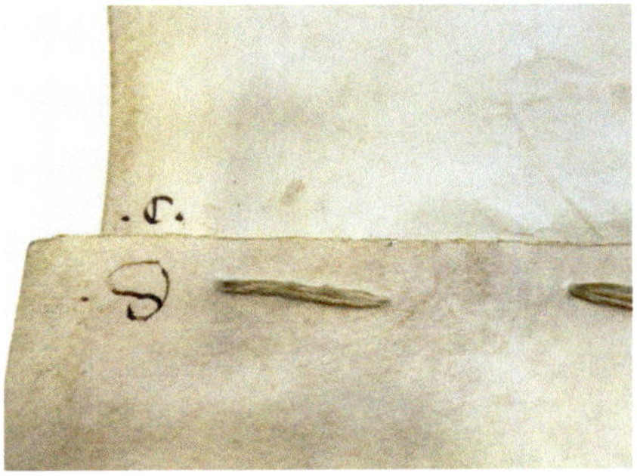

Fig. 28 ASA XIII-204, particolare delle lettere usate per numerare i fogli in pergamena che compongono il rotolo del 1201

Fig. 29 ASA XIII-204, parte delle *allegationes* del 1190 con le lettere marginali di rimando ai documenti prodotti in giudizio dai canonici

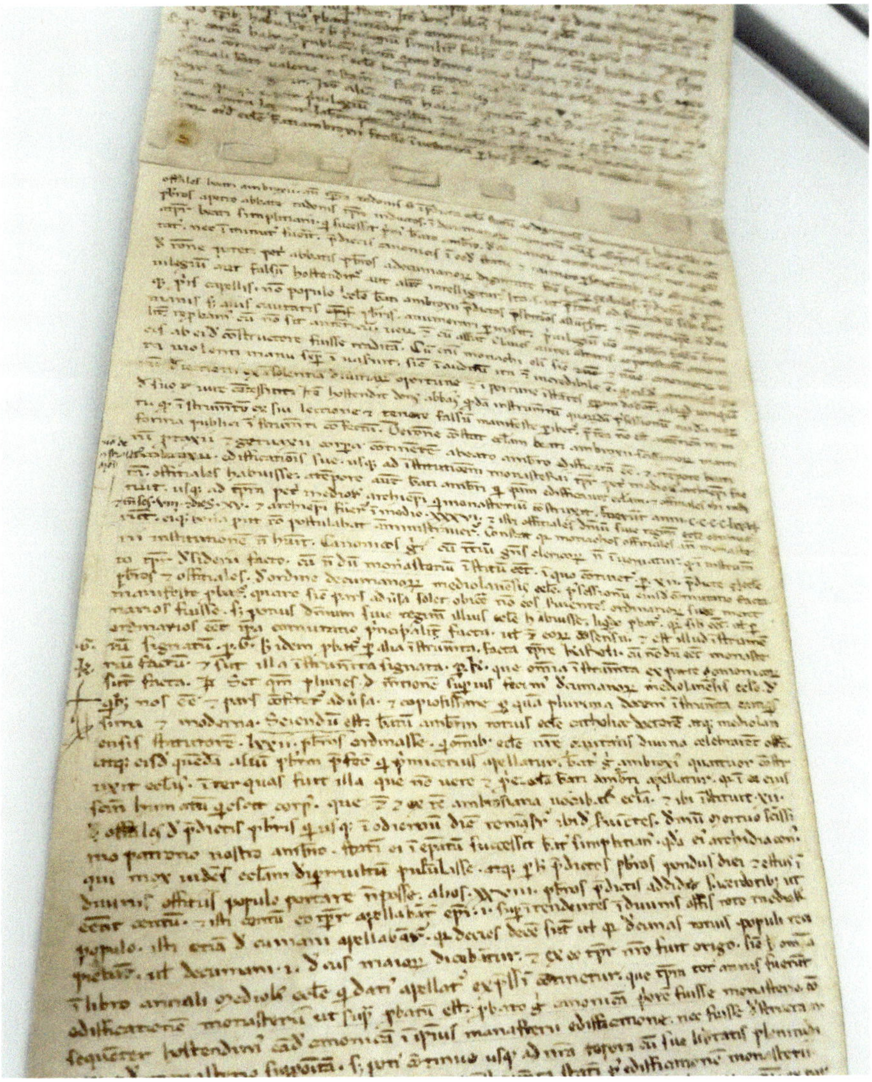

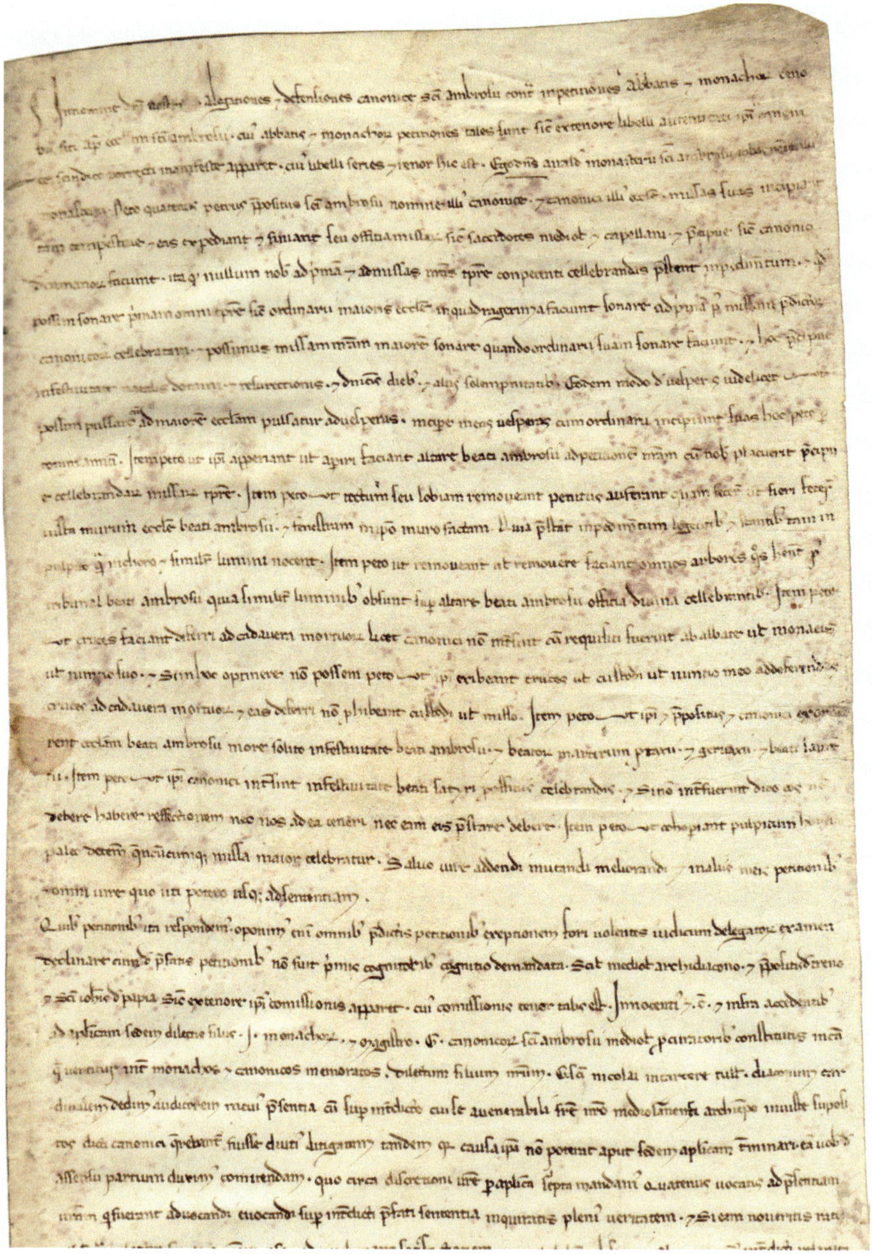

Fig. 30 ASA XIII-204, foglio incipitario con la trascrizione del libello prodotto dall'abate Arialdo di S. Ambrogio

Fig. 31 ASA VIII-2, note dorsali vergate in differenti periodi dai procuratori dei canonici; al centro del documento si riconoscono quelle del 1190 con rimandi alfabetici (*A* e *G*) collegati alle lettere marginali apposte sul rotolo del 1201

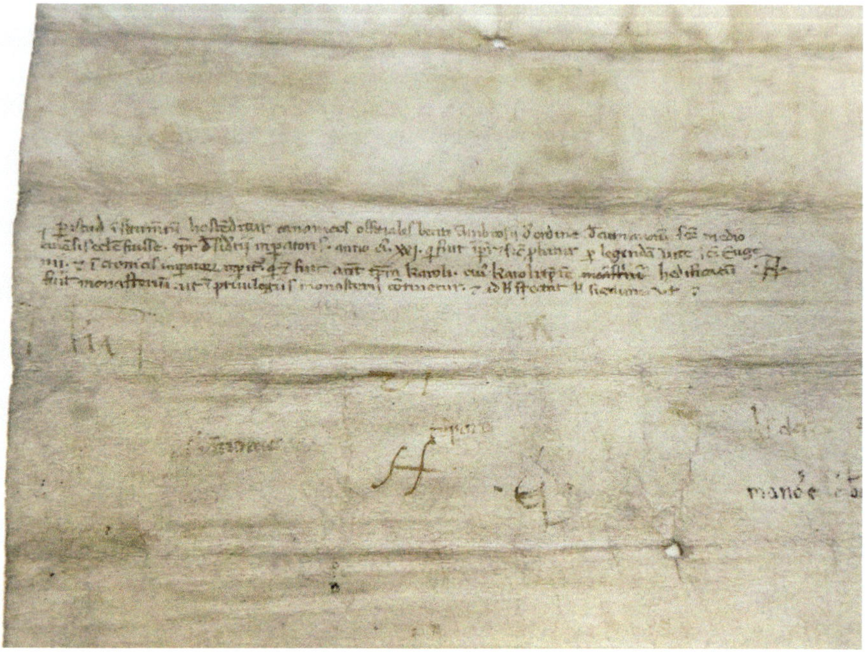

Fig. 32 ASA VIII-2, particolare della nota dorsale vergata dal procuratore dei canonici nel 1190 e contrassegnata con il rimando alfabetico *A*

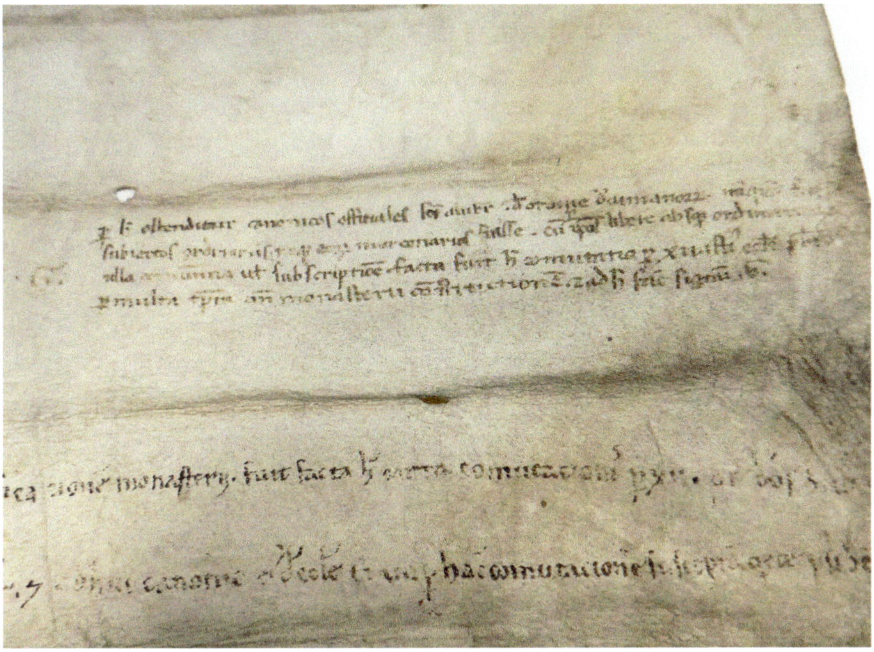

Fig. 33 ASA VIII-2, particolare della nota dorsale vergata dal procuratore dei canonici nel 1190 e contrassegnata con il rimando alfabetico *G*

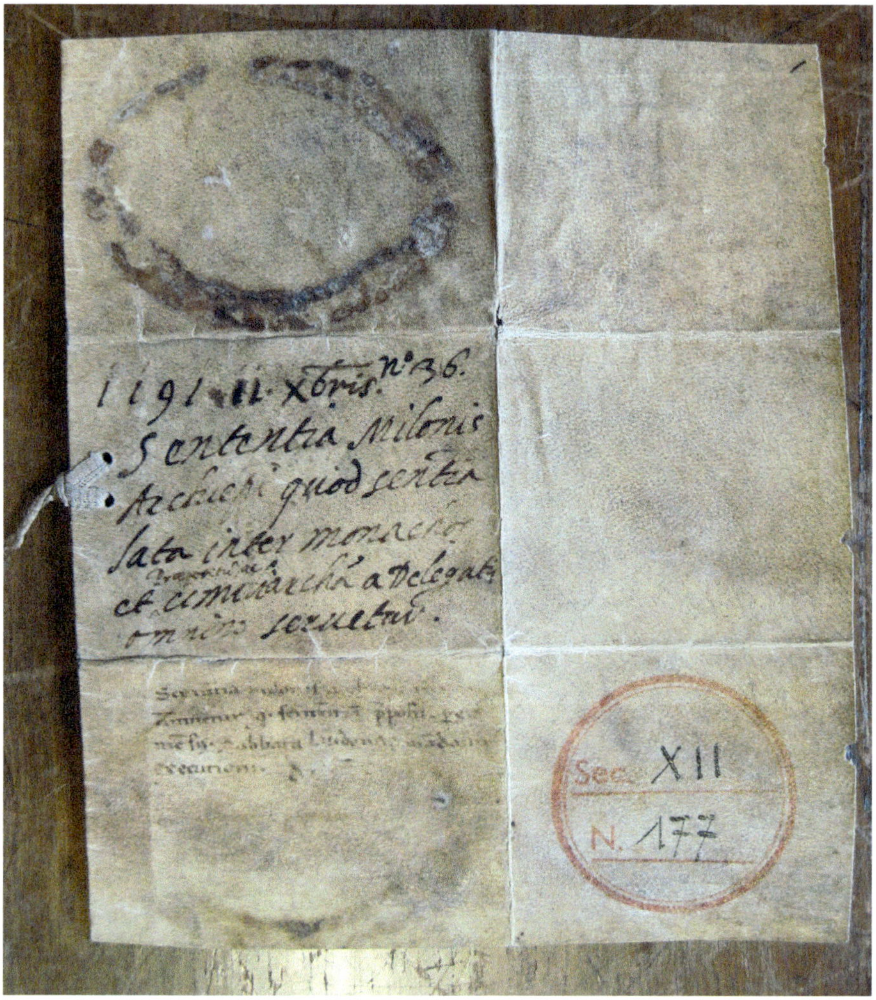

Fig. 34 ASA XII-177, originale della sentenza di Milone arcivescovo di Milano (11 dicembre 1191) con la nota dorsale apposta dal procuratore dei canonici nel 1190 e la lettera di rimando al testo delle *allegationes* del 1190 (*d*)

Verzeichnis der Autorinnen und Autoren

Prof. Dr. Maria Pia ALBERZONI
Maria Pia Alberzoni ist Universitätsprofessorin für Mittelalterliche Geschichte an der Università Cattolica del Sacro Cuore in Mailand. Zu ihren Forschungsschwerpunkten gehören die Geschichte der religiösen Bewegungen im 12. und 13. Jahrhundert, der Bettelorden, Mailands und der Lombardei sowie Kirchengeschichte.
E-Mail: maria.alberzoni@unicatt.it

Prof. Dr. Barbara BOMBI
Barbara Bombi ist Universitätsprofessorin für Mittelalterliche Geschichte an der University of Kent, Canterbury. Zu ihren Schwerpunkten gehören Kreuzzüge, Ritterorden, das Papsttum im 13. und 14. Jahrhundert, das kanonische Recht, mittelalterliche Diplomatie und die päpstlich-englischen Beziehungen im 14. Jahrhundert.
E-Mail: b.bombi@kent.ac.uk

Dr. Johannes BURKARDT
Johannes Burkardt ist Leiter der Abteilung Ostwestfalen-Lippe des Landesarchivs Nordrhein-Westfalen (früher „Staatsarchiv Detmold"). Forschungsschwerpunkte: Historische Hilfswissenschaften und Kirchengeschichte.
E-Mail: johannes.burkardt@lav.nrw.de

Pier Maurizio DELLA PORTA
Pier Maurizio Della Porta war Archivar und stellvertretender Leiter im Staatsarchiv zu Perugia sowie Dozent bei der dortigen Ausbildungsstätte. Seit Juli 2019 ist er im Ruhestand.
E-Mail: pmdellaporta@alice.it

Dr. Lucia DELL'ASTA
Lucia Dell'Asta wurde an der Università Cattolica del Sacro Cuore im binationalen Promotionsverfahren mit der Bergischen Universität Wuppertal promoviert und ist zurzeit in der Schule tätig. Zu ihren Forschungsschwerpunkten zählen die Geschichte Bergamos, Kapitelforschung sowie das mittelalterliche Papsttum.
E-Mail: lu.dellasta@gmail.com

Jun.-Prof. Dr. Étienne Doublier
Étienne Doublier ist Juniorprofessor für Mittelalterliche Geschichte an der Universität zu Köln. Zu seinen Forschungsschwerpunkten gehören die Geschichte der Bettelorden, des Papsttums und Italiens, Hilfswissenschaften sowie transalpine Transferprozesse.
E-Mail: e.doublier@uni-koeln.de

Dr. Paolo M. Galimberti
Paolo M. Galimberti ist Direktor des Servizio Beni Culturali der Stiftung IRCCS Ca' Granda beim Ospedale Maggiore Policlinico von Mailand. Er beschäftigt sich mit der Geschichte der Pflegeeinrichtungen im Mittelalter und in der frühen Neuzeit.
E-Mail: archivio@policlinico.mi.it

Dr. Lorenza Iannacci
Lorenza Iannacci ist Archivarin beim Staatsarchiv zu Modena. Ihre Schwerpunkte sind deklaratorische Akte sowie Inventare des späten Mittelalters und der frühen Neuzeit.
E-Mail: lorenza.iannacci@gmail.com

Prof. Dr. Jochen Johrendt
Jochen Johrendt ist Universitätsprofessor für Mittelalterliche Geschichte an der Bergischen Universität Wuppertal. Zu seinen Forschungsschwerpunkten gehören die Geschichte des Papsttums und Italiens, Hilfswissenschaften sowie Editorik und Quellenkunde.
E-Mail: johrendt@uni-wuppertal.de

Prof. Dr. Christian Lackner
Christian Lackner ist Universitätsprofessor für Historische Hilfswissenschaften (Schwerpunkt Mittelalter) an der Universität Wien und Direktor des Instituts für Österreichische Geschichtsforschung. Zu seinen Forschungsschwerpunkten gehören die Hilfswissenschaften, insbesondere Diplomatik und Paläographie, Bildungs- und Universitätsgeschichte, Geschichte des Spätmittelalters und Quellenkunde.
E-Mail: christian.lackner@univie.ac.at

Prof. Dr. Alfredo Lucioni
Alfredo Lucioni ist Dozent für Mittelalterliche Geschichte an der Università Cattolica del Sacro Cuore zu Mailand. Seine Forschungsschwerpunkte sind das Mönchtum, besonders die monastischen Verbände, die kirchlichen

Institutionen (Bistümer und Taufkirchen) Oberitaliens sowie das Regnum Italicum im 10. und 11. Jahrhundert.
E-Mail: alfredo.lucioni@unicatt.it

Prof. Dr. Mark MERSIOWSKY
Mark Mersiowsky ist Universitätsprofessor für Mittealtelterliche Geschichte an der Universität Stuttgart. Zu seinen Forschungsschwerpunkten gehörten die Hilfswissenschaften, insbesondere die Diplomatik und Paläographie sowie deren Geschichte, Rechnungen, Geschäftsschriftgut und vergleichende Landesgeschichte.
E-Mail: mark.mersiowsky@hi.uni-stuttgart.de

Prof. Dr. Nine MIEDEMA
Nine Miedema ist Universitätsprofessorin für Deutsche Literatur des Mittelalters und Deutsche Sprache an der Universität des Saarlandes in Saarbrücken. Sie erforscht neben der Reiseliteratur des Mittelalters u.a. die Lyrik des späten Mittelalters, die Gestaltung von Dialogen in mittelalterlichen Erzähltexten und die Editorik.
E-Mail: Nine.Miedema@mx.uni-saarland.de

Prof. Dr. Riccardo PARMEGGIANI
Riccardo Parmeggiani ist Dozent für Mittelalterliche Geschichte an der Universität von Bologna. Zu seinen Forschungsschwerpunkten gehören die Geschichte der Bettelorden, der Inquisition und der Häresie sowie die kirchlichen Institutionen und Bildungseinrichtungen Bolognas und der Emilia Romagna.
E-Mail: riccardo.parmeggiani@unibo.it

Dr. Igor SANTOS SALAZAR
Igor Santos Salazar ist Marie Sklodowska Curie-Forscher an der Universität Baskenland. Sein Forschungsgebiet umfasst Raumorganisationsformen, Rechtsprechung und politische Kommunikation in Kastilien und Italien des frühen Mittelalters.
E-Mail: i.santosalazar@gmail.com

Prof. Dr. Pietro SILANOS
Pietro Silanos ist Dozent für Mittelalterliche Geschichte an der Università degli Studi Aldo Moro in Bari. Zu seinen Forschungsschwerpunkten zählen das Papsttum, die römische Kurie, mittelalterliche Universitätsgeschichte sowie die symbolische Kommunikation.
E-Mail: pietro.silanos@uniba.it

Dr. Alberto Spataro
Alberto Spataro ist Forschungsstipendiat am IKGF der Friedrich-Alexander-Universität Erlangen-Nürnberg. Zu seinen Forschungsschwerpunkten gehören die politische Geschichte der Stauferzeit sowie die päpstliche Geschichtsschreibung des 13. Jahrhunderts.
E-Mail: Alberto.Spataro@unicatt.it

Dr. Miriam Rita Tessera
Miriam Rita Tessera ist Dozentin für Mittelalterliche Geschichte an der Universität zu Pavia und zugleich Archivarin beim Stiftsarchiv von S. Ambrogio in Mailand. Sie beschäftigt sich mit der Geschichte der mailändischen Kirche zwischen dem 11. und 13. Jahrhundert, den Kreuzzügen und den Kreuzfahrerstaaten.
E-Mail: miriamrita.tessera@gmail.com

Elena Vanelli
Elena Vanelli ist Promotionsstudentin an der Universität Hamburg. Sie beschäftigt sich mit den kirchlichen Institutionen der Lombardei, insbesondere mit Zisterzienserinnenklöstern des 12. und 13. Jahrhunderts.
E-Mail: elena.vanelli@uni-hamburg.de

Dr. Bastian Walter-Bogedain
Bastian Walter-Bogedain ist Forschungsreferent an der Universität Duisburg-Essen. Zu seinen Forschungsschwerpunkten zählen neben der Geschichte der Diplomatie, der Spionage und der Kommunikation im Spätmittelalter auch die Geschichte der gefangenen Könige im Hoch- und Spätmittelalter.
E-Mail: Bastian.walter-bogedain@uni-due.de

Dr. Annafelicia Zuffrano
Annafelicia Zuffrano ist Dozentin für Paläographie und Diplomatik an der Universität zu Bologna. Sie beschäftigt sich mit dokumentarischen Quellen Oberitaliens, Palimpsesten, notariellen Formularen und Handschriften.
E-Mail: annafelicia.zuffrano@gmail.com

Personenregister

Ortsregister